David Gordon Wilson & Theodor Schmidt

［美］戴维·戈登·威尔逊
［瑞士］特奥多尔·施密特 —— 著

岳娇慧　翟颖 —— 译

骑自行车的
科学

Bicycling Science

北京联合出版公司
Beijing United Publishing Co.,Ltd.

图书在版编目（CIP）数据

骑自行车的科学 /（美）戴维·戈登·威尔逊，
（瑞士）特奥多尔·施密特著 ; 岳娇慧, 翟颖译 .
北京 : 北京联合出版公司 , 2025.5. -- ISBN 978-7
-5596-8195-9

Ⅰ. U484-49

中国国家版本馆 CIP 数据核字第 2025F7N664 号

北京市版权局著作权合同登记 图字：01-2024-6497 号

Bicycling Science: Fourth Edition by David Gordon Wilson and Theodor Schmidt with contributions by Jim Papadopoulos.
© 2020 Massachusetts Institute of Technology
Simplified Chinese translation copyright © 2025 Ginkgo (Shanghai) Book Co., Ltd.
Published by arrangement with The MIT Press through Bardon-Chinese Media Agency.
All rights reserved.
本书中文简体版权归属于银杏树下（上海）图书有限责任公司

骑自行车的科学

著　　者：[美]戴维·戈登·威尔逊　[瑞士]特奥多尔·施密特
译　　者：岳娇慧　翟　颖
出 品 人：赵红仕
选题策划：后浪出版公司
出版统筹：吴兴元
编辑统筹：梅天明　宋希於
责任编辑：杨　青
特约编辑：张传统
装帧制造：墨白空间·曾艺豪
营销推广：ONEBOOK

北京联合出版公司出版
（北京市西城区德外大街 83 号楼 9 层　100088）
北京盛通印刷股份有限公司印刷　新华书店经销
字数 474 千字　655 毫米 ×1000 毫米　1/16　31.5 印张
2025 年 5 月第 1 版　2025 年 5 月第 1 次印刷
ISBN 978-7-5596-8195-9
定价：128.00 元

后浪出版咨询（北京）有限责任公司　版权所有，侵权必究
投诉信箱：editor@hinabook.com　　fawu@hinabook.com
未经书面许可，不得以任何方式转载、复制、翻印本书部分或全部内容。
本书若有印、装质量问题，请与本公司联系调换，电话 010-64072833

前　言

2017年，麻省理工学院出版社（MITP）约请我考虑出版第四版的《骑自行车的科学》。它对这本书的信心和第四次编辑所带来的挑战给我留下了深刻的印象。前三个版本的出版非常幸运，因为当时人们对自行车有很大的兴趣，尤其是对实验性的创新自行车。国际人力驱动车辆协会（IHPVA）成立于20世纪70年代中期，它的组建催生了各种各样的新设计和大幅提高速度及性能的新型自行车类型。如今，自行车的速度纪录通常超过80英里/时、128.7千米/时、35.8米/秒。（这些纪录并不完全有效，因为它们可以在允许的下坡、风等的极限上被设定。）现在是骑自行车的好时机，因为许多大城市都有一排排的标准公共自行车，可以相当容易地租到。由于尾气排放问题仍然存在，汽车面临更大的限制，因此电力驱动越来越受欢迎。预计用于电动自行车和普通机动车的电池类型将有所改进。最后，人类为了更健康，必须多运动。

这些重大的发展导致许多人预测，城市将进入一个自行车大量使用的新时期。因此，虽然人们不再对新型自行车感到兴奋，但人们认为它们已经发展成熟，可以迅速被生产出来，用于更广泛的用途，造福于用户和非用户。

在这本书的第三版中，吉姆·帕帕佐普洛斯（Jim Papadopoulos）主要写了第二、四、六、八和十章的内容，这一点没有得到充分的承认。在经过大量修改的第四版中，吉姆的大量原始材料仍然在第二章和第八章，还有一些被保留在第四章和第六章。

我非常幸运，特奥多尔·施密特（Theo Schmidt）（见图8.5）接受了邀请，参与制作了第四版所需的修改。他和我曾在许多IHPVA活动中合作过。我们都是IHPVA的主席和其技术期刊《人力》的编辑，我们还合作过《人力电子期刊》，特奥多尔目前是该期刊的编辑，也是世界人力车协会规则和纪录委员会的成员。他在巴塞尔大学（University of Basel）获得物理和天文学学位，并在威尔士大学（University of Wales）获得物理海洋学和电子工程学学位。特奥多尔加入了英国人力汽车俱乐部（BHPC），成为瑞士未来自行车公司（Future Bike）的副总裁，并用自己的车辆参加了瑞士自行车巡回赛，包括一辆无级变速器电动自行车和一辆半两栖太阳能混合动力人力车。他开始从事一系列非同寻常的项目，包括风筝研究和早期人力和太阳能动力车、船的建造。其中他试图驾驶一辆半两栖人力车从伦敦前往巴黎（但在到达英吉利海峡中部之前放弃了，后来他又乘坐一艘没有电池的太阳能船几乎获得成功）。他有自己的研发公司，在这些广泛的领域工作，其中一些项目在这一版本中有所说明。读者将会欣赏到他为本书带来的经验和价值。

戴维·戈登·威尔逊
马萨诸塞州，剑桥市
2019年2月

我很荣幸受到戴夫·威尔逊（Dave Wilson，即戴维·戈登·威尔逊）和麻省理工学院出版社的邀请，协助编写第四版的《骑自行车的科学》。我既没有戴夫·威尔逊的文学写作风格，也没有吉姆·帕帕佐普洛斯的数学工程知识，但是我认为我是一个优秀的编辑。这次修改后的新版本除了不情愿地删去的"材料"一章和附录部分外，大部分内容都是第三版的内容，并沿用了原来的结构。非常感谢麻省理工学院出版社的工作人员，感谢他们耐心的帮助，感谢尼克·格林（Nick Green）（BHPC）和迈克尔·哈勒普（Michael Harrup）（MITP）的校对和编辑。

大部分文字和许多图画是戴夫·威尔逊和吉姆·帕帕佐普洛斯第三版中的内容，也有一些新的文字来自戴夫。我添加了一些文本，并进行了大量的更新——新的参考文献和新的图表。

现在互联网上有大量的各种信息，如此之多以至于很难在所有资源中找到所需的相关资料。我们现在为大多数实际可用且有趣的引用添加了URL（互联网地址）。大多数链接都太长了，所以为了方便读者，我们在 hupi.org/BS4/ 上列出了一个链接列表。[这份列表位于人类动力协会网站上，其创始人是已故的理查德·巴兰坦（Richard Ballantine），戴夫和我以及三名前 IHPVA 董事会成员或官员曾帮助他组建了该协会。] 短小、易于输入的 URL（如上面所示）通常放在文本中，而不是参考部分；你的浏览器会自动添加 https:// 或 www。（有时 https:// 不显示，需要手动输入 http://。）

  关于单位的注意事项：没有给定单位的方程在任何一致的系统中都有效。当给出单位时，我们尽量使用国际单位制（SI）的单位。然而，我们也经常使用习惯的单位，特别是时间（小时等）和角度（角度或斜率）。在这些情况下，公式只适用于给定的单位。对于任何技术文本来说，一个特别的挑战是重量的表示。物理学家也经常把物质的质量（千克、磅、斯勒格）和重量（牛、磅达、磅力）混淆在一起。质量是所有物质相对不变的基本属性，而重量是地球引力对质量产生的变化力。在这本书中，我们也会在这两者之间随机切换，除了在"月球上骑车"这一节，因为在这一节这两者的区别很重要。对于数量，如果不是国际单位制，我们尽量给出最广泛使用的单位，例如，许多自行车纪录的单位是千米/时，有时是英里/时。它不算科学，也不一致，但我们希望，它应该令不同的读者满意。

  读得开心！

特奥多尔·施密特

瑞士斯特菲斯堡

2019 年 2 月

纪念戴维·戈登·威尔逊

戴维·戈登·威尔逊于2019年5月2日去世，就在他和特奥多尔·施密特向出版社提交了《骑自行车的科学》第四版的最终稿后不久。此前几天，我和戴夫在麻省理工学院校园见面，庆祝修改完成，并展望了该书的出版。我们大部分时间都是自发的交谈，谈论他对自行车的热爱、新英格兰的地形、南半球咆哮的西风带风力发电的潜力，以及他的家庭。编辑们通常会贬损并删除一系列的形容词，但戴夫的性格却使他可以被冠以多个最高级的形容词：聪明、无法抑制的好奇、创新、细致、善良、协作、有公德心、坚韧、有趣、坦率和冒险。这些特点使《骑自行车的科学》充满活力，并将吸引2020年版的新读者，就像这本书自1974年以来吸引了众多自行车爱好者一样。我们麻省理工学院出版社想念戴夫，并很自豪地出版了第四版的《骑自行车的科学》，通过这本书，他的遗志得以延续。

贝丝·克莱文杰（Beth Clevenger）
高级策划编辑，剑桥，马萨诸塞州

目　录

前　言 i

纪念戴维·戈登·威尔逊 iv

第一章　自行车骑行简史 1

引　言 1

早期历史 3

第一辆自行车 7

第二阶段：脚踏推进 12

高轮自行车或普通自行车 15

三轮车和四轮车 17

高轮自行车的最终改进 19

第三阶段：现代安全自行车的问世 22

起伏的热情 23

全地形自行车 25

躺式自行车 25

助力自行车 29

参考文献 35

第二章　人体能量产生 39

引　言 39

测量人力输出 40

蹬踏性能量化描述......46
骑行生理学：入门......53
骑行中的能量学......74
蹬踏力......81
身体位置、踏板运动和速度的影响......85
热效应（骑自行车的人如何保持凉爽）......102
参考文献......110

第三章 速度成就和比赛......119

引　言......119
自行车定义、活动规则和组织......120
历史见证的人力速度......121
攀　升......121
速度所需......123
200米计时赛包括助跑和快速起步......125
静态发车计时赛......136
提高成绩：进步还是作弊？......144
参考文献......153

第四章 功率与速度......157

引　言......157
空气阻力......158
斜坡阻力......161
测量坡度......164
滚动阻力......166
颠簸阻力......167
加　速......171

给定速度下所需的功率 172
在给定功率下达到的速度 173
在线工具和计算机模拟 175
路面阻力和动力的测量 176
关于功率和阻力的分析 181
自行车与其他运动方式 186
参考文献 191

第五章 自行车空气动力学 195
引　言 195
阻力和阻力系数 197
减少自行车的空气动力阻力 210
其他空气动力现象 218
风帆自行车和整流罩HPV 225
参考文献 234

第六章 滚动：轮胎和轴承 239
引　言 239
历史记录 239
基本滚动阻力 240
自行车车轮 242
滚动阻力：观察、理论和相关性 252
不同条件下的相关性示例 256
轮胎横向性能 280
参考文献 284

第七章　制　动 289
引　言 289
自行车制动 292
制动表面的功率和能量吸收 298
稳定车辆的最小制动距离 300
制动时的纵向稳定性 300
潮湿天气制动 304
制动力传递 306
自行车制动的其他发展 308
下坡制动时制动功率和轮辋温度 309
参考文献 314

第八章　转向、平衡与稳定性 315
引　言 315
影响自行车转向的特性 316
轮式车辆配置 317
类比扫帚柄 320
自行车如何保持平衡 321
自行车配置对转向和平衡的影响 328
稳定性 338
摆　振 345
参考文献 350

第九章　动力传输和混合动力系统 353
引　言 353
传输历史 355
传输类型及其损耗 357

正向驱动 358
　　非正驱动 378
　　其他传动装置 385
　　链传动和齿轮系统的传动效率 385
　　混合动力辅助系统 390
　　电动自行车的未来？ 400
　　参考文献 401

第十章　不同寻常的人力机器 405
　　引　言 405
　　人力割草机 406
　　人力除雪机 408
　　滑板车 409
　　残疾人用人力车 419
　　人力冰雪车 420
　　人力速度车 421
　　人力轨道车 424
　　人力全地形车 429
　　人力躺式自行车 429
　　维罗车 433
　　人力多人驾驶自行车和公路列车 438
　　货运自行车 441
　　人力水上交通工具 444
　　人力飞机 456
　　参考文献 464

第十一章　人力运输车辆 469
　　引　言 469
　　政府法规和激励措施 469
　　自行车使用和基础设施 473
　　基于人力车辆的交通运输系统 479
　　参考文献 488

第一章
自行车骑行简史

引 言

  正如乔治·桑塔亚纳（George Santayana）所说，"那些不了解历史的人，事实上，注定要重蹈覆辙"。尽管如此，人们仍花大量时间重复发明各种自行车及其部件。这一必要的简史的一个目的在于使有意成为发明家的人们了解前人。艾萨克·牛顿爵士（Sir Isaac Newton）曾说："如果说我们看得比别人更远些，那是因为站在巨人的肩膀上。"但要做到这一点，我们必须首先知道巨人的存在以及他们所取得的成就。另一个目的在于消除对于自行车的不实传言。人们虚构这些传言可能是出于不法或自私或幽默的目的，例如，传言莱昂纳多·达·芬奇（Leonardo da Vinci）或者他的一个弟子曾发明了链传动自行车。这些传言迅速被当时的记者以及爱好者们所接受，继而迅速成为某种学问，尽管这些传言都是错误的。历史学家不断地谴责这些谬误，但是那些业余的历史学家仍然宣扬着这些错误的观点，就好像它们是真的一样。这些人似乎践行着民主的最初级形式：如果他们在十本出版物里读到了一些内容，而在一本中读到了与之相反的内容，那么他们就会认为被报道得多的一定是真的。

  我们现已成为一个自行车历史学家组织的成员，这一组织（包括其学术文集和学术会议）有着强大的国际影响力。已故的组织创始人德里克·罗伯茨（Derek Roberts）给每一本包含自行车历史的新书都写了更正纪要，以指出那些细节上的不实之处。在已故的该组织的杰出成员，也是自行车历史书籍的出版商约翰·平克顿（John Pinkerton）的鼓励下，罗伯茨将这些错误和更正收集在一起，并出版了《自行车历史：谬误与质疑》（1991），进一步试图阻止错误历史版本的浪潮。在这一版简史中，我们将尽力消除之前的谬见，并且将尽自己最大的努力不去创造一些新的出来。我们受到了罗伯茨、平克顿和汉斯-埃哈德·莱辛（Hans-Erhard Lessing）的亲切指导。莱辛是一位著名的自行车历史学家、前策展人，也是一位大学教授，他自己记录了几个此前被认为是历史事实的主要的自行车谬误（其中一些在本章后面会引用到）。这一组织中其他给予作者特别帮助的有尼克·克莱顿（Nick Clayton）和戴维·赫利希（David Herlihy）。自行车历史学家在许多专业方面都远未达成一致：自行车历史是一个各自持有观点并被强烈捍卫的领域，任何业余人士都必须小心行事；我们非常感谢这一组织的建议，尽管它们有时并不一致。

　　自行车运动的历史上有三个重要的时期，本章将对每个时期进行详细的介绍。尽管人们对早期两轮车有着各种误解，事实上第一辆自行车（是骑车人跨坐在上面并用双脚推动地面的一台"会跑的机器"）于1817年在德国发明，这标志着自行车和机动车历史的开端。第一辆自行车在许多国家都很受欢迎，但随后在曼海姆（1817年底）、米兰（1818）、伦敦、费城、纽约（1819）和加尔各答（1820）被当局压制，以至于到1821年它几乎消失了（莱辛，2017）。然而，莱辛（2017）记录了1829年4月在慕尼黑举行的26辆自行车参加的"会跑的机器"比赛。包括平克顿在内的其他人则认为，这种机器只不过是富人们的一时狂热，而这种狂热总会来去匆匆。直到19世纪60年代早期，法国人给它的前轮增加了曲柄和脚蹬，这时国际上对自行车的热情重新高涨起来。如果我们把现代自行车定义为一种有两个轮子直线排列并由车身连接，骑行者可以坐在车身上，脚踩踏板，控制驾驶方向以便保持平衡的交通工具，那么这辆法国自行车就是其历史的开端。这一狂热持续时间远长于1817—1821年这几年。因前轮越来越大，高轮自行车或"普通"自行车就此诞生了。尽管资深的高轮自行车骑手平克顿认为所谓的危险被过分夸大了，但这种车确实危险。设计者和发明家多年来一直试图发明一种更安全的自行车。随着所谓的安全自行车而来的是巨大成功：1878年"非凡自行车"（Xtraordinary）和"灵巧自行车"（Facile）诞生，之后1885年约翰·肯普·斯塔利（John Kemp Starley）的安全自行车取得巨大商业成功，随着1888年邓洛普充气轮胎的改造，该车至

1890年就变得与现在的安全自行车极为相似。

以上是自行车简史三个主要的发展阶段。同时本章还谈及三轮车时期、人们对躺式自行车不断的热情以及一些现代的发展。

早期历史

人类通过使用工具把自己与动物区分开来。广义来讲，工具可能是简单如用作锤子的一块石头，也可能是复杂像用来操控太空飞船的一台电脑。这里关注的是历史范围内和机械范围内有关自行车的工具。自行车几乎是众多人力机械中唯一接近最佳方式来利用人体肌肉的。纵观历史上人力的滥用（威尔逊，1977），自行车无疑是多少人辛苦努力结束这种苦差后的一个辉煌的顶点。

许多船只，甚至大型船只，直到17世纪都是靠人力运行的。罗马战船上有多达三层的数以百计的桨。图1.1是一艘17世纪有54只桨的大型战船，每只桨由五人控制。这些人可能是罪犯（事实或者假想），被铁链锁在长凳上。配备着鞭子的监工在中间的过道巡查着，谁不卖力做事就严加拷打。这些不幸的桨手的肌肉运动在古时被认为是典型的恰当动作。手、臂和背部的肌肉被充分利用，而人体最大的肌肉群——腿部肌肉，仅仅用在支撑或反作用力上。（这些早期桨手没有现代赛艇运动员所使用的滑座。）这个动作基本上是用一种拉力来抗衡缓慢消失的阻力。五名桨手坐在船内侧桨的末端，最外侧一人的动作要比靠近枢轴处桨手的动作快很多，但是即使是最末端的桨手划桨时也可能远低于其最佳速度。大多农业和林业工作的肌肉使用也属于同一范畴。锄、挖、锯、砍、叉和铲这些动作都主要依靠手臂肌肉和背部肌肉，腿部肌肉几乎没有什么有效的力的输出。在很多情况下，肌肉必须绷紧以对抗强烈的阻力；现在我们知道，当肌肉在一个较小的阻力下快速收缩时，能产生最大的功率，这被称为良好的阻抗匹配。在自行车的具体背景下，这种良好的阻抗匹配可能被称为最佳传动比。

一个中世纪的在最佳传动比中利用相应肌肉的例子是绞盘。几个人绕圈行走，推动旋臂，绞动绳索。绞盘的直径根据工作条件选择，每个劳工可选择最

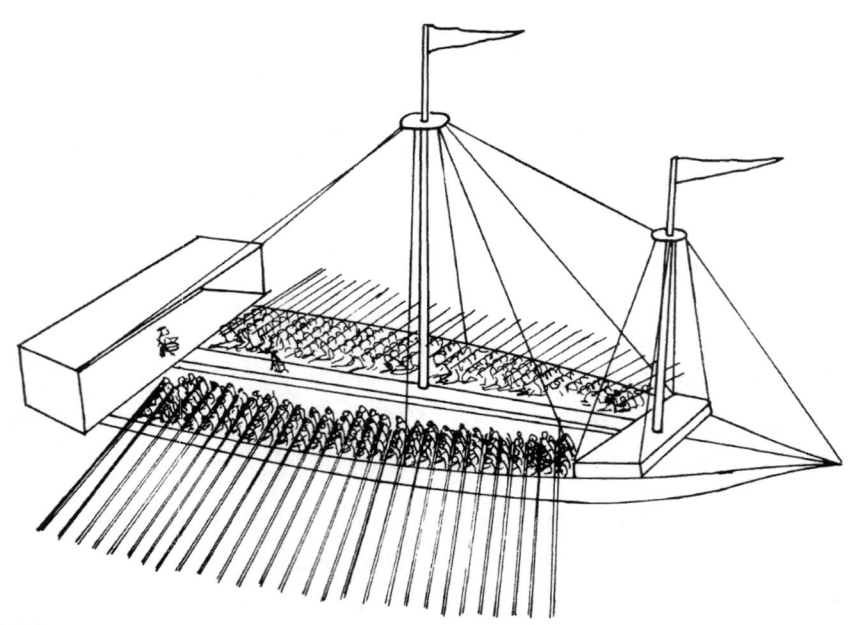

图 1.1
17世纪早期的战船上，鼓手站在船尾，配备着鞭子的监工在中间的过道巡查。（图片来源于《不列颠百科全书》中记载的不列颠博物馆的一幅画作，由戴夫·威尔逊速写）

适合的径向位置推动。同样的原理在水平脚踏轮上得到了逆转。倾斜踏轮可以使人体处于更直立的姿势，手臂施加的推力更小。最后踏轮在一个水平轴上垂直立起。各种布局排列都是可行的，最常见的是无数用在中世纪起重机和磨坊的仓鼠鼓式踏轮，也被称为踏车。如今它仍被用作水平或倾斜的环形皮带以锻炼或测试肌力。

较罕见的是莱昂纳多·达·芬奇提出的用于提高军备的笼式踏车。还有更为残忍的用在惩教院强制苦役的踏车。自1821年起，一名英国工程师为布里克斯顿（Brixton）监狱"发明"十台大型惩罚性踏车，连在两个磨盘和水泵上。十到二十名犯人同时推动磨盘以磨取面粉。不像厨房里的扫地机、绞盘，甚至是仓鼠鼓式的踏轮，所有这些至少让工人可以选择施加的力，而残忍的布里克斯顿轮设计，要求每个囚犯和其他囚犯一样，以完全相同的速度施加自己重量。这个速度是由一个操作钟的离心机制维持的（《镜报》，1822）。沃尔顿

（Walton）2015 年和 F. I. 卡奇（Katch）、麦卡德尔（McArdle）、V. L. 卡奇 1997 年给出的数据有所不同，但确实表明囚犯每天必须以 120～250 瓦的功率工作数小时，而且他们营养不良，经常生病。到 19 世纪中叶，大约有 100 所英国监狱，以及英国殖民地和美国的一些监狱，都配备了这种设备，导致一些囚犯残疾和死亡［瓦韦尔（Vaver），2013］。这种惩罚方式直到 1902 年才停止。在南非，一个工作模型被留存或者说被重建了出来（图 1.2）。

奥古斯蒂诺·拉梅利（Augustino Ramelli）提出了许多新颖甚至独特的踏车，包括可能是唯一适合人坐姿使用的半躺式踏车（图 1.3）。这样的工作可能不太愉快，但比起战船上的苦役犯或维多利亚时代的囚犯的工作，这要惬意得多，而且视野也更好。注意传动：先加速，再大幅减速。

历史上第一个明确的人力交通工具（如果不包括独轮车和由男人或女人

图 1.2
在南非开普敦的防波堤监狱（现在的防波堤小屋），三层踏车用来惩罚囚犯。（图片来源：Lennon001，授权 CC-BY-SA 3.0）

图 1.3
半躺式踏车传动齿轮绞车。[纽迪（Gnudi）和弗格森（Ferguson），1987]

拉或推的手推车）是 17 世纪 90 年代在法国据说是由男仆推动的四轮车［里奇（Ritchie），1975，第 16 页］。（一幅据称是莱昂纳多·达·芬奇学生的作品被莱辛证明是赝品。）

第一辆自行车

似乎自行车发展中最重要的发现都是出于偶然。卡尔·冯·德莱斯男爵（Baron Karl von Drais）居住于曼海姆，在海德堡学习数学和力学。他是二进制数字系统、纸带钢琴音乐录音机、打字机和架在四个轮子上的双人力"驱动机"的发明者，而当时正值自 1812 年以来的粮食歉收时期。1815 年，印度尼西亚的坦博拉火山爆发，驱使有史以来最多的火山灰进入了大气（据估计是 1883 年喀拉喀托火山灰的七倍之多），并使得中欧地区和新英格兰在 1816 年成为"没有夏天的一年"。饥荒蔓延，马匹因缺乏饲料而被宰杀，那时燕麦价格起到的作用和如今原油价格起到的一样。莱辛（1995）相信持续的马匹缺乏导致冯·德莱斯改进了他的两轮"会跑的机器"，他一开始就给前轮安装了转向

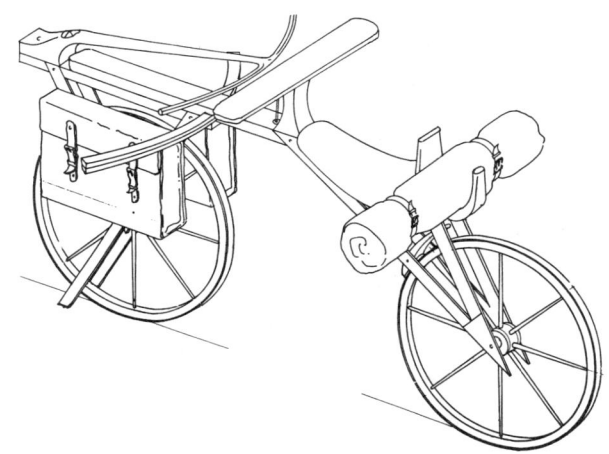

图 1.4
德莱辛式自行车（Draisienne）或老式脚踏车。约阿希姆·莱辛（Joachim Lessing）根据德莱斯的设计，恢复了自行车篷布和马鞍袋。车轮直径为 690 毫米。（汉斯—埃哈德·莱辛提供）

装置（图1.4）。我们早前猜想他并没有预想到转向装置会使得他保持平衡，这么做只是为了方便而已。但是，莱辛（1995，第130页）提出一个强有力的论点，滑冰"在有着众多河道的荷兰长久以来就是一种旅行和交通的方式"，它促使了轮滑的出现。莱辛引用资料描述道，轮滑是1761—1772年间剧院舞台上"一双设法用小金属轮子滑行的"模仿滑冰的鞋。1790年一张留存的在海牙到席凡宁根之间的户外演出的传单证实了最早的直排轮滑鞋。这些并没有出现在当时的科技类杂志里，因此很难断定冯·德莱斯是否了解。但是冯·德莱斯本人是一名滑冰者，因此单脚滑冰时保持平衡有可能激发了他对于大型滑动设备需要转向装置的思考。[如本章后面所述，1863年詹姆斯·普林顿（James Plimpton）为可操控的旱冰鞋申请了专利，这使他成为千万富翁（莱辛，1995）。]一个记录更为详尽的影响是对负荷下方安装中心轮的中式独轮手推车的重新探索，而这也成为海德堡大学的一项研究课题。

尽管我们已经有了自行车运动史上的重大发现，却几乎没有任何记载。冯·德莱斯交通工具的消息在1817年德国、1818年英国、1819年美国的报纸上刊登。在巴黎，冯·德莱斯获得了一项为期五年的专利，它被称为le vélocipède（事实上，从1817—1870年，velocipede这个词在英语中用来指任何以脚为动力的车辆）或la draisienne，德语和英语中为Draisine。在英国，人们称之为步行加速器（Pedestrian Accelerater），它还有一个昵称"玩具马"（Hobby Horse）[斯特里特（Street），1998]。（活马需要持续的照料。这些机械"马"可以随意使用或置之不理，因此被称为玩具。）

尽管起初受到怀疑和嘲笑，冯·德莱斯很快就证明，即使超过两三个小时的路程，他的速度也可以超越跑步者或者马拉车。他下斜坡和高速转向时的平衡能力起到了尤为重要的作用，这使得不太运动的大多数人心生敬畏。他确确实实是通过转向实现两轮平衡自行车的创始人。

冯·德莱斯有众多模仿者。其中之一是伦敦的车身制造商丹尼斯·约翰逊（Denis Johnson），他制造了看起来更加美观的两轮车，与之前的木制车身不同，他用铁制作了新的车身（因此可能会有一点重）。很快，这一交通工具被称为"丹迪马"（Dandy Horse）。约翰逊设立了一所学校专门教授年轻绅士如何骑车。在接下来的一年，骑两轮车出行这股风潮蔓延到了牧师、邮差、商人那里，如果当代漫画家所记录的也可被作为可参考的史料的话。但是，它的售价过高以至于只有富人才能购买使用。1821年，刘易斯·冈珀茨（Lewis Gompertz）给前轮安装了摆动圆弧棘轮传动（图1.5），这样骑车人可以拉动转向手柄以辅助双脚前进。但是这种两轮自行车受到了诸多限制以至于失去了它本身的用处，"他们下令在街道和公路上行驶的骑车人应被拦停并予以罚款"［戴维斯（Davies），1837］。约翰·平克顿2001年在与这位资深作者的通信中表示，他认为戴维斯言过其实：自行车使用者几乎都是非常富有的人，因此不太可能受到骚扰。

冯·德莱斯在安全自行车发展史三个阶段中的首要地位是不可撼动且毫无争议的。相比之下，第二、第三阶段（"阶段"似乎是恰当的说法，因为每一步都导致了自行车性能"阶段性的改变"）被笼罩在神秘和争论之下，当今的人们总是支持这一或者那一论点。

在本书之前的版本里，以及在其他权威的自行车历史书籍（包括里奇1975年出版的书）中，都认为是在1839或1840年，由苏格兰邓弗里斯郡的柯克帕特里克·麦克米伦（Kirkpatrick Macmillan）开始了第二阶段。据说，他把曲柄安装在自行车（大的）后轮上，通过连杆连接前轮轴心附近的摇动臂。可

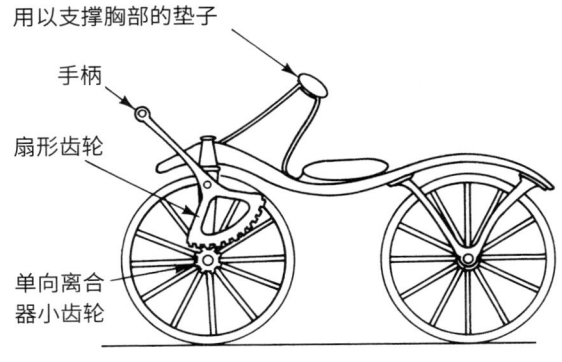

图 1.5
冈珀茨的手传动。（戴夫·威尔逊速写）

惜的是，自行车发明家几乎很少能留下无可争议的证据，麦克米伦当然也是如此。他所声称的发展被尼古拉斯·欧迪（Nicholas Oddy，1990）、汉斯-埃哈德·莱辛（1991）、阿拉斯泰尔·多兹（Alastair Dodds，1992）认为是又一个不真实的故事。莱辛指出，在当时以及后来那种沙文主义气氛下，不讲道德的人不断制造"证据"说自己国家的某个人是第一个发明了什么引人注目的设备的人。（根据一个亲戚所说，如图1.6所示的这种自行车的发明归功于麦克米伦，实际上它却是第二阶段中麦考尔于1869年发明的。）但是有人确信说，事实上麦克米伦很早之前就制作出了可骑行的两轮自行车。

正如本章前面所说，到1821年时木马式两轮自行车"潮"已经大大减退。自行车发展的第二阶段还要等到19世纪60年代（参阅下一节）。为什么如此之久？你可以推测出那些使两轮交通工具得到发展并对它抱有极大热情的国家——主要有德国、法国、荷兰、美国、英国——随后相继都处于铁路建设热潮中。新式快速的出行方式出现了，这项技术诱使发明家和机械师的创意与精

图1.6
这辆自行车的复制品被一些人认为是柯克帕特里克·麦克米伦的作品，实际由基尔马诺克的托马斯·麦考尔（Thomas McCall）在1869年左右建造。（经许可，转载自里奇，1975）

力从过于普通的人力交通转移开来。这与80年后发生的事情有惊人的相似之处，人们对安全自行车的热情在对机动车的激情面前烟消云散。莱辛（1995）指出，自从安全自行车面世，轮滑就不再受欢迎，室内溜冰场在欧洲接二连三倒闭，但在美国还有一席之地。

如果说所有的人力交通工具发展在此时就结束未免有些过于夸张了。仍然有些爱好者使用这种交通工具（包括维多利亚女王的丈夫阿尔伯特亲王），但范围并不广泛。人们因为它的体积、重量和价格以及不良的路况不愿意改变出行方式。威拉德·索耶（Willard Sawyer），英国肯特郡车身制造商，制作了更加精细的四轮自行车，如图1.7所示。从大约1840—1870年［麦古恩（McGurn），1999，第24—26页］，他把这些四轮自行车出口到世界各地。只有一些爱好者还在使用，但之后就没有下文了。毋庸置疑，在不同的国家一

图1.7
索耶的四轮自行车。（经许可后复制，里奇，1975）

定仍有些发明家和机械师做着改进德莱辛式自行车的工作。

第二阶段：脚踏推进

自行车发展的第二阶段极具争议。本书第二版添加了一章自行车历史。我们认为皮埃尔·米肖（Pierre Michaux）所做的巨大贡献是给德莱辛式自行车的前轮添加了脚蹬和曲柄，接着开启了令人震惊的漫长时期。从19世纪60年代一直持续到19世纪末20世纪初，世界许多地方几乎都经历了"自行车狂热"。在1867年和1869年，米肖制造了越来越多的脚蹬式自行车（如图1.8所示），但似乎还有其他6个"最早"发明自行车的人，且没有明确的获胜候选人［见哈德兰（Hadland）和莱辛，2014］。

无论功劳归于谁，结果都是毫无疑问的。1868年，人们对 le vélocipède 自

图 1.8

第一辆商业的米肖脚蹬式自行车。（克莱顿，1998）

行车的狂热始于巴黎，随后蔓延到比利时、荷兰、德国、美国和英国。第一次真正的自行车热潮正在进行。

为什么？为什么是那个时候？莱辛说我们大多数人在孩提时就学会了骑自行车，因此无法理解过去对于失去平衡的恐惧（除非教一个什么都不知道的成人学骑车）。这种恐惧阻碍着发明者设计出把骑行者的脚一直抬离安全地面的两轮自行车的方式。在梅耶贝尔（Meyerbeer）的歌剧《预言者》中，演员穿轮滑出现在舞台上之后，轮滑在19世纪40年代风靡整个欧洲大陆，溜冰者创造出新的艺术形式——花样滑冰。为了模仿花样滑冰，"摇摆式"轮滑应运而生，它用橡胶块在鞋底控制方向。这种轮滑在1863年由波士顿人詹姆斯·普林顿发明。他的室内溜冰场内提供只租不卖的轮滑，他的室内溜冰场帝国遍布美国、欧洲和整个英联邦。轮滑在19世纪60年代大为流行，很大一部分的富人试着学习如何两脚站在轮子上面保持平衡。只有在这种广泛的平衡经验基础上，才会有人问：为什么不能把两只脚都一直抬离地面并放在曲柄上呢？此外，巴黎在这一时期建设了碎石铺设的大道，便于德莱辛式自行车两倍重量的新式自行车通过。最主要的是，自行车骑行充满乐趣，且成千上万的人并未受到当权者的阻碍。

我们如今是无法感受当时那种令人着迷的体会了。当时他们骑的自行车木制轮有粗大的压力辐条和铁质轮辋。虽然戴维斯（1837）提到一些德莱辛式自行车安装了"摩擦辊"以减轻摩擦，但直到19世纪60年代后期，橡胶才被固定于轮辋之外以起到缓冲作用，滚珠轴承也第一次被用在自行车上以使得骑行更加容易。在1870—1871年普法战争中，法国的自行车工厂被要求转向军备，法国失去了在自行车发展方面的领导地位（里奇，1975）。

美国对自行车的主流发展明显缺乏贡献，这又是为何呢？美国工程与力学中的人才又做了什么？事实上自1868年起，美国专利局就收到了如雪片般飞来的有关脚蹬式自行车改进的专利申请。法国和英国的制造者那时认为有必要关注大西洋那边的发展。1869年，皮克林（Pickering）改进的脚蹬式自行车从纽约出口到了利物浦。但是在1871年，根据《科学美国人》所说，美国人对脚蹬式自行车的狂热突然间褪去，不再称之为行走的艺术，就像它突如其来的开始一样,这使新型商业破产,发明家无路可走(里奇,1975)。美国在此之后出现了一段沉寂期,直到1877年高轮自行车从欧洲进口。阿尔伯特·波普(Albert Pope)上校一年后在美国开始制造它们。但是美国的条件与欧洲相比不算有利。在欧洲,高轮自行车使得人们能在舒适的前提下比脚蹬式自行车行驶得更远;在英国,良好的路面条件足以让人们在七天之内,骑

图 1.9
1870年,斯塔利和希尔曼的杠杆张力轮,于2001年由年迈的约翰·平克顿展示。(照片:戴夫·威尔逊)

车从西南部康沃尔郡的兰兹角到东北部苏格兰的约翰·奥格罗茨（1490千米）跨越整个国家（里奇，1975）；在美国，城镇之间的距离极其遥远（除了新英格兰地区），而且道路崎岖不平，高轮自行车并没有，或者说没有表现出太多的自由，因此市场远较欧洲小且更加分散。在美国，除了少数自行车爱好者和想要创造纪录的人之外，是否还有人使用自行车进行长途旅行是值得怀疑的。

英国自行车市场发展迅速，尽管如此，更多的生产是为了满足法国需求而不是国内市场。詹姆斯·斯塔利（James Starley）（约翰·肯普·斯塔利的叔叔）用他的缝纫机工厂在考文垂打造了一个繁荣的自行车工业，并多次担任该地区的技术领导。悬架或张力轮是由尤金·梅耶（Eugene Meyer）于1869年（克莱顿，1997）和威廉·格劳特（William Grout）于1870年在巴黎开发的。大约在同一时间，斯塔利和威廉·希尔曼（William Hillman）发明了带有径向辐条以及用于拉紧和扭矩传输的"杠杆张力"轮（图1.9），1874年，斯塔利对轮辐切线张力这一想法的逻辑延伸做了专利保护。直至今日，这仍然是标准的制轮辐方法（图1.13和图1.17）。

高轮自行车或普通自行车

随着张力辐条的出现，前轮可以被做得越来越大，每一次踏板的循环运行都使得距离越来越长，因此获得了更快的速度。1870年8月11日，斯塔利为他的羚羊自行车（Ariel bicycle）申请了专利，这款自行车的驱动轮已经比普通自行车大了。[有一段时间，一些法国比赛组织者试图限制车轮直径在1米之内（道奇［Dodge］，1996，第58页），也许这是国际自行车联盟之后颁布限制的先兆？] 斯塔利等人认识到了齿轮增速传送的优势，但是实验者发现可用链条会很快被当代路面上的细沙和砾石卡住。之后不久，前轮在确保能够舒适蹬动的情况下被尽可能做得大一些，人们购买适合自己腿内侧长度的自行车。产量最大的"高轮自行车"或"普通自行车"[也被称为便士-法新自行车（penny-farthing）]驱动轮直径可达到60英寸（约1.5米）（图1.10）。（在英语国家，我们仍然把齿轮速比转换成等效驱动轮直径,这个尺寸相当于标准的现代自行车的中间齿轮。法国和其他欧洲国家的人们用 la developpement 表达,即车轮的周长,曲柄旋转一整圈所行驶的距离。)

19世纪70年代是高轮自行车占主导地位的时代。70年代末,顶级的自行车出现了,前后轮和转向头都有滚珠轴承,轮辋和前叉由中空的管子做成,转向轴倾斜以达到后倾效果,轮胎橡胶较1870年有了显著改进,竞速自行车质量减轻至30磅(约13.6千克)以下。1889年,一辆仅重11磅(约5千克)的高轮自行车问世。

高轮自行车成为第三次两轮车热潮的主要原因是,它受到了法国、英国和美国上层阶级年轻男士的青睐,军事风格的俱乐部中穿着制服的人们甚至号手起了推动作用(道奇,1996,第82—88页)。高轮自行车给予爱好者难以想象的自由,同时也引起了大多数不会或不能骑车的人的反感。一部分的反感实际上是嫉妒,这种新的自由和风格仅流传于富有的年轻人中。严格的着装要求阻止了除极具打破旧习观念的女性外的几乎所有女性骑高轮车。有家室的男性,即使体格健壮,也会因为经常有报道说骑车人因摔倒严重受伤(有人认为这些报道有夸大之嫌)而犹豫是否要骑车。不太有运动才能或身

图 1.10

高轮自行车。(英文三种说法:ordinary、high-wheeler、penny-farthing)(夏普,1896)

材矮小的男性自动被排除在外。这些群体中潜在的骑车人把目光转向三轮车［夏普（sharp），1896，第 165—182 页］，有一段时间，三轮自行车和高轮自行车的型号一样多。

为这个特殊市场服务的需求产生了两种技术反应。詹姆斯·斯塔利在第一次技术变革中发挥杰出作用，他的侄子约翰·肯普·斯塔利在第二次技术响应中也是如此。

三轮车和四轮车

第一次技术响应是实用的三轮或四轮车的发展。三轮或四轮车不需要考虑平衡，骑车人能够以舒适、相当安全和可能更庄重的姿势坐在车上。这种交通工具至少自 19 世纪初起就在不同时间被制造出来，但是老式沉重的结构使得驱动它们成为艰巨的任务。事实上，据说动力是由一个或几个仆人提供的，实际上替代了马的作用（这些报道的真实性有待考究）。穿着传统服装的女性和相对保守的男性可以比较轻松地操控斯塔利的儿子和侄子在 1876 年获得专利的"考文垂三轮车"（Coventry Tricycle）。从 1877 年开始，斯塔利家族连续几年生产了这款车。在生产运行的早期，它是由一个杠杆系统驱动的，称为考文垂杠杆自行车。然而，至少在三轮车可能更受保护的环境中，斯塔利发现链条能起到很好的作用，并生产了带有旋转踏板的后来的版本；这些被称为考文垂旋转三轮车（图 1.11）。考文垂三轮车和之后的版本在座位的左边有一个大的驱动轮，还有两个转向轮，一个在右前，一个在右后。然而，斯塔利看到了另一种设计的好处，那就是骑车人两边各一个大驱动轮和前边一个转向轮。为了使这种设计能够运转，动力必须分别传送到两个轮子上，只有这样转弯时两个轮子速度才不一样。为了解决这个问题，斯塔利重新发明了"平衡齿轮"（夏普，1896，第 240—241 页），现如今被称为差速器。斯塔利的皇家礼炮三轮车（Royal Salvo tricycle）采用了改进的设计，成为主要的三轮车样式，不管是单人骑、双人并肩坐，甚至是一前一后坐都可以（图 1.12）。这并不是说三轮车就没有其他样式了，例如，商人的货车采用了与此

图 1.11
斯塔利的考文垂旋转三轮车。(夏普,1896)

图 1.12
斯塔利的皇家礼炮三轮车。(夏普,1896)

相反的安排,转向轮设置在大的驱动轮后面(平克顿,1983)。但是转向轮前置被认为可以提供更好的控制(人们不用操控后轮躲避行人和路面坑洞,但是转向轮后置就必须这样)。

随着链条驱动的效率和可靠性的提高,三轮车前轮渐渐被制作得越来越

图 1.13
当代早期三轮车。(夏普,1896)

大,相反驱动轮越来越小。到 1884 或 1885 年,前轮被直接连接在了车把上(图 1.13),这是比之前用到的齿条、齿轮和其他间接系统更简单、更可靠的设计方式。现代三轮车得到了发展,骑车的姿势发生了变化,人们或坐或站于曲柄之上,把身体重量分布于车把、脚蹬和座位上。(现在的三轮车和四轮车大多是骑行者斜躺于座位上而不是坐在鞍座上,后面的章节会详细介绍。)

高轮自行车的最终改进

1884 年底或 1885 年初,现代三轮车与现代自行车的新兴形式十分类似。事实上,针对诸多高轮自行车运动的排斥行为的第二次技术革新是对于自行车结构布局的发展改进,这使得骑车人不会以倒栽葱的样子从相当高的高度摔下去;而且人们可以穿着传统服装骑行,不需要体育运动能力。

一些高轮自行车的改进只满足了迫切需要改进的第一步。沃顿把手(Whatton bars)(图 1.14)是一种从后面伸入双腿下的车把,因此当发生前倾时骑车人可以迅速双脚着地。(自行车俱乐部——不是警察——基于同样的原因建议标准高轮自行车的骑车人快速下坡时把双腿置于车把之上,如图 1.15。)现代的躺式自行车也有着类似的车把设计。美国之星(American Star)的设计者采用一些方法使得骑车人从车把翻出去的可能性减小,如把小轮放在前面,

图 1.14
沃顿把手。(《骑行》,1887)

图 1.15
"顺坡下滑——安全与鲁莽"。(《骑行》,1887)

图 1.16
美国之星,踏板式高轮自行车(1880)。[博德里·德·索尼耶(Baudry de Saunier),1892]

并加以转向功能,通过使用大轮单向离合器杠杆皮带驱动以减小车轮尺寸(图 1.16)。不幸的是,这一改进为时已晚,没有造成太多影响,因为在那时(1881 年)真正的"安全"自行车正在迅速地演变。另一种比高轮自行车更加安全的自行车是"小矮人"前驱动自行车，比如 1884 年的前轮较小且有加速装置的希尔曼的袋鼠车［图 1.17 是 1886 年的袋鼠"小矮人"自行车（Kangaroo Dwarf Roadster）］（夏普，1896，第 152 和 158 页）。这种车辆的出现是因为那些习惯了前轮驱动自行车的人对后轮驱动安全式自行车并不那么喜欢。配有行星轮毂和小车轮的班塔姆小型自行车（Bantam bicycles）（图 1.18）在 1900 年之前上市了。

图 1.17
1886 年的袋鼠"小矮人"自行车。（夏普，1896）

图 1.18
班塔姆前驱动齿轮式安全自行车。（夏普，1896）

第三阶段：现代安全自行车的问世

人们早就认识到，从安全的角度来看，骑自行车的人最好坐在两个中等大小的轮子之间。多年以来为实现这一目的人们做了许多尝试。配有橡胶轮胎、变速齿轮、飞轮、管式框架、悬架车轮以及带式制动器的自行车在1869年的第一届巴黎自行车展上展出。然而在1885年前一或两年这一自行车飞速发展的时期内，英国举办的年度斯塔利自行车展上，部分当今自行车的直系原型就已经被展示了。詹姆斯·斯塔利于1881年去世，但他的侄子约翰·肯普·斯塔利与威廉·萨顿一同合作，在1885年生产出了一系列罗孚（Rover）安全自行车（平克顿和罗伯茨，1998）；同年末，改进后的自行车配有直接操纵转向和非常接近今天大多数自行车所使用的菱形车架（图1.19）。

在现代自行车的主流发展里，一个重要的改进保留了下来：充气轮胎。它在1888年由一名苏格兰贝尔法斯特的兽医约翰·博伊德·邓洛普（John Boyd Dunlop）申请了专利。但是另一个苏格兰人R. W. 汤姆森（R. W. Thomson）在1845年就已经申请了用于马车的充气轮胎的专利（英国专利10990号）。邓洛普早期的轮胎有些粗糙，本是为了使他儿子的三轮车骑行更加平稳而制作的，但是在1889年5月，W. 休姆（W. Hume）把它用在了贝尔法斯特一次自行车竞赛上并包揽了四块金牌。那次比赛的胜利给了被多元发展搞糊涂的大众一个

图1.19
斯塔利安全式自行车。（夏普，1896）

明确的信号。就安全自行车和高轮自行车相比较，骑车人看到了一个新发展的到来：自行车不仅应当有更快的速度或在同样速度下花费更少的力气，而且应当有更多的舒适性，（尤其）重要的是更加安全。此后的8年之内，实心轮胎逐渐退出市场，邓洛普因此成为百万富翁。

随着充气式轮胎和直接操纵转向安全自行车的到来，除了制作精良的零部件还未得到完善，现代自行车可以说已经得到了充分的发展。在19世纪90年代的英国，各种有着行星直齿轮、能产生不同变速比的变速器和链条驱动后轮毂的安全自行车上市了。一些早期只适用于三轮车的沉重装置也可以使用了。施图美爱驰（Sturmey-Archer）的三速齿毂（1902）是主要类型，它仍然应用于世界许多地方（哈德兰，1987），但是出现了许多竞争者。变速器或拨链器齿轮在1895年的法国和英国得到发展，但并不流行。经过在欧洲的进一步发展，它最终在20世纪20年代被应用到比赛之中［贝尔托（Berto）、谢泼德（Shepherd）和亨利（Henry），1999］。

毫无疑问的是，关于现代传统单人自行车的史料未来还会有更多的发现，迄今未被认可的发明家也将会受到应有的殊荣。感兴趣的读者可以在本书提到的优秀的参考书中找到更多的历史资料，远超本书篇幅所限的内容。

起伏的热情

虽说在19世纪90年代"西方发达"国家对于自行车的巨大热情在世纪末急速衰退，但并不意味着自行车被广泛地弃用了。买得起自行车的工人不多，但富裕的人用自行车上下班和购物，后来，至少在欧洲，布帽（即工人）阶级也用自行车运动，在周末和假期旅行。倒霉的作者直到9岁才被允许骑自行车（之后他得到了一辆旧的单速老爷车），1939年11岁时收到了一辆旧的三速"运动"自行车，同年欧洲爆发了战争。二战期间在英国，汽油一开始定量供应，之后私人无法使用，因此自行车在当时被广泛应用。与哥哥、母亲和父亲一起骑车是作者成长过程中重要的一部分。与同学看当地炸弹造成的破坏现场和坠毁的飞机，去参观当地游览胜地（如深水潭），安排越来越长的骑行计划并最终在 1944 年一路骑到了 1000 英里（约 1600 千米）之外的苏格兰，所有这些都是解放和塑造性格的活动。无处不在的欧洲自行车同好之人使得每一段骑行都无比愉快。

当汽车和汽车燃料再次易于获得并且又能支付得起的时候（二战结束之后），在许多西方国家，自行车沦为孩子们及边缘群体的交通工具。然而，在发展中国家，对于每一个买得起它的人来说自行车就是一个必需品。大多数这些国家尤其是中国，人们通过自行车出行甚至运货的比例要远高于通过铁路或公路出行、运货的比例。

现代的自行车热潮开始于 1970 年左右的美国，原因已无法了解。（在此之前，作者组织了一场为期两年的人力交通工具设计比赛，这一赛事在当时引起了公众相当的兴趣，于是他忍不住自吹自擂，把功劳归于自己，就像是公鸡在拂晓时分的啼叫，仿佛是它唤来了黎明。）自行车的年销量急剧增长，大大超过了机动车的年销售量。买家绝大多数都是中产阶级、受过高等教育的人和专业人员，因此，美国的自行车使用者与英国的使用者形成对比。这些自行车是用于道路骑行的相对较轻的型号；一开始，受欢迎的款式是"英式自行车"，主要是兰令（Raleigh）三速自行车，但是很快被"英式竞速车"（实际上越来越多的是法国和日本的）——现在被称为"十速自行车"——所取代，尽管我们怀疑许多购买的自行车实际上并不怎么被使用。

虽然自行车代表了一个巨大的成功，但出于健康和生态的原因在最需要它的时候，它的使用量再次下降。由于难以评估全球范围内的自行车使用量，奥卡（Oke）等人（2015）研究了 150 个国家私人家庭的最低自行车拥有量。总的来说，在过去的几十年里，拥有至少一辆自行车的家庭的比例从大约 60% 下降到 40%。在非洲和中亚的大部分地区，这一比例大约是这个数字的一半，而在北欧和布基纳法索（西非内陆国家），这一比例是这个数字的两倍。标准自行车的使用可能在下降，但更新的特殊自行车样式正变得越来越流行，其中一些我们在本章或其他后面章节会提到。

全地形自行车

1970 年，当时美国对轻型公路自行车的热情正在增加，加利福尼亚州马林县（巧合的是，也是合著者十年来的家）的一些爱好者开始尝试用旧的施文（Schwinn）老爷车进行下坡越野比赛（贝尔托，1998）。其他国家有一些人在此之前已经做过类似活动，但他们并没有把这变成一种运动。近 30 年后，弗兰克·贝尔托（Frank Berto）采访了 9 名当时还很年轻的男子，在加利福尼亚这片地区，他们自 20 世纪 70 年代以来一直在研究自行车的结构配置，首要考虑的仅仅是极速高山速降性能，然后才是越野和上山骑行性能。其中几人创办了公司，生产他们开发的设计。突然之间，"大约从 1982 年开始，在美国和欧洲的自行车销售发生了彻底的改变。买家从公路自行车转向全地形或者'山地'自行车。轮胎由窄变宽，骑车人从蜷缩手扶下弯车把的姿势改变为手扶平把且更加直立的骑行姿势"（贝尔托，1998，第 25 页）。这第二次自行车流行热潮与公路自行车潮完全不同，大多数自行车被最大限度地利用。也许多数并没有被用作野外娱乐，而是总被当成在通勤中和购物时可以越过高低不平的城市道路的极其实用的交通工具。这时的自行车已经摆脱了早前笨重破旧的印象，变得轻巧且充满高科技。它们达到了技艺精湛的非凡的水平，许多具备了前后悬架系统、二十七速齿轮、液压盘式制动器，以及由铝、钛、碳素纤维制成的车身。为这些所谓的山地自行车开发的技术引领了自行车行业几十年，如今许多被称为"城市自行车"的自行车都受益于这项技术。

躺式自行车

在这里我们之所以讨论躺式自行车而不是双人自行车、折叠车、三轮车和货运车（通常它们本身就是躺式自行车）的原因之一是，大多数现代破纪录的自行车都是躺式自行车。另一个原因是，使用躺式骑行姿势可以带来更大的安全性。

许多早期自行车（尤其是三轮自行车）会让骑手处于半躺位。早期使用实心轮胎的"老式自行车"的车座正好贴靠在骑车人的脊柱上,双脚的角度比现代直立安全式自行车的高了许多。高轮自行车和安全式自行车的骑车人被告知要把重心垂直放在曲柄的中心,与之相比,半躺式自行车骑车人坐在类似椅子的车座上,把他们的双脚伸向前方的踏板上。踏板反作用力不是由车身重量(或当超过重量时,通过拉下车把)产生的,而是由靠背产生的。

已知的第一辆半躺式自行车(即车手的重心相对于前轮道路接触点足够低,使他们在事故中被甩到前轮上的可能性非常低)是1895年之前由查尔斯·沙朗德(Charles Challand)[冯·塞尔维斯伯格(von Salvisberg),1897,第47页]在日内瓦制造出来的(图1.20)。在沙朗德标准自行车上,骑车人的座很高,位于后轮的正上方。1897年,编号577895的专利被授予由I. F. 威尔士(I. F. Wales)发明的一个外形有点奇特的有着手脚驱动装置的躺式自行车(图1.21)[巴雷特(Barrett),1972]。一个叫布朗(Brown)的美国人制造了一辆更加现代化样式的躺式自行车(图1.22),即沙发自行车(Sofa Bicycle),并于1901年带入英国[德纳(Dolnor),1902]。这个时候,传统的安全自行车已经成为主流,而对德莱辛式自行车、脚蹬式自行车和安

图 1.20
沙朗德躺式自行车(1896)。(来自《纽约时报》,1896年10月25日)

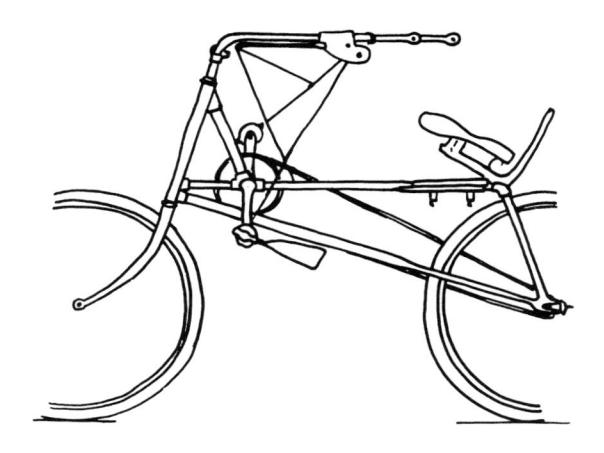

图 1.21
1897 年 I. F. 威尔士申请专利的有手脚驱动装置的躺式自行车。[弗兰克·惠特（Frank Whitt）速写]

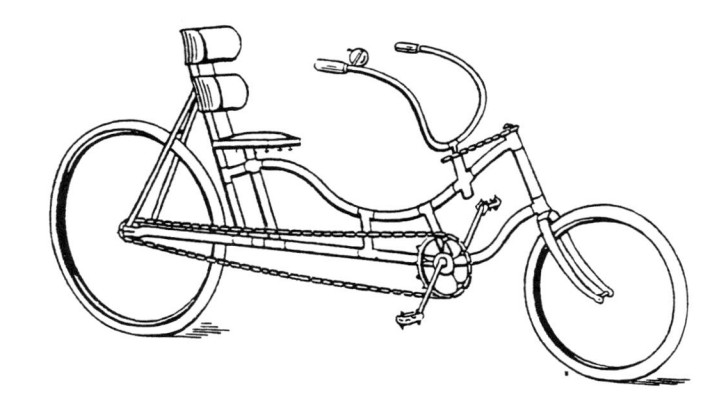

图 1.22
1900 年布朗躺式自行车。[《骑行者》（英国）中对于沙发自行车的速写，1901 年 11 月 13 日，第 785 页]

全自行车的嘲笑已经被遗忘了。1902 年 1 月 8 日德纳在《骑行者》中对布朗的躺式自行车讽刺地评论道：

> 在布朗先生关于未来自行车的想法中，一个现存的例子中展示了一辆新奇的自行车，它的怪异之处令人费解……其疯狂之处在于骑手的位置和

总体结构。……但奇怪的是，怎么会有人在清醒的时候居然会觉得这个又长又笨重的家伙能卖100美元（20英镑）。

躺式自行车在欧洲大陆非常成功。1921年，第一次世界大战结束后，奥地利齐柏林飞艇工程师（后来成为汽车设计师）保罗·贾雷（Paul Jaray）在斯图加特制造了躺式自行车（莱辛，1998）。瑞士人力车辆（HPV）俱乐部未来自行车公司（Future Bike）拥有并偶尔使用其J-Rad（未来自行车公司，2018）。它有三个杠杆的摇杆踏板。

在1931—1932年的法国，被称为维罗车（Velocar）的竞赛躺式自行车（图1.23）得以发展，它来源于同名的四轮脚踏式交通工具［施米茨（Schmits），1994］。因为维罗车的出现，之前名不见经传的赛车手弗朗西斯·福尔（Francis Faure）在4000米追逐赛中击败了世界冠军亨利·莱莫恩（Henri Lemoine），并打破了传统自行车保持的纪录（《虚度年华》，1934）。

图1.23
维罗车。（许可方广告所示）

在那时，一个纯正的正统观念弥漫在自行车行业和掌管着世界自行车竞赛的国际自行车联盟（UCI）。国际自行车联盟不但没有为维罗车之类的自行车设立一套程序和特殊的分类，而且在自行车贸易的催促下，禁止非传统类自行车参加有组织的比赛，包括像维罗车这样的躺式车辆。这一决定否定了新奇的想法通过比赛被检验和宣传的机会，因而在一定程度上也阻止了当时自行车的研究和发展。

只有在 1974 年始于加利福尼亚州的开放规则人力交通工具竞赛（并产生了国际人力驱动车辆协会和后来的其他组织）中，人力交通工具设计师的创造性才再次在躺式设计方面得到了鼓励。随着各种各样的躺式自行车在各种级别的公开赛中不断赢得冠军，这种交通工具的技术史，甚至说自行车的技术史才再次被改写。最近，所有流线型自行车（几乎总是躺式）的 200 米以上的单人骑行速度纪录都已经超过了大多数国家的高速公路速度限制。

尽管速度纪录继续攀升到前所未有的水平，且在日常使用中，它们在安全和舒适方面提供了优势，但躺式自行车从来没有达到显著的市场份额。当有机会在展会上骑上躺式三轮车时，人们会很兴奋地排队，但与标准自行车相比，由于成本和空间的原因，他们很少购买。那些有整流罩的维罗车（见第十章）提供了良好的天气保护，在平地上速度更快，但在陡峭的上坡上速度更慢，而且它们的使用甚至比标准自行车更受限制。矛盾的是，与标准自行车相比，它们的巨大安全效益没有得到承认，相反，它们被与汽车作比较，还被认为极其脆弱。

助力自行车

第一辆动力自行车似乎是西尔维斯特·罗珀（Sylvester Roper）在 1868 年发明的蒸汽自行车，1881 年古斯塔夫·特鲁韦（Gustave Trouvé）展示了一辆电动的斯塔利考文垂三轮车（同年还展示了一艘船和一艘无人驾驶的飞艇！）。1932 年的飞利浦 Simplex 可能是第一辆商业化的电动自行车，尽管专利和原型可以追溯到 1895 年［参见罗恩（Ron）2013 年和亨肖（Henshaw）与皮斯

（Peace）2010 年的时间线］。自行车的电动辅助系统从 1896 年开始出现，2019 年德斯蒙德（Desmond）详细介绍了何西阿·利比（Hosea Libbey）的自行车。然而，直到 1932 年，制造的电动自行车都使用汽油发动机。它们在性质上类似于今天仍在生产的轻便摩托车，只有在紧急情况下才使用踏板（如发动机故障、汽油耗尽和异常陡峭的山坡），有时也用于启动发动机。（此外，在许多国家，有踏板使车辆被归为不同的法律类别。）虽然从技术上讲，它们是人力混合动力车辆，但大多数轻便摩托车都不是为实际使用踏板而设计的：它们的曲柄很短，只有一个挡位，座位位置不是最理想的，轮胎的滚动阻力不利于使用踏板。没有发动机走起来很困难，而有了发动机，齿轮传动比就不适合踏板操作了。甚至著名的 Velo Solex 也属于这种类型：踏板只用于启动或行驶于发动机扭矩不足的陡峭的山坡上。

这样的助力车不是本书的主题，那些没有踏板的就更不用说了，它们很快演变成了摩托车或电动滑板车，而且越来越重。具有讽刺意味的是，如今一些电动滑板车，在一种古怪的复古进化中，安装了几乎不可用的踏板，以便使它们在一些国家获得自行车牌照。

然而，有一个明显的例外。内科医生和人力交通工具先锋艾伦·阿博特（Allan Abbott）（他在不同的人力交通工具领域开展的项目可能比任何人都多）关注许多人不健康的生活方式，因为当时美国每年有多达 25 万人因锻炼不足而过早死亡。因为这些人中的很多人花了大量的时间驾驶机动车，而没有时间或精力去锻炼，阿博特建议他们一边开车一边用蹬踏的方式锻炼。他在这里的主要目标不是提高车辆的效率或减少其对环境的影响，因此他建议在动力强大的车辆上安装踏板：车轮上的健身房（见阿博特，1999）。1988 年，作为一项实际试验，他在自行车上安装了一个小型汽油发动机，但与轻便摩托车不同的是，发动机只有在骑行时才会发出动力：通过将发动机的节气门与踏板上的弹簧链张紧器连接起来。只有链条上有足够的张力，发动机才会加速并通过离心式离合器传递扭矩。阿博特很快发现，他的自行车骑起来很有趣，比那些没有踏板的轻便摩托车更有趣。因为引擎的作用就像一个人力放大器，它会在踏板的每一次转动中立即让骑手感受到它的助力，尤其是在加速的时候。与其飞行水翼艇伙伴亚历克·布鲁克斯（Alec Brooks）一起（见第十章），阿博特后来（1997）成立了一家公司，销售美国第一辆"助力电动自行车"（即只有在踩自行车踏板时才会运行的电动自行车），并恰当地将其命名为Charger。

助力电动自行车的到来

大约在同一时期，其他先驱者共同发明了助力电动自行车。1975年，奥古斯都·金泽尔（Augustus Kinzel）的美国专利3884317号首次正式提到了脚踏板驱动自行车的原理，1982年埃贡·格尔哈德（Egon Gelhard）的美国专利4541500号要求自行车的电动机在速度超过1米/秒时启动。雅马哈在1989年发明了PAS动力辅助系统，1993年推出了第一辆PAS自行车，1994年销售了第一款（AX1，235瓦电动机），到1997年中期已经生产了20万辆PAS自行车。PAS使用扭矩和速度传感器制造出真正的助力电动自行车，该自行车在速度达到15千米/时之前，最大功率放大为200%（即日本法规要求的最大人机比1:1），在24千米/时时逐渐降低至0%（见日本国际自行车专业杂志社，1997）。

PAS自行车和类似的助力电动自行车受益于日本和欧洲旨在鼓励其达到25千米/时的立法标准。在英国，这一运动始于1983年的《电动助力脚踏自行车条例》，该条例允许自由使用200瓦（三轮车为250瓦）的电动机，前提是电动机在24千米/时的速度时熄火，且车辆质量小于40千克（三轮车为60千克）。2002年，欧盟通过了一项类似的指令，限速为25千米/时，没有重量限制，最大功率为250瓦，但不同之处是只有助力电动自行车可以使用。2001年，美国通过了一项截然不同的法律，允许配备功能踏板的车辆使用750瓦的电动机，最高速度为32千米/时。同年，加拿大也出台了同样的限速规定，但没有踏板要求，电动机功率限制在500瓦。美国各州和加拿大各省都可能提出额外的法律要求。瑞士曾一度采用欧盟指令，但在1992年引入了自己的速度类别（见下一节），如今有几个不同于所有其他国家的类别。因此，在这些国家中，电动自行车的发展各不相同，即使今天它们基本上是相似的，即使装配或编程方式不同。当你读到这篇文章时，情况可能又会发生变化。

Velocity 和"速度等级"

在西方世界，第一款真正优秀的助力电动自行车（甚至可能是绝对的第一款商业助力电动自行车）是由瑞士的迈克尔·库特（Michael Kutter）开发的 Velocity，他把自己的大部分时间都花在了这个项目上。第一辆商用版于 1992 年售出（合著者帮助组装和推广了第一批中的 30 辆，现在他的车还在）。一切都很好，除了被许可方更改组件和名称［改为 Dolphin（图 2.14）；2004 年起改为 Swizzbee；2008 年起改为 iZip］之外，什么都不需要被改变。然而，2015 年，库特英年早逝，他的小公司也随之而去。虽然不再出售，但在合著者看来，库特的发明仍然是最好的助力电动自行车类型，即使在 25 年后其他人在相当程度上已经迎头赶上。它可能是唯一的机械系列混合动力车，其功能将在第九章中解释。

然而，库特还"发明"了其他一些重要的东西：被称为"瑞士速度等级"的法律规范。此前，瑞士（和许多其他国家）的电动自行车规格不明确。轻便摩托车可以配备 50 毫升的二冲程发动机，限制在 30 千米／时，必须安装踏

图 1.24

Velocity Dolphin 助力人力自行车。（迈克尔·库特提供）

板，但不需要使用，而且许可证、保险和重型头盔在当时——现在仍然是——必需的。1992 年，库特说服瑞士当局通过符合其 Velocity 所采用系统的立法，这在当时意味着一个最大额定功率 250 瓦的电动机，可以驱动自行车速度不超过 20 千米/时。然而，踏板速度可以增加——这是一款真正的串联式混合动力——就像在纯自行车中一样，最高速度不受法律限制，而只受骑手的健康状况限制。由于没有整流罩的自行车（这里不允许使用整流罩）增加了空气阻力，即使在标称 250 瓦电动机的帮助下，也很难在任何有效时间内以超过 50 千米/时的速度行驶；事实上，1999 年在因特拉肯机场进行的 200 米速度测试中，合著者驾驶他的 Velocity 自行车仅达到了 48 千米/时的速度，甚至是在坡度为 −0.33% 的轻微下坡的场景中。这类车需要获得型式认证（即合格证书）以及助力车许可证和保险，不允许有双人车、三轮车或（如上所述）整流罩。当时不需要戴头盔，即使功率为 250 瓦，也很容易超越功率更大但速度仅为 30 千米/时的轻便摩托车，在风吹过头发的情况下，摆脱它们的毒害和噪声！

在从 A 到 B 的平均路程和平均交通条件下，Velocity 是所有车辆中最快的，赢得了大多数电动自行车比赛，后来被洛杉矶自行车警察采用，他们在 2012 年购买了 100 辆 iZip Express［见希克斯（Hicks），2012］，只为了比他们的对手更快。当时北美市场的电机额定功率已经提高到 750 瓦；据报道，这款警用车型的最高速度约为 64 千米/时。

为什么这辆独一无二的车是所有助力电动自行车中最好的却不再制造了？（这在库特去世之前就已经发生了。）这不仅是因为价格高或某些零件不可靠（合著者两次弄断了略微过度应力的后轴），更重要的是竞争对手的追赶和超越。

Flyer、BionX 和其他公司

特别是 Flyer 品牌在 20 世纪 90 年代末大量上市，并很快成为瑞士电动自行车的代名词。连续几家制造商生产了一系列令人眼花缭乱的 Flyer 牌电动车，很快垄断了老年人市场。可供租赁的 Flyer 车辆出现在旅游区，包括换电池点、旅游建议，以及有组织的旅行。大多数车型的初始加速都相当强劲（这让新客户很满意）。如今，无论使用何种系统，大多数电动自行车通常都有良好

的"感觉"，但它们还没有达到 Velocity Dolphin 的半自动操作。合著者的家用 Flyer 有一个罗洛夫十四速轮毂齿轮，每次出行都需要频繁换挡。即使是使用纽芬奇变速齿轮的车型也需要不断关注（参见第九章）。因此，我们希望有一天 Velocity 系统能够复兴。（在撰写本文时，第一批真正的自动装置开始出现，而纽芬奇也有自动模式。）长期以来，Flyer 使用流行的松下曲轴集成电机，现在也使用博世的类似电机。这些大公司供应许多助力电动自行车制造商。

截至 2018 年，加拿大 BionX 公司生产了一种非常易于安装的助力电动自行车套件，该套件配有无齿轮轮毂电机和后轮。有了这个套件，任何自行车店或小公司（包括合著者的邻居，他是农民）都可以销售自己品牌的助力电动自行车。BionX 的助力电动自行车套件的首批型号可自由编程（24 个参数！），甚至可以超过法定速度。（如今，它们是防篡改的"黑匣子"，例如，如果试图更换电池，它们会自动停用。）另一家农民创办的自行车公司（Stromer）为 2014 年实施的新瑞士速度等级法规生产了增强型 BionX 型助力电动自行车，虽然车速现在限制在 45 千米/时，但它将允许功率提高到 1 千瓦（几乎没有使用；因为即使是顶级机型通常也低于 500 瓦）。虽然这些助力电动自行车使用国际品牌的电机系统，其发展主要还是在瑞士，因为助力电动自行车在其他国家的合法性仍然参差不齐，有些被容忍，有些被禁止。

这些公司和类似的公司，以及助力电动自行车的独立推动者，最终极大地促进了助力电动自行车的销售，主要是在瑞士，在德国也有一些。1992 年，汉内斯·诺伊珀特（Hannes Neupert）在德国创立了 ExtraEnergy.org，收集了大量可用的助力电动自行车，在欧洲各地进行测试和展示，并公布了有关它们的数据。在英国，亨肖家族在《A to B 杂志》上测试并推广了英国市场上的电动自行车（例如捷安特）。在美国，至少到 2014 年，埃德·本杰明（Ed Benjamin）都在 eCycle Electric 调查并推广电动自行车，估计每年的销量超过 17 万辆。他与中国有联系（诺伊珀特也是如此），并发现中国在十年内生产了 2 亿多辆电动自行车！相比之下，欧洲和美国约有 75 万辆。然而，这些数字可能包括小型摩托车和性能极低的自行车。

中国现在正成为一个像美国和许多其他国家一样的汽车大国。但在瑞士，快速助力电动自行车和慢速电动自行车增加了自行车的总使用量，慢慢地带来了更好的配套基础设施。在传统的自行车国家，已经有许多专为低速骑行设计的自行车道，其中许多都在人行道上，快速助力电动自行车无法大施拳脚，因为它们很少能被全速使用。因此，ExtraEnergy.org 呼吁采用北美风格的速度：将单人助力电动自行车的速度等级由现在的 25 千米/时改为 32 千米/时。然而，辅助式三轮躺车和双人自行车的制造商正在呼吁采用辅助式 45 千米/时级别，而不是欧洲目前对这些车辆的 25 千米/时限制。

在撰写本文时，瑞士的电动自行车使用量正在迅速增长，2018 年，电动自行车占到了所有自行车销售的三分之一。在瑞士和其他国家，流行的新型自行车有电动山地自行车、电动货运自行车和三轮车（见第十章）。

参考文献

Abbott, Allan V. 1999. "Health and the Reintegration of Physical Activity into Lifestyles in the New Millennium." In *Assisted Human Powered Vehicles* (Proceedings of the 4th Velomobile Seminar, Aula Interlaken, Switzerland, August 18, 1999), ed. Andreas Fuchs and Theo Schmidt, 21–33. Liestal: Future Bike Switzerland. http:// velomobileseminars. online.

Barrett, Roy. 1972. "Recumbent Cycles." *The Boneshaker* (Southern Veteran-Cycle Club, UK), 227–243.

Baudry de Saunier, Louis. 1892. *Le cyclisme théorique et pratique*. Paris: Librairie Illustré.

Berto, Frank J. 1998. "Who Invented the Mountain Bike?" In *Cycle History: Proceedings of the 8th International Cycle History Conference, Glasgow, Scotland, August 1997*. San Francisco: Van der Plas.

Berto, Frank, Ron Shepherd, and Raymond Henry. 1999. *The Dancing Chain*. San Francisco: Van de Plas.

Clayton, Nick. 1997. "Who Invented the Penny-Farthing?" In *Cycle History: Proceedings of the 7th International Cycle History Conference, Buffalo, NY, 1996*. San Francisco: Van der Plas.

Clayton, Nick. 1998. *Early Bicycles*. Princes Risborough, UK: Shire.

Cyclepress. 1997. Japanese specifications statistics and information. Japanese, with English translation. Interpress, Tokyo.

Cycling. 1887. Badminton Library. London: Longman's, Green.

Davies, Thomas Stephens. 1837. "On the Velocipede." Address to the Royal Military College, Woolwich, UK. Reported, with notes by Hans-Erhard Lessing, in *The Boneshaker*, nos. 108 and 111 (1986).

Desmond, Kevin. 2019. *Electric Motorcycles and Bicycles: A History Including Scooters, Tricycles, Segways and Monocycles*. Jefferson, NC: McFarland.

Dodds, Alastair. 1992. "Kirkpatrick MacMillan—Inventor of the Bicycle: Fact or Fiction." In *Proceedings of the 3rd International Cycle History Conference*. Saint Etienne, France: Ville de Saint Etienne.

Dodge, Pryor. 1996. *The Bicycle*. Paris: Flammarion. http://pryordodge.com/The_Bicycle_Book.html.

Dolnar, Hugh. 1902. "An American Stroke for Novelty." *Cyclist* (London), January 8, 20.

Future Bike. 2018. "Das Sesselrad von Paul Jaray, Zeppelin-Konstrukteur und Erfinder der Stromlinienform für Autos." http://futurebike.ch/page.asp?DH=2089&SE=jaray.

Gnudi, Martha Teach, trans., and Eugene S. Ferguson, annotator. 1987. *The Various and Ingenious Mechanisms of Agostino Ramelli (1588)*. New York: Dover and Aldershot, UK: Scolar.

Hadland, Tony. 1987. *The Sturmey-Archer Story*. Self-published (UK).

Hadland, Tony, and Hans-Erhard Lessing. 2014. *Bicycle Design*. Cambridge, MA: MIT Press.

Henshaw, David, and Richard Peace. 2010. *Electric Bicycles*. Dorset, UK: Excellent Books. ExcellentBooks.Co.UK.

Hicks, Eric. 2012. "IZip Express Review." *Electric Bike*, August 8. http://www.electricbike.com/izip-express/.

Katch, Frank I., William D. McArdle, and Victor L. Katch. 1997. "Edward Smith (1819–1874)." History Makers (website). http://www.sportsci.org/news/history/smith/ smith.html.

Lessing, Hans-Erhard. 1991. "Around Michaux: Myths and Realities." In *Actes de la deuxième conference internationale sur l'histoire du cycle, St. Etienne*, vol. 2. Ville de Saint-Etienne, France.

Lessing, Hans-Erhard. 1995. "Cycling or Roller Skating: The Resistible Rise of Personal Mobility." In *Cycle History: Proceedings of the 5th International Cycle History Conference*. San Francisco: Van der Plas.

Lessing, Hans-Erhard. 1998. "The J Wheel—Streamline Pioneer Paul Jaray's Recumbent." In *Cycle History: Proceedings of the 9th International Cycle History Conference, Ottawa, Canada, August 1998*. San Francisco: Van der Plas.

Lessing, Hans-Erhard. 2017. Veteran-Cycle Club Cycling History, no. 8.

"Loiterer, The." 1934. In "Velocar versus Normal," *Cycling*, March 2, 202.

McGurn, Jim. 1999. *On Your Bicycle: The Illustrated Story of Cycling*. York, UK: Open Road.

Mirror, The (newspaper). 1822. "The Tread-Mill at Brixton." November 2.

Oddy, Nicholas. 1990. "Kirkpatrick MacMillan, the Inventor of the Pedal Cycle, or the Invention of Cycle History." In *Proceedings of the 1st International Cycle History Conference, Glasgow*. Cheltenham, UK: Quorum.

Oke, Olufolajimi, Kavi Bhalla, David C. Love, and Sauleh Siddiqui. 2015. "Tracking Global Bicycle Ownership Patterns." *Journal of Transport and Health* 2, no. 4: 490–501.

Pinkerton, John. 1983. *At Your Service: A Look at Carrier Cycles*. Birmingham, UK: Pinkerton.

Pinkerton, John, and Derek Roberts. 1998. *A History of Rover Cycles*. Birmingham, UK: Pinkerton.

Ritchie, Andrew. 1975. *King of the Road: An Illustrated History of Cycling*. Berkeley, CA: Ten Speed.

Roberts, Derek. 1991. *Cycling History—Myths and Queries*. Birmingham, UK: Pinkerton.

Ron/Spinningmagnets. 2013. "Electric Bike History, Patents from the 1800's [to 1995]." *Electric Bike*, November 9. https://www.electricbike.com/e-bike-patents-from-the-1800s/.

Schmitz, Arnfried. 1994. "Why Your Bicycle Hasn't Changed for 106 Years." *Human Power* 13, no. 3 (1994): 4–9; originally published in *Cycling Science* (June 1990). http://www.ihpva.org/HParchive/PDF/46-v13n3-1998.pdf.

Sharp, Archibald. 1896. *Bicycles and Tricycles*. London: Longmans, Green. Reprint, Cambridge, MA: MIT Press, 1977.

Street, Roger. 1998. *The Pedestrian Hobby-Horse at the Dawn of Cycling*. Christchurch, UK: Artesius.

von Salvisberg, Paul. 1897. *Der Radfahrsport in Bild und Wort*. Munich. Reprint, Hildesheim, Germany: Olms, 1980.

Vaver, Anthony. 2013. "Prisons and Punishments: The Failure of the Treadmill in America." Last modified February 27, 2013. Early American Crime (website). http://www.earlyamericancrime.com/prisons-and-punishments/failure-of-the-treadmill.

Walton, Geri. 2015. "The Treadmill for Punishment." Geri Walton (website). http://www.geriwalton.com/the-treadmill-for-punishmen/.

Wilson, David Gordon. 1977. "Human Muscle Power in History." In *Pedal Power*, ed. James C. McCullagh. Emmaus, PA: Rodale.

第二章
人体能量产生

引 言

作为动力源，人体与汽车引擎有着相似点和不同点。能量由燃料产生（正如人类需要食物和水）。"有用的"能量通过曲轴旋转的扭转力方式输出（比如汽车），或者通过多样化的肌肉运动产生（比如人体）；"多余的"能量以热量形式消散，这也许在寒冷天气下对汽车或人都有益处。这两种系统的峰值效率分别为：运动能量除以燃料（用于汽车）中的能量，或运动能量除以工作（用于人类）中使用的额外食物中的能量，两者非常接近，在20%～30%之间。但是汽车很少在峰值效率下工作，无论如何，只有接近全功率时汽车引擎才能达到其峰值效率，然而多速自行车骑手随时都可以调整车速骑行以接近峰值效率。汽车由"热力发动机"提供动力，但人体就像是一块燃料电池，一个直接将燃料中化学能转化为动力的装置。另外，人的输出不像汽车引擎的，会随着时间因疲劳、可能的饥饿和最终对于睡眠的需要而改变。人可以利用身体内储备的能量（人体可储存许多种类的燃料）；活塞发动机可以一直工作到燃料消耗殆尽。就人类的动力产出而言，个体不同、日期不同、生命阶段不同，其能量输出也会大相径庭。

作者在本章的目的是简单介绍能量如何输送到自行车骑车人的肌肉中，并随后在踏板上产生机械动力。本章还评论了一些自行车的配置和机制，因为它们涉及人力的产生。从哲学角度看，运动员用复杂的过程最大化提升自己的表现，其中许多迄今还不完全为人所理解。脚力的时机和方向，曲柄长度和齿轮速比的选择、何时站立或者"弹起"上半身，所有这些因素似乎都与简单逻辑背道而驰。我们不由想起热力学家和应用工程师的一致看法："科学从蒸汽机中学到的要比蒸汽机从科学中学到的多。"（热力学的第二定律在第一个蒸汽机成功问世之后很长一段时间才得以提出。）

测量人力输出

图 2.1（a）所示模式的运动自行车和测功仪在许多变化中已被长期成功地使用。在脚踏力矩短暂变化期间，飞轮的惯性减小了曲柄速度变化。为了精确运转，必须精确测量轮转速和平均制动扭矩。一种有效的前电子时代测量技术包括一种带式制动器，其阻力由重量确定，理论上可以给出不变的准确数据。然而，几代研究人员对图 2.1（b）中所示的莫纳克（Monark）式制动带配置进行了过于简单的计算；这些计算似乎高估了 10%～15% 的力。通常，力 $F = F_T - F_S$（紧松部分之间的差）被简单地假定为与质量 B 的重量相同，但对于缠绕的绳子来说，真正的关系是 $F = (1-e^{-\theta\mu})F_T$，$\theta$ 为缠绕角，μ 为摩擦系

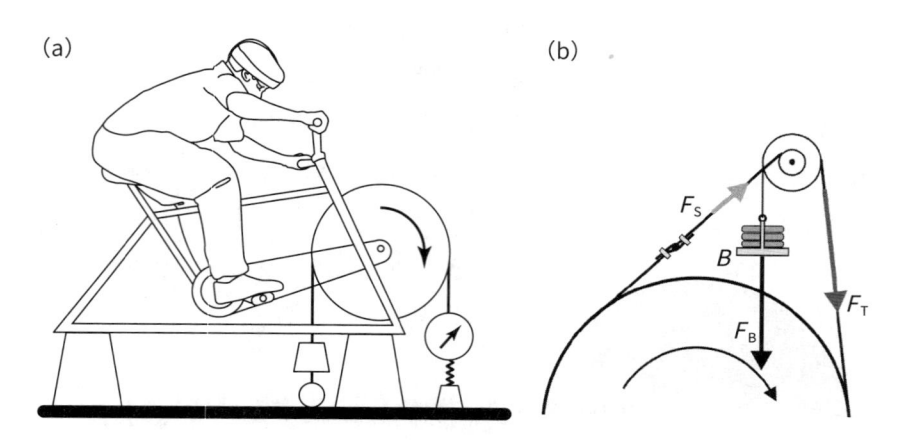

图 2.1
（a）如何用在弹簧秤和重物之间拉紧的皮带产生和测量固定自行车车轮上的切向力；（b）流行的莫纳克式测功仪的布局（更大的规模），使用差动滑轮（两个圆盘相连）和重量篮 B 连接在绕在飞轮上的制动绳上。（改编自范德维尔和德里斯 2015，许可 CC-BY 4.0）

数，通常在 0.15～0.30 之间变化。其他使用磁制动和电子力传感的测功仪模型没有这个问题，但需要进行校准以进行准确的测试［参见左默斯（Zommers）(2000)、戈登（Gordon）等人（2004）、富兰克林（Franklin）等人（2007），特别是范德维尔（Vandewalle）和德里斯（Driss）(2015)，他们用方程描述了不同的摩擦测功仪］。

另一种测功仪是将自行车安装在跑步机上。在给定的带速下（图 2.2），骑乘者的动力由坡度（或任何向后的拉力，如果使用的话）控制。测量的功率包括滚动阻力和自行车传动系统效率，因此略高于骑自行车人的功率。出于历史

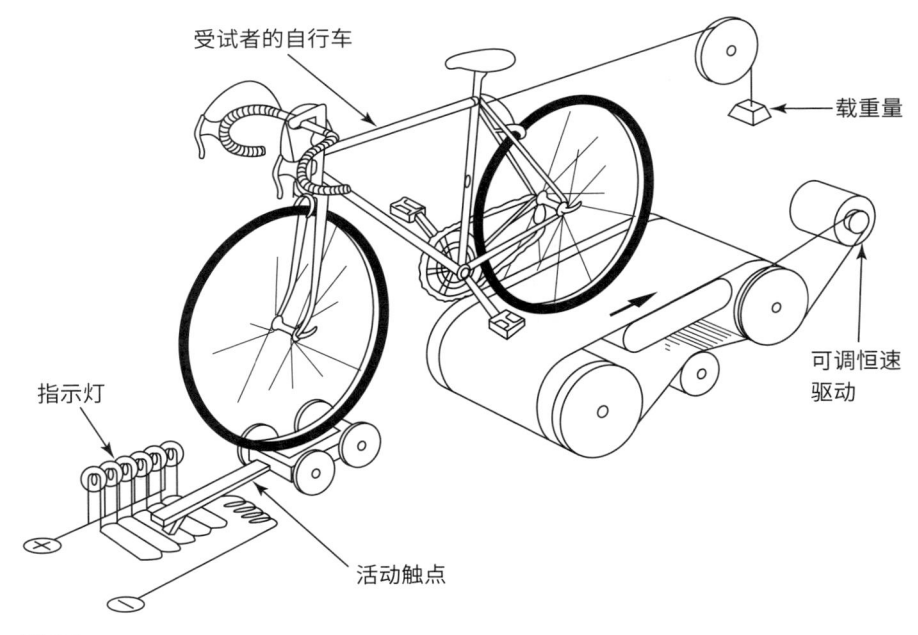

图 2.2
穆勒测功仪（工作原理）。负载和速度已设置；骑手需努力保持中央指示灯点亮。最后端灯的亮起时，运行停止。

原因这里展示了它。

本章中提供的大部分信息都是通过仔细的实验获得的，通常是使用测功仪。大多数测功仪的蹬踏方式与自行车相同；其他类型有划船式、曲柄式、阶

梯式或步行式。它们能够在上述限制条件下进行精确的能量测量。然而，必须记住以下关于基于测功仪的人体性能研究的保留意见：

• 人们的表现千差万别，除非进行测试的样本量足够大（很少有这样的情况），否则数据无法推广到整个人类。在西方国家，也存在着对运动员（已经自行保证体能）和大学生（主要是男性）进行测试的偏好。

• 脚踏或者划动测功仪通常较骑自行车感觉不同。骑行者要花费一个多月的时间才能熟练使用测功仪。肌肉适应完全利用氧气的能力可能需要数年的广泛训练。在进行测试和测量之前，受试者很少有机会适应超过几分钟（偶尔是几小时，但几乎不会超过几小时）的工作时间。

• 除了对测功仪的不完全适应外，这一领域现有的研究很少跟踪一个人从开始到结束多年的运动的反应。对比一组做运动的人和一组不做运动的人可能会得到运动给身体带来活力的结论，但是其逻辑经不起推敲：本来就健壮的人很可能倾向于经常锻炼。合理的测试应该是追踪两个遵循不同指定要求的相等组。

• 蹬踏测功仪可能会感到奇怪的一个原因是，踏板（由飞轮或其他运动部件提供）的加速阻力通常比骑者和自行车的惯性阻力小得多（少至十分之一），这导致在很大的功率水平下，踏板速度会有变化。也就是说，它通常更像是在陡峭的山坡上踩恒定扭矩踏板，而不是在快速骑行时踩恒定速度踏板。分析自行车网站的汤姆·康普顿（Tom Compton）开发了一种"踏板力模拟器"，这是一种电子控制的刹车，他说在这方面，这种刹车可以给测功仪的自行车带来几乎与真正自行车一样的感觉。带有踏板发电机的电子自行车的开发人员也面临同样的问题，这相当于将虚拟惯性引入到缺乏足够真实惯性的系统中。

• 测功仪自行车通常是固定的，而实际的自行车可以相对于踏板自由倾斜和移动，从而影响身体运动和力。

• 测功仪和自行车在姿势上有区别：除了躺式自行车外，竞技自行车运动员必须蹲伏以减少空气阻力，这样可能会限制呼吸。在测功仪上不需要蹲伏，但如果需要与公路骑行进行准确比较，则在研究中可能需要蹲伏。

·蹬踏测功仪的受试者可能没有得到足够的冷却，而大量出汗所显示的热应激会限制他们的长期输出。市场上有一些健身车通过风扇消散大部分的功率，从而模拟风阻的平方律效应，但这类健身车的气流不是直对骑车人的，无论如何也无法接近真实循环中相对风所提供的冷却。

·人在竞赛中的动力（痛苦的坚持）要远胜于实验环境下的刺激。

因此，受试者在测功仪上获得的功率输出（尤其是长期而言）可能比他们在一场他们想要赢得的比赛中，利用视风降温，骑着自己熟悉的车获得的功率输出更低。

大多数测功仪都有与普通自行车类似的车架、鞍座、把手和曲柄。曲柄与飞轮同时驱动某种形式的阻力或制动器，整个装置固定在支架上，支架在使用过程中保持静止。一些测功仪可以测量手摇和踏板的输出。其他的允许各种类型的脚部运动和身体反应，包括划船动作。功率测量所用的方法从普通的到复杂的都有。人体运动学的一个问题是，人腿的动力输出是循环变化的（就像活塞发动机那样），而不是平滑的（就像涡轮发动机那样）。即使是在稳定的蹬踏过程中，一个显示瞬时功率（踏板运动方向上的踏板力乘以踏板速度）的设备显示的峰值可能是375～625瓦，平均可能是250瓦。因此，通常采用电子或机械平均值或两者兼有，最简单的是使用飞轮。在某些情况下，受试者应在1～2分钟内以恒定速度踩踏板，以获得准确的结果；在其他系统中，可以通过电子方式对功率在任何期望的曲柄转数上进行整合和平均［冯·德伯尔恩（Von Döbeln），1954；拉努伊（Lanooy）和博尼亚尔（Bonjer），1956］。

在确定持续时间很短的极限功率等级（1～2千瓦或更大）时还存在其他问题。保持功率恒定是非常困难的，在非常短的时间内，重要的是只测量完成曲柄旋转所做的功。最受欢迎的大功率测功仪测试称为温盖特厌氧测试（本章稍后讨论）。在这个测试中，一个高阻力突然施加到一个莫纳克式测功仪上，蹬踏者立即努力以最大速度蹬踏30秒，最初急剧加速飞轮，然后让它的速度随着疲劳加重开始下降。定时设备决定每一个连续飞轮旋转的间隔，从而确定旋转期间的平均功率。实际上，最好是取平均曲柄转动而不是车轮转动，以消除每次曲柄转动中发生的循环功率变化。在最短的时间内，只需使用快速、准确的测功仪电子设备即可感应速度，同时还能检测到迄今为止意外的高峰值功率。例如，测功仪记录的5秒近2400瓦［见纽舍勒（Nüscheler），2009］几乎是本书第二版中所示峰值功率的2倍，远远超过了足球运动员在进行持续2秒的楼梯测试时测量的1500～1700瓦［赫茨勒（Hetzler）等人，2010］。

　　坚固的旧运动自行车，带有重型制动飞轮，在功能上与实验室级测功仪非常相似。如果可以解决控制和测量扭矩的问题，则可以使用其进行精确的功率测量。不幸的是，基于小型轮胎驱动滚轮损耗的能量耗散装置使轮胎升温，从而大大改变滚动阻力。磁性（涡流）负载单元还会加热其导电元件，增加电阻并使初始磁转矩减半以上。温升也往往会影响摩擦制动阻力，甚至风机设备的阻力也会变化。左默斯（2000）描述了使用小滚轮、低效发电机和电阻作为负载的测功仪如何被校准以提供准确的结果。无论使用何种方法测量，该装置必须设计成施加一个与摩擦系数和其他温度相关特性基本无关的扭矩。

　　关于人力输出的一些测试数据越来越多地取自在路面上骑自行车的受试者，各种巧妙的方法被用来测量功率输出（或耗氧量，如果在实验室进行校准，稳态下的耗氧量可能与功率输出大致相关，或两者兼而有之）（见图2.3）。这些设置产生的测量结果可能比测功仪数据更真实，并且可以提供额外的信息，例如脂肪代谢的开始［贝尔加曼（Bergamin），2017］。然而，在此类测量方案中，佩戴各种传感器的人，尤其是戴呼吸面罩的人，可能会发现测量仪器对运动、呼吸或两者都产生了明显的阻力，这会在一定程度上降低性能（戴维斯，1962）。或者，在受密切监控的骑行项目（如流行的自行车比赛）中，自行车运动员的功率输出可以在一定程度上间接测定，有时也会在电视报道中显示

图 2.3
骑自行车的人使用呼吸测量设备。穿戴式代谢系统配备了氧气和二氧化碳气体传感器，可用于间接热量测定。（奈梅根大学提供）

出来。

现代自行车上的功率测量系统，如 Schoberer Rad Messtechnik（SRM）和 PowerTap（见第四章）就没有上述的异议，因为越来越多的车手在自己的自行车上使用了这些系统，尤其是在激烈的比赛中，这导致了报道的成绩大幅提升。这种比赛可以在路上进行，但越来越多的自行车运动员在互联网上进行"比赛"，将他们的个人表现上传到特定的网站上。这就引出了一个问题：我们什么时候才能开始看到"虚拟自行车手"的数据，这些数据是合成的，而不是测量的。

蹬踏性能量化描述

蹬踏性能通常通过固定功率水平（通常通过要求受试者在给定阻力下保持固定的蹬踏速度）和确定力竭时间来定量描述。不同的功率水平可以维持数秒到数小时时间不等。结果通常绘制为功率持续时间曲线，这似乎提供了一个人产生功率的优势和劣势的最佳整体图。

在室内使用测功仪对蹬踏性能进行实验的优点是阻力很可能比较稳定，而在户外，即使是在"平路"上骑行，也有可能会因为路上的缓坡、狂风，以及加速度从而出现大的变动。

因为每个个体的肌肉质量、肌肉组成、遗传能力和体能训练的状态不同，所以每个人都会有独一无二的功率-时长曲线。说到良好的运动表现，一些人在特定的持续时间内相对来说更加强大，因此更适合这些特定时间长度的活动。这就是短跑选手不能同时成为登山者的部分原因。（当然，影响自行车骑行性能的因素还有骑行者不同的体形会产生或多或少的气动阻力，在水平骑行时尤为重要；以及骑行者体重不同，在登高骑行时显得尤为重要。）

图 2.4 显示了一流运动员和健康男性（在该图所依据的原始图中有相应的名称）以及优秀自行车手的功率持续时间数据。这些数据在全书中将被反复提及。它们来源于测功仪测试、自行车骑行者实验和基于计时赛结果的推测。每个给出的数据点是以特定功率级蹬踏的最大骑行时长：该曲线并不反映人力随时间的下降。点划线预估了最佳运动员在最佳机制下的最大表现。不幸的是，受试者的体重鲜为人知，因此无法给出具体的功率数据。女性的数据很少，也不具有可比性，因为女性通常较轻，女性运动员的单一数据点显示了这一点。

不同功率级的最优性能通常由不同类型的个人取得。外侧包络线反映了高大、强壮男性的出众表现，短跑运动员的短时间数据和长跑运动员的长时间结果。但是，在指定的训练和饮食状态下，任意特定个体的表现也可以用大致类似的曲线来描述（见下一节）。近年来，公路自行车功率测量系统变得越来越复杂，数量也越来越多。它们通常存储功率与时间的完整日志，并且底层软件可以使用持续骑行的结果来更新骑手的个人功率持续时间包络线。

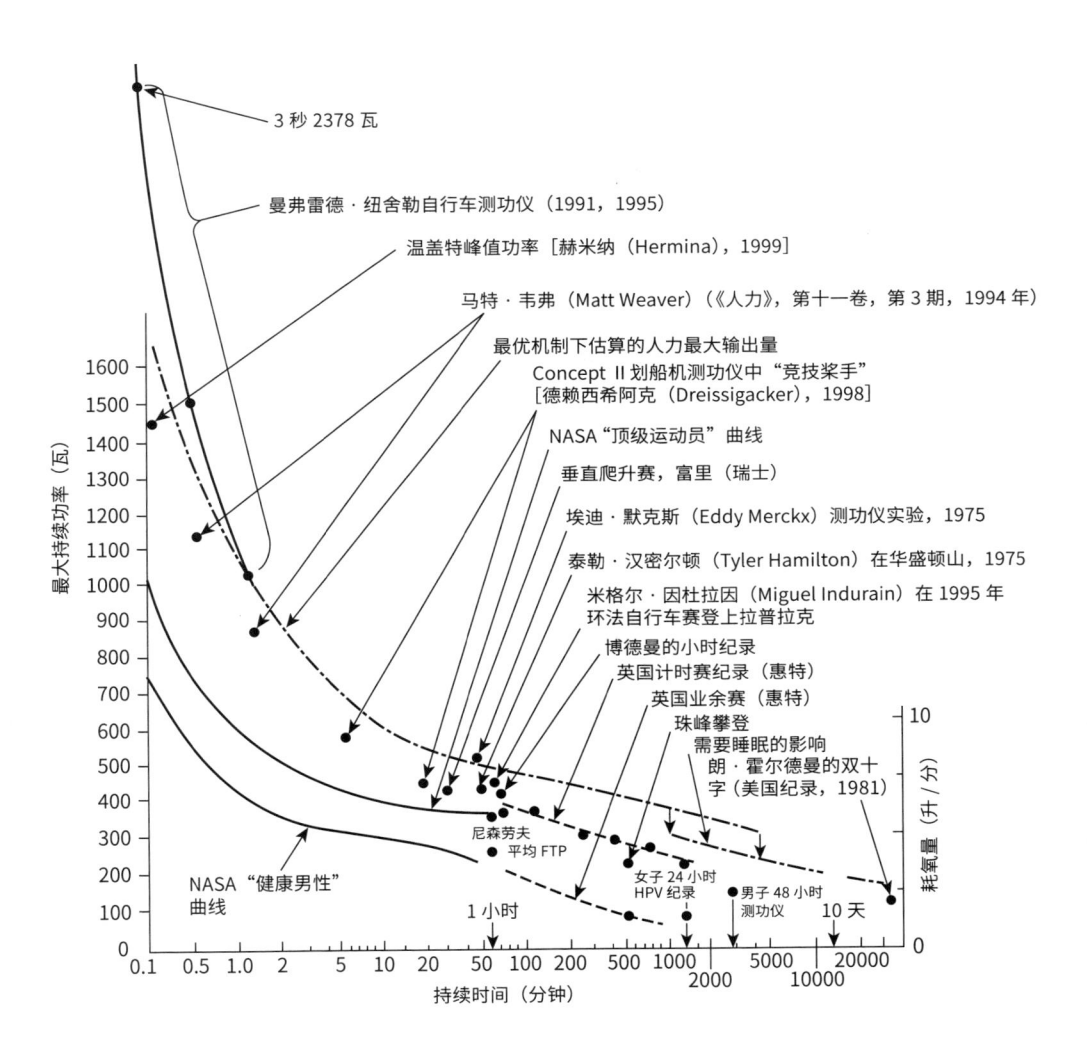

图 2.4

人力输出，主要通过蹬踏。在恒功率测试中，曲线表示力竭过程。图中还给出了耗氧量的粗略尺度。FTP：功能阈值功率。HPV：人力车辆。[基于 NASA（美国国家航空航天局）原始图表，并添加了更多数据。"平均 FTP"数据点来自约翰斯通（Johnstone）2018，假设男性体重为 75 千克。48 小时测功仪纪录摘自 2019 年 *Book of Alternative Records*]

临界功率：功率-持续时间蹬踏数据的拟合曲线

个体的功率-持续时间曲线经过了各种曲线拟合的努力，目的是确定短期测试表明的可以永久持续的最大功率水平，这就是通常所说的临界功率（CP）。这些努力很有趣，因为它们有效地封装了数据，并允许采用数学方法进行性能优化，还因为它们可能揭示控制耐力的生理机制的某些方面。一个类似的术语是功能阈值功率（FTP，定义为可以持续 1 小时的功率水平）。

最初用于个体功率-持续时间数据曲线拟合的简单回归显示为总功（即所选功率水平乘以持续时间）和持续时间之间的线性关系，形式如下：

$$总功 = 无氧工作能力 + （临界功率 \times 时长）$$

（无氧工作能力，简称 AWC，是指可以很快释放的储存能量。）这个方程体现了一个简化的想法，即任何超出蹬踏者的稳定状态能力的力量都是从一个没有补充的有限能量储备中提取的。或者，这个方程可以表示为持续功率和持续时间之间的线性关系：

$$功率 = （AWC/持续时间）+ CP$$

使用此类方程的各种研究在 2～12 分钟的范围内表现出良好的曲线拟合，功率水平通常在 200～400 瓦之间（显然那些持续时间不是锦标赛功率水平，那可能是其 2～3 倍）。原则上，两个数据点足以构建一个直线关系，但当然，进一步的试验对证明拟合的可变性和质量是有用的。基于骑行者的质量和短时长功率设定的最初猜测可能是：体能不佳的人为 2 瓦/千克和 4 瓦/千克；体能良好的娱乐性自行车骑行者为 4 瓦/千克和 6 瓦/千克；骑行冠军为 6 瓦/千克和 10 瓦/千克。（每个功率级都可以等同于骑车爬行陡坡或向上跑楼梯时给定的垂直速度。）

盖瑟（Gaesser）等人（1995）概述了对这些简单相关性的一些批评；例

如，错误地暗示一个人的全部无氧工作能力可以在相对较短的时间内耗尽。（事实上，有些无氧工作能力将被抑制；最短时长的最大功率将远低于预期。）其他研究者已经确定，由一系列相对较短的实验所确定的临界功率大大高于乳酸阈值（说明如下），而且，几乎没有骑行者能够保持这种强度并持续30分钟［见詹金斯（Jenkins）和奎格利（Quigley），1990］。莫顿（Morton）和霍奇森（Hodgson）（1996，第500页）全面审查了各种提出的方程，并得出结论，上述各段提出的模型"简单易懂，其参数易于理解，并且一直以来都能很好地拟合2～15分钟范围内的数据。其扩展版本……能结合更真实的人类生物能量系统，拟合更广泛的功率和持续时间范围（5秒到2小时）的数据"。

原则上，可以针对任何特定的相关条件开发专门的功率-持续时间曲线，例如，具有两种不同的步频或身体姿势，或在进行类似爬山的初步疲劳之前和之后，或可能在饮食改变之后。

实际的功率持续时间数据（或直接导出的性能参数，如临界功率和无氧工作能力）似乎比生理测量（如乳酸阈值、最大摄氧量或燃料效率）更能直接反映人类性能特征的改善。这样的性能参数更容易测量，只需要一辆已知阻力的运动自行车或自行车上的功率监测系统。

许多骑自行车的人在自行车上安装了功率表，并在线交换产生的数据，通常是功率持续时间对，如FTP。约翰斯通（2018）发布了他的网络服务用户说的他们达到的FTP值。对于男性来说，这些值绘制了一条以3.5瓦/千克为中心的漂亮的高斯钟形曲线，最小值为1.5瓦/千克，最大值为5.5瓦/千克。对于女性来说，它们的结果是不对称的山形曲线，同样大概以3.5瓦/千克为中心，并有更明显的截断：最小为1.2瓦/千克，最大为4.6瓦/千克。约翰斯通将这些曲线与实际数据进行了比较，这些数据大多是在1小时以内测量的。因为一个小时的测试是非常艰巨的，通常是不可能的，自行车训练者喜欢从较短的测试中推断，就像本章前面解释的那样，20分钟的测试已经成为标准。亨特·艾伦（Hunter Allen）（2013）与运动生理学家安德鲁·科根（Andrew Coggan）合著了一本标准训练书，他解释了如何做到这一点。在20～60分钟的持续时间内，它们的功率下降了5%。尽管许多人似乎已经接受了这一数字，但 Fast Fitness.Tips（2019）网站表示，这一数字仅适用于运动员，8% 更具代表性，对于未经训练的人来说，这一数字甚至上升到 15% 或 20%。当我们观察到未经训练的人在骑自行车或徒步旅行时的耐力相当差时，这种说法似乎是合理的，这与图 2.4 中 NASA 曲线所示的下降相对应："一流运动员"几乎没有下降，"健康人"功率下降大约 50 瓦。科根（2016）自己提供了 200 名经验丰富的运动员的数据，表明从 20 到 60 分钟，下降了 10 个百分点，或 14%，以及在相对大的范围内进行的十几次个人测量数据。一家销售健康分析系统的公司［Baron Biosystems（2018）］推出了一款在线计算器，只需使用 1～3 对数据，就可以模糊地再现图 2.4 的曲线。

无氧功：温盖特试验和替代方案

无氧功体现在一个人跳跃或冲刺上几段楼梯的能力。如下文所述，它由所使用的特定肌肉中的即时和无氧能量储存所控制。所谓的直接燃料是腺苷三磷酸（ATP）和磷酸肌酸（PCr），它们是在无氧条件下通过糖原的快速部分代谢释放出来的。由于短期、高功率测功法存在的特殊问题，通常不评估无氧功率。

最受欢迎的无氧功率测量是由阿亚隆（Ayalon），巴-奥（Bar-Or）和因巴尔（Inbar）（1974）提出的温盖特无氧测试，并由因巴尔、巴-奥和斯金纳（Skinner）（1996）进一步描述，该测试通常使用一个简单的飞轮式测功仪，由一个负重摩擦带制动。在一个典型的测试方案中，车手保持坐姿，以每分钟 60 转的速度蹬车，且没有任何阻力。当齿轮传动比和车轮直径达到 5.9 米的"展开"情况下（即踏板转一圈就会滑过刹车），摩擦带会突然受到相当于身体重量 8.5% 的相当大的阻力，骑行者会努力在 30 秒内产生最大的动力（同时保持坐姿）。飞轮速度每 5 秒测量一次（或者更好的是，记录每次完成曲柄旋转的时间）。一个强大的短跑运动员可能会在测试的最初几秒钟内将踏板转数提高到每分钟 160 转，在测试结束时却会降到每分钟 60 转。

除了用于加速飞轮和弥补传输损耗（应该很小）的能量，自行车的踏板输出功率是车轮的外围速度乘以制动力。为了计算这个输出，需要确定三个数字：平均速度（基于整个测试的飞轮总转数）、最高和最低速度（即，分别超过 5 秒的最高和最低平均速度）。根据这些值和阻力（已知）计算 30 秒平均功率、峰值功率和最小功率（分别为 AP、PP 和 MP）。最后，还计算了疲劳指数（FI），定义为从 PP 到 MP 的百分比下降。（粗略地说，PP 对应于直接燃料来源，而 MP 倾向于接近最大糖酵解能力；见本章后面的讨论。）

温盖特试验常被应用于非自行车骑行者的受试者，以评估饮食或锻炼的影响。它自然也被用于评估精英竞争者。然而，不太可能确定飞轮的真实 5 秒峰值功率，如 PowerTap 或 SRM 等自行车上的功率仪表所显示的那样，部分原因是飞轮的惯性：在剧烈的初始加速过程中，实际功率可能会短暂达到制动功率的两倍甚至更多，PP 会被低估。（初始加速度对 MP 和 AP 的影响不像对 PP 的影响那么大）。在赖泽（Reiser）、布罗克（Broker）和彼得森（Peterson）（2000）的一个例子中，惯性功率修正可以使 PP 值提高 20%。然而，这样的修正需要了解飞轮转动惯量。

确定真正峰值功率的另一个障碍是踏板上感受到的阻力相对较低，通常小于体重的一半。为了解决这个问题，赫尔米娜（Hermina）（1999）对 15 名优秀公路自行车运动员进行了制动阻力测试，制动阻力为体重的 7.5%～14.5%。结果表明，阻力最低时，平均功率峰值为 951 瓦，而最高时峰值为 1450 瓦。

富兰克林等人（2007）对流行的莫纳克式测功仪进行的温盖特测试进行了进一步的批评。基本的温盖特测试程序是用一个砝码对缠绕在飞轮上的制动带施加拉力，并假定阻力等于这个砝码。对于使用图 2.1 所示差速器皮带轮的模型，飞轮与带或绳索之间的摩擦系数大约大于 0.3，但测量结果显示，摩擦系数较低，功率高达 12%～15%。这意味着，除非记录准确的测量方法，否则到目前为止，许多数据都是不准确的。

马丁（Martin）、瓦格纳（Wagner）和科伊尔（Coyle）（1997）设计了一种替代温盖特测试的方法，在该方法中，莫纳克式测功仪被修改为仅使用飞轮加速度（无制动器）来确定功率。13 名受试者（平均体重 80.6 千克）从静止状态开始踩踏板 3～4 秒（曲柄旋转 6.5 圈），精确测量瞬时速度，从而能够计算出扭矩和功率的平均值和峰值，而无须任何直接扭矩或力测量。最佳踏板曲

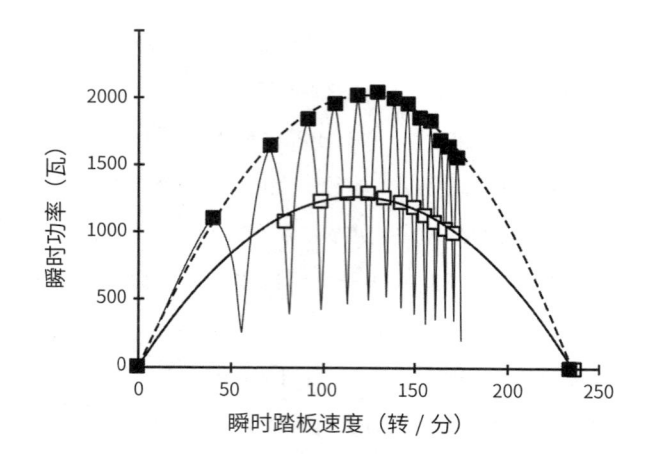

图 2.5

13 名活跃男性受试者的平均最大功率（实心正方形，用虚线表示的拟合曲线）、一名受试者的瞬时功率（带峰值的实线），以及 13 名试者在一次踏板曲柄旋转过程中的平均功率（空心正方形，用实线表示的拟合曲线），所有这些都是瞬时踏板速度的函数，从零开始，经过 6.5 转曲柄，超过 3.4 秒。（改编自马丁、瓦格纳和科伊尔，1997）

柄转速的平均值约为 1.3 千瓦 / 千克，或 16 瓦 / 千克。图 2.5 显示了瞬时功率（峰值曲线）作为瞬时速度的函数，在蹬踏圆周和连续的蹬踏旋转（实际上是一条腿的旋转数，或半转数）之间的变化非常大，在第三次蹬踏旋转达到 130 转 / 分之前达到最大值。

测量 t_1 和 t_2 两次之间的平均功率（P）很简单，因为它只是两次动能（KE）的差值除以两次之间的周期。惯性矩 I 与飞轮加速度的关系如下所示：

$$P = \Delta KE/\Delta t = 0.5I(\omega_2^2 - \omega_1^2)/(t_2 - t_1)$$

所需的只是一次性计算或测量飞轮的 I（使用的莫纳克模型约为 0.4 千克·平方米）和高分辨率记录瞬时飞轮转速 ω（弧度 / 秒）。选择踏板齿轮与飞轮齿轮的比率，以获得所需的踏板速度范围（在本例中约为 7.4）。

例如，确定最大 5 秒功率的另一种方法是使用固定速度（等速）电机驱动的测功仪。要平均这种测功仪的测量扭矩需要电子仪器，而且需要多次测试才能获得不同步频的结果。比伦（Beelen）和萨尔根（Sargeant）(1992) 使用这样的测功仪表明，峰值功率通常在 120～130 转/分时产生，马丁、瓦格纳和科伊尔也表明了这一点；然而，在 1995 年，冠军曼弗雷德·纽舍勒以 150 转/分的转速产生了 2200 瓦以上的峰值功率（见纽舍勒，2009）。

综上所述，温盖特试验及其变体和其他方法给出的结果有些不同，而且试验中使用的测功仪本身也会有进一步的变化甚至误差，因此最大无氧功率的计算非常接近，除非进一步记录所测量的确切值。

骑行生理学：入门

运动生理学是一门复杂的学科，随着研究的进展，它也在一个十年接着一个十年地不断发展着。本书的作者和供稿人都不是这一普遍领域的研究人员，因此，本书（在下文中）试图调和和总结 20 世纪 80 年代出版的大部分材料，可能会遭到该领域专家的批评。尽管如此，这些材料似乎还是值得一看的，因为这个主题很复杂，而且这个领域仍然充斥着几十年前的谬误。本节旨在帮助读者从当前和未来的运动研究中获得见解。

从全局来看，这里的讨论在很大程度上依赖于奥斯特兰德（Åstrand）和罗达尔（Rodahl）(1977)，布鲁克斯、费伊（Fahey）和怀特（White）(1996)，以及麦卡德尔、卡奇和卡奇（1996）的综合文本，所有这些文本都值得反复研究，其中一些已在新版中提供。麦克马洪（McMahon）(1984) 生动地介绍了许多关于肌纤维行为的专门细节。最近，在线讨论小组为道路功率测量技术、性能生理决定因素和相关培训建议等主题提供了大量非正式资源。

肌肉工作方式概述

人体肌肉细胞利用储存在体内的各种燃料，将化学势能转化为机械功。这些燃料最初来源于食物。每块肌肉都由三种或多或少不同类型的大量纤维（或细胞）组成。一排这样的纤维，称为运动单位，被分配给控制给定肌肉的许多神经（运动神经或运动神经元）中的每一个。这些纤维可以从一个肌肉端点延伸到另一个，但这并不总是准确的。一种被称为羽状肌的倾斜纤维排列包括多个较短的纤维，有效地形成了短而宽的肌肉。在羽状肌中，纤维向肌肉收缩方向倾斜，而不是沿着这个方向。这种排列方式允许两根长而重叠的肌腱（连接肌肉和骨骼的张力元素）与许多短纤维相连接，与长纤维数量较少的肌肉相比，这增加了羽状肌肉的力量，但减少了它的运动范围；它不能缩短到与后者相同的程度。

肌肉只产生张力（这种生理状态被称为收缩），因此当它们缩短，将两个不同骨骼上的附着点拉到一起时，只能进行机械工作。四肢或手之所以能推动，只是因为身体有杠杆（由骨头组成）、支点（关节）、张力索（肌腱）和拮抗肌肉组成的系统，所以一组肌肉的拉力会使四肢或肢体朝一个方向运动，而另一组肌肉的拉力会使四肢或肢体朝另一个方向运动。图 2.6 显示了腿部主要肌肉的示意图。

如果肌肉在拉扯的过程中（比如放下杠铃或慢慢下蹲时）被拉长了，它是在吸收和消耗功，而不是产生功。这种行为被称为离心收缩或做负功，如果力量或耐力要最大化，就必须将其最小化。与动物一样，人类会本能地调整自己的行为，以防止能量在负功中流失。

神经刺激在有燃料的情况下会引起肌肉收缩。肌肉单独或组合使用不少于六种燃料（见下一节），而且这种选择不是有意识控制的。相反，肌肉使用者选择的能量水平有效地"调用"适当的燃料选择，至少直到耗尽为止。特别是在自行车运动中，对于一个人来说，在最高的动力水平下（一般在 1500 瓦以上，或者强壮的人约 2 马力），几秒钟内就会精疲力竭。在相当低的功率水平下，比如 500 瓦，一个强壮的车手可以坚持几分钟；350 瓦时，可以坚持一小时或更长时间；250 瓦时，可能是可以骑行一整天。所有这些持续时间在自行车项目［短时冲刺赛（大约 10 秒）、径赛计时赛（几分钟）、小时和公路计时赛，以及可以持续几天的长途公路比赛（例如全美越野赛）］中都有相似之处。

短暂收缩后，肌肉纤维再次放松。然而，如果肌肉需要更长的时间来发力，例如，当支撑一个重量时，刺激运动单元的神经会反复放电，如果放电周期比纤维放松时间短，运动单元就会产生稳定的、最大的张力。在这种等长收

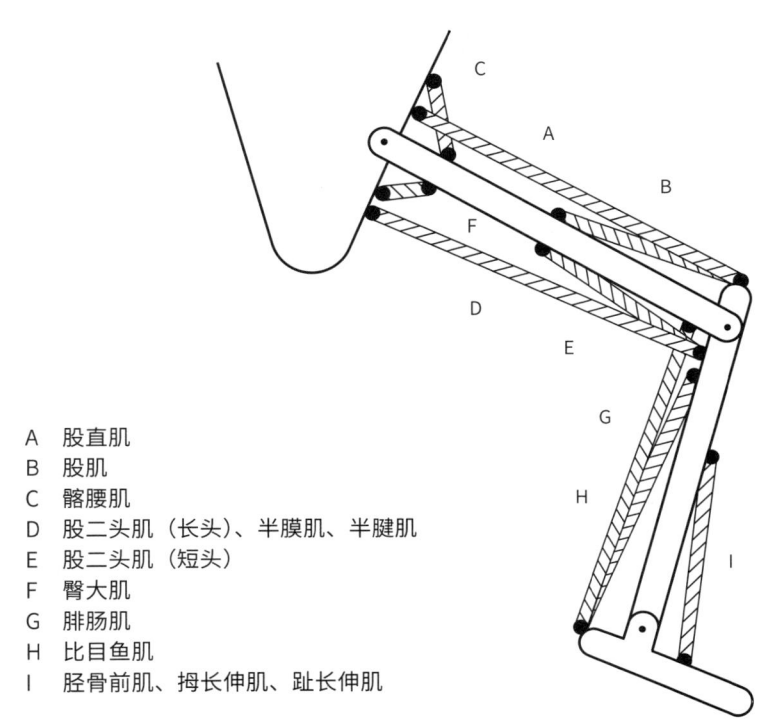

A 股直肌
B 股肌
C 髂腰肌
D 股二头肌（长头）、半膜肌、半腱肌
E 股二头肌（短头）
F 臀大肌
G 腓肠肌
H 比目鱼肌
I 胫骨前肌、拇长伸肌、趾长伸肌

图 2.6
在臀部，膝盖和脚踝的主要肌肉的程式化的功能表征。[帕帕佐普洛斯（1987）]

缩过程中，肌肉不会缩短。据分析，肌肉的等长收缩之所以有最长忍耐时间，是因为血管受到挤压，血液供应受到限制。在这个例子中，尽管重量在这段时间内没有被提起，所以在热力学意义上没有做任何外部功，但肌肉仍然需要从它的储存或血液中获取能量。为了最大限度地增加外部工作和减少疲劳，骑自行车时应该尽量避免等长收缩。

除了在这里展示的肌肉的基本图片之外，还有整个复杂的运动生理学主题，要了解人类骑自行车的表现，必须对其进行探索。

六种肌肉燃料

如前所述，肌肉使用六种不同类型的燃料，有些是短期的，有些是长期使

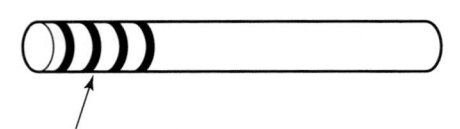

只有高能量的 ATP 能直接作用于肌纤维的收缩性蛋白质

1. 即时燃料　这些 ATP 源不需要氧气，也不会产生废物。因此运输不会延误，但必须不断补充。机械工作效率约 50%。ATP 储存在纤维中（可用约 3 秒），PCr 储存在纤维中（可用约 10 秒）。

2. 中期燃料　$(CH_2O)_n$ 类碳水化合物，主要是葡萄糖，其长链形式的糖原，和其部分反应形式的丙酮酸 / 乳酸。（可用约 2 小时）肌肉中储存了足够的糖原，可立即使用，提供 2 小时的高功率，或几分钟的极限功率。葡萄糖在血液中循环，用于肌肉和大脑，由肠道或肝糖原分解产生。糖原不循环。

肌肉使用碳水化合物有两个阶段：第 1 阶段是快速的无氧化(厌氧) 糖酵解 / 糖原分解为丙酮酸，这在 FG 或 FOG 纤维中具有最大的潜力（FG 纤维为快速糖酵解纤维；FOG 纤维为快速氧化糖酵解纤维。见第 63 页的定义）。它只提供碳水化合物中 7% 的可用能量，而不需要氧气。此时糖原已存在，葡萄糖被引入。这个阶段可能会非常强大，持续一到两分钟。过量的未氧化丙酮酸积累为乳酸。必须清除工作纤维中的乳酸。它进入邻近的纤维或被血液运输到远的纤维或肝脏中。之后可能氧化或重建糖原。运输或占用不足限制了高功率活动。

第 2 阶段以有限的速率使可氧化的丙酮酸在 SO（慢氧化）纤维或 FOG 纤维的线粒体中产生缓慢的完全氧化，传递剩下的 93% 的能量。氧气供应是必不可少的。此过程的效率为约 50% 转化成 ATP，即约 25% 转化为机械功。

3. 长期的燃料　脂肪（脂类）。主要由碳和氢组成的富含能量的化合物，储存在身体的各个部位。（可用数天或更长时间）这些物质被调动并被缓慢运输到纤维。氧气也是必需的。它们主要用于较弱的 SO 纤维。脂肪是休息或温和运动时的主要燃料。高强度的运动可以抑制脂肪的消耗。耐力训练可以调动脂肪，在中高功率时增加脂肪的使用，改善氧气输送，增加氧化结构，如线粒体。

图 2.7
六种肌肉燃料的运动和转化。

用的。图 2.7 显示了这六种肌肉燃料的运动和转化。所有涉及的燃料都是相互转换、运输、储存和使用的。此外，这里没有讨论在人力生产中发挥关键作用的短时化学中间物。一个人的燃料储存和运输燃料、氧气和废物的能力取决于遗传、训练和饥饿或疲劳状态。

两种快速燃料　如前所述,所谓的直接燃料是腺苷三磷酸(ATP)和磷酸肌酸(PCr)。这些都是由其他燃料在肌肉纤维中产生的,不会释放出除热以外需要处理或去除的任何有害废物。ATP 是细胞收缩蛋白直接使用的唯一燃料;所有其他燃料只有能够在肌纤维内再生 ATP 时才有用。ATP 可以作为燃料使用,没有延迟,并通过许多其他燃料的转换迅速补充。

每根肌纤维储存足够的 ATP 以供 2~5 秒的全力训练,以及足够的 PCr(可以在没有氧气的情况下快速代谢形成 ATP)以供 10 秒的 ATP 训练。

因为它可以在不需要氧气的情况下被利用,肌肉纤维储存的 ATP 储备是一种无氧能源。它是跳跃、100 米短跑中从静止状态加速或举起最大重量时使用的关键资源。在持续数分钟或更长时间的低能量水平下,ATP 仍然是为肌肉收缩蛋白质提供能量的唯一燃料;然而,在这样的功率水平下,它以稳定的速率产生(例如,通过其他燃料的氧化),并且肌肉纤维的净储备没有耗尽。

在收缩的肌肉中,ATP 的转化释放的热量和收缩功大致相等。也就是说,工作生产过程的最后阶段的效率高达 50%。

三种长效碳水化合物燃料　对于持续 20 秒~2 小时的高强度训练,三种碳水化合物是非常重要的。这些碳水化合物是单糖葡萄糖(本质上是六个碳原子和六个水分子结合),其贮存形式为长链多糖(淀粉)化合物、糖原,以及其部分代谢形式为乳酸。葡萄糖和糖原既可以有氧使用(有氧,且速度缓慢),也可以无氧使用(无氧,快得多,但不完全使用)。无氧碳水化合物代谢会留下高能量的乳酸,要么立即在其他地方使用,要么稍后(当有氧气时)再用,或者重新合成葡萄糖或糖原。在有氧运动中,体内的葡萄糖和糖原可以提供数小时的能量。另外,肌肉中的糖原可以在几分钟内通过无氧转化为乳酸来消耗。

葡萄糖从血液到达肌肉,可以从消化系统进入肌肉,也可以从肝脏释放出来,在那里葡萄糖要么作为糖原储存,要么从乳酸中重新合成。葡萄糖输送到肌肉的速度只能满足高强度稳态运动所需能量的三分之一,因此仅输入葡萄糖不足以产生高功率水平。然而,充足的血糖水平至关重要,因为葡萄糖也是大脑的主要燃料。如果运动耗尽了身体的葡萄糖供应,使血液中的葡萄糖水平下降，骑自行车的人会感到虚弱和眩晕（低血糖）。定期摄入碳水化合物（例如，含糖饮料）可以有效地预防这种情况，并且对持续更长时间的运动表现也有一定的益处。

一旦葡萄糖进入肌肉细胞（纤维），它可以在一个或两个步骤里释放能量。第一步（无氧）是分裂成两半形成两个乳酸分子，每一半释放氢形成丙酮酸。把丙酮酸也称为碳水化合物燃料可能是合适的，但由于它显然不能储存或运输，因此它在这里只是作为一种临时的中间化合物。这种分解被称为糖酵解（这个术语通常也被误用在肌肉糖原的分裂，更合适的说法是糖原分解中），只释放葡萄糖中可用能量的 7%，但它可以在不使用氧气的情况下快速发生。

第二步以两种方式之一进行。如果丙酮酸被吸收到肌肉细胞的氧化结构（线粒体）中，同时也吸收了足够的氧气，那么其余 93% 的能量会在有氧运动中释放出来，转化为水和二氧化碳。这种生成 ATP 的有氧过程从合成的 ATP 中产生大致相等的热量和可用能量，因此 ATP 的稳态生成效率约为 50%。（本章前面提到，有氧形成 ATP 的效率为 50%，使用 ATP 为肌肉提供动力的效率为 50%，这导致有氧燃料的总工作效率约为 25%。）

另一方面，如果丙酮酸没有以这种方式氧化，因为肌细胞中线粒体太少，无法处理产生的丙酮酸，丙酮酸就会重新获得氢，变成乳酸。如果身体要继续工作，就必须迅速清除肌肉纤维中无氧糖酵解（通常是糖酵解，因为葡萄糖不能很快被传递，而储存在肌肉中的糖原很容易获得）产生的乳酸。在血液中积累过多的乳酸也会导致越来越多的疼痛，从而被迫结束锻炼。

在高强度运动中，血液中的乳酸浓度可能在 30 秒内变得难以忍受。然而，在较低的功率水平下，可能需要几分钟才能达到这种状态，这既是因为产生的乳酸较少，也是因为身体的乳酸清除系统能够处理大部分的乳酸。

需要记住的要点是，葡萄糖可以缓慢而完全地被使用，达到高产出和中等功率水平，或快速但不完全被使用，仅在短时间内实现低产出和高功率。虽然乳酸的过度积累阻碍了进一步的工作，但乳酸绝非一种毫无价值的毒药。它是一种非常重要的燃料，因为前体碳水化合物的大部分能量仍留在其中以供使用。显然，乳酸可以被重新转化为丙酮酸，要么在肝脏中它被进一步转化为葡萄糖，要么在肌肉纤维中它可以被氧化以执行工作，或者甚至可以恢复为糖原。（具体结果显然取决于一个人的疲劳状态和饥饿程度，以及运动是否继续。）这种高度流动的能量形式在身体周围运输，供局部使用，被称为乳酸穿梭（布鲁克斯、费伊和怀特，1996）。然而，有关"乳酸命运"的许多问题的文献并不十分明确。

正如本章后面讨论的，即使在中低有氧功率水平下也会产生一些乳酸。在恒速运动中，血液中的乳酸浓度会上升到一个固定的水平，通常小于 5 毫摩尔/升，这与运动强度和去除率有关。如果乳酸的产生速度大于其清除（储存、氧化或再转化）的速度，那么其在血液中的浓度就会开始上升，并最终终止上述机制的作用。以这种速度产生乳酸的临界运动强度被称为血乳酸积累起始点（OBLA）（麦卡德尔、卡奇和卡奇，1996）。

近年来，人们普遍认为，乳酸浓度升高定义了可耐受的最高稳态运动强度（即在 20～120 分钟范围内）。然而，一堆杂乱的术语和定义在一定程度上让事情复杂化了。当乳酸达到特定浓度（4 毫摩尔/升）或在稳态浓度和运动强度之间的曲线斜率增加时，乳酸阈值和无氧阈值（现在被视为用词不当，因为乳酸升高通常不是由于供氧不足所致）也都已经被定义。[通气阈或喘气发作最初被认为反映了乳酸阈；然而，布鲁克斯、费伊和怀特（1996）已经澄清，当乳酸阈值达到时，几乎同时开始喘息只是巧合。]在 10～15 分钟的比赛中，精英选手的血乳酸浓度可能达到 15 毫摩尔/升，而在 1 小时的比赛中，由于功率输出强度较低，乳酸水平低于 8 毫摩尔/升。

出于简单而非重要性的原因，葡萄糖是本节的第一位。对运动肌肉力量来说，比葡萄糖本身更重要的是它的淀粉——肌糖原，一种葡萄糖的长链聚合物。1.5 小时甚至 3 小时的高有氧能量的燃料可以以糖原的形式储存在运动的肌肉中，不幸的是，糖原不能从储存充足的纤维转移到其他已经耗尽的纤维中；它的能量只能以乳酸的形式输送到其他纤维中。如果骑手是正常饮食，肌糖原一般是肌肉量的 2%。如果是低碳水化合物饮食，则是这个数字的四分之一，即 0.5%，而在碳水化合物负荷或糖原超补偿的消耗和过量进食之后，这个数字可能高达4%。糖原储存在肌肉中的含水量是其质量的3倍，因此，一个肌肉质量为20千克的人在摄入碳水化合物时，可能会储存多达4%×4×20=3.2千克的糖原及其伴随的水分。

相较于葡萄糖，肌肉中储存的糖原可以极其迅速地降解成为丙酮酸，因为糖原无须像葡萄糖一样通过血液循环。通过糖原降解产生的丙酮酸可以像肌肉线粒体处理它一样快地用于有氧（除非氧气供应被人为限制，见科伊尔等人，1983），因此摄入的葡萄糖和肌肉储存的糖原相结合会比单独摄入葡萄糖产生更高的有氧能量。

为了获得高于肌肉线粒体和身体供氧系统所能支持的能量水平，无氧糖原分解（丙酮酸生成）可以增加到远高于有氧工作的水平。通过有氧糖原分解产生2~3倍于最大可用功率水平的能量，同时只释放7%的燃料能量，无氧糖原分解显然使降解糖原的速度比完全氧化快30~40倍。因此，在无氧过程中，只需几分钟的高强度训练，就能消耗掉足以维持2小时有氧运动的糖原，尽管快速的乳酸积累可能会阻止这种消耗的同时发生。直接的后果是血液中乳酸浓度升高，令人痛苦不堪。（如本章前面提到的，达到特定乳酸水平所需的时间取决于生产速率超过清除率多少。）

脂肪，超时长运动的燃料 脂肪是我们列表中的最后一种燃料。脂肪属于一个更大的类别，称为类脂。脂肪化合物多种多样，主要由大量的碳原子与两倍数量的氢原子，外加相对较少的氧原子构成。因为脂肪中的碳和氢都可以与氧结合，由此每克脂肪释放的能量是碳水化合物的两倍。而且，不同于糖原，脂肪不储存多余的水。体脂肪作为我们主要的能量储存，其主要成分是甘油三酯，由一个甘油分子与三个脂肪酸分子结合而成。对于在血液中不能溶解的脂肪来说，脂肪酸与蛋白质结合形成脂蛋白。

脂肪只能在有氧情况下被利用，而且对于大部分人来说是一种低强度燃料。它能够提供人体休息时甚至进行中等强度的运动时所需的能量。然而，脂肪到达肌肉需要相当长的时间，并以相对较低的速度被肌肉细胞吸收。最大传输速度下，脂肪能够提供氧化能量的速度远远小于肌糖原。然而，身体却能储存可供多天使用的能量：脂肪储存能够为数周的活动提供燃料。典型的人体储存200～800兆焦（MJ，约50000～200000千卡）的脂肪，因为完全氧化的脂肪产生37千焦/克（9千卡/克），足够100～200小时的艰苦工作（或者更现实地说，200～400小时的中等强度工作加上休息）。储存的葡萄糖和糖原只能提供其1%～2%的能量。

最大限度地利用脂肪或脂肪分解而不是消耗碳水化合物有两个相反的原因：一方面，允许在不"加油"的情况下进行极长时间的努力；另一方面，减肥。虽然剧烈运动会导致快速减肥，但主要是以碳水化合物和水的形式。在一次艰苦的骑行中，可能会代谢掉整整1千克的糖原，这也意味着会失去相应的3千克水分。由于长时间的高强度运动被认为会抑制脂肪的利用，那么高强度的运动可能很难触及身体的脂肪储备。在任何情况下，如果不通过食物、饮料或这两者补充糖原，就不可能在高功率下长时间骑行。在低强度运动中，脂肪主要被氧化，但当然很少。如果需要连续几天或几周不吃东西，这是可以的，但如果目标是消除体内脂肪，则效率低下。在中等强度的运动中，大约一半的能量消耗来自脂肪，但就绝对使用量而言，它的最高使用量可能是0.25克/分［克罗奇（Croci）等，2014］，因此，要减掉1千克的脂肪，大约需要一个星期白天的努力。

戴利（Daley）（2018）利用维纳布尔斯（Venables）、阿赫滕（Achten）和约肯德鲁普（Jeukendrup）（2005）的研究，开发了一个在线计算器，可以计算脂肪和碳水化合物的使用与心率的关系，例如，在最大心率的65%时，脂肪和碳水化合物的使用比例约为1∶1。（每分钟最大心率的经验法则是220减去年龄。）

然而，上述陈述必须在时间方面进一步细化：京特纳（Güntner）等人（2017）表明，身体的脂肪代谢需要一段时间才能开始，然后即使在休息时，它也会保持高水平或有所增加，在特别明显的情况下，在运动后3小时内，如果不吃东西脂肪会持续代谢，但人与人之间的差异很大。大约1/3的受试者在1～1.5小时后出现了显著的增长，另外1/3的受试者从一开始就出现了较慢的线性增长，最后1/3的受试者几乎没有相关性。苏黎世联邦理工学院开发的紧凑型呼吸传感器可以让个体容易地确定其脂解的开始，正如贝尔加曼

（2017）所描述的那样，从而消除了不确定性。该传感器通过测量丙酮浓度来监测脂解的开始。

"脂肪燃烧"是一个被广泛讨论且颇有争议的话题。支持者说，反复的短时间、高强度（间歇）训练会使身体迅速转变成燃烧脂肪的模式。这一论断似乎与之前支持低强度稳态训练的说法相矛盾，但这一矛盾显然可以通过使用两种策略来解决。在本书的背景下，可能值得指出的是，用于交通和旅游的骑行通常可以同时提供两种训练模式：山丘和红绿灯（包括停车后加速）自动激发高强度工作的周期；而地势平坦的路段允许任何所需的低强度工作速率。

肌肉纤维

一块肌肉通常由50～500条神经控制。每一根神经都控制着一个由数百甚至数千个肌肉纤维组成的肌束或运动单元，肌纤维有三种类型（稍后讨论）。每一根纤维是一个单一的毛发状细胞（厚度在0.01～0.1毫米之间，有时和肌肉一样长），含有大量产生力量的蛋白质丝，称为肌原纤维。任何一个运动单元的纤维都是相同的纤维类型，每个运动单元的纤维都与肌肉中邻近运动单元的纤维交织在一起。人们发现，在特定的人的特定肌肉中，每种纤维的比例基本上是不可改变的。此外，肌肉中的纤维总数在生命早期被认为是固定的：肌肉尺寸的变化主要是由于组成纤维的肥大（尺寸增加）。

通过对肌肉横截面进行化学染色，可以区分出三种截然不同的肌纤维类型：慢氧化型、快速糖酵解型和快速氧化糖酵解型。每种类型的细胞在使用燃料、产生力和功的方式上都有所不同，尽管它们在这些方面的差异可能并不总是显著的，因为细胞通过训练进行适应：它们的行为实际上是沿着一个连续统一体进行的。任何一块肌肉都是三种肌肉纤维的混合，或多或少通过训练适应耐力（有氧）或力量或功（即时和糖原溶解）活动。

在光谱的一端，SO纤维（也称为1型纤维）通过线粒体获得丰富的氧气供应。它们之所以呈红色，是因为它们含有储存氧气的肌红蛋白，就像鸡的深色肉一样。耐力训练可以显著增加线粒体密度和向这些纤维供氧的毛细血管数量。SO 纤维是稳态（耐力）活动的理想选择，能以最高速度吸收氧气，有氧代谢葡萄糖、糖原或脂肪。它们不会变得很粗，也不会产生相对较小的力。它们对神经刺激反应缓慢，因此还被称为慢收缩纤维。它们几乎没有能力支持碳水化合物能量的快速无氧释放（无氧糖酵解或糖原分解）。另一方面，他们能够反复收缩而不感到疲劳。由于这种类型的纤维实际上通过单个纤维的重复收缩产生稳定的肌力，姿势肌肉往往由 SO 纤维组成。

而另一个极端，FG 纤维（也被称为 2b 型纤维）对神经冲动的反应更快、更有力。它们大部分都缺乏线粒体和肌红蛋白，因此颜色苍白，就像鸡肉的白肉一样。它们的代谢倾向于将葡萄糖或糖原快速无氧转化为乳酸，在几乎没有延迟的情况下产生强大的力量（快速收缩）。它们经常被描述为"易疲劳的"，可能是由于糖原耗尽或乳酸积累造成的。通过超负荷训练，FG 纤维的横截面可以扩大，从而增加碳水化合物或直接来源（ATP 和 PCr）提供的短期肌力。有人认为，FG 中的糖原储存量可能比其他类型的纤维中的糖原储存量要高，而且它们在使用 PCr 时表现得更好。

第三种纤维是快速氧化糖酵解纤维（FOG，也被称为 2a 型）。人们认为，由于耐力训练，一些 FOG 纤维可能由 FG 纤维转化而来。如果是这样的话，它们会放弃一些糖酵解能力，以大幅提高有氧能力。教科书中描述的 FOG 纤维结合了 SO 纤维和 FG 纤维的特性。

正如本章前面提到的，每个能量级别的肌肉都需要调用一些燃料运输和转换机制的组合。一种资源的耗尽或一种垃圾的饱和（清除速度不够快）将决定任何给定的能量级别的持续时间。因此，使用燃料或产生废物的速度越低，持续时间就越长。在不同功率水平下运行的生理机制的差异预计也会改变持续时间直至力竭。

纤维选择 正确选择肌肉纤维以执行给定任务是很重要的。例如，举重能力的短期提高可归因于纤维募集的改善，而非实际肌力的增加。如果糖酵解运动单元首先用于耐力（低力量）活动，它们将很快耗尽糖原，而不利用大量可用的氧气。虽然运动单位的使用不是直接在意识控制下进行的，但它似乎确实是中枢神经系统的一种功能。

高功率有氧代谢：乳酸阈和糖原耗竭

并不是所有决定个体功率-持续时间曲线的生理机制都得到了同样程度的研究。其中两个备受关注，即最高稳态功率（有氧）和最高持续 1～2 分钟的功率（无氧），与自行车运动的重要类型有关。

高功率的有氧代谢是这样运作的：维持约 30 分钟或更长时间的最高功率水平基本上是稳定状态，既不会消耗任何快速耗尽的资源，也不会不断积累痛苦的乳酸。每一分钟，几乎所有通过这种新陈代谢产生的能量都需要吸入氧气。

碳水化合物储存肌肉糖原的消耗，甚至血糖的消耗，往往决定了这种高强度稳态工作的最长持续时间。有时，脱水或抽筋等其他因素也起作用。教科书中描述的将初始肌糖原与最大可能持续时间进行比较的实验充分证实，至少在训练有素的耐力运动员中，肌糖原是终止稳态努力（即决定耐力）的限制性资源。此外，当只允许一条腿踩踏板时，对两条腿的糖原水平的测量（奥斯特兰德和罗达尔，1977，第 14 章）表明，糖原不能移动：工作的腿消耗了它的储存并将其耗尽，而休息的腿仍然充满能量。

增加身体脂肪系统提供的能量或每分钟的蹬踏旋转次数（蹬踏力的降低会减少快速收缩纤维的募集，以及与之相关的无氧糖原分解），可以减少骑行中肌肉糖原的消耗。此外，肌肉中糖原的储存可以通过碳水化合物的储存来增加：在 2～4 天内大量消耗糖原储存，然后摄入过量的碳水化合物。事实证明，这一过程使正常饮食充足但没有负重的人的耐力提高了一倍。由于肌糖原在更短时间、更有力的运动中也有用，因此碳水化合物负荷似乎对除了最短时间的项目以外的所有运动都是有用的。由于糖原消耗和消耗后的再生需要超过一天的时间，一个重要的问题是运动员在多日比赛中能够维持的糖原储备的大小。

过去，人们普遍认为，燃料的最大氧化速率是由肺和身体循环向工作的肌肉输送氧气的速率决定的，这一速率可以在戴利（2018）和本章后面描述的最大摄氧量 VO_{2max}（最大氧气消耗量）测试中确定。然而，至少对于耐力运动自行车手来说，这已经不再被普遍认为是正确的了。相反，燃料氧化的速率似乎受到肌肉在不产生过量乳酸的情况下氧化燃料的较低速率的限制，这取决于使用的肌肉的总质量、它们的纤维类型，以及它们（通过线粒体和毛细血管）对氧化脂肪的适应程度。吸收氧气最有效的纤维是相对较弱和作用较慢的慢氧化纤维。适当的训练可以使这些纤维的耗氧能力加倍。（这些弱点对自行车手来说不是问题，因为在长时间的自行车比赛中，典型的脚部力量只相当于最大踩踏力的 10% 左右。）

由于肌肉的最大稳定吸氧率和最大摄氧量之间没有明显的联系，所以后者至少在部分人群中应该是有能量限制的。[科伊尔等人（1983）在讨论心脏病患者时提供了一个极端的例子。] 然而，即使这是真的，在成功的竞争者中，受最大摄氧量限制的个人应该是少数（布鲁克斯、费伊和怀特，1996）。现在人们认为，工作肌肉产生乳酸和清除乳酸的各种机制之间的平衡所产生的血乳酸水平决定了大多数人能够忍受的最大工作强度。只要丙酮酸存在，也就是说，只要碳水化合物被用作燃料，就会产生少量的乳酸。当 SO 纤维需要从碳水化合物中产生超过一定数量的能量时，或当 FG 纤维被招募时，或当纤维缺氧时，就会产生更多的乳酸。乳酸的产生速度会超过身体的乳酸清除能力，而乳酸清除能力通常与循环系统能输送多少氧气无关。训练减少了在任何给定的工作负荷下产生的乳酸量，并增加了乳酸的使用（清除）速度，因此降低了血液中的乳酸水平。此外，训练可以提高身体对高乳酸水平的耐受能力。

直到 1990 年，对于如何准确定义身体的乳酸阈值，例如，作为浓度水平、斜率变化或浓度高于基线的增加，尚未达成共识。一个看似合理的定义是 OBLA，即血乳酸浓度不再保持稳定的运动强度：产生量超过清除量，血乳酸浓度无可阻挡地攀升，直到运动结束。

有充分的理由认为，允许使用更多肌肉的蹬踏方式或装置将提高骑手的最大稳态（即有氧）力量水平。事实上，人们普遍认为，同时使用双臂和双腿的顶级北欧滑雪者往往比顶级自行车运动员能吸收更多的氧气，从而产生更大的稳态力量。

众所周知，随着年龄的增长，骑手的有氧能力会下降。图 2.8 绘制了 50 英里计时赛中的平均速度与年龄的关系图，并根据这些速度估算了呼吸能力。

20 世纪 80 年代，对麻省理工学院"代达罗斯"号的飞行员进行评估，从最大功率的长期努力中获得了一些有趣的生理数据。这些评估要求飞行员踩踏

66　骑自行车的科学

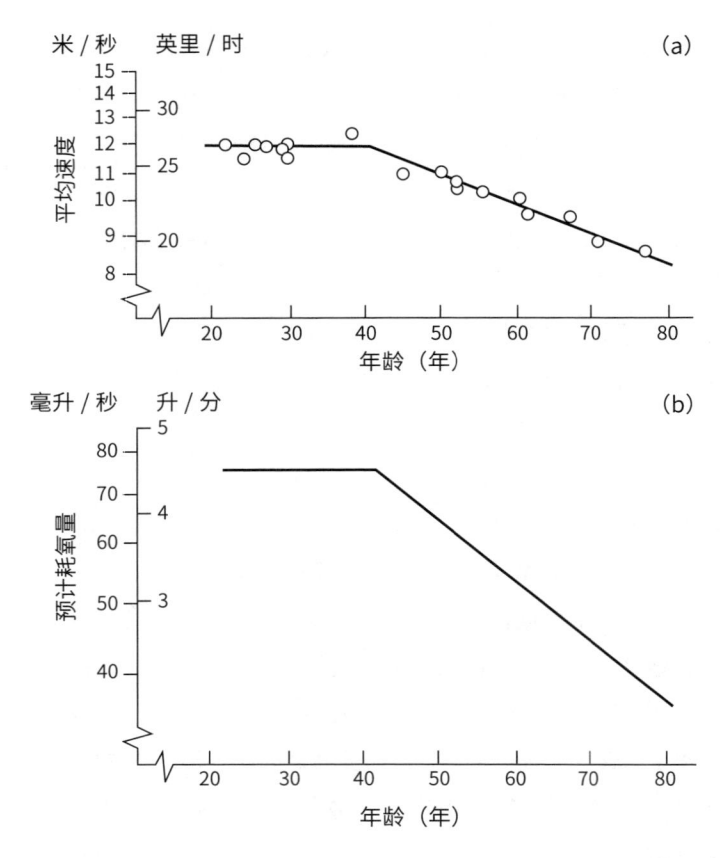

图 2.8
50 英里计时赛选手的（a）速度和（b）估计耗氧量与年龄的关系。（戴夫·威尔逊根据弗兰克·惠特提供的数据绘制）

板进行估计 4 小时。如图 2.9 所示［布索拉里（Bussolari），1986—1987］，两名受试者被要求以其最大有氧能力的 70% 踩踏板，并在整个 4 小时内通过测量其吸气和呼气以及定期采集血样进行监测。他们可以随心所欲地喝水。图中各实线显示了一名女飞行员的数据，据史蒂文·布索拉里所说，她在试验前进行了碳水化合物负荷试验，并在整个试验过程中定期饮水。她在足够好的状态下完成了 4 小时的评估，且能够再继续 30～60 分钟。虚线显示了一名男性飞行员的数据，他没有尝试碳水化合物负荷，喝的液体量不到女性飞行员的一半，并且由于腿部疼痛和痉挛，在 3.5 小时后不得不退出。如图所示，这些不适并

图 2.9

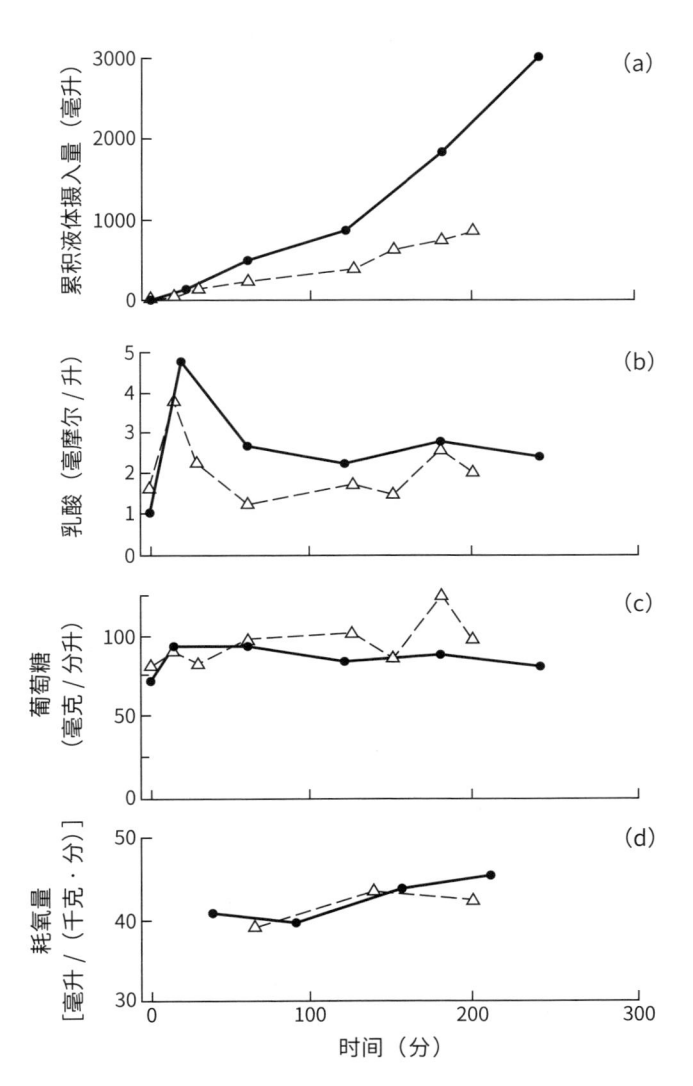

两名人力飞机飞行员在最大有氧能力的 70% 下进行了 4 小时测试的测量结果。（选自布索拉里，1986—1987）

非由高乳酸水平引起的。

大功率无氧代谢：乳酸积累和快缩纤维肌群

在无氧运动中，比如冲刺或攀登矮小的陡坡等，肌肉的功率输出远远大于最大有氧功率，大概是3～6倍的差距，并且最大有氧功率最初由即时燃料ATP和PCr产出。随着这些复合燃料的耗竭，肌肉释放的能量下降到更低水平，主要由肌糖原的无氧糖原分解提供能量。如前所述，这种情况导致了乳酸的大量释放。

当大功率做功只能维持非常短的时间，几乎不可能涉及糖原分解系统时，无氧燃料系统不会额外产生任何乳酸。这是所谓的间歇训练背后的一个原则：只要这个力的持续时间较短，就可以反复进行大强度训练。

大功率无氧（即时和糖酵解）代谢在5～20秒的运动中处于主导地位。在2分钟以内造成力竭的较小强度运动中，氧气产生的能量仍小于总能量释放的50%（而且一些氧气已经储存在了肌肉的肌红蛋白中），由此我们猜测，出色的氧气运输耗氧系统在这样的运动中几乎没有任何价值。

尽管乳酸增加会导致大功率糖原分解的结束，但重复的高强度运动会耗尽其FG中的糖原。因此，如果一个人为了进行多次冲刺跑，需要有超量糖原，这可以通过碳水化合物负荷法获得。

临界功率曲线耦合中定义的肌肉"无氧工作能力"表明了功的一个可迅速传输的"储备量"。我们可以假设，无氧工作能力可以通过测量即时燃料储量，加上足够使血液乳酸达到极限水平的肌糖原数量，进而得出。一些骑行者能够比其他人耐受更高的乳酸水平，然而，另一些骑行者能够比其他人更快地清除乳酸。此外，据说饮用小苏打溶液能够有助于对血液乳酸起到缓冲作用，从而能进行更高强度的长时间运动。（这并不被认为是兴奋剂，但它确实对肠道有副作用。）

最适合短时间、大功率运动的纤维是FG和FOG。这些纤维对这些运动适应的部分原因在于体积（横截面区域）的增加，体积增加能够提供更多的蛋白质和更大的力量。这种适应性通过大块肌肉得以体现。此外，酶可以使糖原转化成乳酸，并且酶的水平必须足够才能支撑这种转化。

扩大的快速纤维可能是产生最大糖原分解所需的必要条件。然而，文献一再强调这并不代表所有情况，一些身体强健的人，包括自行车手和短跑运动员，并没有特别健硕的肌肉。在正确的时间使用适当的纤维也很重要，这种能力是否是天生的，而不是后天可训练的，很少在文献中讨论。

食品和效率

如本章前面所述，肌肉的总有氧能量效率约为25%。皮尤（Pugh）（1974）对骑在测功仪上和赛道上的自行车运动员进行的测试证实，所产生的功约占所用额外燃料的25%。布索拉里（1986—1987）和布索拉里与纳德尔（Nadel）（1989）引用了24%的数据，并给出了详细的测量结果，部分汇总在图2.10（第79页）中。除了结果如图所示的五名非常相似的飞行员外，布索拉里和纳德尔还测试了另外二十名飞行员，并报告了在每单位体重3.5瓦/千克的有氧可持续功率水平下，机械效率在18%～34%之间。如果将基础代谢额外需要的大约1瓦/千克（见本章后面的讨论）计算在内，则总效率较低，尤其是在低功率水平下。左默斯（2000）全面总结了食物效率，在低功率下以大约60转/分的速度踩到厌氧阈值时，发现净效率或工作效率为22%～24%。这些术语使用的是运动期间测得的总代谢功率输入，但会减去不运动时坐在测功仪上测得的总代谢功率。另请参见下一节。

有几种方法可以确定食物的可用能量含量（见联合国粮食及农业组织，2003）。表格或食品包装上公布的数值通常使用37千焦/克（9千卡/克）表示脂肪，17千焦/克（4千卡/克）表示碳水化合物和蛋白质，8千焦/克（2千卡/克）表示膳食纤维。然而，并不是所有的能量都可以用于身体的肌肉，因为有一些能量损失。最大的是消化本身，它产生热量（食物的产热或热效应），这在一定程度上减少了之前引用的数字，这取决于实际的食物和个人，蛋白质最多可减少25%。此外，人类实际上无法消化食物中的任何纤维素或木质素成分（例如，膳食纤维的不溶部分），因此这些物质中所含的能量不计入人类营养。

假设效率为25%，且不计算基础代谢，理论上，每小时食用一个能量含量为 1 兆焦（=1 兆瓦秒≈0.278 千瓦时）的 50 克能量棒，可提供一小时 278 瓦的连续代谢功率或 69 瓦的机械功率。这对于普通的自行车运动来说已经足够了。

在低功率水平下，功率与所吃的食物之间没有直接的相关性，因为它被大量的身体储备和基础代谢所掩盖，所以计算卡路里不适合衡量表现，除非是在长时间内。然而，食物必须经过氧化才能供身体使用，而且由于身体只储存了几次呼吸的氧气，因此测量呼吸过程中的氧气使用量是进行此类测量的一种快得多的方法。

氧气摄取和新陈代谢

测量氧气（O_2）的使用量或二氧化碳（CO_2）的产生量可能是一个非常强大的工具，可以揭示为满足一个人的总能量需求而代谢了多少"燃料"，并且可以通过称为间接量热法的过程来计算 O_2 的使用量和 CO_2 的产生量。了解代谢功率 P_M（食物能量消耗率）一方面有助于规划食物需求，另一方面也有助于推导肌肉提供的实际机械功率。后者可以计算为工作时 P_M 测量值与休息时 P_M 测量值之间的差值乘以有氧肌肉效率。以下观察结果是一般性的，但部分适用于海平面附近和室温附近的标准气压。高海拔效应在第三章进行讨论。

为了获得最大的精度，测量消耗的 O_2 和呼出的 CO_2 的实际量，即每分钟呼吸的体积乘以 O_2 浓度的减少和呼出空气中 CO_2 的增加。可以使用固定或可穿戴设备连续进行分析，也可以在呼出的空气被收集在道格拉斯气袋中后进行分析。

同样的计算也可以揭示正在消耗的是哪种燃料。当碳水化合物被氧化时，每个 O_2 分子都会转化为 CO_2 分子。因此，CO_2 与 O_2 的比例为 1∶1（所谓的呼吸商，或 RQ）表示纯碳水化合物的使用状态。另一方面，当脂肪被氧化时，只有约 70% 的 O_2 形成 CO_2；其余部分产生水。因此，CO_2∶O_2 为 0.7∶1 表示纯脂质使用状态。对于 0.7∶1 和 1∶1 之间的比率，可以计算碳水化合物和脂肪的使用比例（假设蛋白质没有氧化；见本节后面的讨论）。脂肪氧化产生 4.70 千卡/升（约 19.7 千焦/升）O_2，而碳水化合物产生 5.05 千卡/升（约 21.1 千焦/升）O_2。因此，消耗 1 升/分的氧气（即呼吸 20~25 升/分的空气；见本节后面的讨论）代表碳水化合物的代谢功率为 352 瓦，脂肪的代谢功率为 328

瓦。如果我们减去 80 瓦的基础代谢功率（见本章后面的讨论）并假设 25% 的效率，则产生 68 瓦的机械功率。

韦尔（Weir）（1949）为中间代谢值设计了一个公式，至今仍在使用。代谢功率 P_M 以瓦特为单位的推导公式是：

$$P_M = MV \% CO_2 (2.72/RQ + 0.766)$$

其中 MV 为分钟通气量（每分钟呼吸的量），单位为升/分；$\%CO_2$ 为呼出气体中的二氧化碳，单位为百分数；RQ 为上一段中给出的呼吸商。（P_M 以千卡/天计，乘以 20.65。）如果 RQ 是已知的或可以估计、假设的，那么只需要测量其中一种气体。方程中规定了 CO_2 的浓度，而不是 O_2 的浓度，因为它更容易测量。如果使用 $RQ = 0.85$ 的平均值，就会出现一个特别简单的近似：$P_M \approx 4\ MV\ \%CO_2$。

韦尔的精确公式包括一个蛋白质消耗量的术语，可以通过测量尿氮来确定。蛋白质中含有约 16% 的氮，尿液中的 1 克相当于吸入的近 6 升氧气。消耗的蛋白质提供的能量大约与碳水化合物一样多，但 RQ 较低，为 0.82。人们通常不必为确切的公式费心，因为大多数人食用的食物含有 11%～14% 的蛋白质（韦尔，1949）。上一段中的简化韦尔公式针对 12.5% 的蛋白质进行了调整，即使消耗了其他数量的蛋白质，产生的误差也很小。（如果可以自由选择，大多数人会倾向于以蛋白质提供大约 14% 的新陈代谢能力的饮食习惯。如果一个人主要吃的是几乎只含有碳水化合物和脂肪的低蛋白食物，那么为了达到 14% 的水平，他必须吃得很多，才会增重。高糖饮料和能量棒可能是大运动量骑行的好燃料，但除此之外蛋白质就太缺乏了。蛋白质棒也行，但坚果和干果可能更健康。）

另一个需要注意的是：在短期内，并不是所有的能量都是通过氧化产生的。短暂而激烈的运动依赖于即时燃料和无氧糖原分解，其氧气成本被推迟。（例如，运动结束后，体温的变化改变了基础代谢，从而掩盖了燃料的总使用量，因为它被视为是恒定的。）在不可持续的运动强度下测得的氧气不能反映稳态，必须谨慎解释。

人类通常在呼气时二氧化碳浓度相对稳定，为4.5%（合著者在休息时为4.5%～4.6%）。这是因为在5%时，呼吸的冲动已经很明显，在6%时变得非常强烈。在这个范围的另一端，二氧化碳浓度低于4%时，即使在休息时也需要深呼吸或快速呼吸，而在3%时换气过度是很费力的。

如果二氧化碳浓度取5%，则公式为$P_M \approx 20 \, MV$，或如果选择4%，则为$P_M \approx 16 \, MV$，两者$RQ=0.85$。克尼平（Knipping）和蒙克里夫（Moncrieff）（1932）给出的$P_M=14.63 \, MV$，这意味着%CO_2略高于4%，RQ略低于1，或两者兼而有之，以及必须以空气的形式呼吸24倍于O_2吸收量。对于5%的CO_2和$RQ=1$，该数字为20。

测量MV需要特殊设备，因此上述经验法则不是很有用。然而，测量呼吸频率（BR，呼吸频率，或每分钟呼吸次数）很容易，MV是BR乘以潮气量（TV，以升为单位的呼吸量）。成人休息时，后者通常为0.5升（或7毫升/千克体重）。当$TV=0.5$升，CO_2含量为5%，$RQ=0.85$时，代谢功率（瓦特）为$P_M \approx 10 \, BR$。在4%CO_2和$RQ=1$的情况下，约为$7.3 \, BR$。

由于TV本身随BR的增加而增加，这些粗略的估计值可以稍微细化。仅从BR估算功率需要MV和TV之间的已知关系。虽然在静息代谢方面有大量数据（例如来自医院患者），但在较高功率水平下几乎没有发现。马瑟（Mathur）（2014）汇编了各种资源，绘制了BR和TV与机械动力的对比图。如果将单个函数拟合到这些图上，使用之前使用的单位，则近似曲线拟合得到P（而不是P_M！）$\approx 200\ln(BR)-515$。对于该方程适用于哪种类型的人、哪些条件，以及该方程的准确度如何，尚未给出，但假设考虑了静息代谢率（见本章后面的讨论），该方程对78千克中等功率水平的合著者非常有效。尼科洛（Nicolò）、马萨罗尼（Massaroni）和帕斯菲尔德（Passfield）（2017）使用了一种不同的方法，发现了一个线性关系，即在受试者最大呼吸频率的65%下进行"相当轻"的工作，到在最大呼吸频率下进行最大"非常努力"的工作间存在的线性关系。综上所述，前几段给出了P_M的公式，本段给出了（净）工作P的公式。其中一些公式以电子表格的形式由施密特于2019年给出。

另外，一旦校准，给定的个人心率（HR）也可以提供一个氧气使用量和功率的近似值。例如，参见佩雷斯（Perez）、维希涅夫斯基（Wisniewski）和肯德尔（Kendall）（2016—2017），其中 $P = 2.5\ HR$-200 近似于两个使用运动自行车的男性的测量值，P 是瓦特，HR 是每分钟的心跳。

如果为特定运动的强度增加序列绘制氧气使用率曲线（留出适当的时间，以形成较为稳定的条件），则曲线通常显示出相对垂直的上升，并在该运动的明显最大摄氧量处保持水平。即使是短暂的、激烈的努力也能引起最大程度的摄氧量。长期以来，人们一直认为，这种氧气输送的最大速率（即最大摄氧量）代表了全身（心脏和肺）输氧的限制。虽然这样的限制确实存在，但骑自行车的人的最大摄氧量更可能实际上代表了工作肌肉吸收氧气的能力。例如，不同的运动会导致同一个人的最大摄氧量值有所不同。

最大摄氧量可能主要与心搏量（通过训练可增加10%～15%）和血细胞比容（红细胞浓度）有关，血细胞比容可通过海拔训练、血液兴奋剂或使用促红细胞生成素（EPO）等人工手段提高。然而，对于那些已经相当健康的人来说，即使是高强度的训练也不能增加最大摄氧量。从各种来源获得的标准值表表明，非常不健康的人的最大摄氧量约为非常健康的人（在相同年龄）的一半，与年轻人（在相同健康水平下）相比，大约相同的系数适用于老年人，但非常健康的老年人比非常不健康的年轻人的状况要好一些。

长期以来，对最大摄氧量的关注一直是运动研究的主要内容。现在，一些版本的乳酸阈值（如OBLA）被视为可训练的极限。最大摄氧量经常远远超过这个限制（在任何情况下都不是很容易训练的）。这种对性能决定因素的新观点使我们保持一种谨慎的乐观态度，即使用更多的大块肌肉可以让自行车手输出更大的长期动力，甚至可能接近他们的系统供氧极限。为此，同时手摇和脚踏的自行车正在不断地被改造以达到这一目的。这类自行车在比赛性能上缺乏显著的成功，这暗示了一系列困难的要求，包括平稳节能的踏板动作，以及在不影响转向的情况下使劲踩踏板和曲轴的能力。（在这一领域，基于测功仪的成功显然应该先于公路原型的建造！）尽管最大摄氧量并没有明确定义最大稳态踏板力，但它仍然不能被完全忽视，因为它是运动成绩的决定因素。当然，呼吸是否顺畅也会对成绩产生影响。这还取决于蹬踏姿势，本章稍后将进一步讨论。

骑行中的能量学

理想状态下，蹬踏的（额外）能量成本直接归因于其在踏板上所做的功。骑行过程中，肌肉（不一定是腿部肌肉）进行等长收缩或离心收缩运动。此外，使用或补充各种各样的燃料来供给正在使用的肌肉，会产生各种各样的即时和延迟的代谢成本。我们不知道每种因素对燃料效率的相对贡献。

显然，其他非蹬踏的肌肉越来越多地参与到高强度或高节奏的蹬踏过程中。力量很大时，自行车骑手必须依靠这些肌肉来防止从鞍座上被抬起来或沿着座位滑动从车座上掉下来；骑手的大腿完全伸直，脱离车座进行高节奏骑行时也需要进行这样的预防。肌肉使用程度不是决定肌肉疲劳的唯一因素。蹬踏研究中的主要难题之一是为什么降低座位会如此损害肌肉的做功性能。

很多肌肉都可以带动腿部关节运动（见图2.6）。对单关节肌肉的认识可以帮助减少对这些肌肉功能的困惑。单关节肌肉指的是一个关节周围的所有肌肉。每一个关节都有一块肌肉负责伸展它，一块肌肉负责收缩它。当产生动力时，这些相对的肌肉通常不会同时收缩（即同时施加对立的张力），因为其中一个肌肉会做负功，而这会导致不可逆转地吸收有用的能量（共同收缩是增强结构刚度或抵抗伤害的一个有效方法）。

双关节肌肉，如股直肌和股二头肌长头，在两个关节上产生扭矩，而不会接触到之间的骨头。这些肌肉的"逻辑"可以偏离单关节肌肉的简单逻辑。这可能脱离了单关节肌肉的简单逻辑。例如，刚才提到的两种肌肉同时缩短了腿的伸展，如跳跃或蹬踏。因此，在这样的运动中，当这些肌肉协同收缩时，两者都会做正功。（最初令人惊讶地发现，这些运动的肌肉似乎彼此对立，这被称为"伦巴德悖论"。）

基础代谢

人体引擎具有一些机器没有的附加特性：它不能关闭，为维持身体正常代谢，人在静止时也会消耗一定能量。（从这个意义上讲，它有点类似于传统的蒸汽发电厂，在这种发电厂中，即使没有电力输送，燃料也必须持续燃烧，以保持蒸汽压力升高。）人类的能量需求通常分为基础代谢或静息代谢和工作代谢。

基础代谢通常用基础代谢率（BMR）表示，但实际上是指稍高的静息代谢率（RMR）（又称静息能量消耗或 REE）。BMR 涉及一种更复杂的测量方法，它代表了没有消化进行的最低身体机能，而 RMR 代表了在没有身体活动的情况下，正常生活的每天能量率。这两个单位通常以千卡/天表示，有时也以千焦/时或国际单位制（SI）中表示功率的单位瓦特（1 焦耳/秒 = 1 瓦）来表示。（该领域中常见的单位需要经常转换，因为所有通常的时间单位从秒到年都在使用！）例如，1000 千卡/天（约 41.7 千卡/时，约 175 千焦/时）约为 48.5 瓦，100 瓦约为 2065 千卡/天。第一个例子对应的是一个年老而矮小的人，后者对应的是一个年轻而高大的人。除了年龄和体形的差异，还有性别、环境和体温以及服装的差异。目前存在多个预测方程，可在无数在线 BMR 计算器中使用。最著名的是较早的哈里斯-本尼迪克特（Harris-Benedict）方程（哈里斯和本尼迪克特，1918）和更新的、类似的米夫林-圣杰奥（Mifflin-St. Jeor）方程，两者都以性别、年龄、身高和体重为输入，假设有"正常"的温度和衣服。米夫林-圣杰奥方程给出的 BMR（千卡/天）为 [10 × 体重（千克）] + [0.0625 × 高度（米）]（5 × 年龄）+ 5（男性）或 −161（女性）。李（Lee）和金（Kim）(2012) 列出并比较了这些方程和其他一些方程，但似乎没有一个方程与不同温度和衣服之间的重要关系相关，这可能会朝相反的方向发展：很明显，环境温度较低、衣服较轻或两者兼具都会增加新陈代谢，因为皮肤会流失更多热量。但是，体温降低 1 摄氏度会导致基础代谢降低 10%~13%［见兰茨贝格（Landsberg）等人，2009］。缺乏令人不快的实验结果，我们可以讨论这个问题［例如，参见塞尔科夫（Selkov），2015］，或者可以假设热中性环境的条件，最低的 BMR 被定义为维持核心体温在 37 摄氏度。

本章前面给出的韦尔公式也可以用于呼吸测量。这就给出了受试者实际在休息时的 RMR。

主要的关系通常用身体（皮肤）表面积来表示，例如，年轻成年男性为 936（千卡/天）/平方米（约 45.4 瓦/平方米），中年男性为 888（43.0），成年女性为 864（41.9）（麦卡德尔、卡奇和卡奇，1996）。体表面积与身高和体重之间有许多关联，例如，NASA 1969 年的公式（只针对男性）：

$$身体面积 = 0.007184\, M^{0.425}\, (100\, H)^{0.725}$$

其中身体面积以平方米为单位，身高 H 以米为单位，质量 M 以千克为单位。（一般男性的典型身体面积为 1.5～2 平方米。）因此，身高 1.75 米，体重 75 千克，在哈里斯-本尼迪克特和米夫林-圣杰奥预测值之间的男性的基础代谢约为 1750 千卡/天（约 85 瓦）。

工作代谢

总代谢功率 P_M（如前所述）中值得关注的主要部分与自行车可用的机械功有关。它可以通过从 P_M 中减去不涉及生产性工作的代谢功率，即前面描述的 BMR 和食物的热效应，以及与骑行活动无关的非生产性运动有关的热效应得出。减去这些后剩下的可以称为工作代谢或活动的热效应。

工作代谢可以直接估算为机械功的实际千焦或千卡除以效率系数，通常在 0.2～0.3 之间。因此，每生产 100 瓦的机械动力，需要在食物摄入中提取 333～500 瓦（280～430 千卡/时）的能量，高于维持生命和生活所需的能量。因此，如果一顿 500～1000 千卡（或约 2～4 兆焦）的正常膳食可以满足 8 小时的久坐能量需求，那么每 1～2 小时的自行车运动就需要额外的膳食。

我们承认，我们的重点主要是顶级运动表现的极限和潜力，通常涉及那些因天生具备运动天赋而可能已经投身运动的人。当然，大多数蹬行距离实际上是由普通人以比体育比赛更轻松的速度进行的，而且不那么费力，效率也更高。

骑行的能量消耗

从第四章开始，本书详细地讨论了影响骑自行车的各种阻力，并由此讨论了在给定的距离或给定的自行车和车速行驶时所需的能量和功率。目前，取典型值，我们考察了两个完全不同的例子，每个都有不同的系统边界。

1. 首先，一个人每天通勤距离为 5 千米，速度为 15 千米/时，因此通勤需要 20 分钟/天。第四章表明，所需的推进功率与前面描述的 BMR 大致相同，如果假设从食物转化到肌肉的效率为 25%，则为这一效率的 4 倍。然而，与一整天的 BMR 相比，上下班的能源消耗不到这一消耗的 6%，而且因为即使是办公室工作也比 BMR 需要更多的代谢能量（比如说，额外增加 20%~40%），上下班所需的食物能量更可能占总能量的 4%~5%。无论如何都难以保持体重的富裕人群会认为这少量的能量是"不算数"的。然而，仅从其本身来看，骑行过程中的食物消耗约为 400 千焦，或 80 千焦/千米或焦/米，或者如果将骑行期间的 BMR 包括在内，则约为 100 焦/米。正是这样的低数字导致了人们声称自行车是最有效的交通方式。

如果进一步扩大系统边界，可以包括生产自行车所需的灰色能量和赚钱购买自行车所需时间的能量成本。如果是一辆昂贵的自行车，而骑自行车的人的工作本身就涉及大量的能源消耗，那么骑车的总能源成本就远远不是零，而是相当可观的，尽管这比拥有或使用一辆汽车的能源成本要低几个数量级。

2. 第二种是勤奋的职业骑行者，例如，快递员或赛车手，8 小时/天的骑行使得基本代谢率是之前的几倍。毫无疑问，这种能量不可能是"不算数"的。如果假设在 150 千焦/千米的工作时间内骑行 150 千米，除了生活所需的食物外，大约还需要 23 千焦或 5400 千卡的食物能量。由于后者大约比前者少 3 倍，因此它是否包含在工作能量中没有太大区别。然而，是否将整个自行车骑行者视为工作目的的一部分，这确实会产生很大的不同。如果是前者，则必须将骑自行车者的整个生命，或至少其工作生涯包括在能量计算中，这样效率就会大大降低。在自由社会中，这些成本被视为外部成本，但仍有人需要承担它。

进一步扩大系统边界，即使是昂贵自行车的灰色能量也不如所消耗食物的灰色能量重要。后者可能因食用的食物和生产方式的不同而有很大差异。自家种植的食物几乎是免费的，但骑自行车上班的人没有时间或精力这样做，通常会购买经过高度加工的食物，这些食物在生产和运输过程中消耗的价值是它们的数倍。从这个角度来看，使用自行车的快递员可能不会比使用机动车辆的快递员更节能，除非骑自行车的人既轻松又谨慎地获取食物。

这一讨论表明，系统边界的选择主要决定了出于某种目的（娱乐或运动除外）的骑行是否可以被视为节能。这也提供了一个线索，放松的骑行或者是混合式骑行可能是最有效的，如后面章节所述。

呼吸氧气量实验

在前面的关于"氧气摄取和新陈代谢"一节中，详细计算了功率与呼吸氧气的关系。一个平均体重的年轻男性在休息时，不使用任何自主肌肉，其肺部吸收大约 5 毫升/秒（0.3 升/分）的氧气，相当于大约 100 瓦的热功率。这个量不包括运动所需的任何其他吸收量。在稳态有氧运动表现的上限，可吸收 80 毫升/秒以上。

在普通空气中，约 4.8 升空气中含有 1 升氧气。然而，每吸收 1 升氧气，就必须有大约 24 升的空气通过肺部（参见前面的计算，以及克尼平和蒙克里夫，1932）。因此，人体发动机需要大约 400% 的过量空气。大多数其他发动机，如内燃机和蒸汽发动机，只需要 5%～10% 的过量空气就可以确保所消耗的燃料完全燃烧。燃气轮机更接近人类的肺部，吸收了大约 200% 的过量空气。在这一点上应该强调的是，人类新陈代谢不像所描述的机器那样运行，这些机器是热机，通过物理加热材料来工作，从而产生力和膨胀。为了使热量流过机器，必须将一个零件冷却到较低的温度。热力学告诉我们，做功能力与可用的高温有关，该温度是相对于较低温度下的热汇（通常是环境）而言的。当温度（T）以绝对尺度测量时，供能转化为功的比例受热力学第二定律的限制为 $(T_2-T_1)/T_2$。因此，如果人体是一台 T_2 = 37 摄氏度 ≈ 310 开尔文，T_1 = 20 摄氏度 ≈ 293 开尔文的热机，其最大效率为 5.5%。由于人体的最大效率实际上约为

25%，而作为热机，它需要的最高温度与沸水一样高，因此很明显，它以不同的方式产生功，例如在燃料电池中，化学能可以在接近环境温度的水平下直接转换。然而，在热机和燃料电池中，未转化为动力的能量必须以热量的形式出现并被移除。（包括人类在内的所有动物也会排泄具有一定热值的废物，这些热值应包含在完整的计算中。）

图 2.10 显示了 5 名志愿者驾驶"代达罗斯"号人力飞机时，吸氧量和向踏板输送的机械动力之间的关系。由于功率与质量比的重要性，摄氧量和功率都是按每千克体重给出的。在这一系列的测试中，一名女性（其他数据见图 2.9）产生了最佳的功率质量比，功率定义为人体最大有氧能力的 70%，这是大多数耐力运动员可以持续数小时的输出功率（有些可以达到 80%）。志愿者的最终选择是在自行车冠军中进行的，他们接受了驾驶训练，这比挑选飞行员并努力使他们成为优秀的耐力运动员要容易得多。五个身体状况良好的个体之间的摄氧量变化不大。

虽然最大摄氧量不是体力劳动能力的严格决定因素，但通常被用作潜力的

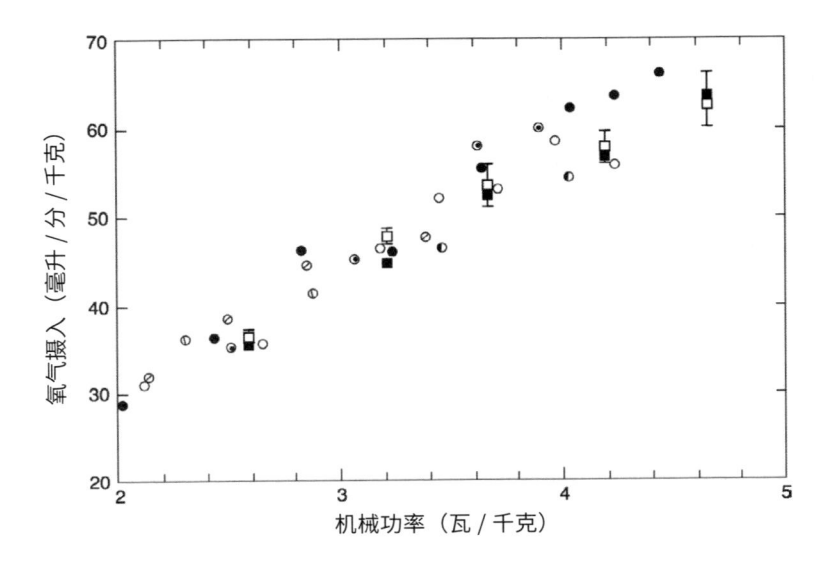

图 2.10
测量了 5 个驾驶员的摄氧量和输出功率（点），以及传统（黑色方格）和半躺（白色方格）踏板输出功率的典型测试。[来自布索拉里（1986—1987）和布索拉里与纳德尔（1989）]

粗略指标和有用的正常化量。大多数人应该能够以最大摄氧量的三分之一轻松工作，但长时间超过最大摄氧量的三分之二可能需要大量训练。对于一个不运动、不年轻的人，最大氧气吸收速率（即最大摄氧量）被假定为约 50 毫升 / 秒或 3 升 / 分（约为精英选手的 60%；参见戴利，2018）。当这样一个人骑自行车时，使用 1/3 的氧气呼吸能力，输出功率约为 75 瓦（约 0.1 马力）。一个普通的健康的男性或女性可以在这样的条件下工作几个小时而不会感到疲劳以致无

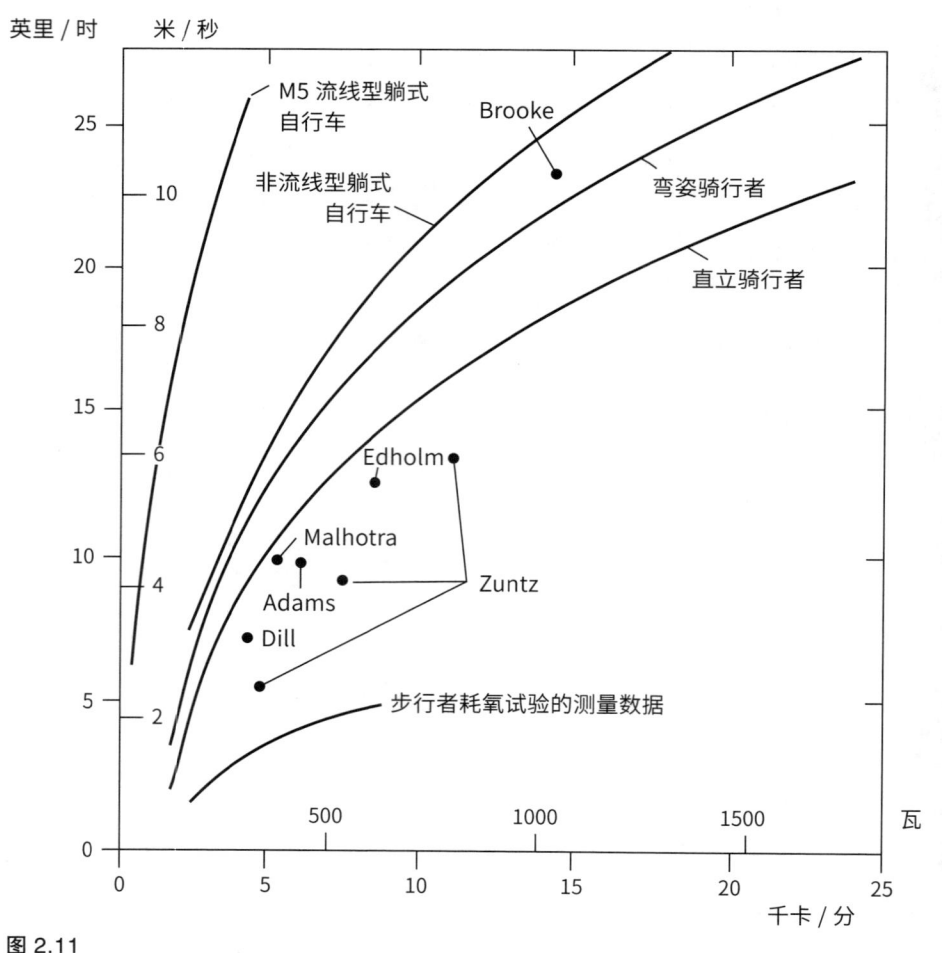

图 2.11

骑行者的总热量消耗（代谢功率 P_M）。测量结果大概代表总 P_M（包括静息代谢率或 RMR），曲线（来自惠特，1971）代表净 P_M（不包括 RMR），假设效率为 25%。

法合理地迅速恢复。这种功率输出使骑手在平地上以大约 5.5 米/秒（20 千米/时，12.3 英里/时）的速度骑轻型旅行自行车。图 2.11 收集了亚当斯（Adams）（1967）、哈里森（Harrison）（1970）和其他人给出的骑行者卡路里消耗的各项数据。

呼吸能力随着年龄的增长而下降。运动员的最大呼吸能力是在 20 岁左右，一般到 80 岁时，呼吸能力会减少一半。1971 年英国 50 英里业余计时赛的结果，给出了最好的全能型选手和老将的年龄，符合以呼吸为基础的成绩理论。图 2.8（a）显示每位选手的平均速度与年龄的关系。如图所示，在 40 岁之前，选手的成绩并没有明显下降，而在 40 岁之后，成绩就会稳步下降，见最年长的选手（77 岁）。图 2.8（b）中，这些性能已转换为呼吸能力，使用惠特（1971）方法估计。当曲线推算到 80 岁时，估计的呼吸能力确实非常接近峰值的一半。然而，随着年龄的增长，运动成绩的下降可能有完全不同的解释：在当今社会，即使是运动员一天中也可能有 85% 的时间是久坐的。也许图 2.8 所示的下降尤其发生在一个人从事久坐工作的时候。

在呼吸速率约为 0.67 升/秒（40 升/分）时，如果鼻道健康，人们倾向于通过鼻子呼吸。在运动时，即使是重感冒，鼻腔也会打开。超过这个速度，即使是健康的鼻子也会产生阻力，用嘴呼吸开始取代用鼻子。一个正常健康的人骑在一辆轻型自行车上，在静止的空气水平上达到这个鼻呼吸的极限速度约为每小时 14 英里（6.3 米/秒）。

蹬踏力

到目前为止，本章一直在讨论机械人力的生产，但还没有描述这种动力实际上是如何传递给车轮（推动器等）的。即使机械传动是无损的，测量结果也表明，所涉及的肌肉力量比实际用于推进的力量要多，因为四肢的运动不能在任何时候都以最佳的方式传递力量。以下几节描述了如何使人体动力学与自行车或交通工具的动力学达到最优匹配。

平均推力

骑行平稳的赛车手倾向于使用非常一致但适度的踏板推力，平均施加的切向力仅为车手体重的 $\frac{1}{6}$ 到 $\frac{1}{3}$。骑手的峰值垂直推力很大（约为平均值的 1.5 倍），但仍然相对较小。毫无疑问，这种运动使骑手能够保持稳定的坐姿和稳定的转向。

根据自行车曲柄长度和给定的踩踏速度，很容易计算出在自行车上实现给定功率输出所需的踏板推力的平均值。踏板圆周速度可用于方程式：平均踏板推进力（牛）= 功率（瓦）/ 脚速度（米/秒），该方程式假定一次只有一只脚在推动。脚速度确定为每秒转数乘以踏板圆周长（通常为 1.07 米）。（要将牛顿力转换为磅力，请除以 4.45。）

详细的蹬力数据

赫尔（Hull）和他的同事们［纽米勒（Newmiller）、赫尔和扎亚茨（Zajac），1998；罗（Rowe）、赫尔和王（Wang），1998］对蹬力进行了精确测量。为达到这一效果，他们设计了一款带有应变计的特殊踏板，并从三个方向上校准测力分量以及踏板主轴的扭矩。角度传感器用于确定相对于曲柄的每个踏板方向和相对于曲柄的自行车的方向。计算机记录所有数据，通常每秒数百次。

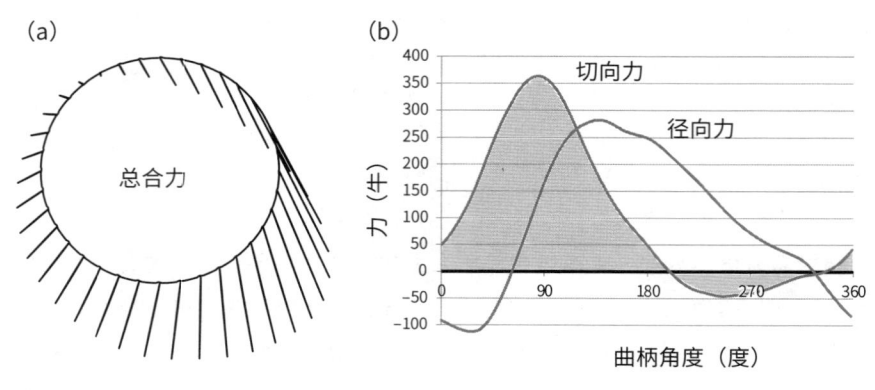

图 2.12
（a）典型的踏板力模式，显示一只脚在一个踏板上的总力的大小和方向。（b）另一个例子是将力分解为（非贡献的）径向分量和（有效的）切向分量。（改编自 Smartfit.bike 测量数据的图表，Radlabor.de. 提供）

科伊尔等人（1991）提供了一些踏板力图，图 2.12 显示了德国自行车实验室 Radlabor-Smartfit 提供的一个图。图（a）显示了总力矢量，并表明大部分力对推进没有贡献，主要是踏板圆下半部分的径向分量，如图（b）所示，它是曲柄角的函数。这并不像看起来那么糟糕，因为腿习惯于在站立和行走时以较低的能量成本提供大量的非生产力。切向力提供动力，如图（b）中阴影区域所示，对于使用弯把的车手来说，功率为 340 瓦，每分钟转速为 96 转。这个数字包括在曲柄角度 190° 和 350° 之间的少量负功率。如果后者不加，而是减，则有效功率降低到 275 瓦左右。

由于踏板和曲柄方向的问题，踏板力不是测量踏板功率的最简单方法；链轮转矩或链条张力或专用装置较易测量。踏板力图主要用于分析，定制自行车配件和修复。像 Smartfit Pedalforce 这样的测量踏板是为实验室的测功仪设计的，速度特别快，可以让运动员或测试者在踩踏板时看到自己的踏板模式，并通过一种生物反馈来改善它们。方达（Fonda）（2015）介绍了这样的方法如何改善蹬车。预测或模拟软件，如 AnalyticCycling.com 的在线踏板模型，也可以生成踏板力图；然而，后一种模型不包括运动肢体的惯性效应。

需要谨慎地正确解释这些结果。原则上，如果将一个没有施加任何肌力（除了防止脚踝打滑的力）的人绑在自行车上，对于曲柄的每个固定方向，脚都会对踏板施加一些力，主要是因为大腿的重量和未收缩肌肉的弹性。肌肉弹性的效果可以通过放松地坐在没有链条的自行车上来证明。躯干倾斜会影响静止时的曲柄方向。净力的方向大致沿膝盖到踏板的直线。如果电机随后驱动曲柄（当被动者被正确地绑在鞍座上时），将观察到额外的踏板力，主要与大腿的加速和减速有关，作用方向大致相同。随着踏板节奏的增加，这些动态脚力会变得非常大。

如果这些纯机械的、不产生动力的力从踏板人的实际测量力中减去，剩下的就是肌肉力，肌肉力单独产生推进力。机械力几乎完全掩盖了踏板运动上止点和下止点以及上冲程的肌力。（在稳态做功中，一个人在踩踏板时轻微的抬起倾向通常无法克服腿部的重量。）

蹬力的部分潜在优势得到认可后，人们就会寻求更佳的骑行力度和方向。

人体腿部有许多不同的肌肉，每块肌肉的大小、纤维组成和疲劳状态不同，所以这种优化可能永远都无法达到。不过，有一点非常重要：骑车过程中，蹬力方向应与踏板运动方向一致（例如，垂直于曲柄），否则就会"浪费"一些力量。（事实上最常见的建议是：总测力应保持与踏板轨迹相切）。这种假设通常是无效的：活塞式发动机的运行机制表明，沿连杆方向的施力更有效。一般来说，施加在踏板上的力和踏板轨迹相切的方向稍微偏离，自行车的性能（功率、效率、耐力）可以得到更好的体现。帕帕佐普洛斯（1987）假设只有某些肌肉处于活跃状态，在此情况下，限制力的方向会造成一些肌肉做负功，而且会产生吸收机械能不可逆的现象。左默斯（2000）对踝关节进行了研究，即除了膝关节和髋关节之外还活动踝关节，发现其效率低于"正常"的蹬车。

受约束的运动（例如，一个固定长度的曲柄迫使踏板做圆周运动）允许现有肌肉提供最大的力量。然而，无约束运动（例如，自由伸缩的曲柄）需要踩踏者施加完全垂直于曲柄的足部总力（即，约束力），并会严重降低骑手的力量，尽管作为训练辅助，它们可能会鼓励某些未充分利用的肌肉发挥出更大的力量。采用直立骑姿的骑手可通过不同的踩踏方式来转动脚踏曲柄。踏板在最高点和最低点时会产生强大的切向力；在下冲程中会产生较高的推力；在上冲程中会产生较大的提升力，（或减少腿的重量）。此外，附加的阶段性推力可平衡车座上的高频弹动，也可控制蹬力方向以避免脚在踏板上没有任何固定时的滑动。较高的骑行转矩会对车座、车把或两者同时产生侧力或对手把处产生旋转力。在高强度水平时，上身晃动或前后滑动并不罕见。也可选择许多其他技巧，但只有少数适用于高扭矩或快节奏的骑行。

例如，考虑站立蹬踏。如果站立蹬踏时自行车手的体重依次施加在每个踏板上，则曲柄扭矩是一个具有固定振幅的简单整流（即仅为正）正弦函数。即使骑自行车的人的手臂通过倾斜自行车来分担工作（这是增加手臂工作的非机械方式的一个很好的例子），力量也严格地与体重乘以踏板下降的速度有关。如何改变站立式蹬踏的扭矩来调整蹬踏速度？要提高踏板速度，显然还可以拉起升高的踏板，并将曲柄扭矩增加到任何水平。但如果不换挡，在每一个死角处停下来，或者用上升腿做负功，通常是不可能让踏板踩得更慢的。

身体位置、踏板运动和速度的影响

到目前为止,本章一直关注的是整体肌肉生理学、运动和一些关于踏板运动的一般背景。现在,我们将研究各种有关蹬踏的具体问题。在这方面几乎没有指导性理论,所以我们主要介绍的是有关致力于改进蹬踏机制的工作。这些机制本身主要在第九章中描述,但这里从那些被认为具有特定生理学而不仅仅是技术优势(或劣势)的机制开始。

蹬踏和划动运动

哈里森(1970)绘制了短时间蹬踏或自行车运动的曲线图(图 2.13,曲线 1),它是基于对一组活跃人群而非创纪录的运动员的测量得出的。因此,其研究

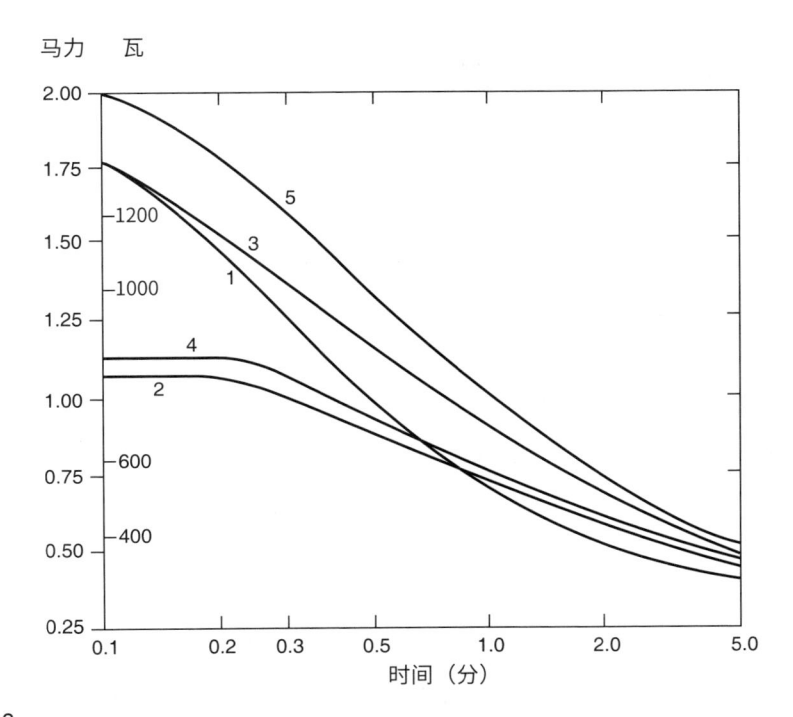

图 2.13

各种运动人力峰值功率输出:骑行(曲线 1)和双脚固定时的自由和强制划动(曲线 2、3),座位固定时的自由和强制划动(曲线 4、5)。[哈里森(1970)]

结果的意义在于，它测量的是相同个体在进行不同机制的运动时所产生的相对功率。哈里森的发现似乎特别重要，因为在某些情况下，他的实验对象通过一些并不熟悉的运动方式产生的功率，比他们通过习以为常的自行车骑行运动产生的功率大。在短期内，线性（"划动"）手足运动曲线（曲线 2 和曲线 4）在短时间内明显低于骑行曲线，但 1 分钟后就上升超过了。

测功仪测量的数据显示功率输出减少的另外一个原因是：如果实验主体的双脚相对于地面固定，就像赛艇时通常双脚相对于赛艇固定一样，在比赛的最后阶段，赛艇运动员从静止状态下开始加速和减速的过程中，其身体的能量会有很大的变化，这种情况很少发生在实际的划船中（此时负责加减速的是质量较轻的船体而非用力的运动员）。对赛艇运动员而言，只要他们放松手臂而不是腿部或躯干肌肉，他们完全有可能将后向动能转化为前进的动力。然而，为了减小船只前进的动力，很可能需要在腿部和躯干肌肉上做一些负功（除了弹性储能），特别是在高划水速率时。当这种额外（但无法计量）的功率是由一组不同的肌肉产生时，何时可能会减少所需的功率输出，这是一个有趣的开放性问题。最简单的期望是，当脚被固定在固定架（曲线 2）而非座位固定、双脚可以移动（曲线 4）时，固定功率划动耐力将会减少，正如哈里森的发现。

哈里森对他所谓的"强制"划动的研究结果十分感兴趣。哈里森设立了一个机制，规定（或"约束"）划手行程的两端并保存移动质量的动能，无论是双脚固定（曲线 3）还是座位固定（曲线 5）。汽车发动机的活塞-曲轴-飞轮机制就是这种类型的。强制划船和固定座位后，在任何功率下，将会达到比传统蹬踏更长久的功率。据作者所知，没有任何一种情况下采用了这一重大发现来打破人力车辆纪录。事实上，已知的划船机纪录使用了无约束的划船机制。

手推结合蹬踏

人们经常会问这样一个问题：是否可以在踏板的基础上加上手动摇杆，从而获得与单独使用每种模式产生的功率之和相等的总功率输出，或者至少比单独踩踏板所产生的功率多一点。凯尔（Kyle）、凯左（Caizzo）和帕隆博（Palombo）（1978）表明，在长达 1 分钟的时间里，手和脚并用的曲柄可以产生比脚单独曲柄多11%~18%的动力。当手臂和腿不同步时产生的能量比每只手臂和腿在同一侧运动时产生的能量更大。在后来的工作中，鲍威尔（Powell）和罗宾逊（Robinson）（1987）在对17名男性和15名女性的测试中发现，在斜坡测试中，当手臂曲柄与踏板结合使用时，做功可以比单纯踩踏板增加30%以上。手臂和腿部联合功率的最大摄氧量比单独使用腿部功率的最大摄氧量高，这支持了之前关于使用这一指标的说法。这一章前面说过，手臂和腿联合的力量比单独的腿力量有优势，大约一半是由于有氧代谢，一半是由于无氧代谢。鲍威尔（1994）发现，在50瓦和60转/分的情况下，较短的曲柄（100~125毫米）的效率低于较长的曲柄（125~165毫米）。他还发现同相（平行）起动和异相起动（如脚踏板）之间没有显著差异，尽管它们在稳定性（滚动扭矩）和身体约束方面有所不同。

单用手动曲柄，功率水平如图2.14所示，其中一般男性运动员以大约每秒曲柄旋转四次的速度功率可以达到550~850瓦，男性皮划艇运动员达到1000瓦，女性皮划艇运动员曲柄转动略慢达到550瓦。内维尔（Neville）、帕因（Pain）和富兰德（Folland）（2009）对精英水手进行了手臂转动测量，他们必须尽可能快地"摇动"帆绞盘。他们发现，在120转/分的情况下，

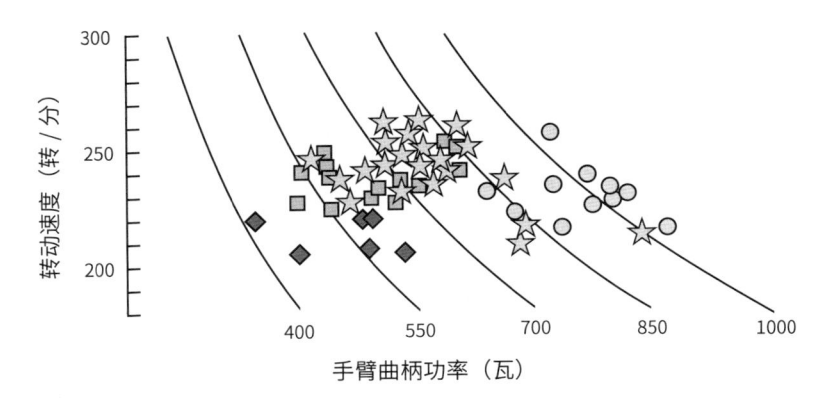

图2.14
不同类型运动员的曲柄式测功仪上的各个功率–速度关系参数（未显示扭矩）：男性拳击手（星形）、男性网球运动员（方块）、女性奥运会皮划艇运动员（菱形）和男性奥运会皮划艇运动员（圆圈）。[改编自德里斯和范德维尔（2013），授权CC-BY-SA 3.0]

7秒内的峰值功率为1400瓦,在80转/分的情况下,3分钟内的峰值功率为330瓦,当水手们站着时曲柄轴线约为身高的一半。曲柄长度为0.25米,柄距为0.44米。

直立骑行与躺姿骑行

躺式自行车的车手有时声称自己比标准姿势更有优势,不仅因为更低的空气阻力,还因为更自由的呼吸,因为躺姿的弯曲比标准直立赛车姿势施加的蹲姿要少。(这可能不适用于与蹲姿对应但是旋转90度的半躺姿。)专业的铁人三项自行车使骑手的身体相对于踏板稍微向前移动,从而减少了这种弯曲。

早期的测量结果表明,当自行车手从传统的蹬踏姿势转换到躺姿时,功率明显略有下降,或者没有差别。安东松(Antonson)(1987)研究了30名男性在低于最大工作负荷的情况下,躺姿和常规自行车姿势的氧效率,包括:10名躺姿骑手、10名传统姿势骑手和10名身体机能活跃的非专业骑手。要求每个人以52瓦踩踏板6分钟,然后以155瓦踩踏板6分钟,同时测量耗氧量、通气量和心率。安东松发现三组之间的耗氧量或通气量没有显著差异,但发现非专业骑手的心率比其他两组的高。她没有发现任何迹象表明,这两组骑自行车的人都能从习惯一种姿势或另一种姿势中获益。布索拉里和纳德尔(1989)测试了24名男性和2名女性运动员在两个姿势上的氧效率,发现没有显著差异(图2.10)。爱格纳(Egaña)、科伦布(Columb)和奥唐纳(O'Donnell)(2013)比较了高强度下的直立、半躺和仰卧姿势,发现前两种姿势差别不大,但仰卧姿势的耐力较差。

在这样的比较中,尤其需要避免两个陷阱。一个是在定义中。躺有时被理解为"用后背仰卧、平躺",但更多的时候是指像开车一样坐着,这种风格更准确地称为半躺式。人们会认为在仰卧时产生较低的功率。直立姿势指全地形自行车或直立自行车上使用的姿势。正如其他地方所推测的那样,由于蹲姿对呼吸的限制,人们可能会预计蹲姿比赛的最大有氧能力会下降。另一个陷阱涉及习惯化问题,在测试"新"姿势时,这总是很困难。一个人的肌肉要适应一个新的姿势可能需要几个月的练习，然而在测试中，一个人通常只允许几分钟来适应姿势的变化。

后　蹬

相较于向前，后蹬的概念似乎并不自然。然而，斯派内提（Spinnetti）（1987）尝试用低功率向后蹬并进行了细致的测量，结果表明相较于向前（179瓦），他能够产生更高水平的短期最大功率（215瓦）（图2.15）。虽然我们不能仅凭一个人做的一系列实验就妄下结论，但斯派内提发现的功率差异很是有趣。对于具有高底支架的躺式自行车（需要上坡蹬踏），作者发现后蹬更令人愉悦，因为"动力冲程"向下的角度更大。

下个主题也是个非常规踏板系统，通过增加更多肌肉群似乎可以增加功率。

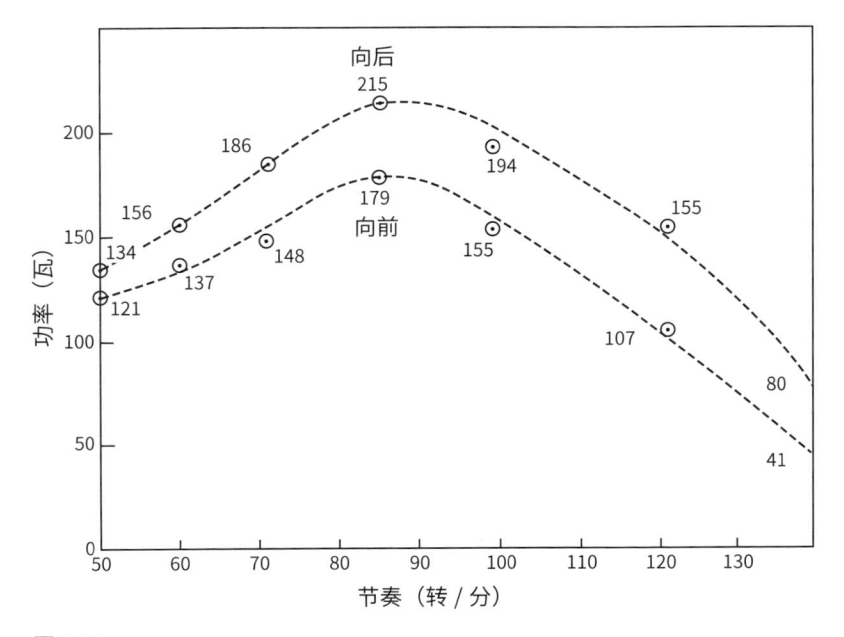

图 2.15
前蹬和后蹬产生的最大功率与每分钟转数比。（摘自斯派内提，1987）

PowerCranks 与提升肌肉的积极参与

弗兰克·戴（Frank Day）的 PowerCranks 提供了一种在蹬踏时增加主要肌肉的聪明方法，它采用单向离合器，因此每条腿都必须自己抬起（既不依靠平衡的重量，也不依靠另一条腿的向下推力）。只在训练中使用，它们迫使一些大多数人都满足于不参与的大肌肉得到发展。PowerCrank.com 声称，经过几周的训练后，动力和骑行速度都有所提高；用户和相当多容易找到的研究支持这一论断。勒特雷尔（Luttrell）和波提格（Potteiger）(2003) 在比较测试中发现，PowerCranks 组的总效率值明显高于正常曲柄组（例如，23.6% ± 1.3% 对比 21.3% ± 1.7%），心率和 VO_2 值也明显较低。然而，伯恩斯（Burns）(2008) 发现，与使用普通曲柄进行骑行相比，PowerCranks 组的效率和经济性并没有显著提高。

训练新肌肉可以增加力量，这似乎是合乎逻辑的，而实际使用中的效率不会增加甚至降低也不足为奇。与人的手臂不同，人的腿"发动"主要用于推，而不是拉。

鞍座高度效应

通过单一实验主体（一名 39 岁的非运动型普通男子），穆勒（Müller）(1937) 获得的结果如图 2.16 所示。在持续时间不到半小时的情况下，他发现，相较于"正常"（腿伸展保持身体直立时脚跟可以挨住踏板）高度，当鞍座提高 40～50 毫米时，在每个功率水平上耐力至少提高了 1.5 倍。同样地，每一阶段可承受的功率增加了约 7%。同样重要的是，当鞍座降低 100 毫米时，功率急剧降低 15%～30%，或耐力减少 80%。

哈姆利（Hamley）和托马斯（Thomas）(1967) 对更多受试者进行的类似研究表明，随着鞍座高度到踏板主轴的设置，在最低位置，最大无氧功率为 109%，而 AnalyticCycling.com 的在线模型（使用指定的大腿、小腿和曲柄长度以及固定的脚）显示出类似的趋势，并且最大值为峰值，如果鞍座高度进一步增加，则功率会急剧下降。

佩维勒（Peveler）(2008) 对骑自行车的人和非骑自行车的人进行测量，

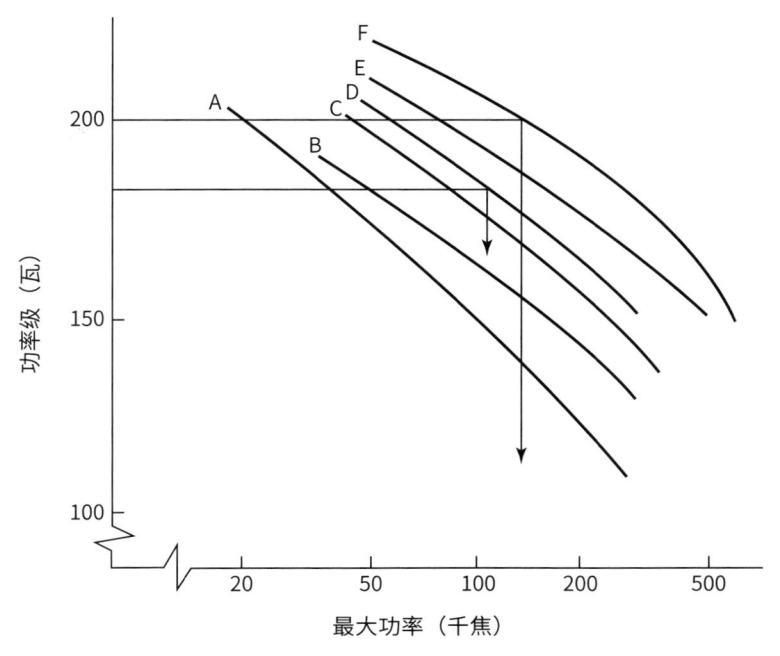

图 2.16
鞍座高度和座位倾角对最大功率的影响：标准以下 100 毫米，21 度（曲线 A）；标准以上 30 毫米，8 度（曲线 B）；标准以下 40 毫米，21 度（曲线 C）；标准以上 30 毫米，43 度（曲线 D）；标准高度，21 度（曲线 E）；标准以上 30 毫米，21 度和 29 度（曲线 F）。（摘自穆勒，1937）

将鞍座高度为 109% 内接缝的建议与后来指定最小膝盖角度在 25 度和 35 度之间（从直腿测量）的建议进行比较。他发现这些建议之间的相关性很差，因为肢体比例不同，在 25 度膝盖角时，尤其是在有氧力量水平下，效率有轻微但显著的最大值，以及骑自行车组内的平均个人偏好约 27 度。

对于躺式自行车，座椅高度当然有不同的含义，需要调整的主要参数是座椅靠背和底部支架之间或多或少的水平距离。涂（Too）和兰德维尔（Landwer）（2008）研究了这一参数和其他参数。

曲柄长度效应

传统自行车曲柄的长度固定在狭窄的范围内。正如穆勒（1937）定义的鞍座与踏板之间的正常高度，踏板与地面的距离刚好可以保证中度转弯（此时自行车将倾向于转弯中心）时踏板不会接触地面，并且骑手坐在鞍座上停车时鞍座的高度刚好可以让骑手的脚接触地面。此时的曲柄长度会使几乎所有的车手感到舒适。对于成年车手，这个长度通常是 165 毫米或 170 毫米，从而也可以确定底部支架轴到地面的高度。如果尝试更长的曲柄长度，会导致转弯时踏板间隙减小。（同样，需要注意的是，为了在每次蹬车时行驶更多的距离，骑者需要在两腿之间安装最大的车轮半径，这也导致了高轮自行车的曲柄长度向下延伸。）

当时很少有骑手有机会尝试长曲柄，因为不同曲柄长度必须配有专门设计的车架。在这方面，拥有更高底部支架的自行车（那些为越野使用而设计的自行车，甚至是躺式自行车）具有优势。但如前所述，测功仪的数据值得怀疑，长曲柄的数据当然也是如此。毕竟很少有人能在真正的自行车上尝试更长的曲柄，因此我们需对其观点持保留意见。

旧文献描述了几种不同曲柄长度的测试，通常发现在正常踏板速度下特定长度没有优势，在高踏板速度下长曲柄有劣势，以及在低速、高扭矩踏板中长曲柄有优势。这不足为奇，但很难将曲柄长度本身的影响与自动有效"换挡"分开。尤其是对于体形较大的人，建议使用更长的曲柄也就不足为奇了。Nettally.com/palmk/crankset.html 建议曲柄长度为内接缝长度的 0.216 倍，并详细讨论了这一建议。

穆勒和格罗塞-劳德曼（Grosse-Lordemann）（1936）测试了曲柄长度对测功仪的影响，只使用了一名受试者。他们的方法是使用三个曲柄长度（140 毫米、180 毫米和 220 毫米）设置受试者必须产生的功率输出，并测量该输出可以维持的最大持续时间。对于所有功率级别，当使用最长的曲柄时，受试者能够产生最多的总功（即最长时间的功）。在最高功率水平下，使用最长曲柄时，受试者的身体效率（工作输出除以食物中的能量输入）也最高。

哈里森（1970）让自己的五个受试者选择曲柄长度，其中没有人特别高，发现他们都更倾向较长曲柄（177 毫米及 203 毫米）。哈里森打算用两种不同的曲柄长度来完成所有的测试；但是，他从最初的测试中发现，"曲柄长度在确定最大功率输出中起到了相对不重要的作用",因此在其大多数测试中只使用了一个(未指定的)长度。

最近的数据证实了这些早期发现。涂(1998—1999)采用温盖特试验法,通过常规姿势和躺姿两种姿势,测量了六名年龄在24~35岁之间的男性受试者分别用110~265毫米曲柄的无氧功率输出(参见本章前面的章节)。涂发现两种姿势180毫米曲柄的平均功率读数最高。同样的曲柄长度在采用常规姿势驾驶时得出了最高的峰值功率,而用110毫米的短曲柄在躺姿驾驶时得出了最高峰值功率。采用躺姿骑车时,无论曲柄长度是多少,都得出了相对较高的峰值功率和平均功率。这个结果似乎与先前引用的数据不同。躺姿数据的总结见图2.17[涂和威廉姆斯(Williams),2000]。一项最新的研究(涂和威廉姆斯,2017—2018)对直立骑自行车的人进行了研究,得出了一个公式,表明峰值功率下的最佳曲柄长度比正常情况下短。

总而言之,在传统自行车上增加曲柄长度是不现实的(目前似乎没有制造商生产可以在使用过程中改变长度的曲柄),曲柄长度在追求最大动力方面显然不是很重要,尽管比正常曲柄短的曲柄适用于高节奏,比正常曲柄长的曲柄

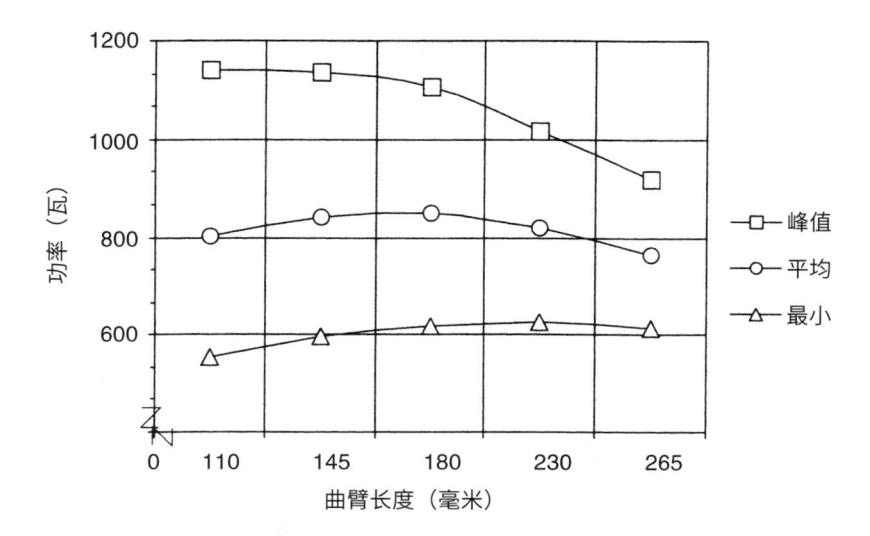

图 2.17
躺姿踏板的峰值、平均、最小功率与曲柄长度的函数关系。(选自涂和威廉姆斯,2000)

适用于低节奏。然而，对于赛车手来说，即使看似微不足道的因素也能带来胜利。对于本书而言，在所有涉及的因素当中做出最佳选择，太过于细致化了：我们欢迎任何已经引用的、现存的，当然还有预测未来的更多参考。

非圆链轮

椭圆链轮可以用于常规曲柄，在这种情况下，踏板运动仍旧是圆形的，但速度或传动比不同。使用椭圆链轮通常的目的是减少所谓的无用时间，即脚踏板靠近死点的顶部和底部时。在死点处出现的最小尺寸的方向在本节中称为"正常"方向。作为一个话题，它们与长曲柄有一些相似之处，因为有激烈的支持者和反对者，而可靠的数据很少。哈里森（1970）的五个受试者其中的四个在使用圆形链轮和椭圆链轮时产生了几乎相同的输出曲线（功率与时间）。其中一个，显然是哈里森本人，用椭圆链轮产生了额外12.5%的功率。在低速、高扭矩蹬踏时，所有人都倾向于采用椭圆链轮。哈里森没有具体说明所用链轮的椭圆度，但确实指出所需的脚加速度很高。哈里森的一幅插图显示了一个椭圆度非常高（约1.45）的链轮。

椭圆链轮的曲度可以通过椭圆的最大直径和最小直径比来确定。在19世纪90年代，赛车手使用比率约1.3的椭圆链轮取得了令人大失所望的表现，随后这些链轮就失宠了。在20世纪30年代，比率约1.1的泰迪克椭圆链轮大受欢迎。与圆形链轮相比，没有记录到性能下降，一小部分车手的性能还提高了几个百分点。1973年，弗兰克·惠特与作者之间的一封私人信件显示，用椭圆度高达1.6的链轮进行的实验证实，高椭圆度（可能为1.2或更大）会降低性能。

在20世纪80年代，禧玛诺推出一种叫作Biopace的非圆形链轮，但它也不是椭圆形的。冈岛（Okajima）（1983）给出了其相关科学背景，他的团队确定正常圆形链轮踏板的腿部关节扭矩。冈岛指出，膝盖有一段强烈负力矩的时期：

我们看到了两个需要解决的特定限制：

1. 旋转的难度，无论是在动作上还是在施力的方向上，都限制了踏板过程中肌肉收缩的速度，使其变得相当缓慢，并要求力量在较高的一侧。

2. 膝关节使用过度，而髋关节使用不足（踝关节相当被动）。

我们认为，适当的不均匀角速度模式将减少动能的损失，并使骑手更容易在适当的时间（具体来说，在膝盖扭转时）在不同肌肉群的发力之间切换。

图 2.18 显示了禧玛诺研究得出的三个链轮的形状（在三级链轮中一起使用）。如图所示，偏心率不太明显，与前面描述的椭圆链轮的偏心率相反。

各种互联网作者提出了使用 Biopace 链轮的明确优势；其他人则怀疑市场炒作。汉森（Hansen）等人（2009）对 Biopace 和圆形链轮进行了比较生理学测试，结果显示 Biopace 的乳酸值略低。万德卡拉茨（Van de Kraats）（2018）在关于椭圆形链轮的一个广泛章节中，将 Biopace 称为"最大错误选择"，并列出了关于非对称链轮优越性的最新论据，其正常方向和椭圆度约为 1.1 和 1.2，包括 O 形链轮（Osymetric）（1.2）（见图 2.19）和椭圆 Q 环（1.1）的胜利和记录。万德卡拉茨描述了（并链接到）许多进一步的研究，并在一个在线模拟器中模拟了 12 个链轮。兰金（Rankin）和涅普顿（Neptune）(2008) 的一项理论研究表明，使用偏心率分别为 1.35、1.3 和 1.25 的普通椭圆链轮，在 60、90 和 120 转 / 分的频率下，在平均功率约为 850～1050 瓦的情况下，功率增加 3%。

Brown SelectoCam 是一种更通用的机制，其效果与非圆形链轮相同，也被称为 Stronglight Power-Cam（后来的 Houdaille）。在这种机制中，一个围绕固定中心凸轮转动的钟形曲柄使圆形链环相对于曲柄推进和后退，每次旋转两次，没有链轮半径可变的制造和链条移动缺点［参照美国专利 4281845 号（1981）］。

杠杆或线性驱动器

许多人已经发明并改进了线性驱动器的形式，例如，每只脚推动一个摆

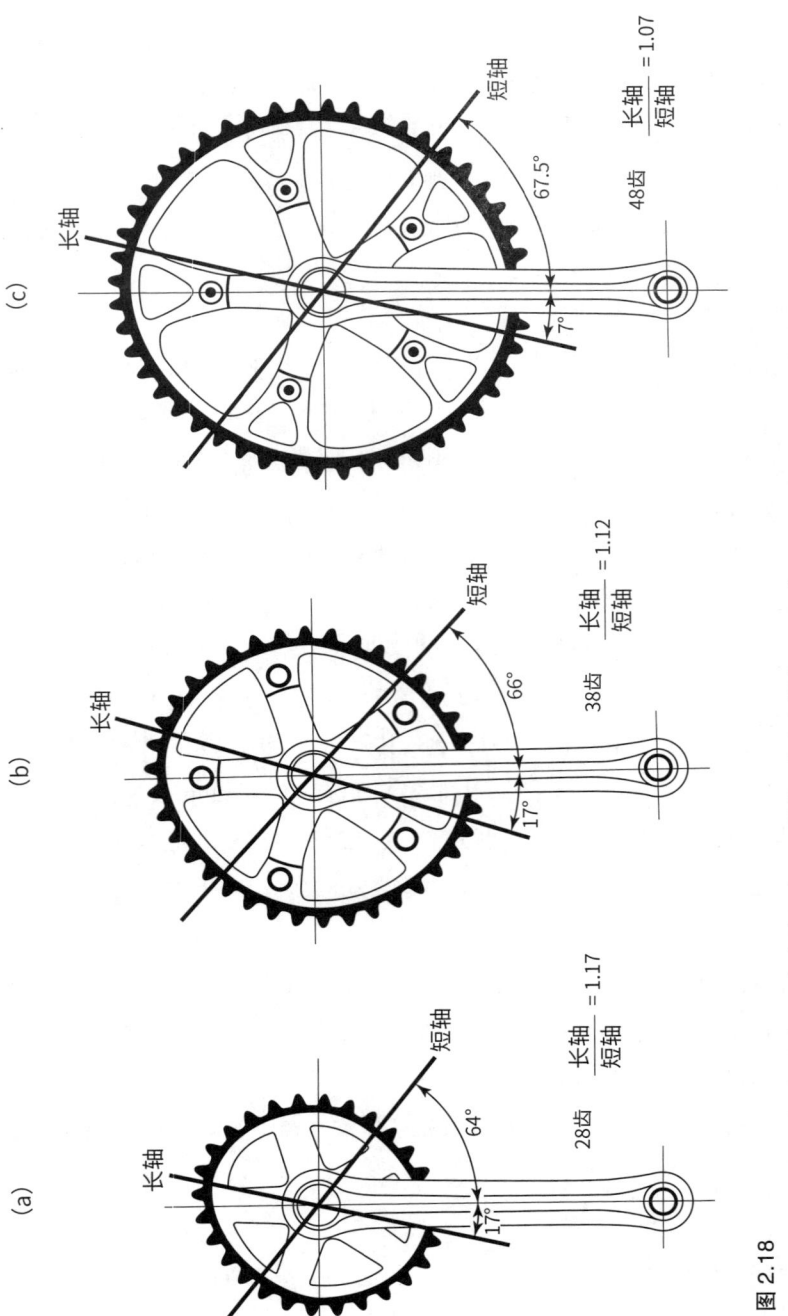

图 2.18
带有（a）28、（b）38 和（c）48 个齿的 Biopace 链轮。（选自冈岛，1983）

图 2.19
非圆形 54 齿 Osymetric 牙盘。[照片由山姆·赛勒（Sam Sailor）拍摄，获得 CC-by-SA 4.0 许可]

动的杠杆，杠杆上的一个点上连接着一条带子或缆绳，可以改变其长度以产生不同的传动比。缆绳可以通过链条连接到后轮的飞轮上，然后再连接到复位弹簧上（图 2.20）。美国之星高轮车（图 1.16）的驱动便是这样，尽管它的齿轮是不变的。普赖尔·道奇十分慷慨地允许我们重现他 1996 年出版的《自行车》的封面照片（图 2.21），展示了一个极好的摆动杆驱动的例子。该驱动器的制造商 Terrot 在当时（20 世纪初）声称，交替的杠杆避免了曲柄常见的死点，因此可以更容易地骑上山。合著者乘坐图恩多节蠕虫（Thunder Trampelwurm）公路列车的经历（见第十章）证实了这一点。这种公路列车有各种类型的踏板驱动装置，包括不受约束的摆动"划动"杠杆，这在大力攀爬或从静止加速时特别有用，因为它们总是可以在可获得最大力的一个选定的相位和振幅上操作。然而，虽然没有死点，但方向反转会不平稳，因此这些驱动对于正常（水平）骑行来说不是很愉快或有效。

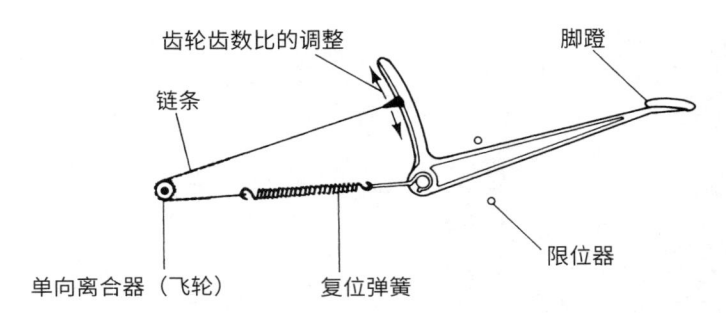

图 2.20
摆动杆驱动。(戴夫·威尔逊绘制)

图 2.21
Levocyclette 摆动杆驱动的复杂示例,Levocyclette 是最早制造的十速自行车,由 Terrot&Cie 制造,第戎,约 1905 年。(道奇,1996;普赖尔·道奇慷慨地提供了图片)

摆动杆驱动器的一个巨大缺点是脚和腿上肌肉需要先加速再减速，与打空击时肌肉的运动方式相同（威尔逊，1973）。哈里森（1970）发现这类运动产出相对较低（图 2.13）。但是，有的人却认为，这一缺点只出现在最原始的应用中，只要仔细设计就能加快脚的摆动而不耗费体力。随着几何减速的运行（链轮半径减小或驱动连杆接近其零机械优势状态），动能在冲程末端重新获得。（赛及船式自行车的机制见图 9.20。）

如图 2.21 所示，当左右踏板连接时，一只脚可以用与旋转曲柄相同的方式抬起另一只脚。这仍然会造成没有推进力的不稳定逆转。摆动杆驱动的另一个缺点是不可能让这样装备的自行车倒车。

受约束的摆动杆或线性驱动器没有这些缺点，但有死点，可以阻止运动停止。根据图 2.13（强迫划动），一旦他们移动，动作或多或少是正弦的，可以达到最高的效果。然而，由于它们不是通过飞轮连接的，因此需要使用一些技巧来使用，因为骑手必须与给定的相位同步。不习惯脚踏式缝纫机或公路自行车的人会发现开始使用此类设备时可能很困难。如果使用飞轮，可能会有另一个问题。尽管骑手可以随时停车，但也有可能卡在死点位置，而不仅仅是静止时。图恩多节蠕虫公路列车也有一些受限制的摆动杠杆踏板，与其他驱动器相比，它们几乎是无用的可憎之物。更好的设计可能会改变这一点。

人力船和飞机的驱动

研究使用桨和舵推动传统人力艇（HPBs）的多种方式之间的生理差异超出了本书的范围，但可以对 HPBs 和人力飞机（HPAs）的螺旋桨驱动装置进行观察。

不同于道路车辆的踏板，至少当骑手向前踩踏板时，踏板实际上与道路刚性耦合，因此与车辆和骑手的整个惯性耦合，螺旋桨驱动装置会相对于其作用的流体产生滑动。滑动较大的情况下踩踏螺旋桨更多是在恒定扭矩下，而不是在恒定速度下，就像踩下没有飞轮的固定练习器一样。要实现高水平的扭矩有效性和踏板平滑度，难度更大，或者至少需要练习。前者定义为脚部向前传递的功率百分比。值为 100% 表示上冲程时向上拉。后者定义为踏板旋转期间平均功率与峰值功率的比率。100% 的值表示没有变化。见约翰斯通（2014）。对于螺旋桨，最好在其效率曲线的峰值处踩下踏板，这意味着对于足够尺寸的高效螺旋桨，速度和扭矩变化很小。在航行中，这种螺旋桨相对于其流体仅滑动百分之几，从而迫使踏板以相对于车辆速度的特定速度（由传动比决定，就像自行车一样）行驶。速度的周期性变化会立即导致扭矩和推力的巨大变化，从而与车辆和骑手的惯性相耦合。如果传动装置选择得当，那么踏板的感觉与在陆地上踩踏板相似，想必关于陆地踏板的很多说法也适用于这里。然而，由于此类螺旋桨的效率曲线有一个明显的峰值，因此最好平稳地踩下踏板，以便在整个踏板旋转过程中保持接近该最大值。

非圆形曲柄

哈里森（1970）指出，受约束的直线运动，在行程末端具有动能守恒，使骑手能够产生比圆形踏板更大的短期动力。一个多世纪以来，人们对脚部在圆周和直线之间的运动是否比这两种运动中的任何一种都好的问题一直有着有限但持续的兴趣。图 2.22 显示了产生这种椭圆脚运动的最常见的机制形式。

对于测功仪在这些机制中所产生的人力测试，我们没有得到任何结果。但英国的迈尔斯·金斯伯里（Miles Kingsbury）已经制造出这种机制的一种现代模型，名为"K 驱动"，而且它的应用已赢得多个奖项［拉里顿

图 2.22
椭圆形脚踏轨道的产生机制。（来自 1890 年德国出版物）

(Larrington), 1999]。或许 K 驱动最初的优势就在于缩小脚可移动的范围, 因此，可以使用一个体积更小的流线型整流装置。而现存的应用中，它的载体重量和摩擦力均有所添加（由于增加了许多额外的移动连接），所以，K 驱动的突出优势才会更加显著。

其他形式的动力输入

诸如旋转手摇曲柄或摇动把手等机制已经被开发出来，以允许骑手使用腿以外的肌肉来推进。但也许令人惊讶的是，传统的直立式自行车已经在某种程度上提供了这种能力：

- 当骑车者站立着踩下踏板时，自行车的倾斜可以使手臂的力量轻易使出。手臂所施加的力可以通过在给定曲柄力矩下减小踏板的位移来计算。例如，根据本书的估计，自行车由右边 15° 倾斜到左边 15°，手臂承担了大约 20% 的工作。想必腿可以更用力地推或更快地移动，从而整体提高功率输出。手臂作业的一个可能的机械辅助装置是一个可横向移动的鞍座。解锁后，这样的鞍座可以承受骑手的重量，但仍然允许自行车通过手臂用力倾斜。
- 每次下行冲程中，向前拉动躯干（即沿着鞍座向车把滑动），也可以使骑手在非常低的节奏和高的扭矩下有力地使用手臂。
- 尤其是站立时，骑手可以借助躯干的展开向上跳跃，并用手臂垂直推拉。（这项技术不仅可以增加其他肌肉产生的功，还可以将低伸腿速度转换为高伸腿速度，然后骑手以伸直的、不做功的腿下行。）

躺式自行车在这方面可能会处于不利地位，因为它们不允许骑手以这种方式使用额外的肌肉。一个弹簧预加载的、可向后滑动的躺式座椅可能提供了一个有用的模拟直立自行车上站立踏板的能量转换的方法。

滑冰、滑板、踏板车的推进方式有很多种，但我们不知道与踏板相比测量效率的数据，即使是基本的单足蹬力。然而，任何使用蹬踏自行车或现代自行车的人都很容易感到，与踏板车辆相比，在相同速度下，这些自行车需要付出更多的努力。我想到的原因是，脚必须加速（向后）至少达到行驶速度，另一条腿必须部分弯曲。在滑冰运动中，这也是部分原因，但情况并非如此，因为推力更偏向侧面，力量更大，速度更低。

热效应（骑自行车的人如何保持凉爽）

骑自行车是件不易的事。因为在脚踏上每做一单位的功，骑手都必须摆脱大约同等比例下三个单位的热量。身体在产能时避免过热是很重要的，同样重要的是，身体损失的热量不能超过在寒冷条件下所能补充的热量。我们在前文中有指出，由于测功仪运用的散热条件与自行车的大不相同，所以用它来测量骑手输出功率的方法备受质疑。然而骑手在计时赛和长距离竞赛中的运动表现经得起分析。这种计时赛持续的时间比被认为是人力所能达到的最大输出的几小时〔见威尔基（Wilkie），1960〕要长得多。计时赛（无人领骑的）24 小时为一周期，里程通常为 775 千米（480 英里）。

骑自行车所产生的相对气流的大小，与通常用于给踩着测功仪的人降温的小型电风扇所产生的气流几乎没有相似之处，而这些反过来又比没有要好得多。因此，在大多数平地骑自行车的条件下，骑自行车的人在比测功仪蹬踏更冷的条件下工作。在高速行驶时，骑手的大部分力量都用于克服空气阻力。从积极的角度来看，功率并不是完全"浪费"的，而是非常有效的冷却。即使使用相同功率的大型冷却风扇进行测功实验，冷却效果也会小于移动中自行车的冷却效果。

基本的冷却机制

人体通过四种基本机制冷却：辐射、对流、传导和出汗。HyperPhysics 网站提供了有关这些机制的基本信息，并以未穿衣服的身体处于静止状态为例〔见纳韦（Nave），2018〕。尽管 NASA（1969）的重点是空间应用，而不是像骑自行车那样移动空气，但它提供了一份详细而全面的身体热效应汇编，包括本节和下一节中的所有公式和因素，除非另有说明。

在无风和室温或低于室温的情况下，主要的冷却机制是热辐射，而在高温下则是汗水。前段提到的前三种机制也可以吸收能量，也就是说，它们可以加热而不是冷却身体。进一步考虑的是呼吸，它也可以通过蒸发（如出汗）和少量对流来冷却身体。

虽然皮肤的每个部分的冷却程度不同，这取决于方向、暴露程度和衣服，但对于近似值，了解其总表面积是有用的。根据前面给出的公式，在"基础代谢"一节中，身高 1.8 米、体重 80 千克的男性皮肤面积为 2 平方米，身高 1.5 米、体重 50 千克的男性皮肤面积为 1.43 平方米。

热传递数据和扣减

任何颜色的皮肤在红外波段都是近乎完美（99%）的"黑体"辐射器。环境的热辐射对实际温度非常敏感，因为在通常用于计算温度的斯特藩-玻尔兹曼方程中，温度被提高到本身的四次方。在 34 摄氏度的温度下，2 平方米的皮肤面积将向 0 摄氏度的环境辐射约 365 瓦，向 23 摄氏度的环境辐射 133 瓦，向 33 摄氏度的环境辐射 13 瓦；当温度超过 34 摄氏度时，能量将被吸收，而不是损失。[此外，如果该区域的 10% 直接暴露在明亮的阳光下（约 1 千瓦/平方米），则吸收约 130~160 瓦（普通白皮肤到普通黑皮肤）。] 真实的数字较少，因为一些表面相互辐射（从蹲姿到半直立姿势，辐射量占总数的 65%~75%），而一些像手指的表面则会迅速冷却，从而减少辐射。另一个注意事项：红外辐射的平衡发生在皮肤和表面之间，表面可以是一面墙、一个树叶或材料的树冠、一层潮湿的空气或云，但不能是干燥的空气，因为干燥的空气对这种辐射是可穿透的。处于热平衡的环境可能或多或少处于空气温度，也可能伴随有高湿度或低云，但在晴朗的天空中，表面朝上的大部分热量会辐射到温度低得多的高层大气中：即使在热天，指向晴朗天空的红外温度计也可以显示低于冰点的温度。在晚上，这种寒冷感更为明显，而由于骑行姿势的原因，一个躺式自行车的骑手会比一个直立的骑手散发出更多的热量。对于穿着衣服的身体部位来说，重要的是衣服的外表面温度。大多数织物都是不太完美的辐射体（提供

70%～80%的皮肤值），而反光片（如"救援毯"）本身几乎不辐射任何东西，而是将红外辐射反射回皮肤。

如果气温高于皮肤温度，出汗、皮肤汗液蒸发以及呼出的水分通常是唯一可用的冷却方式。事实上，其他机制都将热量输送到体内。如果每小时蒸发1千克的水而不滴落或擦掉，则表示冷却功率约为675瓦。尽管该量与环境空气无关，但可能的蒸发量在很大程度上取决于湿度。如果湿度很高，身体产生的大部分汗液无法蒸发，反而可能会滴落，带走的热量要少得多。风极大地增加了蒸发。根据克利福德（Clifford）、麦克斯莱克（McKerslake）和韦德尔（Weddell）（1959），蒸发冷却与$V^{0.63}$（空速，从0.6米/秒到4米/秒测量）成正比，也与皮肤温度下的饱和蒸气压（约5千帕）减去环境蒸气压成正比。

对流冷却与表面积、皮肤和空气之间的温差以及传热系数h_c（见第五章）成比例，而传热系数h_c对空速和雷诺数、各种其他流体动力学系数以及二阶条件（如姿态和气流模式）非常敏感。本书第三版表明，在圆柱体（如手臂）的横向流中，局部h_c的变化可能大于100%。在完全静止的空气中，没有对流，靠近皮肤的（绝缘）空气层几乎保持其温度。在这种情况下，热量主要通过连续的静止空气层传导流动。然而，最轻微的流动，无论是由温暖的皮肤本身（局部加热空气的浮力）、肢体运动、风或风扇，还是自行车本身的视风引起的，都会开始清除这种绝缘空气并提高传热系数。由于所涉及的变量很多，不可能进行精确计算，但对于作为空速函数的总系数，已经提出了各种近似方法。基于他们在南极洲的实验，赛普尔（Siple）和帕塞尔（Passel）（1945）提出了一个经验公式：$h_c=10.45-V+10\sqrt{V}$，单位为千卡每小时每平方米每摄氏度，空速V范围为2～20米/秒。结果可以乘以1.1622……得到国际单位制，即规定范围内的23～35瓦/平方米每开尔文。（这将在本章后面的风冷部分进一步探讨）。科林（Colin）和乌达（Houdas）（1967）指出$h_c=2.3+7.5\ V^{0.67}$，在规定范围内产生14～58瓦/平方米每开尔文。虽然两个公式在$V=7$米/秒这个典型骑行速度时都能得出$h_c\approx30$瓦/平方米每开尔文，但这只是巧合，因为这两组在不同的环境中使用不同的方法进行测量。其他研究人员的数据表明，函数与科林和乌达的更为相似。所有这些意味着，2平方米的皮肤在室温下（即

10开尔文低温）以 7 米 / 秒的速度移动，对流冷却功率约 600 瓦。

传热当然也取决于衣服。NASA 在 1969 年以 "Clo" 单位表示服装的热阻：1 Clo=0.155 开尔文·平方米 / 瓦（对于 1.8 平方米体表面积的人），并代表舒适的室内或轻便服装。Clo 值从 0（裸体）到 0.25（内衣）和 2（轻便冬衣）到 7（狐皮）不等。1 Clo 将使一个人在休息时的平均表面温度降低约 5 开尔文。然而，骑行服面临的挑战不是高热阻（除了在非常寒冷的条件下使用手套和鞋子），而是允许在不被浸湿的情况下出汗。

充分冷却的效果可以从威尔基（1960）测功仪踏板的实验的发现中推断出来，即如果需要超过约 0.5 小时的踏板运动，受试者必须将其功率输出保持在约 150 瓦（0.2 马力）。然而，可以使用第五章和第六章中的风阻和滚动阻力数据分析 24 小时计时赛中的峰值表现，表明在这段时间内大约消耗了 225 瓦（0.3 马力）。蹬踏者暴露在移动的空气中是改善冷却的主要原因。在正常的实验室环境温度下，一个试图输出 0.5 马力（373 瓦）功率的测功仪蹬踏者可能会在 10 分钟后放弃，并且会大量出汗。这个功率输出与驱动一个正在进行 40 千米距离赛的自行车运动员近 1 小时的功率相同。移动的空气对蹬踏者的性能的影响也是非常明显的。

在供暖和通风设备的设计中，长期以来，从事体力劳动的工人产生的最大热负荷（推荐的室温为 55 华氏度或 12.8 摄氏度）一直被接受为 2000 英热 / 时（586 瓦），法伯尔（Faber）和凯尔（Kell）(1943)。大部分热量是通过汗液蒸发而流失的。如果这包括 100 瓦的基础代谢，并且假设效率为 25%，那么这样的工人将产生约 122 瓦的机械功率。这似乎也是一个可以接受的极限，用于蹬测功仪或长时间在陡峭的山坡上骑行。

图 2.4 显示，自行车运动员可以在长达 1 小时的时间内施加超过 400 瓦（0.54 马力）的力。在 0.5 马力（373 瓦）下踩下测功仪时，通常的耐力范围为 5～15 分钟（惠特，1973），这再次生动地证明了流动空气在延长可忍受的艰苦工作时间方面的价值。

即使在较低的速度下，视风也能为相对高功率的骑行提供足够的冷却。例如，在大格洛克纳山的一次爬坡赛中，比尔·布拉德利（Bill Bradley）以大约

5.4米/秒的速度骑行，在高温但低湿度（40%）的条件下，输出功率为450瓦。

在冷热条件下骑行

把骑自行车作为日常上下班交通工具的倡导者面临的一个问题是，即使是温带地区也有几天，有时甚至几周的极端天气条件，在此期间，骑自行车对许多人来说可能是不愉快的，对一些人来说甚至是不可能的。没有一套温度界限说低于或高于它，骑自行车是不可能的。当早上的温度降到10摄氏度（50华氏度）时，许多只在好天气骑行的自行车手会把他们的自行车放在一边过冬，并且不会在25摄氏度（77华氏度）以上的温度下穿着商务服装骑行。然而，许多强壮的人发现，在 -15 摄氏度（5华氏度）到35摄氏度（95华氏度）之间，或者更大的温度范围内骑自行车仍然很愉快，这也取决于风和湿度。温度低于该范围下限时的主要问题似乎是脚。隔热鞋的尺寸仅限于能装在自行车踏板上的尺寸，在 -18 摄氏度（0华氏度）时，即使身体躯干因劳累而变得过热，脚也会因寒冷而麻木，这是一种相当普遍的经验。

风冷 风加剧了冷空气的影响。天气预报员通常用风冷指数来表达这些影响：即，在无风（但以步行速度）的情况下存在的空气温度，以向人体提供与实际温度和实际相对风的特定组合相同的冷却。美国国家气象局编制的风冷温度表使用了一个经验公式，给出了感知温度与实际温度（假设低于10摄氏度或50华氏度）和风速（假设高于1.3米/秒）的函数，有许多在线计算器可用[例如，见布赖斯（Brice）和霍尔（Hall），2019 b]。以下公式得出了两个结果：首先是风冷指数，单位为瓦/平方米，沿用了之前赛普尔和帕塞尔（1945）的原始公式。

$$风冷指数 = (11.622V^{1/2} - 1.1622V + 12.145)(33 - T)$$

其中 V 是风速，单位是米/秒，T 是实际温度，单位是摄氏度。这是早先给出的传热系数公式，将每小时千卡换算成瓦，再乘以环境温度与皮肤温度（33摄氏度）之差。2001年，美国国家气象局用下面的公式替换了这个公式，给出了以华氏度为单位的风冷温度：

$$风冷温度 = 35.74 + 0.6215\,T - 35.75 V^{0.16} + 0.4275\,TV^{0.16}$$

其中 V 是风速，单位为英里/时，T 是实际温度，单位为华氏度。布赖斯和霍尔（2019b）的计算器和信息也给出了其他单位。

维基百科上关于风冷的文章很好地解释了该方法的历史和原理。使用计算器或已发布的图表，可以发现自行车相对风对骑手感知温度的影响。例如，如果气温为 −18 摄氏度（0 华氏度），一个人骑自行车进入相对风速为 5 米/秒的环境中，他将受到与在 −27 摄氏度（17 华氏度）的环境中行走相同的冷却量。计算的风冷指数约为 1650 瓦/平方米。即使这只适用于完全暴露在风中的皮肤，它也大致显示了未穿衣服的人会发生什么，以及身体必须为暴露的皮肤提供多少热通量（例如，对于暴露的脸，这里可能是 40 瓦）。如果局部血液供应不足，皮肤温度就会下降，接着就会发生冻伤。如果戴的手套太薄，手指也会发生这种现象。

骑自行车的人的脚尤其危险，因为他们周期性地以较高的相对速度（当他们越过顶部的死点时）行进，然后相对于风以较低的速度行进。由于冷却与相对风的非线性关系，平均冷却效应更为严重。特别是在冬季，使用快速电动自行车的人可能会感到手指、脚、脸冰凉。由于电力触手可及，电热手套和电热鞋也成为可能。

穿着适当的自行车运动员的身体核心温度通常不会有风险，因为骑得更快通常会比匀速骑行消耗更多的热量。下坡是一个例外，在此期间，在漫长的冬季下坡很容易失去大量热量。

湿热环境 在较高的温度下，湿度变得非常重要。这种自行车在整个非洲和亚洲的个人交通和当地商业中备受推崇。例如，在尼日利亚北部（第一作者居住了两年），一年中的大部分时间里，空气非常干燥，水的供应，而不是温度限制了人们骑自行车的活动范围。长途自行车手伊恩·希贝尔（Ian Hibell）能够穿越撒哈拉沙漠（主要是在夜间），但他的水供应又受到了限制。他无法携带足够的水在绿洲之间的漫长旅程中骑行，只能依靠过往汽车旅行者赠送的水。甚至连美国也偶尔会经历热浪，一个月的温度在40摄氏度左右，通常还伴有高湿度。然而，一些骑自行车的人继续骑车上班，即使他们在道路上体验到更高的环境温度。

美国国家气象局编制了一个类似于上述风冷指数的热量指数，而在加拿大，也使用了类似的湿度指数公式。维基百科的文章对这两种情况都有很好的描述；布赖斯和霍尔（2019a）（另请参见天气预报中心，2014）提供了一个计算器和基本公式，由于篇幅过大，此处无法包含。除了输入相对湿度而不是风速外，计算器及其相关公式的使用与表观风冷温度的使用类似。例如，如果温度为40摄氏度（104华氏度），如果相对湿度为相当干燥的22%，则热指数公式会返回感知温度的值，如果相对湿度更干燥，则会返回更小的值。但在50%的湿度下，感知温度约为55摄氏度，有严重的中暑风险。更高的湿度值会产生极端结果，但热指数公式在哪个范围内得到验证尚不清楚。

虽然在极端温度条件下的水平骑行通常不是什么大问题，但在坡度骑行中就不是这样了。在陡坡上骑自行车会导致大量出汗。在温暖的条件下，这仅仅是不方便或令人不快的，但在寒冷的条件下，当再次向下骑行时，潮湿的皮肤和衣服是最危险的，在此期间，蒸发冷却将过度，除非穿上额外的衣服。难怪最近电动自行车的流行主要集中在丘陵地区。额外的动力可以让上坡骑行时有更好的冷却效果，也可以穿着商务服骑行而不会变得过于潮湿。

然而，在炎热或寒冷的条件下使用快速电动自行车时有一些注意事项。在后一种情况下，任何暴露或只有薄薄屏蔽的皮肤都会被高度冷却，原本温暖的身体可能会在这些区域经历强烈的疼痛。在炎热的天气里，冷却效果非常好，以至于身体有动力以特别高的功率水平骑行。汗液会产生，但会立即蒸发，不会引起注意。骑手停下来的那一刻以及之后的一段时间，汗液仍在产生，但蒸发减少，开始滴落。为了避免这种情况，停车前必须降低车速。

我们从那些勇敢地在极端的环境中做好准备骑行的骑手经历中可以学到三个经验。首先，通过运动促进良好的血液循环有助于身体应对高温、高湿度和寒冷天气。其次，骑自行车所产生的相对气流是使在炎热天气下骑行变得可以忍受且通常令人愉快的一个主要因素。最后，如此多的骑手选择在极端条件下骑行（而不是因为经济需要而被迫骑行）表明，许多其他健康但胆小的骑手可以在有利于骑行或舒适骑行的条件下超越自己的极限，而不必担心受到伤害。

流线型自行车

普通无整流罩自行车和人力自行车能在温暖和炎热的环境中提供最佳的冷却效果。更好的是那些有天窗的，比如合著者1985年的太阳能三轮车，在各种条件下都能舒适地使用。由于整流罩，尤其是那些完全封闭骑手的维罗车或赛车，大部分冷却效果都会消失。至少露出头部或打开顶篷或侧面进行通风会有很大帮助，但会受到更多空气阻力的影响，这对于赛车或纪录挑战者来说是不可接受的，对于下雨时的维罗车来说也不理想。威克斯·施鲁尔（Wichers Schreur）(2004) 提供了一项分析和建议，表明良好的内部通风是可能的，如果使用最佳的进气口管道，功率损失低于1瓦。不幸的是，在低速下，例如上坡时，气流将不足以防止不适和大量出汗。

维罗车可以安装指向头部和肩部的小型电风扇。即使是几瓦特也能极大地增加舒适度。

这些车辆的赛车手实际上面临着更大的过热危险，尤其是当大型雨篷也充当部分太阳能集热器时。HPV比赛规则或纪录禁止使用储存的能量进行冷却，例如使用提及的风扇、冰或预冷背心。然而，它们确实允许喷水。

在寒冷条件下，整流罩在热方面更为有利，但仍然需要通风，尤其是为了防止风挡起雾。

人工冷却

除了简单的风扇、湿布或喷水器外，原则上还可以穿带有内置冷却元件的衣服。可提供包含相变材料衬垫的背心。水冰是最常见的相变材料，在0摄氏度下融化时可吸收334千焦/千克，远远超过20℃下被皮肤加热至30℃（非蒸发）冷却水吸收的10千卡/千克（41.8千焦/千克）。还有许多其他物质可在几乎任何所需温度下融化，大部分吸收在 160 至 230 千焦 / 千克之间。然而，蒸发水可以带走 2260 千焦 / 千克的热量，因此骑手必须使用约 10 千克的相变材料，才能达到与使用 1 千克汗水或喷洒水进行最佳蒸发冷却相同的效果。

出于明显的实际原因，本书的作者从未听说过有人这样做，但原则上，通过连接到散热器的循环水（或热管）冷却衣服，可以在任何时间内提供几乎任何想要的冷却程度，除了循环泵的少量电力外，不消耗任何东西。NASA（1969）详细介绍了这是如何在宇航服中实现的。然而，在炎热的条件下，干燥的散热器是不行的，这时需要一种热泵。这并不像听起来那么荒谬，因为冷却功率的理论系数 [$COP_{cooling}=T_c/(T_h-T_c)$，冷热温度以开尔文为单位] 可能大于 30，因此高效的人力热泵可以用比运行它所需功率大得多的功率进行冷却，即使至少四倍于运行功率的功率会额外显示为热量。

参考文献

Adams, W. C. 1967. "Influence of Age, Sex and Body Weight on the Energy Expenditure of Bicycle Riding." *Journal of Applied Physiology* 22: 539–545.

Allen, Hunter. 2013. "What Is FTP?" *Hunter Allen Power Blog.* January 9, 2013. http://www.hunterallenpowerblog.com/2013/01/what-is-ftp.html.

Antonson, Ingrid. 1987. "Oxygen Cost of Submaximal Exercise in Recumbent and Conventional Cycling Positions." *Human Power* 6, no. 3 (Fall): 7, 17–18. http://www.ihpva.org/HParchive/PDF/21-v6n3-1987.pdf.

Åstrand, Per-Olof, and Kåre Rodahl. 1977. *Textbook of Work Physiology.* 2d ed. New York: McGraw-Hill.

Ayalon, A., B. Bar-Or, and Omri Inbar. 1974. "Relationships among Measurements of Explosive Strength and Anaerobic Power." In *Biomechanics IV: Proceedings of the Fourth International Seminar on Biomechanics, University Park, Pennsylvania*, ed. Richard C. Nelson and Chauncey A. Morehouse, 572–577. https://www.researchgate.net/publication/306232114.

Baron Biosystems. 2018. Xert Fitness Signature calculator. https://www.xertonline.com/calculator.

Beelen, Anita, and Anthony J. Sargeant. 1992. "Effect of Fatigue on Maximal Power Output at Different Contraction Velocities in Humans." *Journal of Applied Physiology* 71, no. 6 (January): 2332–2337. https://www.researchgate.net/publication/21376724.

Bergamin, Fabio. 2017. "Breath instead of a Blood Test." Eidgenössische Technische Hochschule Zürich (ETHzürich), Zurich, Switzerland, October 10. https://www.ethz.ch/en/news-and-events/eth-news/news/2017/10/breath-instead-of-a-blood-test.html.

Book of Alternative Records. 2019. "Static Cycling, 48 Hours."http://www.alternativerecords.co.uk/recorddetails.asp?recid=505.

Brice, Tim, and Todd Hall. 2019a. "Heat Index Calculator." National Weather Service, National Oceanic and Atmospheric Administration, El Paso, TX. https://www.weather.gov/epz/wxcalc_heatindex.

Brice, Tim, and Todd Hall. 2019 b. "Wind Chill Calculator." National Weather Service, National Oceanic and Atmospheric Administration, El Paso, TX. https://www.weather.gov/epz/wxcalc_windchill.

Brooks, G. A., T. D. Fahey, and T. P. White. 1996. "Energetics and Athletic Performance." In *Exercise Physiology*, 2d ed., chap. 3. Mountain View, CA: Mayfield.

Burns, J. 2008. "Does Training with PowerCranks™ Affect Economy of Motion, Cycling Efficiency, Oxygen Uptake and Muscle Activation Patterns in Trained Cyclists?" Master's thesis, School of Exercise, Biomedical and Health Sciences, Edith Cowan University, Perth, Australia. http://ro.ecu.edu.au/theses/17.

Bussolari, Steven R. 1986–1887. "Human Factors of Long-Distance HPA Flights."

Human Power 5, no. 4 (Winter): 8–12. http://www.ihpva.org/HParchive/PDF/18-v5n4-1986.pdf.

Bussolari, Steven R., and Ethan R. Nadel. 1989. "The Physiological Limits of Long-Duration Human Power Production—Lessons Learned from the Daedalus Project." *Human Power* 7, no. 4 (Summer): 1, 8–10. http://www.ihpva.org/HParchive/PDF/ 25-v7n4-1989.pdf.

Clifford, D., D. McKerslake, and J. L. Weddell. 1959. "The Effect of Wind Speed on the Maximum Evaporative Capacity in Man." *Journal of Physiology*, no. 147: 253–259. https://doi.org/10.1113/jphysiol.1959.sp006240.

Coggan, Andrew. 2016. "Power Drop Off Range 2 Mins–60 Mins: Comment." Timetrialling Forum (website), April 18. http://www.timetriallingforum.co.uk/index.php?/topic/109887-power-drop-off-range-2mins-60-mins/.

Colin, Jean, and Yvon Houdas. 1967. "Experimental Determination of Coefficient of Heat Exchanges by Convection of the Human Body." *Journal of Applied Physiology* 22, no. 1: 31–38.

Coyle, Edward F., M. E. Feltner, Steven A. Kautz, M. T. Hamilton, Scott J. Montain, A. M. Baylor, Lawrence D. Abraham, and G. W. Petrek. 1991. "Physiological and Biomechanical Factors Associated with Elite Endurance Cycling Performance." *Medicine and Science in Sports and Exercise* 23, no. 1: 93–107.

Coyle, Edward F., Wade H. Martin, A. A. Ehsani, James M. Hagberg, Susan A. Bloomfield, David R. Sinacore, and John O. Holloszy. 1983. "Blood Lactate Threshold in Some Well-Trained Ischemic Heart Disease Patients." *Journal of Applied Physiology* 54, no. 1 (January):18–23. https://www.researchgate.net/publication/16373423.

Croci, Ilaria, Fabio Borrani, Nuala Byrne, Rachel Wood, Ingrid Hickman, Xavier Chenevière, and Davide Malatesta. 2014. "Reproducibility of Fat$_{max}$ and Fat Oxidation Rates during Exercise in Recreationally Trained Males." *PLoS ONE* 9, no. 6: e97930. https://doi.org/10.1371/journal.pone.0097930.

Daley, Jordan. 2018. "Fitness and Exercise Calculators." ShapeSense.com (website). http://www.shapesense.com/fitness-exercise/calculators/.

Davies, C. N., ed. 1962. *Design and Use of Respirators: Proceedings of a Joint Meeting of the Ergonomics Research Society and the British Occupational Hygiene Society, Held at Portion, 5 and 6 July, 1961*. New York: Pergamon.

Dodge, Pryor. 1996. *The Bicycle*. Paris: Flammarion.

Driss, Tarak, and Henry Vandewalle. 2013. "The Measurement of Maximal (Anaerobic) Power Output on a Cycle Ergometer: A Critical Review." *BioMed Research International* 2013: art. 5 89361. https://www.hindawi.com/journals/bmri/2013/589361/.

Egaña, Mikel, David Columb, and Steven O'Donnell. 2013. "Effect of Low Recumbent Angle on Cycling Performance, Fatigue, and $\dot{V}O(2)$ Kinetics." *Medicine & Science in Sports & Exercise* 45, no. 4 (April): 663–672. https://www.ncbi.nlm.nih.gov/pubmed/23135372.

FAO (Food and Agriculture Organization). 2003. *Food Energy—Methods of Analysis and Conversion Factors: Report of a Technical Workshop, Rome, 3–6 December 2002*. Food and Nutrition Paper 77. Rome: Food and Agriculture Organization of the United Nations. http://www.fao.org/docrep/006/Y5022E/y5022e00.htm.

Faber, O., and J. R. Kell. 1943. *Heating and Air Conditioning of Buildings*. Cheam, U.K.: Architectural Press.

FastFitness.Tips. 2019. "Cycling Myths Smashed." FastFitness.Tips (website). http://www.fastfitness.tips/services.

Fonda, Borut. 2015. "Cycling Biomechanics Optimisation." Cycling Science, Ljubljana, Slovenia. http://www.cycling-science.si/cycling-biomechanics-optimisation-21-11-2015.html.

Franklin, Kathryn L., Rae S. Gordon, Julien S. Baker, and Bruce Davies. 2007. "Accurate Assessment of Work Done and Power during a Wingate Anaerobic Test." *Applied Physiology, Nutrition, and Metabolism* 32: 225–32. http://www.unm.edu/~rrobergs/478FranklinWingate.pdf.

Gaesser, Glenn A., Tony J. Carnevale, Alan Garfinkel, Donald O. Walter, and Christopher J. Womack. 1995. "Estimation of Critical Power with Nonlinear and Linear Models." *Medicine and Science in Sports and Exercise* 27: 1430–38.

Gordon, R. S., K. L. Franklin, J. Baker, and B. Davies. 2004. "Accurate Assessment of the Brake Torque on a Rope-Braked Cycle Ergometer." *Sports Engineering* 7, no. 3 (September): 131–38. https://doi.org/10.1007/BF02844051.

Güntner, A. T., N. A. Sievi, S. J. Theodore, T. Gulich, M. Kohler, and S. E. Pratsinis. 2017. "Noninvasive Body Fat Burn Monitoring from Exhaled Acetone with Si-Doped WO3-Sensing Nanoparticles." *Analytical Chemistry* 89, no. 19: 10578–10584. http:// dx.doi.org/10.1021/acs.analchem.7b02843.

Hamley, E. J., and V. Thomas. 1967. "The Physiological and Postural Factors in the Calibration of the Bicycle Ergometer." *Journal of Physiology* 191: 55–57.

Hansen, Ernst Albin, Kurt Jensen, Jostein Hallén, John Rasmussen, and Preben K. Pedersen. 2009. "Effect of Chain Wheel Shape on Crank Torque, Freely Chosen Pedal Rate, and Physiological Responses during Submaximal Cycling." *Journal of Physiological Anthropology* 28, no. 6: 261–267. https://doi.org/10.2114/jpa2.28.261.

Harris, J. A., and F. G. Benedict. 1918. "A Biometric Study of Human Basal Metabolism." *Proceedings of the National Academies of Science USA* 4, no. 12: 370–373. https:// www.ncbi.nlm.nih.gov/pmc/articles/PMC1091498/.

Harrison, J. Y. 1970. "Maximizing Human Power Output by Suitable Selection of Motion Cycle and Load." *Human Factors* 12, no. 3: 315–329.

Hermina, W. 1999. "The Effects of Different Resistance on Peak Power during the Wingate Anaerobic Test." M.S. thesis, College of Health and Human Performance, Oregon State University, Corvallis, OR. https://ir.library.oregonstate.edu/ downloads/zc77st11v.

Hetzler, Ronald K., Rachele E. Vogelpohl, Christopher D. Stickley, Allison N. Kuramoto, Mel R. DeLaura, and Iris F. Kimura. 2010. "Development of a Modified Margaria-Kalamen Anaerobic Power Test for American Football Athletes." *Journal of Strength and Conditioning Research* 24, no. 4: 978–984. http://www.unm.edu/~rrobergs/478Margaria1.pdf.

Inbar, Omar, Oded Bar-Or, and James S. Skinner. 1996. *The Wingate Anaerobic Test*. Champaign, IL: Human Kinetics.

Jenkins, David G., and Brian M. Quigley. 1990. "Blood Lactate in Trained Cyclists during Cycle Ergometry at Critical Power." *European Journal of Applied Physiology* 61: 278–283.

Johnstone, David. 2014. "Torque Effectiveness and Pedal Smoothness. *Cycling Analytics* (blog). April 11, 2015. https://www.cyclinganalytics.com/blog/2014/04/torque-effectiveness-and-pedal-smoothness.

Johnstone, David. 2018. "How Does Your Cycling Power Output Compare?" *Cycling Analytics* (blog). June 7, 2018. https://www.cyclinganalytics.com/blog/2018/06/how-does-your-cycling-power-output-compare.

Knipping, H. W., and A. Moncrieff. 1932. "The Ventilation Equivalent of Oxygen."

Queensland Journal of Medicine 25: 17–30. https://academic.oup.com/qjmed/article/1/1/17/1598875.

Kyle, C. R., V. J. Caizzo, and M. Palombo. 1978. "Predicting Human Powered Vehicle Performance Using Ergometry and Aerodynamic Drag Measurements." Paper presented at "Human Power for Health, Productivity, Recreation and Transportation," Technology University of Cologne, Cologne, Germany, September.

Landsberg, Lewis, James B. Young, William R. Leonard, Robert A. Linsenmeier, and Fred W. Turek. 2009. "Do the Obese Have Lower Body Temperatures? A New Look at a Forgotten Variable in Energy Balance." *Transactions of the American Clinical and Climatological Association* 120: 287–295. https://www.ncbi.nlm.nih.gov/pmc/ articles/PMC2744512/.

Lanooy, C., and F. H. Bonjer. 1956. "A Hyperbolic Ergometer for Cycling and Cranking." *Journal of Applied Physiology* 9: 499–500. http://citeseerx.ist.psu.edu/viewdoc/download?doi=10.1.1.919.7808&rep=rep1&type=pdf.

Larrington, Dave. 1999. "Different Strokes?" *Human Power*, no. 48 (Summer): 25–27. http://www.ihpva.org/HParchive/PDF/hp48-1999.pdf.

Lee, Sun Hee, and Eun Kyung Kim. 2012. "Accuracy of Predictive Equations for Resting Metabolic Rates and Daily Energy Expenditures of Police Officials Doing Shift Work by Type of Work." *Clinical Nutrition Research* 1, no. 1: 66–77. https://www.ncbi.nlm.nih.gov/pmc/articles/PMC3572798.

Luttrell, Mark D., and Jeffrey A. Potteiger. 2003. "Effects of Short-Term Training Using Powercranks on Cardiovascular Fitness and Cycling Efficiency." *Journal of Strength and Conditioning Research* 17, no. 4 (November): 785–791. https://journals.lww.com/ nsca-jscr/Abstract/2003/11000/Effects_of_Short_Term_Training_Using_Powercranks.26.aspx.

Martin, James C., Bruce M. Wagner, and Edward F. Coyle. 1997. "Inertial-Load Method Determines Maximal Cycling Power in a Single Exercise Bout." *Medicine and Science in Sports and Exercise* 29, no. 11 (November): 1505–1512. https://journals.lww.com/acsm-msse/Fulltext/1997/11000/Inertial_load_method_determines_maximal_cycling.18.aspx.

Mathur, Sunita. 2014. "Regulation of Ventilation during Exercise." Exercise Physiology: e-Learning Modules for MScPT, University of Toronto, Toronto, ON. http:// ptexphys.utorontoeit.com/respiratory-physiology/regulation-of-ventilation-during-exercise/.

McArdle, W. D., F. I. Katch, and V. L. Katch. 1996. *Exercise Physiology: Energy, Nutrition, and Human Performance*. Baltimore: Williams and Wilkins.

McMahon, Thomas A. 1984. *Muscles, Reflexes, and Locomotion*. Princeton, NJ: Princeton University Press.

Morton, R. Hugh, and David J. Hodgson. 1996. "The Relationship between Power and Endurance: A Brief Review." *European Journal of Applied Physiology* 73: 491–502. https://www.researchgate.net/publication/14388415.

Müller, E. A. 1937. "Der Einfluß der Sattelstellung auf das Arbeitsmaximum und den

Wirkungsgrad beim Radfahren" [The Influence of Saddle Height on Maximum Power and Efficiency of Bicycling]. Kaiser Wilhelm Institut für Arbeitsphysiologie, Dortmund-Münster, Germany.

Müller, E. A., and H. Grosse-Lordemann, H. 1936. "Der Einfluß der Leistung und der Arbeitsgeschwindigkeit auf das Arbeitsmaximum und den Wirkungsgrad beim Radfahren" [The Influence of Power and Working Speed on Maximum Power and Efficiency for Bicycles]. *European Journal of Applied Physiology* 9: 619–625. https://www.researchgate.net/publication/238251597.

NASA (National Aeronautics and Space Administration). 1969. "Thermal Environment." Paper 19690003109, Scientific and Technical Information Program, National Aeronautics and Space Administration, Washington, DC. https://ntrs.nasa.gov/ archive/nasa/casi.ntrs.nasa.gov/19690003109_1969003109.pdf.

Nave, Rod. 2018. "Cooling of the Human Body." HyperPhysics (website). Department of Physics and Astronomy, Georgia State University, Atlanta. http://hyperphysics.phy-astr.gsu.edu/hbase/thermo/coobod.html.

Neville, V., M. T. G. Pain, and J. P. Folland. 2009. "Aerobic Power and Peak Power of Elite America's Cup Sailors." *European Journal of Applied Physiology* 106, no.1: 149–57. https://dspace.lboro.ac.uk/dspace-jspui/bitstream/2134/6578/1/neville2009[1].pdf.

Newmiller, Jeff, Maury L. Hull, and F. E. Zajac. 1988. "A Mechanically Decoupled 2 Force Bicycle Pedal Dynamometer." *Journal of Biomechanics* 21, no. 5 (February): 375–386. https://www.researchgate.net/publication/19738025.

Nicolò, Andrea, Carlo Massaroni, and Louis Passfield. 2017. "Respiratory Frequency during Exercise: The Neglected Physiological Measure." *Frontiers in Physiology* 8: 922. https://doi.org/10.3389/fphys.2017.00922.

Nüscheler, Manfred. 2009. "Manfred Nüscheler—Roller Cycling Record Holder." Rekord-Klub Saxonia, Leipzig, Germany. http://www.recordholders.org/en/records/ roller1.html.

Okajima, Shinpei. 1983. "Designing Chainwheels to Optimize the Human Engine."*Bike Tech* 2, no. 4: 1–7.

Papadopoulos, Jim. 1987. "Forces in Bicycle Pedaling." In *Biomechanics in Sport: A 1987 Update*, ed. R. Rekow, V. G. Thacker, and A. G. Erdman. New York: American Society of Mechanical Engineers. http://ruina.tam.cornell.edu/research/topics/bicycle_mechanics/forces_bicycle_pedaling.pdf.

Parker, Jr., James F., and Vita R. West, eds. 1964. *Bioastronautics Data Book*. NASA SP-3006. Washington, DC: National Aeronautics and Space Administration.

Perez, Sergio E., Mark Wisniewski, and Jordan Kendall. 2016–2017. "Efficiency of Human-Powered Sail Pumping." *Human Power eJournal*, no. 9: art. 23. http://hupi.org/HPeJ/0023/HumanPoweredSailPumpingV7.pdf.

Peveler, Will W. 2008. "Effects of Saddle Height on Economy in Cycling." *Journal of

Strength and Conditioning Research 22, no. 4: 1355–1359. https://www.ncbi.nlm.nih.gov/pubmed/18545167.

Powell, Richard. 1994. "Arm Power Performance." In *Proceedings of the Fourth International Human Powered Vehicle Scientific Symposium*. San Luis Obispo, CA: International Human Powered Vehicle Association.

Powell, Richard, and Tracey Robinson. 1987. "The Bioenergetics of Power Production in Combined Arm-Leg Crank Systems." *Human Power* 6, no. 3 (Fall): 8–9, 18. http://www.ihpva.org/HParchive/PDF/21-v6n3-1987.pdf.

Pugh, L. G. C. E. 1974. "The Relation of Oxygen Intake and Speed in Competition Cycling and Comparative Observations on the Bicycle Ergometer." *Journal of Physiology* (Physiological Society) 241:795–808. https://doi.org/10.1113/jphysiol.1974.sp010685.

Rankin, Jeffery, and Richard Neptune. 2008. "A Theoretical Analysis of an Optimal Chainring Shape to Maximize Crank Power during Isokinetic Pedaling." *Journal of Biomechanics* 41: 1494–1502. https://www.ncbi.nlm.nih.gov/pubmed/18395213.

Reiser, Raoul F., Jeffrey P. Broker, and M. L. Peterson. 2000. "Inertial Effects on Mechanically Braked Wingate Power Calculations." *Medicine and Science in Sports and Exercise* 32, no. 9: 1660–1664.

Rowe, T., Maury L. Hull, and E. L. Wang. 1998. "A Pedal Dynamometer for Offroad Bicycling." *Journal of Biomechanical Engineering* 120, no. 1 (March):160–164. https://www.researchgate.net/publication/13608754.

Schmidt, Theodor. 2019. Online supplements to *Bicycling Science*, 4th ed. http://hupi.org/BS4/.

Selkov, Gene. 2015. "Answer: What Is the Relation of Body Temperature and Metabolism? If You Wear Minimal Clothes in Winter, Would Body Metabolism Work at an Accelerated Rate to Maintain Body Temperature, Leading to Weight Loss? Would It Be Vice Versa for Summer?" Quora (website). January 29, 2015. https://www.quora.com/What-is-the-relation-of-body-temperature-and-metabolism.

Siple, Paul A., and Charles F. Passel. 1945. "Measurements of Dry Atmospheric Cooling in Subfreezing Temperatures." *Proceedings of the American Philosophical Society* 89, no. 1 (April 30): 177–199.

Spinnetti, Ramondo. 1987. "Backward versus Forward Pedaling: Comparison Tests."

Human Power 6, no. 3 (Fall): 1, 10–11. http://www.ihpva.org/HParchive/PDF/21-v6n3-1987.pdf.

Too, Danny. 1998–1999. "Summaries of Papers" (technical note). *Human Power*, no. 46 (Winter): 13–20. http://www.ihpva.org/HParchive/PDF/hp47-n46-1998.pdf.

Too, Danny, and Gerald Landwer. 2008. "Maximizing Performance in Human Powered Vehicles: A Literature Review and Directions for Future Research." *Human Power eJournal*, no. 5: art. 16. http://hupi.org/HPeJ/0016/0016.html.

Too, Danny, and Chris Williams. 2000. "Determination of the Crank-Arm Length to Maximize Power Production in Recumbent-Cycle Ergometry." *Human Power*, no. 51 (Fall): 3–6. http://www.ihpva.org/HParchive/PDF/hp51-2001.pdf.

Too, Danny, and Christopher D. Williams. 2017–2018. "Determination of the Optimal Crank Arm Length to Maximize Peak Power Production in an Upright Cycling Position." *Human Power eJournal*, no. 10: art. 25. http://hupi.org/HPeJ/0025/ Too-Williams-REV2-1.pdf.

Van de Kraats, Gert. 2018. "Efficient Pedaling on a Recumbent." Cycle Vision (website). http://members.home.nl/vd.kraats/recumbent/pedal.html.

Vandewalle, Henry, and Tarak Driss. 2015. "Friction-Loaded Cycle Ergometers: Past, Present and Future." *Cogent Engineering* 2, no. 1: 1029237. http://dx.doi.org/10.1080/23311916.2015.1029237.

Venables, Michelle C., Juul Achten, and Asker E. Jeukendrup. 2005. "Determinants of Fat Oxidation during Exercise in Healthy Men and Women: A Cross-Sectional Study." *Journal of Applied Physiology* 98, no. 1 (February): 160–167. https://www.researchgate.net/publication/8377999.

Von Döbeln, W. 1954. "A Simple Bicycle Ergometer." *Journal of Applied Physiology* 7: 222–224.

Weather Prediction Center. 2014. "The Heat Index Equation." Weather Prediction Center, National Centers for Environmental Prediction, National Weather Service, National Oceanic and Atmospheric Administration, College Park, MD. http://www.wpc.ncep.noaa.gov/html/heatindex_equation.shtml.

Weir, J. B. de V. 1949. "New Methods for Calculating Metabolic Rate with Special Reference to Protein Metabolism." *Journal of Physiology* (Physiological Society) 109, nos. 1–2 (August): 1–9. https://www.ncbi.nlm.nih.gov/pmc/articles/PMC1392602/.

Whitt, F. R. 1971. "A Note on the Estimation of the Energy Expenditure of Sporting Cyclists." *Ergonomics* 14, no. 3: 419–424.

Wilkie, D. R. 1960. "Man as an A ero-Engine." *Journal of the Royal Aeronautical Society* 64: 477–481. https://www.aerosociety.com/Assets/Docs/About_Us/HPAG/Papers/HP_wilkie.pdf.

Wichers Schreur, Ben. 2004. "The Ventilation of Streamlined Human-Powered Vehicles." *Human Power eJournal*, no. 1: art. 2. http://hupi.org/HPeJ/0002/0002.htm.

Wilson, S. S. 1973. "Bicycling Technology." *Scientific American* 228, no. 3 (March): 81–91.

Zommers, Alfred. 2000. "Variations in Pedalling Technique of Competitive Cyclists: The Effect on Biological Efficiency." PhD diss., Victoria University of Technology, Melbourne, Australia. http://vuir.vu.edu.au/15742/.

第三章
速度成就和比赛

引 言

  本章总结了各种体育和纪录组织登记的自行车成绩，并考虑了在一些理论场景中可能出现的情况。速度成就与自行车竞赛运动交织在一起。与大多数体育项目一样，这里的目标主要不是改善运动纪录和相关技术或进行科学比较，而是竞争、声望和金钱。运动员、团队甚至国家，都与类似的运动员（团队、国家）竞争，试图通过在管理纪录的体育组织允许的范围内改善他们的身体和设备来使成绩变得更好。在体育组织决定不允许或禁止他们之前，寻找新的方法是合法的，这主要是出于正当理由，但通常只是为了保持对体育运动的控制。运动员或技术专家经常试图作弊，或者成立新的运动或组织。因此，不仅运动员和车辆工程师之间存在竞争，创意、团队、地点和管理人员之间也存在竞争。

  这本书主要对科学意义上的成就感兴趣。通过自行车比赛获得的数据既宝贵又难以使用，因为大多数情况下只记录相对成绩（例如，在场地 Z 的事件 Y 中，A 比 B 快 X 秒），而不是完整的数据集（例如，在 W 和 U 条件下，A 使用设备 Y 达成 X）。可能的双重变化（人和机器）使得使用获得的数据特别困难。作为工程师，我们主要对机器感兴趣（在下文中，我们列出了车辆的记录，但大多没有提及作为"发动机"的人类），但运动成绩通常与人类、团队甚至团队国籍有关。我们主要收录所有类型自行车——传统、躺式、部分和完全整流罩的人力车辆（HPV）——的纪录，但不包括可变地形自行车比赛的纪录。报告的数据仅为我们在撰写本文时已知的数据，通常是四舍五入的。在列出这些之前，我们首先定义自行车和活动类别，回顾历史，并审视攀升纪录。

自行车定义、活动规则和组织

国际自行车联盟"标准"自行车

国际自行车联盟（UCI）以非常严格的方式定义了用于比赛的"标准"自行车，规定了"直立"配置、两个轮子、一个鞍座和把手，以及无数的细节（参见 UCI，2019）。空气动力学的改进必须包括结构功能并得到相关批准。目前不允许躺式自行车，不允许使用整流罩，也不允许使用两个轮子以上的车辆。然而，极端的环境条件下，如风和斜坡是允许的，因为它们对在同一赛道或同一公路比赛的所有参与者都是相同的，而且比赛目标本身不是速度纪录。然而，在自行车竞赛中获胜的时间表明了人类的可能性。严格来说，它们是不可比较的，因为除了已经提到的变量之外，通常还不清楚药物是否提高了运动员的表现，如果是，提高了多少。

国际人力驱动车辆协会和世界人力驱动车辆协会

UCI 实施的限制规定，除自行车外，其他车辆不得参与创造纪录。因此，国际人力驱动车辆协会（IHPVA）成立于 1976 年（两位作者在不同时期担任过主席），专门探索 UCI 禁止的领域：躺式自行车、两轮以上的车辆、空气动力学整流罩。除了刹车和头盔的要求外，它对车辆设计没有任何限制，在比赛和速度试验期间，除了固有动能外，没有任何形式的能量储存（尽管一再要求开放）。由于目标是比较车辆，尽管包括人为因素，但在比赛和个人速度纪录中，人的因素并不多，由此，严格规定了允许的环境条件：在短距离赛中，最大风速为 6 千米/时，下坡的坡度不超 2/3。

在 IHPVA 成立时，这些公差被认为很小，但今天的冲刺纪录包括约 200 瓦的重力辅助和理论上一定程度的风力辅助。虽然后者尚未在陆地车辆的实践中得到证明，但前者已得到证明。如本章后面所述，目前仅在内华达州确定了一个几乎最适合短距离赛的场地，甚至在这之前，几乎所有创纪录的场地都在北美。出于这个原因，人们开始着手改变规则，允许在其他大陆保持竞争纪录，1997 年，IHPVA 为此进行了重组，最终于 2009 年成立了一个全新的组织，即世界人力驱动车辆协会（WHPVA）。今天，IHPVA 主要关注北美内华达州短距离赛纪录，WHPVA 主要关注欧洲的低海拔小时纪录。自 2018 年以来，WHPVA 已经在一个新的级别上认可了没有净下坡的短距离赛。

世界躺车协会部分整流罩（无整流罩）躺式自行车

  IHPVA 和 WHPVA 均未成功定义部分整流罩 HPV 的类别，这些 HPV 由成立于 2006 年的世界躺车协会（WRRA）管理。WRRA 定义的部分整流罩车辆可能具有前整流罩（如空气动力学风挡玻璃）或后整流罩（如整流罩尾箱），但不能同时具有两者。所有当前创纪录的车辆都配备了后整流罩，但已决定也允许踏板整流罩与后整流罩一起使用。

  与完全整流罩车辆相比，有更多的无整流罩或部分整流罩车辆。在这些相当模糊的类别中，这些车辆的价值在于它们比场地自行车或可创纪录的完全整流罩 HPV 具有更大的实际用途。事实上，骑手经常在公共道路和自行车道上使用它们进行训练，并将其作为正常的交通工具。

历史见证的人力速度

  史前人类赤脚跑步的速度可能达到或超过今天人类的速度。提高这些速度或提高其效用的最早技术可能是鞋子和衣服，以及允许滑下雪坡的兽皮，许多人确实做到了这一点，还有早期的雪橇、滑雪板和溜冰鞋。几千年前发明的车轮和两个世纪前发明的德莱辛自行车并没有对人类的速度产生多大的改善，其最大速度可能为 15 千米 / 时，大多低于跑步或滑冰时达到的峰值速度。然而，自行车的发展很快就大大改善了这一点，这也是本章所讲述的大部分内容。

攀　升

  如果首先通过攀升获得所需的高度，则许多类型的基本上由重力驱动的速度项目和实际运动都是间接由人力驱动的。攀升纪录也是用单个阻力值测量人力的最纯粹、最简单的方法，因为所有其他阻力通常会混合在一起，不容易分离，与攀升产生的阻力（增加势能的垂直位移）相比，这些阻力很小或可以忽略不计。后者是自行车和骑自行车者的重量乘以海拔的增加。然后，平均功率是该值除以攀升所用的时间。所需的设备包括计时器、高度表（气压计或卫星）或图表，以及确定自行车和骑自行车者总重量的方法。

对于纯攀登的自行车纪录，目标是增加海拔，同时骑上任意的斜坡。连续攀登相当于珠穆朗玛峰高度（约8848米）的纪录大约是8.75小时，也就是每小时上升1000米多一点。如果一个骑自行车的人和一辆自行车的重量是800牛，这将相当于222瓦的平均功率。其他更健康的奖励是在较长的时间内（比如一个月）获得最大的海拔增长。这些都不是官方的、准确的纪录，而是网上分享的自我测量数据。一般来说，自行车爱好者可以在一个月内从50千米攀升到100千米以上。

无法给出最大垂直速度的单一最佳坡度角，因为它取决于多个变量。自行车升降机允许在空气阻力和滚动阻力最小的情况下进行纯垂直攀爬（取决于结构），但使用自行车升降机时很快就会意识到，由于几乎完全没有惯性，因此需要使用恒定扭矩的踏板，并采用良好的技术，以通过踏板曲柄的死点。在道路上攀爬可以减少这个问题，但会增加空气阻力。

人们可以在不受阻碍的情况下徒步登山，也可以同时运输额外的载荷（如滑雪板和靴子、食物、设备，以及用于烹饪和取暖的木材）。在瑞士尼森山（Niesen）上，年轻男子最好的无阻碍的攀登时间（1.7千米垂直距离和3.1千米水平距离）约为1小时（2011年的总纪录为56分钟；见Niesenlauf.ch）。国际上流行的一项挑战是垂直千米，世界上许多地方都在进行这项挑战。最好的时间在30分钟以内。

不幸的是，这样的攀登纪录并没有公布运动员的体重，所以实际达到的功率水平是未知的。使用公式 $P=(mgh)/t$（其中 m 是人的质量，g 是局部重力加速度，h 是爬升的高度，t 是所用的时间，适用于任何一致的单位制）。如果假设这些参赛者体重为75千克，当地重力加速度为9.8米/平方秒，加上一些轻微的插值，则发现平均功率水平在0.5小时内约为420瓦，在1小时内约为

350 瓦。

如果忽略负荷，即使人的体重未知，也可以使用公式 $P=gh/t$ 精确计算出特定功率，单位为瓦/千克。2017 年的垂直千米纪录为 1733 秒，特定功率为 5.66 瓦/千克，同样，尼森拉夫的垂直千米纪录也略低于 5 瓦/千克。

另一个问题是，有多少负载可以运输上坡，有多少工作可以完成？1780 年左右，查尔斯-奥古斯丁·库伦（Charles-Augustin Coulomb）（1820）对其进行了深入研究，他不仅是一位著名的物理学家，而且还是一位对如何有效修建防御工事感兴趣的土木工程师。他观察了工人和士兵在有载和无载的情况下上山。男性（被描述为强壮，体重 70 千克）没有额外负重，每天只能自己攀爬，完成略高于 2 兆焦（MJ）的工作。这并没有直接的用处，但如果他们在"爬"跑步机的话，这可能是有用的。男子在上坡时携带的最佳负荷略高于 50 千克，可在每个工作日提供其中四分之一（500 千焦）的直接有用工作。如果我们假设每天实际做这项工作的时间为 20000 秒，那么这些人在没有负载的情况下以 100 瓦的功率工作，或者在负重 50 千克或更重的负重上坡时以 25 瓦的功率工作。

速度所需

尤其是男性，无论用什么方法，总是渴望走得快。自行车的最高速度不是很有用，却引起了全世界数百万人的兴趣。然而，很少有人知道，在真正的城市或郊区交通中，从一个点到另一个点的平均自行车速度高于使用任何其他交通方式的速度，这在通勤比赛中经常出现，就像一个互联网搜索词"自行车赢得通勤比赛"所显示的那样。作者还发现，他们的自行车在大多数郊区旅行中速度最快。电动助力自行车甚至可以更快，但前提是在计算中不包含购买电动助力自行车所需的工作时间，因为电动助力自行车比普通自行车更贵，寿命更短。此外，在多式联运（包括公共汽车、火车等）中使用折叠式自行车可以实现最快的长途旅行。（遗憾的是，这是本书中唯一提到折叠自行车的地方。）然而，科学或大众的兴趣通常只集中在单模最大速度上。

骑自行车能达到什么速度？这个问题的答案取决于第二章所述的人为因素，以及第四章、第五章和第六章所述的所选车辆和条件施加的阻力。但这更取决于测量速度的条件的定义方式，尤其是持续时间和坡度，以及动能和势能存储的管理方式。重要的是赛场长度和相对高度，以及它们的绝对高度。当关注海平面上的绝对值时，通常使用"海拔"（altitude）一词；当高度是相对差时，例如起点和终点之间的相对差时，则使用"高程"（elevation）一词，这一点很重要。

速度的限制——惯性

任何一个从静止开始的自行车手都会很快意识到，最初，滚动阻力和空气动力阻力并不重要，重要的是加速所需的力，而加速所需的力一开始就可以达到四肢和自行车变速器（针对特定的传动比）所能承受的高度。加速到最高速度所需的时间越长，可用的人力就越低，因此，最高速度就越低，这是与无须人力首先加速即可达到的最高速度相比。后者只能通过至少已经知道其近似值并使用人工手段加速到该值来测量：一台发动机、一辆相连的牵引车或推进车、一个弹簧或陡坡。实际执行这些程序，并在后面描述；然而，它们并不真正代表纯粹的瞬时人力，而是储存的人力或混合动力。因此，实践中的最高人力速度并不是一个人可以保持几秒钟的速度，而是加速所需能量与加速后可达到的最高速度之间的优化。

因此，与机动车辆相比，自行车的速度纪录更多地取决于所选择的持续时间或距离。根据使用的电子测量仪器的不同，最短的距离是零，或者说是1~2秒的距离。测量这样的最高速度是很容易的，因为几乎每一个自行车速度表都包含一个最高速度显示：一个人只要尽可能快地骑自行车，然后检查自己的成绩即可。但有两个重要的考虑因素。这个速度（我们称它为v_{max}）表示加速到它所做的功吗？如果这样，骑自行车的人必须事先积累$1/2 mv_{max}^2$的动能（m是自行车和骑自行车的人的质量）。这是在克服各种阻力所需的工作速率（功率）之外。如果在实际测量v_{max}之前完成加速工作，如车速表所示，则这意味着在测量开始时会快速启动。实际从静止开始到速度测量开始之间的距离，称为预备阶段，可以是有限的，也可以是无限的。如果距离受到严格限制，骑手必须猛烈加速，并且在计时开始前可能无法达到最大速度。如果距离是无限的，或者限制的时间很长，骑手可以自由地缓慢起步，逐渐加速，并在计时时尝试达到 v_{max}。因此，v_{max} 不仅是自行车运动员在一定时期内的力量和他们所骑自行车的特点的函数，而且也是为了使人力输出与测量目标最佳匹配而调节功率的程度的函数。

如果加速功发生在所计时的距离内，这意味着从静止发车开始。对于非常长的距离或非常慢的自行车，加速到所需速度所需的时间可以忽略不计，但在所有其他情况下，它明显会使测量的平均速度降低一定程度。如果故意将距离选得如此短，以至于主要计算加速时间，则称为竞速赛。传统上使用赛车比赛 1/4 英里（402.34 米）的距离。然而，这种距离的自行车比赛并不太受欢迎，纪录的最佳时间（约 27 秒）要追溯到 1992 年，选手骑流线型躺式自行车，最终速度达到 46.7 英里/时（约 75 千米/时）。最近，HPV 赛车手进行了 1/10 英里（约 160.9 米）的竞速赛。最好的时间是 17 秒左右，比狗需要的时间要长一点。

200 米计时赛包括助跑和快速起步

自行车纪录在便宜而精确的瞬时速度测量装置出现之前就开始了。实际计时距离被定义为足够长，可以使用手动秒表，这种赛事被称为计时赛。在很长一段时间里，最短距离（直到今天仍在使用）一直是 200 米。

200 米计时赛总是包括快速起步。骑自行车的人在不计时的情况下加速，助跑可能是无限距离或指定距离。通常的想法是，当进入 200 米定时段时，他们或多或少已经达到了极限速度。最初，几乎所有骑手的力量都用于加速，在极限速度下，几乎所有的力量都用于克服空气阻力和滚动阻力。

助跑的长度

助跑需要多长时间？传统的 200 米计时赛是在赛道上进行的。自行车赛道或赛车场是一条规定长度的椭圆形赛道，具有横向倾斜的斜坡，使骑手能够快速骑行，由此产生的倾斜与表面或多或少成直角。对于径赛项目，根据 UCI 赛道规则（见 UCI，2019），允许的助跑距离为 2～3.5 圈，具体取决于其标称长度，总计为 800～875 米。由于可以使用径赛的整个宽度，实际长度可能会长 50 米。理论上，这对于 UCI 定义的自行车来说已经足够了，因为根据第四章中给出的方程式和数据，一名恒定功率为 1000 瓦的运动员可以在 1 分钟内，且需要大约 770 米达到极限速度。在实践中，功率不是恒定的，因此需要花费更长的时间，但这个例子表明，UCI 根据经验设置了限制，以获得最佳性能，并没有对 UCI 定义的自行车的最高速度限制太多。

当涉及带有空气动力学整流罩的更高效自行车时，这种助跑距离变得太小，以至于这些车辆无法达到其极限速度。图 3.1 显示了当从无整流罩自行车发展到部分整流罩的躺式自行车，并最终发展到专门为创纪录赛事优化的完全整流罩速度机器时，助跑距离是如何增加的。如果采用 500 瓦的功率，最具空气动力学的 HPV 需要大约 10 千米的加速。然而，自行车馆赛道不适合此类车辆达到的高速。（例如，瑞士格伦琴 250 米的自行车馆赛道限速 80 千米 / 时。赛道宽 7.7 米，直道倾斜 13 度，弯道倾斜 49 度。）因此，达到最高速度的赛事必须使用公路或至少大型赛道。后者通常用于以类似甚至更高的速度测试汽车。较大的赛道是椭圆形，赛道长度约为 8 千米，因此对于流线型 HPV 来说，单圈是最少的。如果有一个选择，即无限助跑，骑自行车的人可能会使用更长的距离。此类汽车试车线弯道中的外侧车道高度倾斜，但最内侧无倾斜车道的半径通常足够大，HPV 不需要使用倾斜。这避免了任何严格的最大坡度规则的问题。

坡度和剖面效应

在考虑其影响之前，一些关于赛场坡度和剖面含义的观察可能是必要的。在小范围内，其含义是明确的，因为它们与我们在正交参照系中所期望的相对应，例如，从侧面看，一条完全平坦的路线由一条恒定高程的直线表示，如果有坡度，则仅意味着这条线是倾斜的。然而，从几何意义上讲，地球表面不是平坦的，而是弯曲的，是一个周长约 40000 千米的近似球体的一部分。更确

图 3.1

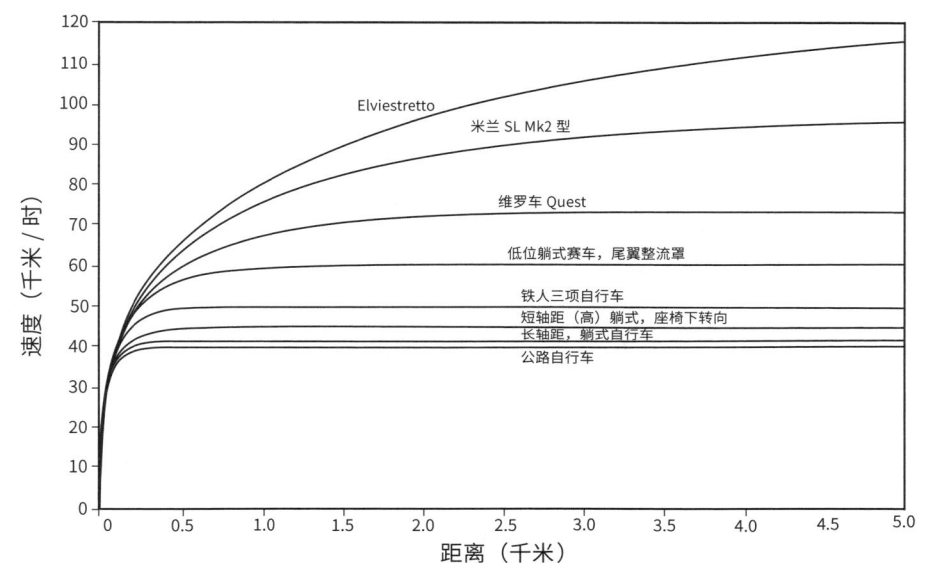

速度与距离的曲线图，通过模拟说明各种自行车和三轮车从静止加速到接近终点速度的方式。图中显示了一辆公路自行车（最低曲线），然后是更符合空气动力学的车辆，有着非常优化的完全整流罩躺式自行车在 5 千米的助跑后仍然没有达到全速。自行车运动员的功率输出被视为恒定在 500 瓦。

切地说，它遵循一个称为大地水准面的不规则体，这定义了等高的曲面。非流动水体的表面与水平仪一样，遵循大地水准面。因此，即使真实剖面是一条曲线甚至是波浪线，赛场的坡度也是相对于大地水准面的。然而，即使使用卫星导航设备（与更平滑的地球椭球模型相关），这在很大程度上也是无关紧要的，因为差异会自动得到平衡。因此，以下讨论使用了通常意义上的"平坦"和"坡度"，即"平坦"表示"具有恒定高程"。

［为了帮助人们认识到这一切，艺术家约翰·科尔梅林（John Körmeling）创作了可能是唯一一个在正交意义上真正平坦的大型结构：荷兰格罗宁根附近长 9 千米的名为 Hollandweg 的道路。与建造它的大地水准面堤坝相比，它的两端相对于中间高出 1.6 米（见斯霍耐（Schonen），2017）。因此，骑自行车的人会在开始时经历一个非常轻微的下坡，在结束时经历一个上坡。］

除冰冻湖泊或盐湖以外的其他表面总是有高差,因此有坡度,当它们朝运动方向向上时,需要额外的推进力(见第四章)。向下的坡度会降低所需的正常推进功率,有时会降低到零(滑行),甚至在制动器散热时,如果功率被移除,则会使其变为负值。海拔的差异会产生两种混合效应。一个是净可收获势能 mgh,由赛道开始和结束之间的高程差 h 给出,mg 是车辆和骑手的重量。第二个是局部势能和动能之间的内在交换,这些势能和动能是由赛场纵剖面给出的局部坡度施加的。

纯重力纪录 通过使用储存的重力能,可以很容易地通过爬山和下山来测量人类的最大终点速度。如果没有任何设备,垂直下落到水体中的速度已经相当快;近 60 米可能不会造成致命伤害。无摩擦坠落的最终速度为 $v = \sqrt{2hg}$ 或略高于 34 米/秒(约 123 千米/时或约 76 英里/时)。然而,由于存在相当大的空气阻力,实际速度将更小。在更高的悬崖或斜坡上,如果有一些制动手段,比如降落伞(这被称为定点跳伞)或在一个允许控制制动的陡坡上滑下,速度就可能更高。在坡度高达 -70% 的长雪坡上,同一地点的自行车时速为 227 千米,滑雪板时速为 255 千米[见莱萨尔克滑雪场 2012,Sport.ORF 2016 和伍德曼(Woodman),2017]。如果骑手(或滑雪者)在没有机动辅助的情况下爬上斜坡,那么这种纪录虽然间接使用人力,但确实可以称为真正的人力驱动的纪录,而这可能只有潜水运动员和跳伞运动员才能做到。

重力耐受或辅助纪录 自行车速度测试通常的目的是通过使用尽可能平坦的赛道来消除重力的影响,其坡度公差要足够大,以便在实践中使用。如前所述,IHPVA/WHPVA 对于较短计时赛项目的规则目前要求赛道的下降坡度不超过 2/3(WHPVA 新的"纯人力级别"除外;参见后面"无重力纪录"一节的定义),它是早期 IHPVA 赛事中使用的"原始坡度"。大多数高速公路、道路和跑道都有与这条赛道相同的问题:它们不是完全平坦的,这与自然地形、地面沉降以及它们制造的强大机动车辆对轻微坡度的相对不敏感有关,因此可能不值得为完全消除这坡度付出代价。

在研究长时间的斜坡运行对高速纪录的影响之前,需要提到在任何不完全平坦的表面上存在的局部斜坡效应。即使在圆形场地上,如轨道、有坡度的环路或任何不太均匀的路段上，甚至当球场或路段的起点和终点处于相同的高程时，这确保没有势能的净收获，任何"山"显然都要先攀爬，需要更多的动力或更慢的速度，然后下坡需要更快的动力或更少的动力或不需要动力，而在"山谷"中则相反。同样，假设山丘和山谷比完全平坦的轨道更快或更慢也是合理的，但究竟是哪一种情况会更快或更慢，在什么条件下会更快或更慢呢？这个问题在分析上很难解决，但非常适合于允许输入高程剖面的计算机模拟。一些程序还允许输入功率曲线，但这里更简单的情况是：恒定的输入功率，这并非不现实，至少对于轻微的海拔差来说是如此。下面的例子使用了Velocipedio程序（见第四章）并非证明，但它们展示了其合理性。

经验表明，骑自行车上坡慢，下坡快。假设赛道上坡和下坡的平均速度比水平赛道慢，这似乎是合理的，但这是真的吗？如果是，要慢多少？图3.2模拟了标准骑手（总质量85千克）在235瓦恒定的情况下，遇到当地5米高的山丘（上坡和下坡各167米长，坡度分别为3%和-3%）时的速度。这个速度曲线有五个不同的部分：首先是稳定的31千米/时的速度，然后爬升速度放缓到21.6千米/时，接着下降速度加速到38.1千米/时，最后缓慢下降，直到渐近地达到31千米/时的稳定速度。图中没有明确显示的是，爬升约耗时23秒，下降18秒，衰减约1分钟。如果将三个中心阶段的总距离相加并除以它们的总时间，结果显示平均速度为30.3千米/时（或阶段2和阶段3的29.3千米/时），肯定比没有山丘的31千米/时慢，但可能比预期的要慢一点。区别从何而来？这是由于空气阻力随速度的平方而增加（参见第四章和第五章）。因此，在自行车速度比平均速度更快的情况下，阻力越大，而在自行车比平均速度更慢的情况下，阻力就越小。显然，人们可以举出更多的例子来说明这一点。

请注意，仅以山丘本身为例，即第2阶段和第3阶段，平均速度要低得多，为29.3千米/时，但下坡速度当然要高得多，为38.1千米/时。基本上，第2阶段是势能积累，第3阶段是势能转化为动能，第4阶段是动能转化为热能。

因此，一条定时路线内的任何局部斜坡（或任何数量的斜坡）都可能导致更长的时间和较慢的纪录；这将包括环线可能具有的任何倾斜所涉及的高程。对骑手功率的任何调制（不增加平均功率）都不能改变这一点。这适用于单人

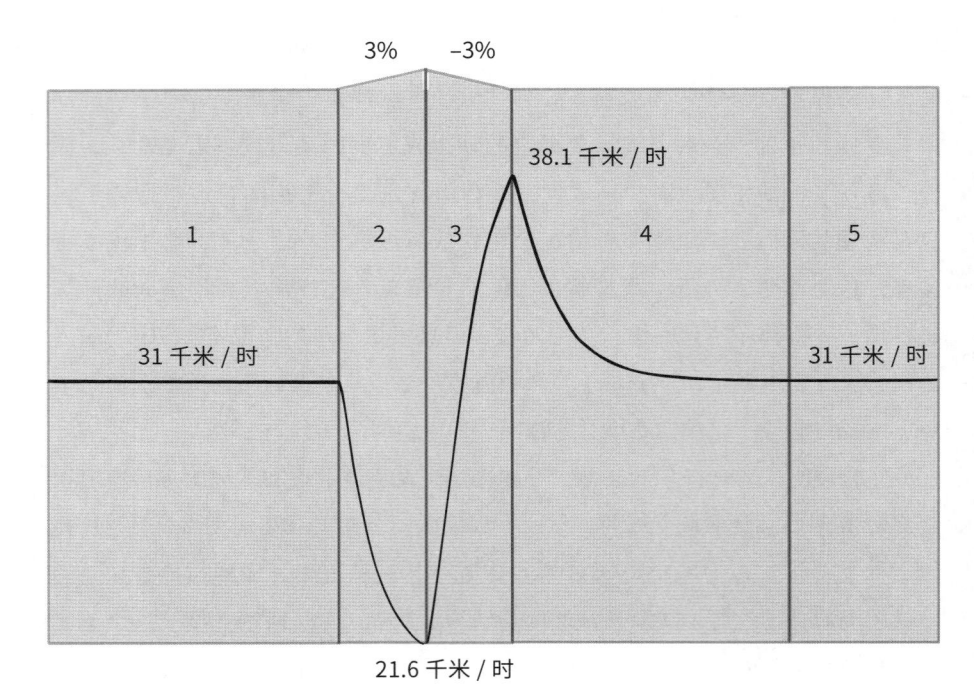

图 3.2
当一名骑着公路自行车（总重量 85 千克）的骑手在 2 × 167 米的范围内克服局部海拔上升和下降 5 米的情况下，速度变化的五个阶段与距离成函数关系（模拟恒定 235 瓦）。第 2、3 和 4 阶段的平均速度为 30.3 千米 / 时，比没有山丘时（31 千米 / 时）要（略）慢。

计时赛；对于涉及多辆车的比赛，其他因素也适用，并且在改变位置和超车时必须使用加高的坡度。

助跑时的山丘（斜坡）是完全不同的情况。在开放式助跑中，所用的距离和时间无关紧要，即使在有限的助跑中，也大多是次要的。重要的是骑手在退出助跑和进入赛道计时段时的速度。因此，助跑中的斜坡位置会产生很大的差异。如果斜坡或任何数量的斜坡距离最后的衰减阶段更远，它们对定时段的速度没有影响，当然前提是在计时段之前没有其他下坡。然而，如果助跑结束在衰减的最后阶段，骑手将以更高的速度进入计时段，任何相关的纪录都会更快。这确实是 UCI 200 米场地赛纪录中所发生的事情：车手被允许使用斜坡，并在助跑阶段从最后的斜坡弯道俯冲下来获得一点速度。虽然使用倾斜的弯道增加了助跑的长度，但这一额外的长度不计算在内，因为 UCI 的助跑只计算圈数。因此，从非常严格的意义上说，除了本章后面讨论的绝对高度（空气密度）的附加问题外，来自不同大小的赛车场的 UCI 200 米场地赛纪录并不完全具有可比性。

就目前高度流线型 HPV 的 IHPVA/WHPVA 200 米纪录而言，尽管最大的 2/3 坡度比在赛车场上可达到的坡度要小得多，但在助跑阶段的斜坡造成了巨大差异。如果坡道处于助跑的最末端，则之前储存的全部动能减去因较高速度而产生的额外损失可在计时段中全部释放。对于无限制的助跑，所需的额外长度无关紧要，因为不需要恒定功率，特别是不需要启动时的最大功率。可以在低功率下爬坡，为下降阶段留下更大的储备。即使有起点不高于终点的规则，骑手也可以以非常悠闲的速度爬上坡，有效地从顶部开始。因此，即使是坡度为 2/3 或更少，也可以产生相当高的速度。根据 IHPVA/WHPVA 规则，最佳的赛道坡度为 1/150，长度为 10～15 千米，这将导致起跑高度比终点高 100 米。在这样的过程中，可能是时候加速了，比如说，以 80 瓦的功率加速到大约 80 千米/时，这将需要大约 5 千米，然后甚至可以滑行并休息一会儿，然后继续以最大功率下行到大约 150 千米/时的终速。（肯定会有更好的功率"包络线"）。在这种情况下，100 米的海拔乘以车辆和骑自行车者的重量，比方说，1 千牛（102 千克的质量乘以 g）代表 100 千焦的累积势能。这样一条完美的赛道可能并不存在，但确实存在一条长约 9 千米、坡度仅略高于 0.6% 的赛道，而且它确实已成为世界上 HPV 最高速度赛事的首选场地，产生了本章后面回顾的惊人速度纪录。它位于内华达州沙漠高处（海拔约 1400 米），距离巴特尔山小镇以南约 34 千米 305 号公路上。

那么关于洼地或"山谷"呢？与刚才描述的模拟类似，但有一个 5 米的山谷，生成了图 3.3，它看起来像图 3.2 的镜像，但显示了不同的结果。在此模拟中，三个中心阶段的平均速度仅为 21.7 千米/时，而两个斜坡阶段（即山谷本身）的平均速度为 32 千米/时，而稳态速度为 31 千米/时。因此，赛道计时段内的山谷通常会导致较低的赛道速度，但如果它距离终点足够近，以至于接近衰减阶段的开始，则会导致较高的赛道速度。

当在赛道终点附近有一个低处时（或者它代表了整个计时距离），更高的赛道速度可以通过描述一个特殊的极端情况来解释：最速落径（图 3.4），即在引力场中，在没有摩擦和动力的情况下，允许质量以最短的时间和最快的平均速度从一点移动到另一点的曲线。在数学上，它是一条摆线，其深度为其水平延伸的 $1/\pi$。虽然在现实中总会有一些摩擦，但滑雪、滑冰和小轮车使用的类似形状的半管显示了它的原理。对于摩擦、动力或两者兼而有之的特定情况，每一组条件都可能有一条比其他曲线或直线更快的最佳曲线。因此，有这样的曲线的计时赛道可以在不完全利用重力的情况下产生尽可能快的速度，尽管在相当多的瞬间内会用到重力。这样的赛道允许一种非常优化的能量储存形式，因为除了摩擦损失，能量完全返回到系统中。相反，在比赛结束时，储存在车辆运动中的动能，在骑手越过终点线后，会完全丢失给系统。

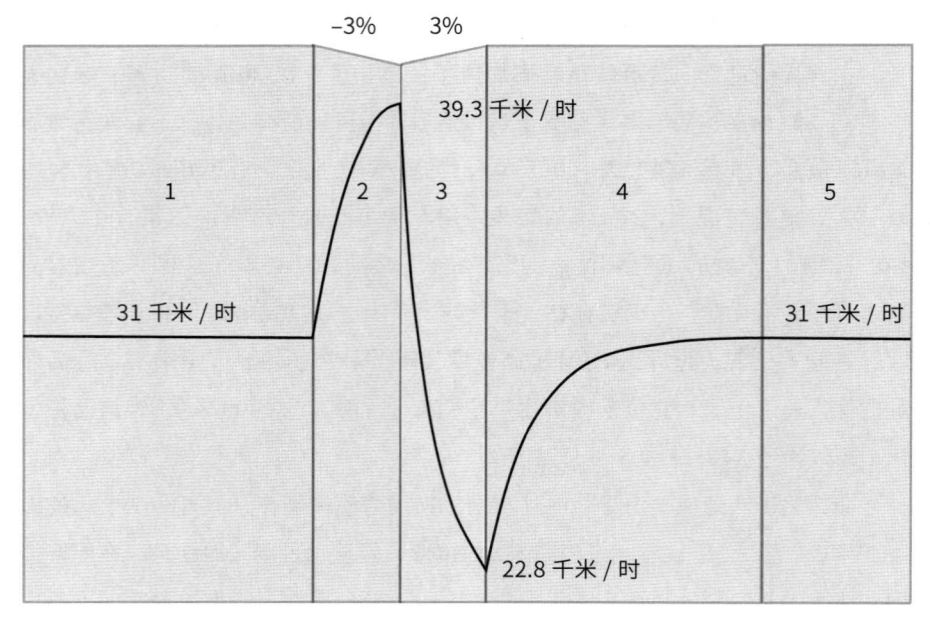

图 3.3
当一名骑着公路自行车（总质量 85 千克）的骑手通过 5 米的局部洼地时的五个速度变化阶段（模拟恒定 235 瓦）。第 2、3 和 4 阶段的平均速度为 21.7 千米 / 时，比没有洼地时（31 千米 / 时）慢。

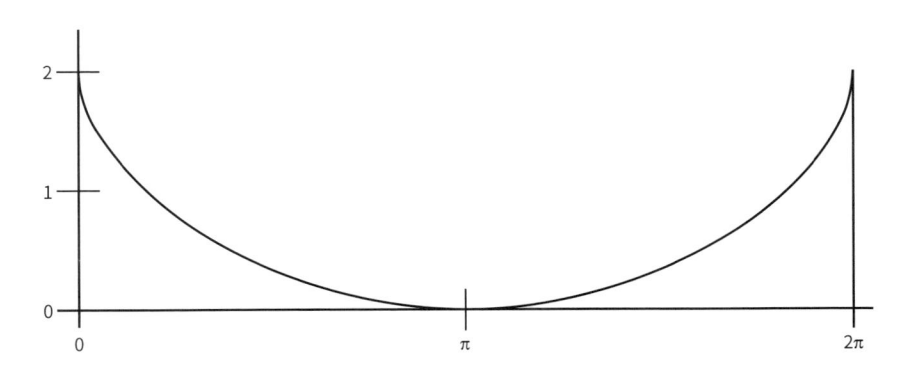

图 3.4
摆线曲线称为最速落径，描述了在正交引力场中无摩擦、无动力的车辆的最快路径。

但是，在无限助跑的情况下，最速落径（或任何洼地）是没有用的，因为更高的平均速度并不重要，而且必须用额外的人力来补偿摩擦损失。

无重力纪录 上一节中概述的注意事项说明了如何在没有净重力辅助的情况下为纪录类别指定坡度条件。这意味着，只要比赛开始时（包括助跑）的能量不高于结束时的能量，就可以使用重力或更确切地说是势能的变化，如动能的变化，作为临时存储的手段。这有三个条件：

- 终点高度不得低于起点（包括任何助跑）。
- 一个计时段的赛道不能有任何洼地（即低于终点的海拔高度），除非它们离起点足够近，速度衰减阶段在终点前结束。（另一方面，在赛道的计时部分，洼地是允许的。）
- 助跑不能有任何洼地（也就是说，不能有比起点更高的海拔），除非它们离起点足够近，以至于在骑手进入计时段之前，速度衰减阶段已经结束。（但在赛道的预备阶段，洼地是允许的。）

理论上，这允许采用封闭环路、非常平坦或向上倾斜的路线，或任何具有 S 形轮廓的路线，即助跑段为山谷，计时段为山丘。在实践中，虽然每条道路都有大量的局部 S 形轮廓，但大多数都太短或不成比例，既不能满足这些条件，也不能满足所需纪录的适当长度。然而，可能有一些是合适的。如果计时段含最高点，那么封闭赛道就是合格的。2018 年，WHPVA 发布了符合这些原则的全新"纯人力级别"短距离赛规则。这个级别的纪录当然会比传统级别慢。

200 米 UCI 纪录

目前（2013 年）UCI 场地自行车在海拔 1900 米左右的情况下，以超过 200 米的快速起步的最佳男子纪录为 77.0 千米/时。同一地点和同一年的女子纪录约为 69.3 千米/时。其他男性运动员在低海拔地区的纪录也几乎一样快（UCI，2014）。（本章后面将结合小时纪录探讨海拔的影响。）上述纪录和以下所有纪录均为四舍五入纪录，仅供参考。大多数情况下，纪录只以最常用的单位千米/时给出，尽管在美国，科学上米/秒更好，英里/时更受欢迎。（为方便起见，换算如下：1 千米/时 = 0.2777…米/秒 = 0.621371 英里/时。）

200 米部分整流罩和躺式自行车纪录

如前所述，与完全整流罩车辆相比，无整流罩或部分整流罩车辆更多。自 2019 年 WRRA 起，所有室外低海拔赛车场的无整流罩和部分整流罩车辆的典型纪录如下：

- 无整流罩，男性：63.16 千米/时（2008 年）；
- 无整流罩，女性：54.04 千米/时（2009 年）；
- 尾部整流罩，男性：63.7 千米/时（2009 年）；
- 三轮车，男性：54.22 千米/时（2009 年）。

值得注意的是，这些都比场地自行车的纪录要慢得多，这就引发了一些猜测：除了安装了如图 3.5 所示的整流罩外，躺式自行车在空气动力学方面并不像通常认为的那样优于场地自行车，在相关的短时间内，可能在生理上更差。进一步的考虑是，顶尖运动员更有可能出现在传统自行车比赛的大领域中，而不是躺式自行车比赛的小众领域。

图 3.5
查尔斯·亨利（Charles Henry）的 PoB（Peregrin on Birk）全整流罩的赛车 HPV，亨利凭借其赢得了最近的几次锦标赛，尽管他已接近 60 岁。当配备后视镜、车灯和方向灯时，这辆车可以在公共道路上使用，因为它有用于将脚放在道路上的挡板。［迈克尔·安曼（Michael Ammann）摄］

200 米公开纪录

截至 2019 年夏季，在 200 米的距离中，包括快速启动和无限助跑（实际上约 5 英里或 8 千米）、下坡约 0.6%、总体高度约 1400 米的最快速度大于 40 米/秒（89.5 英里/时，144 千米/时）。如果在计算机上模拟这次骑行，坡度变为 0，其他一切保持不变，那么在没有重力辅助的情况下，可达到的速度约为 35.5 米/秒（约 79.5 英里/时，约 128 千米/时），无论哪种方式都是一个惊人的成就。

到目前为止，在平坦或无重力的赛道上还没有创造过这样的纪录，所以纯粹靠人力的速度可能是什么仍然是未知的，因为数学修正不能完全代表所有相关的因素。目前所有的顶级纪录都来自之前提到的几乎最佳坡度的内华达州场地。

长距离计时赛纪录

快速起步纪录还被保留在许多长距离比赛中，尤其是 500 米、1 千米和 1 英里，但尚未对完全整流罩和部分整流罩躺式自行车以及 UCI 定义的自行车的这些距离纪录进行跟踪，因此没有足够的信息来正确比较这些长度赛道上的车辆。

不受限助跑结论

前面的章节已经表明，在不受限制的助跑和给定的车辆和车手的情况下，要实现最大可能的速度，需要在选择的距离和车手的力量之间进行仔细的优化。因此，200 米的纪录不仅包括低阻力、轻重量的车辆和在一定时间内的最大动力，而且还包括一个良好的动力"包络线"：最佳加速度和完美的判断，使骑手能够在适当的距离以最大动力加速，并在精力耗尽之前退出计时段，同时，如本章后面所示，选择最佳的海拔来完成它。

静态发车计时赛

较长的计时赛从静态发车开始，因此骑手必须在赛道的计时部分提供加速所需的能量。多个距离的纪录都被保存，包括从 250 米到 500 米以及 1 千米、3 千米、4 千米、10 千米、100 千米和 1000 千米。尽管其中一些距离的计时赛是作为比赛进行的，且所有这些距离的计时赛均未对完全整流罩和部分整流罩躺式自行车以及 UCI 定义的自行车进行记录［参见维基百科（2019d）；WHPVA 2019；WRRA 2019；IHPVA 2019］。记录特定时间内的距离似乎比记录特定距离的时间更受欢迎，小时纪录（从静态发车的 1 小时内骑行的距离）是 UCI 保持的最长的纪录，也是所有车辆类型中最受欢迎和纪录最好的类别。除注明外，以下均为小时纪录：

- 自 2014 年规则变更以来，UCI 定义的自行车的小时纪录为 51.11 千米至 54.53 千米（男性），46.27 千米至 48.00 千米（女性）。自 1994 年和 1996 年以来，由于当时使用的自行车类型和骑行姿势（如"超人姿势"）现已被禁止，两项年龄更大、速度更快的男子纪录，即 55.29 千米和 56.37 千米，一直没有被超越。

- 无整流罩躺式自行车：57.64千米，"低海拔"（2016年）。这是一项非凡的成就，因为它不仅超过了部分整流罩的纪录，而且还大大超过了另一名男子（50.53千米）的次高纪录和一名女子（46.35千米）的纪录。
- 尾部整流罩躺式自行车（包括整流罩踏板/鞋）：54.76千米，海拔450米（2017年）。[同一名骑手使用几乎相同的车辆在6小时内行驶了248.19千米（41.37千米/时），在12小时内行驶了461.15千米（38.43千米/时）（均为2016年）。]
- 完全整流罩躺式自行车（俯卧位）：92.43千米，120米高度（2016年）。

海拔影响

选择赛场的总高度（海拔）可以优化人的表现和空气阻力。最佳海拔还取决于比赛的持续时间，本节讨论的生理学研究与小时纪录有关。

如第四章和第五章所述，骑行速度通常取决于空气密度 ρ，空气密度 ρ 与当地大气压 P 成正比，与绝对温度 T 成反比。理想气体定律规定 $\rho = P/(R \cdot T)$，以国际单位制表示，气体常数 R 的值约为287。因此，在室温下，ρ（单位：千克/立方米）约为 P（单位：巴；1巴=100千帕）的1.2倍；略低于冰点时，为1.3倍；在炎热的沙漠中，是1.1倍。P 在很小程度上取决于一个位置的当前天气，但主要取决于其海拔。例如，在4000米高度，P 仅为海平面上 P 值的60%~63%。[关于要使用的大气模型的确切性质存在一些争议；见韦斯特（West），1996。]因此，骑自行车的人和自行车在这个高度上的空气阻力要小得多，因此，在相同的功率下，速度更高。

然而，在给定的较高海拔处，氧分压也会降低相同的百分比，从而降低自行车运动员的最大有氧功率。然而，降低氧气消耗量的函数在分析上似乎难以捉摸，因此巴西特（Bassett）等人（1999）对运动员数据进行了实证分析。他们估计，相当适应环境的骑手消耗氧气的能力（以海平面上 VO_{2max} 的百分比表示）以绝对百分比减少了约 $1.9H + 1.122H^2$，其中 H 是以千米为单位的海拔高度。这使得 VO_{2max} 在海平面上为100%，在1千米处为97%，在2千米处为93%，并且对于前段中的4千米示例，运动员的 VO_{2max} 已降至海平面值的75%

左右。

　　这两个作用方向相反的效应表明，在某些海拔上，存在一个最佳状态，这显然不是在极高的海拔，那里甚至需要额外的氧气才能生存，但似乎高于海平面或大多数赛车场或大型赛道所在的低海拔。将巴西特方程与自行车速度方程（类似于第四章中给出的方程）相结合，并以 56.4 千米 / 时的低海拔小时纪录为例，图 3.6 来自梅恩（Menn）（2018），适应环境的运动员的最佳速度为 3200 米左右，速度增益大于 5%。

　　然而，巴西特等人（1999）使用了不同的阻力模型，并提出 UCI 小时纪录的最佳海拔为 2000 米（对于未适应的运动员），2500 米（对于已适应的运动员）。自行车动力实验室（2018）参考了相同的数据，提供了一个在线计算器，包括一个适应（1 周）和未适应精英自行车运动员的模型，表明最佳海拔依赖于所选的自行车类型和赛事所需的动力和速度。根据选择的参数，计算的最佳海拔（对于最佳速度）可以是海平面（低速，例如爬山）、中高海拔（例如自

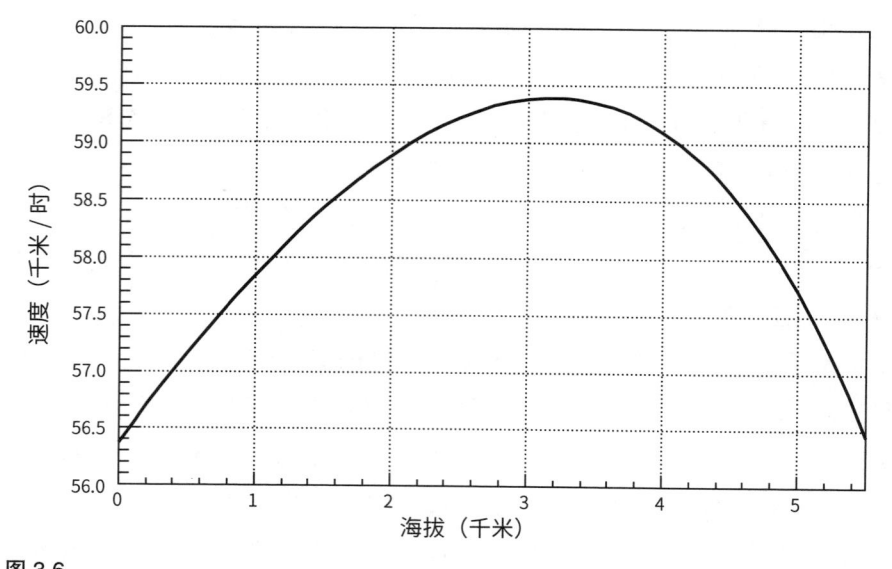

图 3.6
不同海拔下小时纪录的预测速度。[沃尔夫冈（2018）图，使用巴西特等人（1999）给出的公式]

行车小时纪录）或4500米及以上（高速）。这最后一种计算是非常特别的，因为大多数未适应的低地运动员在4500米处只能非常缓慢地移动，祖别塔-卡雷哈（Zubieta-Calleja）等人（2007）证实了这一点，他们认为在4000米处完全适应需要6周。我们有理由得出这样的结论，要么是所研究的运动员比预期的更加出色，要么是对这种稀薄空气的数学推断没有考虑到其他进一步削弱人体的影响。

然而，信息是明确的：对于大多数速度赛，在一些中高海拔地区有明显的优势。这对UCI来说似乎并不重要，但HPV组织多年来一直在激烈争论该怎么办，许多人认为这是一种不公平的优势，有利于来自平均海拔较高国家的自行车运动员，或者有大量赞助的运动员能够花费数月时间进行高原训练，甚至更有效的高海拔生活和低海拔训练［见斯特雷-甘德森（Stray-Gundersen）、查普曼（Chapman）和莱文（Levine），2001］。最后，这些组织决定列出两个单独的类别，高海拔和低海拔各一个，两者之间的截止高程为700米。直到2017年，这一决定才最终被所有人采纳，到目前为止，效果并不是很好，几乎所有最近的短途纪录都来自1400米以上的内华达305号公路现场，所有长距离的纪录都来自700米以下的赛车场和赛道。

配速纪录

自行车比赛中的一个历史形成的传统是有组织的跟骑，无论是在道路上，团队可以在彼此紧跟的情况下行驶得更快［参见特伦查德（Trenchard），2012］，还是在赛道或室内自行车赛馆同样如此，或者自行车手紧跟着直立的摩托车手后面进行配速（参见图3.7）。摩托车配速小时纪录似乎为74.54千米［见维基百科（2019a）］，大约100千米/时的较短峰值速度下进行了各种估计。

布罗肯（Blocken）、托帕拉尔（Toparlart）和安德里安（Andrianne）（2016）的研究表明，即使摩托车（或汽车）在骑车人后面也能提供很大的推动力（在很短的距离内阻力减少约9%，在1米处减少约4%）。他们建议增加UCI现行规则中规定的至少10米的跟车距离，这不仅是出于这一优势，也是出于安全考虑，因为曾经发生过致命事故。

图 3.7
摩托车配速，允许骑自行车的人骑在站着的摩托车手后面，从而达到时速 100 千米。［图片来源：M. 尔布雷希特（M. Engelbrecht），授权 CC-BY-SA-DE 3.0］

很明显，如第五章所述，多个骑自行车的人相互配速的速度比单个骑自行车的人快，有几个事件利用了这一事实。大多数比赛，冠军都会被报道出来，但时间和速度并不一定。现在的团体计时赛通常包括较长的公路比赛中的一个特定阶段，比如环法自行车赛，由六名自行车手组成队伍，或者计算较大队伍中最快的四名。维基百科（2019e）列出了环法自行车赛期间团队计时赛的最佳速度，2005 年 67.5 千米约为 57.3 千米/时，2013 年 25 千米，约为 57.8 千米/时。在场地赛中，团队追逐由四名骑手在 4 千米以上进行，截至 2019 年的纪录为 63.1 千米/时（维基百科，2019d）。

把这种牵引理念发挥到极致的是，一些运动员在特殊的机动车辆后面骑行，这些车辆配备了额外的前部区域，几乎消除了所有的气动阻力，因此测量的最高速度主要反映了滚动阻力；车辆最初也是通过牵引来加速的。HPV 先锋和几个相关纪录的保持者艾伦·阿博特（也见第一章和第十章）告诉我们（个人沟通，2018）：

> 就初始加速度而言，过去 50 年来所有的自行车速度纪录都是在某种帮助下加速的。我前面的约瑟·梅弗雷特（Jose Meiffret）最初被一辆摩托车"推着"跑。我遇到了阿尔夫·勒图尔（Alf LeTourneur），他在梅弗雷特之前保持着配速纪录，他告诉我他是最后一个没有推拉力的加速运动员。我被一根连接在（牵引）车上的缆绳拖到了时速 70 英里左右。所有后续的配速纪录都使用了初始的电缆牵引，我可以在没有帮助的情况下从静态发车骑我的 Bonneville 自行车，但是加速非常慢，需要很长的路程。我宁愿不被牵引加速，但在没有帮助的情况下，我永远都没有足够的空间来加速。在我的情况下，我的牵引车在最初的 0.25 英里加速很快，然后分离并继续行驶……在任何行驶中的车辆后面，肯定有一个"尾风"旋涡。你骑得越快，尾风就越大。

因此，配速可能不仅仅是消除空气动力阻力。目前滑流中自行车最快速度的纪录是 268.83 千米/时（见 2019 年吉尼斯世界纪录）。

在月球上骑车

这一章现在探讨了一个假设：在真空中甚至在月球上骑自行车。用于铁路车辆的长距离真空管是一个古老的想法，事实上，已经存在一种 1 英里的版本，在这种版本中，人力出行是可能的，但不太实用。马莱维奇（Malewicki）（1983）讨论了月球自行车的想法，这不仅得益于真空，还得益于月球重力的降低，从而减少了滚动阻力。假设骑手有路，那么主要阻力将主要来自加速。根据一项模拟，一名体重 75 千克（包括套装）的月球自行车手，在 75 千克的自行车（包括生命支持系统）上，装有滚动阻力系数为 0.006（见第六章）的轮胎，在大约 1 小时 100 千米的 75 瓦功率水平下，才能达到 135 千米/时的速度，或大约 6.5 小时和 1000 千米的距离，才能达到 170 千米/时的最终速度滚动阻力造成的限制。滚动阻力越小，最高速度越高，但要达到相同的功率水平需要数千千米和许多小时。

由于穿着宇航服骑自行车的困难和生命维持系统的高昂成本，以及目前月球上没有公路或轨道，骑自行车不太可能成为月球殖民者的首选交通方式。此外，动力学的问题甚至还没有被提出；在月球上，一个颠簸可能会让车辆飞出很远的距离。然而，月球基地之间的太阳能轨道车辆将是很有可能的，这些车辆可能有额外的踏板驱动，用于必要的运动和紧急使用。如本章前面所述，通过陨石坑铺设的长距离轨道可能受益于重力加速度和轮辋上下刹车。或者相反：控制BMXtype飞越障碍物，但要长得多！但可能不是这样：即使一个自行车手的体重只有他在地球上的17%，他的质量也是一样的，以任何前进速度撞车都同样困难，而且可能更加危险。

长距离或持续时间

各种组织都有一些长距离或长持续时间的纪录，例如英国的长度；美国的广度；1天、周、月或年；10000千米；或100000英里。这些纪录很难比较，因为规则各不相同，睡眠当然是一个主要限制。维基百科（2019c）自行车纪录列表提供了一个很好的概述，worldultracycling.com也是如此。

2017年，场地自行车24小时内纪录的最远距离为941.8千米（585.25英里），2010年，HPV自行车纪录的最远距离为1219千米（757.5英里）。10000千米的纪录中每天平均行驶441.6千米，100000英里的纪录中每天平均行驶380.5千米。这两种方法都是通过每天在骑车人家附近的短途路线上骑行来实现的。因此，如果地球周围有一条道路，有设施，则需要100天才能绕地球一周，如果有HPV或杰出的运动员，作者儒勒·凡尔纳的"八十天环游地球"的想法可以通过骑自行车来实现。实际（2015）纪录为123天，但这当然包括乘飞机穿越海洋。

然而，有两次完整的人力环行纪录被记载，人们使用各种不同的交通工具，包括海洋踏板船。其中一次在1994年至2007年期间，跨越了75000千米，几乎是最小距离的两倍（参见2007年"探险360"）。另一次在2007年至2012年间，穿越了66300千米，主要是在海洋上使用划艇［见埃鲁奇

(Eruç), 2012]。

混合动力来源

关于混合动力车的纪录在科学上并不十分有趣，但具有显著的实际意义。因此，一直以来都有针对这类车辆的赛事，它们可以充分利用风和阳光，也可能会储存一些用于加速和爬坡。1985 年至 1993 年的 Tour de Sol 设有一个太阳能-人力混合动力车的类别（合著者参加了六次），2018 年，从法国里昂到中国广州举行了 12000 千米（7500 英里）的"太阳之旅"太阳能自行车赛。最快的参赛者用了 49 天的时间完成了全程，日均成绩达到 245 千米。比赛开始时有 39 名参赛者，其中约 30 人完成了比赛（见 Phys.org，2018）。

此类活动的目的并不是提高速度，事实上，混合动力车通常速度较慢，而是允许个人使用实用且廉价的车辆参与。人体有许多能量储存装置（见第二章），比太阳能充电电池在其能力有限的情况下运行更强劲，同时，太阳能辅助系统允许携带大量的食物和露营设备，而无须过度劳累或后援车辆。

轨道纪录

迄今为止，最大限度提高自行车速度的努力都集中在空气动力学和轮胎上，而不是它们所行驶的路面上。虽然在自行车发展的早期，人们就想到了使用铁路轨道进行自行车运动的想法，但这些轨道中的大多数要么被火车使用，要么没有正式使用，要么处于废弃状态。然而，一些正式的速度比赛在良好的轨道上进行，并在 1.5 千米的助跑中产生了 70～70.5 千米 / 时的最佳冲刺速度（见图 3.8 和第十章，第 427 页）。与公路车辆相比，低速值反映了可用于开发人力轨道车辆的人数和机会较少，以及第十章讨论的技术困难。

亨肖家族建立了一项不同类型的轨道纪录：在一条微型铁路轨道（7.25 英寸轨距）上，人力在 12 小时内行驶的最大距离（包括骑手更换）。他们在 2006 年开发了自己的四轮躺式自行车，并在 2018 年尝试创造纪录，12 小时内行驶 117.4 英里，平均速度为 9.78 英里 / 时（15.7 千米 / 时，4.37 米 / 秒）。该速度略高于 24 小时内小型机动轨道车辆的纪录速度（见亨肖，2018）。

144　骑自行车的科学

图 3.8
查尔斯·亨利创造的打破纪录的 Snapper 轨道自行车。(查尔斯·亨利提供)

冰雪纪录

在冰上骑自行车很少有人做，不是因为缺乏牵引力——用带刺的轮胎很容易做到这一点，而是因为滑冰太棒了。在雪地上骑自行车比滑雪更不利，尽管新的非常宽的轮胎正在改变这一点。然而，在雪地上骑自行车确实创造了一种特殊的速度纪录：前面已经提到的在下坡时骑自行车的最高速度超过 227 千米 / 时（2017），比在火山砾石上的 172 千米 / 时（2002）快得多，这是同一个人埃里克·巴隆（Eric Barone）创造的。事实上，雪上的纪录比砾石上的纪录要快，这可能与安全问题有关，而不是滚动阻力，因为他在火山上发生了严重撞车，然后完全转向了雪地。

提高成绩：进步还是作弊？

在自行车运动和纪录等成就方面，既有竞争，也有人类和技术进步的努力。这些通常被认为是令人兴奋和创新的表现，因此受到赞扬。一旦一些监管机构针对某一特定改进进行监管，无论其是绝对的还是在特定类别内的，其进一步使用都不会得到承认，并且被视为欺诈或不正当（甚至可能是非法的）。

有时会为一项新的运动或技术成立新的监管机构；然后，以前被认为是作弊的行为被接受，至少被少数人接受。但在任何情况下，大多数人认为作弊的是有目的地使用特别禁止的隐秘改进。

技术改进

这本书的大部分内容是关于自行车的技术改进，从踏板到链条、充气轮胎、空气动力学整流罩和躺式座椅。本章开头提到了 UCI 禁止最后两项以及由此形成的 IHPVA。此后，UCI 接受了对"自行车"的严格定义中的一些灵活性，但它仍然禁止躺式自行车和机械上无功能的空气动力部件，并且躺式自行车和配备此类部件的自行车以及其他一些车辆的赛事由各种 HPV 组织管理。这里的问题仍然存在，甚至在"开放"类别中，从如何定义无整流罩和部分整流罩到许多详细的问题，这些类别的本意是尽可能不受车辆定义的限制。

一个困难的方面是，在比赛和创造纪录方面，有多少外部非人力力量是可以接受的。这类功率包括本章前面详细描述的重力功率、风力辅助（第五章中提到）、电动机（第一章和第十章以及本章后面的内容）、换挡电力（允许）以及冷却电力（不允许）。什么是允许的，什么是不允许的，取决于传统的（例如坡度和风向规则）或常识性的原因，以及反映决策者在特定时间的大多数意见的纯粹政治原因。试图尽可能分离因果关系的科学理由可能是政策决策的基础，但仅屈于传统、政治和金钱。

第二个有困难的相关领域是储存能量。除某些特殊赛事或比赛外，不允许使用电池、橡皮筋或飞轮驱动的辅助电机，即使只在比赛或计时比赛中使用人力驱动。但是，正如本章前面所解释的那样，自行车手可能会利用在比赛计时区外储存的大量动能和势能。

在传统的自行车比赛中，隐藏的电动机和电池被认为是作弊行为（电动机兴奋剂，本章后面会讲到）。像助力电动自行车这样的真正的混合动力车很少有人提出比赛或纪录类别，但确实会时不时地出现，通常会限制某些特性，如电机功率、电池类型、重量或太阳能电池板面积。作弊将包括超出这些限制并伪装自己这样做，而某些其他措施可能是允许的，例如仔细选择和匹配电池。

另一个偶尔出现冲突的领域是安全相关规则。此类规则通常比较笼统，相对宽松（例如，要求"停车方式""无尖锐突出物""标准机构批准的头盔"）。然而，头盔存在空气动力学和生理学方面的缺陷，这就产生了违反头盔规则的动机，尤其是使用符合空气动力学或薄的但未经批准的头盔。另一方面，在封闭赛场上单独运行的完全整流罩 HPV 的骑手视觉范围非常有限，甚至骑手视觉只能通过闭路视频系统提供，这两种系统通常都不安全。

因此，安全规则并不总是关于安全本身，而是关于确保特定类别中每个人的条件相同。某些赛道和国家也可能要求使用头盔。

人类表现提升

比上述技术问题更有争议的是人类表现的改进，但原则是相同的：传统的、明确允许的措施受到赞扬或容忍，而不符合多数人想法的新方法则被禁止或厌恶。在兴奋剂的领域尤其如此，这将在本章后面讨论。但首先，在改善人类表现方面，什么是被接受或允许的？除其他事项外，允许以下事项：

- 培训（即使使用奇特的、昂贵的或潜在有害的方法）
- 特殊食品和一些化学物质
- 选拔（参赛队或国家招募特别有能力的运动员）
- 购买（参赛队或国家雇用最优秀的运动员）

通过选择食物和饮料以及摄入补充物质，可以大大提高人类的表现，这些补充物质可以食用、饮用、吸入或通过皮肤接触或注射给药。根据背景、传统以及哲学和政治考虑，这些可以被定义为非法的、可容忍的或支持的。

支持性物质的例子是补充活动期间消耗的水、糖和盐的能量食品或等渗饮料。"代达罗斯"号创纪录的飞行（见第十章）依靠的是大约 5 升的特制饮料。或者在登山运动中，氧气的使用使更多的人能够到达地球上的最高峰，甚至在高海拔地区生存下来，不需要氧气的杰出人士屈指可数。

此外，还有一些物质是人体营养必不可少的一部分，但也作为健康补充剂或能量促进剂销售,通常与正常饮食中不含的天然物质结合使用。如果没有强有力的证据表明这些产品的危害性或有效性,那么这些产品通常不受监管,应由个人或其医生来考虑其使用。即使这些物质本身在生理上无效,使用行为本身有时也会产生益处:这就是所谓的安慰剂效应。

除了使用违禁药物外,在体育运动中的非法行为的一个例子是为了增加血液的携氧能力而输血;未来,另一个例子可能是基因工程。这些方法是使正常人体"非人化"的第一步。在某种程度上,可能会将具有增强特性的外源基因或人工材料纳入人类体内。例如,基于沙蠋血液的高性能血红蛋白已经在研发中,有望通过在医学上的应用挽救无数生命。毫无疑问,在体育运动中也会有使用这种血红蛋白的动机。

有许多物质介于明确禁止和普遍允许之间。有些可能只在比赛期间或在指定级别以上被禁止。有些药物是可以接受的,如咖啡因、尼古丁等兴奋剂或轻度止痛药。另一些是危险的,没有客观的身体优势,但对身体有害,显然也取决于剂量。斯图亚特(Stuart)(2018)在六周内测试了多种合法物质,并报告了在20分钟的测试中短期功率增加和功率减少的情况,但他承认后一结果中可能存在错误。他得出结论,他将继续服用镁(许多食物和膳食补充剂中的一种基本元素)和可以缓冲乳酸生成的β-丙氨酸。

一种物质越不被认为是传统的或无害的,它的使用就越有可能被定义为兴奋剂,并被体育管理机构甚至政府禁止。许多人认为使用这类物质是不道德的。然而,人们也服用膳食补充剂和激素,不一定是为了提高运动成绩,而是作为预防药物,比如"抗衰老"药物。然而其中一些是被禁止的。因此,作弊和"正常使用"之间的界限往往很细,可能取决于剂量和使用背后的动机。

兰斯·阿姆斯特朗(Lance Armstrong)承认在环法自行车赛七连胜中使用兴奋剂,这集中并加强了净化自行车运动的力度。下文试图确定兴奋剂过去以及现在的普遍程度,它对运动员表现的影响,以及正在采取什么措施来检测和预防它。

自行车比赛使用兴奋剂多久了? 人们普遍认为,兴奋剂仅在20世纪90年代才在自行车运动中广泛传播,但据法国反兴奋剂活动家让-皮埃尔·德·蒙德纳尔（Jean-Pierre de Mondenard）说，"在 20 世纪 60 年代，骑手们在发现安非他明可被检测出后，就从一种安非他明转移到另一种安非他明，现在也没有什么不同。大约有 20 种产品仍然无法检测到，可以用来作弊。如果市场上有检测不到的物质，那就是它们了"。2008 年 7 月 9 日，体育作家威廉·福瑟林厄姆（William Fotheringham）在《卫报》上写道，1998 年环法自行车赛应被称为"羞耻之旅"，因为领队费斯蒂纳（Festina）被判普遍服用兴奋剂，并被禁止参加比赛。这件事引起了巨大的公众关注，甚至维基百科文章也记录了（见维基百科，2018b）。通过对表现引起怀疑的个人进行调查，证实自行车运动中存在兴奋剂，但在兰斯·阿姆斯特朗和阿尔贝托·康塔多（Alberto Contador）因违反兴奋剂规定受到处罚后，一些教练和记者提高了对其程度的评估。罗斯·塔克（Ross Tucker）在《体育科学》（The Science of Sport）上撰文指出，"在过去，兴奋剂对运动成绩的影响如此之大，以至于运动成绩超出了正常生理所能达到的水平"。皮西拉迪斯（Pitsiladis）最近的研究表明，EPO 的使用可以在相对较短的持续时间内提高约 5% 的耐力表现。

现在自行车比赛中使用兴奋剂的程度如何？ 随着世界反兴奋剂机构（wada-ama.org）对兴奋剂的定义，2014 年，UCI 成立了自行车独立改革委员会，并下令对这项运动中的兴奋剂及其周边调查行为进行广泛研究。根据最终的报告［见马蒂（Marty）、尼科尔森（Nicholson）和哈斯（Haas），2015］，委员会"没有收到任何在这项运动中可信的人会给自行车运动提供清白的证明"（第 88 页）。当委员会问及团队中的兴奋剂问题时，他们得到的一个普遍反应是，可能有三到四个人是清白的，三到四个人使用了兴奋剂，其余的都是"不知道"。一位受人尊敬的自行车专业人士告诉委员会，他觉得即使在当时，车队中有 90% 的人仍在服用兴奋剂；另一位专业人士则认为是 20%。总的来说，委员会的报告表明，当时使用兴奋剂的比例可能在 14% 到 39% 之间。在过去几年中，整个国家队在其他体育项目中的兴奋剂水平令人难以置信，国家安全机构也进行了相关的调查活动。

兴奋剂这个词是贬义的。如果服用可以提高成绩的药物，而且已知对骑手和其他人没有不良影响，就应该允许服用，事实上也有这样的药物。

从科学的角度来看，知道用哪些方法可以达到哪些性能是很重要的。在这方面，透明度将比禁止这么多物质更为重要。不幸的是，这并不能消除作弊的动机，因为有些药物是无法被检测到的，所以除了最受密切监控的执行者外，其他所有人都不能排除使用兴奋剂提高成绩的可能性。HPV 组织也禁止使用兴奋剂，但没有检测车手诚信的测试，这使得兴奋剂对此类组织纪录的成绩的影响无法确定。由于在 HPV 比赛中没有钱可以获得，作弊的动机可能也少于自行车比赛。然而，关于 HPV 的顶级纪录，与兴奋剂有关的作弊的程度根本不为人所知。

药物如何被检测？ 2014 年 3 月，埃利奥特·约翰斯顿（Elliot Johnston）写道：

> 格拉斯哥大学的亚尼斯·皮西拉迪斯（Yannis Pitsiladis）博士［其团队由世界反兴奋剂机构（WADA）资助］透露，他们即将取得革命性的 EPO 检测突破，这将寻找 EPO 在人体细胞解剖中的作用，而不是其在血液或尿液中的存在。与此同时，位于阿灵顿的得克萨斯大学的研究人员在戴维·阿姆斯特朗（David Armstrong）博士的带领下，推出了一种新的兴奋剂和类固醇检测，他们声称该检测的灵敏度是当前检测方法的 1000 倍……这两种测试都将增加运动员被发现使用提高成绩药物的机会。

皮西拉迪斯团队和其他人提供了许多用于检测兴奋剂的高科技系统，这些系统可能非常昂贵，例如，每次检测高达 400 美元［参见威茨（Witts），2017］。只有赞助充足的赛事才能承担如此高成本的检测费用，因此，在奖金驱动的兴奋剂动机以及对抗兴奋剂的措施之间存在着一场竞赛。

成绩能说明服用了兴奋剂吗？ 运动员的表现是否可以作为服用兴奋剂的指标，这个问题可能会导致令人痛苦的不确定性。2013 年，南非自由州大学的运动生理学家罗斯·塔克教授报告了自行车动力实验室（Cycling Power Lab）网站上关于环法自行车赛首个高山终点项目 Ax 3 Domaines 的测试数据。两名假设的骑行者，一个体重 64 千克，另一个体重 70 千克，在 400 瓦的蹬车功率下进行研究。体重较重者用时 27 分钟，体重较轻者用时 25.2 分钟。他们的数据曲线略高于 NASA 的顶级运动员曲线（见图 2.4）。

另一方面，韦德·华莱士（Wade Wallace）在《自行车小贴士》（2013）一书中引用了费斯蒂纳前教练安托万·瓦耶（Antoine Vayer）在《非正常》一书中的话。据华莱士介绍，瓦耶"从莱蒙（LeMond）到阿姆斯特朗再到埃文斯（Evans），挑选了 21 名最成功的车手，对他们的表现进行量化，然后根据怀疑指数对他们进行排名"。瓦耶将 410 瓦的功率输出归为"可疑"，430 瓦以上的功率输出归为"奇迹"，450 瓦以上的功率输出归为"突变"。华莱士引用瓦耶的话说："当然，30 分钟内爬上阿尔卑斯山会引起人们的警觉，但这不是我们正在处理的类型。"

这里最突出的一点是，图 2.4 中几个车手的数据完全属于突变类别。本书作者在获得数据后，将所有这些杰出的成就都写进了这个图表，并且不愿意将没有嫌疑的冠军埃迪·默克斯或米格尔·因杜拉因称为兴奋剂者；他认为瓦耶太苛刻了。正如前澳大利亚和英国游泳教练蒂姆·克里森（Tim Kerrison）在《自行车小贴士》（2013）中所言，"每项运动中表现最好的都是异类。所以仅凭你是一个异类，仅凭你成绩太好，并不是服用兴奋剂的证据"。"力量护照"不仅记录单个项目，而且持续监测运动员在训练期间的表现，可以提供更有力的证据证明是否服用兴奋剂［见赫普克尔（Hopker）等人，2016］。

使用哪些物质当作兴奋剂？ 本章前面提到的自行车独立改革委员会的报告（马蒂、尼科尔森和哈斯，2015）指出了一种系统的由团队组织的兴奋剂的现象正在消失（第 65 页），并提到车手现在实施自己的兴奋剂计划，通常是在团队之外的第三方的帮助下。新的反兴奋剂方法迫使骑手采用微量给药等兴奋剂技术，他们往往对如何以及何时服用药物有着深刻的理解，以最大限度地提高效益，同时降低被抓获的风险。

该报告包括一长列委员会认为当时或最近正在使用的物质或医疗产品清单，"用于增强血氧容量或'正常化'血值的一些物质或方法有：阿卡地辛，氙气，臭氧疗法，ITPP，Gas6，爱维治，各种形式的红细胞生成素合成药，如 CERA、Eprex、EPO zeta、EPO Retacrit，倍他依泊汀和白蛋白（用于正常化血值)"(第 62 页)。它进一步列出了"用于促进肌肉生长和恢复"的多种产品(第 62 页),主要是生长激素,还有可以追溯到 20 世纪 70 年代的类固醇代卡-多乐宝灵,并提到了肯纳考,一种可的松,其活性剂曲安奈德在 1999 年环法自行车赛的测试中在兰斯·阿姆斯特朗的尿液中被检测到。

该报告还详细介绍了委员会认为用于提高绩效的一些非违禁物质(第 63 页)。以下被认为骑手可利用的物质:伟哥、希爱力,以及各种营养补充剂和顺势疗法产品(睾丸素、辅酶复合物、螺旋藻、左旋甲状腺素、乙酰肉碱、左旋肉碱、果糖;左旋叶酸钙、β-丙氨酸、铁制品、维生素 B_{12} 和叶酸、ω-3 和奥沙西泮)。

其中一些,如维生素 B_{12},是生命所必需的营养物质。该书的合著者在没有参加任何竞技运动的情况下,至少将其中 4 种物质作为膳食补充剂服用。

根据报告,还有(合法的)止痛药,如曲马多:一种"类似麻醉剂的止痛药"(第 64 页)。一些接受采访的人告诉委员会,曲马多被广泛使用,因为它是一种极强的止痛药。一些人认为,如果骑手需要服用该产品,他或她就不应该骑行。一些人还认为曲马多可能会导致骑手判断力受损,进而导致撞车。在撰写报告时,曲马多在自行车比赛中是合法的,现在已被禁止(从 2019 年起)。

这些物质在适当的剂量下是无害的,甚至是健康的,如何处理这些物质是人们广泛讨论的问题。一种普遍的观点是,尽管这些物质的使用是合法的,但它们在自行车比赛中仍然是不公平的,因为它们的使用使纯粹的运动员处于不利地位。相反的观点认为,传统的培训不仅危害更大(如果过度的话),而且非常耗时,从而使大多数非专业人士处于不利地位。同样的理由也适用于合法但昂贵的做法,如在高海拔训练以增加血红蛋白。

电动机兴奋剂

如本书其他章节所述,电动自行车(人力混合动力自行车)通常被称为助力自行车或动力单车,近年来在许多地方非常流行。尽管这些和类似的电动助力维罗普属于一些比赛类别,但大多数自行车比赛都专注于纯粹的竞技,从科学的角度来看,混合动力来源并不十分有趣。因此,几乎所有自行车比赛和速度实验规则都规定，电池、弹簧等都不能储存推进能量。

第一代电动自行车是类似轻便摩托车或摩托车的笨重装置，而现代电池可以使其体积小而轻，从而使自行车具有不显眼甚至看不见的电力驱动。有一种商用系统叫作 Vivax Assist，质量约 2 千克，包括 1.3 千克 270 瓦的电池，额定功率为 100 瓦，持续 100 分钟，或者可以短暂持续 200 瓦。尽管斯图亚特（2019）认为实际上机械功率要小得多。电机完全隐藏在座管中（>32 毫米），并通过伞齿轮与曲轴啮合。电池通常装在马鞍袋中，但"隐藏性能包"可与装在假水瓶中的电池一起使用，控制器在座椅立柱上。该公司建议将其作为运动自行车、老年人骑行和老年运动自行车的普遍优化。上了年纪的运动自行车手尤其喜欢它的隐蔽性。许多年轻人认为电辅助自行车是一种欺骗，并看不起电动自行车。许多人在年老时会选择正常的电动自行车，但对一些人来说，这是可耻的，他们很高兴有一个秘密的解决方法来解决他们身体机能下降的问题。

当然，这个机会也会促使一些赛车手作弊（被称为"电动机兴奋剂"），在大多数比赛中，外部动力是明确禁止的，这种违规比使用化学物质更明显。自行车独立改革委员会的报告称这是"技术作弊"（马蒂、尼科尔森和哈斯，2015，第 85 页），并认为这是严重的，并非个别现象。在 2018 年环法赛中，UCI 将使用电动辅助的罚款提高到最高 100 万瑞士法郎，并在整个三周的比赛中，大幅增加了在赛前、赛中和赛后通过磁扫描、X 射线和热成像进行检测的尝试。UCI 在一份新闻稿中所说，所有这些测试结果均为正常。但在 2016 年世界越野自行车锦标赛中，一名车手被发现自行车内藏有改装过的 Vivax Assist，此后又发生了两起同类事件。关于使用电机的指控层出不穷，但没有找到实际证据。斯图亚特（2019）在英国杂志《自行车手》上撰文，他并不担心，认为至少已知的方案不太可能逃脱专业自行车赛的审查。该杂志还进行了一次有两名类似的业余选手参加的短时的登山测试，一名骑 7 千克重的自行车，另一名骑 10 千克重的助力自行车［参见链接视频"隐藏的摩托车 vs 超级自行车"，斯图亚特（2019）］。结果和预期的一样（增加了电池动力的自行车更快），但与普通骑手和强壮骑手之间的差距要小。

参考文献

Bassett, David R., Chester R. Kyle, Louis Passfield, Jeffrey P. Broker, and Edmund R Burke. 1999. "Comparing Cycling World Hour Records, 1967–1996: Modeling with Empirical Data." *Medicine and Science in Sports and Exercise* 31, no. 11 (November): 1665–1676. https://journals.lww.com/acsm-msse/Fulltext/1999/11000/Comparing_cycling_world_hour_records,_1967_1996_.25.aspx.

Blocken, Bert, Yasin Toparlar, and Thomas Andrianne. 2016. "Aerodynamic Benefit for a Cyclist by a Following Motorcycle." *Journal of Wind Engineering and Industrial Aerodynamics* 155: 1–10. https://doi.org/10.1016/j.jweia.2016.04.008.

Coulomb, Charles-Augustin. 1781/1820. "De plusieur expériences destinées à déterminer la quantité d'action que les hommes peuvent fournir par leur travail journalier." English translation in Theo Schmidt, "Coulomb's Work on Human Power," *Human Power eJournal*, no. 8: art. 21 (2014). http://hupi.org/HPeJ/0021/0021c.html.

Cycling Power Lab. 2018. Effects of altitude model. Cycling Power Lab (website). http://www.cyclingpowerlab.com/effectsofaltitude.aspx.

Cycling Tips. 2013. "Can Performance Be Used as an Indicator of Doping?" https://cyclingtips.com/2013/07/can-performance-be-used-as-an-indicator-of-doping/.

Eruç, Erden. 2012. "Human Powered Circumnavigation." Erdeneruc.com. http://www.erdeneruc.com/human-powered-circumnavigation/.

Expedition 360. 2007. "Logbook." Expedition 360 (website). http://www.expedition360.com/logbook/home.htm.

Guinness World Records. 2019. "Fastest Bicycle Speed in a Slipstream (Male)." Guinness World Records (website). http://www.guinnessworldrecords.com/world-records/fastest-bicycle-speed-(in-slipstream).

Henshaw, David. 2018. "Breaking Records: Guinness and the X4 Recumbent." *A to B* 121: 28–37. http://www.atob.org.uk.

Hopker, J., L. Passfield, R. Faiss, and M. Saugy. 2016. "Modelling of Cycling Power Data and Its Application for Anti-doping." *Journal of Science and Cycling* 5, no. 2 (November). http://www.jsc-journal.com/ojs/index.php?journal=JSC&page=article&op=view&path%5B%5D=267.

IHPVA (International Human Powered Vehicle Association). 2019. "IHPVA Official Speed Records: Index of Records." Revised February 1, 2019. International Human Powered Vehicle Association, San Luis Obispo, CA. http://ihpva.org/hpvarech.htm.

Les Arcs. 2012. "Les Arcs—Activities." Sunshine World (website). https://web.archive.org/web/20120229090042/http://www.sunshineworldfrance.com/activities_les_arcs.php.

Malewicki, Douglas. 1983. "New Unified Performance Graphs and Comparisons for Streamlined Human Powered Vehicles." In *Proceedings of the Second International*

Human Powered Vehicle Symposium, ed. Allan Abbott, 46–59. San Luis Obispo, CA: International Human Powered Vehicle Association.

Marty, Dick, Peter Nicholson, and Ulrich Haas. 2015. "Cycling Independent Reform Commission Report to the President of the Union Cycliste Internationale." https://www.velonews.com/wp-content/uploads/2015/03/CIRC-Report-2015.pdf.

Menn, Wolfgang. 2018. "The Hour Record at Altitude." http://web.archive.org/web/20190428064153/http://www.wolfgang-menn.de/altitude.htm.

Phys.org. 2018. "Belgian Wins Inaugural France to China Solar Bike Race." https://phys.org/news/2018-08-belgian-inaugural-france-china-solar.html.

Recumbents.com. 2016. "Drag Race Results WHPSC 9/18/2016." Recumbents.com. http://www.recumbents.com/wisil/whpsc2016/results.htm#DRAG_RACE_RESULTS.

Schonen, Rob. 2017. "Eindelijk komt er een echt rechte weg" [Finally Comes a Really Straight Road]. Dagblad van het Noorden (newspaper). http://www.dvhn.nl/groningen/Eindelijk-komt-er-een-echt-rechte-weg-21940525.html.

Sport.ORF. 2016. "Weltrekorde in italienischer Hand" [World Records in Italian Hands]. Sport.ORF.at. https://sport.orf.at/stories/2248490/2248489/.

Stray-Gundersen, J., R. F. Chapman, and B. D. Levine. 2001. "'Living High-Training Low': Altitude Training Improves Sea Level Performance in Male and Female Elite Runners." *Journal of Applied Physiology* 91, no. 3: 1113–1120.

Stuart, Peter. 2018. "We Tried Legal Doping, and This Is What Happened." *Cyclist*, March 18. http://www.cyclist.co.uk/in-depth/1224/we-tried-legal-doping-and-this-is-what-happened.

Stuart, Peter. 2019. "Motor Doping Is Happening, and We've Tested It." *Cyclist*, April 23. http://www.cyclist.co.uk/news/542/motor-doping-is-happening-and-weve-tested-it.

Trenchard, Hugh. 2012. "The Complex Dynamics of Bicycle Pelotons." Unpublished manuscript, submitted June 5, 2012. Victoria, BC. Online. https://arxiv.org/abs/1206.0816.

UCI (Union Cycliste Internationale). 2014. "Historique des records hommes elite 21.10.2014" [Progression of Men's Elite Records].

UCI (Union Cycliste Internationale). 2019. Portal for UCI Technical Regulations. https://www.uci.org/inside-uci/constitutions-regulations/regulations.

West, John B. 1996. "Prediction of Barometric Pressures at High Altitudes with the Use of Model Atmospheres." *Journal of Applied Physiology* 81, no. 4: 1850–1854. https://doi.org/10.1152/jappl.1996.81.4.1850.

WHPVA (World Human Powered Vehicle Association). 2019. "Land—Men's 200 Meter Flying Start Speed Trial (Single Rider)." http://www.whpva.org/land.html.

Wikipedia. 2019a. "Dieter Durst." https://de.wikipedia.org/wiki/Dieter_Durst.

Wikipedia. 2019b. "Festina Affair." https://en.wikipedia.org/wiki/Festina_affair.

Wikipedia. 2019c. "List of Cycling Records." https://en.wikipedia.org/wiki/List_of_cycling_records.

Wikipedia. 2019d. "List of World Records in Track Cycling." https://en.wikipedia.org/wiki/List_of_world_records_in_track_cycling.

Wikipedia. 2019e. "Team Time Trial." https://en.wikipedia.org/wiki/Team_time_trial.

Witts, James. 2017. "The Future of Drug Testing in Cycling." *Cycling*, January 4. http://www.cyclist.co.uk/in-depth/2042/the-future-of-drug-testing-in-cycling.

Woodman, Oli. 2017. "Watch Eric Barone Hit 141 Mph in This Incredibly Sketchy Top Speed Run: Frenchman Tops His Own Speed Record." Bikeradar. https://www.bikeradar.com/mtb/news/article/eric-barone-record-49423/.

WRRA (World Recumbent Racing Association). 2019. "200 Meter TT Velo—Non Faired." http://www.recumbents.com/wrra/records.asp.

Zubieta-Calleja, Gustavo R., Poul-Erik Paulev, L. Zubieta-Calleja, and G. Zubieta-Castillo. 2007. "Altitude Adaptation through Hematocrit Changes." *Journal of Physi-ology and Pharmacology: An Official Journal of the Polish Physiological Society* 58, suppl. 5, pt. 2 (December): 811–818. http://www.jpp.krakow.pl/journal/archive/11_07_s5/articles/86_article.html.

第四章
功率与速度

引 言

　　我们从骑行中了解到的一个事实是，（与在平坦的道路上缓速骑行或是顺风骑行相比）想要骑得更快、骑行上坡或是逆风骑行，都需要耗费更多的气力。第二章已经研究了骑行者在不同的骑行时间里所需要的功率值。本章，我们将讨论在给定的功率条件下速度会怎样变化，以及在什么情况下骑行会变得更加困难；将探究骑行者如何提升骑行速度。本章还介绍了多种形式的阻力，部分阻力将在后面的章节中详细介绍。而且本章还探索了骑手提高速度的潜力。

　　科学地说，骑行者踩蹬踏板是为了获得相对地面的推力（F_P）。为了保持匀速，来自地面的推力应当与前进产生的全部阻力相当，这些阻力包括：

　　·空气阻力（通常称为气阻）（F_A），来自自行车相对于空气的运动（取决于自行车速度和风速，两者都是相对于地面的）；

　　·斜坡阻力（F_S），当骑行者在山坡上保持静止状态，因自行车需与路面保持平行导致弹簧压缩而产生的阻力；

　　·滚动阻力（F_R），因自行车橡胶轮胎变形和摩擦而产生的阻力（如果路面较软，滚动阻力同样会因地面变形而产生）；

　　·在粗糙路面上产生的平均颠簸阻力（F_B）。

由于车辆和骑手质量的惯性，如果骑手加速，则会产生额外的阻力成分（F_I）。自行车传动系中的机械摩擦力也可以表示为力，但在这里，它被视为一种效率，将在本章后面讨论。

这种力量的平衡可以写成：

$$F_\mathrm{P} = F_\mathrm{A} + F_\mathrm{S} + F_\mathrm{R} + F_\mathrm{B} + F_\mathrm{I}$$

在这种形式下，方程式假设阻力为正值，如有需要，可通过减号进行修改，例如辅助坡度或强顺风。F_P的值通常是未知的，因为它是高度可变的，除非当一个人用机械装置垂直攀爬时，F_P几乎完全由F_S（这里是骑手的重量和上升部分的重量）组成。一般来说，感兴趣的量实际上是功率：获得某种速度或加速度所需的功，或者骑手愿意或能够施加的功。

自行车运动员在驱动轮上提供的推进功率P_P等于对地面的推进力F_P和自行车相对于地面的速度V的乘积。这是假设轮胎在路上不会打滑，就像它是齿条上的齿轮一样。（一个橡胶自行车轮胎在坚硬的路面上实际上滑动很小，当然不及公路上的汽车轮胎，后者在相当大的扭矩下仅会以几个百分点的幅度滑动。）

在本次讨论中，自行车驱动轮提供的推进功率P_P略小于骑手必须通过踏板产生的功率P_F，后者等于切向脚力乘以脚速度，这是由于传动效率低下造成的损失，例如链条和轴承损失。（第九章更详细地讨论了传输损耗。）推进功率通常近似为骑手功率。当需要更高的精度时，使用的公式是$P_\mathrm{P} = P_\mathrm{F}\eta$，其中传输效率$\eta$通常在0.85到0.97之间。

因此，功率方程为（车轮功率）$P_\mathrm{P} = F_\mathrm{P}V$或（足功率）$P_\mathrm{F} = F_\mathrm{P}V/\eta$。下一节将研究$F_\mathrm{P}$的组成。

空气阻力

在空气静止、路面水平且光滑的条件下慢速（3米/秒，低于慢跑速度）骑行时，作用于自行车上的阻力主要来自轮胎的滚动阻力（见下文）。当前进的速度提高时，空气动力阻力将迅速增大，并变得更加重要。

与骑行紧密相关的空气阻力可以视作由两部分组成：一个是直接推进并加速骑手前方空气的阻力，或者说是阻流体压差阻力；另一个是与空气接触产生的表面摩擦阻力。

空气的密度（ρ）大约为 1 千克/立方米。（有关更精确的测量，请参见第三章和第五章。）骑自行车的人遇到的每立方米空气大致相当于（非弹性地）与一升（或夸脱）容器（例如牛奶）的碰撞：质量为 m 的空气团被带到车辆速度附近，然后被推到一边，其动能最终损失，转化为热量。自行车手必须在 t 时间内产生力 F_A 以便加速到 V（见图 4.1），然后生成动能 $\frac{1}{2}mV^2$（根据标准物理公式）。假定横截面（正面）面积为 A，空气团质量为 $m = AVt\rho$，即空气团体积乘以空气密度。随着空气团的丢弃（为了遇见下一个空气团），动能将消失。时间 t 内完成的功（消耗的能量）也必须是 F_A 乘以行驶距离（即 Vt）。因此

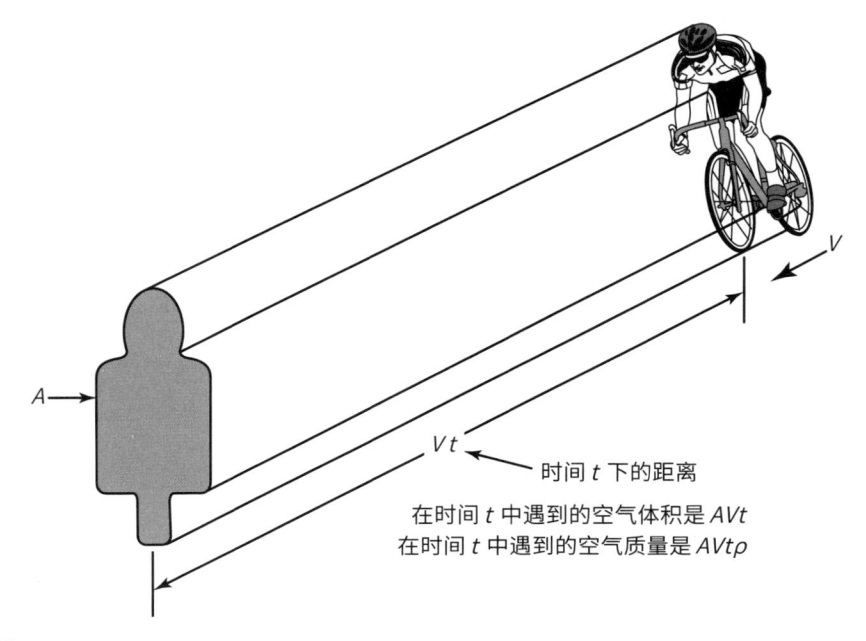

图 4.1
在自行车运动中每秒遇到的空气量。

$F_A Vt = \frac{1}{2}mV^2 = \frac{1}{2}\rho AVtV^2$，或 $F_A = \frac{1}{2}\rho AV^2$。空气阻力随着空速 V 的平方而增加，并与空气密度和锋面面积呈线性关系。在静止条件下，空气速度 V 与车速的大小相同，但它们的方向当然相反。

这个简单的模型假设骑自行车的人和自行车迎风面积 A 在横截面上完美地遇到了所有的空气，并且仅此而已。实际情况并非如此，因为横截面 A 实际上不会在空气中形成均匀剖面，但会从横截面外部夹带一些空气，并且不会将所有空气加速到相同的速度。然而，事实证明，阻流体确实非常符合前面的公式，而更圆的物体，如球体或尖锥，对于相同的横截面 A，阻力只有大约一半（见图 5.9）。为了模拟这些变化，A 给出了相应的无量纲阻力系数 C_D，产生的 $C_D A$ 称为阻力面积。后者是一个有用的量，因为它相对容易测量，并允许对车辆进行比较，即使其单独的横截面和阻力系数不准确或甚至不相关。一个非常高大、直立骑行的自行车手只能达到 1 平方米的阻力面积，一个赛车手的平均阻力面积是这个面积的 $\frac{1}{3}$，而骑整流罩自行车的人不到 $\frac{1}{10}$（另见表 5.1）。已知正面阻力系数 C_D 时，其本身也是有用的。事实证明，许多阻流体，包括人体和与气流几乎成直角的长圆柱体，如自行车管和制动拉索的零件，其 C_D 值约为 1，使得估算很快执行。

因此，空气阻力的完整公式为 $F_A = \frac{1}{2}\rho C_D AV^2$。刚才给出的推导充满了假设，显然并不代表一个普遍的物理事实，而只是一种非常有用的量化空气阻力的方法。第五章进一步阐述了这一概念以及表面摩擦阻力的概念，当考虑使用流线型整流罩来减少普通自行车及其骑手产生的相当大的空气阻力时，这一概念变得非常重要。

只有当流线型整流罩（平滑、圆头和锥形后体）几乎消除了阻流体阻力时，表面摩擦阻力的影响（本质上要低得多）才值得考虑。可以通过减少整流罩的表面积、改善其表面平滑度以及尝试优化沿表面流动的流体薄边界层中的湍流来减少表面摩擦。

空气阻力结论

这一初步讨论的主要结论是，气动阻力与相对于空气的速度 V 的平方成正

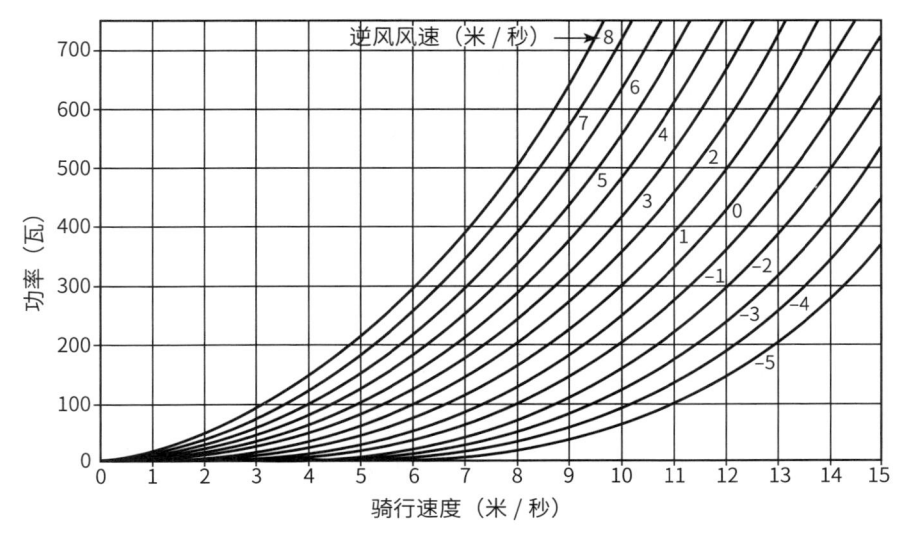

图 4.2
在各种逆风速度下，阻力面积 $C_DA = 0.42$ 的自行车和骑手的空气阻力功率。未显示大于行驶速度的负逆风（顺风）提供的动力辅助。

比。如果存在逆风 V_w，则力为 $(V+V_w)$ 的平方；如果出现顺风，则 V_w 为负。图 4.2 显示了骑普通自行车的人在各种迎风和顺风中所需的功率。例如，在静止空气中以 7.3 米/秒的速度骑行需要 100 瓦；在 3 米/秒的逆风中，所需功率加倍至 200 瓦，而在 3 米/秒的顺风中，功率降低至 40 瓦左右。很明显，风是一个矢量，因此足够大的顺风不会产生阻力，而是有助于推进。如果风来自侧面，必须将（真实）风矢量与向前运动产生的风相加，从而产生一个视风矢量——来自比真风更远的方向，如第五章所述。

斜坡阻力

在典型的水平路面行驶中，空气动力阻力是骑手遇到的最重要阻力来源。然而，当骑手登上明显的山坡时，来自斜坡的阻力成为主要因素，部分原因是骑手在山坡上减速，显著降低了空气阻力的大小。

斜坡阻力（F_s）基于自行车和骑手的重量（质量乘以重力加速度）(mg)

以及他们所行驶的山坡的坡度。如果 m 以千克为单位，则 F_s 以牛顿为单位。地球的重力加速度 g 可以粗略估计为 9.8 或 10 米/平方秒。g 的值不是恒定的，而是根据纬度和海拔以及地壳的异常而变化的。然而，变化大多小于 1%，按照惯例，标准重力加速度已被全球定义为 g_n=9.80665 米/平方秒。在线计算器，如德国布伦瑞克物理技术研究所开发的计算器（ptb.de/cartoweb3/SISproject.php），可以确定地球上任何一点的实际重力。例如，在马萨诸塞州的剑桥，它是 9.80387 米/平方秒；在英国剑桥，9.8125 米/平方秒；在北极，9.8322 米/平方秒；在赤道附近，9.78 米/平方秒；在珠穆朗玛峰顶峰，只有 9.7643 米/平方秒。

陡度可以定义为角度（如 α）或每单位水平移动距离（行程）的高程增加（上升）比率，称为坡、坡度或梯度，用字母表示为"s"。对于道路，它通常表示为百分比（s%）。粗略估计，坡度中每增加一个百分点与水平面的倾角都会增加略大于半度。无论是水平测量行驶距离，还是沿着斜坡测量行驶距离，对于普通山丘来说都没有什么区别。例如，旧的英国坡度命名为"四分之一"，

图 4.3
一些梯度的直观表示。

最初可能是指沿道路行驶的每四个单位距离产生的一个单位的高度。这将得到 $\arcsin(\frac{1}{4}) \approx 14.5°$ 的斜率 α。根据现代定义，它将是 $\arctan(\frac{1}{4}) \approx 14.0°$。部分梯度直观显示见图4.3。

斜坡阻力取决于自行车和骑自行车者的垂直重量矢量，但这不是垂直于路面的，相关的是它平行于路面的分量：$mg\sin(\alpha)$。因此，如果用行驶距离（例如自行车里程表）（不正确的）定义和测量坡度，则所有坡度的反正弦和正弦项相互抵消，$F_s = mgs$。但是，如果使用海图或卫星导航设备（正确）测量水平行程，则 $F_s \approx mgs$ 仅适用于小坡度和角度。所有角度的精确解如下所示：

$$F_s = mg\sin[\arctan(s)] = mgs/(1+s^2)^{-\frac{1}{2}}$$

斜坡阻力 F_s 不随速度变化而变化。因此，爬坡功率与速度成正比：$P_s = F_s V$。例如，骑手骑一辆总重量为1000牛的车辆以5米/秒的速度爬坡5%，除了克服空气阻力和滚动阻力外，还需要为车轮提供大约250瓦的功率。

人类的感官几乎检测不到0.001（0.1%）的斜率。典型的中等山坡的坡度达0.03（3%）。坡度为0.06（6%）的山丘被认为是难度显著的，坡度为12%的山丘很难攀登，一些道路有很短的延伸段，其坡度达到20%甚至25%。崎岖地形的坡度可能超过此值，但轮胎与路面之间的摩擦力必须良好，才能在此类地形上攀爬或制动。

美国有两个因坡度陡峭而声名狼藉的地方，分别是新罕布什尔州的华盛顿山，12.2千米的平均坡度为11.5%，以及旧金山费尔伯特街的一个街区，坡度为31.5%。我们记得骑（或推！）我们的三速重型自行车在英国德文郡、康沃尔郡和威尔士上山，它们的坡度均为30%及以上。事实上，位于威尔士哈勒赫的Ffordd Pen Llech公路以37.5%的坡度被列为世界上最陡的公路。

斜坡辅助

如果坡度向下，阻力变为辅助力，从而减小总阻力，甚至克服总阻力并驱动自行车，这样自行车通常会加速，直到达到阻力和坡度辅助力平衡的最终速度（＝滑行）。对于陡峭的下坡，该速度太高，不利于安全，必须使用制动器，或如果可用的情况下使用再生制动（在第七章中讨论）。

当然，任何骑自行车的人都知道这一点，但很少有人注意到缓坡的影响，尤其是流线型 HPV，即使只有 0.5% 的下坡率，它也可以以 10 米／秒（22.4 千米／时，36 千米／时）以上的速度滑行，或者以非常悠闲的 50 瓦的功率蹬踏，以 1.5 倍的速度前进。然而，用 50 瓦的功率骑到这样的坡度上，速度是下坡速度的三分之一。因此，流线型 HPV 可以作为一种灵敏的测量仪器，用于测量坡度非常缓慢以至于肉眼几乎看不到的坡度。相比之下，如果对普通公路自行车进行相同的试验，20 千米／时的下行速度不会比 14.3 千米／时的上行速度高得多。

如果忽略摩擦力和空气阻力，从给定高程 h 下降后达到的地面速度很容易计算，因为当 $h=0$ 时，顶部的所有势能都转换为动能。因此，由 mgh 给出的势能必须等于由 $\frac{1}{2}mV^2$ 给出的动能。质量 m 抵消，留下了 $V=(2gh)^{\frac{1}{2}}$。无论是从屋顶上跳下还是在斜坡上滚动（无摩擦），这种速度都是相同的。从数字上看，下降 5 米的速度略小于 10 米／秒，因为 g 略小于 10 米／平方秒。因此，在 1% 坡度上从静止滑行的无摩擦车辆将在 500 米距离处达到此速度。令人惊讶的是，可以计算出一辆真正的车辆（最先进的整流罩三轮车）在此距离达到 7 米／平方秒的速度。

所提供的重力可以用与阻力表达式相同的方式表示。从数字上看，从 1% 的坡度下降，重量为 1000 牛的车辆和骑手以 7 米／秒的速度"收获" 70 瓦。

测量坡度

自行车上测量坡度

廉价的钟摆式或气泡测斜仪主要用于船只和从侧面观察，但至少有两种型号可用于安装在自行车的上管或把手上并从顶部观察。智能手机和固态电子传感器也可以使用，但首先需要确定准确的测量内容。

钟摆式或气泡式测斜仪不仅显示自行车相对于向下的角度，而且实际上是一个加速计，显示自行车由于重力和速度变化而产生的总加速度矢量的方向。在这种测斜仪上，速度的变化（加速度或减速度）在物理上与重力引起的加速度具有相同的效果。因此，加速度传感器无法区分两者，只能显示两者的矢量和。因此，气泡测斜仪读数为 10% 可能意味着骑手正在稳定地向 10% 的坡度上骑行，或在水平面上骑行以 $0.1g \approx 1$ 米/平方秒的速度加速。可以添加小角度值；例如，一个骑自行车的人以 $5\%g$ 的加速度（约 0.5 米/平方秒）骑行在 5% 的坡度，也会得到略低于 10% 的气泡测斜仪读数。车辆模拟器（训练场或游乐场）很好地利用了加速度矢量的等效性，因为骑自行车的人戴着虚拟现实头盔可以模拟坡道和向前加速或制动的感觉。

为了进行测量或非常精确地控制动力辅助系统，必须分离两个矢量，这可以使用进一步的输入来完成，例如，从陀螺仪或指南针获得自行车在空间中的真实角度，或者从车轮速度测量的导数计算向前加速度，或者从卫星导航设备计算向前加速度。现代智能手机或自行车数据系统通常包括用于所有这些输入的传感器，但通常没有用于分离和显示数据的程序。

测量道路坡度 如前所述，可以使用测斜仪或智能手机测量陡坡，也可以从具有高程等高线的地图中获得。轻微的斜坡比较困难，因为它们常常被局部凹凸所掩盖。可以使用专业光学或卫星导航仪器进行测量。其中大多数都非常昂贵，但一些低成本设备开始出现。然而，小型卫星导航或气压测量设备在确定绝对高程时尤其不准确，尽管它们通常足以进行相对测量。

为了在不实际访问场地的情况下获取坡度数据，有时可以使用地图、数据库和在线地理信息系统中的公共数据，有时也可以使用军事数据。几乎所有的地球陆地表面都使用各种技术绘制了地图，这些地图是公开的。准确性因国家而异，甚至因地区而异，分辨率也是如此。卫星聚焦于一定大小的一块区域。由 100 米大焦距图像块表示的数据似乎适用于所有陆地表面，而由 30 米大焦距图像块表示的数据适用于许多地方。对于开放平面上的道路，这种方法效果很好，但对于与建筑物和树木相邻的道路或陡坡上的道路，无论高程测量得多么精确，这种数据都是相当模糊的。一些地形服务机构专门为修建道路销售准备好的数据。

滚动阻力

轮胎在坚硬表面上的滚动阻力从来不是非常大的，所以它唯一能提供给车手的大部分阻力是在水平面上低速行驶时，这通常是低功率（50瓦）骑行者的情况，同时伴有充气不良、高阻力的轮胎。在迎风骑行或在固定的训练滚筒上骑行时，轮胎滚动阻力也占主导地位。

虽然斜坡阻力基于基本物理定律，可以精确计算，但滚动阻力是基于经验观察得出的，即滚动加载的车轮需要一定的力。自行车车轮滚动阻力可能应分为轮胎阻力（由于轮胎顺应更硬的道路而产生）和地面阻力（由于硬轮胎沉入软地面而产生）。以下是总体观点，第六章详细讨论了滚动阻力。

虽然在大多数骑行中，地面阻力比轮胎阻力更不常见，但在某种程度上，它更容易理解。在松软的地面或雪地上，滚动阻力源于将自行车轮胎轧入路面所需的工作，因此自行车不断地爬上自形成的斜坡，如图6.10所示。大直径或宽车轮通过减少下沉来减少阻力，从而达到承载压力低到足以阻止任何进一步的压力穿透地面。

轮胎的滚动阻力更为复杂，尤其是当骑行者在室内使用训练单车时，滚动阻力将变得十分显著。小直径轮胎将极大增加轮胎的滚动阻力，成为全部阻力的主要来源。即使是在道路上骑行，滚动阻力也远大于轴承阻力和辐条转动产生的空气阻力。轮胎的滚动阻力主要来自两个部分：

1. 因自行车制造材料而造成的能量损耗。橡胶内胎、胎面或轮胎壁会因为力的作用发生弯曲或拉长，却不会在同一种力的作用下回弹：部分能量会转化为热量。这种能量损失被称为滞后现象、黏弹性，或松弛。能量损失的多少关键取决于产生形变的速率或频率，以及轮胎的温度。

2. 因两种材料之间的摩擦造成的能量损耗（低压状态下内胎与轮胎之间的摩擦，车轮胎面与地面之间的摩擦，也有可能是轮胎帘线中纺织纤维与其他材料之间的摩擦）。

负载增加时，地面阻力和轮胎阻力均会增强。粗略的经验估计通常将阻力看作负载的重量乘以滚动阻力系数 C_R。它实际上是重力垂直于表面的力的分量；因此，$F_R = C_R mg\cos(\alpha)$，或者如果倾角 α 很小，$F_R \approx C_R mg$。

我们没有必要认为滚动阻力与重量或法向力完全成正比，也不需要如表达式所显示的那样将速度从其中独立出来。然而，由于这一领域的测量过于少，这个表达式无法适用于其他条件，尽管第六章试图提供一些替代等式的方法。用 C_R 表示的轮胎阻力（坚硬路面上的滚动阻力），对于高压状态下的高质量赛车轮胎而言可小至 0.002，对于低压状态下的日常轮胎而言则大至 0.008。对于那些半径远小于日常所用的轮胎而言，轮胎阻力甚至会更大。

颠簸阻力

遇到颠簸，毫无疑问会阻碍骑手前进。例如，在砾石路面上，小范围的颠簸通常被视为滚动阻力的一部分，即使大部分能量损失实际上发生在自行车的车架或悬架上，甚至发生在骑车人的身体上。因此，本节重点介绍足以导致系统（自行车加骑手）质心发生显著变化的颠簸。

撞上一个大的凸起可以使车辆改变方向，也可以向上，理论上不会因完全弹性反弹而导致能量损失，或者通过完全非弹性变形使其停止。在实践中，两者都会发生；例如，车辆被弹到空中一段距离，但当它再次与地面接触时，即使它反弹几次，与垂直运动相关的能量也会丢失，主要是由于相对松软的人体，可能也是由于设计用于此的悬架减振器。只有在非常特殊的情况下，例如自行车杂技演员设计的情况下，才能通过在有利的坡道上着陆来回收大部分能量，使大部分能量留在系统中。同样的艺术家也可以展示从几米高完全非弹性（非反弹）下降，完全吸收垂直能量至身体中。此外，撞击颠簸会导致多轨车辆的旋转和俯仰变化或侧倾变化。假设这种旋转能量完全丧失，后一种情况被量化为木制模型重力驱动汽车在颠簸表面上滚动的例子（见"汽车讲座21"，pinewoodderbyphysics.com）。然而，对于自行车来说，试图分析计算碰撞损失似乎毫无意义，因为骑手的质量比例很高，无论是否自愿，都会吸收大量振动

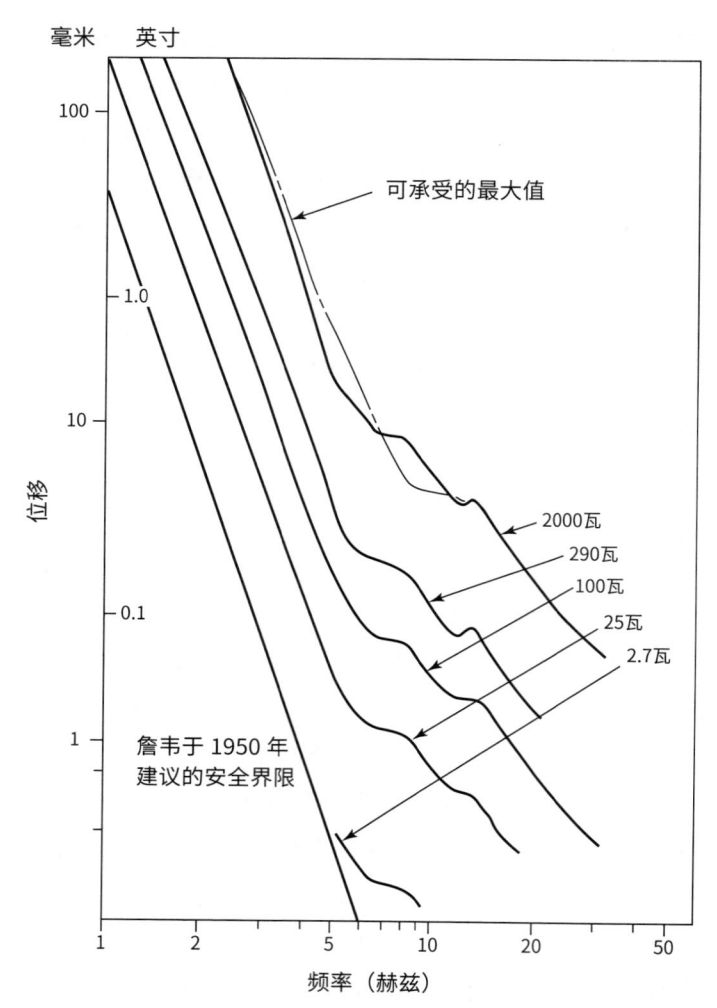

图 4.4
振动中损失的功率与振幅和频率的函数。（来自普拉科、李和卡鲁兹卡，1966）

能量，导致大量能量损失。

普拉科（Pradko）、李（Lee）和卡鲁兹卡（Kaluzka）（1966）撰写了一篇关于人体振动的文章，将人体能量吸收率（即功率损失）与硬座的振幅和频率相关联，如图 4.4 所示。这些作者还证实，能量吸收与骑手的不适感密切相关。这是一个非常重要的结果，因为这意味着改善振动舒适性也将减少因遇到颠簸而导致的能量损失。

根据他们的数据，受试者吸收的振动功率 P（单位为瓦）可以非常近似地表示为频率 ν（赫兹）和位移振幅 A（毫米）的函数。

- 对于振动频率在 1 至 5.5 赫兹之间的振动，$P = (\nu^6 / 1000)A^2$
- 对于振动频率在 5.5 至 9 赫兹之间的振动，$P = 28A^2$
- 对于自行车手感兴趣的振动频率范围 9 至 50 赫兹，$P = (\nu^{2.6}/10.75)A^2$

遗憾的是，我们无法从普拉科、李和卡鲁兹卡的论文中确定"位移振幅"是指峰值对峰值、半峰值还是其他。

普拉科及其同事绘制的图表显示，最大功率吸收为 2000 瓦，最低功率吸收为 2.7 瓦。显然，剧烈的颠簸可以消散数千瓦的功率，并可能在几秒钟内使高速行驶的自行车减速。更广泛的相关因素是道路，颠簸损失与轮胎滚动阻力的损失相似。当然，在大多数崎岖不平的路面上行驶不会产生单一频率的垂直运动。相反，可以预期振动频率的频谱，可能在几个不同的频率上有相当明显的峰值。在这种情况下，应计算每个频率的位移振幅（单独处理），然后将结果相加。普拉科及其同事的工作表明，通过建立骑手的多部分力学模型，计算机可以预测骑手在刚性或悬挂式自行车上的能量损失。王和赫尔（1996）正是这样做的，并模拟了由于骑手的动作而造成的损失。（这不是真正的颠簸阻力，而是推动悬挂式自行车产生的另一种阻力，即使在平坦的道路上也是如此。）

确定和最小化颠簸损失

没有一个合理、简单的公式可以将颠簸阻力表示为路况、轮胎结构、充气压力、悬架细节和速度的函数，不管怎样，大多数道路都相当平坦，因此本章的功率图和表达式不包括颠簸损失。不可否认，这是一个缺点，尤其是对于那些主要在不规则路面上骑行的人来说。

测量颠簸损失的最佳方法可能是使用道路功率测量设备，在有和没有标准化颠簸的情况下骑行相同的路径。海涅（Heine）（2012）比较了在平坦道路上和在振动带上以 16 英里/时（7.2 米/秒）的速度骑行的自行车。振动带是碾压到路面上的横向凹陷，在海涅的文章中没有量化，但常见的规格显示每米有三个或四个凹陷，在行驶方向上测量 175 毫米，最小深度为 13 毫米。海涅使用 PowerTap 仪器（参见本章后面的"道路功率测量"）测量了平坦道路所需为 183 瓦功率，以及振动带所需为 473 瓦功率，其增加了 290 瓦。通过使用比平时更宽的轮胎，以及使用柔性钢叉或带有弹簧和减震器的伸缩叉，他能够将损失减少三分之一。据海涅说，后者不是特别有效，但使用起来更舒适。

通过轮胎、悬挂系统（如果存在）和最常见的骑手上身运动或身体有意控制绷直，减少自行车上的碰撞力，从而将颠簸造成的速度损失降至最低。轮胎和悬架在这方面的功能并不完全相同。轮胎最有价值的特性是它们能"吞下"小的路面不平，如卵石；滚动阻力非常低的刚性钢轮遇到同样的情况时，会把卵石崩到空中或击碎（非弹性变形）。另一方面，用轮胎包裹卵石产生的额外力很小，因此不会使骑手弹起或摇晃。此外，当轮胎轧上卵石时产生的轻微减速力在轮胎离开卵石时变成几乎相等的推进力（弹性变形）。因此，较宽、较低压力的轮胎在崎岖的地面上更为优越，这似乎是有道理的。一些宽轮胎的支持者甚至声称，在一般粗糙度的道路上，宽轮胎阻力更低，而目前，赛车手正在从传统的非常窄、非常高压的轮胎转向更宽的轮胎。

当遇到的障碍物具有更大的表面积时，如路面高度的大幅度变化，轮胎的"柔软"度就会大大降低。在这方面，即使是横截面较宽的低压轮胎也不如自行车悬架。合著者试骑了一辆带有激进悬架的小轮自行车，这种自行车可以全速行驶在人行道台阶上，没有任何不适感，几乎没有迟滞。

除了允许自行车车轮相对于车架移动外，悬架至少需要一个弹性弹簧元件，如螺旋钢弹簧。然而，如果没有额外的阻尼元件（摩擦或液压），该元件将倾向于振荡，尤其是在自行车、骑手和弹簧构成的质量弹簧系统固有共振频率附近。弹簧和阻尼通常由橡胶或其他强阻尼材料制成的相同元件提供。

虽然这种悬架可以提高舒适度，通常可以提高速度，但它们的设计目的是消除阻尼元件中的能量，而这些能量随后会被浪费掉。然而，再生减震器可用于重型车辆。它们可以通过运动直接发电，也可以通过液压间接发电。由于各种资料来源提到这种减震器的功率高达数千瓦，如果能够为自行车开发此类减震器，它们至少可以为设备供电或扩大电动自行车的使用范围。

终极悬挂系统是一个主动系统，能够自动感知颠簸并调整弹簧和减震器。凭借"无质量"的车轮和完美的控制，在许多情况下都可以保证平稳、高效的骑行。然而，目前用于昂贵汽车的此类系统可能会提高舒适性，而不是效率。

迄今为止，穿越或吸收颠簸的最大能力是人体固有的能力。人体的运动范围和吸收能量的能力超过了任何普通自行车悬架的硬件。此外，人类的适应性，甚至是主动的补偿运动都会产生巨大的影响。吉姆·帕帕佐普洛斯报告说，他有过在黑暗中毫无准备地撞上一个地面凸起，然后从自行车上摔下来的经历，而白天遇到的同样的凸起几乎感觉不到它的存在。这个差异的部分仅仅是"软化"手臂和躯干，甚至稍微站着，从而解除鞍座的重量，以允许自行车独立向上移动。另一种策略是将自行车"抬"过障碍物，这比全身突然加速向上运动所需的能量变化要小得多。躺式自行车的骑手无法做到这一点，但躺式座椅通常是有弹性的或有衬垫的。

加 速

到目前为止，本章主要考虑了与稳定骑行速度相对应的力。然而，如果自行车运动员正在加速或制动，则会产生另一个力分量 F_1，等于 $M_{eff}a$，其中 a 是速度的变化（dV/dt），M_{eff} 是"有效"质量，它略大于总系统质量 m，因为它包括自行车车轮旋转的惯性效应。大约，M_{eff} 通过轮胎和轮辋（因此计算两次）和三分之一轮辐的质量增加 m。在大多数情况下，这种细微的差别并不重要。

方程式 $F_1 = M_{eff}a$ 在手动计算中不是很有用，因为加速度 a 通常未知。F_1 是上文描述的阻力与骑手提供的推进力之间的差值（加上任意向下坡度或强顺风）。当骑自行车的人从静止状态出发时，如果使用中低速挡和高峰值功率，F_1 最初可能非常高，但很快就会在任何可察觉的速度下变低。这就是为什么一个在正确挡位上骑轻型自行车的人可以在绿灯亮起时击败大多数汽车，但在几十米后就会被超车。因此，这种快速变化的力不太适合手动计算，但它可以而且必须用于电子表格和其他模拟时间相关性能的程序中。

给定速度下所需的功率

作为计算给定速度下所需功率的起点，可以假设作为近似值，至少在骑车人遇到的阻力中，只有空气阻力是重要的。这是一个相当准确的假设，如果流线型较差且道路平整，空速高于约 7 米 / 秒。那么，阻力功率的表达式是 $P_A = \frac{1}{2} \rho C_D A (V + V_W)^2 V$，其中 V_W 是逆风速度，V 是自行车速度，两者都是相对于地面的，并且取同一方向。

图 4.2 显示了处于非气动位置（$C_D A$=0.42）的骑手遇到各种逆风速度（包括一些顺风：这些在图中有负号）时，空气阻力功率与速度的函数关系。图 4.5 显示了具有各种空气动力阻力系数的车辆的总功率与速度的函数关系。（滚动阻力贡献微小未单独显示。）在任何给定功率的水平道路上实现高速显然需要较低的 $C_D A$ 值。该图假设以下值：

- 实用（多用途）自行车（即，带有高损耗轮胎和直立骑手位置的重型多用途自行车）：总质量（包括骑手）93 千克，C_R=0.008，$C_D A$=0.6 平方米
- 运动自行车：86 千克，C_R=0.004，$C_D A$=0.4 平方米
- 公路赛自行车：84 千克，C_R=0.003，$C_D A$=0.3 平方米
- 通勤 HPV（实用整流罩人力车 = 维罗车）：97 千克，C_R=0.003，$C_D A$=0.1 平方米
- 终极 HPV（即"超级"赛车）：90 千克，C_R=0.002，$C_D A$=0.048 平方米

对于完整的解决方案，在确定了 $F_P = F_A + F_S + F_R + F_B + F_I$ 的所有力分量的情况下，可以使用空气动力阻力、斜坡阻力、滚动阻力、颠簸阻力和加速阻力来计算感兴趣的实际值：骑手所需的（脚）骑行功率 P_F，等于推进（车轮）功率 P_P 除以机械效率 η：

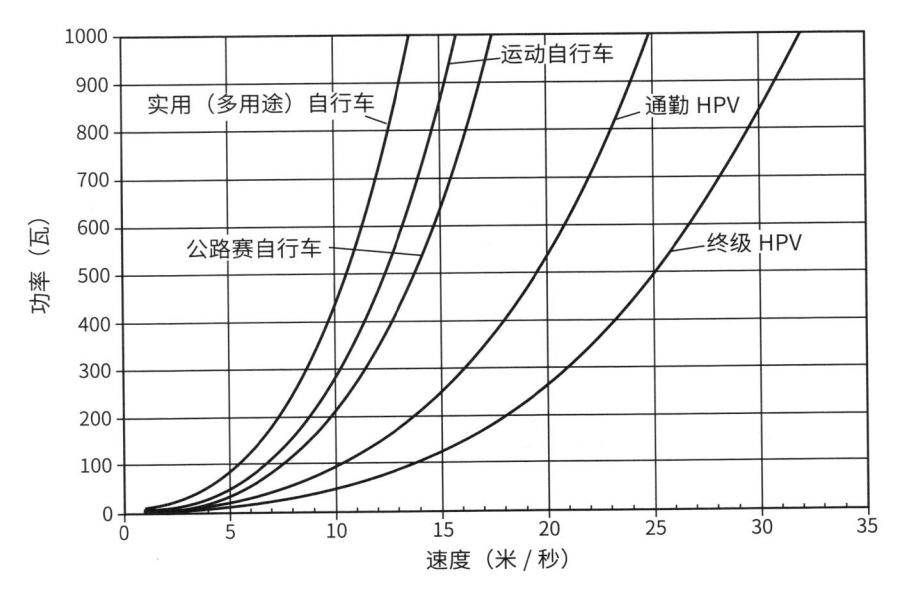

图 4.5
在路面平坦和风力静止的条件下推动各种自行车所需的功率，数值见章节文本。

$$P_F = F_P V / \eta = (F_A + F_S + F_R + F_B + F_I) V / \eta$$

以 V 为自行车速度，并假设没有轮胎打滑。

对于给定速度下的稳态行驶，即 $F_I=0$ 时，计算简单，可以手动或使用袖珍计算器轻松完成。使用此公式的更高级方法是，根据自己选择的参数，将功率绘制为速度的函数。这很容易通过计算机电子表格实现。计算的一种有用方法是让电子表格的每一行对应不同的速度。然后在一行中，第一列可以是 F_A，第二列可以是 F_S，依此类推。这使得很容易看到每个条目的相对贡献，电子表格的图表功能可用于绘制功率曲线，如图 4.6 所示。或者可以使用在线计算器或其他可用程序；请参阅本章后面的"在线工具和模拟"。

在给定功率下达到的速度

当功率给定时，计算速度比反之更困难。最简单的方法是图形化：如前一

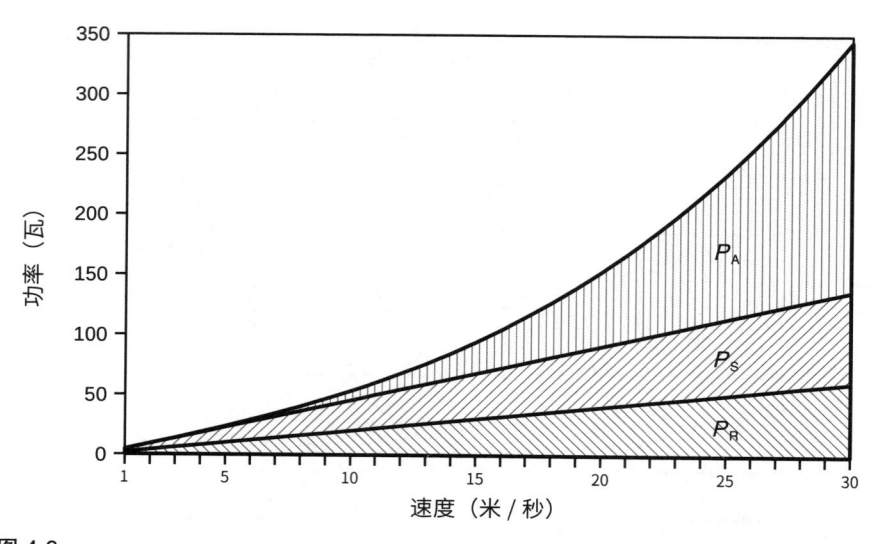

图 4.6
1% 坡度的敞篷自行车 [总质量（包括骑手）93 千克，C_R=0.008，C_DA=0.6 平方米] 的功率图。滚动阻力的功率 P_R、斜坡阻力的功率 P_S 和空气阻力的功率 P_A 显示为面积，顶线表示总 P_P。

节所述，将所需功率绘制为速度的函数，并反向使用该图来查找与特定功率相关的速度。

这本书的第三版包括一节，解释如何使用电子表格生成迭代数值解。一些电子表格程序几乎可以通过允许迭代（循环）引用来实现这一点：允许包含公式的单元格引用自身并反复计算，直到所有值（可能）匹配为止。然而，往往找不到解决方案。施密特（2019）给出了一个使用以下方法的电子表格和其他更有用的电子表格的示例。

分析解决方案更佳。斯奈德（Snyder）（2004）指出，必须求解一个三次方程，并提供了一个包含该方程的公式和电子表格。然而，荣森·烈（Junghsen Lieh）（2006）推导出了其他方程，这些方程给出了完全相同的结果，并提供了一个使用二维自行车模型求解和绘制这些方程的程序。

从侧面看，自行车有两个轮子和一个升高的重心。如果考虑到这一点，并且车轮单独处理，即使有足够的动力，显然在每一组条件下都会有一个最大速度，如上所述，自行车将开始纵向向后翻转。年轻人经常这样做；保持一个轮子处于控制之下是一种被称为"wheelie"的后轮平衡特技。低于此点，达到的最大速度由输入功率决定。烈的方程对于袖珍计算器来说过于广泛，也无法在此处显示，但可以使用电子表格进行管理。

迄今为止讨论的计算和绘图不包括加速度，即使它看起来是这样的。它们表示没有加速度的多个稳态解，也就是说，达到给定速度所需的功率非常缓慢（理论上无限缓慢）。了解骑自行车的人和自行车在一段时间或距离内的表现，例如，恒定功率输入下需要进行模拟。电子表格可以做到这一点，但它确实需要一些编程。

烈（2006）的解析也可用于绘制考虑惯性，尤其是速度与时间函数的模拟图。烈的文章提供了在 Matlab 和 Scilab 以及（部分）Octave 编程环境中运行的文件。阿奇博尔德（Archibald）（2016）还详细研究了二维和三维的功率方程，并提供了 Matlab 脚本。

在线工具和计算机模拟

如前几节所述，有许多在线工具可用于计算和绘制速度和功率。Compton 2001 是一个长期可用的此类工具的综合网站，它可以进行多种自行车速度计算，包括前面讨论的功率方程的两种变化。此外，它还可以运行模拟并提供小型绘图。

最有用的网站是 Zorn 2008。沃尔特·佐恩（Walter Zorn）于 2009 年去世，但他的网站仍在维护中。它使用了前面讨论过的相同方程式，并对其进行了详细介绍。多速度功率图可用，但没有动态模拟。

许多其他在线功率与速度计算器也可以在网上找到。其中一个有用的例子是 Gribble 2018，它还提供了阻力不同组成部分的良好曲线图。

仿真技术的下一个进展是不仅要对车辆和骑手进行建模，还要对路线进行二维或三维建模。托伊费尔（Teufel）（2019）的 Velocipedio 是一个高效的个人电脑程序，可以将测量的轨迹作为全球定位系统（GPS）数据的输入。该程序使用了前面章节中讨论的相同方程式，并通过参数文件建模车辆和骑手，以及从 GPS 轨迹得出的高度剖面。计算中考虑了轨道的横向曲线，以将车速限制在可行驶的数值范围内，而不会使车辆失去横向牵引力。

路面阻力和动力的测量

确定自行车阻力的参数并不是一个简单的问题，部分原因在于自行车通常所处的条件：空气很少静止，速度不会恒定（风可以在几秒钟内刮起阵风或改变方向）。道路很少是平坦的，坡度不是恒定的，即使表面光滑，粗糙度也会有所不同。这些考虑意味着，使用电子速度表进行的偶然的户外骑行或终端速度试验只能得出最粗略的功率估计。人们要么被迫测量快速变化的路况，要么在大型建筑中进行试验。

有关影响自行车阻力的参数的最佳数据来自风洞和轮胎转鼓试验机。当然，基于这些数据的方法仍然存在一些不足。风洞通常缺少一个移动的地平面，风洞试验中使用的自行车车轮通常不旋转（旋转扭矩可能无法测量）。转鼓试验机则很难模拟真实路面的粗糙不平，而且也无法作用于极端温度条件下。

过去的几十年间，研究者们做了一些严谨的路面阻力试验。1974 年，切斯特·凯尔在大型建筑内的走廊上进行了滑行试验，凯尔和伯克（Burke）（1984）设计了一种迎风面积小的重型三轮车用来以最小的空气阻力比进行滑行试验。道格·米利肯（Doug Milliken）（个人通信，1991）通过同时让两辆自行车（假定重量和轮胎相等）滑行下山，进行了空气动力学比较。这种方法使两辆车承受相同的阵风和局部坡度变化。从那时起，实验者进行了大量的滑行试验，通常是为了获得轮胎的阻力数据。

20 世纪 90 年代，实用的自行车功率测量设备开始商用。如果运用得当，它可以使自行车阻力参数得到准确测量。例如图 4.7 所示的原始 PowerTap 系统。后轮毂内置扭矩传感器和车速表，数据通过无线方式传输至自行车上的计算机。一个竞争系统是 SRM，它内置在自行车的曲柄组中。自从这些装置中的第一台问世以来，十多家制造商已经开发出了数量惊人的类似产品，用于测量

图 4.7
PowerTap 测量仪器。(Graber Products 版权所有,2001 年)

作用在从踏板到车轮的部件上的力。它们可以在链条(或其他传动装置)之前或之后测量,计算时必须记住这一点。与其他系统一样,直接在踏板处测量的系统可以提供平均力和功率的数据,但它们的价值主要在于检查踏板力的瞬时大小和方向。

踏板功率是高度可变的,因此所有测量它的仪器都需要平均数据的功能。例如,在自行车曲柄每转一圈的过程中,坐着的骑手的瞬时功率可能会从很小的值变化到几千瓦(见图 2.5)。此外,骑手偶尔会放松几次踏板行程,从而在功率水平上产生显著变化。除此之外,几乎看不到的微小起伏或阵风很容易导致功率的显著变化。出于测试目的,最好找出名义上恒定的条件,然后确定这些条件下的平均功率,至少持续几分钟。

功率测量(将功率平均化)工具可用于两个不同的目的。一个是测量骑行者在不同的持续时间内所能产生的功率(第二章提到的功率持续时间曲线)。另一个是估算在特定条件下(如,在特定速度条件下,或是在冲刺的过程中加速)所需的功率值。为了获得较为精确的结果,我们需要设计科学的实验计划。研究者越来越多地使用第三种方法:仪器记录正常骑行和训练期间的数据(高度可变),然后使用仪器供应商或专业服务提供的软件进行分析和显示。

空气阻力和滚动阻力的路面测定

在没有风洞和轮胎试验台的情况下，如果速度和坡度、加速度和传动系效率的影响可以分离，那么可靠的自行车总功率测量仪是推导空气动力和滚动阻力的次佳方法。尤其是在赛场，平均坡度阻力为零。加速和减速也会在相同速度的实例之间抵消。

获得良好测量值的方法是找到一条骑行线路，在该线路上行驶时无须使用任何自行车制动器，因为制动器将破坏测量结果。赛道应尽可能水平，除非完全遮蔽，不然最好是在开放区域，以便风不会在赛道周围的任何位置刮起或卷起。完全没有风当然是理想的，就像室内设施一样。然而，第五章描述了风修正的可能性。

测量方案包括以恒定速度骑行几圈，以快速起步。在试验期间，寻求固定速度而非功率有几个原因。有些是数学上的：例如，对于固定速度，可以很容易地计算不同坡度或逆风对功率的影响，但如前所述，确定它们对固定功率下速度的影响需要求解有点困难的功率方程。此外，由于自行车和骑手的惯性，速度变化比功率变化慢，保持功率常数似乎比保持速度常数困难得多。

平均功率和平均速度在绕赛道跑几圈后应稳定在相对恒定的数值。尽管如此，由于风或坡度的原因，在特定圈内可能会有明显的变化，因此以与出发时相同的速度穿过起跑线来结束测量是很重要的。要记录的数据是平均速度和平均功率。今天的仪器都配有软件，或者可以使用单独的第三方数据分析软件来显示这些数据。

生成阻力曲线的本质是以多种不同的速度重复测试。在特定速度的整个试验过程中，以及在评估的每个不同速度中，身体姿势和衣服都应相同，这一点至关重要。如果无法避免风，则每次试验的平均速度最好相同。

尽管尝试了许多不同的速度，但应首先根据 V^2 的值绘制这些速度。因此，选择速度时，其平方之间的间隔应大致相等。（例如，速度为 3、6、8、9.6 和 11 米/秒时，平方为 9、36、64、约 92 和 121。）涉及各种速度的试验应以随机顺序进行，以便温度、风或其他因素的渐进变化不会导致可能与速度相关的变化。

应将所有速度的数据绘制在图表上，作为速度平方的函数，因为如本章前面所示，水平面上的推进力或多或少是空气阻力和滚动阻力之和：$F_P = \frac{1}{2}\rho C_D A V^2 + mgC_R$。换言之，如果理论成立且数据质量良好，那么数据点将或多或少地落在一条直线上，即使变化很大，也可以使用大多数电子表格中的线性回归命令或通过眼睛拟合来评估。该线的斜率为 $\frac{1}{2}\rho C_D A$，零速截距为 mgC_R，从而分离出空气阻力系数和滚动阻力系数（见图 4.8）。尽管这假定两个系数都与速度无关（事实并非如此），任何与直线或多或少的较大偏差都表明条件变化或记录误差，而轻微的系统偏差则表明速度效应，如图中一个轻微曲线所示。（在没有实际道路数据集的情况下，提供该图仅用于说明所涉及的原理。）

不同温度下的对比试验表明，除了对空气阻力的影响外，温度对滚动阻力也有相当大的影响。特别是，在温暖条件下的滚动阻力非常低。（这表明，在

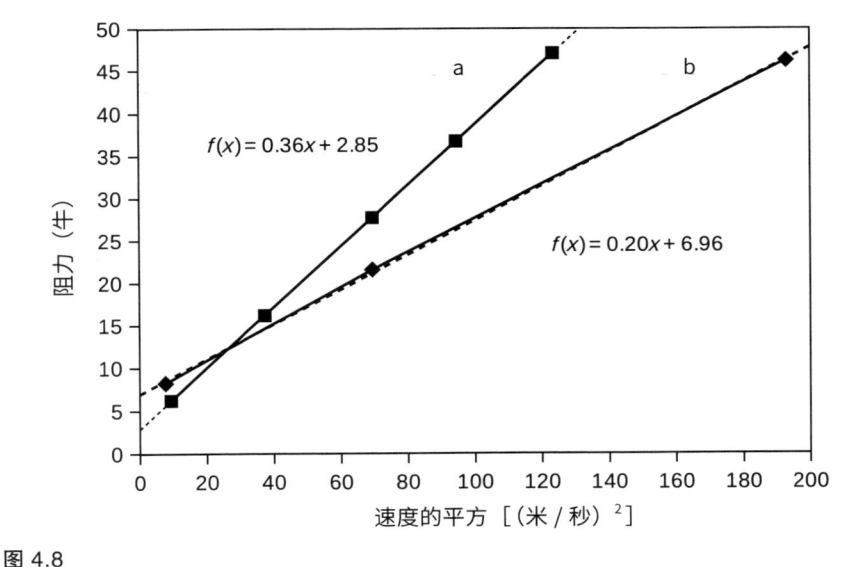

图 4.8

两名自行车手和自行车的阻力与速度的平方：（a）m=85 千克。将截距 2.85 除以 mg，得到约 0.0034 的 C_R 值。将斜率 0.36 除以 $\frac{1}{2}\rho$，得出 $C_D A$ 值约为 0.6 平方米。直线是理想的，因为所有数据都是经过计算的，而不是真实的。（b）空气动力学自行车和骑手，分别测量风洞和滚动阻力数据（禧马诺，1982），得出 $C_D A$ 值约为 0.33 平方米。C_R 的值高得惊人，为 0.0083，曲线中的小偏差显示出轻微的速度依赖性。

比较两个轮胎提供的滚动阻力时，控制或至少测量路面温度可能很重要。在家庭锻炼者身上进行的测量表明，随着轮胎接触温度的升高，滚动变得更容易，这支持了这一假设。）同一天的对比试验表明，脱掉冬衣比蹲姿更能减少 C_DA。

一旦对得到的数据和得到的滚动阻力和气动阻力系数进行线性回归，就可以根据这些参数绘制功率曲线，如图 4.5 和 4.6 所示。

比较不同环境条件下的阻力试验

上文中提到了温度对于滚动阻力的显著影响。只有将两种轮胎置于相同的温度条件下进行比较，我们才能区分出孰优孰劣。如果出于某些原因无法保证温度相同，我们则需要探究出能够估算参考温度的方法。

测量空气动力性能时也会出现类似的问题。如果根据不同日期的试验比较两种设置的阻力，那么这两天之间的空气密度发生了什么变化？人们需要知道空气温度和大气压才能做出这个决定。

试验中最难控制的因素是风。在世界上的绝大部分地区，风都不可能完全消失。即使我们可以测量出试验中的平均风速，在这种条件下获得的试验数据怎样才能正确地运用于无风的情况呢？

一个经常被简化的假设是，当一个稳定的风吹过一个圆形赛道时，迎风和顺风部分的影响会抵消，而侧风对无整流罩自行车没有任何影响。这种简化仅适用于风速与自行车速比值较低时，因为在二次项的平均值中，不利的逆风部分胜过有利的顺风部分。例如，如果恒定风速是恒定自行车速度的一半，则相关的迎风阻力约为无风阻力的 $1.5^2=2.25$ 倍，顺风阻力为无风阻力的 $0.5^2=0.25$ 倍。平均值为 1.25 倍，也就是说，赛道周围需要增加 25% 的功率。

第二个简化的假设是，骑手的身体形态大致就像一个圆柱体（在空气动力学意义上），因此从任何角度接近的风都会产生大约相同的力。米利肯（1983）的风洞测量表明，在我们的解释中，20 英里/时的风从侧面（10.8 磅力）而不是从前方（4.9 磅力）吹来时，对标准自行车（骑手蹲姿）施加的力是其两倍以上。只要骑行速度大于风速，风总是与骑行者正面接触。米利肯的数据表明，对于无整流罩自行车或前整流罩最小的自行车，风提供的减速力的余弦近似值是合理的。对于流线型车辆，这是无效的，因为整流罩的作用类似于机翼，可以在赛道的侧风部分提供优势。稳定风的总体影响是积极的还是消极的取决于确切的特征和条件（见第五章）。

自行车动力仪表提供了一种相对简单的方法来获得可靠（但近似）的总阻力参数。分离参数很复杂，因为有许多不规则的干扰，主要是风，还有坡度。欲了解实现此类测定准确度所需的努力，请参见诺尔比（Norrby）(2012)，其中描述了用于汽车滑行试验的统计方法。有关自行车滑行试验的更多信息，请参见帕帕佐普洛斯（1999）和第六章。另外，请看拉里·奥斯兰德（Larry Oslund）的精彩视频（https://www.youtube.com/watch?v=UW6dkT7TS6E），其在2019年法国南达克斯HPV世界锦标赛的最后一场比赛中被录制，在摄像机视图中显示了最先进的车载仪器。

关于功率和阻力的分析

本章介绍了在运动中作用于自行车的各种形式的阻力，以及它们如何与可用功率相结合来决定速度。后面的章节将详细介绍每种类型的阻力，但在这一点上，可以得出一些一般性的结论和建议。

功率与速度的关系

在回顾了人类的功率输出能力以及与自行车和类似车辆相关的各种功率损失后，现在可以结合评估这些特性，以得出不同类型自行车以不同速度行驶的功率要求。自行车也可以与在陆地上进行的各种肌肉运动相提并论，并与其他轮式交通方式（如轮滑）进行比较。

证明一辆自行车非常节能是很容易的。然而，有一个经常听到的说法声称自行车是最有效的移动方式，这是不科学的。对于所有运动模式，运动阻力以及整体能量效率是速度和环境条件的重要函数。阻力随速度变化的方式因每种车辆或模式而异。因此，车辆或模式之间的比较只有在明确比较的内容时才有效。然而，即使有这个附带条件，自行车仍然表现出色。

图 4.9 显示了人力推进主要形式在不同持续时间内的世界纪录速度。这些速度可以合理准确地从运动员在不同持续时间内的最大功率输出（图 2.4）、第五章和第六章的空气阻力和滚动摩擦阻力值以及变速箱和车轮轴承中其他摩擦阻力的估计值（第六章和第九章）中推导出。如图所示，骑标准轻型轨道自行车的自行车手比速度最好的速滑运动员快 2～4 米 / 秒。从标准竞速自行车到使

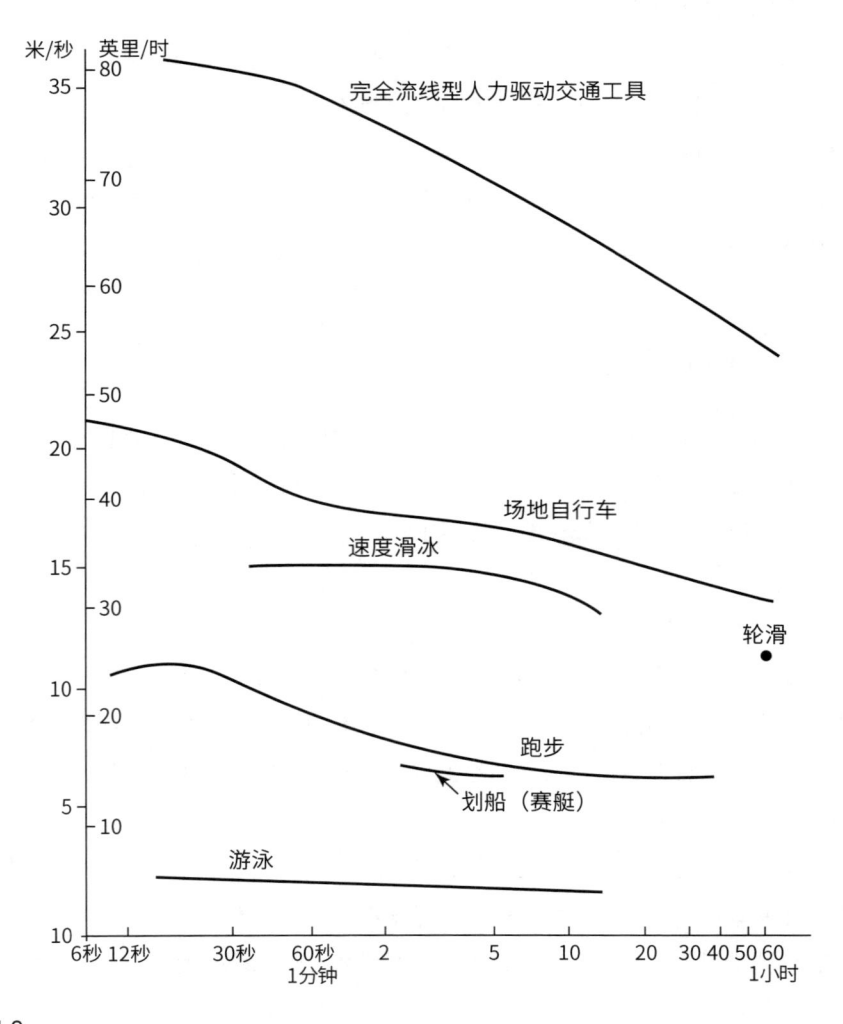

图 4.9

各种人力的交通方式世界纪录速度。（来自不同来源的数据）

用流线型整流罩的机器，其创纪录的速度有了惊人的飞跃，这为自行车运动增添了另一个潜在优势。

能源消耗与距离的关系

图 4.5 采用的规范可用于确定在水平地面上无风行驶不同距离时稳定骑行所消耗的能量。这是生活所需能量之外的能量，是第二章描述的基础代谢。在物理科学中，能量是以焦耳（1 焦 =1 瓦·秒）为单位测量的，但在营养学中，千卡（kcal）或卡路里（cal）仍然经常用于测量食物的能量含量。千卡是将一千克水的温度升高 1 摄氏度所需的热量或功，等于 4.184 千焦。不幸的是，在营养学中，它常常缩写为卡路里，这比不同单位体系的混合更让物理学家困惑。

图 4.10 使用的肌肉能量效率值为 0.239，或 23.9%，因为当乘以 4184 焦耳/千卡时，该值的乘积为 1000。对于这一净效率值，非常接近第二章中引用的 24%～25%，消耗 1 千卡的食物能量产生 1 千焦的功，例如，允许在 100 瓦下骑行 10 秒。当面对仅以千卡提供能量值的文献或食品包装时，这是一个有用的经验法则。

低速值主要由轮胎的滚动阻力系数给出，高速值由车辆的气动阻力面积给出。实线不包括第二章中描述的生活所需的食物、静息或基础代谢率。如果为此允许 20 卡/秒（约 84 瓦），则近似于实用自行车的虚线曲线，在 3 米/秒左右时能量消耗约为 15.5 千卡/千米。其他自行车的曲线看起来相似，只是向下向右移动。例如，终极（低阻力轻型）HPV 效率最高，约为 8 米/秒，约为 5.5 千卡/千米。这是非常近似的，因为基础代谢率实际上并不是完全可与工作代谢分离的，工作代谢的效率在个体及其所处的条件下可能会有很大的差异。同样，使用刚刚给出的能量消耗数字，骑终极 HPV 自行车的人理论上可以每吃 1 加仑（美制）的重奶油就能骑行大约 1500 英里，或者更现实一些，每 1 加仑浓香松软冰激凌可使车手骑行大约 1000 英里。（小型汽车每加仑汽油可行驶 40～50 英里。）

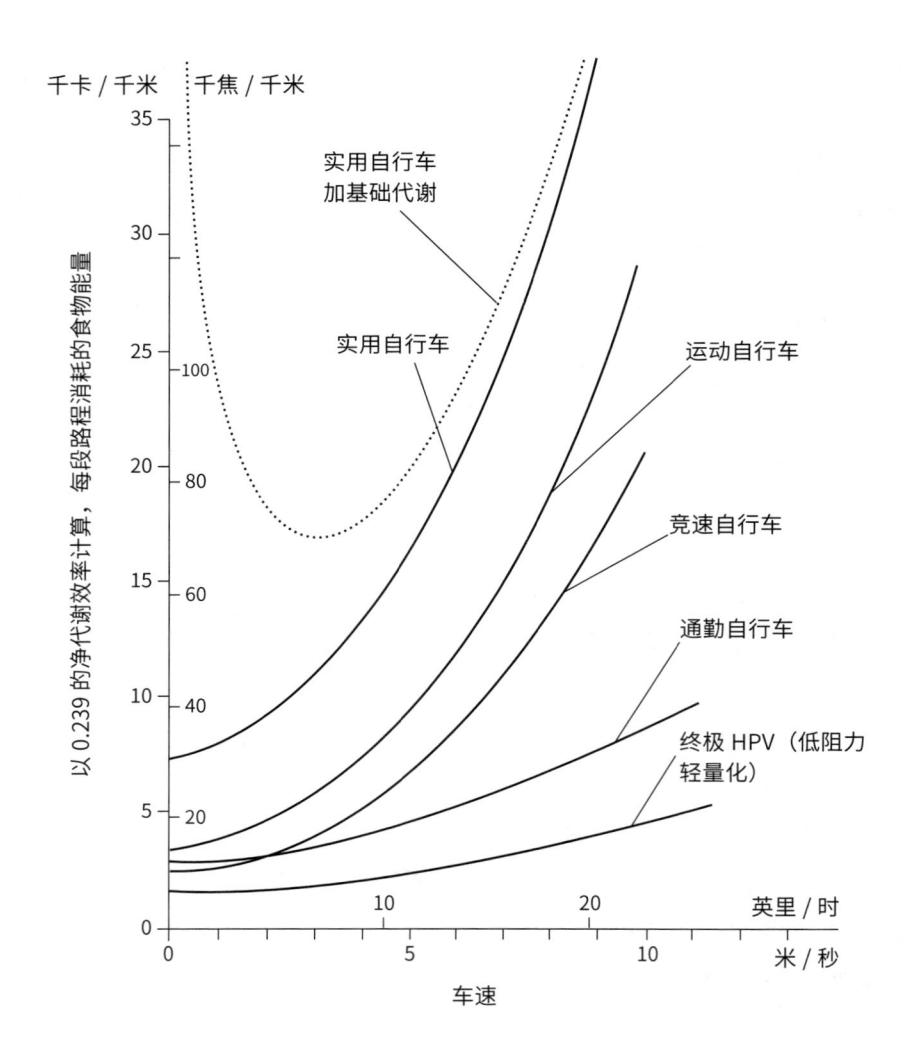

图 4.10
如果净代谢效率为 23.9%，则长距离骑自行车的能耗（对于与图 4.5 相同的自行车）。曲线不包括基础代谢（生活能量），虚线曲线除外，虚线显示了一辆实用自行车的数据加上 20 卡 / 秒的基础代谢消耗。

陆地运动需要的功率

为了生存，像动物和人类这样的生物必须在进化的早期就发展出可控制的运动，而不受重力和流体力的影响，而重力和流体力是无生命物体运动的通常基础。动物世界开发了涉及杠杆的系统，这些杠杆以各种方式推动地面，如人类所练习的爬行、跳跃、奔跑和步行。在某些方面，两足步行就像是有轮辐但没有轮缘的轮子滚动。随着轮子的采用，另一种杠杆运动机制出现了，移动的生物有机会使用除了肌肉以外的独立的无生命动力源。在车轮创造的能力的基础上，一旦生产出足够功率的轻型发动机和电机，蒸汽、内燃机和电力驱动的车辆就迅速出现了。一般来说，大多数轮式车辆都安装了功率逐渐增加的驱动装置，就像马车的主人在他们能够负担得起的时候增加了真正的马力一样。人类活动中似乎始终存在着对更大力量和速度的渴望。

在此类车辆上，人（即乘客，也可能是驾驶员）被视为有效载荷的一部分，其质量代表"自重"，为了改善车辆的性能，必须增加"活重"的比例（即发动机和能源供应的比例）。这反过来意味着要加强结构，最终导致几吨重的车辆和数百匹马的动力在技术上的荒谬，所有这些都是为了在相当短的距离内只运送一个人。

对于自行车和其他人力运动方式，情况正好相反。有效载荷同时是发动机和能量储存装置，因此有必要增加人与车辆的质量比，从而使车辆尽可能轻。

因此，自行车是唯一一种混合动力可以导致人类与额外能源形成最佳质量比的车辆，而不是走向一个极端，即过度驱动的汽车或摩托车，或另一个极端，即赛车或 HPV。由于许多其他外部因素是相关的，例如范围、成本和法规，因此很难确定该最优值可能是多少。然而，对于富裕的人来说，目前最受欢迎的自行车（继标准非电动自行车之后）似乎是直立式助力电动自行车，其电池重量小，电机的功率额定值有点像健康人类，但低于运动员。为什么是这种类型的车辆而不是其他？后面的章节将更详细地介绍这一点，但它似乎主要来自电池的特性，电池的能量密度比骑手的脂肪要低得多，但功率密度要高得多。

自行车与其他运动方式

与大多数其他轮式车辆及其乘客一样，自行车和骑手可以在空气阻力很大的速度下在坚硬光滑的表面上移动。风阻、地面运动阻力和机械摩擦阻力的总和决定了车辆在给定功率输入的前进速度。长期以来，人们对常用机器的阻力，以及驱动这些机器所需的能源成本进行了仔细研究，例如在路面上使用充气轮胎的机器和在钢轨上使用钢轮的机器。图 4.11 概述了自行车和各种其他移动方式的能源成本，随后将在以下章节中进行更详细的探讨。

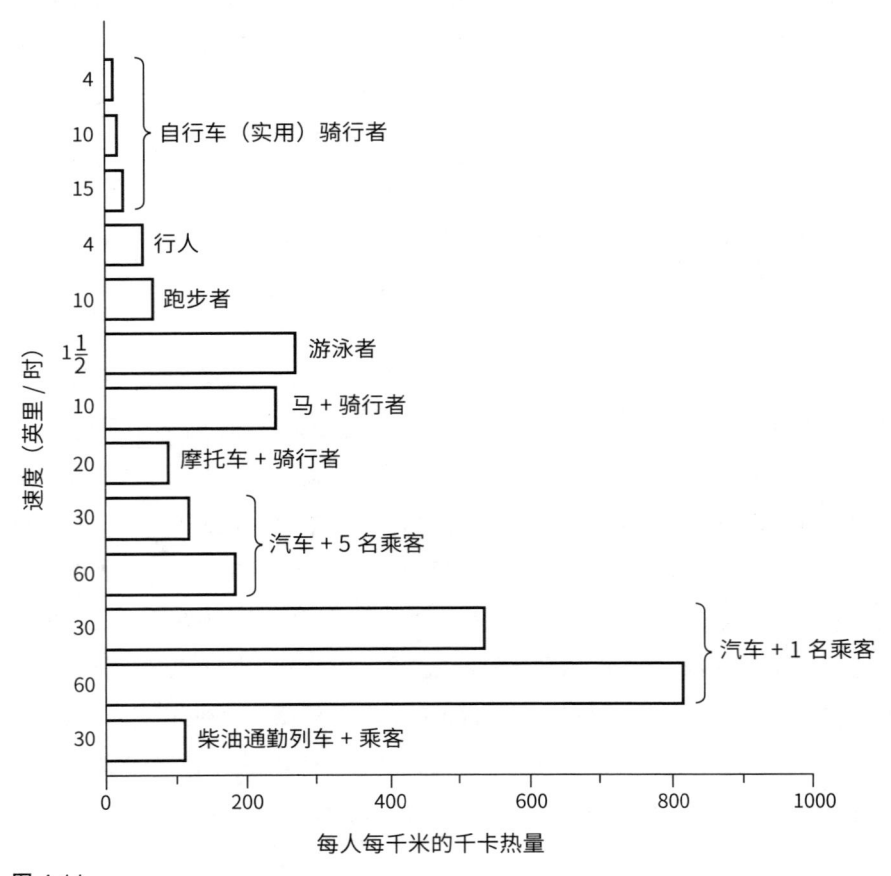

图 4.11
人类运动的能量成本和各种车辆的推进。

人力与马力

几千年来——甚至今天在世界欠发达地区——马、牛、狗和人类都被机器所驾驭，用来转动磨坊、提起水桶和执行其他任务。蒸汽机发明时，为了便于测量，有必要将其功率与熟悉来源的功率进行比较。实验表明，一匹大马可以长时间保持相当于每分钟拉 33000 磅一英尺所需的功率，这一数量现在被称为一马力（hp）。具有讽刺意味的是，这个数字是由詹姆斯·瓦特定义的，他的名字后来被命名为国际功率单位瓦特（W）。当定义为瓦特时，1 马力相当于大约 745.7 瓦，但也存在其他几种类型的马力，它们的定义略有不同。例如公制马力，定义为以每秒 1 米的速度提升 75 千克的物体。这相当于 735.5 瓦，意味着地球引力的标准值为 9.0665 米/平方秒，以便从 1 千克的质量中获得 1 千克的力（千克力，非国际单位）。由于存在这些其他的马力定义，在计算中最好不要使用马力，如果必须使用，则使用瓦特最初的马力定义，现在也称为国际马力。事实上，马的工作效率可以超过 1 马力，但只是短暂的。人类可以在短时间内获得 1 马力，也可以长时间获得 0.1 马力，约 75 瓦。

此外，人类、马和许多其他动物可以产生巨大的拉力，无论是静态或缓慢移动。这是一个杠杆问题：如果拉或推的人的重心与脚成 45 度的角度移动，拉力与人的体重相同；如果在颠簸或不平的地面，水平角度更大，拉力甚至可以增加到体重的两倍以上。两匹马的拉力纪录显然是它们体重的四倍，但在流行的马力比赛中，为了避免受伤，通常将力量限制在马的重量左右。由于马的质量通常超过一吨，这些都是"马力"产生的巨大力量。人类也可以通过使用具有机械优势的机器以更慢的速度产生这些力，这对于曾经使用千斤顶举起汽车的任何人来说都很容易理解。图 2.4 给出了功率输出与持续时间相关的其他信息。如果一个普通人想要保持较长的工作时间，同时也并非处于竞赛之中，他会将自己的功率输出调整到 75 瓦以下。亚历山大（Alexander）（2005）提供了关于人类以外动物运动的能量成本的信息，特别是与规模有关的信息。

赖斯（Rice）（1972）在回顾"玛丽女王"号、超声速运输、快速运输系统和输油管道等各种运输方式每吨英里（或吨千米）和乘客每英里（千米）所消耗的能量时指出，自行车和骑手是迄今为止效率最高的。他计算出，自行车手在 6 小时内完成 72 英里（116 千米）的适度努力可能需要约 1800 千卡（7.54 兆焦）的消耗，这与图 4.10 中实用和运动自行车之间的消耗一致。假设骑手和车的质量为 200 磅（90.6 千克），赖斯表示，这个数字相当于每加仑（3.785 L）等效燃料 100 吨英里（146 吨千米）（或超过 1000 客英里）。相比之下，"玛丽女王"号每加仑可行驶 3~4 客英里（每升可行驶 1.27~1.70 客千米）。从物理上讲，所有类型的船舶都应该像货船一样，在能源成本方面具有良好的规模，因为船体的湿表面会增加摩擦阻力，货物的可装载体积会增加。然而，大型客船的规模不利，因为需要增加船体表面，以达到理想的外部客舱。"剩余"的空间里充满了豪华商场、剧院等，所有这些都增加了每位乘客的运输吨位。

当将自行车的功率要求与其他各种车辆的功率要求进行比较时，可以观察到相同的关系：在低速下，没有什么能打败自行车手。在更高车速下，汽车尤其是大型公共交通工具的效率更高，但前提是要根据总重进行比较。当比较净重量时，即骑手、乘客和行李的净重，自行车再次占据主导地位。

步行和跑步

每个骑自行车的人都知道，当一个人遇到陡峭的上坡时，下车和推自行车往往更容易。一个原因是，在每一步之间都会有一个停顿，其间几乎不消耗能量，因为即使在斜坡上，站立也不会引起肌肉收缩。相反，上坡骑行需要始终保持踏板上的一些扭矩，尤其是在曲柄死点期间，即使在非常低的挡位下。许多人甚至在较小的坡度下也会下车（这可能会导致"推式自行车"这一标签的出现，因为它是一种易于推动的标准自行车）。但是测量结果表明什么呢？

过去 150 年来，实验室对步行和跑步的能量消耗进行了深入研究，最近业余爱好者记录了大量数据，跟踪他们在野外的运动和脉搏率。米内蒂（Minetti）等人（2002）在 4 分钟的测试中，在跑步机上以不同的速度和坡度对年轻男性运动员进行了一系列测量。对于坡度大于 15% 的上坡，他们发现跑步时的机械效率（由受试者与耗氧量相关的势能的实际增加来定义）约为 22%，步行时为 24%，当坡度约为 25%，水平速度约为 1.2 米/秒时效果最佳，这也与早期的实验室和最近的登山野外测量结果有很好的相关性。这些效率非常接近肌肉收缩的最大效率，并且似乎包括基础代谢率，因此很难想象骑自行车在这方面会更好，尤其是考虑到自行车的额外重量。然而，对于坡度小于15%的情况，骑行肯定会变得更有效率，尤其是当坡度减小和速度增加时，在任何速度的平地上骑行都会更有效率。萨维奇（Savage）(2017)提出了能量消耗方程和几个动态表，比较了可设定为任何体重的行走和跑步。在1～1.3米/秒的水平上行走1千米的能量消耗为每千克体重0.4～0.7千卡，具体取决于所使用的参考值。

当速度超过约2米/秒时，能量成本急剧增加，此时，在任何正常速度下使用约0.9千卡/（千克·千米）的跑步会变得更有效率。如图4.10所示，这两个值都比骑实用自行车的人的值高得多，假设骑自行车的人体重为77千克，则3米/秒时的最小值约为0.22千卡/（千克·千米）（虚线）。

对于下坡，情况变化更大。即使−10%的坡度允许步行至少消耗0.25千卡/（千克·千米）的能量（米内蒂等，2002），骑手也会以超过5米/秒的速度滑行，除了骑手的基本代谢率之外，没有任何能量消耗，在本例中，可能为0.05千卡/（千克·千米）。在陡峭的下坡路上，骑手必须以极快的速度加速或刹车，如果骑的是配备再生制动的电动自行车，则骑手可以进行恢复，而步行者或跑步者的效率降低到−125%左右。这意味着，步行者或跑步者不仅100%的势能被浪费，而且肌肉还必须额外代谢25%的负功。该数字适用于实验室跑步机；根据地面和步行者或跑步者的技术，沿真实坡度下边界所需的负功要少得多。

到目前为止，讨论假设的是坚硬、平坦的路面，如道路。然而，大多数自然表面要么坚硬不平，像一条岩石小道，要么平整柔软，像海滩或长满草的平原。在这样的路面上，步行的能量消耗可能会低于骑自行车。

这里的讨论只考虑了单程段。对于往返旅行，使用自行车可能是值得的，即使它必须在路上被推动或扛着。只有当路差到需要再把自行车扛下来，或者扛着走很长一段路的时候，它的能量消耗肯定比步行要大，所以它的使用感就差了。

滚轴溜冰鞋或直列溜冰鞋、滑板车和微型滑板车

溜冰鞋（无论其车轮定位如何）、滑板车和微型滑板车都意味着穿戴者、

骑行者需要站立位置，因此就可以与标准自行车进行空气动力学方面的比较。然而，它们不允许像低位躺式自行车或整流罩 HPV 那样减少阻力。由于其他几个原因，在任何情况下使用此类车辆都比骑自行车需要更高的能源成本。

溜冰鞋轮子比自行车之间滚动阻力的显著增加可归因于在溜冰鞋中使用带有实心聚合物轮胎的非常小的轮子（大约是自行车轮子直径的三分之一）。在本书第三版中，弗兰克·惠特计算（使用图 4.9 中所示的轮滑值）和测量保持滑行者稳定移动所需的拉力，结果显示低速时滚动阻力系数 C_R 约为 0.060。在极其光滑的表面上，可用的最硬的压路机产生的滚动阻力比这小一些，但它们不能像以前使用的钢压路机那样在更高的速度下安全使用。如今的微型滑板车的车轮比以前大了一些。第六章指出，直径为 100 毫米、轮胎硬度为 90 邵氏 A 的微型滑板车车轮的滚动阻力系数为 0.0075～0.015，与充气不良的自行车车轮的滚动阻力系数相近。

第二个考虑因素是驱动系统，或者更确切地说是缺少像自行车那样的机械系统。滑行虽然优雅而有效，但会产生巨大的侧向力，导致一些侧向滑动和摩擦损失。蹬腿，也就是说，在道路上用一条腿推动，就像在滑板车和微型滑板车上一样，意味着每次踢腿都会改变身体重心的高度，而且只能在相对较低的速度下完成。

另一方面，滑板车和微型滑板车比自行车轻，携带方便。在实际使用中，包括步行、爬楼梯或公共交通在内的行程中，其总能源成本可能比骑一辆全尺寸自行车要低。

滑冰和滑雪

除非在同一路面上使用不同的车辆，否则将自行车与溜冰鞋或滑雪板进行比较似乎不是很有用。据推测，在冰上骑自行车与在跑道上骑自行车在能源使用方面没有太大不同，但在实践中几乎从未这样做过。

福尔门蒂（Formenti）（2014）报告了各种滑冰装置的阻力系数，约为 0.006（现代钢）至 0.01～0.015（史前动物骨头），因此与中等至较差自行车轮胎的阻力系数相当。滑冰者的气动阻力与穿着相似的自行车运动员相似，但前者的推进方法涉及较大的侧向力，这也会增加滑冰者的阻力。因此，滑冰的能源成本略高于同类自行车，但精英滑冰运动员比普通自行车手或自行车效率更高、速度更快。福尔门蒂和米内蒂（2007）报告称，滑冰者以大约 6.7 米 / 秒的速度运动时的能量消耗约为 0.3 千卡 /（千克·千米）。这是竞速自行车手的两倍，或与骑实用自行车手的能量消耗大致相同（见图 4.10）。

合著者的微型滑板车用滑冰装置代替了轮子，感觉至少和轮子一样有效，但需要更多的努力，因为它比轮子高 50 毫米，并且需要弯曲静态腿的膝盖来推动每一次踢腿。（这可以通过在一只脚上穿钉鞋来解决，但不能换腿。）

越野滑雪有两种基本技术，这两种技术有许多不同之处。自由技术速度更快、效率更高，但需要力量和坚硬的雪，例如准备好的滑道。然而，这样的滑道对于全地形自行车来说似乎很软，即使轮胎很宽，也只允许慢速骑行。根据业余滑雪者在铺设好的椭圆形跑道上以大约 4.7 米 / 秒的速度滑行，从米利特（Millet）、博塞尔（Boissiere）和坎多（Candau）（2003）滑行技术中可以得出 0.8～0.9 千卡 /（千克·千米）的能量成本。没有关于在雪地上骑自行车的数据，但遇到的阻力可能比滑雪板的阻力变化更大，这取决于雪表面的确切硬度。轮胎也更容易受到不平整的影响，而长度在 1 到 2 米之间的滑雪板往往会使不平整度趋于平均。

传统的越野滑雪技术（双板）允许在深且不可骑行的粉末雪中滑行或至少步行。带履带的雪地自行车也可以做到这一点，但我们从未尝试过。传统双板滑雪在坚硬、结冰的赛道上变得相当快，但是出于平衡的原因，这将是不可骑行。米利特、博塞尔和坎多没有提供传统双板滑雪的数据，但引用其他参考文献，表明滑行效率要高出 10%～20%，不过在低速、高摩擦条件下除外。在所有技术中，必须使用滑雪杖（和上身肌肉）来前进。

参考文献

Alexander, R. McNeill. 2005. "Review: Models and the Scaling of Energy Costs for Locomotion." *Journal of Experimental Biology* 208, no. 9: 1645–1652. http://jeb.

biologists.org/content/jexbio/208/9/1645.full.pdf.

Archibald, Mark. 2016. *Design of Human-Powered Vehicles*. New York: ASME Press.

Compton, Tom. 2001. Online calculators and simulators. https://analyticcycling.com.

Formenti, Federico. 2014. "A Review on the Physics of Ice Surface Friction and the Development of Ice Skating." *Research in Sports Medicine* 22, no. 3: 276–293. http://dx.doi.org/10.1080/15438627.2014.915833.

Formenti, Federico, and Alberto E. Minetti. 2007. "Human Locomotion on Ice: The Evolution of Ice-Skating Energetics through History." *Journal of Experimental Biology* 210, pt. 10 (June): 1825–1833. https://www.researchgate.net/publication/6342409.

Gribble, Steve. 2018. "Cycling Power and Speed." The Computational Cyclist (website). https://www.gribble.org/cycling/power_v_speed.html.

Heine, Jan. 2012. "Suspension Losses." *Bicycle Quarterly* 29 (Autumn). https://janheine.wordpress.com/2012/08/12/suspension-losses/.

Kyle, Chester R., and E. M. Burke. 1984. "Improving the Racing Bicycle." *Mechanical Engineering* 109, no. 6: 35–45.

Lieh, Junghsen. 2006. "Determination of Cycling Speed Using a Closed-Form Solution from Nonlinear Dynamic Equations." *Human Power eJournal*, no. 3: art. 10. http://www.hupi.org/HPeJ/0010/0010.htm.

Millet, Gregoire P., Denis Boissiere, and Robin Candau. 2003. "Energy Cost of Different Skating Techniques in Cross-Country Skiing." *Journal of Sports Sciences* 21, no. 1 (January): 3–11. https://www.researchgate.net/publication/10899114.

Milliken, D. L., and W. F. Milliken. 1983. "Moulton Bicycle Aerodynamic Research Program." In *Proceedings of the Second International Human-Powered-Vehicle Scientific Symposium*, ed. Allan V. Abbott. San Luis Obispo, CA: International Human Powered Vehicle Association.

Minetti, Alberto E., Christian Moia, Giulio S. Roi, Davide Susta, and Guido Ferretti. 2002. "Energy Cost of Walking and Running at Extreme Uphill and Downhill Slopes." *Journal of Applied Physiology* 93, no. 3: 1039–1046. https://doi.org/10.1152/japplphysiol.01177.2001.

Norrby, Peter. 2012. "Prediction of Coast-Down Test Results—A Statistical Study of Environmental Influences." M.Sc. Thesis, Department of Product and Production Development, Chalmers University of Technology, Gothenburg, Sweden.

Papadopoulos, J. M. 1999. "Simple Approximations for the Effects of Tire Resistance, Wind, Weight and Slope." *Human Power*, no. 48 (Summer): 10–12.

Pradko, F., R. A. Lee, and V. Kaluza. 1966. "Theory of Human Vibration Response." Paper 66-WA/BHF-15 (1966 Winter Annual Meeting), American Society of Mechanical Engineers, New York. 1966 Winter Annual Meeting.

Rice, R. A. 1972. "System Energy and Future Transportation." *Technology Review* 74 (January): 31–48.

Savage, Jonathan. 2017. "Calories Burned Running and Walking." Fellrnr.com. http://fellrnr.com/wiki/Calories_burned_running_and_walking.

Schmidt, Theodor. 2019. Spreadsheet supplements for *Bicycling Science*, 4th ed. http://hupi.org/BS4/.

Shimano. 1982. "Aerodynamics—And a New Era Is Upon Us." Document reproduced in *Proceedings of the First International HPV Scientific Symposium*, 92–93. San Luis Obispo, CA: International Human Powered Vehicle Association.

Snyder, John. 2004. "Algebraic Determination of Land HPV Velocity." *Human Power eJournal*, no. 1: art. 1. http://www.hupi.org/HPeJ/0001/0001.htm.

Teufel, Edgar. 2019. Velocipedio (computer program). http://hupi.org/Velocipedio/.

Wang, E. L., and M. L. Hull. 1996. "A Model for Determining Rider Induced Energy Losses in Bicycle Suspension Systems." *Vehicle System Dynamics* 25: 223–246. https://www.researchgate.net/publication/245308958.

Zorn, Walter. 2008. Speed and power calculator. www.kreuzotter.de. http://kreuzotter.de/english/espeed.ht.

第五章
自行车空气动力学

引 言

本章是关于气动阻力和其他气动现象的,例如当人们并排或前后骑行时的流动效应、车辆的风振以及侧风的影响。这是一个庞大而复杂的主题:虽然有很长的路要走,但本章希望能解释清楚其中一些复杂问题。

"空气阻力"是日常可见的一种现象,特别是对骑自行车的人来说:除爬坡的阻力外,它是正常骑行过程中最大的阻力。空气阻力主要是由两种力引起的:一种垂直于抗阻体表面(可以是人体或车身);另一种与表面相切(表面摩擦产热,并立即散热于空气中)[图 5.1(a)]。对于非流线型形体,例如自行车和骑手,压力效应影响较大,第四章给出了这种效应的推导。耗散的压力能量最初以尾流中的动能形式出现,然后以热能的形式消散到空气中。图 5.1(b)展示的是动能在圆柱体后部以旋涡形式出现。如图 5.1(c)所示,流线型形状在尾流中产生的动能较低,原因是尾部(下游)表面存在附着流的压力恢复。

行驶的车辆想在空气中保持高速必须减小其压差阻力。流线型形状包括从圆形前缘逐渐变细的形状。最大化流体的剩余附着(而不是在局部喷射和涡流中分离)以及最小化表面摩擦的确切几何形状可以通过相当复杂的数学方法来确定。航空学中通常指的是低阻力形状或机翼截面(图 5.2)或风洞测试模型中的一个测试模型。

尽管风洞实验可以为部件、整流罩车辆甚至静止的自行车运动员提供可靠

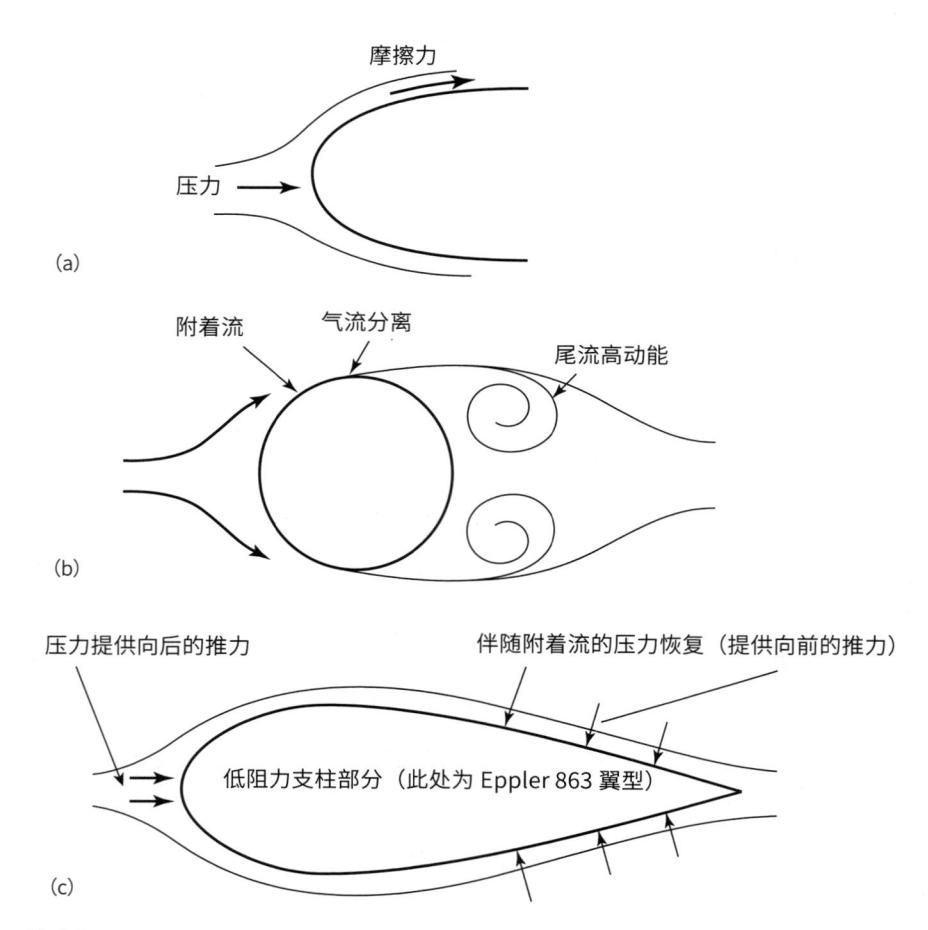

图 5.1
身体或车体周围的气流。(a) 法向力（压力）和摩擦力；(b) 柱体表面的附着流和分离流；(c) 流线型体上的附着流和压力恢复。

的数据，但围绕在移动的自行车运动员周围的气流与静止的地面以及通常旋转的腿之间的相互作用降低了骑在无整流罩车辆上的自行车运动员的风洞数据的准确性。

NACA 0021

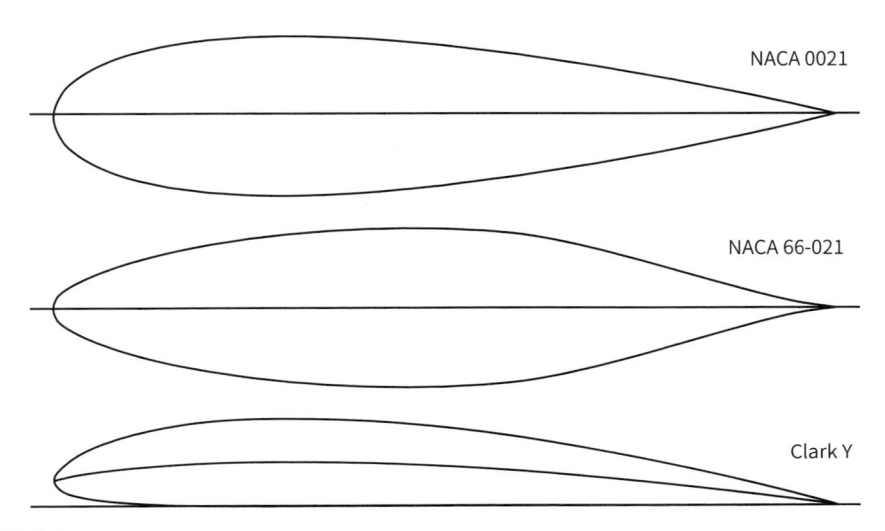

NACA 66-021

Clark Y

图 5.2
低阻力外形：美国国家航空咨询委员会（NACA）0021 和 66-021 型，以及带有外倾角的 Clark Y 机翼剖面。

阻力和阻力系数

空气动力学实验的一个目的是测量物体的阻力系数 C_D，定义为无量纲量 $C_D \equiv$ 阻力 /（面积 × 动压），其中阻力 D 是相对流动方向上的力（公式中使用的面积 A 在本章后面的 "面积和阻力系数的定义" 中定义）。无论如何定义，乘积 $C_D A$ 是研究物体阻力时一个非常有用的系数，因为它可以在不知道或不定义 C_D 或 A 的情况下确定。阻力等于 $C_D A$ 乘以动压。本章后面的表 5.1 显示了各种类型自行车和其他机器的 $C_D A$ 值。

动态压强和空气密度

动压是气流在物体上施加的迫使其静止的最大压强。在低速（例如，低于 45 米 / 秒或 100 英里 / 时）时，$V^2 \rho / 2$（其中 ρ 是空气密度，单位为千克 / 立方米，V 是空气速度，单位为米 / 秒）非常接近动态压强［单位为国际单位帕斯卡（帕）或牛 / 平方米］。第三章讨论了空气密度、空气压强 P 和绝对温度 T（单位：开尔文）之间的关系［$\rho=P/(287\,T)$］，图 5.6 提供了"美国标准大气"的 P 值和温度（单位：摄氏度）。例如，在海拔 2000 米处创下的 35 米/秒的 HPV 速度纪录将涉及约 600 牛/平方米的动态压强，即环境温度为 12 摄氏度时 80 千帕的环境空气压强的 0.75%。天气和湿度也会导致进一步的小压强变化［有关详细说明，请参阅谢尔奎斯特（Shelquist）（2016），有关易于使用的计算器，请参阅格里布尔（Gribble）（2018）］。

［此处的单位和数值注释：1 巴 =1000 毫巴 =10^5 帕 ≈ 0.987 标准大气压 ≈ 14.5 磅力/平方英寸 ≈ 750.1 托（毫米汞柱）≈ 29.53 英寸汞柱（一个大气压可支撑的汞柱高度）。以开尔文（K）为单位的绝对温度是以摄氏度（℃）为单位的温度加上 273.15。干燥条件下，在 16 摄氏度（60 华氏度）时，海平面空气密度约为 1.2 千克/立方米；在 38 摄氏度（100 华氏度）时，海平面空气密度约为 1.14 千克/立方米。如果湿度为 100%，则在较低温度下密度下降约 1%，在较高温度下密度下降约 2.5%。强高压区和低压区之间因天气而产生的压差约为 50 毫巴。］

面积和阻力系数的定义

上一节给出的阻力系数 C_D 公式中使用的面积可以用几种不同方法定义，每种方法都会导致不同的定义和不同的系数值。最常用的定义是迎风面积，除非另有说明，否则本书使用阻力系数的形式就是使用该面积定义：阻力 =C_D× 迎风面积 × 动压。

另一种形式的阻力系数是根据阻力切向作用的物体表面积定义的，仅用于细长或流线型物体（或板或管），阻力主要来自表面摩擦，而不是来自钝体产生的涡流。这是暴露在气流中的整个表面积，通常称为浸湿面积；本书将该表面积称为 S_A，其匹配阻力系数称为 $C_{D,SA}$。对于给定条件下的给定物体，由于表面积大于迎风面积，因此表面积阻力系数小于迎风面积系数。球体的表面积与迎风面积之比为 4.0。对于具有球形端部的直径为 d 的长圆柱体，比率为 4×($1+l/d$)，其中 l 是圆柱体直段的长度。与气流对齐的圆端圆柱的 C_D 测量值随 l/d 增大而增大，而 $C_{D,SA}$ 值随 l/d 增大而减小，以补偿增加的表面积（图 5.3）。

图 5.3

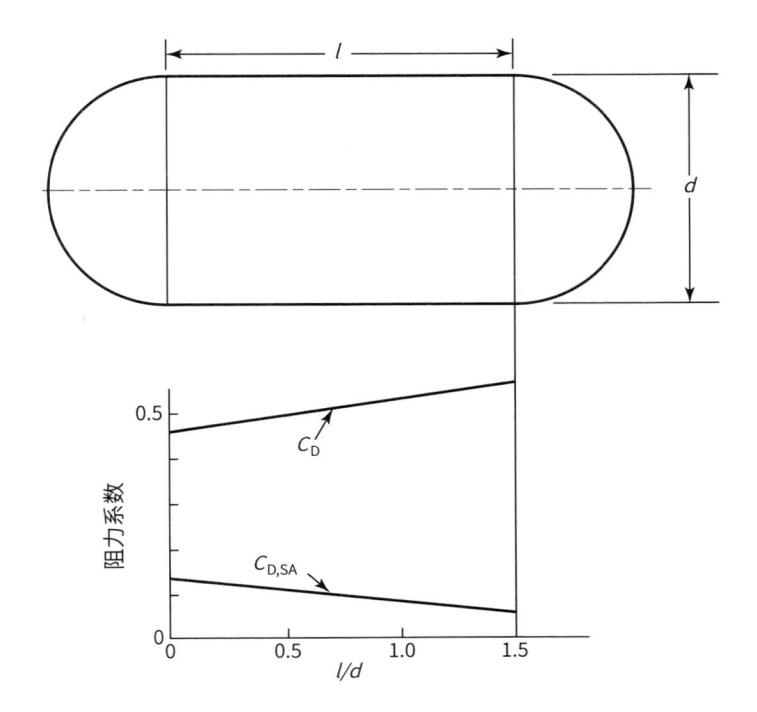

圆柱的迎风面积（C_D）和表面积（$C_{D,SA}$）阻力系数。

以下逸事说明了区分阻力系数中提及的两种面积定义的重要性。在角逐速度奖（第一个速度达到 29 米/秒或 65 英里/时的人力车）的早期，麻省理工学院的一名学生认为他可以将许多踏板组装在一条线上，这样它们的迎风面积就与一个踏板的迎风面积相同。他发现一个流线型的单人斜躺式自行车的阻力系数为 0.15，迎风面积低于 0.5 平方米。若单车速度要达到 29 米/秒，那么阻力大约是 38 牛，克服空气阻力所需的功率达到 1100 瓦以上。他决定制造一辆可载 10～15 名车手的车辆，且车手位置呈直线，这样迎风面积就和一个车手的迎风面积相同，因此（他认为）阻力也是相同的，所以为克服空气阻力，每名骑手的做功功率仅为 110 瓦。他自信地预测自己的车速可达到 80 英里/时，即 36 米/秒。

但种种原因导致车辆发展相当缓慢。该设计师错误地认为，基于迎风面积的阻力系数不会随着车长的增加而增加。事实上，该车的阻力是相同迎风面积的单人整流罩车的 4 倍。因此，在计算流线型物体的阻力时，最好使用基于表面积的阻力系数。然而，只要不将一种配置的实验值应用于完全不同形状的分析，就可以放心地使用任何一种形式。

专业教科书进一步使用面积-系数配对。本章后面将使用的一个常见系数是翼型的平面面积（跨度乘以平均弦，略小于浸湿面积的一半）及其相关阻力和升力（垂直于流动方向的力）系数，这两个系数都高度依赖于气流的入射角。特别是，这种形式的阻力系数在零入射角时非常低，因为它实际上就像翼型迎风面积除以弦厚比的阻力系数 C_D。在 90 度的入射角下，它就像侧面固定的翼型的正面阻力系数 C_D。但是翼型的用途是介于两者之间的区域，本章稍后将讨论几个有趣的事情。

仅与给定表面积明确相关的表面摩擦系数通常标记为 C_F。无论使用什么系数，只要它与正确的面积配对，乘积 C_DA 将始终相同，并且等于 C_D 为 1 的相应迎风面积的乘积。许多车辆的零件都有压力阻力和表面摩擦阻力。只要总 C_DA 已知，就没有必要分离这些部件，除非需要精确计算，包括速度相关性（如本章后面讨论的）。

边界层效应

只要空速高于"爬流"或层流速度范围（见下一节中对雷诺数的讨论），阻力几乎完全由压差阻力引起的物体（例如，垂直于流动方向设置的薄板）的阻力系数在空速下几乎是恒定的。但是，在不同的情况下，对所谓边界层的表面摩擦阻力有重大贡献的物体的阻力系数可能会有很大的不同。通常，该边界层中的流动可以以三种形式之一存在：

  1. 层流，其中流体层彼此平滑滑动，如图 5.1 中三个物体的前部。
  2. 湍流，其中边界层主要由小型、受限但强烈的旋涡组成，这些旋涡极大地增加了表面摩擦力，如图 5.1 中（c）所示，最有可能出现在车身后端的情况。

3. 分离流，其中边界层与主流一起离开表面，通常分解为大型无侧限射流或涡流，如图 5.1 中的（b）所示。

图 5.4 显示了作为雷诺数（Re，将在下一节中解释）函数的表面摩擦系数。图中较低的斜线称为布拉修斯线（Blasius line）（$C_F=1.328/\sqrt{Re}$），并显示了层流边界层的理论极限，它与 $Re=10^3$ 至 10^6 处的表面测量值密切相关。在 $Re=10^3$ 以下，阻力是纯黏性的（就像在蜂蜜中搅拌），而且要高得多，但对自行车零件没有影响，因为即使是制动索这样的小东西也会表现出较高的雷诺数，或者空速很低，阻力可以忽略不计。该方程可在任何情况下使用，直到 $Re>5\times 10^5$，通常直到 10^6，例外情况下直到 2×10^6，此时将达到极低的系数 0.001。

图中的上斜线称为舍恩赫尔线（Schoenherr line），显示了光滑表面上湍流边界层的实验极限。教科书公式 $C_F=4.27/[\ln(Re)-0.407]^{2.64}$ 可在通常有效范围 $Re>10^6$ 内近似为 $C_F=0.044\,Re^{-\frac{1}{6}}$。然而，雷诺数为 10^6 时容易出现湍流边界层，雷诺数低至 5×10^5 时更是如此。该图还显示了增加粗糙度的（测量）效果。

如果想要制造低阻力自行车外壳，边界层流动最好完全是层流，但雷诺数

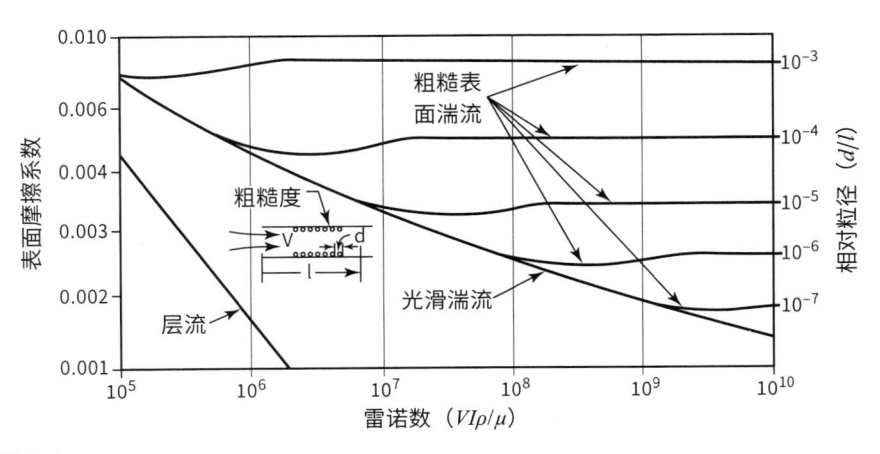

图 5.4

表面摩擦系数的层流（Blasius）和湍流（Schoenherr）极限，以及粗糙度测量值。[数据来自霍尔纳（Hoerner）(1965)]

尽可能高。长期以来，飞机设计师一直在努力使层流尽可能向后延伸，通过将最大厚度的区域移动到弦的中间，如图 5.2 中的美国国家航空咨询委员会 66-021 剖面所示。像 NACA 0021 这样的传统机翼剖面在弦杆前部的四分之一到三分之一处有这种情况。不幸的是，扩展层流边界层对扰动极其敏感。它们不仅可能变为湍流，而且有很强的从表面分离的倾向，从而产生特别高的阻力，因为气流分离阻止了沿着物体下游部分的大部分压力恢复。边界层越是附着在远离流线型表面上，压力恢复就越大，如果没有摩擦力，向前的推力将完全平衡机体前部的向后推力。

　　湍流边界层通常比层流边界层产生更高的表面摩擦；然而，与层流边界层相比，它们不太可能与相关表面分离。在低雷诺数下，迫使层流边界层在足够向前的位置变为湍流，以避免进一步下游分离的风险，通常会产生最低水平的综合阻力。在低速下，这可能需要将表面粗糙化，或在可能发生分离的位置之前安装绊线。空气动力学天才路德维希·普朗特（Ludwig Prandtl）的一项经典实验以图形的方式展示了这种效果［普朗特和蒂金斯（Tietjens），1934］。普朗特在气流中安装了一个光滑的球体，测量其阻力，并利用烟雾流观察气流。在层流分离中，甚至在达到最大直径［图 5.5（上）］之前就已分离的流体具有很大的阻力。然后，普朗特固定了一个细线环作为边界层触发，以迫使边界层在先前发生层流分离的球体上游部分变为湍流。边界层确实变为湍流，因此气流仍然附着在球体表面的更大比例上［图 5.5（下）］，并且阻力大大降低，这可以从更小的尾流中看出。高尔夫球制造商已经从中吸取了教训，并用棱角分明的凹坑使球表面变得粗糙，从而生产出可以飞得更快、更远的球。（凹坑与称为上旋的球体旋转相结合，还产生空气动力升力，这有助于增加球的飞行距离。）本章后面的边界层吸力部分讨论了另一种减少阻力的可能性：使用表面吸力将层流边界层的低动量内部拉出，以迫使其保持层流状态并保持附着状态。

雷诺数

　　对于任何一种形状的物体，控制阻力系数的变量是无量纲雷诺数（Re），

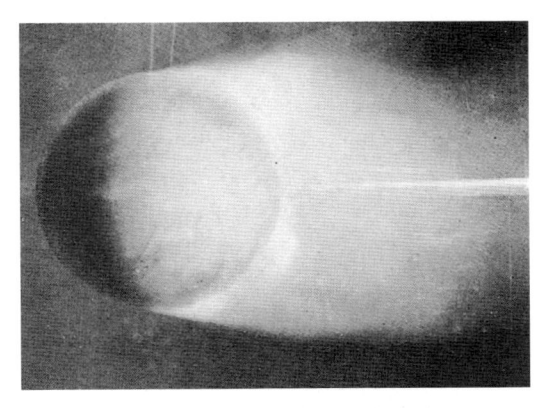

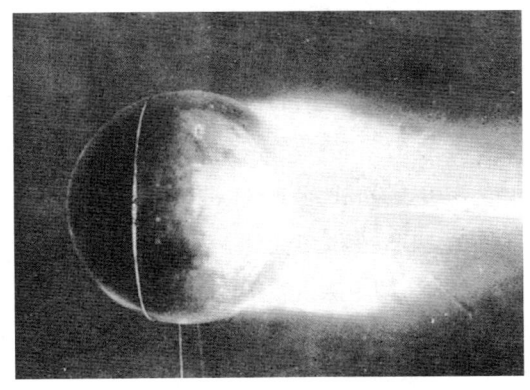

图 5.5
粗糙度对光滑球体阻力的影响。(选自普朗特和蒂金斯,1934)

通常定义为 $Re=Vl\rho/\mu$,其中 V 是流体(通常是空气或水)相对于形状表面的相对速度;ρ 和 μ 分别是流体的密度和黏度;l 是一个长度或距离,必须根据所考虑的特定形状指定。对于球体和气流与轴线垂直的圆柱体而言,规定长度是直径。对于整流罩等流线型体来说,通常气流方向上物体的长度就是规定长度。对于飞机机翼而言,这个长度指的是弦长。对于在海平面压强和室温下在空气中运动的球体,给出了一个近似公式 $Re \approx \frac{2}{3}$ 直径(米)× 速度(米/秒)×10^5。在这种情况下,任何规定长度 l 和速度 V 的经验法则为 $Re \approx 66666\ lV$。任何压力和温度下空气中的雷诺数都可以使用黏度作为温度的函数的近似值(称为萨瑟兰定律)以及理想气体定律来确定。如第三章所述和本章前面所述，理想气体定律用于确定空气密度作为压强和温度的函数。μ/ρ 的量称为运动黏度（ν）。将这两个函数混合在一起，得出运动黏度的以下公式（以国际单位制为单位）：

$$\nu \approx 41.84 \times 10^{-5} T^{2.5} / [P(T + 110.4)]$$

其中，ν 以平方米/秒为单位，空气温度（T）以开尔文为单位，空气压强（P）以帕斯卡为单位。Re 则为 Vl/ν。气压 P 可直接用气压计或高度计测量，或根据图 5.6 中的海拔高度确定，图 5.6 还给出了美国标准大气的温度。尽管为了准确起见，实际温度应符合该标准温度，但在大多数情况下，由于天气造成的任何压强偏差都是可以容忍的。例如，对于一辆 2 米长的整流罩自行车，在 1000 米的高度以 10 米/秒的速度移动（对应于美国标准大气图 5.6 中 18 摄氏度的温度和 90 千帕的压强），公式为 $\nu \approx 1.675 \times 10^5$，因此 $Re \approx 1.19 \times 10^6$。

雷诺数的一个有用应用是在模型试验中。例如，整流罩的全尺寸风洞试验非常昂贵。可以在较小的风洞中测试较小比例的模型；然而，风速必须按与长度相同的系数放大，因此进行此类测试可能不太容易。用于测试 NACA 翼型的风洞（在本章后面的支柱和整流罩的翼型部分中讨论）甚至加压至 10 巴，以达到较高的 Re 值。然而，根据温度的不同，模型可以在相同雷诺数下完全浸没在水中，以降低 10~15 倍的速度进行测试。合适的水洞很少，但天然溪流足以进行比较阻力测量，或者可以在静水中的特定水深释放浮力形状，并定时向上移动。当然，这只适用于保持稳定姿态的形状。关键是，物体在水中的摩擦行为与在相同雷诺数下在空气中的摩擦行为完全相同，前提是物体在水中的深度足够深，不会在表面产生波浪，并且速度足够低以至气流被视为不可压缩。水的黏度也与温度有关，但与空气的黏度方向相反。水的黏度 μ 在 5 摄氏度时约为 0.0015 帕秒，在 10 摄氏度时约为 0.0013，在 20 摄氏度时约为 0.001，在 30 摄氏度时约为 0.0008。在此温度范围内，水的密度从 1000 千克/立方米开始变化很小，因此 ν 变为 1.5×10^6 平方米/秒，依此类推。

到目前为止讨论的雷诺数形式是一种平均值。遇到形状最前面部分的流体

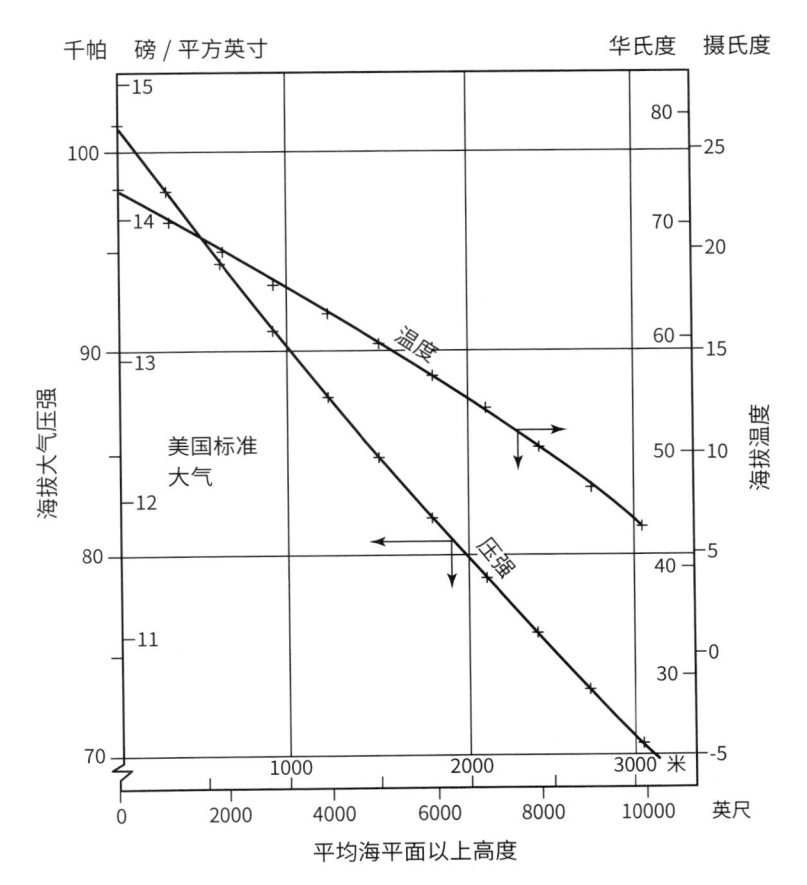

图 5.6
美国标准大气。（数据来自美国政府）

当然无法知道形状下游的长度。因此，在流体沿地表移动开始时，瞬时局部 Re 非常低，并随时间和距离增加而增加。因此，大多数形状在开始时都有层流边界层，只有当局部 Re 足够大时，边界层才会变成湍流或分离。

不同物体的阻力系数与雷诺数的关系

不同物体的阻力系数与雷诺数的关系如图 5.7 所示。由图可知，雷诺数大于 3×10^5 时，即使光滑的球体也不需要绊线或粗糙表面来引起湍流，因为在此条件下，层流边界层会自动变成湍流。当速度和雷诺数变大，边界层变成湍流

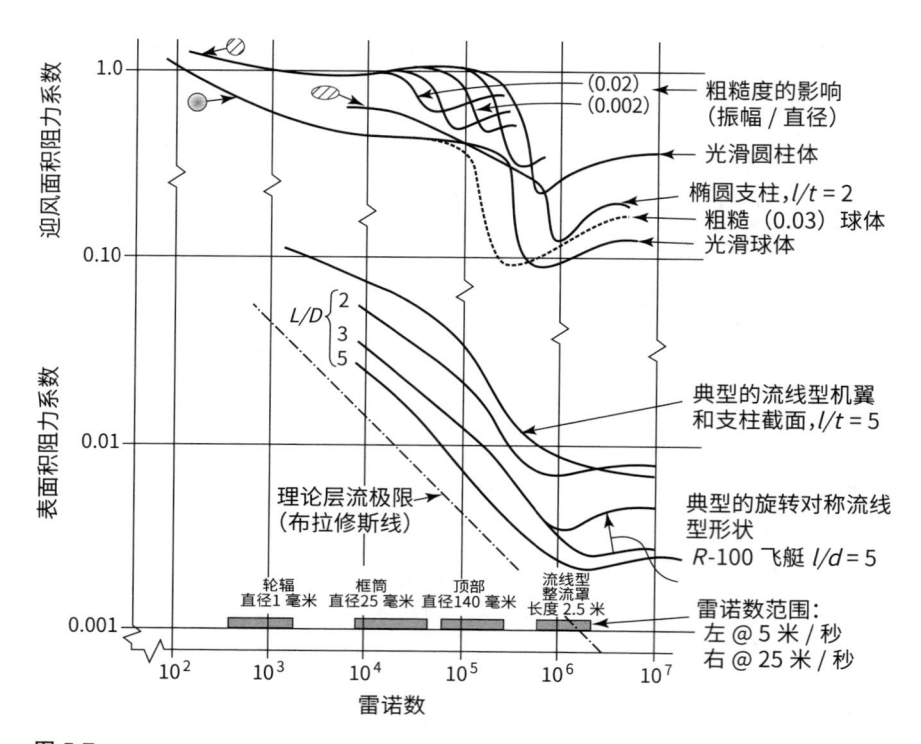

图 5.7

有用形状的迎风面积（C_D）（图的上部）和表面积（$C_{D,SA}$）（下部）阻力系数与雷诺数的关系，以及 $C_{D,SA}$ 的理论极限。数量 l/t 是指物体的长度与厚度（或长度与直径）之比。[数据来自霍尔纳（1965）和其他来源]

时，光滑球体的阻力系数从 0.47 急剧下降到 0.10。然而，一个直径约 40 毫米的高尔夫球以 75 米/秒 的初始速度驱动，其开始时的雷诺数为 2×10^5，如果它是光滑的，它将处于图中的高阻力系数区域。球的凹陷移动了过渡到较低雷诺数的点，并导致 C_D 值较低。因此，有点自相矛盾的是，粗糙的表面会导致低水平的阻力。

与高尔夫球相比，骑自行车的人行驶速度要慢得多，但等效直径更大，因此两者的雷诺数可能相似。为了简单起见，可以将使用直立姿势的自行车骑手视为垂直于流体的光滑圆柱体，其曲线如图 5.7 所示。如果取直径 600 毫米的圆柱体代表一个普通人，并使用 5 米/秒的速度，则 $Re=2 \times 10^5$，这比大约

4×10^5 的过渡区域的 *Re* 小。因此，在过渡区速度方面，穿粗糙的衣服可能有一些优势。大多数骑自行车的人已经意识到，通过穿上雨天的斗篷或雨披，将自己变成光滑但高度非流线型的身体（见图 5.9 以及 "部分整流罩和完全整流罩"），通常会在不增加横截面积的情况下大大增加风阻，从而带来速度损失。也许编织到斗篷材料中一些绊线会是有益的。更好的办法是采用某种类型的框架，可以将斗篷转换为低阻力形状。阿奇博尔德·夏普在 1899 年提出了这样的方案，并且在那个时候出售了带有充气边缘的斗篷。（有关现代变体，请参阅 "部分整流罩和完全整流罩"。）

大多数日常自行车运动发生在雷诺数为 $1 \times 10^5 \sim 4 \times 10^5$ 的范围内，在此范

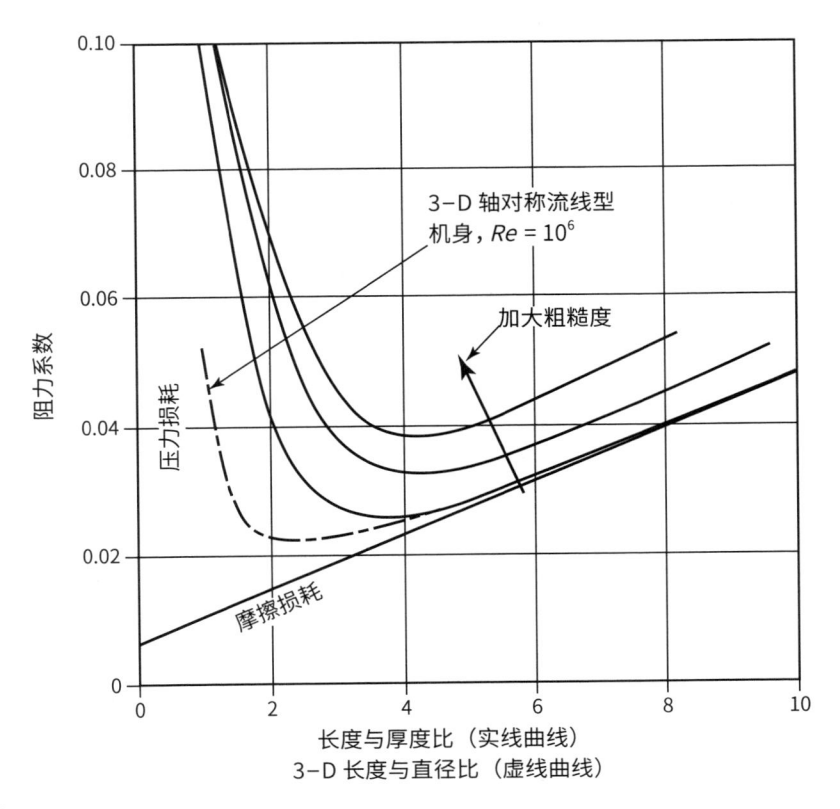

图 5.8
机翼和支柱截面以及三维流线型机身的最佳长厚比。[数据来自霍尔纳（1965）和其他来源]

围内，使用某种形式的实用低阻力形状作为外壳或整流罩，可将空气阻力降低近90%。用于赛车或创造速度纪录的专用整流罩可以更大程度地减少阻力。

随着雷诺数的增加，低阻力形状通常不会表现出从高阻力（分离流）到低阻力（附着流）的急剧转变。相反，随着雷诺数的增加，边界层从层流到湍流的过渡点倾向于向上游移动到物体的前缘。因此，图5.7中给出的流线型（例如飞艇）阻力系数显示，随着层流区域中雷诺数的增加，阻力系数持续减小，然后适度上升至完全湍流状态，然后持续减小。人力车辆流线型整流罩的雷诺数位于3×10^5和3×10^6之间的有趣区域，在该区域内，会发生从高阻力到低阻力的过渡，但也会出现大约0.002的最小可能$C_{D,SA}$值。

阻力系数通常不会随着速度或雷诺数的增加而迅速下降，以抵消对更大推进功率的需求，而推进功率随速度的立方增加而增加。然而，假设某些物体在阻力系数随V增大而迅速减小的特定条件下可以加速20%~30%，而不增加功率。

图5.8中的曲线取自霍尔纳（1965），表明对于基于最大横截面（或迎风）面积的阻力系数，最小阻力系数由长度与最大厚度或直径比为3:1~4:1的流线型形状给出。

支柱和整流罩的翼型截面

阿博特和登霍夫（1959）的《机翼截面理论》广泛可用，提供了NACA翼型等方面的数据，NACA翼型使用系统方案命名机翼截面；例如，名称中的一个或两个前导零通常表示对称截面，名称的最后两个数字通常以百分比表示最大厚度。这些机翼截面（以及更多）的规格也可从Selig 2019的大型数据库中获得。它们是为飞机机翼、螺旋桨和支柱设计的，但一些对称部分可用于低阻力整流罩和雨篷的主要部件。

阿博特和登霍夫的数据是二维的。他们的模型截面，大约1米宽，安装在风洞的墙壁之间，数据在雷诺数为3×10^6、6×10^6和9×10^6时精确测量。（相比之下，高速行驶的HPV的雷诺数大约为3×10^6。）

关于整流罩，有趣的是对称的NACA 0024（类似于图5.2中显示的略薄的

NACA 0021）截面，其最大厚度为弦的 24%，位于距机头弦的 30%，与 GOE 776（哥廷根）几乎一模一样。最小 C_D 值范围为 0.0075～0.0085。雷诺数越低，C_D 值越高，对于该截面［使用马克·德勒拉（Mark Drela）的程序 XFOIL 从 Airfoiltools.com 计算得出的值（见德勒拉和扬伦［Youngren］［2013］）］，$Re=10^6$ 时，C_D 值增加到 0.01；$Re=10^5$ 时，增加到 0.03；$Re=50000$ 时，增加到 0.06。（空气动力自行车车架的流线型部件的雷诺数远低于 50000。）这些 C_D 值不直接适用于整流罩，因为它们与机翼面积有关，因此不代表整流罩的三维性质，但它们有助于比较和显示阻力对雷诺数的强烈依赖性。

NACA 00×× 系列和类似的标准翼型，其最大厚度约为前翼部分弦的三分之一，该设计用于避免边界层过渡效应导致阻力系数的突然变化。层流翼型通过将最大厚度从机翼前部进一步向下移动，延迟了气流从层流到湍流的过渡，这可能会产生较低的 C_D 值。例如，对于先前给出的高雷诺数范围（3×10^6、6×10^6 和 9×10^6），NACA 66-021 截面（弦长 45% 处厚度为 21%，见图 5.2）的 C_D 值为 0.0035～0.0055，对于低雷诺数范围（10^6、10^5 和 50000），C_D 值为 0.009～0.05。对于 $Re=9 \times 10^6$（只有非常大和快速的 HPV 才能达到），与标准翼型相比，改进幅度是两倍以上，但对于 $Re=50000$，改进幅度非常小，数据也显示出对精确流动方向和表面粗糙度的高度敏感性。仅仅是轻微的侧风就可以将 C_D 值推高至 0.07（在低 Re 时），粗糙的表面可以将阻力增加至三倍（在高 Re 值时）。缺陷、灰尘、振动或轻微的侧风可能会破坏阻力系数 C_D 的改善，使 C_D 值高于更宽容的标准形状和更柔和的尾角。因此，尽管在有利的条件下（例如，将试验对象投放到静止的海洋中），可以在高雷诺数下通过层流达到极低的 C_D 值，但自行车整流罩在受到振动、污垢和湍流的情况下可能无法达到这些值，因此，对于此类整流罩，最好使用更标准截面。更厚的翼型截面可以减少整流罩所需的最小长度和表面积。Eppler 863 翼型是为整流罩支柱设计的（见图 5.1）。它在弦长 28% 处厚度为 36%。C_D 值范围为 0.015～0.15，$Re=50000$ 至 10^6。与较薄的截面相比，这种性能看起来相当差，但机翼的表面积减少可以弥补这一点，至少当支柱在 $Re=10^6$ 时如此。

减少自行车的空气动力阻力

为了减少自行车和骑手的风致阻力，有两种选择：减少骑手和车辆的迎风面积或减少骑手和车辆的阻力系数。多年来，骑手只能采用其中一种办法来降低风阻，直到最近才开始尝试同时减小迎风面积和阻力系数。而这一结果非常显著，表 5.1 中收集了一些有趣的和典型的数据［来自格罗斯（Gross）、凯尔和马莱维奇（1983），以及威尔逊（1997）］。表 5.1 的前两列显示的是有关阻力系数和迎风面积的数据，第四列显示的是两者的乘积 C_DA。对于直立通勤自行车或实用自行车，这三个量的典型值分别为 1.15 平方米，0.55 平方米和 0.63 平方米。这种自行车和骑手以及这组值通常被视为基本情况，可以对其进行改进。（该值包括骑手，对于非常高大的人，该值略高，而对于儿童或较低的人，该值略低。）

直立骑行姿势

一个明显的减阻方法是骑手从完全直立的姿势切换到提供较少迎风面积的姿势。所谓的骑行姿势，即骑手的手放在车把的顶部，是在骑公路自行车（车把弯下的自行车）时使用的。该姿势将阻力系数从约 1.15 减小到 1.0，将迎风面积从 0.55 平方米减小到 0.4 平方米，将 C_DA 值从 0.63 平方米减小到 0.40 平方米。表 5.1 的第五列数据显示了驱动轮在 10 米/秒（22 英里/时）时克服空气阻力所需的功率，空气阻力在无整流罩自行车上成为主要阻力。本列中的数据立即说明了为什么普通人不以 10 米/秒的速度骑直立自行车上下班（除非有动力辅助）：以这种速度驱动自行车需要 345 瓦（接近半马力）才能克服空气动力阻力。骑手还必须将动力输入踏板，以弥补传动装置中通常很小的损失，并弥补轮胎在道路上的滚动摩擦，最后三列给出了一些典型数据。因此，以 10 米/秒的速度驱动直立自行车所需的总功率超过 400 瓦（包括抵消传输损耗所需的功率，未在表中显示），NASA 发现健康男性仅能维持 1 分钟（图 2.4）。只要换上公路自行车并使用巡航姿势，所需的总功率（在平静风条件下的平地上）将减少到约 275 瓦，图 2.4 显示，名义上健康的男性可以维持大约 30 分钟，

表 5.1　自行车阻力系数等数据

车辆和骑手	迎风面积阻力系数, C_D	迎风面积, A 平方米	平方英尺	阻力面积, $C_D A$ 平方米	10米/秒（22英里/时）时克服空气阻力的功率 瓦	千克	C_R	在规定总质量和滚动阻力系数 C_R 值下，克服10米/秒滚动阻力的功率 瓦
直立通勤自行车	1.15	0.55	5.92	0.63	345	90	0.0060	53
公路自行车，巡航姿势	1.0	0.40	4.30	0.40	220	95	0.0045	38
赛车，骑手蹲伏式，紧身衣	0.88	0.36	3.90	0.32	176	81	0.0030	24
带有整流罩的 Zipper 公路自行车	0.52	0.55	5.92	0.29	157	85	0.0045	38
配有充气套装和下裙板的 Aeroshell 公路自行车	0.21	0.68	7.32	0.14	78.5	90	0.0045	40
非流线型长轴距躺式自行车（易赛）	0.77	0.35	3.80	0.27	148	90	0.0045	40
流线型长轴距躺式自行车（阿凡达蓝铃）	0.12	0.48	5.0	0.056	30.8	95	0.0045	42
维克多流线型三轮躺式自行车，单人	0.11	0.42	4.56	0.047	25.8	105	0.0045	46
凯尔流线型公路自行车	0.10	0.71	7.64	0.071	39.0	90	0.0045	40
M5 流线型躺式自行车	0.13	0.35	3.77	0.044	24.2	90	0.003	26
Flux 短轴距，后整流罩自行车	0.55	0.35	3.77	0.194	107	90	0.004	35
莫泽自行车	051	042	4.52	0.21	118	80	0.003	24
非流线型 Radius Peer Gynt 躺式自行车	0.74	0.56	6.03	0.42	228	90	0.0045	40
配有前整流罩的 Peer Gynt 躺式自行车	0.75	0.58	6.24	0.44	240	93	0.0045	41

这是一个典型的通勤时间。（能够以恒定的速度通勤 30 分钟是不寻常的，但如果典型的男性能够做到这一点，那么距离大约为 18 千米或 11 英里。）如果骑手使用赛车，阻力会进一步显著降低。（赛车实际上与上例中使用的公路自行车几乎没有什么不同，但表中规定了较轻的重量和迎风面积，包括紧身衣服的影响和把手完全垂落的影响；此外，滚动阻力的数字意味着使用了高压轮胎。当速度大于 10 米／秒时，宽松的衣服会增加 30% 的空气动力阻力。）在这样一辆自行车上，阻力系数降低到 0.88（主要是因为车头在车手圆背的前面向下），迎风面积为 0.36 平方米，C_DA 下降到 0.32 平方米。以 10 米／秒的速度行驶所需的功率（包括轮胎和传动装置损耗）约为 210 瓦，根据 NASA 的说法，典型的健康人可以维持近 1 小时。然而，骑这种自行车的人更有可能像 NASA 的"一流运动员"，图 2.4 显示，他们能够无限期地以 10 米／秒的速度骑行，这可能被解释为直到必须满足对食物、睡眠或身体其他需求时才会停下。

在计时赛中，通常会使用一种更具空气动力学的姿势：称为三把的特殊车把使前臂在胸前彼此平行，从而将 C_DA 进一步减少到 0.21 平方米（参见布罗肯等人 2013 年的报告，其中还报告了弯把自行车手的 C_DA 值为 0.25 平方米，直立自行车手的 C_DA 值为 0.27 平方米）。1993 年至 1996 年间，几位自行车赛车手为车手开发出了符合空气动力学原理的最佳姿势，并创造了小时纪录，但由于这些姿势后来被禁止使用，这些纪录从未被达到或超过。如今的计时赛姿势使车手在 1 小时比赛中的速度比克里斯·波德曼的最佳时速纪录 56.375 千米慢 10%～12%（或大约 5～6 千米／时），而他使用的手臂姿势让人联想到超人。

俯卧、仰卧和躺式自行车

只有改变踏板位置，才能将自行车及其骑手的迎风面积减少到传统赛车所需的面积以下。头朝前、面朝下水平身体（俯卧）蹬踏和脚朝前、面朝上水平身体（仰卧）蹬踏（严格来说，需要潜望镜或其他装置才能让骑手看到他们要去哪里）的自行车，以及各种所谓的躺式自行车，都取得了速度纪录。纯粹主义者会说，完全躺式的骑行是仰卧的，严格来说，躺式的骑手使用的姿势实际上是半躺式的。然而，这种半躺式的自行车在英语国家被称为躺式或"弯式"

（在欧洲被称为 Liegerad、vélo-couché 或 ligfiets）。表 5.1 显示了一种著名的成功躺式自行车，即易赛（Easy Racer），其阻力系数为 0.77，迎风面积为 0.35 平方米，阻力面积为 0.27 平方米，大大低于痛苦的蹲式赛车的值。在千禧年之交，躺式越来越受欢迎，其中有一个主要原因：它可以同时兼具快速和舒适。（这些数据可能不具代表性：表中也给出了对躺式自行车 Radius Peer Gynt 的测量值，其中，测量的阻力值相当高。）

部分整流罩和完全整流罩

负责常规自行车比赛规则的组织 UCI 宣布大多数旨在减少空气动力阻力的措施都是非法的，包括使用躺式骑行姿势，甚至还裁定格雷姆·奥布雷（Graeme Obree）采用的比赛蹲姿形式是不允许的。奥布雷在 1993 年两次打破了 1 小时距离纪录，第二次达到 52.7 千米。然而，本书旨在为所有规则（包括 IHPVA、WHPVA 和 WRRA 的规则）下的赛车提供有用的数据，而不仅仅是 UCI 的规则，以及那些只想用肌肉以尽可能快的速度或尽可能少的努力以选定的速度行驶的人。对于这些人来说，躺着或使用流线型方法，包括部分或完全流线型外壳或整流罩，提供了诱人的潜力。整流罩也会增加自行车的重量，使其更笨重，更难携带和运输，在目前的开发阶段，进入和退出配备整流罩的自行车可能需要骑手相当长的时间。因此，许多人为自行车的前部或后部设计了部分整流罩，通常更多的是出于实用而非空气动力学的原因。

表 5.1 中列出了具有前置局部整流罩的自行车的相关数据，这是一种早期型号，称为 Zipper。相对于蹲式赛车来说，装有整流罩的自行车 Zipper 的阻力系数和 C_DA 值较低。然而，在为德国自行车杂志《旅行》（*Tour*）进行的测试中，如果将局部整流罩安装在轴距较长的躺式自行车 Peer Gynt 上，其阻力系数和迎风面积会稍有增加。文章附带的注释指出，整流罩位置的微小变化会产生相对较大的阻力变化。图 5.9 显示了某些二维和三维形状（霍尔纳，1965）的阻力系数，包括一些可用作前整流罩的形状。前整流罩所赋予的空气动力优势一直存在争议，这似乎需要研究整流罩和骑手之间不同设置和间距下的流动模型。

1899年，阿奇博尔德·夏普建议使用充气管将雨披、斗篷或其他衣物制成空气动力学形状。保罗·范·瓦尔肯伯格（Paul Van Valkenburgh）在Aeroshell中提出了这一想法，他设计了一套充气"套装"和一个裙板，以将形状延伸到接近地面的位置，如表5.1所示，将阻力降低到了赛车阻力的一半以下。

瑞士自行车运动员奥斯卡·埃格（Oscar Egg）在1914年骑着一辆标准自行车以44.247千米的成绩创下了"一小时骑行距离"的纪录，这一纪录保持了19年。1932年，弗朗西斯·福尔的维罗车（见第一章）在速度赛中实现了高速行驶，对此埃格十分兴奋，并着手开始试验利用尾锥来减少阻力［莫切特（Mochet），1999］（图5.10），但当时的测试并没有测到速度的提升。然而，将气动"尾箱"安装在躺式自行车座椅后以实现一些压力恢复成为当时减少阻力的一个普遍做法，尤其是在欧洲。表5.1还包括了装有后置整流罩的Flux短轴距躺式自行车的数据，数据显示其C_DA值远远低于非流线型的易赛躺式自行车。

表5.1还给出了几个具有完整整流罩的车辆数据，整流罩将骑手和车辆完

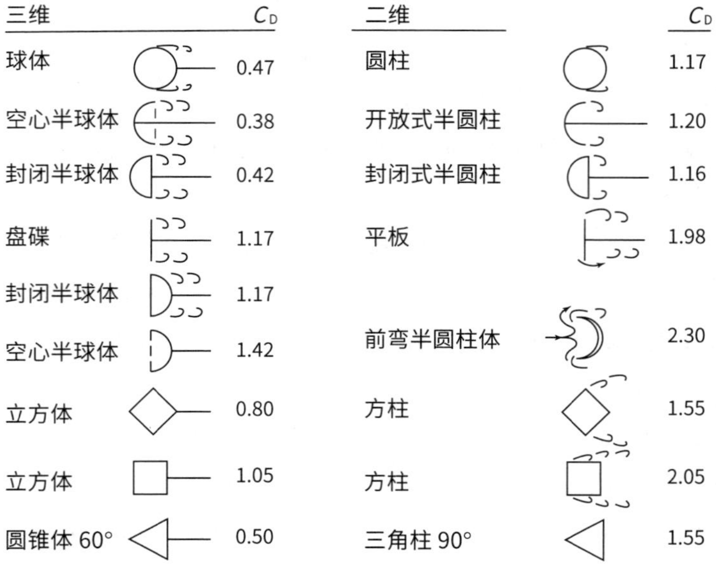

三维		C_D	二维		C_D
球体		0.47	圆柱		1.17
空心半球体		0.38	开放式半圆柱		1.20
封闭半球体		0.42	封闭式半圆柱		1.16
盘碟		1.17	平板		1.98
封闭半球体		1.17			
空心半球体		1.42	前弯半圆柱体		2.30
立方体		0.80	方柱		1.55
立方体		1.05	方柱		2.05
圆锥体60°		0.50	三角柱90°		1.55

图5.9

$Re=10^4—10^6$的各种形状的阻力系数。［数据来自霍尔纳（1965）和其他来源］

全包在其中。切斯特·凯尔的公路自行车整流罩阻力系数为 0.10，但如传统自行车一样，迎风面积较大，C_DA 值为 0.071 平方米。谈及基于迎风面积的阻力系数时，躺式自行车的阻力系数较高，因为骑行过程中躺式骑行姿势会产生较大的表面积，所以阻力较大，但其 C_DA 值非常低。阿凡达蓝铃（Avatar Bluebell）的 C_DA 值为 0.056 平方米，维克多躺式三轮车的为 0.047 平方米，布拉姆·莫恩斯（Bram Moens）的 M5 低速赛车的为 0.044 平方米（图 5.11）。车速为 10 米 / 秒时，M5 低速赛车为克服滚动阻力所需功率高于气动阻力（表 5.1）。

为纪录赛事而设计的完整整流罩必须经常封住骑手，骑手必须在骑行结束后从整流罩中出来。有许多折中的方法可以使整流罩在正常情况下更易于使用。

一种方法是缩短车尾，减小压力恢复，如图 5.12 所示。许多骑手在使用整流罩自行车上下班或娱乐时，喜欢把头伸出整流罩，并在整流罩上留有间隙以便进入。这种不连续性将限制其前方表面的层流范围；有关表 5.1 中相关自

图 5.10
利用尾锥来减少阻力。[来源于博奇（Borge）《自行车》，第 116 页]

图 5.11
布拉姆·莫恩斯和他的 M5 低速赛车。(布拉姆·莫恩斯提供)

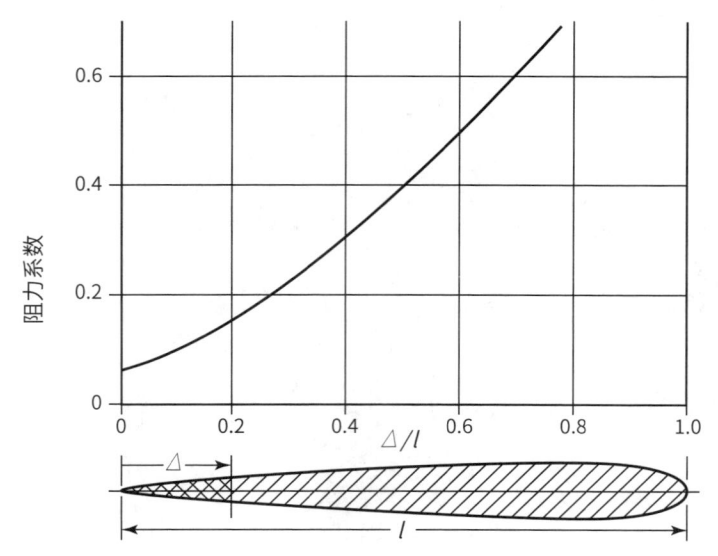

图 5.12
缩短车尾对阻力的影响。(数据来源于霍尔纳,1965)

行车数据的相关因素和插值方法的讨论，请参见凯尔 1995 年的著述。一些自行车在其完全整流罩上安装了脚挡板，这样自行车就可以在道路上使用了。图 3.5 显示了这样一台脚挡板关闭的车辆，图 5.13 所示的"闪电"骑手在织物整流罩上开了条缝隙，以便将脚穿过。

图 5.13
部分整流罩闪电 F40（Lightning F40），带额外织物。（迈克尔·安曼摄）

图 5.14
在法国南达克斯举行的 2019 年 HPV 世界锦标赛的公路比赛中，部分整流罩的 Birk Comet。（迈克尔·安曼摄）

部分整流罩在交通中更实用，仍然可以针对赛车进行优化。图 5.14 显示了一辆 Birk Comet，其车辆后部和骑手的头盔，以及车把和前叉，都尽可能是流线型的。

其他空气动力现象

边界层抽吸

分离流离开整流罩表面，要么是因为某种极端形式的粗糙度将其阻碍，要么是因为边界层变得足够厚，从而产生不利的压力梯度，将低动量内层（相对于整流罩表面的内层）向后推（相对）。因此，可以合理预期，通过整流罩表面的孔或狭缝吸走这些低动量层可以使先前分离的流体保持附着在表面上，从而实现压力恢复并大大减少阻力。

吸走边界层需要一些动力，但与节省的推进力相比，这可能是一个小数目。对于以 65 英里 / 时（约 29 米 / 秒）速度行驶的典型人力完全整流罩车辆，NASA 兰利研究中心的布鲁斯·霍姆斯（Bruce Holmes）计算出，如果没有层流，克服空气阻力所需的功率将为 225 瓦。然而，正常的自然层流预计将覆盖约 50% 的车辆表面，从而产生 160 瓦的阻力（见威尔逊，1985）。如果逐步施加吸力，直到 95% 的车辆表面具有附加层流边界层，克服阻力所需的推进功率预计约为 100 瓦，甚至更小，具体取决于实际雷诺数。图 5.4 显示，在几百万雷诺数下，从完全湍流状态到完全层流状态，表面摩擦系数 C_F 将是原来的 $\frac{1}{5}$。在这里的示例中，阻力将减少到 65 瓦。霍姆斯估计，对于 85 至 120 瓦的总功率要求，产生所需吸力所需的功率将低于 20 瓦，远小于无吸力的情况。

对于任何打算打破速度纪录的人来说，这都是一个诱人的前景，但在这方面必须谨慎。在实际情况下，可能需要比假设的功率更大的功率来吸走边界层。霍尔纳（1965）对吸力并不乐观，他认为，虽然使用吸力（$Re=10^6$）可以减少 30% 厚吸力截面的有效 C_D，从而将 C_D 从 0.025 减少到 0.01，但这一结果并不比使用其他无吸力的流线型截面所能达到的效果好。

表面粗糙度对流线型车身的影响

尽管如本章前面所述，流线型较差的物体上的粗糙表面可以在促进边界层流从层流到湍流的过渡方面提供优势，使物体尾部的压力得到更多恢复，从而减少阻力，但是毫无疑问，对于流线型物体（可定义为没有流体分离的物体）人们应该努力使表面尽可能光滑。1965 年，霍尔纳探讨了尼库拉兹（Nikuradse）关于管内流动的经典实验（图 5.4），显示了简单砂粒粗糙度对表面摩擦系数的影响。尼库拉兹的实验使用雷诺数长度即管道长度，粗糙度等差线表示为砂粒直径除以该长度。

霍尔纳（1965）还引用了一架眼镜王蛇（King Cobra）飞机机翼的飞行试验结果，该飞机机翼表面有瑕疵。去除这些缺陷可将低升力条件下的阻力（相当于 HPV 整流罩）降低 65%。

牵引、双人前后和并排骑行

骑自行车的人紧跟在另一个移动的物体后面行驶时，会进行配速、牵引或尾流，用它来破风。领先的钝体后面的旋涡（见图 5.1）甚至可能有助于推动尾随的骑手（另见第三章）。因此牵引是大规模比赛中一个很重要的策略。

当使用流线型整流罩时，骑手们发现，由于在空气动力学整流罩形状后没有尾随涡或大量捕获空气，因此在牵引方面似乎没有任何益处。事实上，本章后面报告的一些数据表明，牵引可能会对配备整流罩的自行车带来弊端。

霍尔纳 1965 年给出的、帕帕佐普洛斯和德勒拉（1998—1999）讨论的成对物体的阻力图，其中一些在这里复制，很好地说明了牵引中涉及的空气动力学现象。两个圆柱体粗略表示两个车手一前一后（图 5.15）。两者之间有大约两个直径的间隙，领先的圆柱体（或骑自行车的人）会减少约 15% 的阻力。后者的阻力几乎为零。当间距增加到四个直径或更多时，前者失去所有好处，而后者阻力变为了原来的 $\frac{1}{5}$。布罗肯和托帕拉尔（2015）调查了跟车给领先自行车手的"推力"。

图 5.16 提供了类似于图 5.15 中流线型圆柱体（支柱）的处理，这可以被视为代表 HPV 的二维（垂直）整流罩。当两个配备这种整流罩的 HPV 彼此相

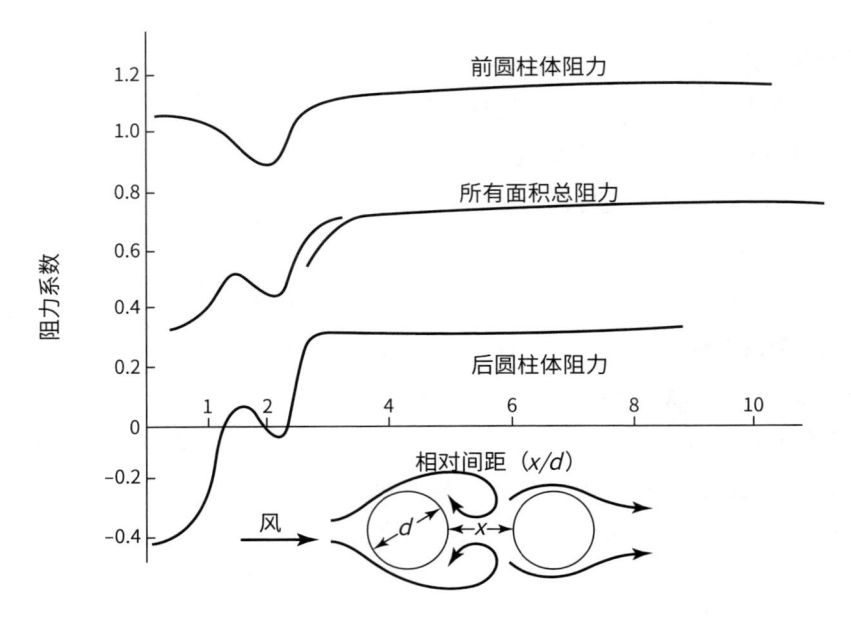

图 5.15
前后式的两个圆柱体的阻力系数。（数据来自霍尔纳，1965）

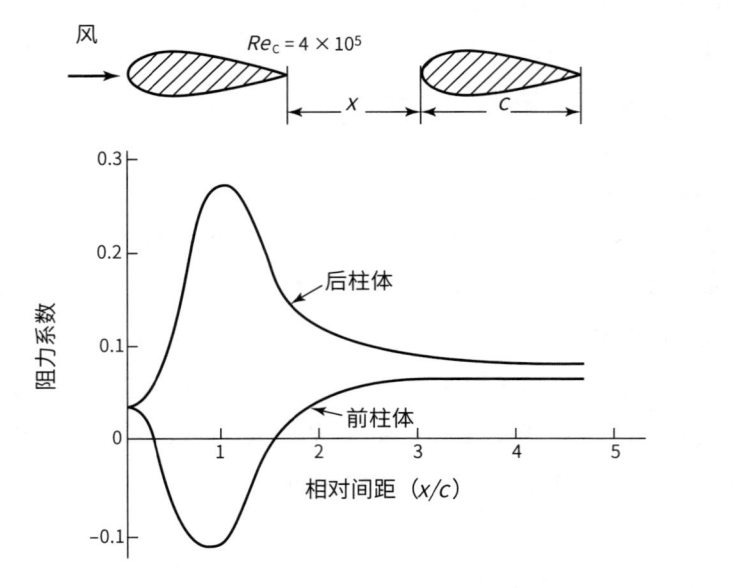

图 5.16
前后式的两个支柱剖面的阻力系数。（数据来自霍尔纳，1965）

距大约一个长度时，前面的实际上会受到推力，而后面车上的阻力是前一辆的 4 倍。据推测，来自第一个整流罩的尾流会导致第二个整流罩上的气流分离。因此，难怪（流线型的）HPV 比赛中的车手不会尝试互相牵引。

图 5.17 绘制了两个并排圆柱体上的阻力。当圆柱体接触时，这将使阻力比单独值增加约 25%。当两者距离为一个直径时，阻力在小范围内减小约 15%。这说明，在此间距下，两者间的相互作用可能与尾流有关。当两个流线型圆柱体（支柱）并排时（图 5.18），阻力在小间距时会大大增加，只有在相对间距大于四个直径时，阻力才会减小到单个值。

两人牵引已经在实验和模拟中进行了详细探讨。布罗肯等人（2013）确定，根据骑行姿势，从计时赛到直立骑行，在 15 米 / 秒的速度、自行车几乎贴近的情况下，后面自行车运动员的 C_DA 值可能会降低 15%～30%。不仅追随者受益，领先者也略有受益，可能是百分之几。因此，在布罗肯及其同事的研究中，平均效益（由总效益除以骑手人数确定）略高于 7.5%～15% 的减阻率。

如果紧随其后的自行车手数量增加，就像公路赛中的车队一样，紧随其后的自行车手的优势仍然存在，甚至增加到 40%［有关四名车手的数据，请参见德弗雷耶（Defraeye）等人（2013）］。从理论上讲，即使骑自行车的人越来越

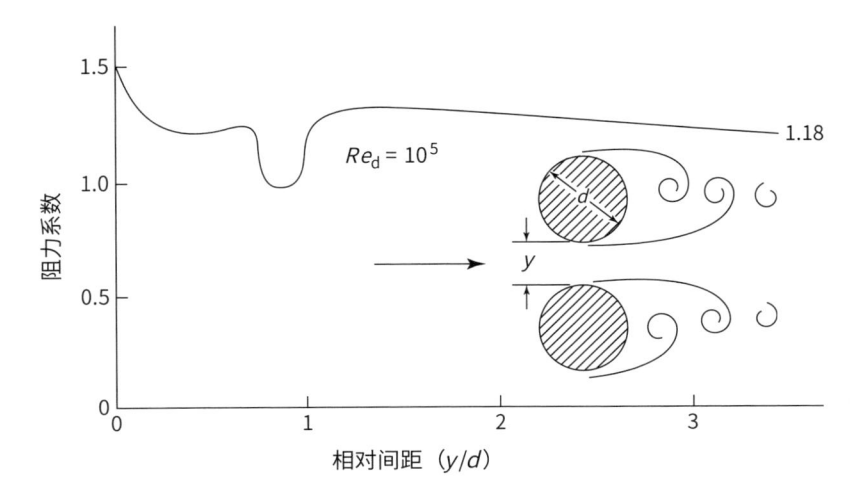

图 5.17
并列式的两个圆柱体的阻力系数。（数据来自霍尔纳，1965）

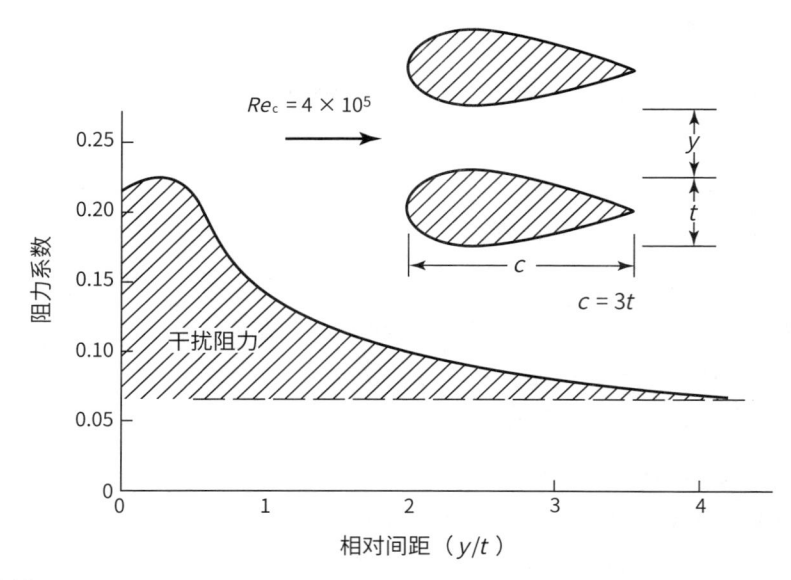

图 5.18
并列放置的两个支柱间的阻力。（数据来自霍尔纳，1965）

多，这一数字仍在继续增加。布罗肯等人（2018）分析了 121 名骑手的车队，结果表明，约一半骑手的阻力仅为单个骑手的 5%～10%，另一半骑手的阻力也大幅降低。旅行自行车骑手的获益略低于上述数字，因为骑手之间的间距较大，但此处引用的资料表明，当自行车相距一米时，阻力仍有较大的减少。

四人团体在 4 千米赛道上的最佳赛道时间（2016 年奥运会团体追逐赛）为 3 分 51 秒，与 1996 年和 2011 年的最佳个人成绩（男子个人追逐赛）4 分 11 秒相比，速度优势为 8%。由于功率与速度立方成正比，如果假设每个人的功率相同，并且忽略滚动阻力，则平均减阻为 $1-(1.08\,V)^3 \approx 20.6\%$。

如果牵伸有效的话，对于无整流罩、直立的双人自行车来说，它应该更有效，因为骑手之间的距离更近，车轮和支柱也更少。第二名骑手在领先骑手的后面受到牵引，因此除了第一名骑手产生的阻力外，几乎不会产生额外阻力。凯尔（1979）估计双人自行车的阻力优势为 50%，这将转化为大约 26% 的速度优势。塞弗特（Seifert）等人（2003）至少大概证实了这一点，他们比较了同一组骑行者骑双人自行车和单人自行车在 19～29 千米/时速度下的生理压力

（心率和乳酸浓度），发现在大约相同的应力水平（4.8~8 千米/时）下，双人自行车速度更具优势。多达 5 个车手的前后骑行可以获得更多的速度优势。

侧风和过往车辆产生的风荷载

所有骑在大型快速机动车辆频繁行驶的道路上的自行车骑手都经历过这些车辆通过时产生的侧风，但似乎没有关于实际自行车骑手所受横向力大小的实验研究报告。然而，近距离通过的车辆对骑自行车的人造成的危险显而易见，这不仅是因为这些车辆所施加的空气动力，还因为轻微的转向错误或不稳定可能导致的实际碰撞，而且越来越多的骑自行车的人死于同一方向行驶的机动车的碰撞。因此，许多国家和州建议甚至要求超车机动车和骑自行车者之间的最小通过距离。在澳大利亚，新南威尔士州规定超车时的最小通过距离为 1.5 米，或在限速为 60 千米/时或更低的地区超车时的最小通过距离为 1 米。在美国，32 个州要求最小通过距离为 3 英尺［见美国全国州议会会议（NCSL），2018］。

虽然在静止的空气中，所需的通过距离（经常不遵守）应该基本上足够了，但大风条件，尤其是涉及阵风侧风的情况，则完全是另一回事。除了它们通常表现出的非凡稳定性外，在侧风中无整流罩自行车几乎没有什么特别之处。（非凡是因为不常骑自行车的空气动力学家被要求预测自行车被 15 米/秒或 34 英里/时的阵风突然击中的路线，他会估计自行车在这些条件下是无法驾驭的，或者骑手会被迫大转弯以保持稳定性。）在这种情况下，大多数骑手可以相当精确地骑行（例如，在交通堵塞中或在强风中）。如在交通堵塞同时伴有强风，自行车骑行开始变得危险，尤其是当自行车手还要进行向后看、打信号和转弯等动作时。

然而，在侧风中骑一辆整流罩自行车是另一回事。即使使用前轮盘，也会使侧风行驶变得不可预测。完全整流罩的大侧面积在侧风中产生的横向气动力远远大于影响无整流罩自行车的横向气动力，本章后面将对此进行量化。整流罩自行车应该如何设计来应对这些空气动力？三轮车怎么样？一些开发人员已经详细研究了这些问题。

米利肯（1989）简单有效的实验表明，在大多数情况下，整流罩上横向流的气动压力中心应位于质心之前,以在侧风中提供良好的可控性。马特·韦弗(1991)建造了他的整流罩自行车"Cutting Edge",前轮纵向位于整流罩中间,将压力中心远远置于质心之前,明确目标是良好的侧风稳定。安德里亚斯·福克斯(Andreas Fuchs)(1993)详细讨论了这个问题,得出了与米利肯和韦弗相同的结论。彼得·夏普(Peter Sharp)在1994年的一项实验中确定,如果绳子系在车架前部附近,自行车突然被绳子拉向侧面,其恢复效果会比系在鞍座附近更好。约阿希姆·福克斯(Joachim Fuchs)(1996)在建造其整流罩自行车Aeolos时遵循了所有这些建议(图10.17),并报告说,由于其压力中心向前,在侧风中处理很容易且安全。

格洛格尔(Gloger)(1996)利用一台大型风扇和一架小型飞机产生人造侧风并进行了密集的侧风实验,实验中他骑着自己多种多样配置(如原版,加长车头,加长车尾,加裙板)的整流罩自行车Desira穿过测风。他通过视频检查量化了这些骑行,并通过问卷调查对它们进行了鉴定,实验还包括另一位没有经验的测试骑手。格洛格尔发现,自行车在遇到阵风时,在所有配置中的表现都是一样的:首先是背风位移,然后是向迎风的倾斜,使转向系统回到正轨。所有配置的位移均在1米左右,加长尾翼除外,加长尾翼的位移达到2米,有一次几乎为3米。倾斜度大多在5度左右;带有延伸尾翼的配置为9度,在一个案例中为16度。这位没有经验的车手在使用加长的车头时也发生了撞车事故。主观结果没有定论,只不过格洛格尔更喜欢他那辆原版的车(尺寸与Aeolos相似,但尾部截短)。

在一项深入研究中,包括瑞纳(Ruina)和帕帕佐普洛斯的康奈尔自行车方程式(见第八章)和早期研究人员的工作,安德里亚斯·福克斯(1998)坚持认为,如果阵风从侧面击中自行车,"风向标"行为会使自行车迎风行驶,改变倾斜角度和转向,并可能使其陷入危险。因此,他建议将作用力中心放在质心的前面。然而,福克斯也承认,在车轮空载的情况下,这种配置显然会在空气动力学上不稳定,例如,高速通过颠簸或山坡,即使没有风,也会放大任何偏航力矩。通常,设计用于在空中自由飞行的物体,如火箭和箭,都有尾鳍或羽毛使其笔直飞行。

三轮车的情况更难用视觉评估，因为它们不会倾斜。合著者 1986 年设计的整流罩三轮车具有巨大的后尾翼，重心非常靠前，速度非常稳定，从来没有遇到过阵风问题。西姆斯（Sims）(1998) 在他的 Greenspeed 三轮车上进行了一系列道路测试，发现转向稳定性得到改善是因为重心后增加了更多的横向面积。他设置的三轮车测试轨迹较小，这样当三轮车被推到一边时，转向就不会移动。然后，他在强风中进行了无整流罩测试，发现它完全稳定。然后，在安装前轮盘的情况下，其行为明显不稳定，而使用 0.2 平方米的尾翼，它又恢复了稳定。然后，他尝试了一个完全整流罩，但没有侧窗，这导致了在风中直线行驶能力的巨大下降，直到他将一个 0.4 平方米的大尾翼安装到车尾，才使操纵几乎完全稳定。

假设这两个学派都是正确的，那么一个整流罩 HPV 不能同时具有所需的侧风稳定性或可控性以及高速气动直线稳定性。福克斯（1993）对此进行了讨论，并建议，如果有任何可能失去对车轮的控制，则压力中心非常靠前的可控速度车［如 Leitra（见图 10.17）］的车手应限制下坡速度。

风帆自行车和整流罩 HPV

自行车有几种航行方式。人们尝试了传统的布帆和小型自调节翼帆。虽然它们在有利的条件下工作良好，但在大多数地方这种条件很少见。即使在理想的温和侧风吹来的地方，没有建筑物、树木或交通的阻碍，风帆自行车也很少出现。也许这项事业太冒险了，因为会有其他问题如交通堵塞，坡度太大，或者有时会有严重的逆风或阵风，或者更可能是风太小，帆必须收拢或以其他方式收起。对于大多数帆来说，顺风也不是很有用。风要么太弱，要么太强以至于没有帆也可以利用。伊斯万（Isvan）(1984) 对风帆自行车进行了广泛的分析，在这些自行车上，骑手被视为在所有气流方向上具有相同阻力的圆柱体。他得出的结论是：

- 90° 的侧风会使骑手减速；

· 90°到105°之间的风可能提供或需要额外的动力,这取决于自行车的速度;

· 与无风时间相比,环形路线通常需要更长的时间,大约30%(V_T/V)^2–5%(V_T/V),其中V_T是真实风速,V是自行车速度(对于非常大或很小的功率比无效)。

上述特征与某些地方流行的陆地或冰上游艇的性能形成了鲜明对比,这些游艇在海滩或结冰的湖泊上面临微风也能航行得很好。前者往往是不适合在道路上使用的三轮车,它们都没有额外的踏板以供实际使用,尽管带有风帆的滑板用途广泛,可以在各种环境中使用。无论如何,同时使用车辆上可用的两种动力源以实现长时间的混合动力运行是不可能的,如果有足够的风来加速,这些车辆就会行驶得很快,通常是风速的几倍。

完全整流罩的HPV在任何航行都更有可能被忽视,或者在阵风中弊大于利。不过,本章的其余部分将尝试量化在稳定风力下的可能性。

双层类比

我们这里做一个简短的讨论:帆船运动在原理上是如何工作的?在最基本的层面上,它涉及一个耦合到两个薄板或平面(机械表面)的载体,这两个薄板或平面相对于它和彼此移动。如果耦合是完美的(如齿条和齿轮),并且一切都没有摩擦,那么就可以使用机械齿轮以任何速度在任何方向上移动,并且很容易建立以其输入速度几倍移动的小型齿轮模型。然而,当其中一个或两个平面实际上都是流体时,完美的耦合就不可能了,除了摩擦产生的速度限制外,还有其他速度限制。

如果风从侧面吹来,陆地或冰上游艇可以轻松地以几倍于风的速度移动,并且它们可以以足够快的速度顺风转舵(即锯齿形),在风(原始空气包)到达之前直接到达顺风点。当然,它们可以逆风航行,但速度较慢。经过几十年的激烈讨论,实践也最终证明,如果陆地游艇安装了一个与轮子相连的高效空气螺旋桨,那么它可以直接顺风航行,速度比顺风快(纪录是风速的近3倍)。

（螺旋桨尺寸使车辆在除创纪录外的大多数用途中都不切实际。）很难理解这是怎么可能的，但卡瓦拉罗（Cavallaro）（2008、2011）和西马内克（Simanek）（2017）给出了解释。

这里的讨论又回到了风帆自行车。在顺风中，通常很容易蹬到风速，除了滚动阻力外不会受到任何阻碍。如前所述，在这种情况下，正常的帆是无意义的，因为当骑手接近风速时，帆的力会减小到零。但是，在踏板上连接一个空气螺旋桨（不需要像破纪录的车辆那样大），它很容易跑得比风还快。骑自行车的人实际上是将推进力耦合到风平面而不是路平面，并从后面的真风中获取动力，尽管视风是从前面来的。

同样，如果将风力涡轮机而不是风力推进器连接到车轮上，自行车或三轮车（更可能是三轮车）可以直接逆风行驶，且效率更高。相关力沿与顺风情况相反的方向通过所需的机械（或电气）机构，但仍然可以提取风能。改变的是，现在的视风速要高得多，来自车辆和车身部件的每一点寄生空气阻力都比以前更重要。然而，有可能以两倍的风速逆风行驶［见卡瓦拉罗（2012）］。由于力的耦合方式，任何自行车或三轮车即使装有小型风力涡轮机也可以逆风行驶，前提是涡轮机和踏板之间的传动装置正确。这可能是一种实用的交通工具：如果合著者住在一个狂风肆虐的岛屿上，而不是住在一个有庇护的内陆国家，他会立即建造并使用一辆！

自行车或 HPV 更常见的航行方式是安装整流罩，该整流罩出于其他原因（例如减阻或天气保护）而安装。韦弗（1999—2000）表明，在视风向与运动方向的大范围角度上，风对自行车整流罩的作用方式与对帆船的作用方式大致相同：它提供向前推力（见图 5.19）。整流罩可以在相当大的入射角范围内承受风流，甚至可以提供来自正前方的风的向前推力。因此，风对自行车纪录有着重要的影响，即使是在圆形或椭圆形跑道上进行创纪录的骑行。豪厄尔（Howell）和休斯（Hughes）（1984）在风洞试验中表明，即使没有足够的推力来支持实际航行，如果视风偏离纵轴15°，25 米/秒的风速也会将车辆的有效迎面阻力系数 C_D 从 1.2 降低到 0.6。风对自行车整流罩的作用可以减少推力或阻力，即使整流罩没有弧度或不对称弯曲；即使不可如帆旋转；即使没有襟翼

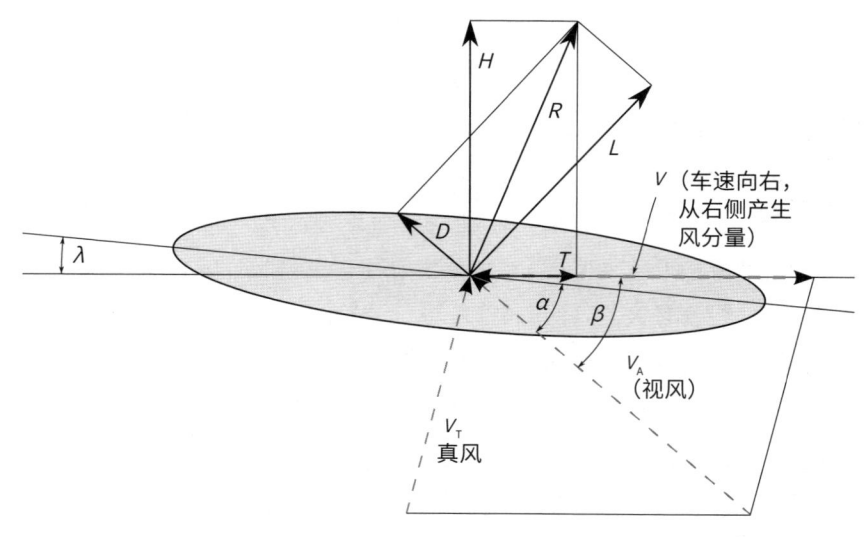

图 5.19
作用在整流罩上的视风 V_A [V（此处为 90°）和真风 V_T（此处约为 190°）的矢量和] 产生的合力 R 及其分量。L 为升力，D 为阻力，H 为跟力或侧向力，T 为推力；α 是相对于整流罩的入射角，β 是相对于车辆运动轴的视风的角度，λ 是 α 和 β 之间的差值。

或操纵面，就像飞机那样。下一节试图量化部分或全部航行所需的条件。

计算航行力

计算作用在任何类型帆船自行车上的力的第一个任务是计算相对于自行车的视风 V_A 的大小和方向，即相对于地面的真风 V_T 和自行车运动产生的风 V 的矢量和。这很容易在纸上或使用标准公式以图形的形式完成，在这种情况下，必须非常小心地注意数量和角度的符号或方向，因为有几种不同的惯例。大多数使用非国际单位度，而不是弧度（1 rad ≈ 57.3°），因此每个方程式必须包括必要的换算系数。下面的讨论使用了风向的气象定义和传统的罗盘方位图。北风被定义为从北方吹来，指南针玫瑰图上为 0°，地图上指向上方；东北风的方位角为 45°，依此类推。在静止的空气中，自行车以 V 的速度朝着某个方向运动，从这个方向产生的风大小相同，所以我们也可以用 V 来表示这个风，而不是 $-V$。将 V 和 V_T 作为矢量相加，得到 V_A，只要 V 大于 V_T，V_A 总是来自前进方向。

V_A 相对于车辆运动轴的角度由符号 β 表示。由于侧向力 H（在第六章中描述并在几度左右）导致轮胎侧向滑移，因此它通常与相对于整流罩的攻角或入射角 α 不同。α 和 β 之间的差在帆船术语中称之为风压差（λ）。下面的讨论忽略了它（即假定 $\alpha=\beta$）。它还假设除整流罩本身外没有任何空气阻力，整流罩本身被视为短翼或翼型，并且还假设整流罩是固定对称的。（纯风帆车辆可能能够旋转翼帆或操纵所有车轮，并使用不对称的翼型部分、襟翼或其他方式操纵气流。）

风中的整流罩 HPV 原则上类似于詹姆斯·阿米克（James Amick）(1979) 设计和描述的 Windmobile。这款（电动）三轮车使用固定的、对称的拱形实心翼帆，在理想条件下可以在不使用电机的情况下以高达 4.5 倍的风速、1.5 倍的上风速度和在良好的条件下 2.5 倍的下风速度行驶，或当真风来自相对于航向的 100° 左右时使用再生制动来收获 1～2 千瓦电力，同时以几倍风速移动。像这种"Windmobile"或类似的达里厄风力涡轮机一样，整流罩 HPV 通常无法自行开始航行，必须首先将其功率提高到一定的速度，以使视风来自使其能够航行的方向。2018 年，詹姆斯·阿米克的儿子道格拉斯·阿米克（Douglas Amick）在与合著者的一次个人交流中表示，最初的"Windmobile"可以操纵所有车轮以影响攻角，但事实证明这是不必要的，因为 Windmobile 可以随电机加速，直到攻角变得有利，从而允许风提供动力。一个整流罩 HPV 可以做同样的事情。

如图 5.19 所示，作用在车辆整流罩上的视风 V_A 产生主要的侧向合力 R，其计算需要其正交分量升力（L，与 V_A 正好成直角）和阻力（D，在 V_A 方向）。作为力，升力和阻力的计算公式与本章前面描述的纯空气阻力的公式相同，并用系数 C_L 和 C_D 表示。这些系数与特定表面积有关，对于翼（以及作为帆的整流罩），既不使用前面描述的迎风面积，也不使用前面描述的浸湿表面面积，而是使用从侧面观察整流罩时看到的投影侧面面积。可以使用各种公式计算系数 C_L 和 C_D，或在图表或表格中查找特定形状或其截面的雷诺数（如前所述）和 α 的函数。

然而，这种表格数据不能仅按所示使用，因为它们是二维的。飞机机翼等通常具有高横纵比（AR），也就是说，它们的长度是其宽度的许多倍。或者在航空术语中，机翼的跨度（b）比弦（c）大得多，且 $AR \approx b/c$。细长机翼或类似结构周围的气流是二维的，除了在末端，气流从高压侧"泄漏"到低压侧。然而，α 值在不超过 10° 时，α 和 C_L 之间有近似的比例关系。$\alpha=10°$ 时，该函数是简单的线性函数 $C_L \approx 1$（见图 5.20 中最左边的曲线）。大多数机翼截面都会进一步延伸，小于线性，在 15°～20° 时 C_L 值达到 1.2～1.5，然后失速，迅速失去大量升力，阻力大大增加。但在最大值 10°～15° 以下，C_L 值很容易计算，并且可以查找 C_D 值。还有一个阻力分量需要添加：诱导阻力，由 $C_{Di}=C_L^2/(\pi AR)$ 给出。然而，这里真正令人感兴趣的是升阻比（L/D），对于滑翔机机翼来说，升阻比可以高达 50°～100°。即使是专门设计的实用风帆三轮车，翼帆的效率也会低于这种机翼，但仍然相当有效，正如前面描述的 Windmobile 的例子所示。

正常整流罩比帆离地面低得多，由于其横纵比为 1 或更小，所以升力更小，阻力更大，这可以通过计算诱导阻力看出。整流罩周围的大部分空气"泄漏"，大大降低了升力。因此，AR 的精确值变得更加重要，必须准确定义，使用 b^2/A 代替 b/c。[A 是整流罩的投影侧面积。福克斯（1993）讨论了该主题。] 低展弦比机翼的数据很少，但霍尔纳和博斯特（Borst）（1975）给出 $AR \leqslant 1$：$C_L = \alpha AR\pi/2$（α 为弧度），或 $C_L \approx 0.0274\alpha AR$（$\alpha$ 单位为度）。霍尔纳和博斯特提供的测量结果（见图 5.20）（在未知雷诺数条件下）在 $\alpha \approx 15°$ 范围内与此非常吻合，正如奥尼尔（O'Neill）（2006）提供的数据一样。与高展弦比机翼不同，这些形状在 α 超过 40° 之前不会失速。不幸的是，霍尔纳和博斯特没有包含完整的 C_D 值，只有一个特定对象：一个铁饼（在运动中抛出），其 Re 值约为 400000（见图 5.20）。这个铁饼的横纵比为 $\pi/4=1.27$，但对于 α 值高达约 27° 时，它很好地遵循 $AR=1$ 的曲线，然后在 $C_L=1$ 处出现尖峰。图 5.20 未绘制铁饼的阻力数据 [遵循曲线拟合多项式 $C_D \approx 0.09-0.1\,C_L+0.54\,C_L^2$（对于 $C_L \leqslant 1$）]，但其 C_L 曲线标有许多升阻比值，在 $C_L=0.4$ 和 $\alpha=13°$ 时，最佳值为 3。

铁饼类似于扁球体（如扁豆），厚度为其直径的 20%，大致如图 5.19 和图

5.20 所示。如果将这个形状减半，可能会出现一个贴近地面的整流罩形状，例如，2.5 米长，1.25 米高，0.5 米宽。由于这种整流罩和地面之间可以通过的空气很少，因此其横纵比实际上增加了一倍，即与自由空气中的完整铁饼一样。现在可以根据 V_A 和 C_L/C_D 数据计算力 R。在忽略地面的负面影响时引入了简化版本：地平面本身的阻力、干扰阻力和风切变。因此，结果是乐观的，而不是保守的。为了获得运动方向上的推力（T），必须使用标准航行公式将 R 分解为正交分量 H 和 T。与运动方向成直角的横倾力 H（一个航行表达式）由 $H=L\cos(\alpha)+D\sin(\alpha)$ 给出，$T=L\sin(\alpha)-D\cos(\alpha)$ 是此处关注的力（见图 5.19）。如果 T 与运动方向相反，则会产生额外的阻力，并且必须将其添加到作用在车辆上的阻力（滚动阻力和坡度）中，骑手必须以速度 V 对抗该阻力。如果 T 与运动方向相同，则从其他阻力中减去该阻力。如果它小于其他阻力，则总阻力会减小，并且骑手在相同速度下产生的功率可能会小于没有风时所需的功率。然而，如果它大于其他阻力，则车辆将真正航行并加速，直到力平衡。

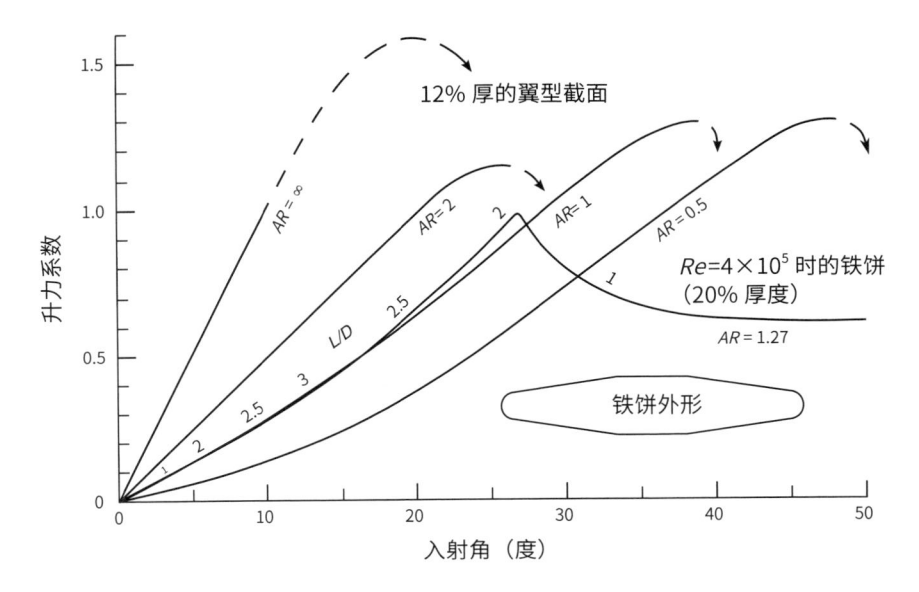

图 5.20
低展弦比翼型和奥运铁饼的升力系数，包括升力与阻力比值（L/D）。（数据来源于霍尔纳和博斯特，1975）

图 5.21 计算并绘制了配备前段所述整流罩的车辆的示例，该车辆以 10 米/秒的速度行驶，真风速为 5 米/秒。图中的水平线表示以相同速度无风行驶车辆所需的功率。从逆风（0°）到相对于车辆的顺风（180°）绘制的曲线，可以表示具有真实风向变化的固定路线上的车辆，也可以表示具有稳定固定真实风向的环行赛道上的车辆。如图所示，在真风偏离正前方 30° 以上之前，必须提供比无风时更多的功，以达到 10 米/秒的速度。对于所有其他角度（偏离正前方 30° 以外），所需的功率会降低，并且在 60° 和 145° 之间，车辆处于真正行驶状态，功率显示为负值，即必须通过制动以避免加速。图中未显示横倾力 H，在本例中接近 200 牛，如第六章所示，可产生几乎 2° 的轮胎滑移角（图中已忽略）。

图 5.21 通过电子表格绘制相对简单（参见施密特，2019），因为速度被视为恒定。这不是一个非常现实的假设，但恒定速度比恒定功率更容易计算，如第四章所述。该图显示了带有铁饼式整流罩的车辆在环行赛道上行驶一半时的数据，下半部分将是镜像。如果可以存储航行功率（此处表示为负），则整个航程的平均值将处于虚线水平。如果没有这样的存储能力，所需的平均功率将更高，但仍远远低于无风时所需的功率。在本例中，骑手仍必须提供约 40 瓦的功率，即整个赛道的平均功率，但如果风速与车速的比率较高，则所需功率将较小，甚至为负值。（任何试用电子表格的读者都会发现，如果风速仅从 5 米/秒提高到 6 米/秒，情况就是这样。）在风力很小的情况下，无论风向如何，都没有真正的航行，但在整个赛道上仍然具有整体优势。例如，在本例中，平均风速为 1 米/秒的风将提供超过 20 瓦的辅助。

这里使用的方法也可以应用于其他赛道，例如椭圆形赛道。正如所料，如果风穿过椭圆的长轴，风的力量会更有利，而如果风沿着椭圆的长轴吹，风的力量会更少。椭圆度越大，差异越大。如第四章所示，极端椭圆形几乎完全代表逆风和顺风，在任何情况下都不利于此类车辆。（如本章前面所述，装有螺旋桨和涡轮机的车辆并非如此。）

上述段落和图中计算的值在实践中很难实现，因为大多数可用的赛场都有建筑物和植物，这些建筑物和植物可以极大地改变风。赛车场和部分大型赛道

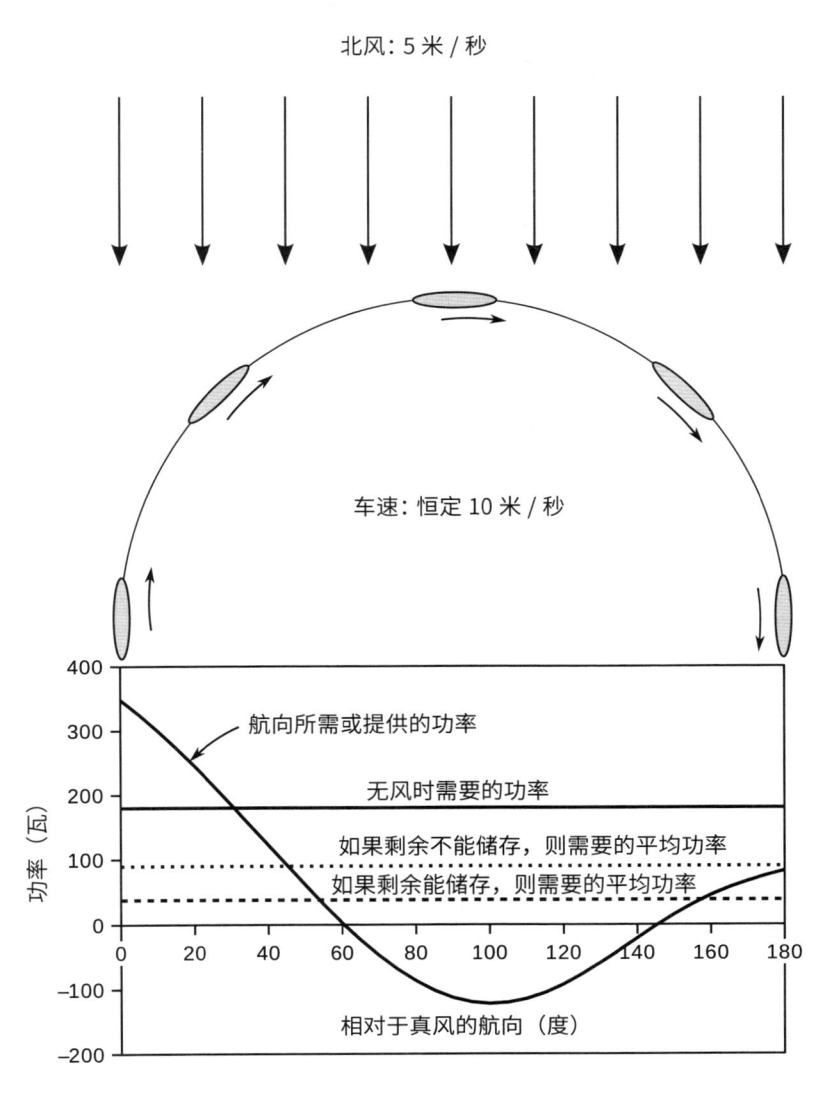

图 5.21

从逆风（0°）到顺风（180°）的环形赛道上车辆方向与功率的函数图。风速为 5 米 / 秒；车速为 10 米 / 秒；质量为 100 千克（包括骑手）；滚动阻力系数为 0.005。整流罩是文字中描述的半扁豆或铁饼形状，靠近地面，假设横纵比为 1。其他地面阻力的影响被忽略了。实心的水平线是无风功率。虚线表示平均功率（如果"负"功率可以存储）。

都抬高了堤岸。赛车手坚持认为，在赛车场和大型赛道上遇到的风是阵风，由此产生的控制之争通常超过了风力辅助产生的任何理论上的优势。除了平坦的沿海道路外，风力辅助的最佳路线是在机场内。需要考虑的另一个因素是风切变，即地面附近风速的降低，即使在平滑、无障碍的风中也会发生这种情况。由于风切变因素，与帆高的帆船不同，低速赛车手的整流罩的风速低于官方测量高度 2 米的风速。

如前所述，所提供的计算忽略了横倾力 H 产生的 1°～2° 轮胎滑移和风压差角。此外，如果 H 变得太强，正常宽度的 HPV 将倾覆，如果是自行车的情况下，必须以极端角度迎风骑行。如果有足够的空间，HPV 可以转向避风，这通常会增加推力（和速度），但会降低横倾，然后安全制动。转向风向会减少推力和横倾，但转向本身会加强倾覆力矩，当车轮已经在空中时，这种机动可能来得太晚，而不像真正的帆船，帆无法在风中自由摆动。在道路上，尤其是有其他车辆的情况下，机动空间非常有限。由于所有这些原因，迄今为止，HPV 航行几乎是未知的，除了一些特殊应用或长途旅行期间遇到的偶然情况之外，将可能会保持这种状态。

参考文献

Abbott, I. H., and A. E. Doenhoff. 1959. *Theory of Wing Sections*. New York: Dover. Amick, James L. 1979. "The Windmobile." In *Power from the Wind* (Booklet 91), 55–62. Essex, UK: Amateur Yacht Research Societ. https://www.ayrs.org/booklets/.

Blocken, Bert J. E., and Yasin Toparlar. 2015. Cycling Aerodynamics Research (website). http://www.urbanphysics.net/Cycling%20aerodynamics%20research.htm.

Blocken, Bert J. E., T. W. J. Defraeye, E. Koninckx, J. E. Carmeliet, and P. Hespel. 2013. "CFD Simulations of the Aerodynamic Drag of Two Drafting Cyclists." *Computers and Fluids* 71 (January 30): 435–445. https://doi.org/10.1016/j.compfluid.2012.11.012.

Blocken, Bert J. E., T. van Druenen, Y. Toparlar, F. Malizia, P. Mannion, T. Andrianne, T. Marchal, G. J. Mass, and J. Diepens. 2018. "Aerodynamic Drag in Cycling Pelotons: New Insights by CFD Simulation and Wind Tunnel Testing." *Journal of Wind Engineering and Industrial Aerodynamics* 179 (August): 319–337. https://doi.org/10.1016/j.jweia.2018.06.011.

Cavallaro, Rick. 2008. "Downwind Faster Than the Wind (DWFTTW) Myth Challenge." Published November 15, 2008. YouTube.com. https://www.youtube.com/watch?v=xHsXcHoJu-A.

Cavallaro, Rick. 2011. "Ride Like the Wind (Only Faster)." FasterThantheWind.org. http://web.archive.org/web/20110904002520/http://www.fasterthanthewind.org:80/.

Cavallaro, Rick. 2012. "Wind Powered Direct Upwind Vehicle—DUWFTTW." Published June 26, 2012. https://www.youtube.com/watch?v=F7PNSyAfCjk&t=43s.

Defraeye, Thijs, Bert Blocken, Erwin Koninckx, Peter Hespel, Pieter Verboven, Bart Nicolai, and Jan Carmeliet. 2013. "Cyclist Drag in Team Pursuit: Influence of Cyclist Sequence, Stature, and Arm Spacing." *Journal of Biomechanical Engineering* 136, no. 1 (January): 011005. https://www.ncbi.nlm.nih.gov/pubmed/24149940.

Drela, Mark, and Harold Youngren. 2013. XFOIL Subsonic Airfoil Development System, version 6.99 (computer program). http://web.mit.edu/drela/Public/web/ xfoil/.

Fuchs, Andreas. 1993. "Dynamic Stability of Velomobiles: Forces, Distributions Torques." Paper presented at the First European Seminar on Velomobiles, Technical University of Denmark, Kongens Lyngby, July 8. https://velomobileseminars.online/.

Fuchs, Joachim. 1996. "Aeolos-Verkleidung" [A-Fairing]. *Pro Velo [The Bicycle Magazine]* 44.

Fuchs, Andreas. 1998. "Trim of Aerodynamically Faired Single-Track Vehicles in Crosswinds." Paper presented at the Third European Seminar on Velomobiles, Roskilde, Denmark, August 5. https://velomobileseminars.online/.

Gloger, Stefan. 1996. "Entwicklung muskelkraft-getriebener Leichtfahrzeuge" [Development of Human-Powered Light Vehicles]. *Fortschritt-Berichte VDI* [VDI Progress Reports], no. 263. VDI-Verlag Düsseldorf.

Gribble, Steve. 2018. "Air Density Calculator." The Computational Cyclist (website). https://www.gribble.org/cycling/air_density.html.

Gross, Albert C., Chester R. Kyle, and Douglas J. Malewicki. 1983. "The Aerodynamics of Human-Powered Land Vehicles." *Scientific American* 249, no. 6 (December): 142–152.

Hoerner, S. F. 1965. *Fluid Dynamic Drag*. Bricktown, NJ: Hoerner.

Hoerner, S. F., and H. V. Borst. 1975. *Fluid Dynamic Lift*. Bricktown, NJ: Hoerner.

Howell, J., and D. Hughes. 1984. "Aerodynamic Characteristics and Performance of the 'Dark Horse' Tandem HPV." In *Proceedings of the Second International HPV Scientific Symposium*, ed. Allan Abbott, 60–84. San Luis Obispo, CA: International Human Powered Vehicle Association.

Isvan, Osman. 1984. "The Effect of Winds on a Bicyclist's Speed." *Bike Tech* 3, no. 3 (June): 1–6. https://docs.google.com/file/d/0B-pZ1ubTOGTtNjJjMTM3NWItZDRkMi00YmJiLWEzM2EtNTUzZDM4YzY3YmRl.

Kyle, Chester R. 1979. "Reduction of Wind Resistance and Power Output of Racing Cyclists and Runners Travelling in Groups." *Ergonomics* 22, no. 4: 387–397.

Kyle, Chester R. 1995. "Bicycle Aerodynamics." In *Human-Powered Vehicles*, ed. Allan Abbott and David Wilson, 141–156. Champaign, IL: Human Kinetics.

Milliken, Doug. 1989. "Stability? Or control?" *Human Power* 7, no. 3 (Spring): 9–11. http://www.ihpva.org/HParchive/PDF/24-v7n3-1989.pdf.

Mochet, Georges. 1999. "Charles Mochet and the Velocar." *Recumbent Cyclist News*, no. 52 (July/August).

NCSL (National Conference of State Legislatures). 2018. "State Safe Bicycle Passing Laws." *Legis Brief* 26, no. 32. National Conference of State Legislatures, Washington, DC. http://www.ncsl.org/research/transportation/state-safe-bicycle-passing-laws.aspx.

O'Neill, Charles. 2006. "Wing Configuration Study." AeroFluids Answers: Aeronautical Physics, Math, and Engineering with Dr. Charles O'Neill (website). https://charles-oneill.com/blog/low-aspect-ratio-wings/.

Papadopoulos, Jim, and Mark Drela. 1998–1999. "Some Comments on the Effects of Interference Drag on Two Bodies in Tandem and Side-by-Side. *Human Power*, no. 46 (Winter): 19–20. http://www.ihpva.org/HParchive/PDF/hp47-n46-1998.pdf.

Prandtl, L., and O. G. Tietjens. 1934. *Applied Hydro-and Aeromechanics*. New York: Dover.

Schmidt, Theodor. 2019. Supplemental material for *Bicycling Science*, 4th ed. http://hupi.org/BS4/.

Seifert, J. G., D. W. Bacharach, and E. R. Burke. 2003. "The Physiological Effects of Cycling on Tandem and Single Bicycles." *British Journal of Sports Medicine* 37: 50–53. https://bjsm.bmj.com/content/37/1/50.

Selig, Michael. 2019. UIUC Applied Aerodynamics Group, Department of Aerospace Engineering, University of Illinois (website). https://m-selig.ae.illinois.edu.

Sharp, Archibald. 1899. *CTC Gazette*, no. 11 (January).

Shelquist, Richard. 2016. "An Introduction to Air Density and Density Altitude Calculations." Updated January 14, 2016. Shelquist Engineering (website). https://wahiduddin.net/calc/density_altitude.htm.

Simanek, Donald. 2017. "DDWFTTW Vehicle Analysis: Dead Downwind Faster Than the Wind; A Conceptual Conundrum." Unpublished manuscript, Lock Haven University, Lock Haven University. Online. https://www.lockhaven.edu/~dsimanek/museum/ddwfttw.htm.

Sims, Ian. 1998. "Stability of Faired Recumbent Tricycles." Paper presented at the Third European Seminar on Velomobile Design, Roskilde, Denmark, August 5. https://velomobileseminars.online/.

Weaver, Matt. 1991. "The Cutting Edge Streamlined Bicycle." *Cycling Science* (September–

December).

Weaver, Matt. 1999–2000. "Body Shapes and Influence of the Wind." *Human Power*, no. 49 (Winter): 21–24. http://www.ihpva.org/HParchive/PDF/hp49-1999.pdf.

Wilson, David Gordon. 1985. "Report on Address by Bruce Holmes to the Second IHPVA Builder's Workshop." *Human Power* 5, no. 1 (Winter): 7. http://www.ihpva.org/HParchive/PDF/15-v5n1-1985.pdf.

Wilson, David Gordon. 1997. "Wind-Tunnel Tests: Review of Tour, das Radmagazin, Article." *Human Power* 12, no. 4 (Spring): 7–9. http://www.ihpva.org/HParchive/PDF/43-v12n4-1997.pdf.

第六章
滚动：轮胎和轴承

引 言

车轮无疑是人类最伟大的发明之一。它们传递低阻力载荷的能力取决于它们的尺寸、行驶表面的平滑度和硬度，以及轮胎和悬架的性能。如第四章所述，道路不平顺会通过摇晃骑手、压缩自行车悬架或加速自行车向上运动来阻碍运动。然而，这种阻滞主要是悬架的问题，本章不讨论，本章将深入研究平稳滚动车轮和转动轴承的摩擦和阻力。

历史记录

从路面到软土地面，车轮的滚动阻力会增加50倍到100倍，远远超过在同一表面上的步行阻力。因此，马车开始使用车轮时，铺路的真正动机也得以萌生（图6.1）。罗马帝国是第一个使用铺面道路的文明帝国。根据记载，在罗马时代，从欧洲各地到罗马所用的时间比一千年后的中世纪时的都短。这是因为当时罗马的公路系统缺乏维护，到中世纪时破坏严重，几近消失。

中世纪之后，改善日常生活的发明迅速出现。其中包括铁皮木制铁路，1767年之后是铁轮和铸铁轨道。这些催生了维多利亚时代的蒸汽铁路，与此同时是大量铺面道路重新出现。1845年汤姆森和1888年邓洛普推出了充气轮胎，大大减少了颠簸对骑手的影响，从而减少了能量损失，为在普通道路上行驶的人带来了一定程度的舒适感。

图 6.1

公元前 1400 年埃及战车车轮的复制品。注意轮胎由生牛皮包裹具有弹性。参见朱可夫斯基（Joukowsky）考古研究所（2010），了解复制品的构造。在近东和欧洲，最早的车辆车轮使用证据和一些木制圆盘车轮的发现可追溯到公元前 3400 年至公元前 3200 年。（伦敦科学博物馆提供；经许可复制）

虽然磁悬浮和空气支撑的交通工具在正常速度下与地面的摩擦基本上为零，但它们需要动力来提供和控制使交通工具移动所需的升力。因此，光滑钢轨上的硬钢车轮所需的功率是陆地上用于支撑实际车辆的所有系统中最小的，因为接触部件的固有刚度将车轮滚动时因材料变形而损失的能量降至最低。就承载负荷而言，一般可用的最佳路面上的汽车车轮的平均阻力是火车车轮在其轨道上运动阻力的 10 倍或 10 倍以上，自行车轮胎介于两者之间。阻力的差异部分是由于各种类型的轮胎具有故意变形能力，以减少颠簸和振动的力。自行车轮胎所受的阻力比汽车轮胎的低，因为在承受重量时变形的零件更薄，并且由于反复变形而产生的滞后和刮擦损失更小。自行车轮胎的易刺穿、损坏缺点是可以接受的，因为非常坚固的轮胎（例如一些可用的实心轮胎）在骑行时会立即感受到更大的阻力或硬度。

基本滚动阻力

在平滑表面上驱动负重车轮前行所需的动力，是由两者的物理性质决定的。在更加坚硬的表面上，关于移动不同类型的车轮所需的动力，有大量经验性信息是可知的。在软土地面上轮胎移动所需的动力不仅得到农业工程师和军用车辆设计师的重视，最近连全地形车的设计者和使用者也十分关注。以下是一些关于软土地面滚动阻力的信息。

本书中使用的"滚动阻力"一词是指车轮材料以及其滚动的道路、铁路或土壤中的功率吸收对车轮稳定运动的阻力。滚动阻力不包括轴承摩擦力，也不包括因惯性而使车轮加速或减速所需的功率。也不包括悬架损失：如第四章所述的，由于冲击和振动，车轮、悬架或骑手的能量损失。

在下文中，一般来说，滚动阻力等于滚动阻力系数（C_R）乘以载荷，正如滑动摩擦等于滑动摩擦系数乘以载荷量。这些根据经验得出的近似值非常有用，但通过测量或深入分析证明它们并不是完全正确的。对滚动摩擦理论感兴趣的读者可以阅读特劳特温（Trautwine）和特劳特温（1937）、雷诺兹（Reynolds）（1876）和埃文斯（Evans）（1954），以了解有关基础物理教科书中不经常讨论的主题的详细信息。表 6.1 列出了一些早期滚动阻力系数数据。

表 6.1 "历史上的"低速滚动阻力系数

表面	滚动阻力系数（C_R）	速度	车辆
铁路	0.0012（CB&Q） 0.0016（施密特）	5 英里/时	60 吨铁路车厢，包括轴颈轴承
铁路	0.0031（CB&Q） 0.0038（施密特）	5 英里/时	15 吨铁路车厢，包括轴颈轴承
方块石路面或木板路面	0.014～0.022	"慢速"	四轮货车
碎石（或水泥混凝土）路面	0.02(0.028)～0.033	"慢速"	四轮货车
"一条不错的路"	0.034～0.04	4～10 英里/时	1.5 吨钢制轮胎公共马车
沙砾	0.062	"慢速"	四轮货车
常见的土路	0.089～0.13	"慢速"	四轮货车
沥青路面	0.015～0.0155	4 英里/时	充气轮胎的三轮车
燧石路面	0.015～0.0185	4 英里/时	充气轮胎的三轮车
燧石平坦路面	0.03	4 英里/时	实心轮胎的三轮车
泥泞	0.0365	4 英里/时	充气轮胎的三轮车

资料来源：特劳特温和特劳特温（1937），第 683 页（四轮货车和 1.5 吨级钢轮胎公共马车）；特劳特温和特劳特温（1937），第 417 页、第 1060 页（火车车厢）；以及夏普（1896）（三轮车）。
注：特劳特温和特劳特温（1937）中的滚动阻力系数以磅/吨为单位。短吨（美国）为 2000 磅，长吨（英国）为 2240 磅，有时在不同的页面上使用相同单位。除非另有说明，否则为转换为表中的 C_R 值，均使用长吨。CB&Q [芝加哥（Chicago）、伯灵顿（Burlington）和昆西（Quincy）] 和施密特（Schmidt）指的是特劳特温和特劳特温（1937）中的条目。（这本非常详细的 1608 页的书由 1882 年至 1937 年的三代 J. C. 特劳特温家族成员编写和修订。）

自行车车轮

大多数自行车的一个显著特征是车轮直径相对较大（比普通客车车轮大 20%），车轮上装有滚珠轴承，并配有充气至客车轮胎压力 2 到 4 倍的轮胎。甚至单词 bicycle［来自拉丁语 bis（两次）和古希腊语 κύκλος（圆圈）］也承认车轮对其命名的车辆的重要性。自行车的大车轮尺寸在以下几个方面有利于自行车的性能：

- 与较小的车轮相比，大车轮从轮轴到垂直碰撞点（例如，卵石、凸起、凹陷、路缘）的角度更接近垂直，因此大车轮能轧过小车轮过不去的洞或凸起。显然，如果前轮遇到高于车轮半径的垂直或近乎垂直的路缘，这将瞬间阻停自行车，骑手被向前甩出去或前叉被扭曲（或两者兼而有之），除非自行车安装了非常精细的悬架或骑手主动拉起。在大车轮到达颠簸点之前，需要更大的水平行程，因此垂直加速度更平缓。大车轮自行车作用于骑手的作用力较小，垂直速度也较小，其相关动能在很大程度上是不可恢复的。
- 与其他方面相同的小轮子相比，在大轮子上平稳滚动所造成的轮胎能量损失更少。在相同的轮胎压力和宽度下，较大的车轮形成了一个承载接触面，轮胎压扁和弯曲程度较小，因此轮胎结构中消耗的能量较少，在其他条件相同的情况下，阻力约与直径成反比（见图 6.2）。
- 车轮大，则车轮的轴承转动更慢，使其使用时间更长，摩擦更小。
- 与小车轮相比，大车轮在软土地中的下沉程度更小，倾斜接地面的角度（即车轮或轮胎与地面接触的部分，在本章后面介绍）更小。
- 大车轮提高了转向和平衡的感觉和稳定性。

另一方面，在相当的速度下，大车轮上的空气动力阻力比小车轮上的空气动力阻力大，并且很难使大、轻、细长的结构，如大型自行车车轮，在侧向上具有足够的刚度以实现精确的转向，以及足够的强度，从而使其在承受侧向载

$$C_R = 0.00027 + 1/r_w$$

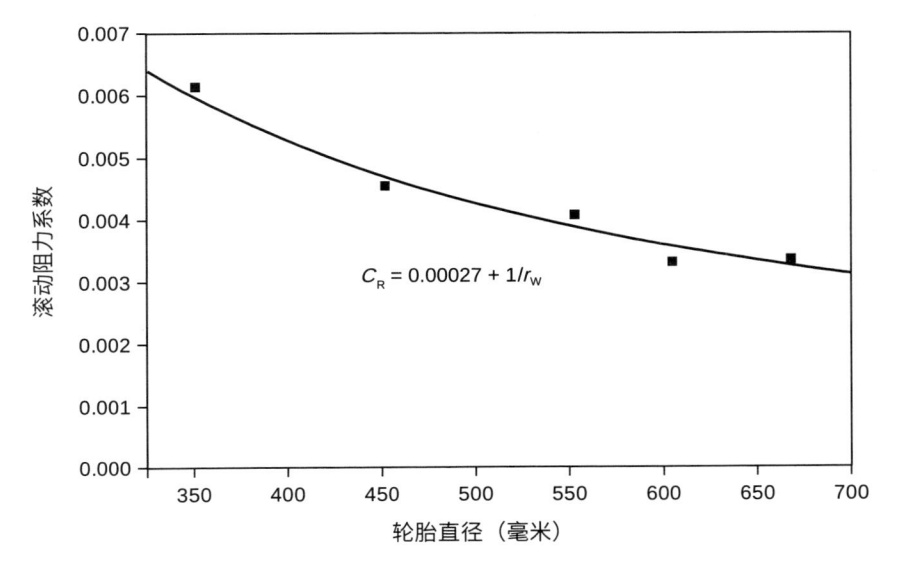

图 6.2

对于一系列具有相同宽度（47毫米）、结构（HS159剖面）、压力（3巴）和负载（540牛）的世文标准GW轮胎，滚动阻力系数 C_R 作为车轮直径（$2r_w$）的函数。在拟合曲线上，C_R 等于 $1/r_w$，加上0.00027的偏置（仅针对这些轮胎、单位和压力，$1.06/r_w$ 的曲线拟合几乎相同）。这些数据来自在层压板覆盖的混凝土地板上进行的低速滚动测试。[数据来自塞克尔（Senkel），1992]

荷时不会倒塌。当传统自行车的车轮被用在三轮车等不易倾斜车辆上时，必须考虑到车轮的强度不足问题，除非能够小心避免过大的侧向力。薄弱的车轮通常不会导致自行车事故，但一旦发生此类事故，自行车往往会被毁。（然而，自行车车轮的轮辋可以起到"挤压区"的作用，以减轻严重的冲击，例如，当自行车手撞到车辆或墙壁时。）

轮胎与轴承摩擦的比较

当自行车向前滚动时，轮胎和车轮轴承会在一定程度上抵抗运动。但是，虽然在行驶过程中可以测量甚至感觉到轮胎的阻力，但普通滚珠轴承的阻力几乎可以忽略不计，只要它们调整得不太紧（请参阅本章后面轴承摩擦一节中的计算）。

轮　胎

车辆轮胎施加的滚动阻力大小取决于其尺寸、结构和材料参数（例如实心轮胎的硬度或充气轮胎的最大充气压力），以及所承载的载荷、施加的任何横向载荷、温度和滚动速度，虽然温度和速度对阻力的影响通常不被承认。轮胎滚动阻力通常通过用已知大小的力将车轮压在滚筒上，并测量保持车轮以规定速度转动所需的功率来测算。理想情况下，滚筒的直径应比车轮大得多，否则产生的接触面与平坦路面（即滚筒深入轮胎）车轮的接触面有很大不同，并且阻力更大，就像比赛训练的滚轮一样。不幸的是，大多数可用数据来自比被测车轮小的滚筒。然而，舒灵（Schuring）（1977）提供了一个修正公式：

$$C_R \text{平面} = C_R \text{滚筒上测量} / (1 + r_W/r_D)^{\frac{1}{2}}$$

其中 r_W 为车轮半径，r_D 为滚筒半径。在假定曲面接地面面积与平面接地面面积相同，且轮胎侧壁不受力影响的条件下，推导出了该修正公式。S. K. 克拉克（S. K. Clark）稍后提出了与之略有不同的方程式［见昂劳（Unrau），2013］，旧的国际标准化组织（ISO）18164 和 ISO 28580 标准中也使用了该方程式来测量乘用车、卡车和公共汽车轮胎的滚动阻力。虽然汽车轮胎有很大的不同，这些轮胎的标准要求滚筒直径至少为 1.7 米，以 60 或 80 千米/时的速度运行，但这个公式似乎也适用于自行车轮胎，如图 6.3 所示。弗罗伊登曼（Freudenmann）、昂劳和埃尔-哈吉（El-Haji）（2009）以及桑德伯格（Sandberg）（2011）提供了更适合汽车轮胎的公式修改，但他们似乎给出了自行车轮胎的完全错误的数据，因此不在这里介绍。

对于压在一起进行阻力测量的一对相同且充气相同的轮胎而言，滚筒直径的问题影响不大：接触区域将是平面的，基于变形的阻力恰好是一个轮胎的两倍（另请参见美国专利申请 US20080115563）。然而，由于轮胎在接触区内与道路的运动产生的摩擦力也会减少，因此测得的滚动阻力可能会人为降低。莱昂纳尔迪·达扎（Leonardi Datza）于 2015 年构建了一个测试装置，以这种方式测量了两个相同的轮胎，并将其中一个轮胎与直径为 266 毫米的滚筒进行了

第六章　滚动：轮胎和轴承　245

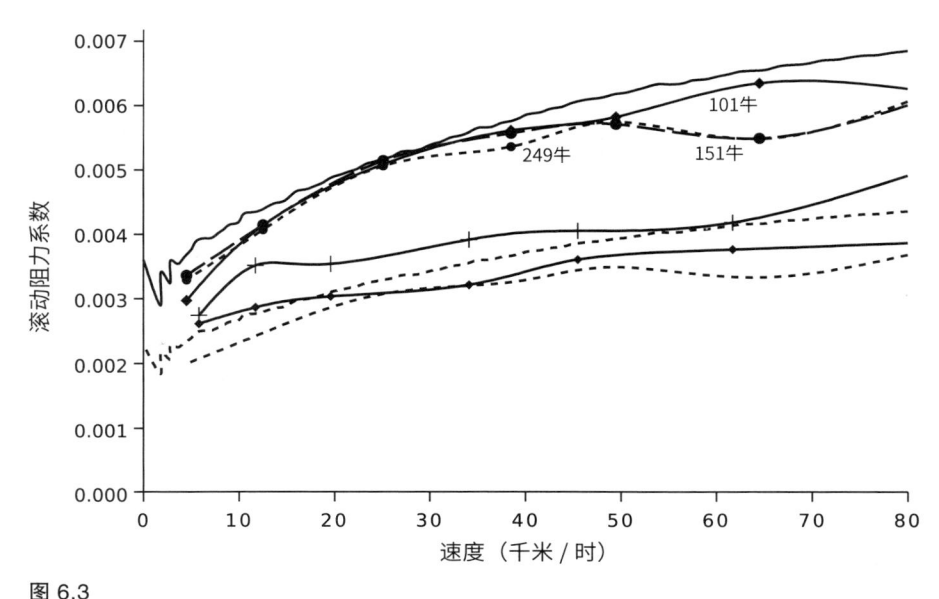

图 6.3
同一型号轮胎（世文 20 英寸 Ultremo ZX）的滚动阻力系数随速度变化的数据图，以压力和载荷为参数。底部的两条实线图显示了轮胎到轮胎的测量值，上部的实线显示了轮胎到滚筒的测量值。底部虚线显示了根据舒灵（1977）和 ISO 28580（2009）转换的两条曲线。作为所有测量和计算的平均值，该轮胎模型在 9 巴左右的温度下，在平坦表面上的静态滚动阻力系数为 0.002，在低速至中速时上升到 0.003，在高速时上升到 0.004。[数据来自达扎（2015）和亨利（2015）]

对比。在其他相同条件下，轮胎对轮胎的阻力为轮胎对滚筒阻力的 55%～75%，具体取决于速度。从图 6.3 的数据可以看出，该方法很好地反映了轮胎在路面上的阻力，而滚筒修正公式也很好地反映了轮胎在路面上的阻力。但它们稍嫌乐观，因为修正后的轮胎对滚筒的曲线不应该比轮胎对轮胎的曲线给出更低的值。该图还显示了（通常被忽略的）滚动阻力对速度的依赖性，这将在本章后面讨论。

不完美的车轮、未对准的安装或不均匀的轮胎结构也可能会影响附加轮胎的阻力，这取决于车轮在骑自行车时是否可以自由倾斜或垂直移动，以及这种运动是否会耗散能量。对于双轨轮对，如拖车或三轮车，定位尤为重要。任何偏离运动方向平行度的情况都会产生侧向力、强制滑动，从而产生额外阻力。

范德·威尔（Vander Wiel）等人（2016）使用实心轮胎测量轮椅车轮：偏航偏差为1°的车轮（前束或后束，即一对车轮之间为2°）产生的阻力增加25%；对于2°（即4°）而言，它会多产生96%！弯道或软悬架的滚动差异也会导致阻力增加，但根据威尔等人的测试，这种情况很少，有时车轮故意从垂直方向倾斜，如为了更稳定或更好地适应狭窄的整流罩。

在典型试验条件下，通过车辆的工作功率或滑行（无动力）减速（滑行或滚转试验）来测量滚动阻力 F_R，并将其表示为 C_R 乘以 F_V（平均支撑垂直力）。使用的力实际上是垂直于道路的分量（法向力），如第四章所述，但对于试验中可能使用的轻微坡度，两者差异非常小，本章始终使用 F_V。对于光滑、坚硬表面上的自行车轮胎，C_R 值通常被认为介于 0.002 和 0.010 之间，这取决于充气压力、车轮直径和轮胎结构。然后，对于质量为 80 千克的自行车和骑手，重量为 785 牛，滚动阻力在 1.5 牛和 7.8 牛之间（0.3~1.75 磅力）。相比之下，在通常速度下水平行驶时，低风条件下的空气动力阻力通常在 5 牛到 30 牛之间。格拉普（Grappe）等人（1999）讨论了滑行测试的一些数学方法，泰兹（Tetz）（2005）是一个宝贵的资源，提供了关于此类测试的实用建议。

轮胎滚动阻力也可以直接测量，方法是在弹簧秤或落锤拉动的平面上滚动轮胎，并注意以下事项：

- 坡度非常重要。名义上水平的室内表面很容易在某些地方倾斜 0.001，从而使 C_R 的表观值改变多达 10%~50%。室外坡度变化可能要大得多。
- 风的影响也不可小觑。除非试验车辆的迎风面积远小于正常骑手，否则任何可感知的风都会显著改变测得的力。事实上，即使在无风条件下，空气阻力也必须经常测定并减去。
- 如果进行试验的设备不是特殊的导向试验装置或不是骑手熟练控制的自行车，则需要支架轮、一对车轮或三轮车来保持低速平衡。任何车轮错位都会大大增加阻力。
- 虽然评估电动跑步机上约束或牵引车轮所需的力的阻力似乎很有吸引力，但这种技术必须考虑跑步机软带的影响，这将产生额外的阻力。

可使用另外两种方法测量低速滚动阻力。一条坡度刚好能让自行车滚动，但不能加速的道路会立即给出一个 C_R 值，但这种坡度很难骑自行车，用普通方法也很难测量，而且可能变化很大。对于三轮车或特殊装备，可以在水平面上放置一块大的硬板，并以精确测量的方式将一端抬高，直到滚动刚刚开始，此时的坡度下可测量 C_R 值。

维姆·舍默尔（Wim Schermer）（2013）使用的一种类似但更精确的方法是摆锤试验。两个车轮通过刚性轴同轴刚性连接。将一个较大的质量（舍默尔使用 80 千克的质量）牢固地固定在轴上，使其偏离中心，这样就形成了一个摆锤，轮胎转动一圈就会升高质心。如果轮对从稳定位置旋转并松开，它会以缓慢减小的幅度来回摇晃，就像摇椅一样。C_R 值越小，振荡持续的时间越长。舍默尔在设备上安装一个激光指针，显示最轻微的移动，测量振荡从测量位置衰减所需的时间，并由此计算 C_R 值。例如，在舍默尔进行的测试中（每次测试六次，温度均为 19℃），世文 Shredda（2015）40–406 轮胎在 5 巴下摇动 50 秒，对应 C_R = 0.0057。然后，他最好的米其林子午线（2011）40–406 轮胎（带乳胶内胎）在 7 巴的压力下摇晃了 218 秒，达到了惊人的 C_R = 0.0013。舍默尔进行的测试类型的优点是它几乎可以在任何表面上的任何地方进行，缺点是它几乎是静态测试，产生的阻力值比高速时低。

如第四章所述，一种有吸引力的测量方法是使用自行车上的仪器。如该章所述，使用该方法进行测量，可以在多个恒定速度下行驶多圈，确定所需的平均功率，并分离空气阻力和滚动阻力的比例。对于这种分离，需要在低行驶速度和高行驶速度下进行测试，但单独进行低速测试可以很好地显示滚动阻力。然而，一个问题是，稳定的风会增加赛道周围的平均阻力，如果风力驱动发生，可能会导致整流罩车辆的测量值变化很大（见第五章）。在大型建筑中进行室内骑行可以消除这一问题，但随后探索一系列温度和路面的影响将更加困难。

整流罩车辆的气动阻力系数 C_D 可能会随着速度的增加而降低（见第五章）。另一方面，滚动阻力系数 C_R 随速度略有增加，因此这两种相关性有时可能会相互抵消。然而，速度更快也会增加轮胎温度，从而增加轮胎压力，这两种情

况都会导致 C_R 值降低。初步的道路测量表明，温度每升高 1 摄氏度，C_R 值下降约 1%，泰兹（2005）在许多滑行试验中甚至测量到，从 C_R 值为 0.0085 和 0 摄氏度或以上开始，每升高 10 摄氏度，C_R 值下降 0.002。由于持续时间短，滑动测试主要反映环境温度，由于速度低，主要反映滚动阻力。

在道路试验中，轮胎会受到强环境温度气流、道路温度和阳光的影响。在滚筒试验中，大多数轮胎试验在室温下进行，并在较长的预热期后进行测量，以便轮胎能够达到相当高的温度。除非温度和压力保持不变，或至少密切监测和了解，否则无法准确比较这些不同类型试验的测量结果，甚至是不同条件下类似试验的测量结果。

轴　承

滚动轴承使用许多小球或滚轮来减少摩擦和磨损。尽管滚动轴承的概念很早就广为人知，但它真正为人们所熟悉是因其在自行车上的广泛使用。

尽管滚动体看似优势明显，但轴承是高度复杂的装置，其工作性能取决于各种微小的因素。轴承是由坚硬的材料经适当加工制成的，精度高，配置结构合理。在保持干净润滑的状态下，它可以承受数百万转（具体数字取决于其所负载量的大小）的转速。在自行车上，一般采用的是由较轻或较便宜的材料制成的轴承，其使用寿命保持在一个合理的范围内：不常骑的自行车车轮转数低于 100 万转，而一辆使用痕迹严重的自行车车轮转数可能为 1000 万转。

关于滚动轴承，现在最具权威的参考书是特德里克·哈里斯（Tedric Harris 1991）所著的《滚动轴承分析》（*Rolling Bearing Analysis*），轴承制造者还在其目录的工程页面上提供了基本信息。丹（Danh）等人（1991）测量了标准自行车对开径向上止推轴承以及工业密封轴承。

轴承摩擦

如果把车轮从车架上卸下来，用手指转动车轴，就会感觉到轻微的阻力。这种阻力通常是由于使用了厚润滑脂或轴承密封造成的。调整过紧（预加载）的轴承可以更好地了解其在负载下的摩擦力。低精度轴承的转动会很粗糙，而使用高质量轴承，感觉更像是添加了额外的重质润滑脂。

自行车车轮上的快拆杆（用于固定大多数现代车轮的通轴拉杆）会给轮轴施加相当大的压缩力，并将其缩短 0.02~0.04 毫米，从而"拧紧"轴承调节。在轮轴上放置垫圈来代替自行车车架，再用快拆杆进行挤压，好像安装了车轮一样，可以感受到这种缩短和由此产生的拧紧效果。（但是，该实验不会模拟由于操作负载或预先存在的车架偏差而导致的轴弯曲可能产生的任何轴承负载。）

制造者有时会提供经过精确校准和适当润滑的轴承的摩擦系数（根据滚动元件中圆的半径而定义），但哈里斯（1991）给出了更完整的处理方法。除了纯滚动之外，多数轴承中的滚动元件在其微小接触面上也会进行一定的摩擦运动。角面接触滚珠轴承（对开径向上止推轴承），如图 6.4 所示，其摩擦系数为 $0.001 \times$（工作载荷/额定静载荷）$^{\frac{1}{3}}$。滚针轴承或径向接触球轴承的摩擦系数可以小到 $\frac{1}{5}$。

滚珠轴承的额定静载荷是指滚珠在滚珠座圈中产生规定的微小永久压痕的最高载荷。对于自行车尺寸的轴承，服务目录显示，静载荷额定值通常是基本动载荷额定值的一半，ISO 281 将其定义为 90% 的轴承组将持续至少 100 万转的载荷。如果实际轴承寿命取 800 万转，则传统轴承寿命计算意味着工作载荷

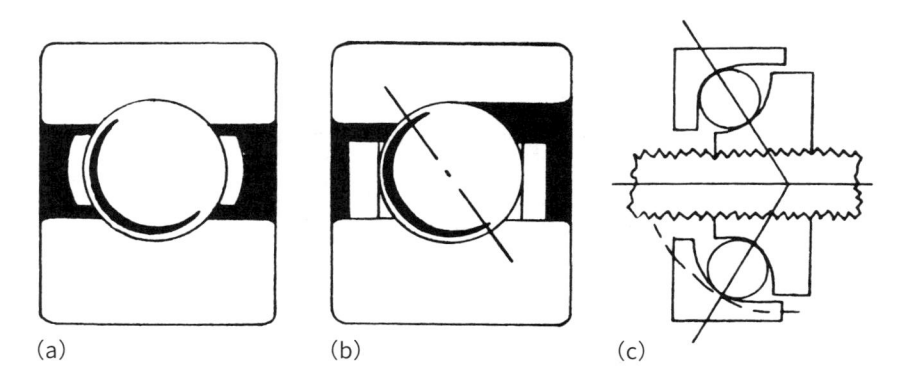

(a)　　　　　(b)　　　　　(c)

图 6.4

滚珠轴承类型：（a）环形或径向；（b）1893 年，"磁电机"（兰令版本有螺纹内圈）；（c）对开径向上止推（轴承是自动对准的，可以适应弯曲的主轴）。

也约为额定载荷的一半。因此，根据上一段中的关系，摩擦系数应接近 0.001。

这意味着，一个承载 450 牛（100 磅力）的车轮将产生约 0.45 牛（0.1 磅力）的切向摩擦力（在滚珠轴承处），此外还有密封件产生的摩擦力、预载摩擦力和可能存在的其他摩擦力。这种摩擦的触感可以通过在直径为 16 毫米的轴上缠绕一根线来模拟，在轴端施加 0.55 牛的力或等效重量，以产生 0.004 牛顿米的扭矩。由于 0.45 牛的力作用在 10 毫米的小半径处，因此在 330 毫米的车轮半径处产生的力要小得多。因此，由于一个车轮的轴承摩擦而产生的阻力在车轮圆周上约为 0.45 牛 × 10 毫米 / 330 毫米 = 0.014 牛，在 10 米 / 秒速度下产生的阻力为 0.14 瓦，与典型的轮胎滚动阻力 1～3 牛相比，可以忽略不计。然而，在长距离赛中，使用阻力最小且具有几个百分点优势的轴承可能会有所不同。显然，当车轮自身的半径远大于轴承的半径时，对轴承有很大好处：车轮半径与轴承半径的比率可以降低单位行驶距离的阻力和磨损率。

刚刚概述的方法表明，负载和轴承扭矩之间存在线性依赖关系，对速度的依赖性很小。丹等人（1991）的测量结果表明了几乎相反的结果："从这些测试中可以得出结论，对于最常见的自行车应用，轴承阻力随着速度的增加而有所增加，并且几乎与负载无关"（第 32 页）。这些作者测量了从 0.0001 牛·米（以 60 转 / 分使用 "20 重量" 油润滑的对开径向上止推轴承）到 0.05 牛·米（以 600 转 / 分使用典型汽车底盘润滑脂润滑的筒式轴承）的轴承扭矩。在中速（300 转 / 分）下，对开径向上止推轴承的测量值小于 0.001 牛·米（润滑油），0.003 牛·米（润滑脂），筒形轴承的测量值为 0.0075（润滑油），0.03（润滑脂）。通常，对开径向上止推轴承的扭矩值比筒式轴承的扭矩值高 5 倍（润滑油）到 10 倍（润滑脂），尽管后者没有唇形密封。对于密封件，筒式轴承产生 0.03～0.05 牛·米的额外扭矩。作者认为，在使用中轴承磨损后，新筒式轴承的摩擦力会减小。遗憾的是，除了称其为 "滚柱轴承"（即非滚珠轴承）外，他们并没有给出筒式轴承的尺寸或类型。然而，从论文中可以清楚地看出，如果调整得当，传统的对开径向上止推轴承产生的扭矩阻力最小，轴承阻力的主要来源可能是使用重润滑脂，而不是轻油或特殊润滑剂。

轴承阻力的精确计算更为复杂（例如，见 SKF 集团，2018a），因为滚珠或滚柱具有微观不规则性，部分在这些表面上滚动，部分在本身会导致黏性阻力的润滑剂膜上滚动。对于常见的工业轴承，可以使用 SKF 轴承计算器（SKF 集团，2018b）在线计算阻力。例如，一个典型的钢制、润滑脂润滑径向滚珠轴承，其尺寸为所需尺寸，即两个自行车车轮在每个轴承 250 牛径向负载和 600 转/分转速下需要四个轴承，每个轴承产生约 0.25 瓦的功率损耗，不包括任何密封件。径向滚珠轴承也可用陶瓷（氮化硅）代替钢球。它们的价格要高得多，但在清洁的条件下，它们的阻力更低，寿命更长（更严格的公差使它们对道路灰尘等颗粒污染的耐受性更低）。

既然车轮轴承对总阻力的贡献如此之小，是否可以使用低摩擦金属或塑料制成的更经济的滑动轴承紧密配合衬套？此类轴承的轴承半径可能小至 5 毫米，从而提供 0.33/0.005 或 66 的车轮机械优势。如果要在表观滚动阻力系数 C_R 上增加小于 0.001（实际上是极好轮胎与优质轮胎之间的差异），滑动轴承的滑动摩擦系数必须小于 0.07。使用现代干膜润滑涂层可以实现这一点。例如，氟塑料（如聚四氟乙烯）与金属配对后，在某些条件下可表现出 0.05~0.10 甚至更低的摩擦系数：在相对较高的压力下，存在轻微的粗糙度，并且在一定量的摩擦（磨合）后，在配合轴承部件上形成了一层润滑材料。在滑动轴承中，添加液体润滑剂可以实现从 0.01 到 0.07 的真正低摩擦系数，但这一成就在很大程度上取决于速度和负载。

因此，适当的滑动轴承可提供足够低的摩擦力，以供自行车使用。然而，除非完全密封，否则它们容易泄漏润滑剂，并容易受到道路灰尘的磨损，如果超载也容易损坏。对于自行车车轮，传统或工业滚珠轴承以类似的成本提供了更高的稳定性。滑动轴承用于轻载变速器托链轮和润滑良好的内部齿轮轮毂的小齿轮。在 1970 年左右的一段时间内，兰令给便宜的车型在踏板和轻载车头上部轴承中使用滑动轴承；摩擦系数高得惊人。其磨损和污染可能导致性能比这里讨论的要差得多。因此，与滑动轴承相比，滚动轴承的主要优点是它们的相对耐用性和低摩擦力，即使在润滑不良的情况下也是如此。

滚动阻力：观察、理论和相关性

对于典型的自行车和轮胎来说，平滑表面上的滚动阻力是平路骑行的整体阻力中仅次于空气阻力的第二大重要因素。在特殊情况下，关于滚动阻力系数的精确值存在相当大的不确定性，而车轮直径、胎压、温度、速度和负载压力等因素对滚动阻力的一般影响尚未充分探索。有关滚动阻力的各个方面已经进行了大量研究，但仍需要进一步深入研究。基于上述原因，本章主要总结了广泛发表的结果。在约翰逊的《接触力学》（Contact Mechanics）（1996）第八至第九章给出了更加全面的理论阐释。

滑动和内摩擦

奥斯本·雷诺兹（1876，也见夏普，1896）提出滑动摩擦是滚动阻力的一个组成部分。他用一个直径 6 英寸、宽 2 英寸（约 14 磅，6.35 千克）的机加工铸铁圆柱体在各种表面上滚动，包括软（天然）橡胶，这是一种软轮在硬表面滚动的反向模型。通过标记圆柱体和橡胶块的边缘，雷诺兹能够观察橡胶的变形和两个接触面的表现。图 6.5 描绘了一个从左到右滚动的圆柱体，该圆柱体与橡胶从 A 点接触到 D 点。如图所示，在 B 点和 C 点之间，橡胶表面膨胀，不会相对于圆柱体滑动。因此，它必定在 B 之前和 C 之后被压缩，从而在 A 和 B 之间以及 C 和 D 之间产生滑动摩擦。雷诺兹测量到橡胶滚轴的滚动阻力系数为 0.0067，令人惊讶的是，用油或黑铅（石墨）润滑几乎没有什么差别。他还使用了其他坚硬光滑的表面，发现无论滚筒是否润滑，滚动阻力系数都在 0.0008 到 0.001 之间。他的仪器由一个非常精确的可倾斜工作台组成，能够检测到以 0.0002 的角度（或滚动阻力系数）开始的滚动。这也是库马尔（Kumar）、萨卡尔（Sarkar）和古普塔（Gupta）（1988）给出的钢辊对钢的最佳实验值。虽然硬轮在软弹性表面上滚动并非自行车或任何车辆的常见配置，但雷诺兹实验中描述的滑动摩擦类型也必然发生在硬路面上弹性轮胎的接触面，甚至钢轨上的钢轮，因为圆形构件的圆周段比相应的平面支撑片长，在滚动过程中必须缩短。

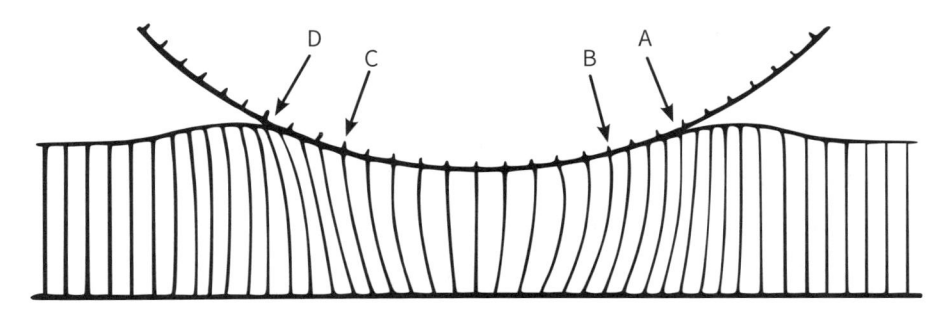

图 6.5
圆柱体在橡胶板上从左到右滚动时，A 和 B、C 和 D 之间的滑动摩擦力。（来自雷诺兹，1876）

图 6.5 还表明，雷诺兹实验中的橡胶将经历压缩、变形和剪切应力。如果它是完全有弹性的，它会完全反弹，并将吸收的所有能量全部释放出来，尾部的压力将与前部的压力完全相同。这样就不会产生滚动阻力。然而，橡胶不是一种完美的弹簧材料，也不能完全返回存储的能量，差值会以热量的形式损失。这被称为内摩擦或弹性滞后。

类似的效果也发生在橡胶或合成弹性体（橡胶材料）制成的车轮上，甚至钢制车轮和钢轨上。从物理意义上讲，钢比橡胶更有弹性，尤其是像石英和陶瓷这样的硬质材料，这违背了弹性的直观概念。据推测，一个小的陶瓷自行车车轮在光滑的瓷砖上滚动时，其阻力比钢制自行车车轮小。

大多数自行车轮胎都是充气的，或多或少是一个充满压缩空气的薄壁圆环体。对于在光滑表面上滚动，空气可以被认为是一种几乎无损的支撑，因为它的压力不变，并且由于接地面变平而产生的微小内部位移可以忽略不计。然而，这种压扁确实会导致接地面边缘的弯曲和轮胎侧壁的弯曲，如图 6.11 所示。胎侧可以根据"压力容器"的功能制造得尽可能薄，并由聚酰胺或聚芳酰胺纤维等坚固材料制成，轮胎胎面必须由足够厚的材料制成，以保护受压层并允许一定程度的磨损。因此实心橡胶或弹性体轮胎产生相同类型的弹性滞后损失，但由于所涉及的材料较少，弹性滞后损失较少。通过增加空气压力来减小接地面的尺寸，可以明显减小滑动和内摩擦。

用倾斜地面力矢量表示滚动阻力

由于车轮及其滚动表面可以是硬的或软的，也可以是更具弹性或非弹性的，这就产生了许多车轮和表面的可能组合。此外，车轮可以是光滑的或粗糙的、同质或分层的，表面可以是一体的或颗粒状的。正如实践证明的那样，坚硬光滑的车轮和表面（如在钢轨上滚动的钢轮）产生的阻力最小，C_R 值仅为千分之几（见表 6.1），而在实验室中缓慢滚动的圆柱体产生的阻力更小。如果车轮仅与几何平坦的表面进行点接触或线接触，则车轮与表面之间的力必须与表面成直角，并且没有滚动阻力。然而，加载的车轮或钢球永远不会与平面进行真正的线接触或点接触：如果这样做，接触压力（力除以表面积）将是无限的，并且会发生材料失效。实际上，会发生一些变形以创建非零接触区域。对于钢来说，这个区域非常小，因为它是弹性的，所以通过暂时变形损失的能量非常小。

假设车轮的轴承摩擦力可以忽略不计，则地面力必须作用在通过车轮中心的直线上，因此车轮的滚动阻力等于位于轴前方的地面力所产生的滚动阻力，并从垂直方向向后倾斜以对准轴。

当车轮移动时，与底层表面接触产生的压力在特定接触面内通常不均匀。向前滚动导致接地面前部的压力大于尾部的压力（图 6.6），从而导致滚动阻力，这是前面提到的滑动和内摩擦的结果。因此，压力中心和地面力线位于接地面中心的前方。

支撑力倾斜的角度必然大大小于轮轴与接地面最前面点之间的角度。因此，在其他类似情况下，接触面对最小角度的车轮可能产生最小阻力。这意味着较宽的轮胎应产生较小的阻力，如果将充气至相同压力且结构相同的轮胎或实心轮胎进行比较，则情况确实如此（见本章末尾的讨论）。如果轮轴前方的接触长度（即光滑路面接地面长度 L 的一半）表示为 L_{CL}（接触半长），则最大可能的支撑力倾斜角（弧度）近似于比率 L_{CL}/r_W，其中 r_W 是车轮半径。

阻力方程形式

根据上述推理（结合量纲分析）可以得出阻止轮胎支撑力（F_R）的阻力（F_V）的方程式：$F_R/F_V = f(L_{CL}/r_W)$，其中 f 表示从 0 增加的未知函数。F_R/F_V 的

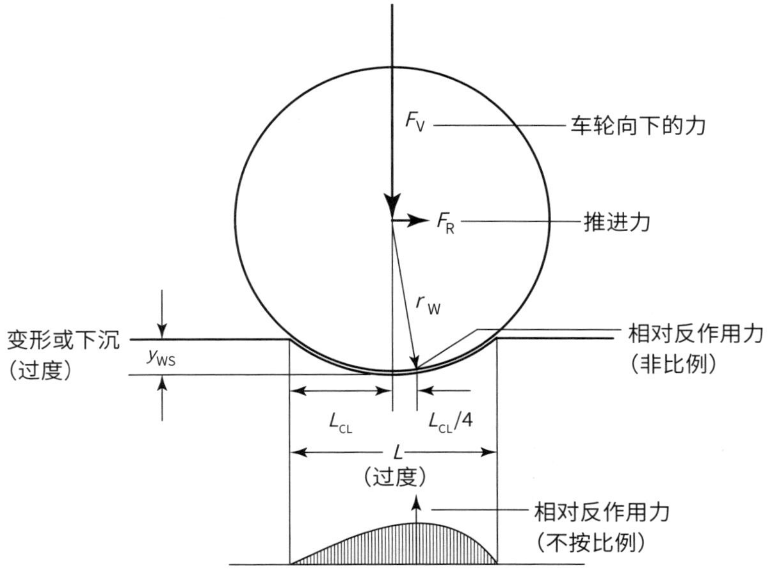
F_V
车轮向下的力
F_R
推进力
r_W
变形或下沉
（过度）
y_{WS}
相对反作用力
（非比例）
L_{CL}
$L_{CL}/4$
L
（过度）
相对反作用力
（不按比例）

图 6.6
硬轮在柔软弹性表面上的阻力，从左向右滚动。

比率叫作滚动阻力系数，用 C_R 来表示。通常认为该系数不受 F_v 负载的影响，（即 F_R 被认为是任何 F_V 的恒定部分），但实际上可能会受到影响（因为 L_{CL} 会受到 F_V 的影响）。当文献中提供了 C_R 值的单个数字时，应假设其仅适用于特定的负载条件，遗憾的是，这些负载条件并不总是提供。

下节给出了简单滚动阻力分析或测量的示例。所有接触半长（L_{CL}）计算均涉及垂直载荷（F_V）、车轮半径（r_W）和应力尺寸，如模量（E）、充气压强（p）或土壤屈服应力。车轮垂直下沉量（y_{WS}）通过 $y_{WS} \approx L^2_{CL}/(2r_W)$ 与 L_{CL} 相关。该值还与车轮的有效滚动半径有关，该半径必须小于 r_W 但大于 $r_W - y_{WS}$。这个有效半径可以通过精确校准的自行车测速表的设置来确定（或者首先用于校准），或者通过计算来确定。[另请参见赖特（Wright）（2019），了解更多详细介绍的接地面和轮胎信息。]

此外，辅助几何因素可能会影响接触半长的计算，例如圆形轮胎横截面的车轮宽度（L_{WW}）和半径（r_T）。阻力本身是由材料能量损失参数引起的，这些参数通常不在表格中列出。在最简单的情况下，能量损失将显示为乘法损失因子，可能取决于速度。

不同条件下的相关性示例

坚固的车轮和坚实的地面

坚固的车轮和坚实的地面意味着车轮和它滚动的材料都同时具有刚性和弹性，就像大多数金属一样，在某种程度上也包括许多其他材料。在实践中，坚固车轮的坚实地面几乎总是钢轨，因为即使是最平坦的道路也会崎岖，以至于使用真正坚硬的车轮会产生大量振动和噪声，这就是为什么不再使用铁皮车轮和钢制滑板车轮（也因为它们的牵引力有限）。由于这些原因，同时也为了避免划伤地板，甚至室内车辆的实心车轮也很少用最硬的材料制成。

海因里希·赫兹开发的经典接触力学方程描述了各种曲面（例如实心车轮和表面）的应力和变形，例如，球体或圆柱体压入平面或两个交叉圆柱体的接触面的深度和面积。后者实际上描述了未磨损铁路车轮和钢轨的接触。[与（实际锥形）车轮接触的圆形轨道轮廓的半径比铁路车轮的半径（如450毫米）稍小（如300毫米），但如果有一点磨损，它可能会变得相同，在这种情况下，两个交叉圆柱的接触面与接触平面的具有相同半径的球体的接触面相同。] 这些方程与滚动和力矢量的后续位置无关，但应表明 L_{CL}/r_W 的最大可能值，从而确定 C_R 值的上限。平面上两个相同交叉圆柱或等效球体的赫兹接触公式为 $L_{CL}/r_W = [1.5 F_V (1-\nu^2)/(r_W^2 E)]^{1/3}$，其中，$\nu$ 是材料的泊松比（钢约为0.3），E 是杨氏模量（钢约为200吉帕）。梅西斯（Mesys）（2019）提供了该公式和更普遍情况的在线计算器。

对于890毫米钢轮，该公式得出的 L_{CL}/r_W 值约为0.01，L_{CL} 值约为4.3毫米，远小于图6.7中（c）所示 L_{CL} 值约为8.5毫米的接触印迹。这大概是因为用于打印的复写纸比印模的深度厚。

对于轨道上的铁路车轮，科夫曼（Koffman）（1964）指出，C_R 与 L_{CL}/r_W 成

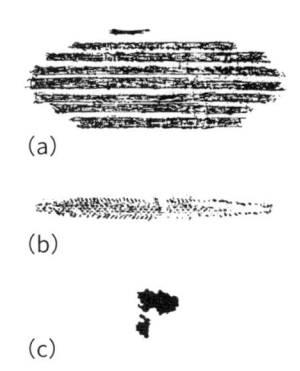

图 6.7

自行车轮胎在硬质表面上和钢轮在钢轨上的接触印迹：（a）12.5 英寸 × 2.25 英寸的自行车轮胎，充气至 1.8 巴（26 磅力/平方英寸），并负荷 400 牛（90 磅力）的载重［实际印迹长度为：100 毫米（约 4 英寸）］；（b）27 英寸 × 1.25 英寸的自行车轮胎，充气至 2.8 巴（40 磅力/平方英寸），负荷 400 牛（90 磅力）的载重［实际印迹长度：97 毫米（约 3.8 英寸）］；（c）直径为 890 毫米（35 英寸）的钢轨，负荷 27 千牛（6075 磅力）的载重［实际印迹长度：19 毫米（约 0.75 英寸）］。（惠特，1977）

比例，并引入了比例常数 K_1，因此 $F_R/F_V=K_1(L_{CL}/r_W)$，他将 K_1 量化为 0.25。如果以图 6.7 中的示例（$F_V=27$ 千牛，$r_W=445$ 毫米）为例，计算出的接地面半长 L_{CL} 为 4.3 毫米（而不是接触印迹上的 8.5 毫米），以及上面的常数 K_1，$C_R=0.25 \times L_{CL}/r_W \approx 0.0024$，这与表 6.1 中的铁路数据吻合，假设有八个车轮则对应大约 24 短吨的轨道车。

由于这本书是关于自行车而非重型火车的，因此可能对轨道自行车有用的车轮，即人力轨道车辆（见第十章），才是这里感兴趣的话题。在这一领域，人们尝试了各种各样的东西：没有轮胎的自行车轮辋、小直径的铁路车轮、薄钢或塑料圆盘、溜冰轮，甚至直接在轨道上运行的滚珠轴承。似乎没有一个实验者记录了 C_R 值，也没有一个打破了可比道路车辆的速度纪录，这是进行实验的最初希望。将赫兹公式用于宽度为 L_{WW} 的圆柱体与平面接触，$L_{CL}/r_W=[8F_V(1-v^2)/\pi r_W L_{WW} E]^{\frac{1}{2}}$，即接地面长度为 $2L_{CL}$ 的铝合金（假设 $E=70$ 吉帕）自行车车轮，负载为 400 牛，在钢轨上运行，但没有轮胎，产生的 L_{CL} 值为 0.5～1 毫米（取决于选择的总接触轮辋宽度），L_{CL}/r_W 值约为 0.0015～0.003，这小于车轮使用大多数轮胎时的值，甚至在应用系数 K_1 之前。那么，为什么不干脆把自行车的轮胎拆下来，跑得更好呢？除了牵引力、噪声和磨损等明显的实际问题外，最小粗糙度的振动可能会使 C_R 值高于接地面计算的预期值。虽然旅游人力轨道自行车（见第十章）的运营商使用钢轮来增强其坚固性，看着也算合理，但严格的铁路自行车比赛者使用标准充气自行车轮胎来承载车轮。本节中的示例假设完美平滑。然而，金属轨道自行车车轮的压痕深度 y_{ws} 为几微米或更小。因此，当车轮不得不攀爬、撞击或轧碎这些颗粒或其他微标高时，即使是最轻微的不平整度，甚至灰尘或铁锈，也必然会产生很大的影响。

车轮直径的影响 对于直径为 1 米、在钢轨上滚动并加载 10 千牛的 10 毫米宽钢轮，赫兹公式给出的 L_{CL} 值约为 2.5 毫米，L_{CL}/r_w 值约为 0.005。如果直径减小到 100 毫米，并且没有其他变化，则 L_{CL} 值将减小到约 0.75 毫米，L_{CL}/r_w 的值将增大到约 0.015。对于直径进一步减小到原来的十分之一的情况，公式得出的 L_{CL} 值约为 0.25 毫米，L_{CL}/r_w 值约为 0.05，后者的值是 100 倍大车轮的值的 10 倍。因此，在其他条件相同的情况下，C_R 与 $r_w^{-\frac{1}{2}}$ 成正比，库马尔、萨卡尔和古普塔（1988）也大致报告了一种关系：他们发现特氟龙、尼龙和钢制圆柱体的 $C_R \propto r_w^{-0.48}$。朱尔斯·迪皮（1837）对铁制圆柱体进行了广泛的测试，并提出 $C_R = 0.001 (2r_w)^{-\frac{1}{2}}$。

车轮载荷的影响 表 6.1 中包含的来自特劳特温和特劳特温（1937）的铁路数据清楚地表明，随着荷载的增加，C_R 值下降。事实上，A. K. 舒特莱夫（A. K. Shurtleff）在同一出版物中提出了一个铁路车辆公式，在假设每辆车有八个车轮的情况下，该公式等于 $C_R = 0.05/F_V + 0.0005$（单位：千牛 / 车轮）。这符合图 6.7 中 27 千牛示例计算出的 $C_R = 0.0024$ 的值，但与以下观点相矛盾：较高的载荷意味着较长的接地面，而其他条件相同时，应导致 C_R 值增加，而较短的接地面则相反。事实上，以上一节中的示例为例，将载荷从 10 千牛减少至 100 牛，得出 L_{CL} 值约为 0.25 毫米，L_{CL}/r_w 值约为 0.0005，后者是承受 100 倍载荷的车轮的十分之一。相反方向的负荷增加具有相反的效果：1 兆牛的 L_{CL}/r_w 值约为 0.05。因此，$C_R \propto F_V^{0.5}$。库马尔、萨卡尔和古普塔（1988）报告了气缸的 $C_R \propto F_V^{0.48}$，结果几乎相同。

上述观察结果现在与实测铁路数据和舒特莱夫公式完全不符。尽管对于图6.7中的示例（F_V=27 千牛，C_R=0.25 × L_{CL}/r_W=0.0024），使用这两种方法获得的值完全一致，但在其他载荷下，这两个公式预测的结果截然不同。例如，当载荷为 1 千牛时，舒特莱夫公式得出 C_R≈0.05，但根据赫兹公式和科夫曼的建议，K_1=0.25 时，C_R≈0.0008。

这种差异可能有几种解释：

- 科夫曼给出的铁路车轮"常数" K_1 实际上是一个高度依赖载荷的变量。
- 就完整铁路车辆的滚动阻力而言，其他影响（包括轴承和一对锥形车轮在同一轴上的"自转向"）支配着纯车轮自身的滚动阻力，因此这两种类型的滚动阻力系数不具有可比性。
- 轨道不像假设的那样光滑，较高的载荷对粗糙度不太敏感。

对于前面的例子，直觉告诉我们，两个计算值肯定都是错的，第一个太高，第二个太低。正如本章后面所示，充气轮胎的测量几乎不能证明载荷的预期效果，但至少它们不会走"错误的道路"！

车轮宽度的影响　　接地面模型也意味着越宽越好。如前所述，库马尔、萨卡尔和古普塔（1988）发现气缸的 $C_R \propto r_T^{-0.48}$。然而，这种比例在实践中对于硬轮和铁轨，尤其是圆形铁轨几乎没有什么用处，轨道自行车可能只接触到几毫米的铁轨，因为即使是一个精确的圆柱体也容易受到最轻微的失配或错位的影响。

轨道自行车运动员在实践中应该做些什么？　　当然，过度减少钢轮的直径和宽度是一个坏主意，就像一些轨道自行车赛车手过去所做的那样（正如合著者所尝试的那样，用尼龙代替钢轮是一个特别糟糕的选择）。但是，可以选择多个单独悬挂的薄盘来减少阻力。迪皮（1837）指出，将载荷分布在多个车轮上可以减少阻力（这与传统的轨道车测量和舒特莱夫公式相矛盾！），如果目的是在带有尺寸有限车轮的轨道上运输许多乘客或载荷，就建议在轨道车上使用多个车轮。然而，与减少保持车轮在轨道上所需的导轨阻力相比，滚动阻力系数似乎不是轨道自行车纪录尝试的主要问题。

软轮和软地面

山地自行车和最近的"胖胎车"重新燃起了人们对全地形骑行，包括在干沙和雪等非常软的路面上骑行的兴趣。在世界许多国家，土路干燥时很硬，潮湿时变软。乡村道路和自行车道通常由坚硬、压实的砾石建造，除非使用黏合剂，否则顶部表面很松散。对于这三种环境，了解自行车轮胎的性能以及如何将滚动阻力降至最低是很重要的。虽然在软土地基中，充气轮胎可能被认为是"硬"的，并且大部分阻力来自土壤的塑性变形，但仍然会出现扁平的接地面，尤其是在有利于牵引力的低充气压力下。尤其是当只有顶层是柔软的，通过的轮胎主要由下面更坚固的层支撑时（见图 6.8）。软胎可能具有优势的环境是鹅卵石街道或坑坑洼洼的道路，这两种道路都很硬，但结构复杂，驾驶硬、薄或小车轮车辆的人会感到害怕。

因此，有许多类型的表面，无论是自然表面还是人造表面，都可以被视为软表面，对于其中许多表面，测量滚动阻力比计算滚动阻力更好。以下各节试图对这些阻力是如何产生的给出一些基本理解。

土壤 大多数自然地面和许多人造地面都是由土壤人造的，土壤基本上由各种大小的岩石颗粒组成，顶部可能有一些生物或腐烂的物质，如草皮、树叶或腐殖质。颗粒的大小范围很广，从极细（称为黏土）到细粒（称为粉土），再到从细到粗的砂粒，再到砾石和石头。除粒径外，颗粒形状（圆形或锐边）、成分［例如含砂砾石或含粉土和黏土的砂（称为壤土）］以及压实度和含水量也很重要。黏土和粉土具有黏性（颗粒黏在一起），对水极为敏感。壤土在干燥时可以是坚固的可骑行表面，在潮湿时可以是湿滑的泥浆。非黏性、纯摩擦土壤（如砾石）受水的影响不大，但砂土受颗粒间水的表面张力的影响很大。沿着沙滩水线骑行的人都知道波浪刚刚退去的狭窄区域是一个坚实而愉快的骑行区域，但几秒钟后，当大部分水退去，或海滩上离海稍远一点的地方，沙滩会变得更加柔软。

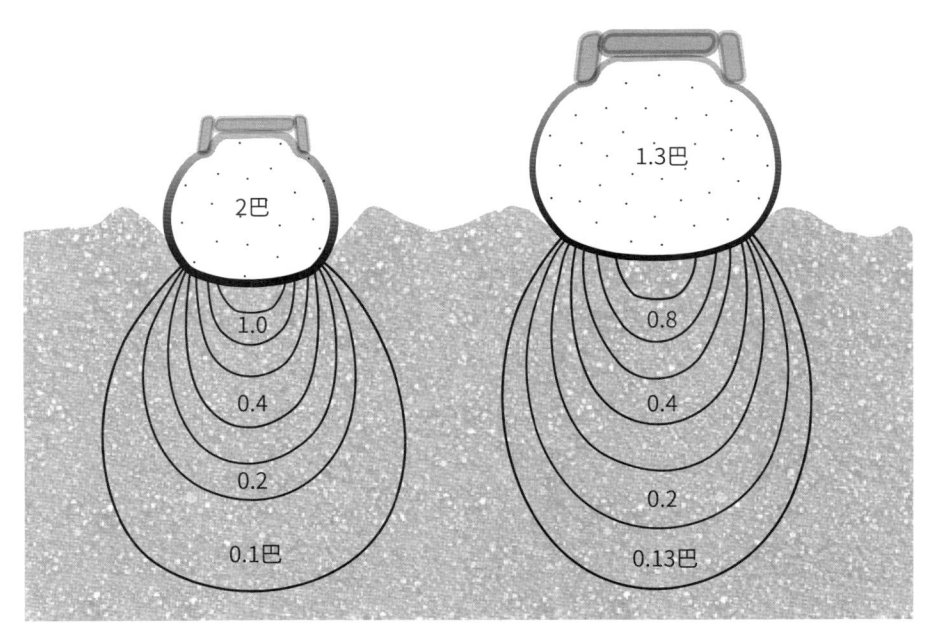

图 6.8
在不同压力但相同（未指定）载荷下，在松散土壤上，山地自行车（左）和胖胎车（右）（仅显示为蒙皮横截面）的压力球示意图。轮胎下面的压力不仅是接地面压力的函数，也是轮胎宽度的函数。胖胎车在表面的压力较低，因此下沉较少，但在更深的地方施加的压力较大。土壤也被侧向推高。

    尽管土壤颗粒由坚硬且通常具有极强弹性（物理意义上）的材料（如石英）组成，但土壤本身在这个意义上并不具有弹性，而是具有固态和液态性质。在低应力下，如果施加的剪应力 τ 超过主要由其内摩擦角 φ（见图 6.9）和内聚力 c 决定的材料抗剪强度，许多土壤表现为固体，但会变形。黏性细粒土或多或少具有塑性，这取决于含水量，意味着它们在应力下会发生不可逆转的变形。除干砂或新沉积的砾石层外，道路和天然路面或多或少都会压实，路面可能松散或有黏性。松散层的性能由 φ 密切控制，而黏性层的性能取决于 c，其本身高度依赖于水分含量。1773 年，库伦（第三章中提到）提出了土壤力学的基本方程：$\tau = c + \sigma\tan\varphi$，其中 σ 是法向应力。因此，c 和 φ 越大，土壤在不变形的情况下能够承受的应力越大。

为了对松散土壤进行一致的计算和实验（从而避免未知的、变化无常的或难以测量的 c 值），它最好是粗粒的、不压实的，就像沙子或买来的具有特定特性的砾石一样，并且是干燥的。要知道的主要性质是内摩擦角 φ，可以通过它的休止角，即材料堆或堆岸所能保持的最大斜率，来近似地表示内摩擦角 φ。对于可想象的最不稳定的材料，均匀的坚硬光滑球体，其角度约为 22°，对于普通砂，其角度约为 25°～35°，具体取决于颗粒的圆度；对于最稳定的材料，具有锐边的碎石，其角度可接近 45°。压力和振动可以压实砾石和沙子的混合物，尤其是通过使较细的颗粒移到较大颗粒之间的空间，形成稳定、坚硬的基底表面。几千年来未受干扰的成熟土壤自然压实，也很坚固。因此，许多自然道路很容易就足够坚固，可以骑自行车。然而，它们通常是不平整的，有突出的较大石块或树根、堆积的松散石块或有水、霜的孔洞。即使是压实良好的碎石路，在承受车轮和鞋的压力时，也无法保持坚实的上表面。如果使用的天然黏合剂本身由黏性颗粒组成（即不会像水泥一样凝固变硬），则在干燥时可形

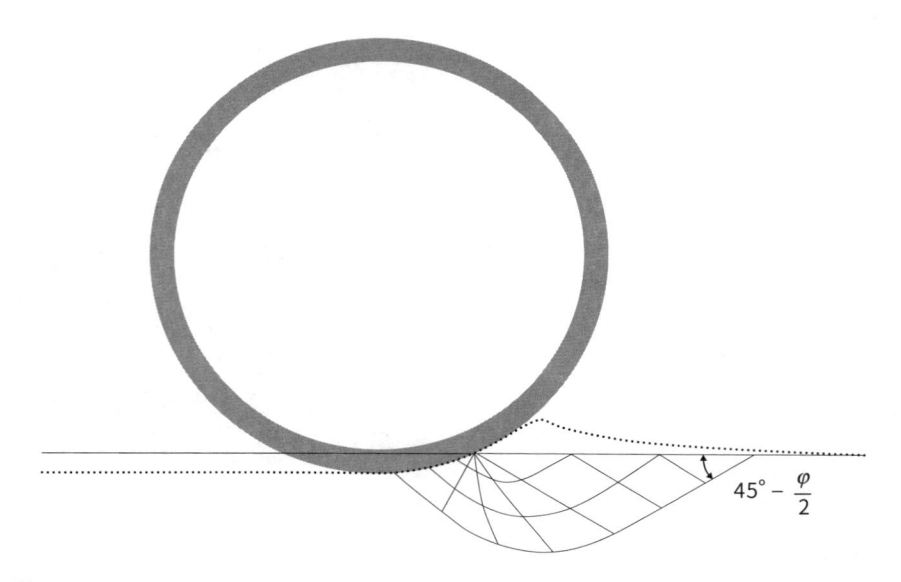

图 6.9
在 $\varphi=30°$ 的干砂中从左向右滚动的硬圆柱轮。实线显示了最初未受干扰的地面和贝壳状表面，土壤沿着这些表面滑动，前面形成小山，后面形成车辙。这种表现是一种抽象的三维场景，在这种场景中，从下面浮现出来的材料也会被推到一边。

成精细、光滑、牢固的表面，但在浸水时可能变软，然后被通过的几个轮胎快速清除，之后形成凹坑。

理论和测量 M. G. 贝克（M. G. Bekker）提供了关于软土地基支撑和牵引力的全面、基于数学的参考。特别是贝克的《陆地运动理论》[*Theory of Lead Locomotion*（1956），第五章和第六章]将土壤力学的经典理论应用于实际的车轮载荷问题，并包含了大量的参考文献。

如贝克（1956）所引，格朗维内（Grandvoinet）对未指定土壤（第214页）上圆柱形车轮的结果可能符合的幂律为 $F_R \propto F_v^{\frac{3}{4}} r_w^{-\frac{2}{3}} L_{ww}^{-\frac{1}{3}}$。格斯特纳（Gerstner）认为，这种关系意味着如果车轮直径增加35%，滚动阻力将减少18%（格朗维内：20%）。宽度的类似增加只会降低10%的滚动阻力。贝克研究了其他表现出类似趋势的幂律。因此，他坚信，对于相同的载荷，大而窄的车轮比小而宽的车轮滚动阻力小。当 F_v 升高到大于1的功率时，与另一个车轮分担负载的额外、正确对齐的车轮应降低软土地基的总滚动阻力。

这里有一个貌似合理的类比，越野滑雪板长（通常约2米），窄（通常约50毫米），而不是宽，因为这样可以减少被压缩或抛开的雪的横截面。（贝克[1956]引用了戈鲁博诺夫[Gorubonov]的数据，对滑雪板在雪上的摩擦进行了处理。这些数值等于摩擦系数 μ 值，作为雪密度 ρ 的函数[单位为吨/立方米]：$\mu = 0.12 - 0.17\rho$，ρ 介于0.1和0.55吨/立方米之间。）

最近，有限元分析已被用于至少汽车轮胎和沙子的计算机建模（例如，格鲁伊契奇[Grujicic]等人[2010]）。一旦通过实验进行验证，这些方法可以帮助建立幂律公式。然而，不幸的是，这方面的大部分工作都是在汽车轮胎上进行的。

各种来源给出了汽车和农机轮胎的滚动阻力系数，从硬表面的0.012到松散沙土或壤土的0.04，再到潮湿松散砾石的0.06。这些值随载荷而增加。装载4.4千牛（1000磅力）的农用车辆车轮，在草皮上的 C_R 值可以达到0.05~0.09，在耕壤土或松散沙上甚至可以达到0.2~0.5。巨大的变化表明，如果不了解土壤特性，就无法比较测量值或预测值。对于松散土壤，至少需要内摩擦角。然而，大多数测试是为了农业或军事，在层状黏性土壤上进行的，这些土壤可以用多达六个不同的值来描述。一些公式中使用的单个数字是锥形指数，这是土壤穿入阻力的一种度量。

对于给定形状的车轮外围横截面和载荷，减少发生的下沉量可将软土地基阻力降至最低。随着支撑面积的增加，增加车轮的半径或宽度会减少阻力。半径的增加进一步减少了因车辙形成的虚拟上坡（图6.9和图6.10）。

阿坎德（Akande）等人（2010）测量了16英寸×1.9英寸、20英寸×1.9英寸、24英寸×1.9英寸和26英寸×1.9英寸自行车轮胎在不同表面（沥青、硬草和平均锥形指数为1.1兆帕的耕过的砂壤土）上，在313～810牛的4个垂直载荷和40、50、60磅力/平方英寸（276、345和414千帕）3个充气压力下的阻力。他们使用了一辆单轮拖车，该拖车与一辆以4.4千米/时速度行驶的拖拉机相连。对于在613牛载荷下、压力最高的最大轮胎，或者对于在810牛载荷下充气至50磅力/平方英寸的24英寸轮胎，他们在草地表面测得的

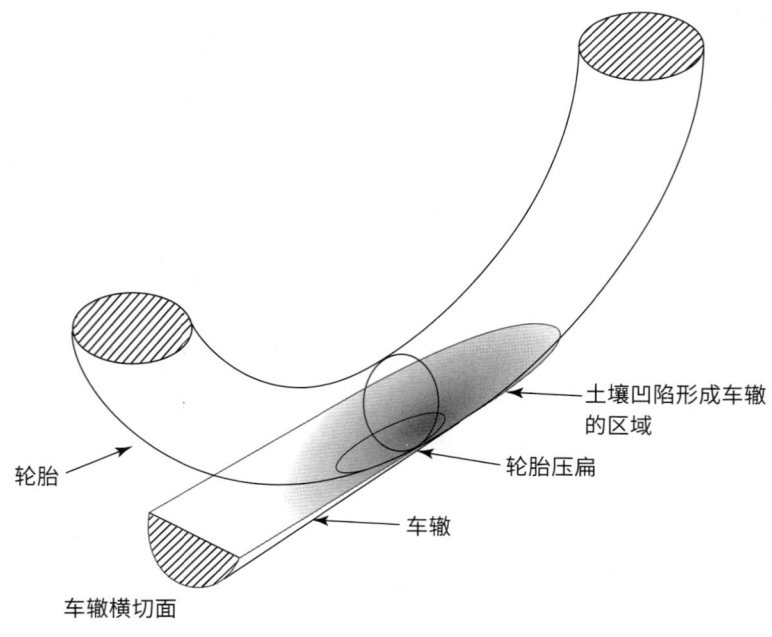

图 6.10

通过车辙和连续上坡产生的软土滚动阻力。

C_R 最佳值略高于 0.015。沥青摊铺路面的最佳值略低，在最高充气压力下未达到最佳值；这些数据出人意料地高，与下一节中的数据相差甚远。对于已耕土壤，最大轮压和最低载荷 313 牛时，C_R 的最佳值为 0.064，在较高载荷和较小轮压下，C_R 的最佳值为 2 倍，在最高载荷下，最小轮压的最差值为 0.21，与预期一致，但在最低压力下。阿坎德和他的同事们后来还用湿润的土壤、实心车轮和更高的牵引速度进行了测试，所有这些都增加了滚动阻力。他们使用相对较窄的轮胎的主要目的是使低成本的农业设备能够尽可能少地压实土壤（见图 6.8），当然也能减少作物之间的车辙。

越野车用户通常已经采用了可行的最大直径车轮，并试图通过增加车轮宽度或数量来减少下沉。它们将多个车轮或一个大的平面支撑区域称为悬浮装置，最极端的例子是履带。在真正的自行车运动员中，在给定的最大轮胎直径下悬浮装置的最好例子可能是以前在雪地上比赛中使用的自行车的双轮辋和轮胎，以及最近流行的胖胎车宽车轮。这些轮胎的宽度范围从 3.0 英寸（76 毫米）到 5.0 英寸（130 毫米），可以在软地形（如雪地和沙地）上骑自行车，低充气压力为 0.35～0.7 巴（约 5～10 磅力/平方英寸），以及也可在 0.7～1.4 巴时（约 10～20 磅力/平方英寸）在道路上骑自行车。

软轮和硬地面

实心轮胎 虽然自行车主要安装充气轮胎，但"软"实心车轮总是有用途的，例如，因完全不会被刺穿或漏气，这种车轮即使滚动阻力提高也是值得使用的，或者出于某种原因需要使用微型车轮。在后一种情况下，在光滑的表面上，实心车轮通常比同样小的充气轮胎产生更少的滚动阻力。轮椅就是这样一种情况，因为使用轮椅的人往往不容易修理或给轮胎打气，而且轮椅可能会长期闲置，但必须做好应急准备。在这种情况下，可靠性通常比最小阻力或舒适滚动更重要。

实心工业车轮制造商提供了车轮相关滚动阻力的模糊数据；例如，直径为 0.2 米的聚氨酯车轮，以步行速度（3 英里/时）滚动，C_R=0.004～0.007，取决于具体的材料，并且与车轮直径成反比，因此直径为 0.1 米的聚氨酯车轮，其值为 0.0075～0.015。橡胶的阻力是最好的聚氨酯的 10 倍［以上所有数据见利珀特（Lippert）和斯佩克托（Spektor），2013］，但遗憾的是，似乎没有实心车轮制造商公布其车轮的实际滚动阻力测量值，甚至连滑板车轮等也没有。

另一方面，考兹拉里奇（Kauzlarich）和塞克（Thacker）(1985) 提供了更详细的实心轮椅车轮信息。这些车轮由灰色橡胶（填充 50% 黏土颗粒的天然橡胶）或聚氨酯制成。对于直径为 2 英尺（0.61 米）且轮胎宽度为 22.4 毫米的车轮，考兹拉里奇和塞克规定了灰色橡胶在步行速度和室温下的滚动阻力系数（理论上和测量上）约为 0.015，几乎与负载无关。对于直径相同但 150 毫米宽聚氨酯轮胎（杨氏模量 E 表示为 9.6 兆帕）的车轮，同一作者测量和计算的 C_R 值在低载荷下约为 0.0035，在常见轮椅（或自行车）载荷下为 0.006，在较重载荷下高达 0.0067。这些作者给出了一个基于赫兹接触（本章前面讨论）的通用公式，该公式具有复杂的材料和几何参数：

$$C_R = 0.07 m (F_V^{3/2}/r_W) \{1.5 [r_W r_T/(r_W + r_T)](1 - v^2)/E\}^{1/3}$$

其中 m 是六阶多项式拟合的结果，该拟合取决于车轮半径 r_W 与轮胎半径 r_T（轮胎宽度的一半）的比率。对于比率 $r_W/r_T = 610/150 ≈ 4$ 的示例，m 为 1.67；如果比率为 10，则为 2.37。方程式中的数量 0.07 表示滞后因子，该滞后因子结合了聚氨酯的值 0.15（可用范围为 0.10～0.15）和橡胶高出几倍的值，其中包括泊松比 v 的值 0.5。考兹拉里奇和塞克包含了所有这些信息，但预测仍然很困难，因为 C_R 值对杨氏模量 E 的敏感性通常未知。杨氏模量 E 因材料以及应力和温度的不同而变化很大。即使对于特定的轮胎材料，其值通常也不可用，但邵氏（硬度）值提供了更容易获得的替代值。溜冰轮的硬度主要根据邵氏 A 标尺来指定，其值通常为 70（中软）到 100（极硬），使用称为硬度计的弹簧加载压痕装置很容易测量；对于较硬的材料，也有邵氏 B 和 D 标尺。邵氏硬度和杨氏模量之间没有明确的关系，但已经发表了一些近似的相关性。孔茨（Kunz）和斯图特（Studer）(2006) 提供了一个通过实验验证的方程式，其中 75 个邵氏 A（ShA）对应约 10 兆帕，85 个 ShA 对应约 16 兆帕，90 个 ShA 对应约 24 兆帕。然而，高于该值的邵氏 A 值变得不准确，因为 100 ShA 值意味着根本没有压痕，也就是说，硬度计无法区分橡胶轮和高模量金属[（另见拉森（Larson），2016］。

使用考兹拉里奇和塞克公式、赫兹接触公式以及与邵氏 A 至 E 相关的孔茨和斯图特方程，对于直径为 100 毫米、宽度为 25 毫米（意味着 r_T = 12.5 毫米），75 ShA 硬度的溜冰轮，C_R 值为 0.01～0.02，具体取决于载荷；90 ShA 将此值降低至 0.0075～0.015，优于相同直径的普通充气轮胎的值。大概 100 个 ShA 车轮产生的值与较大的气动自行车车轮相似，至少在非常光滑和坚硬的表面上如此。当一个人在磨光的石头上滑行时，肯定会有这种感觉（这样的硬轮必须小心使用，因为安全转向和制动所需的静摩擦力是最小的）。然而，考兹拉里奇和塞克公式是为步行速度下的轮椅车轮开发的；而溜冰轮转动得更快，热起来的速度就更快，这会降低 E 值，从而增加 C_R 值。

实心聚氨酯全尺寸自行车轮胎相当重，尽管这种轮胎可用于 22 至 24 英寸的轮椅车轮，并且也有用于橡胶轮胎的聚氨酯嵌件，以代替充气内胎。安装实心轮胎需要分体式车轮或专用工具将轮胎拉伸到轮辋上。自行车用实心轮胎通常由致密的封闭泡沫制成，在重量和安装方便性方面与充气轮胎相当，但在拆卸方面则不相同。它们产生的滚动阻力略高于硬泵充气充足的轮胎（但可能小于充气不足的轮胎），在光滑表面上产生的静摩擦也较小。一些用户喜欢它们，其他人则抱怨骑行艰难。据推测，它们的使用寿命比橡胶轮胎长，尤其是多年不使用时，因为橡胶轮胎往往会导致橡胶分解。它们在使用中磨损不太快，因为聚氨酯具有特别好的耐磨性，至少比橡胶好一个数量级，而且轮胎中的材料更多。

充气轮胎　薄壁充气轮胎与实心轮胎一样，与路面或其他表面形成接地面，但必须找到其他关系，而不是前面给出的赫兹公式所描述的关系。在假设接地面长度（$2L_{CL}$）远大于轮胎宽度（$2 r_T$）的情况下，可以近似分析硬路面上的细长充气自行车轮胎。该方法是计算沿接地面的每个位置的下沉量，并使用它来确定该位置的接触宽度。然后计算出的总接触面积乘以充气压强 p 与载荷 F_V 和车轮半径 r_W 相关。得出的方程为 $L_{CL}/r_W = (3F_V/4K_2 p r_W^2)^{\frac{1}{3}}$。方程式中

的系数 K_2 表示接触半宽与轮胎横截面下沉的比率（图 6.11），对于正常使用中充气良好的轮胎，即下沉不太严重的轮胎，该比率近似为恒定。轮胎宽度本身没有进入方程式，但 K_2 取决于轮胎宽度与轮辋宽度的比率（即轮辋法兰分离）。对于经常使用的轮辋与轮胎宽度比，如图 6.11 顶部所示，方程式简化为 $L_{CL}/r_w \approx 0.75 (F_V/[pr_w^2])^{\frac{1}{3}}$。

1977 年，弗兰克·惠特进行了一项测试，在测试中，他用已知载荷将一个染过墨水的车轮压在纸上，然后测量轮辋的下沉量。惠特的实验表明，由于几个原因，真实轮胎的性能与简单模型预测的性能不同。也许最重要的是胎面花纹和厚度：只有当轮胎具有均匀厚度的无花纹胎面时，路面压力才等于充气压力，接触面积才等于 F_V/p。可变厚度胎面允许接触区域边缘的拉紧轮胎织物不是完全水平的。胎面磨平的轮胎上的条纹增加了轮胎的接触面积，而不增加支撑力。另一方面，凸起的轮胎花纹不仅被轮胎的充气压力压到地面上，还被轮胎织物的张力压到地面上，织物会向下膨胀到地面上而不会完全碰到它。

惠特测量到图 6.7 中（b）中接地面的长度为 97 毫米，这是一个标称 r_w 值为 344 毫米的轮胎。因此，L_{CL}/r_w 的测量值为 0.14。如果使用刚才讨论的简化方程，对于图 6.7 中给出的数据，L_{CL}/r_w 为 0.165。因此，接地面的测量长度是计算长度的 85%，这与斯迈利（Smiley）和霍恩（Horne）发现的 85% 的系数相同 [如克拉克（1981）所引用]。当然，在没有与 C_R 和 L_{CL}/r_w 相关的函数或因子的情况下，该信息仍然不能提供 C_R 的值。在本章前面，$C_R=0.25\ L_{CL}/r_w$ 用于火车钢车轮和钢轨，但它根本不适用于气动车轮。如果关系采用 $C_R=0.04\ L_{CL}/r_w$，则惠特示例中的 C_R 值约为 0.007。

最近，托马斯·塞克尔（Thomas Senkel）（1994）、安德鲁·德雷塞尔（Andrew Dressel）（2013）和莱昂纳尔迪·达扎（2015）对环形接地面的计算进行了非常彻底的检查，他们提供了一个电子表格（Latsch.zip），当提供 r_w、r_T、F_V 和 p 的值作为输入时，可以计算出接地面。使用图 6.7（b）中的数据，达扎的电子表格输出的接地面长度为 70 毫米，而不是测得的 97 毫米。蒙特比塔哥拉斯（Monty Pythagoras）（2014）提出了滚动阻力的详尽数学解决方案，该解决方案过于复杂，无法在此给出，这表明如果假设轮胎蒙皮厚度为零，则

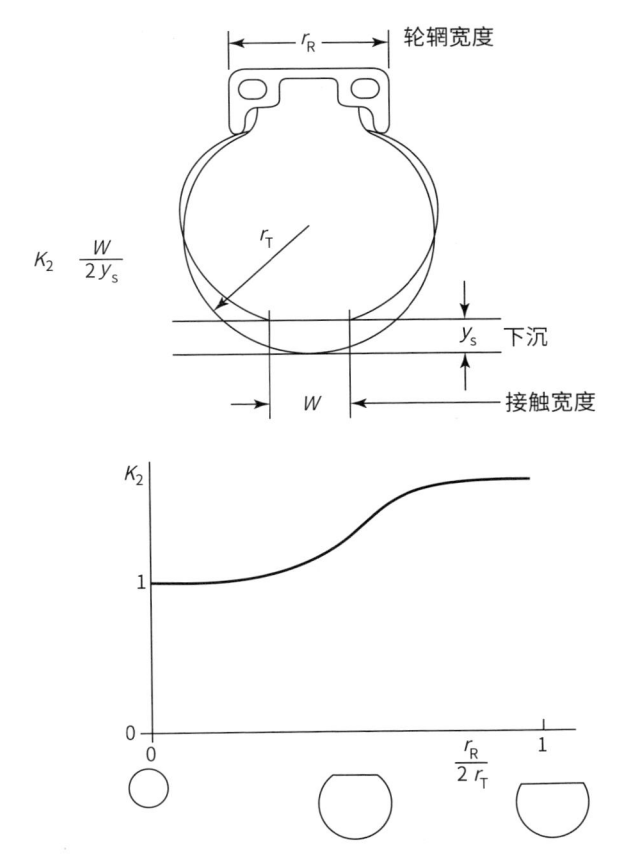

图 6.11
细长薄胎面轮胎的接触力学。

C_R 与 $(F_V/p)^{\frac{2}{3}}$ 近似成比例，这意味着阻力的唯一来源是轮胎与道路之间的滑动摩擦。虽然这一假设似乎过于简单，但所提供的示例对于薄壁高压自行车轮胎似乎是现实的，并回答了有关载荷和压力变化的问题。对于图 6.7 中的（b），如果假设轮胎在道路上的滑动摩擦系数为 1，则蒙特比塔哥拉斯的表达式计算 C_R 值为 0.005。

作用在轮胎上的阻力是由耗散的能量引起的，这种耗散可能有三种原因。如果蒙特比塔哥拉斯（2014）是正确的，则主要损失，尤其是在低速时，是由于轮胎胎面以类似于图 6.5 所示的方式持续发生轻微滑动或摩擦。此外，轮胎橡胶中存在黏弹性弯曲损失（弹性滞后），受变形时间（L_{CL}/V，其中 V 为自行车速度）、载荷和温度的影响。另一个因素是轮胎帘线纤维之间的摩擦损失。

克拉克（1981）提供了大量关于充气轮胎的信息，但阻力数据不多。即使在今天，也很难找到系统性测量车轮直径、宽度、载荷、速度、温度和粗糙度变化时的阻力数据，但有一些相关性可用，并在本节中总结。记录得最好的是滚动阻力系数与不同类型轮胎充气压力的函数关系。

压力和类型 轮胎制造商 Avocet 委托井上橡胶工业株式会社提供轮胎测试数据［勃兰特（Brandt）1998］（见图 6.12），这些数据代表了来自两家轮胎供应商 Avocet 和 Specialized 的 14 种尺寸为 700×20C 到 700×28C 的缝合式和夹紧式轮胎模型，在一系列压力下进行了测试。（对于这些轮胎类型，更准确的名称为，前者为管胎，是指外胎内有一个粘在特殊的轮辋上的内胎，二者被缝合在一起；后者指的是开口胎，里面有胎圈钢丝或帘线，它们位于轮辋上，通常有一个单独的内胎。）在测试中，轮胎的轮罩承受 490 牛的力，并在未指定的速度和温度下，在未知直径的光滑滚筒上滚动。获得的滚动阻力系数值似乎有点高，可能是因为使用了滚筒，这相当于测试直径较小的车轮。

勃兰特（1998）非常清晰的数据表明，随着轮胎压力的增加，滚动阻力系数不会接近零（一种方法是绘制 C_R 与 $1/p$ 的关系图），因此关于滚动阻力的纯幂律理论无法成立。很容易找到与单个轮胎的数据非常匹配的简单曲线拟合。对于最佳（即最低阻力）轮胎，$C_R=0.0175/p$（巴）+0.002 非常适合，对于阻力最高的轮胎，$C_R=0.02/p$（巴）+0.003 非常适合，直到 p 值为 8 巴。但这并不意味着无限压力的 C_R 值必然为 0.002 或 0.003，因为可以用完全不同的多项式和值找到非常相似的曲线，例如，对于图 6.12 中的上限，$C_R=0.155/p^{\frac{1}{2}}$（巴）。勃兰特（1998）观察到，图 6.12 中缝合式轮胎模型的曲线与夹紧式轮胎模型的曲线相交，并将其归因于轮辋黏合添加了恒定偏移量。这种黏合可以是赛道用的永久性黏合，也可以是道路用的可重复使用的黏合。对于试验中缝合的轮胎，使用了道路黏合，并可能通过黏性阻力产生额外阻力。

图 6.13 显示了与图 6.12 所示相同类型的类似但较新的测量值，提供了更多信息，包括其他类型轮胎（旅行、山地自行车和胖胎车）的数据。图中所示

数据的轮胎选择如下：从大量可用数据中，选择了每种类型的最佳和最差轮胎（就阻力而言），以及介于两者之间的一个轮胎（对于公路轮胎，再选两个）。该图显示了最低阻力的两条曲线拟合：$C_R = 0.006/p$（巴）$+0.0012$ 大约涵盖了从最佳公路车胎到最佳胖胎车胎的整个范围，$C_R = 0.0055/p^{\frac{1}{2}}$（巴）对于 3～9 巴的 p 值，完全不同的公式得出了几乎相同的曲线。这种比较的目的不是为了找到最佳拟合（这很容易通过试错法使用电子表格或曲线拟合程序来实现），而是为了展示相关性的经验性。简单的"试错"曲线通常与基于高阶多项式或其他试图符合理论关系的函数的曲线拟合得一样好或更好。需要指出的是这些测量数据来自滚筒，而非道路。在相同速度（8.1 米/秒）、相同载荷（417 牛）和相同滚筒直径（0.77 米）下的数据显示，除了绘制的压力效应外，还有由于轮胎结构（例如胎面和侧面的厚度）产生的巨大变化。他们表明，最好的充气宽轮胎和最差的公路自行车轮胎经历同样的阻力！

塞克尔（1992）在 1 巴至 6 巴的压强范围内对单个轮胎（德国马牌 Top

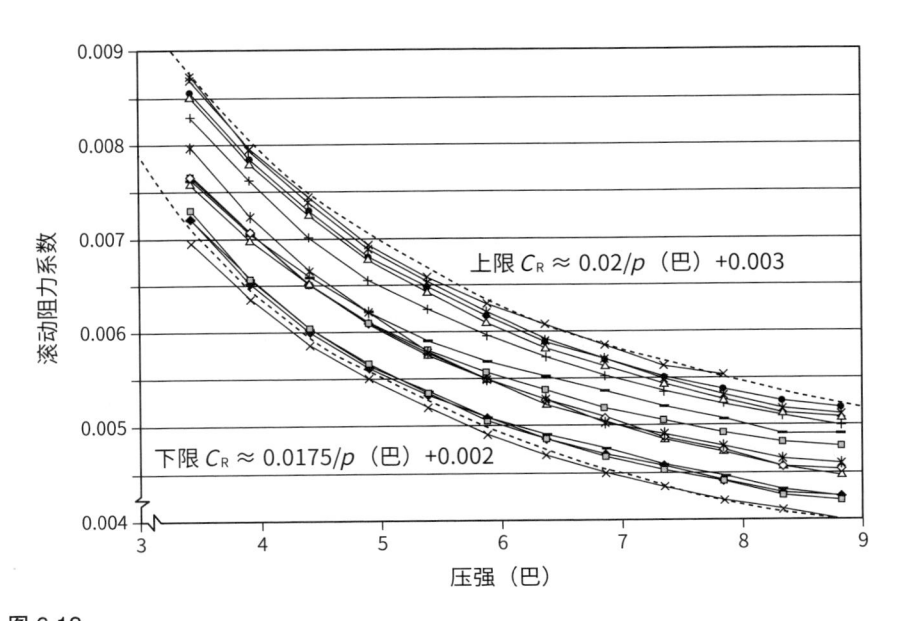

图 6.12
各种轮胎的滚筒试验，显示充气压强的影响，包括最高和最低阻力轮胎的曲线拟合。（数据来自勃兰特，1998）

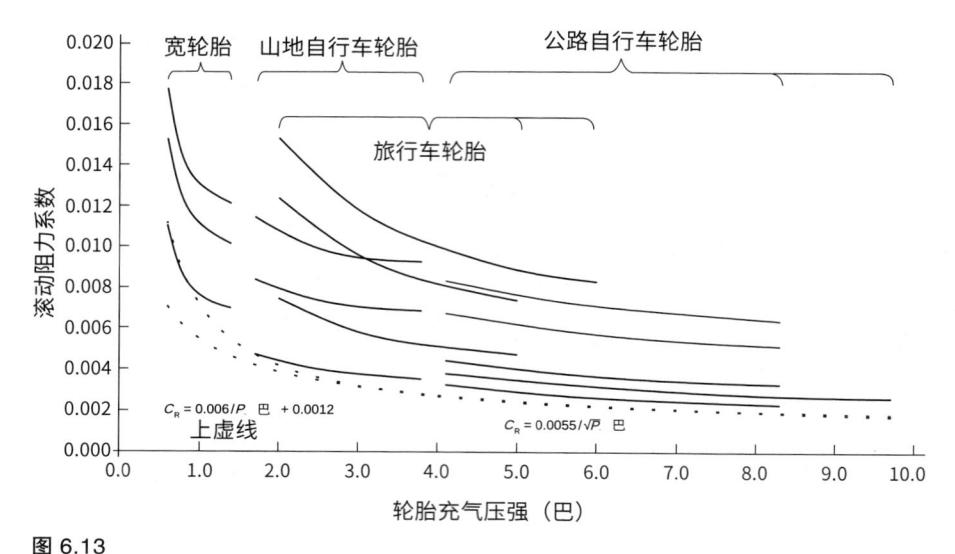

图表显示：横轴为轮胎充气压强（巴），范围 0.0 到 10.0；纵轴为滚动阻力系数，范围 0.000 到 0.020。图中标注了宽轮胎、山地自行车轮胎、旅行车轮胎、公路自行车轮胎四组。上虚线公式：$C_R = 0.006/p$ 巴 $+ 0.0012$；下方公式：$C_R = 0.0055/\sqrt{p}$ 巴。

图 6.13

预热 30 分钟后，在室温下，在相同的直径为 0.77 米、具有结构化金属表面的滚筒上测试各种轮胎的数据。载荷为 417 牛，速度为 29 千米/时（18 英里/时，约 8.1 米/秒）。滚动阻力系数的值直接从滚筒力计算得出。图中显示了四组轮胎的数据，从每组最佳到最差。还显示了两条可能的下限线。[数据来自贾诺·比尔曼（Jarno Biermann）的网站（2014）]

Touring 37–622）进行低速（滚动）测试。结果可以用 $C_R = 0.009/p$（巴）$+ 0.0015$ 很好地描述，或者用 $C_R = 0.01/p^{0.7}$（巴）近似地描述。这表明了许多可能的数学模型，其中滚动阻力系数最好描述为与压力成反比，加上一个表示无限压力下系数最小值的偏移量。通过测量填充有硬质材料而非空气的轮胎的 C_R 值来测试这一点很有意思。

直径的影响 本章前面的"自行车车轮"一节描述了车轮直径对滚动阻力的影响（见图 6.2）。该节中提供的数据表明，在其他同等条件下和低速时，滚动阻力系数几乎与车轮直径成反比。然而，较小车轮的轮胎结构通常不同于更常见的较大车轮的轮胎，这给评估车轮直径对滚动阻力的影响带来了一些困难。小轮胎通常是为儿童自行车制造的，抗刺穿性和低成本是首要考虑因素。对于需要较小车轮（尤其是前轮）的躺式自行车、三轮车和整流罩 HPV，此类轮胎是一个糟糕的选择，但这些车辆需要直径为正常直径 $\frac{2}{3}$ 到 $\frac{3}{4}$ 的车轮。这类车辆的赛车手尤其希望轮胎阻力低,因此小心充气直至轮胎变硬,并购买已知的低阻力类型轮胎。在互联网论坛上发布和详尽讨论业余阻力测量,可以快速识别异常轮胎。例如,已故设计师和工程师亚历克斯·莫尔顿(Alex Moulton)开发出一种直径较小的轮胎(Wolber 17英寸),其滚动阻力可与正常尺寸的轮胎相媲美。其中许多轮胎也由 HPV 和创纪录的太阳能汽车制造商购买(参见哈德兰 2012)。今天,有许多具有出色滚动阻力值的轮胎可供选择,有些甚至可以订购实验版本,例如,具有更薄的胎面或胎侧但仍可在高压下使用的轮胎。小尺寸和高压力的结合使得除了在最光滑的表面上之外行驶起来很困难,因此应尽可能采用某种形式的悬架,即使是在道路使用时也是如此。

宽度的影响 宽度对滚动阻力的影响是一个老生常谈但仍在进行的讨论。接地面关系表明,在两个宽度不同但承载相同载荷并充气至相同压力的轮胎之间,较宽的轮胎具有较短的接地面,因此阻力较小,两个轮胎的不同宽度如图 6.14 所示。但轮胎压力会对轮胎施加应力:如果将轮胎视为圆柱形压力容器,则气压产生的环向应力与其宽度(即半径 r_T)成比例。因此,一个具有相同结

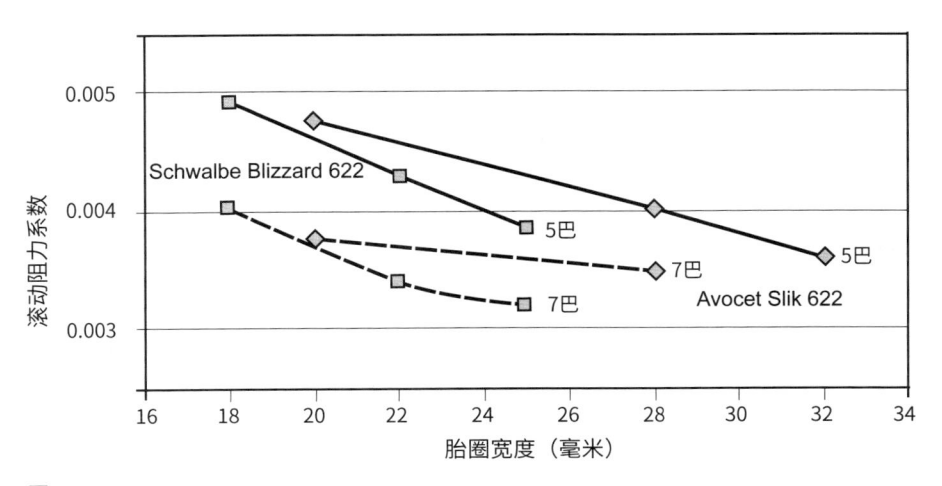

图 6.14
比较两种类型的轮胎,Schwalbe Blizzard 622(实线)和 Avocet Slik 622(虚线),这两种轮胎都有三种宽度,压强为 5 巴和 7 巴,载荷为 540 牛,可用于低速滚动测试。结果表明,其他因素相同情况下,宽轮胎的阻力小于窄轮胎(然而,所有因素不可能保持相同:见章节正文)。(数据来自塞克尔,1992)

构和材料厚度的轮胎宽度是另一个轮胎的两倍，但在安全范围相同的情况下，只能将其充气到另一个轮胎的一半压力。为使两个轮胎以相同的压力和相同的安全系数充气，较宽轮胎的外皮必须较厚或由更坚固的材料制成；否则，安全系数必然更小。然而，只有在后一种情况下，较宽轮胎在降低滚动阻力方面才有明显的优势。其他情况都涉及接地面长度造成的弯曲量与弯曲材料厚度以及其他效果之间的优化。因此，关于滚动阻力的最佳轮胎宽度的明确答案需要一些仔细的实验和分析或数值计算。

除了这一尚未完全解决的问题外，由于滚动阻力降低以外的其他原因，传统赛车的轮胎非常窄：

- 舒适度：对于赛车轮胎来说，舒适性不是首要目标，因此其窄度和硬度比其他用途的轮胎更容易接受，尤其是在赛车场的光滑表面上。然而，最近似乎有一种趋势，即公路赛车用轮胎的宽度从 23 毫米增加到 25 毫米。
- 重量和质量：一个两倍宽的轮胎的重量和惯性（线性和旋转）是原来的两倍，或者如果构造成能够承受相同的压力，则是原来的四倍。
- 空气阻力：一个两倍宽的轮胎将有大约两倍的空气阻力。

日常使用的轮胎可能会更宽，因为现实原因（如更大的负载）可能比重量和阻力更重要，例如，双人自行车和货运自行车。

特别是特种车辆上的重载小轮胎，在任何情况下都可能需要加宽一些，以避免压力过高或下沉过多。德国马牌轮胎公司用儿童自行车轮胎的模具制造了一系列小而宽的轮胎，但层压非常薄且精细。这些轮胎使太阳能赛车的阻力值比使用汽车或摩托车轮胎时低得多，但同时它们也更脆弱。

载荷和轮数的影响　根据前面给出的接地面关系，阻力系数随载荷增加而增加，与其随压力降低的速率相同。戈登、考兹拉里奇和塞克（1989）主持了测试这一理论的少数可用测量之一。戈登和他的合著者在跑步机上测量了不同类型 24 英寸轮胎对的滚动阻力，跑步机以 1.5、2 和 3 英里/时的速度运行，

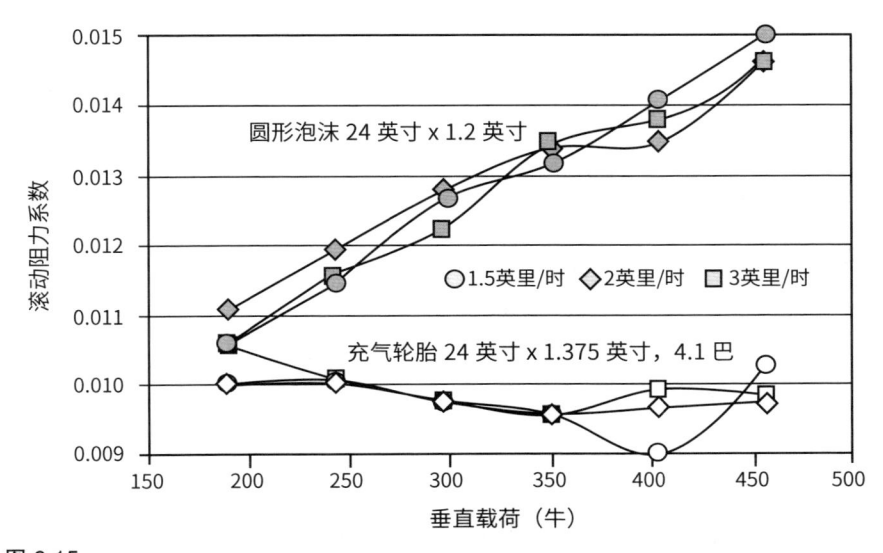

图 6.15
24 英寸实心泡沫聚氨酯轮胎（上曲线）和充气轮胎（约 4 巴）（下曲线）的滚动阻力系数与载荷的关系。（数据来自戈登、考兹拉里奇和塞克，1989）

每对轮胎的负载为 85～205 磅力。而对于试验对象，泡沫轮胎滚动阻力系数确实随载荷增加而增加，对于充气轮胎，该系数在所有载荷和所有速度下约为 0.01，甚至随载荷增加而略有下降（见图 6.15），与预期相反。图 6.3 中显示了类似的行为，其中几个不同的载荷不会对滚动阻力系数产生太大的变化，除了在 60 千米/时左右的速度下，且在与预期相反的方向上。对此可以提出两种可能的解释：

- 滚动阻力系数作为载荷函数的可用测量值不多，涉及从正常到较小（高压力与载荷比）的小范围接地面尺寸。对于这些接地面尺寸，C_R 值随载荷变化的变化很小，因为它已经接近最小可能值。与此相反，该系数随压力变化的许多测量结果都是在从小到大（低压力与载荷比）的各种接地面尺寸上进行的，并显示了该函数的平坦和陡峭部分。

- 对于充气轮胎，更大的载荷会产生损耗导致的更高温度，从而增加空气压力，并朝着使 C_R 与压力函数变陡但使 C_R 与载荷函数变平的方向工作。对于泡沫轮胎，情况正好相反，因为较高的温度会软化所用的弹性体，并增加滚动阻力系数。

格拉普等人（1999）的实验确实显示了载荷和滚动阻力之间在狭窄范围内的预期关系。这些作者测试了一辆自行车，一名骑手（76 千克），装有 Vittoria Techno Kevlar 夹紧式轮胎（23 毫米，250 克），充气至 10 巴。他们在室内滑行试验中测得滚动阻力系数为 0.0035。如果自行车承载额外的 5 千克质量，则系数增加到 0.0036；第二次增加 5 千克负荷，其增加至 0.0037；再加上第三个 5 千克的负荷，它增加到 0.004。作者没有报告温度和负载压力。

与载荷问题密切相关的是车轮数量问题。麦卡尼卡（McConica）（1985）认为，总滚动阻力随着车轮数量的平方根而减小。也就是说，在其他条件都相等的假设下，一辆四轮车的阻力应该是自行车的 71%。当然，事实并非如此：轮胎的加入会增加空气阻力和重量。巴尔迪塞拉（Baldissera）和德尔普雷特（Delprete）（2016）还发现滚动阻力系数随着载荷的减小而减小，因此在不增加空气阻力和重量的情况下，车轮的最佳数量将是无限的。然后，他们仔细地模拟滚动阻力和附加车轮带来的附加重量的影响。例如，即使 10 千克的车轮负载相等，他们也发现最佳数量为 5~6 个，而对于较轻的车轮，最佳数量甚至更多。他们报告说，如果同时考虑空气动力阻力，轨迹的数量就变得很重要，因此三轮车的阻力可能比自行车或四轮车的阻力大。

速度的影响 虽然滚动阻力通常被假定为与速度无关，即轮胎在较高速度下的升温（这将有可能增加压力）不会提高阻力，但许多资料都列出了滚动阻力随速度的增加而增加的情况，并提供了与速度相关的线性或二次项的预测公式。

凯尔和埃德尔曼（Edelman）（1974）在他们的一些自行车轮胎测试中报告了速度对滚动阻力的影响。他们的测试发现滚动阻力系数从低速到大约 17 米/秒的速度翻了一番；例如，在一个充气量大于 7 巴的管胎中，它在 17.6 米/秒时滚动阻力系数从 0.0029 增加到 0.0058，而在另一个充气量大于 7 巴的情况下，它在 22.7 米/秒时从 0.0039 增加到 0.0078。在第三个充气至 4 巴的开口式轮胎中，在 16.1 米/秒时阻力系数从 0.0047 增加到 0.0094。贝克（1956，第 208 页）和奥戈凯威斯（1959）提供了以下相关系数（适用于汽车轮胎）：

$$C_R=0.0051\{1+(1.09/p)[(1+F_V/3)+(1+F_V/30)(V/39)^2]\}$$

其中 p 单位为巴，F_V 单位为千吨力，V 单位为米/秒。Engineering ToolBox 网站（2008）还绘制了符合 $C_R=0.005+(1/p)[0.01+0.0095(V/100)^2]$ 的汽车轮胎滚动阻力系数与速度关系图，p 单位为巴，V 单位为千米/时。

亨利（2015）进行了自己的自行车和滚筒测量（图 6.3 显示了其中一个测量值，以及达扎 2015 年的几个测量值），并将其相互比较，并与玉井五郎（Goro Tamai）公式中的预测进行比较，该公式的形式为滚动阻力系数的零速度常数（例如 0.0025）加上速度的线性增加约 0.00015 米/秒（例如，在 10 米/秒 =36 千米/时为 0.004）。在 3 米/秒 =10.8 千米/时时，亨利所有测量值和公式以及 C_R 的值约为 0.003，在 10 米/秒时，测量值（在混凝土赛车馆）为 0.0045，滚筒为 0.0043。高于此速度时，滚筒值继续上升，但速度稍慢，赛车馆测量值趋于平稳，然后下降。亨利使用的是一辆完全整流罩的躺式自行车（图 3.5），其假定恒定空气动力阻力面积 C_DA 为 0.135 平方米。亨利（2015）（结合玉井公式）与凯尔和埃德尔曼（1974），提出了斜率相似情况下 C_R 与速度的关系，尽管研究人员正在比较不同的轮胎（管状轮胎和更小、更宽的轮胎）和方法（滚筒、滚动，室内赛车馆）。

总结 前面讨论的理论和相关性表明，滚动阻力系数比通常假设的与速度和载荷无关的常数更重要。对直径、宽度和轮胎压力的影响进行了充分的研究，至少承认了温度的影响。滑动摩擦和滞后造成的损失比例似乎不得而知。滚动阻力系数作为所有所述变量函数的单一经验公式有待开发。

由于滚动阻力系数减小而导致的速度增加

使用第四章的方程式和方法，不难分析特定情况，以确定滚动阻力或坡度的给定变化如何在固定功率水平下改变速度。困难的是得出简单、普遍适用的结论。

此处采用的方法是假设滚动阻力系数的基础值为 0.004，完全整流罩的 HPV，系统重量为 1000 牛（225 磅力），有骑手的公路自行车，系统重量为 932 牛，并呈现将 C_R 值降低至 0.002 的效果。HPV 的空气动力阻力面积 C_DA 的假设值为 0.015 平方米，骑手和公路自行车为 0.5 平方米。

图 6.16 显示了模拟结果。使用 C_R=0.004 轮胎的公路自行车，由 235 瓦恒定功率驱动，在 500 米内达到 30.5 千米 / 时的最大速度；对于 C_R=0.002 的轮胎，在距离稍远的情况下，速度会快 0.7 千米 / 时。然而，装有 C_R=0.004 轮胎的 HPV 在 9 千米处仍在加速，此时的速度为 88 千米 / 时；配备 C_R=0.002 轮胎的 HPV，其在同一点的速度为 96 千米 / 时，比配备其他轮胎快 8 千米 / 时。

因此，对于公路自行车来说，速度上的差异是极小的，尽管这仍然有助于赢得比赛，但对于空气动力学 HPV 来说，速度上的差异是相当大的。模拟没有考虑滚动阻力和阻力系数的速度依赖性。

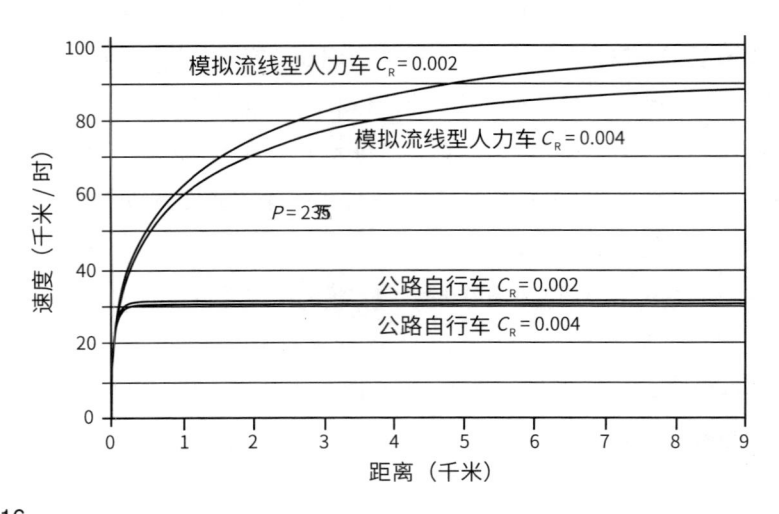

图 6.16
模拟流线型人力车（Elviestretto）和公路自行车以 235 瓦的恒定功率加速时的速度和距离曲线图，每个曲线图有两个 C_R 值，分别为 0.004 和 0.002。

尽量减少能量损失的轮胎结构

轮胎具有多种特性，可减少平滑表面滚动过程中的能量损失（即降低滚动阻力）。克拉克（1981）详细讨论了轮胎构造，世文轮胎北美公司（2019）提供了专门针对自行车轮胎的信息。

虽然实心钢轮胎在光滑路面上产生的滚动阻力比任何充气轮胎都小，但在正常路面上，它必须跳过或碾碎遇到的每一个小卵石。在没有钢轨的情况下，充气轮胎的最大优势在于，如本章前面所述，它们只需承受轻微的颠簸，几乎不改变作用力。因此，小的颠簸不会对骑手造成冲击，只有在粗糙度严重时才会发生悬架损失。

圆周上有许多小钢弹簧的车轮代替了橡胶轮胎（过去已经开发出了这样的示例），在颠簸时动力损失也可能非常低，但复杂性要高得多。一种现代的变体是米其林的Tweel，但目前还没有自行车尺寸的Tweel。

以下要点仅适用于充气轮胎结构：

· 组成轮胎的特殊织物一般不交织，因为交织会导致轮胎变形过程中的螺纹摩擦。相反，一层并行线被置于另一层不同方向的并行线程之上。特别是自行车轮胎，这种织物几乎普遍用于斜面（对角线），而不是径向和周向螺纹。采用正螺旋角和负螺旋角，使织物在形成圆环体时，以及胎面压向轮辋附近时，易于进行周向拉伸或压缩。斜交帘布层结构增加了横向稳定性，因为支撑接地面的轮辋长度更长，并且接地面的支撑三角化，但也增加了负载时的磨损。自行车子午线轮胎产生的滚动阻力特别低。塞克尔（1994）列出了保罗·林科夫斯基（Paul Rinkowski）的实验性子午线轮胎，滚动阻力系数低至0.0016。松下公司在20世纪80年代推出了一些子午线自行车轮胎，但这些轮胎在市场上不被接受，可能是因为侧向稳定性差，今天仅根据特殊订单生产，例如，为了进行HPV纪录尝试。

· 较薄的螺线层比较厚的螺线层更容易弯曲和回弹，因此使用最细的螺线，将其黏合在最薄的螺线层中。织物厚度可以用"螺纹数"（每英寸的螺纹数）来表示。高强度纤维是自行车轮胎的理想材料，只要它们耐磨。薄胎面和薄内胎也是理想的，与所需的轮胎寿命长度一致。用乳胶代替丁基橡胶制成的内胎降低了滚动阻力，但更加脆弱，气密性较差。无内胎轮胎在这方面甚至更好：比尔曼（2014）表明，与使用丁基内胎的轮胎相比，无内胎山地自行车轮胎在高压下的滚动阻力降低了10%，在低压下的滚动阻力降低了30%。使用乳胶代替丁基内胎可减少20%。（无内胎轮胎的另一个优点是：它们需要一种内部黏性密封剂来保持轮辋接触处的气密性，当轮胎被荆棘或钉子刺穿时，这种密封剂可以起到密封的作用。）

- 充气自行车轮胎的强度最大化，以实现高压充气。硬轮胎的变形比软轮胎小，但仍有足够长的接地面域来吞下小卵石。然而，与较软的轮胎相比，它们更容易受到路面微小变化的影响，从而导致较大的颠簸力。

- 自行车轮胎中避免了内部层，如棘刺导向器，或内部层是整体构造的（而不是构成单独的可滑动层）。

- 制造自行车轮胎的材料，尤其是橡胶，都是选择的具有良好回弹性的（即变形导致的能量损失低）。空气是回弹的理想选择，因为它的压力几乎没有变化。然而，轮胎胎面能量损失低有时意味着在湿滑条件下牵引力较差。

轮胎横向性能

通常认为，轮胎在垂直方向上具有一定的灵活性，以防卡顿障碍物，但在其他方面则具有刚性。对于许多目的，这个情况已经足够好了。但实际上，当轮胎承受侧向载荷时，它们并不会完全按照轮胎所指向的方向行驶。此外，轮胎与其行驶表面接触的长度会产生意想不到的扭矩：最令人感兴趣的是那些倾向于重新定向转向的扭矩，即侧向力的向后移动，称为轮胎拖距，以及扭转运动的阻力，称为刮擦力矩。在某些情况下，这些现象会显著影响车辆的操控性，甚至会增加作用在车辆上的阻力。

充气轮胎与刚性轮盘的不同之处在于，主要载荷会产生更长的接地面，从而明显抵抗偏航（即绕垂直轴扭转）。但是，当充气轮胎向前滚动同时并伴有轻微的偏航、漂移或倾斜运动时，会出现其他意外行为。铺设在接地面前缘的胎面元素基本上不会受到来自道路或表面的侧向力或扭矩，但当轮胎的轮辋向前移动时，有效地锁定在地面上的该元素最终会横向偏移，并可能在再次提起之前相对于轮辋扭曲。因此，侧向力或扭转力矩（或两者兼而有之）朝向接地面的后部累积。

在自行车操纵性的讨论中，轮胎的侧向特性在很大程度上被忽略了。对于那些试图深入研究轮胎文献的人来说，重要的是要认识到自行车轮胎在结构上与摩托车和飞机轮胎非常相似，它们都是斜交结构，但与现代汽车轮胎截然不同，后者通常有子午线和环形带。

侧　滑

为了理解所谓的侧滑，假设车轮向前滚动，同时受到侧向力的作用，每向前移动一米，车轮就会向右倾斜 10 毫米（即 1% 的向右横向漂移）。在这种情况下，接地面可能有 150 毫米长。在接地面前缘中心的一小块胎面，到接地面后部时，将偏离中心 1.5 毫米。因此，轮胎从接地面的前部到后部向左逐渐变形。当轮胎的每一个部分从地面上抬起时，它会滑回中心，有时还会发出吱吱声。其结果是轮胎产生了可防止车轮侧滑的净侧向力（图 6.17）。对于倾斜的自行车，侧向力是指垂直于车轮平面的分力，它与平行于自行车行驶时表面的分力不同。

垂直车轮侧向力与其漂移斜率（或弧度角）的比率称为其侧偏刚度（K_{cs}）。摩擦系数的一般变化不会对侧偏刚度产生太大影响，因为大多数接地面实际上并没有滑动。主要影响因素是轮胎横截面的横向刚度，主要由压力和车轮轮辋的宽度决定；第二个因素是接地面长度，由车轮半径、垂直载荷和充气压力决定。

由于侧向力强度朝着接地面的后部逐渐增大，因此应将净力视为作用在车轮最低点后面的某一点上。理论上，该点约为接地面中点后接地面长度的六分之一处，这一距离称为轮胎拖距，因为它的作用就像轨迹（或脚轮）一样，倾向于将可操纵车轮与行驶方向对齐（图 6.18）。例如，当向前滚动时受到侧向

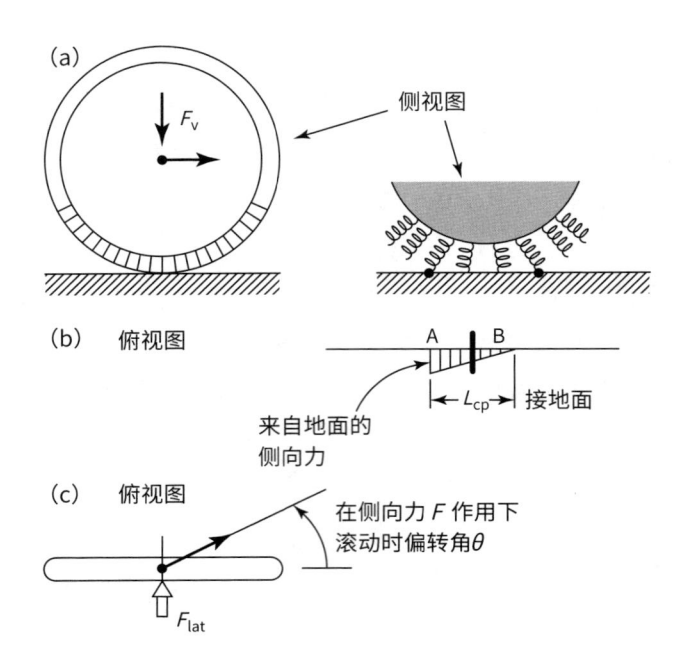

图 6.17

轮胎侧偏刚度模型：（a）将充气轮胎简化为一系列径向和横向弹性"指针"或"辐条"来计算（刷子模型）；（b）指针在 A 处触地，由于漂移角，在 B 处产生侧向力，弹簧力之和等于 F；（c）简单模型的俯视图。

推动时，具有垂直转向轴且没有叉偏移（因此没有轨迹）的车轮仍将产生转向力矩，趋向于将车轮重新定向到其漂移的方向。垂直于车轮平面的接触分力都会以这种方式向后移动。

正常行驶中何时会产生轮胎侧向力？这个问题的答案部分取决于给定骑手的操控风格。在稳定转弯时，自行车的车轮实际上与平衡面对齐，因此，尽管水平路面力较大，但车轮侧力可能较小。在普通骑行中，车轮侧向力的主要来源是突然操控，在这种操控中，骑手的身体惯性会抵抗滚动或偏航。对于侧向力较弱的轻型自行车车轮来说，最好避免这种操作。对于三轮车和其他（非倾斜）多轨道 HPV，转弯时当然会产生较大的侧向力，因此必须使用更结实的车轮，以避免倒下。HPV 通常使用更小的车轮，这些车轮更坚固，不会有风险。

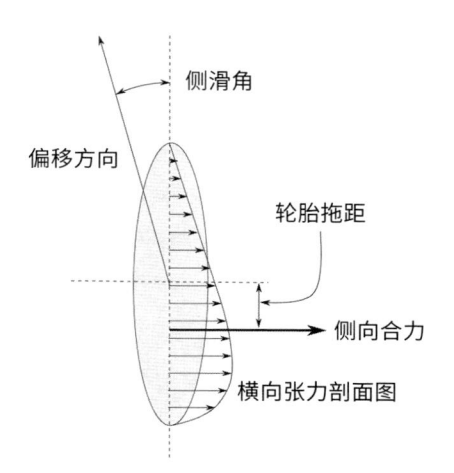

图 6.18
轮胎拖距。（作者：安德鲁·德雷塞尔）

柔性轮胎行为示例

轮胎横向柔韧性具有许多令人惊讶的理论结果，这些结果导致侧向力或偏航力矩呼应漂移角、倾斜角或偏航率［有关这些问题的大量信息，请参见德雷塞尔、拉赫曼（Rahman）（2010）和德雷塞尔（2013）］：

- 在边坡上无转向、无倾斜的多轨车辆在每个车轮上都受到一个侧向力，并将沿着斜坡漂移。它必须稍微向上倾斜，以便在漂移时沿水平线移动。然而，如果它的后轮漂移超过前轮，它将倾向于越来越上坡，并最终上坡行驶。
- 每当车轮发生侧滑时，都需要额外的推进力。给定前进速度 V、侧向力 F 和侧偏刚度 K_{CS}，耗散功率为 VF^2/K_{CS}。
- 在边坡上垂直行驶的自行车的轮胎会受到外倾角推力，即作用在倾斜车轮上的力，该车轮承受垂直载荷并滚动，同时防止侧向运动。在摩托车轮胎中，小角度的外倾角推力大致与外倾角成比例［见科萨尔特（Cossalter）（2006），第 47～48 页，福尔（Foale）（2006）；另见福尔（1997）］。自行车轮胎外倾角推力的确切性质仍在争论中。

- 自行车在稳定转向时与前一种情况相似，因为接地面几乎在车轮平面内。因此，自行车的横向漂移应该很小，这是一个重要的考虑因素，因为侧向漂移吸收了漂移速度乘以侧向力的动力。
- 自行车笔直向前行驶，骑手从车架平面向外倾斜，在地面上产生纯粹的垂直力，可分为平行于车轮平面和垂直于车轮平面的两部分。自行车应该沿着车轮倾斜的一侧骑行。以这种倾斜方式行驶会导致滚动阻力增加，并且车轮刮擦扭矩会倾向于转向倾斜的一侧。
- 两侧轮子在顶部向内倾斜（像字母 A 那样）的手推车的作用不同。车轮不能并拢，因此它们会产生侧向力（外倾推力），直到地面力大致位于车轮平面内。从某种意义上说，车轮正试图一起移动并"挤压"推车。应该将车轮外八字安装以将滚动阻力降到最低，这是一个重要的发现，因为它适用于赛车轮椅。
- 以逆时针方向缓慢行驶的垂直车轮在接地面上方逆时针扭转其轮辋，即在接地面中发生刮擦，导致顺时针扭矩（刮擦扭矩）趋于使路径变直。只有当车轮形成一个假想圆锥体的底部，其顶点位于转弯中心的地面上时，才没有刮擦扭矩。
- 一般来说，自行车车轮排列产生的阻力不应成为问题，除非车轮大幅倾斜，导致刮擦。但对于三轮车来说，即使是垂直的车轮也会相互碰撞，尤其是当三轮车的车架因载荷而变形时。然而，很难确认三轮车车轮是否正确定位。三轮车转弯时不能从外倾角推力中受益，因此在急转弯时，甚至在弯道上，会显示出相当大的能量损失。

参考文献

Akande, Fatai, D. Ahmad, O. B. Jamarie, Shamsuddin Sulaiman, and A. B. Fashina. 2010. "Empirical Determination of the Motion Resistance of Pneumatic Bicycle Wheels for On-and Off-Road performance." *African Journal of Agricultural Research* 5, no. 23: 3322–3332. https://doi.org/10.5897/AJAR10.427.

Baldissera, Paolo, and Cristiana Delprete. 2016. "Rolling Resistance, Vertical Load and Optimal Number of Wheels in HPV Design." *Proceedings of the Institution of Mechanical Engineers, Part P: Journal of Sports Engineering and Technology* 231, no. 1 (February). https://www.researchgate.net/publication/293015309.

Bekker, M. G. 1956. *Theory of Land Locomotion.* Ann Arbor: University of Michigan Press. https://babel.hathitrust.org/cgi/pt?id=mdp.49015002826726.

Biermann, Jarno. 2014. "Tubeless vs Latex Tube vs Butyl Tube, Rolling Resistance Compared." Bicycle Rolling Resistance (website). https://www.bicyclerollingresistance.com/specials/tubeless-latex-butyl-tubes.

Brandt, Jobst. 1998. Post to the internet newsgroup rec.bicycles.tech, March 3. Linked from http://terrymorse.com/bike/rolres.html and http://yarchive.net/bike/ rolling_resistance.html.

Clark, S. K., ed. 1981. *Mechanics of Pneumatic Tires.* DOT HS 805 952. Washington, DC: US Government Printing Office, for US Department of Transportation, National Highway Traffic Safety Administration. https://www.worldcat.org/title/ mechanics-of-pneumatic-tires/oclc/560250787.

Cossalter, Vittore. 2006. *Motorcycle Dynamics.* 2d ed. Lulu.com. https://books.google.ch/books?id=rJTQxITnkbgC&pg.

Danh, Kohi, L. Mai, J. Poland, and C. Jenkins. 1991. "Frictional Resistance in Bicycle Wheel Bearings." *Cycling Science* 3 (September and December).

Datza, Leonardi. 2015. "Reifenlatsch rein theoretisch genau berechnen" [Theoretical Calculation of Contact Patch]. Velomobil Forum (website). https://www.velomobilforum.de/forum/index.php?threads/reifenlatsch-rein-theoretisch-genau-berechnen. 42777/.

Dressel, Andrew E. 2013. "Measuring and Modeling the Mechanical Properties of Bicycle Tires." PhD diss., University of Wisconsin-Milwaukee. http://dc.uwm.edu/ etd/386/.

Dressel, Andrew E., and A. Rahman. 2010. "Measuring Dynamic Properties of Bicycle Tires." In *Proceedings, Bicycle and Motorcycle Dynamics 2010: Symposium on the Dynamics and Control of Single Track Vehicles, 20–22 October 2010, Delft, The Netherlands.* http://www.bicycle.tudelft.nl/ProceedingsBMD2010/papers/dressel2010measuring.pdf.

Dupuit, Jules. 1837. *Essai et expériences sur le tirage des voitures* [Experiments and Experiences on the Traction of Carriages]. https://archive.org/download/essaietexprienc00dupugoog/essaietexprienc00dupugoog.pdf.

Engineering Toolbox. 2008. "Rolling Resistance." The Engineering Toolbox (website). https://www.engineeringtoolbox.com/rolling-friction-resistance-d_1303.html.

Evans, I. 1954. "The Rolling Resistance of a Wheel with a Solid Rubber Tire." *British Journal of Applied Physics* 5: 187–188.

Foale, Tony. 1997. "Camber Thrust." Motochassis (website). https://motochassis.com/Articles/Tyres/TYRES.htm.

Foale, Tony. 2006. *Motorcycle Handling and Chassis Design: The Art and Science*. Tony Foale Designs.

Freudenmann, T., H. J. Unrau, and M. El-Haji. 2009. "Experimental Determination of the Effect of the Surface Curvature on Rolling Resistance Measurements." *Tire Science and Technology* 37, no. 4 (December): 254–278.

Gordon, John, James J. Kauzlarich, and John G. Thacker. 1989. "A Technical Note: Tests of Two New Polyurethane Foam Wheelchair Tires." *Journal of Rehabilitation Research and Development* 26, no. 1 (Winter): 33–46. https://www.rehab.research.va.gov/jour/89/26/1/pdf/Gordon.pdf.

Grappe, F., R. Candau, B. Barbier, M. D. Hoffman, A. Belli, and J.-D. Rouillon. 1999. "Influence of Tyre Pressure and Vertical Load on Coefficient of Rolling Resistance and Simulated Cycling Performance." *Ergonomics* 42, no. 10: 1361–1371. https://www.doi.org/10.1080/001401399185009.

Grujicic, M., H. Marvi, G. Arakere, and I. Haque. 2010. "A Finite Element Analysis of Pneumatic-Tire/Sand Interactions during Off-Road Vehicle Travel." *Multidiscipline Modeling in Materials and Structures* 6, no. 2: 284–308. https://www.scribd.com/document/359559935/FEM-Analysis-of-Pneumatic-tire-sand-Interactions.

Hadland, Tony. 2012. "Small Wheels for Adult Bicycles." *Hadland's Blog*. June 25, 2012. https://hadland.wordpress.com/2012/06/25/small-wheels-for-adult-bicycles/.

Harris, Tedric A. 1991. *Rolling Bearing Analysis*. New York: Wiley.

Henry, Charles. 2015. "Fahrtwiderstände beim Birk Comet im Vergleich zu Rollwiderstandsmessungen auf Rollenprüfstand" [Birk Comet Resistances Compared to Drum-Measured Rolling Resistance]. http://www.velomobil.ch/ch/en/node/477.

Johnson, K. 1996. *Contact Mechanics*. Cambridge, UK: Cambridge University Press.

Joukowsky Institute for Archaeology. 2010. "Building an Egyptian Chariot." *Fighting Pharaohs: Ancient Egyptian Warfare* (online course). https://www.brown.edu/Departments/Joukowsky_Institute/courses/fightingpharaohs10/9985.html.

Kauzlarich, James, and John Thacker. 1985. "Wheelchair Tire Rolling Resistance and Fatigue." *Journal of Rehabilitation Research and Development* 22, no. 3: 25–41.

Koffman, J. L. 1964. "Tractive Resistance of Rolling Stock." *Railway Gazette* (November): 889–902.

Kumar, Prashant, D. K. Sarkar, and Sharad Chandra Gupta. 1988. "Rolling Resistance of Elastic Wheels on Flat Surfaces." *Wear* 126, no. 2 (September 1): 117–129. https://doi.org/10.1016/0043-1648(88)90133-0.

Kunz, Johannes, and Mario Studer. 2006. "Component Design: Determining the Modulus of Elasticity in Compression via the Shore A Hardness." *Kunststoffe Inter-national* 2006/06. https://www.kunststoffe.de/en/journal/archive/article/component-design-determining-the-modulus-of-elasticity-in-compression-via-the-shore-a-hardness-588533.html.

Kyle, Chester R., and W. E. Edelman. 1974. "Man Powered Vehicle Design Criteria." Paper presented at the Third International Conference on Vehicle System Dynamics, Blacksburg, VA.

Larson, Kent. 2016. "Can You Estimate Modulus from Durometer Hardness for Silicones?" Dow Corning. http://web.archive.org/web/20170713183219/http://www.dowcorning.com/content/publishedlit/11-3716-01_durometer-hardness-for-silicones.pdf.

Lippert, Dave, and Jeff Spektor. 2013. "Rolling Resistance and Industrial Wheels." Hamilton White Paper No. 11, Hamilton, Hamilton, OH. http://www.hamiltoncaster.com/Portals/0/blog/White%20Paper%20Rolling%20Resistance.pdf.

McConica, Chuck. 1985. "Rolling Drag: Three Is Less Than Two?" *Human Power* 5, no. 1: 12–13.

Mesys. 2019. "Contact Stress: Calculation of Contact Stress" (Universal Hertzian online calculator). Mesys AG, Zurich. https://www.mesys.ag/?page_id=1220.

MontyPythagoras. 2014. "Rollwiderstand von Fahrradreifen" [Rolling Resistance of Bicycle Tires]. *Mathroids Matheplanet* [Mathroid's Maths Planet], May 29. https://matheplanet.com/matheplanet/nuke/html/print.php?sid=1620.

Ogorkiewicz, R. M. 1959. "Rolling Resistance." *Automobile Engineer* 49: 177–179.

Reynolds, Osborne. 1876. "Rolling Friction." *Philosophical Transactions* 166: 155–156. http://www.pdftitles.com/download/4936.

Sandberg, Ulf, ed. 2011. *Rolling Resistance—Basic Information and State-of-the-Art on Measurement Methods*. Report MIRIAM SP1. MIRIAM (Models for Rolling Resistance in Road Infrastructure Asset Management Systems). http://miriam-co2.net/ Publications/MIRIAM_SoA_Report_Final_110601.pdf.

Schermer, Wim. 2013. "Bandentesten deel 1" [Tire Testing Part 1]. https://www.ligfiets.net/news/4584/bandentesten-deel-1.html.

Schuring, D. J. 1977. "The Energy Loss of Tires on Twin Rolls, Drum, and Flat Roadway: A Uniform Approach." SAE Technical Paper 770875, Society of Automotive Engineers, Warrendale, PA. https://doi.org/10.4271/770875.

Senkel, Thomas. 1992. "Plädoyer für einen guten Reifen" [A Plea for a Good Tire].*Pro Velo* 32. http://www.forschungsbuero.de/PV32_S15_19.pdf.

Senkel, Thomas. 1994. "Federungseigenschaften von Fahrradreifen" [Springing Characteristics of Bicycle Tires]. *Pro Velo* 38. http://www.forschungsbuero.de/PV38_S6_8.pdf.

Sharp, Archibald. 1896. *Bicycles and Tricycles*. London: Longmans, Green. Reprint, Cambridge, MA: MIT Press, 1977.

Schwalbe North America. 2019. "Rolling Resistance: Why Do Wide Tires Roll Better Than Narrow Ones?" Schwalbe North America, Ferndale, WA. https://www.schwalbetires.com/tech_info/rolling_resistance.

SKF Group. 2018a. "Bearing Friction, Power Loss and Starting Torque." SKF Group, Gothenburg, Sweden. http://www.skf.com/group/products/bearings-units-housings/principles/bearing-selection-process/operating-temperature-and-speed/friction-powerloss-startingtorque/index.html.

SKF Group. 2018b. "SKF Bearing Select—New." SKF Group, Gothenburg, Sweden. http://www.skf.com/group/knowledge-centre/engineering-tools/skfbearingcalculator.html.

Tetz, John. 2005. "Crr vs Temperature." Metro Area Recumbent Society. Recumbents.com. http://www.recumbents.com/mars/pages/proj/tetz/other/Crr.html.

Trautwine, John C., and John C. Trautwine, Jr. 1937. *The Civil Engineer's Reference Book*. 21st ed., ed. John C. Trautwine 3rd. Philadelphia: National. https://babel.hathitrust.org/cgi/pt?id=coo.31924004585646&view=1up&seq=6.

Unrau, Hans-Joachim. 2013. *Der Einfluss der Fahrbahnoberflächenkrümmung* [The Influence of the Road Curvature]. Karlsruhe: KIT Scientific Publishing. https://books.google.de/books?id=KSS9Ls-rv2IC.

Vander Wiel, Jonathan, Boice Harris, Carl Jackson, and Norman Reese. 2016. "Exploring the Relationship of Rolling Resistance and Misalignment Angle in Wheelchair Rear Wheels." Paper presented at RESNA (Rehabilitation Engineering and Assistive Technology Society of North America)/NCART (National Coalition for Assistive and Rehab Technology) 2016, Arlington, VA, July 12–14. http://www.resna.org/sites/default/files/conference/2016/wheelchair_seating/wiel.html.

Whitt, Frank R. 1977. "Tyre and Road Contact." *Cycle Touring* (February–March): 61.

Wright, Chris. 2019. "Chapter 2020: The Contact Patch." The Contact Patch (website). http://the-contact-patch.com/book/road/c2020-the-contact-patch.

第七章
制　动

引　言

自行车制动的任务可以分解为几个方面：在所有条件下提供足够的制动力，在不失去控制的情况下将这种力传递给道路或其他表面，并消除制动能量。这里将简要介绍这些方面，然后在后面的小节中进一步讨论。其他考虑因素包括安全、人体工程学操作、重量和成本。

摩擦制动力

在正常的自行车制动中，必须考虑两个发生固体表面摩擦的地方：制动表面和车轮与道路的接触面。实验表明，当两个表面以法向力 F_N 压在一起时，运动摩擦阻力存在一个极限（最大）值 F_F。该极限值是 F_N 的一个确定分数，F_F/F_N 的比值称为摩擦系数 μ。因此，$F_F=\mu F_N$。对于干燥的刚性表面，接触表面的面积和 F_N 的大小都不会对值产生多大影响，前提是表面可以彼此滑动，并且不会被边缘或其他宏观特征阻挡。

当表面彼此不相对移动时，伴随的摩擦称为静摩擦。如果一个表面相对于另一个表面移动，例如相对于摩擦片旋转的制动表面，则摩擦系数被指定为动能，其值会下降，并且在某种程度上取决于相对移动的速度。金属与金属接触的摩擦系数在表面静止时为 0.5~1.0，在滑动时为 0.25~0.5。当接触面润滑后，表面静止时，摩擦系数降低到 0.1~0.2，而当表面滑动时，摩擦系数通常会降低一半。皮革与金属接触的摩擦系数为 0.3~0.5，也会随着运动而减小。

制动衬片材料与铸铁或钢的静摩擦系数约为 0.7，该值随运动而减小的程度小于其他材料。弹性体在载荷作用下变形，导致其摩擦力数值多变。一些"黏性"材料的系数远高于统一系数，但不能用于制动器或轮胎。

对于典型的沥青路面轮胎，静摩擦系数约为 0.6（干摩擦）或 0.4（湿摩擦）。最初不存在真正的动力学系数，因为材料可以沿着表面蠕变，在相对运动 1～10 毫米/秒时达到摩擦最大值（对于沥青）[见佩尔松（Persson）等人（2005）关于这一点，以及以下理论推导和测量的橡胶沥青值]。因此，滚动的橡胶轮胎必须滑动以提供制动力，该力首先与这种滑动成比例。通常，在沥青或混凝土道路上，无论道路是湿的还是干的，当 $\mu=0.5$ 时，滑度为 μ 的 5%。对于更光滑的表面，如鹅卵石，滑度则更接近 μ 的 10%。只有在干燥表面上，μ 值才能进一步增大，达到 1.0 左右，此处的滑度大约加倍。如果制动力进一步增加，则滑度也会增加，但现在随着相对速度的增加，μ 会降低到 10 米/秒时为 0.5（干摩擦）或 0.4（湿摩擦）。然而，所有这些值不仅取决于橡胶类型和路面粗糙度，还取决于温度。摩擦在最佳温度范围内最高，并且随着温度的升高和降低而减小。

因此，最大制动力发生在 10% 或更小的滑移时。这对制动过程几乎没有影响，甚至可能改善制动过程，因为一些制动热是由轮胎而不是制动表面散发的。在推进的情况下，这种滑动损失当然会降低推进效率，但由于骑行中的正常推进大多发生在 μ 值较低的情况下，这种损失很小，因此不包括在第四章的计算中。

根据经验，在良好道路上行驶的干轮胎通常假定摩擦系数为 0.5～1，打滑率为 5%～10%，湿轮胎则为其 $\frac{3}{4}$。雪地上的轮胎摩擦系数最大为 0.2，冰上的轮胎摩擦系数最大为 0.05～0.1（无防滑钉）。

潮湿天气也会减少外露制动表面的摩擦，有时会显著减少（本章后面的"潮湿天气制动"一节将对此进行详细介绍）。摩擦力随接触面积和相对运动的变化，再加上制动机件的灵活性，通常会导致黏滑序列，该序列反复快速发生，导致制动产生刺耳声音。

当然，车辆制动表面的充分性只是决定停车距离的一个因素，还必须能够对制动系统施加足够的力。自行车制动器通常在这方面存在缺陷，尤其是对于细（柔性）或生锈（高摩擦）的钢丝绳。

控　制

　　许多机动车辆和一些低 HPV 可以通过猛踩制动，完全阻止车轮来停止。在畅通、笔直的道路上，当制动器受阻时，此类车辆将沿行驶方向滑动，直至停止。但如前一节所述，摩擦系数随之降低，失去控制，自行车轮胎很快就会损坏。先进的控制系统或熟练的手动制动可以最大限度地缩短停车距离，同时实现制动和转向。另一方面，大多数自行车的重心很高，因此只有比轮胎路面摩擦力允许的更慢的减速才有可能。此外，大多数骑自行车的人会因为害怕失去控制或身体前扑而犹豫是否尽可能用力刹车。两轮车需要至少一个可转向的车轮才能在任何时间内保持直立，而且如果缺乏防堵或防滑系统，一旦失去转向就会发生碰撞。

　　因此，在对减速度有法律规定的地方，要求自行车减速值（例如，在瑞士，每个车轮的减速度为 2 米/平方秒，两个车轮的减速度为 3 米/平方秒），小于快速机动车辆（5~6 米/平方秒），但以下条件也适用：

　　与机动车碰撞相比，自行车碰撞的后果通常对骑车人（内部安全）更严重，但对其他人（外部安全）不太严重，而机动车碰撞的后果往往相反。

　　自行车的速度通常很低，在这种情况下，即使制动不好，也可能有足够的物理停车距离，大部分总停车距离是由于人类的反应时间造成的。

　　大多数骑自行车的人都意识到自己的不稳定性、脆弱性和其他交通状况。此外，他们不愿意失去有用的动能。固有的空气动力制动也相当大。由于这些原因，在正常骑行中，自行车手倾向于谨慎而轻地使用制动，以弥补制动车系统中已知的缺陷。

　　因此，制动控制问题主要与紧急停车等意外情况有关。此外，许多自行车制动器由于设计不当或缺乏维护，往往会在最需要的时候发生故障，例如当制动杆用力拉时，制动闸线连接断开。

　　第二个普遍存在的问题是，许多自行车制动器不适合在长而陡峭的山坡上长期大量使用。最佳制动策略是什么？

冷　却

制动的任务，即降低速度，需要从移动的自行车和骑手中去除动能（$E_K=\frac{1}{2}mV^2$），并将其转化为有用的能量（例如，为以后的推进储存能量），或更经常地将其作为热量释放到环境中。在第二种情况下，这意味着进入周围的空气，或者热量也可以辐射出去。流体（或热管）冷却散热器，如机动车（或计算机）中的散热器，迄今为止尚未用于自行车，因为它们增加了复杂性和重量。重量对于自行车来说是至关重要的：这就是为什么去除所涉及的能量虽然与机动车中的能量相比相当小，但并不像最初想象的那样微不足道。

自行车制动

至少5种类型的制动器已安装在普通自行车上并在一般道路上使用。（场地自行车通过对抗踏板运动来制动，后轮齿轮被固定到轮毂上，且没有自由轮，也忽略了直接作用于地面的制动器。）

柱塞制动器用在一些儿童自行车和三轮车上，以及早期自行车如高轮自行车上，至1900年它已经出现在充气轮胎的安全式自行车上。拉动把手可以使金属制动瓦（有时是胶面的）压迫轮胎外表面。柱塞制动器过去和现在都应用在实心轮胎和充气轮胎上；它们的性能受轮胎从其行驶的表面所吸收的砂粒量的影响，这种制动器有利于提高制动效能，并使金属制动瓦而不是轮胎磨损。

现代的制动器形式是用脚压在微型踏板车的实心聚氨酯后轮上的金属制动片。这种制动器在潮湿天气中表现非常差，因为在这种天气条件下，轮胎不断被弄湿，因此鞋子对其表面的压力施加的制动力比轮胎干燥时更小（有关水对制动的影响，请参阅"潮湿天气制动"）。

内部膨胀鼓式制动器类似于汽车轮毂制动器。20世纪30年代，鼓式制动器流行于中等重量的实用自行车上，但之后因相较于轮辋制动器太重而失去青睐。几年前，施图美爱驰再次推出了更轻的款式（图7.1）。鼓式制动器经常安装在前后双人自行车的后轮和其他不同的人力车上，目的在于消除轮辋制动器产生的轮辋及轮胎的发热。

当曲柄因倒蹬反向旋转时，反踏制动器或者后轮制动器会把多个圆盘或圆锥体推到一起（图 7.2）。这些制动器在机油中运作，完全不受天气状况的影响。它们在自行车后轮上非常有效；它们不能被安装在前轮上，因为所需的驱动力太大以致不能用手操作。[但是，本章之后介绍的富兰克林·卡尔德拉佐（Franklin Calderazzo）专利（图 7.10）提供了一种后轮制动器应用于自行车前轮的可能方法。] 它们不能与变速器一起使用，如果链条断裂或从链轮脱落，所有制动就会失效。

后轮制动器结构紧凑，没有太大的散热质量或表面积，因此在长时间或大量使用时，它们会迅速达到高温。这些温度可能变得足够高，从而改变所用钢材的性能，降低效率或损坏轮毂。因此，除非额外冷却，否则它们不适合长期

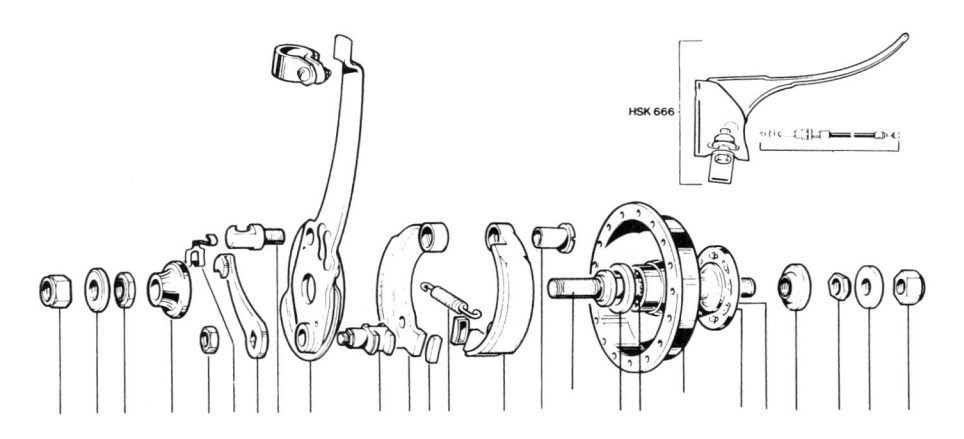

图 7.1
施图美爱驰内部膨胀鼓式制动器的放大视图，也可用于轮椅。制动器以前由钢制成，现在由铝合金制成，在摩擦片接触处有一个薄钢衬。（由施图美爱驰有限公司提供）

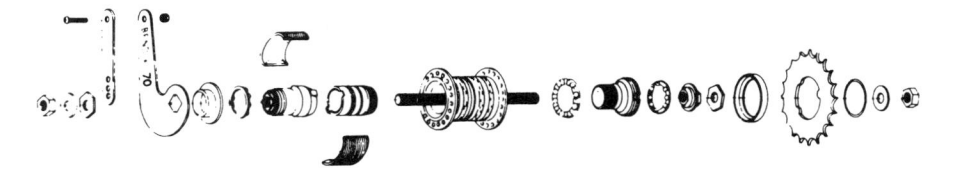

图 7.2
本迪克斯后轮制动器的放大图。（由本迪克斯公司提供）

在山区使用，在紧急情况下，可以使用喷水进行冷却。合著者仅使用一个后轮制动器，在频繁的停车过程中，总共使用了大约 1 千克的少量水，就能够安全、缓慢地在 1000 米的陡坡上刹车。水的汽化热为 2.26 兆焦 / 千克，总势能约为 1 兆焦。

盘式制动器已成为摩托车、汽车、赛车和飞机的首选制动形式，在大多数类型的自行车上，如果能够安装盘式制动器，并且能够负担得起这样的系统，盘式制动器就是公认的最有效的系统。图 7.3 显示了所需的部件：连接到轮毂的盘段、装有通常不接触盘的摩擦片（也称为盘垫或制动衬块）的制动钳，以及在制动时迫使摩擦片夹住盘的方法。质量好、尺寸足够大的盘式制动器或多或少地解决了许多与自行车其他类型制动器相关的问题。这种类型的制动器可以通过线缆操作，也可以通过普通手柄进行液压操作。有效制动直径通常小于车轮直径的一半，这需要比轮辋制动器更大的制动力，但在潮湿天气下，制动

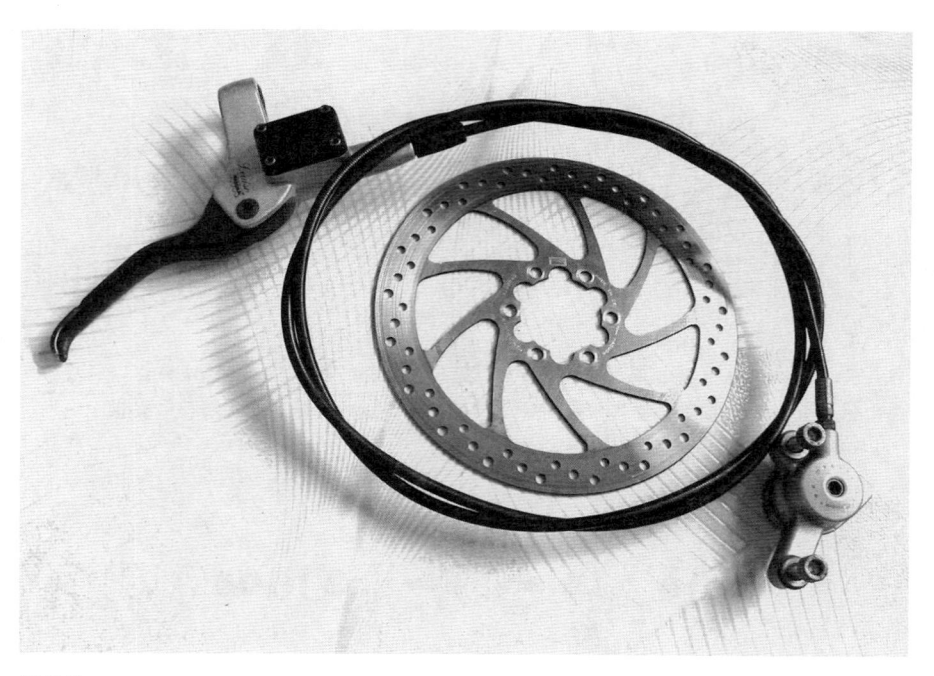

图 7.3
马古拉（Magura）液压盘式制动系统，包括一个集成储油瓶。

表面会远离车轮溅起的水，因此盘式制动器通常具有良好的防潮湿天气性能。汽车里的制动器通常是生铁制成的，自行车上的通常是钢制的。它们通常有洞，主要是为了减轻重量，也可以改善冷却。

车辆的液压盘式制动器通常为开放式的。这意味着它们有一个制动液储液罐，可以自动补充泄漏造成的损失，并补偿温度变化。大多数液压自行车制动器都是这种开放式类型的，但也有封闭系统［也可用于轮辋制动器（本节稍后讨论）］；封闭系统中没有专门的制动液储液罐，系统通常是预先加注的。如果没有泄漏，除偶尔更换盘垫外，液压系统可以免维护。由于经过精密加工和安装的制动盘通常运行正常，无须太多间隙，制动钳又紧凑又坚硬，因此需要相对较小的摩擦片行程，从而可以在手柄和摩擦片之间实现显著的力放大。厄特尔（Oertel）、诺伊贝格尔（Neuberger）和扎博（Sabo）(2010) 测量了从制动杆到摩擦衬块的放大倍数为 40~50 倍，因此使用 100 牛的手动力可将制动盘以高达 5 千牛的力压在一起。摩擦衬块位置处有效半径为车轮直径四分之一且假设摩擦系数为 0.5 的盘式制动器提供 625 牛的实际减速力（F_R），减去损失，这对于静态液压系统来说非常小。当加速度 $a=F/m$ 时，对于 100 千克的自行车和骑手，制动减速度为 6.25 米/平方秒或约 0.64g。厄特尔、诺伊贝格尔和扎博分别在使用驱动器的试验台和自行车上进行测量，骑手使用一个或两个手指拉动制动杆。

轮辋制动器是世界上最流行的自行车制动器。这种制动器或制动片、制动块，通常由橡胶合成材料制成，通过直接作用在卡钳上的闸线或通过滚柱凸轮（见图 7.4）施加力在自行车前后轮辋的内表面或侧面上。由于制动力以较大的半径作用在现有轮辋，并且由于制动扭矩不必通过轮毂和轮辐传递，因此制动部件本质上非常轻。然而，轮辋制动器对水非常敏感。研究发现，当制动器处于潮湿状态时，制动衬块和钢制轮辋的常规组合摩擦系数会降低到干燥值的 $\frac{1}{10}$ 以下。轮辋制动器需要持续调整（在极少数设计中自动调节）和相对频繁的制动片更换。

许多国家的自行车制造商已经解决了轮辋制动器在潮湿天气下的制动问题，即将钢制车轮轮辋改为铝制车轮轮辋，当轮辋潮湿时，铝制车轮轮辋的摩

图 7.4

滚柱凸轮配置的轮辋制动器。原则上，任何类型的杠杆都可以通过选择凸轮几何形状来实现。[改编自杰夫·阿彻（Jeff Archer）的照片，获得 CC-BY-SA 3.0 许可]

擦系数下降幅度不会像钢制车轮轮辋一样大。然而，这种轮辋使用的铝合金比钢软得多，磨损得快得多。砂砾颗粒可能嵌入制动衬块中，从而在轮辋表面划出可能较深的凹槽，或者由于整体磨损，轮辋普遍变薄。现代轮胎中使用的高压会导致轮辋向外爆炸，极有可能锁住车轮 [朱登（Juden），1997]。（这种情况已经发生在作者身上 4 次，都是相对较低气压的轮胎，合著者的一位朋友也经历了 3 次。）如果发生在前轮上，这是一个非常严重的事件。一些铝合金轮辋可配备火焰喷涂陶瓷涂层，从而大大降低磨损率。在丘陵地区使用小轮自行车的人尤其要学会及时更换轮辋，或者让能够测量剩余轮辋厚度的机械师更换轮辋。（尽管将直尺靠在轮辋侧面会显示磨损量，用肉眼或标准游标卡尺还是很难做到这一点。）

由于自行车轮胎和内胎距离较近，自行车轮辋不应像重型自行车长时间急刹车所需的那样发热。本章后面将详细讨论此主题。

  轮辋制动器的主要设计和维护问题是车轮不合标准或劣质，即使是新的车轮也会弯曲或摇晃。发生这种情况时，制动衬块会卡住或至少贴在一起，或者必须调整以留出足够的间隙。这反过来又需要制动钳上的制动衬块移动行程太多，以至于手柄几乎没有机械优势，从而限制了制动力。解决方法将在本章后面讨论，但除此之外，强大的制动力需要精确的制动钳和保养良好的车轮。

  从积极的一面来看，没有哪个制动系统比采用轮辋制动器的制动系统更通用。备件广泛可用甚至可以临时制作。

  电动制动器仅适用于某些类型的电动自行车，这些自行车通常在轮毂上有直接驱动电机（除了自行车的机械制动器之外）。现代轮毂电机通常是无刷和无齿轮的，因此与车轮的永久机械连接产生的摩擦力很小。其他类型的电动机情况并非如此，它们大多通过飞轮运行，因此无法制动。电动自行车制动器通常提供再生制动，利用电动机作为发电机为自行车电池充电。电池直接充电发生在骑行的速度足以使发电机电压超过电池电压的情况下，但操作大多数轮毂电机所需的电子控制器可以一步步将电压升高，并提供几乎降至静止的再生制动。通常有多个制动级别可供选择，可以在下坡时手动设置，此外，只要拉动其中一个自行车机械制动器的杠杆，就会自动激活中等级别。通过小心使用和缓慢下坡，电动自行车的再生制动可以显著延长自行车每次充电的续航里程，但在正常使用时，再生制动不会产生很大的影响，比如在有斜坡和多次停车的路线上，再生制动的行程会增加10%。更重要的是减少了自行车机械制动器的使用，从而节省了维护成本，提高了安全性。

  不幸的是，再生制动对那些可能受益最多的人来说用处最小：就是那些生活在高海拔地区，但却要通勤到低海拔地区的人。原因是人们通常会在夜间给电动自行车电池充电，以便在早上完全充满电。当骑电动自行车的人开始下坡时，电池几乎不需要额外充电，或者会受到损坏，或者更可能的是，电机控制器会拒绝使用有用的功率进行制动。使用电阻制动，通过制动产生的电力在风冷电阻器或半导体中耗散，理论上可以解决这个问题。原则上，电阻制动是普通直流电机电制动的一种简单形式，因为所需的只是一个变阻器（可变电阻）

或几个电阻器。然而，简单并不意味着便宜，作为一种适用于电动自行车的形式，这些物品必须相当大并由风扇冷却。据我们所知，没有一款电动自行车销售时配备了电阻制动系统，也没有一款电动自行车能够实现理想的解决方案，既能为电池充电，又能将多余的电自动转移到冷却的电阻上。

磁性（涡流）或空气动力（风扇）制动器被安装在许多固定式健身自行车上，但不适用于公路自行车。通过加热液体的液力制动器在理论上是可行的，但我们还没有在自行车上安装这种制动的实验，甚至连水冷摩擦制动都没有。螺旋桨或降落伞等更大的拖曳装置对自行车制动非常有效，但除了专业人员或紧急情况使用外并不切实际。自行车上安装了小型降落伞，甚至冒险的山地自行车手也使用了降落伞。为训练跑步者而设计的面积约为1.5平方米的阻力降落伞非常便宜。

人们已为自行车开发了有效的摩擦制动器，但未开发所述的各种动态制动器，原因如下：

- 许多国家的现行法规要求自行车至少配备一个（通常是两个）可靠的制动器，并具有规定的减速度、降至零速或规定的停车距离。使用传统的摩擦制动器相对容易满足这一要求，但速度越低，动态制动器的功率就越小。

- 一旦法律要求得到满足，就没有什么兴趣在自行车上安装额外的制动系统，除非额外的成本很小，就像所述的轮毂电机再生制动。

- 由于骑手的高空气动力阻力，传统（无整流罩）自行车通常不需要在下坡时进行持续的强力制动。低阻力三轮躺车将从上述类型的电动制动器中受益，但其销量相对较小，因此此类制动器的自行车版本市场有限。

制动表面的功率和能量吸收

制动器可设计为允许耗散一定的恒定功率。这种方案对于计算持续下坡制动的效果（足够长的时间使零件达到稳定的温度）很有用。这里的限制因素是自行车轮辋、轮毂或轮盘以及摩擦垫的温度必须保持在足够低的水平,以避免损坏紧密接触的相关材料。确定该温度需要相当复杂的计算,因为必须确定这些部件的对流冷却和辐射冷却,以及它们之间的传导。自行车轮辋的温度不应超过安装在其上的轮胎温度,否则其内胎将膨胀,轮辋主要通过对流冷却,这取决于环境温度和空速。本章后面将讨论下坡制动时轮辋温度的计算模型。然而,制动盘或轮毂的温度可能达到制动衬块材料和相关零件(包括任何密封件和制动液)所能承受的温度。在这些升高的温度下,大部分冷却是通过辐射进行的,这取决于零件表面在对应于温度的(红外)波长范围内的发射率。这一原理与第二章中给出的人体冷却原理相同,但数值相差很大。因为,根据斯特藩-玻尔兹曼定律,从表面辐射出去的功率与(绝对)温度的四次方成正比,因此大幅度增加制动功率只会使制动盘温度增加较小的量。例如,假设发射率为 0.5、总表面积为 0.02 平方米的制动盘需要达到约 280 °C 的温度才能辐射 50 瓦;100 瓦对应的温度大约为 380 °C。实际上,由于制动盘和其他制动部件也通过对流冷却,因此辐射出去的功率较小。有孔的制动盘总表面积可能较小,但边缘较多,冷却效果更好。本章后面将研究制动器实际需要持续耗散的功率量以保持理想的速度。

描述制动器的另一种方法是其热质量在一次强烈的制动动作中可以吸收的能量。如果已知制动器的热容和热相关质量,例如自行车轮辋或制动盘,则很容易计算出这种制动作用导致的制动器温升,前提是在这短时间内没有热量耗散。例如,一辆 85 千克重的自行车和骑手,可以确定从 9 米/秒(约 20 英里/时)到完全停车时制动衬块吸收的能量以及相关金属零件的温升。假设没有其他阻力源和坡度,制动部件吸收的动能 E_K 为 $\frac{1}{2}mV^2$,在本例中产生的值约为 3443 焦。

如果单轮辋制动器作用于带 500 克铝轮辋的前轮上,则温升可计算为 E_K 除以热容 920 焦/千克·开尔文和质量,得数为 7.5 开尔文或 7.5 °C。温度升高幅度不大,但通过反复制动,总的温度升高幅度可能会很大。令山区的许多车手沮丧的是,轮辋的热质量和热传递都很小。轮辋制动器会导致轮辋温度迅速升高,导致固定轮胎补片的橡胶黏合剂甚至轮胎本身软化,轮胎放气或(内胎粘在管胎的情况下）脱离轮辋。当这些故障（很可能）发生在前轮上时，可能会导致严重事故。如果对钢盘的 75 克活动部件（热容 470 焦/千克·开尔文）进行与之前相同的计算，则发现温升约为 100 开尔文。

稳定车辆的最小制动距离

如果假设空气阻力和滚动阻力对制动的减速影响可以忽略不计，可以使用一个相对简单的公式来估计车辆的近似最小制动距离 S，该车辆具有足够的制动能力，且重心相对于轴距足够低或向后，以确保在制动过程中后轮不会抬起：$S = \frac{1}{2}V^2/a$（如果已知减速度 a）或 $S = \frac{1}{2}Vt$（如果已知制动时间 t）。因为 a 是重力加速度 g 乘以可达到的摩擦系数 μ，所以两个方程中的第一个也可以写成 $S = \frac{1}{2}V^2/(\mu g)$，或者大致用国际单位制表示：$S = 0.05V^2/\mu$。因此，自行车制动距离的经验法则可以是 $S = V^2/10$，S 的单位是米，V 的单位是米/秒。更精确的公式是 $S = \frac{1}{2}V^2/[g(\mu + s + C_R)]$，其中 s 是斜率以分数形式表示，在斜率下降的情况下取值为负。但是，如果斜率较大，则应将 $(\mu + s)$ 替换为 $(\mu \cos\theta + \sin\theta)$，其中 θ 是作为角度的斜率（参见本章前面的讨论中的 μ 值和第六章中的 C_R 值）。后者在这里相对不重要，比 μ 小得多；s 始终很重要，因为即使在小下坡上发生完全制动故障，也往往会导致撞车。

请注意，车辆的制动距离与停车距离不是一回事，因为停车距离包括人类反应时间（约 1~3 秒）所行驶的距离。

制动时的纵向稳定性

自行车和骑手的重量并不能在自行车的两个轮子之间平均分配。在公路自行车上，约 40% 的重量通常分布在前部（在水平地面上，当自行车静止或匀速行驶时），60% 分布在后部。这种分布可能会发生巨大的变化，特别是在强加速（例如后轮平衡特技）和制动（可能导致骑行者前扑，翻过车把）期间。

例如，这里估算了总质量为 89 千克的典型自行车和骑手以重力加速度的

图 7.5

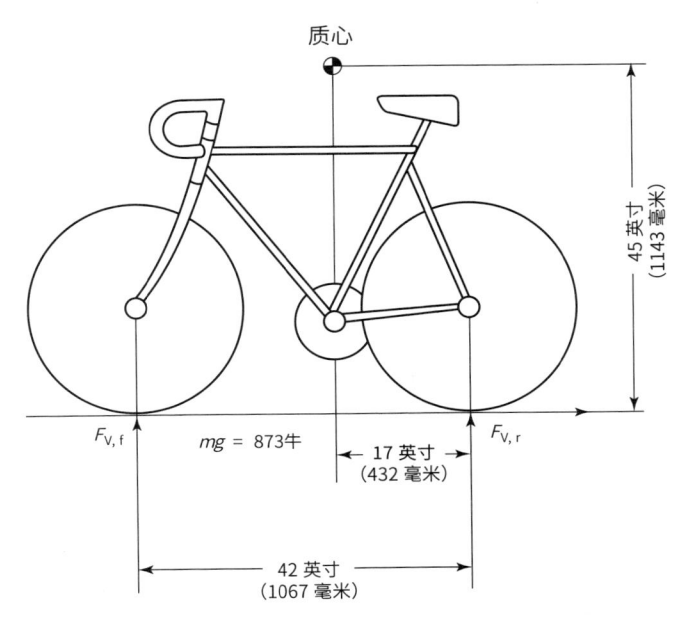

文中制动计算的配置。

一半制动时车轮反作用力的变化。如果自行车的轴距为 1067 毫米（42 英寸），且骑手和自行车的重心位于后轮中心前方 432 毫米（17 英寸），高于地面 1143 毫米（45 英寸）（图 7.5），则可以计算自行车静止或骑手匀速行驶时的前轮反作用力 $F_{V,f}$。总重量为 89 千克 × 9.81 米/平方秒 = 873 牛；其中 17/42 ≈ 353.5 牛作用于前轮，25/42 × 873 牛 ≈ 519.5 牛作用于后轮。

在重力加速度的一半制动过程中，89 千克 × 0.5 × 9.81 米/平方秒 = 436.5 牛的总制动力在质心处向前作用，在轮胎接地面处向后作用，产生 436.5 牛 × 1.143 米 ≈ 499 牛·米的前俯仰力矩。如果在接地面周围施加该力矩，则其产生的力 ΔF_V = 499 牛·米 /1.067 米 ≈ 467.5 牛，加到 $F_{V,f}$ 上，在前轮上施加 821 牛的垂直力，从后轮反作用力 $F_{V,r}$ 中减去，在后轮上施加 52 牛的垂直力。因此，在重力加速度的一半制动条件下，自行车的后轮只与地面轻微接触，而仅对后制动器施加轻微压力，就会导致后轮抱死和打滑。因此，前制动器必须提供超过 90% 的总减速力。

此处规定配置的另一个结论是，0.5g（大约4.9米/平方秒）的减速度几乎是水平地面上蹲姿的骑手在越过车把之前可能遇到的最大减速度。双人自行车和低躺式自行车的骑手以及汽车的驾驶员在减速方面没有这个限制：如果他们的制动器足够，理论上他们可以制动到轮胎与道路的附着力极限。例如，如果车辆的轮胎与路面的摩擦系数为0.8，则理论上，在最佳制动条件下，它们的减速度为0.8g，这比使用最佳制动的自行车运动员的减速度大约多40%。出于这个原因（以及其他许多原因），自行车骑手绝对不能尾随机动车辆。

在前面的直立式自行车示例中，如果仅使用后制动器，摩擦系数 μ 为0.8，则只能实现0.26g的减速，这意味着前制动器需停车距离的两倍以上（μ=0.5）。

熟练的山地自行车骑手在下坡时，通过蹲在尽可能低的位置和尽可能远的自行车鞍座后面来提高减速能力。贝克（2004）介绍了山地自行车的制动技术，并对泥土和路面进行了一系列测量。他发现，仅使用后制动器（可被锁定，从而产生永久滑移，并通过前转向持续补偿），山地自行车手就可以实现0.24g~0.32g的减速（在泥土上）；仅使用前制动器可以达到0.26g~0.46g；使用两个制动器可以达到0.31g~0.54g。他发现在硬路面上可实现的减速仅略高一点。

烈（2013）已针对上一个问题制定了分析解决方案，包括空气阻力、滚动阻力和坡度，并提供了一个程序，绘制前轮、后轮和整车的制动性能值。图7.6所示为直立式自行车的一个曲线图，与图7.5所示配置中的曲线图相似但不相同，制动时摩擦系数为0.7（轮胎与路面、前轮和后轮）。烈的程序能自动设置产生的制动力。它分别为后轮和前轮（由于空气阻力，这些线有轻微的曲率），以及同时为两者画线。在图7.6所示的示例中，后两者非常接近，这表明，如最后一个讨论的示例所示，在最大制动时，前制动器提供几乎所有的制动力，并且在更强的制动（设置更大的 μ）下，自行车会向前倾斜。在 V=50千米/时时，仅使用后制动器可将停车时间 t 以及停车距离（$Vt/2$）增加一倍以上（时间从小于2秒到大于4秒；距离从13.2米到29.2米）。两者都可以通过后轮胎更高的摩擦系数有所降低，但不会降低很多，因为1左右的 μ 值可能是最大值。

$m = 100$ 千克，$\mu = 0.7$，$h = 1.1$ 米，$L_a = 0.8$ 米，$L_b = 0.3$ 米

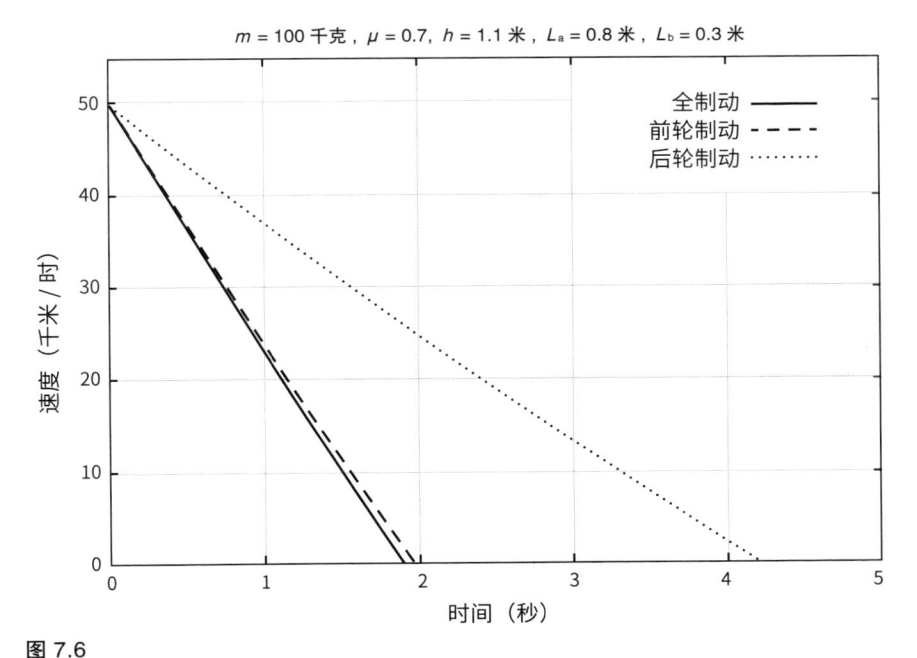

图 7.6

烈制动程序中的绘图，显示直立自行车在速度为 50 千米/时，$\mu=0.7$ 时，制动速度与时间关系。L_a 是前接地面到质心的水平距离，L_b 是质心到后接地面的距离。

对于长轴距躺式自行车，情况完全不同。图 7.7 显示了 Fateba 躺式自行车在 $\mu = 1.2$ 前后轮制动条件下的曲线图，这只是想象中的（通常无法实现），但仍然没有达到稳定性极限。仅前轮制动会导致最差停车时间约为 2.3 秒，仅后轮制动的效果也不是很好，约为 2.2 秒。这两个时间都比 $\mu=0.7$ 时的直立式自行车差。但是，当两个制动器同时使用时，可实现约 1.2 秒的最小制动时间。如果假设一个更现实的较小 μ 值，则最小制动时间仍比直立自行车好。

在两辆自行车的比较中，如果两个制动器都起作用，长轴距躺式自行车的紧急制动比直立自行车的相同动作更容易和更快，因为为了停止躺式自行车，可以均匀拉动两个手柄。快速停止直立式自行车需要轻微或无后制动，并且在后轮打滑时瞬间释放后制动，当后轮开始抬起时必须用力拉动前制动并部分释放。这在实践中是可以做到的，但大多数人要么害怕身体会向前扑，不敢使劲

图 7.7

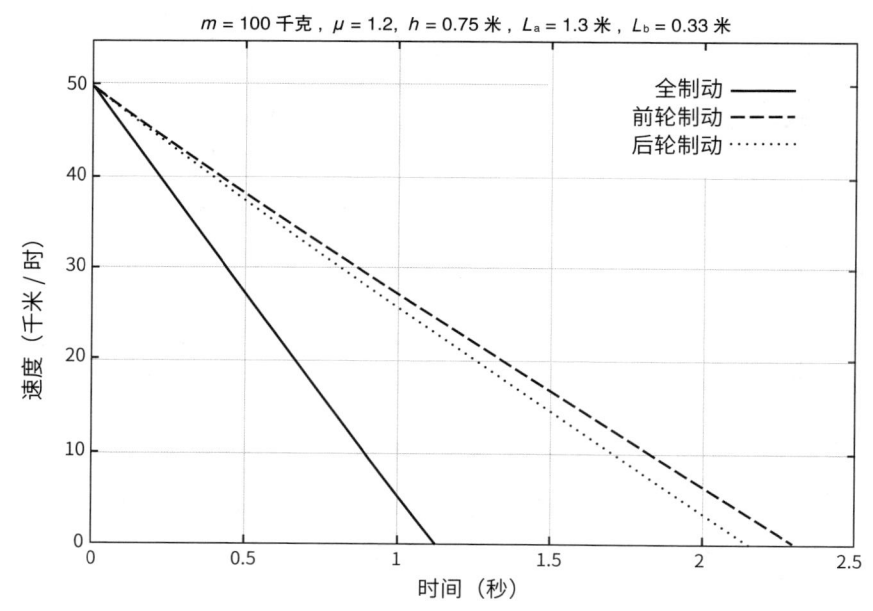

烈的制动程序中的绘图，显示 $\mu=1.2$ 的 Fateba 长轴距躺式自行车。

使用前制动器，要么不知道哪只手控制着前制动器，要么混淆了制动杆，因为各国的配置不同。另一方面，长轴距躺式自行车过度制动可能会导致无法恢复的打滑，使骑手侧倾导致腿部和手臂受伤，而不是头部受伤。除非骑手位置极低，否则短轴距躺式自行车更像直立自行车。

潮湿天气制动

潮湿的环境通常在很大程度上不利于自行车在行驶道路上的附着力以及轮辋制动器对自行车车轮的抓力。下文可见，在某些情况下，在潮湿天气中的制动距离是干燥时的十倍以上。另外，盘式制动器或鼓式制动器并不太受潮湿天气的影响，除非某些原因使制动器暂时淹没在水中。

在钢制轮辋上配置了传统轮辋制动器的自行车的制动距离在潮湿条件下大约是标准值的四倍之多。汉森（Hanson）(1971) 和艾伦·阿姆斯特朗（Allen

Armstrong）（1977）使用实验室设备来模拟潮湿天气下自行车车轮的制动：他们各自的试验产生了以下重要发现。对于在普通 26 英寸（相当于 650 毫米）电镀钢轮上正常尺寸和结构的制动衬块，汉森在麻省理工学院的测试（见图 7.8）表明，制动衬块潮湿时的摩擦系数干燥值的 $\frac{1}{10}$。此外在摩擦系数增加之前，潮湿车轮在全制动压力下要平均转动 30 次，而要达到完全干燥摩擦系数则还需要 20 转之多。这种情况根本不会发生，在制动后制动衬块或轮辋进水，除非在实际非常潮湿的条件下骑行。

麻省理工学院的测试于 20 世纪 70 年代在当时流行的钢制轮辋车轮上进行。研究了几种不同的制动衬块材料。在所有测试材料中，当时的（世界大多数国家仍然使用的）标准自行车制动衬块（B 橡胶）的干摩擦系数最高（0.95），湿摩擦系数最低（0.05）。试图通过在制动片上切割各种类型的凹槽或使用"凹痕"钢圈来改善湿摩擦都没有成功。（其他人也报告了类似的发现。）两个软木

图 7.8
汉森（1971）实验中制动衬块材料的测试装置（麻省理工学院）。可见：轮辋被牢固地安装在一台大型车床上。弹簧使得受试块在没有大的力量变化情况下跟随不可避免的不平滑的轮辋移动。支架中的应变计可以测量法向力和切向力。（由艾伦·阿姆斯特朗提供）

制动垫片被测试，获得了从 0.6 到 0.8 的 μ_{dry} 值和从 0.2 到 0.25 的 μ_{wet} 值。其他高性能飞机制动衬块也进行了测试，μ_{dry} 值为 0.3 至 0.4，μ_{wet} 值为 μ_{dry} 值的一半。由于这些制动衬块中有一些含有石棉，它们今天已不再可用。

麻省理工学院对钢制轮辋的研究成果之一是开发了一种制动器，可以使用飞机制动衬块材料，这种材料在从干到湿后摩擦系数几乎没有下降。这些材料的摩擦系数太低，无法用于常规的卡钳制动器，因为它需要太大的挤压力。不可能为了加强常规的卡钳式制动器去增加杠杆作用，因为杠杆作用增加的一个后果是制动衬块运动减少。（这一结构的自行车车轮无法正常平稳运转，因此必须有相当大的制动衬块间隙。）

因此两个杠杆的制动器被发明出来。当制动杆最初被压缩时，制动衬块在非常低的杠杆作用下移动（低力，大幅运动）。一旦制动衬块接触到轮辋，制动机制中的一个滑块就会被锁定，之后的动作必须通过高杠杆高力动作进行。这种制动器的另一个优点是它会自动补偿制动衬块磨损而不用进一步调整。双杠杆制动器被 Positech 公司重新设计和测试。它仅在前轮上使用，后轮装有常规的卡钳制动器，在潮湿条件下它能够稳定达到的制动距离不到传统钢轮辋制动距离的 25%（速度 6.7 米/秒时为 3.5 米，低于通常的 15~20 米）。然而，它没有被应用到商业中。这本书的第二版更详细地描述了它。

制动力传递

早期自行车中手动制动产生的力沿着连杆和杠杆传递。1902 年"鲍登线缆"（柔性钢压缩壳内的柔性钢丝绳）的发明提供了一个节省重量和制造成本的方法，同时使人可以用不同的方式自由设计自行车车架和制动器。不幸的是，设计师显然忘记了应用在鲍登线缆上的滑动摩擦定律和制动表面上的是一样的。根据公式 $F_1/F_2=e^{\mu\theta}$，线缆传递的力不断减小，尤其是在弯曲处，其中 e=2.718，μ 是滑动摩擦系数。在涉及此公式的计算中，应使用制动线缆沿其全长弯曲的总角度 θ（以弧度为单位；除以 π，再乘以 180 表示度）（图 7.9）。管状外壳对内部线缆的摇摆或挤压作用较少程度上增加了表面摩擦系数，类似于三角皮带的摩擦力通过滑轮的挤压作用而增加。

幸运的是，普通自行车的前制动线缆的总弯曲角度可能比后制动线缆小，并且在需要制动的地方很容易在前部获得更大的制动力。（骑手必须掌握必要的技能，防止制动时向前摔出去。）与通过相同制动作用施加在前部的力相比，后部线缆大总弯曲角度中的附加摩擦力可以将施加在后部衬块上的力减少20%～60%。未润滑的制动线缆通常会在内部生锈，从而进一步降低传递的制动力，尤其是当端部朝上安装时，雨水会进入线缆壳体却无法离开壳体。基于上述原因，低摩擦塑料制动线缆衬片（如聚四氟乙烯）被开发出来，并已成为高质量自行车的标准配置。

尽管商业上已经提供了带有自动磨损调节机制的自行车制动器，但它们并没有成功。实际上，目前几乎没有任何制动器能在不使用扳手的情况下调整整个制动块磨损范围，这可能会导致机械能力较差或观察力较差的人驾驶的自行车出现极其危险的状况。

轮辋制动器和盘式制动器的液压驱动已变得普遍。通过选择手柄中活塞的相对面积和制动衬块上活塞的相对面积，可以实现较显著的力放大。液压传递的力完全不受液压管弯曲的影响，产生的摩擦力可以忽略不计，而且在制动器寿命期间保持较低水平。某些液压轮辋制动器中的制动衬块连接在工作缸的活塞上，因此在制动过程中，制动衬块会向轮辋线性移动。这种线性运动提供了

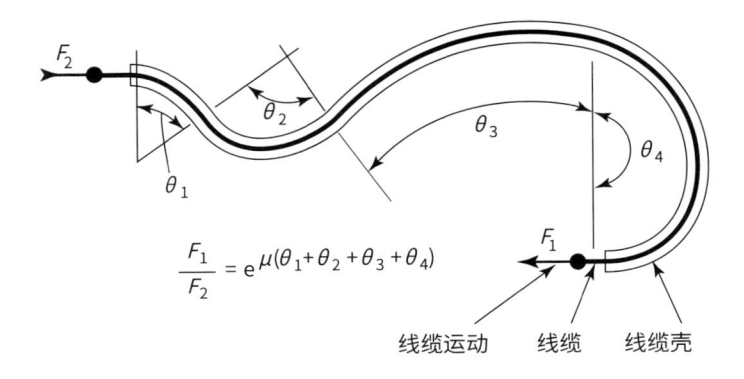

$$\frac{F_1}{F_2} = e^{\mu(\theta_1+\theta_2+\theta_3+\theta_4)}$$

图 7.9
通过电缆弯曲传输的制动力衰减。$\mu \equiv$ 电缆与外壳之间的摩擦系数；$\theta \equiv$ 角（弧度）。

一个显著的优势，即当刹车衬块磨损时，它不会像某些轮辋制动器上的制动衬块磨损时那样进入轮胎侧壁或辐条。一些液压系统能自动调整制动液的体积，以补偿磨损和温度变化；一些具有手动可调储液罐；一些需要手动调整制动块本身。

自行车制动的其他发展

在过去，制动器已经被开发出来，其中制动力本身提供部分驱动力。一个例子是用于拖车（甚至一些自行车拖车）的超速制动器，拖车和牵引车之间的滑动机件在牵引车制动时操作拖车制动器。其他例子是鼓式制动器，其中制动蹄几何结构放大了安装在前束的制动蹄和轮辋制动卡钳上的力，以便制动块在开始接合时通过向前和向内拉动自身来自动增加制动力。但是，如果该机件的作用方式是过度的正反馈会锁定制动器或阻止其释放，那么这种布置就是危险的。合著者就曾因此发生了一次严重的事故，当时他的前制动器抓得太厉害，无法松开，甚至弄弯了前叉，并立即锁死了车轮。

此外，这种带有自激放大功能的制动器可能在潮湿条件下根本不工作，或者在干燥条件下过于有效。所需要的是一个附加的负反馈阶段，以将干燥条件下的制动力限制在小于导致骑手翻出自行车把手的量。富兰克林·卡尔德拉佐开发了一种制动系统，将正反馈和负反馈结合在一起（图7.10）。在卡尔德拉佐的系统中，骑手只驱动后轮制动器，后轮制动器安装在靠近轮轴的杠杆上，以便在制动过程中向前推进制动器。在前进过程中，后制动轴（通过线缆或液压管路）以合理的期望力倍增程度驱动前制动器。因此，可以轻松实现强制动。当后轮开始打滑时，前轮的制动会自动受到限制。在数百次使用该系统的测试中，测试人员在不同的路面上以高速紧急停车，从未有车手翻过车把。（测试自行车的前叉最终因疲劳而失效，这证明了制动的有效性和前叉设计的不足。）这个有前途的系统最终在专利诉讼中夭折［R. C. 霍普古德（R. C. Hopgood），个人通信，1979］。如前所述，它可以很好地用于驱动前轮上的其他类型的制动器（例如，后轮制动器）。

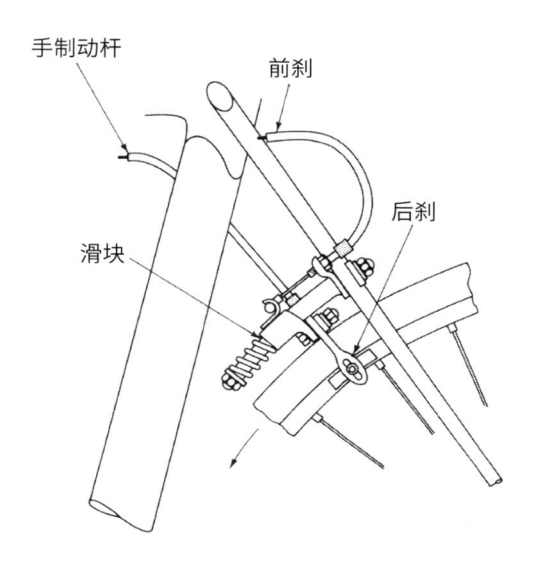

图 7.10
富兰克林·卡尔德拉佐的反馈制动系统（美国专利 4102439A）。操作手制动器时，后制动器通过滑块顶着弹簧向前移动，同时通过线缆操纵前制动器。如果自行车开始向前倾斜，后轮不再在路面上旋转，前制动器将松开。

下坡制动时制动功率和轮辋温度

威尔逊（1993）研究了在山路上骑车时所需的平稳速降制动时所得到的轮辋温度。他的研究结果表明，仅依靠轮辋制动器的标准公路自行车的轮辋可能达到危险的高温，而前轮较小的自行车和双人自行车的轮辋可能达到更高的温度。除其他影响外，加热的轮辋会增加轮胎内的气压，使故障更容易发生。因此，非常希望所有双人自行车都至少配备一个不会加热轮辋的制动器，如鼓式制动器或盘式制动器。但即使是带有两个轮辋制动器的标准自行车也可能存在风险。

使用第四章中讨论的方法和图 7.11（a）中描述的方法，可以确定一辆 12 千克（26.5 磅）的自行车和 73 千克（161 磅）的骑手，空气阻力面积 C_DA 为 0.5 平方米，滚动阻力系数 C_R 为 0.0033，将以大约 16 米/秒的速度在没有制动的情况下在坡度为 10% 的斜坡上滑行，其中大部分空气阻力与坡度功率约为 1.35

310　骑自行车的科学

(a)

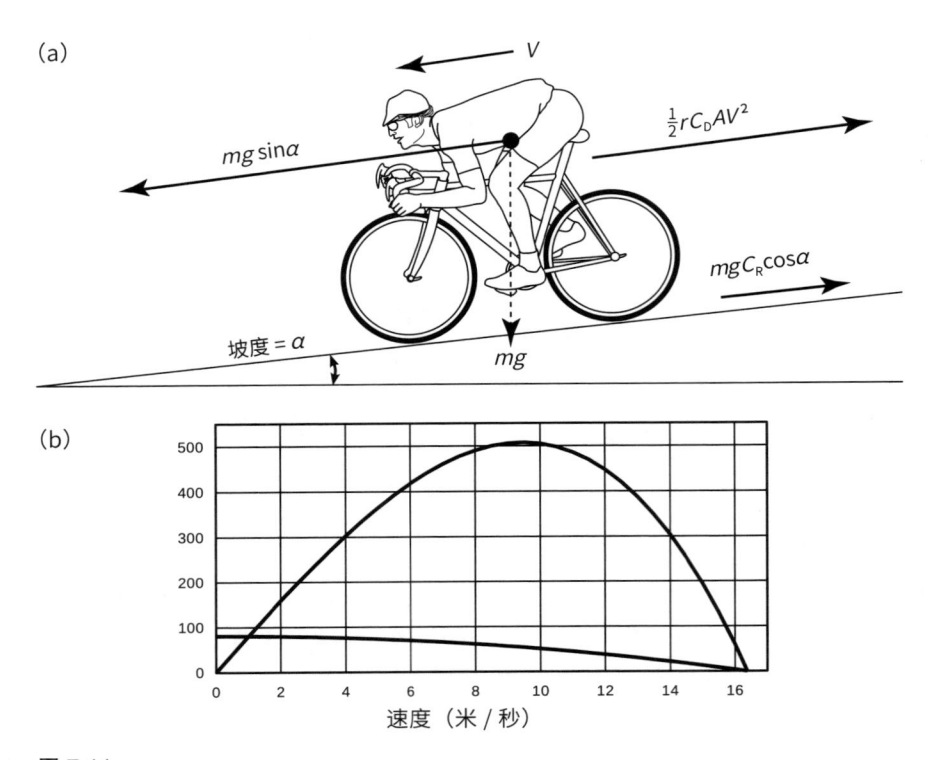

图中标注：V，$mg\sin\alpha$，$\frac{1}{2}rC_DAV^2$，$mgC_R\cos\alpha$，mg，坡度 = α

(b)

纵轴刻度：0, 100, 200, 300, 400, 500
横轴：速度（米/秒），0, 2, 4, 6, 8, 10, 12, 14, 16

图 7.11
（a）斜坡上的力（角度 α）。制动器中耗散的功率是净下坡力 $[mg(\sin\alpha - C_R\cos\alpha) - \frac{1}{2}\rho C_DAV^2]$ 乘以 V，或对于小斜率 $V[mg(s - C_R) - \frac{1}{2}\rho C_DAV^2]$。（b）绘制章节文本中给定值的示例。

千瓦相平衡。如果可以安全地保持此速度，则没有制动力。

然而，如果骑手想要或需要将速度降低到 9 米/秒，则坡度功率将仅为 750 瓦左右，但空气阻力功率将大大降低，降至 250 瓦以下，因此（包括少量的滚动阻力）必须制动约 500 瓦。如图 7.11（b）所示，这正是制动器承受的最大的速度。更快或更慢都会降低所需的制动功率。该图还显示了单位距离的制动能量，与制动力相同。它从 80 焦/米或 80 牛开始，在终端速度下降至零。对于那些想要在电动自行车上获得最佳再生制动的人来说，这条曲线很有趣。尽可能慢地行驶可以最大限度地提高能量，但骑行并不愉快，自行车的电动发电机和充电系统也不会以最佳效率工作。取决于这两个组件，最高速度可能在

3～7米/秒之间。

图 7.12 显示了三种类型自行车的净下坡力为零的终端速度及其规格。图中显示，尤其是双人自行车和整流罩式 HPV，只有在相当平缓的下坡上才能以其终端速度安全行驶；在陡坡路段，他们必须大力制动。图 7.13 显示了一个热模型，主要显示了轮辋在对流传热中可以耗散的区域。在图中，因为保守原因，辐条和轮胎的辐射和热传导被忽略。所描述的传热模型使用了 F. J. 贝利（F. J.

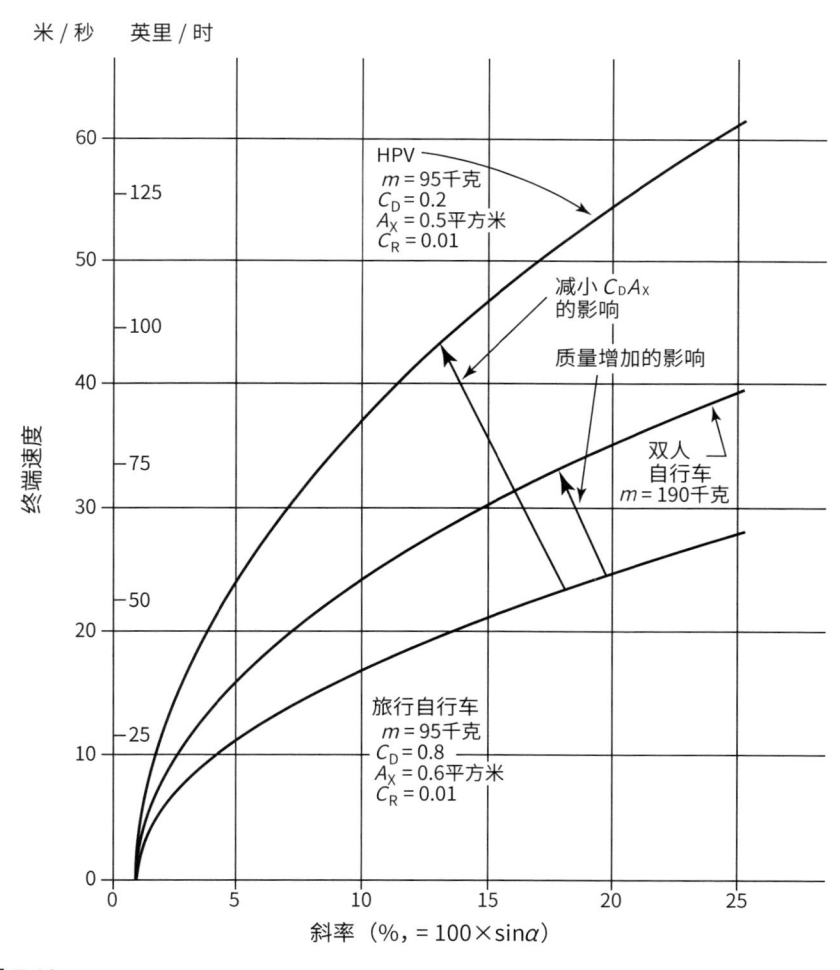

图 7.12

终端速度与斜率的关系。（威尔逊，1993）

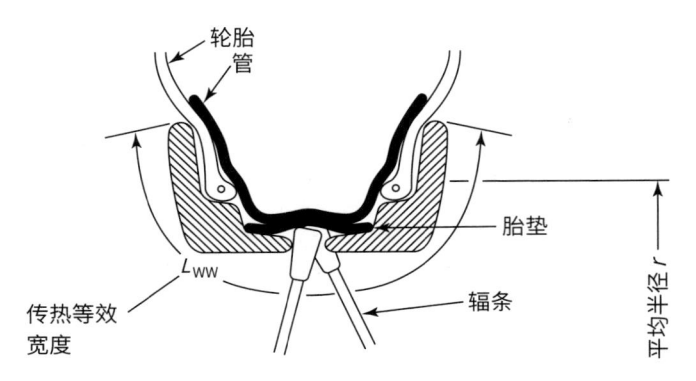

图 7.13
热模型。(威尔逊，1993)

Bayley)和 J. M. 欧文（J. M. Owen）在 1970 年为涡轮盘开发的模型（见威尔逊，1993），以显示一般趋势，而不是预测绝对值。结果表明，以典型的海平面空气属性值计，轮辋和空气的温度差是：

$$\Delta T = F/\{100rL_{ww}[0.6 + 1.125(1-0.0632rV)]\}$$

其中 F 是净下坡力（牛）（图 7.11），V 是自行车的速度（米/秒）；r 是轮毂的平均半径（米）；L_{ww} 是轮辋的有效宽度（米）（图 7.13）。（关于包含除海平面外的空气属性值的方程，请参见威尔逊，1993。）

图 7.14 显示了不同车辆的轮辋温度高于环境温度的增量。在零速度和终端速度下，增量为零。在零速度和终端速度之间，存在一个速度，在该速度下，轮辋温度增量将达到最大值。热模型在低速时不可靠，因此估计达到最大轮辋温度的速度尤其不精确。然而，曲线的整体形状必须严格反映现实。这些图表表明，在轮辋温度方面，速度最好慢于或快于 10 米/秒左右，这使得下坡选手的两难处境非常清楚：快速行驶可以避免轮辋发热，除非必须施加紧急制动，在这种情况下，轮辋过热的危险是突然而严重的。

带有深截面、流线型轮辋的车轮比那些产生分离气流、几乎没有冷却效果的狭窄、非流线型轮辋的车轮运行起来更易冷却。自行车轮胎和内胎下面使用的宽胎垫可以在一定程度上将内胎与加热的轮辋隔离开来。同样重要的是,在下坡降速骑行时,两个车轮的刹车要应用得均匀,但要更偏向后轮,因为前轮在高速行驶时极有可能爆胎。

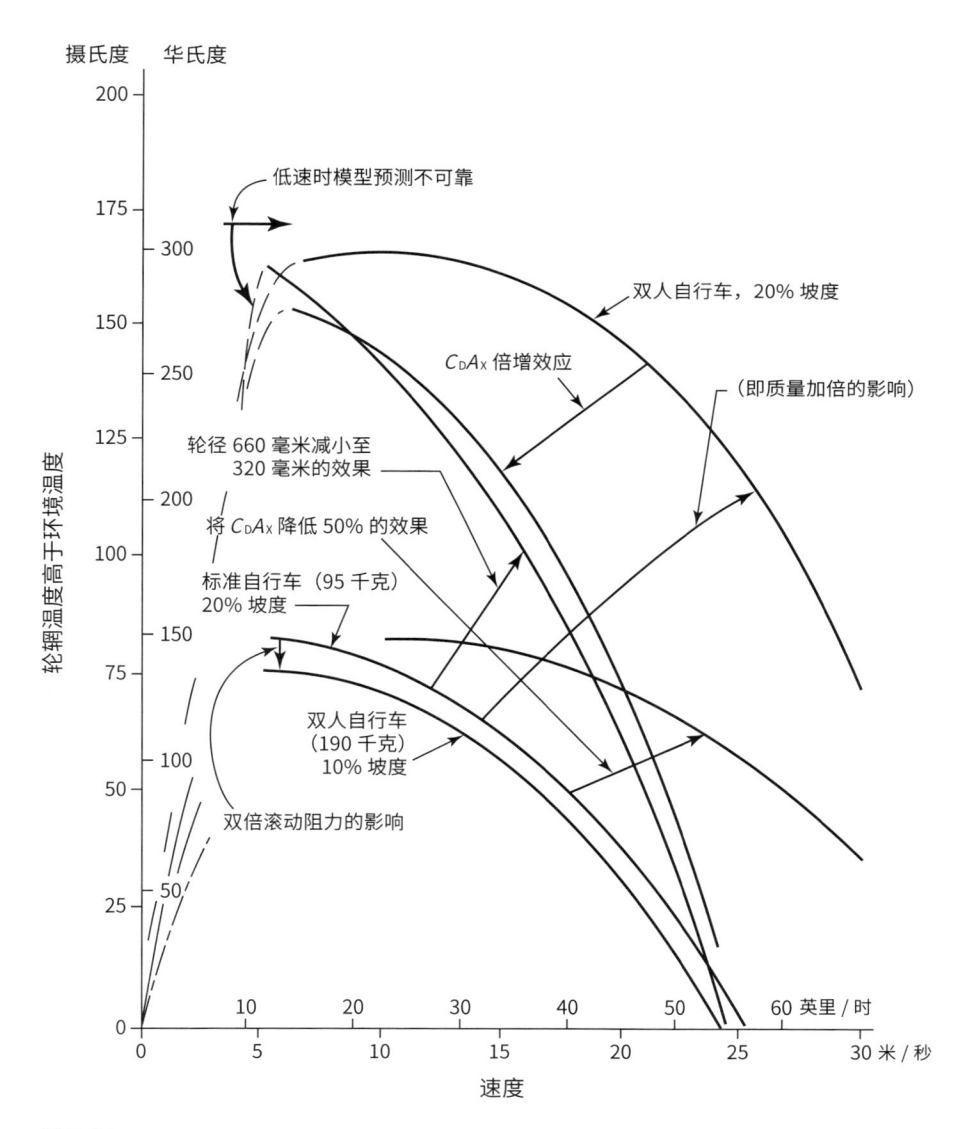

图 7.14

坡道上长时间制动时轮辋的温升。

参考文献

Armstrong, Allen E. 1977. "Dynanometer Tests of Brake-Pad Materials." Positech, Inc., Lexington, MA.

Beck, Roman F. 2004. "Mountain Bicycle Acceleration and Braking Tests." Beck Forensics, Inc., San Diego, CA. http://www.beckforensics.com/ mtbtesting.html.

Hanson, B. D. 1971. "Wet-Weather-Effective Bicycle Rim Brake: An Exercise in Product Development." MS thesis, Massachusetts Institute of Technology, Cambridge, MA. http://hdl.handle.net/1721.1/12572.

Juden, Chris. 1997. "How Thin May the Braking Rim of My Wheel Get?" Technical Note. *Human Power* 13, no. 1 (Fall): 20. http://ihpva.org/HParchive/PDF/44-v13n1-1997.pdf.

Lieh, Junghsen. 2013. "Closed-Form Method to Evaluate Bike Braking Performance."*Human Power eJournal*, no. 19: art. 7. http://hupi.org/HPeJ/0019/0019.html.

Oertel, Clemens, H. Neuburger, and A. Sabo. 2010. "Construction of a Test Bench for Bicycle Rim and Disc Brakes." *Procedia Engineering* 2, no. 2 (June): 2943–2948. https://doi.org/10.1016/j.proeng.2010.04.092.

Persson, B. N. J., U. Tartaglino, O. Albohr, and E. Toasatti. 2005. "Rubber Friction on Wet and Dry Road Surfaces: The Sealing Effect." *Physical Review B* 71, no. 3 (January 15): 035428. https://arxiv.org/pdf/cond-mat/0502495.pdf.

Wilson, David Gordon. 1993. "Rim Temperatures during Downhill Braking." *Human Power* 10, no. 3 (Spring/Summer): 15–18. http://ihpva.org/HParchive/PDF/34-v10n3-1993.pdf.

第八章
转向、平衡与稳定性

引　言

　　通常，只有使用一种称为定车的特殊技术，才能在自行车静止时保持平衡，而当自行车向前移动时，保持平衡很容易。就像踩高跷一样，自行车的平衡源于将支撑点转向质心下方的能力。许多自行车能够在中速下进行必要的转向调整来实现自动平衡，而无须骑手输入。

　　骑手平衡自行车的一个更直接的方法是手动在具有大惯性矩的合适物体上施加扭转力矩。走钢丝的人经常携带的长杆就是这样一个物体，但很难用于平衡自行车。如果将该杆收缩，其平行于自行车的滚动轴自由旋转并加速，它将成为反作用轮。由于反作用轮仅在需要时旋转，因此不需要太多动力。使用反作用轮手动平衡自行车是可以想象的，但非常有限。举个粗略的例子：如果坐在自行车上时，有一个备用自行车车轮垂直安装在自行车前面，就像航海用的舵盘一样，则需要在 0.1 秒内将车轮从零转速旋转到至少 1000 转 / 分，以纠正 5° 倾斜。因此，需要大约 20∶1 的增速齿轮或更重的车轮。一旦自行车保持平衡，骑手的手上就会有一个旋转的轮子，可以通过制动来纠正与之前方向相反的倾斜，但在其他方面会带来巨大的控制问题。如阿尔穆贾赫德（Almujahed）等人（2009）的自动平衡机器人自行车和一些现有的较小模型所示，用反作用轮平衡自行车更适合于电气系统。

　　然而，旋转质量也可以用作稳定陀螺仪，正如一百多年前两轮陀螺仪单轨车上所做的那样，自那时以来，各种机器人自行车也多次这样做。常见的可能有几种配置。现有自平衡自行车模型的一种流行设计是使用一个顶部重型陀螺仪，其标称旋转轴垂直，安装在万向节中，其水平轴平行于后轮轴。这种陀螺仪相对较大或旋转速度很快，因此产生相当大的摩擦损失和安全问题。

到目前为止，这两种自行车平衡系统似乎都不适用于纯人力甚至混合动力自行车，而传统的自行车平衡系统已经在大约数十亿辆自行车上使用了200多年，并且以最优雅且不使用外部动力的方式将平衡和转向结合在一起。

不幸的是，旨在描述自行车运动和自稳定性的数学公式既不完整，也不容易理解，因此设计指南仍然是经验性的，尤其是在自稳定性所需的条件以及良好的人类操纵和转向所需的条件不完全相同的情况下。与自行车相比，三轮车和相关车辆的稳定性问题似乎无关紧要，因为它们的速度很慢。然而，本章着眼于三轮车转向、平衡和稳定性方面在较高速度下会出现的一些基本问题。还进行了一些与转向相关的简单观察，并讨论了称为"摆振"的快速转向振荡。

平衡自行车最明显的"奥秘"在于，自行车只需要两个支撑点就能平衡。事实上，在最低速度以上，人们即使有意尝试也不可能摔倒！不过也不尽然，撞毁一辆快速行驶的自行车很容易，但骑手们会潜意识地强迫自己不要这样做。

许多自行车可以在一定的速度范围内自动平衡或自由骑行。然而，在非常低或非常高的速度下，这些自行车就会摔倒。自行车在由骑手控制时，可用的速度范围很宽，可能低于步行速度，也可能远远超过法定速度限制。

影响自行车转向的特性

自行车转向装置的几何形状和质量分布在自行车的操纵中起着重要作用，但对此类问题的科学研究一直相对缺乏。部分原因是，在很大程度上自平衡车辆中涉及的概念相当微妙，相关方程很复杂（即难以推导和解释）。但更重要的是自行车"驾驶员"的核心作用：与飞机驾驶员甚至摩托车驾驶员不同，骑手是自行车系统中最重的部分，能够使用各种身体动作（大部分是无意识的）来控制输入。此外，骑手顺手的操作方式总是在变化，受适应过程和疲劳程度的影响。

人们普遍认为，自行车的设计特色应该在特定情况下（例如，高速转弯或通过湿滑小道）赋予其良好的操控性。所有人都知道，这种公认的智慧所提供的方法往往是正确的。在这个关头，尽管科学在该领域取得进展，但仍难以施展拳脚。

轮式车辆配置

人们发明了各种各样的人力车辆。其中有单轮的：独轮车（总质心高于轮轴，如演员可以在上面行走的马戏团滚球）、大轮独轮车（质心较低，纵向稳定性稍差，也包括水陆两栖充气球或滚轮，里面可以有人），以及仅由一个在里面旋转的人握住的铁环组成的杂技单轮。图 8.1 显示了前两种类型的范例。

还有两轮并排的双轮自行车。脚踏双轮车通过将总质心保持在旋转轴下方来保持轻微的纵向稳定性。还有一个或两个人的体操轮，人在其内部操控。除了一种平衡玩具外，没有一种人力驱动的双轮自行车具有高总重心；除非有电气自动稳定系统（比自行车的自动稳定容易得多）和电力驱动。

到目前为止，最流行的配置是本书的主要论题，自行车，带两个轮子，一个骑手或多个骑手前后并行。还有一种非常罕见的被称为"交际车"的并排自行车。

最后，还有三轮车和四轮车。

除了轮式车辆外，还有一些没有车轮但平衡特性至少与轮式车辆一样复杂的交通工具。例如它们可以有轨道、滑道或滑雪板、脚或无轮辋车轮。除了极少数例外，这些车辆不是本书探讨的内容。但是本书为水上"自行车"留出了一些概念空间，其中一些平衡方式与真正的自行车相似。

尽管现代自行车和三轮车从侧面看非常相似，其特点却截然不同：

- 自行车保持平衡需要一定的技巧，尤其是骑上去使之移动时。三轮车和四轮车本身就是稳定的，即便静止时也能保持平衡。

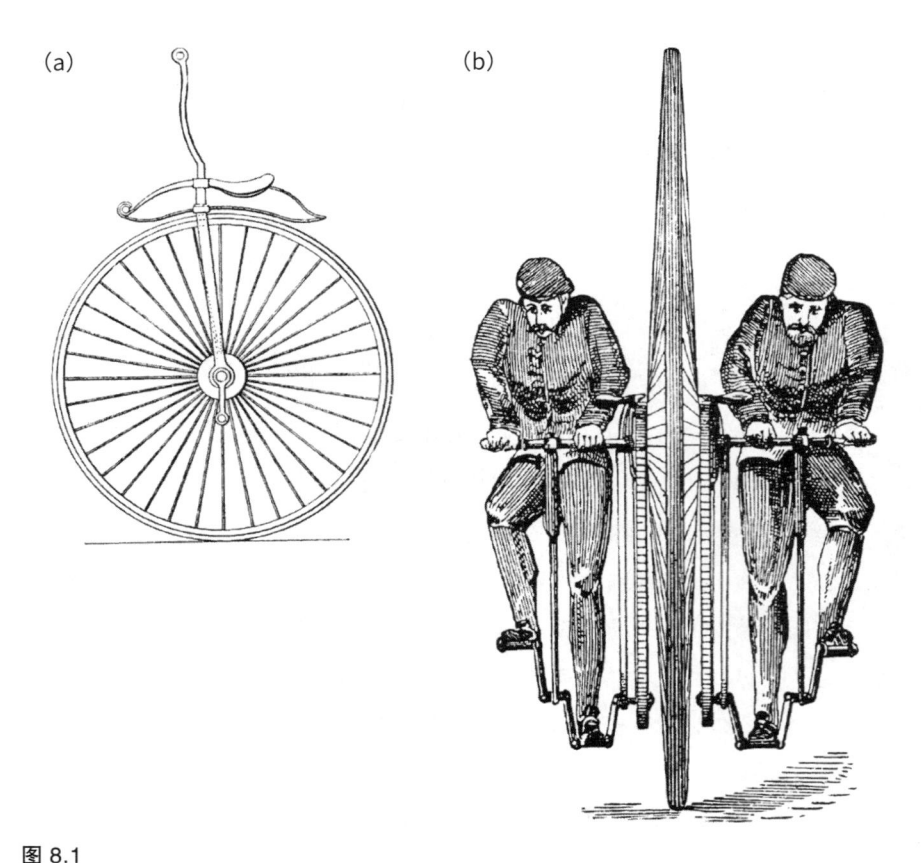

图 8.1
（a）有历史意义的独轮车和（b）并肩双座独轮车。[摘自夏普（1896）和哈特（1984）]

- 当牵引力（黏着摩擦）良好时，自行车很容易在高速下转弯，倾斜时也可以保持平衡。车轮上的侧向力相对较小，仅需较低的刚度和力度来平衡侧向力。大多数三轮车不能倾斜，所以快速转弯时只能通过将身体向弯道内侧明显侧倾来避免侧翻（图 8.2）。轮侧载荷随后增大，但特殊倾斜三轮车除外，该三轮车沿转弯中心方向倾斜车轮。躺式三轮车在这里具有优势，既有较低的质心，也有较小、更强的车轮。

- 当牵引力较弱时，自行车很容易失去平衡，经常导致撞车。三轮车则不太受湿滑环境的影响。

第八章　转向、平衡与稳定性　319

(a)　　　　　　　　　(b)

图 8.2
转向中的三轮车。[选自《自行车和自行车运动员》(*Cycling and Sporting Cyclist*)，1968年9月14日]

· 单一轨迹的自行车比有三条轨迹的三轮车更容易避开或通过坑洼路面或静止的汽车等障碍物，也更容易通过非常狭窄的道路。

· 自行车的宽度较窄，比三轮车更容易搬运上楼以及越过或绕过障碍物。

· 虽然自行车必须在平衡状态下行驶，但是由于倾斜角度便于调整，易于使质心位于支撑轴线上方，所以很容易保持平衡。这种调整的一个极端例子是在一辆双人并排自行车上，一个骑手比另一个骑手重。为了让车子保持平衡，重的那边并没有沉下去，反而滑稽地高高翘了起来。

- 边坡或弧形道路对这两种类型的车辆都有影响，这与平稳转弯的影响非常相似。它对自行车几乎没有影响，但会在三轮车上产生恼人的转向扭矩，并对骑手产生侧向力，或者在极端情况下带来翻车的风险。
- 对于有两个同轴车轮的三轮车或自行车拖车，调整不当可能会造成一个车轮驱使车辆略微偏向一侧来对抗一个或多个车轮的阻力，这会造成严重的滚动阻力和磨损。进行精确的轮位校准、将各轮轮流调至最佳的转向定位或通过自动调心的脚轮装置可以防止这些不良影响。

类比扫帚柄

当自行车的质心（CM）在其支撑点上方时，自行车会保持平衡。在静止或稳定的水平运动中，"上方"是指垂直上方。但在水平加速运动中，例如稳定转向（想象坐在快速旋转的旋转木马中），"上方"是指某一角度，使得向下的重力与横向离心力的合力直接从自行车的质心指向支撑点，如图 8.3 所示。

一个保持扫帚柄直立于掌心的简单实验可以阐明关于自行车平衡的许多内容。关键的规则是，一个不稳定刚体的不稳定平衡需要一个加速度来支撑。不管它的支撑点是静止的还是稳定移动的，如果把扫帚倒过来放在手掌上，它就会不稳定，随时都会掉落。（平稳转动中的陀螺是另一种与之截然不同的情况。）平衡扫帚（或自行车）包括在其每次即将跌倒时进行必要的微小的支撑运动，通过在扫帚倾斜的方向水平加速底座，使加速反应（重心被抛在后面的趋势）足以克服缺乏平衡的倾翻效应。加速需要恰当的时机，才能确保在达到平衡状态时刚好抵消其倾斜速度。为了在指定位置附近或沿指定路径移动时保持平衡，需要更复杂的控制。长扫帚柄比短扫帚柄掉落的速度慢，所需时间与支撑点上方高度的平方根成正比。因此，高轮自行车其实很容易骑，但上下车是另一回事！

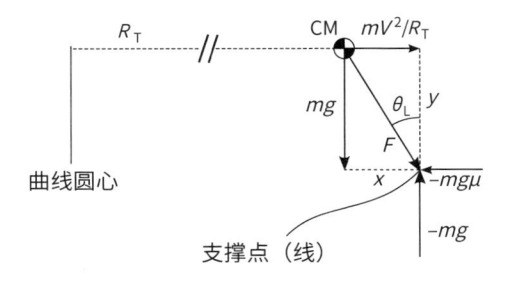

图 8.3
自行车沿曲线行驶时,"质心位于支撑点上方"的定义。横截面图显示质心 CM 以速度 V 在半径为 R_T 的圆上运动(与截面成直角,在此刻"驶向纸面")。虚拟支撑点位于两个轮胎接地面之间的一条线上。该运动在质心上施加明显的向外离心力 mV^2/R_T,并可作为矢量添加到重力 mg(质量 m× 约 9.81 米/平方秒)上,得出合力 $F=mg/\cos\theta_L$(倾斜角)。实际力是由轮胎提供的力,它会导致向内的向心加速度 V^2/R_T。使用的半径是质心处的半径,而不是轮胎处的半径。然而,这个半径最初是未知的,因此精确的解析解比这里给出的更复杂。为了使自行车处于平衡状态,F 必须穿过支撑点,该点周围的顺时针扭矩 ymV^2/R_T 必须由相同大小的逆时针扭矩 xmg 抵消,当 $x/y=\tan\theta_L$ 时可实现。在水平表面上,地面反作用力必须由支撑重量的垂直分量 $-mg$ 和横向分量 $-mg\mu$ 组成,其中 μ 是轮胎不在表面上横向滑动所需的最小摩擦系数,因此等于 $\tan\theta_L$。

自行车如何保持平衡

骑手在向前骑行时通过转向来加速自行车的横向支撑,从而维持车子的左右平衡。锁住车把后,自行车就无法驾驶,不过这样可以有效地防止自行车被盗。令人惊讶的是,即使没有骑手,在行驶遭遇扰动后,自行车所需的微小转向动作也可以自动发生,比如松开无人驾驶的自行车,任其从缓坡上滚下来,然后一路颠簸。人们过去和现在都普遍认为,自行车旋转车轮的角(陀螺)动量以某种类似旋转陀螺的方式支撑着自行车。这种观点绝对不准确。陀螺仪只能通过不断改变方向来对抗倾翻扭矩。例如,一个倾斜的陀螺只能通过围绕一个假想的圆锥体连续调整其旋转轴的方向来抵抗倒下。锁住的车把在自行车前行过程中是无法让车轮实现转向的,最终结果必然是让自行车像静止状态下一样摔倒,这与自行车行驶速度快慢、车轮质量大小都没有关系。可以肯定的是,只要车把转向，车轮在前行过程中就要不断调整方向，但与主要控制自行车平衡的"质量乘以加速度乘以重心高度"力矩相比，它们的质量很小。不过，自行车平衡中还有一个非常有趣的与陀螺相关的问题：自行车前轮的角动量促使它转向自身倾斜的一侧，这可以通过将自行车抬离地面、旋转前轮并暂时任车架倾斜来证明。换句话说，前轮的回转作用是自动帮助骑手平衡自行车的系统的一部分。如果抵消这种回转作用的角动量，就像 D. E. H. 琼斯（D. E. H. Jones）（1970）通过另一个反向旋转的前轮实现的那样，则脱（撒）把驾驶自行车会相应地需要更多技巧和努力。

上述扫帚柄类比只是部分适用于自行车。实际上，自行车有两个支撑点，一般情况下两者的加速度略有不同。在驶过水坑后的低速曲折前行中，前轮的行驶轨迹比后轮的更曲折、更缓慢（图 8.4）。只有在平稳转向时，前后轮的行驶轨迹才在曲率上基本一致。然而，前轮的转弯半径（R_F）比后轮（R_R）大（$\frac{1}{2}R_F^2 R_R$）。因此，前部接触的横向加速度（等于 V^2/R 或等于 V 乘以车轮前进方向的变化率[例如，以弧度/秒为单位]）通常大于后部接触点的横向加速度。事实上，通过加大转向角并保持转向角的增大速率，只有在车前部才能相对快速地产生横向加速度。在前部加速度降低以匹配后部之前，转向角必须控制到一个稳定的值。

自行车后部接触点的横向加速度延迟和减少的一个影响是，当自行车行驶时，前部接触点的质量比后部接触点的质量更容易平衡。如果质量通过两个接

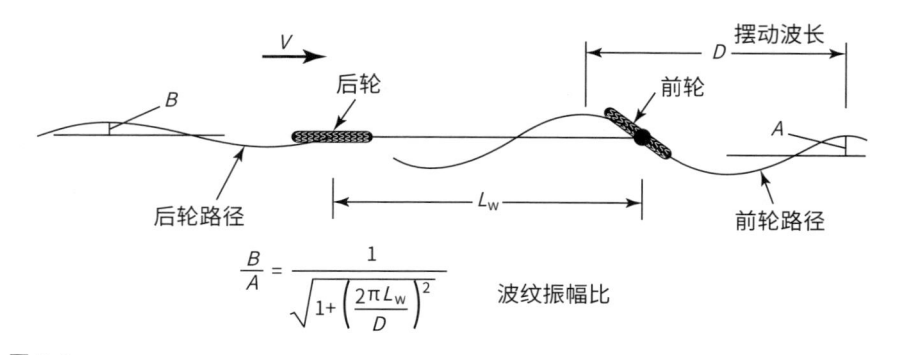

$$\frac{B}{A} = \frac{1}{\sqrt{1+\left(\frac{2\pi L_w}{D}\right)^2}} \quad \text{波纹振幅比}$$

图 8.4
前轮轨迹与后轮轨迹相比。请注意，前轮轨迹呈波浪状。

触点传递，那么保持后部的质量低于前部的质量，前部支撑加速度便能对平衡施加更多控制。（后转向将使后部接触点更加可控，但后转向自行车很难快速行驶。）

平衡和控制自行车的基本方法之一，是车子的支撑点只能沿其前进的方向运动（意味着自行车负载的重量是垂直于行驶方向的）。为此，必须至少有一个车轮可以操纵，通常是前轮。这种转向平衡功能不仅可以通过传统的大直径自行车车轮（或其等效物，如图 8.5 所示）来实现，也可以通过小直径的轮子，如可折叠的踏板车、冰上的溜冰鞋、雪地上的滑雪板，以及水中的鳍或水翼来实现。甚至可以将三轮或四轮汽车的一侧车轮向上倾斜，使之像自行车或摩托车一样保持平衡和转向。在每种情况下，所需的转向扭矩可能不同，特定的侧滑、惯性或弯曲可能会影响操作感，但就转向而言，三轮或四轮车本质上无一

图 8.5

带靴辐条自行车。自行车不仅可以使用大轮子，还可以使用非常小的轮子、滑雪板，或者如图所示，使用带靴的辐条，从而达到完美的平衡和转向！［珍·嘉宝（Jean Gerber）提供］

例外都属于自行车。

反向转向产生倾斜

像扫帚柄或自行车这种平衡不稳的物体必须有相应的（比如说）左倾来维持质心左侧的加速度。换句话说，支撑点首先需要向质心系统右侧移动来造成一定的倾斜。骑行过程中不容易观察支撑点的运动，因为它发生得既迅速又不易察觉。为了尽可能看清楚，可以沿着道路右侧的一条画好的线驾驶自行车，然后迅速向右转动车把，同时观察车轮的位置。此时就会发现前轮轨道略微向左偏离，这是由持续右转前一个短暂的左转造成的（图8.6）。

然而，实际上骑手都下意识地很清楚这种所谓的反向转动，这是操纵自行车或以适当的倾斜度停车唯一可行的方法，使骑手能用任意一只脚接触地面。每一个会骑自行车的人，在骑到路缘或小斜坡的时候，就会下意识地明白这个方法。骑车靠近路缘或小斜坡小于一手掌的距离时会有"被困"的紧张感：我们都清楚，为了离开路缘，我们需要转向危险的方向才能避开它。如果没有空间，人们会本能试图跳车，会不知所措。尽管如此，我们很有必要练习突然的、强制的反向转向，以备不时之需（当然，要与其他交通完全隔离）[参见

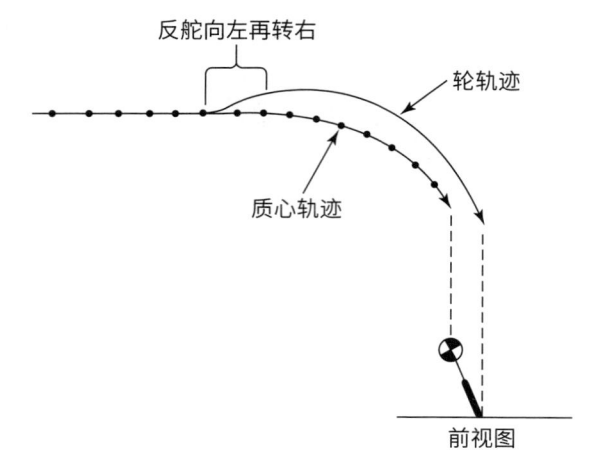

图8.6
短暂向左，反向转向，以产生右转所需的向右倾斜。

福里斯特（Forester），2012 ］。

当遇到侧风阵风或被相邻骑手推搡时，也需要反向转向。当有力量将人推向右侧时，人必须短暂右转以产生向左倾斜，以便稳定地对抗该力量。

顺便提一下，所有不稳定平衡的原则也适用于跑步者。为了加速，跑步者向前倾，为了快速减速，他们向后倾，把脚伸到前面。直跑然后突然左转需要向右一步才能产生倾斜。

基本的骑车技巧

在 19 世纪 90 年代自行车热潮的鼎盛时期，自行车骑行学校在各大城市如雨后春笋般涌现。但对于大多数读这本书的人来说，他们是在后来才学会骑自行车的，学习骑自行车通常是在家附近进行的一个反复尝试的过程。对自行车平衡的研究是否对这一过程提供了启示？

- "朝倾斜方向转弯"的建议是有效的。相关的快速学习法是由美国的焦耳斯（Joules）在第 5887883 号专利中描述的。
- 除非辅助轮离开地面（即仅在静止时使用），否则很难看出辅助轮如何辅助任何所需的平衡。随着时间的推移，这一点在很大程度上已经被认识到。如今，人们给幼儿提供的往往是没有踏板的简单脚踏自行车，不带辅助轮，目的是在其掌握踏板技能之前培养他们的平衡技能，而踏板技能往往更容易掌握。

除了这些想法之外，让那些学习骑自行车的人把自行车的座位调到足够低的位置，让他们脚踩在地上，然后沿着平缓的、长满草的斜坡滑行，这一常识性的想法确实很有吸引力。此外，滑板车是学习平衡的绝佳工具，几乎没有使人摔倒的风险，因为踏上地面很容易。

一旦掌握了自行车的基本平衡，就可以学习重要的转弯技巧：

- 注意附着摩擦力差或影响转向的地面条件（例如，松散砾石、湿树叶、冰雪、铁路或有轨电车交叉口）。由于这些问题始终无法避免，因此建议以慢速进行应对，并采取适当的保护措施。

• 采用尽可能平缓的转弯半径（即从较宽的地方开始，然后掠过曲线的顶点）。如果骑手的速度太快，无法安全完成转弯，则其必须在进入转弯前做好紧急刹车的准备。

• 高速转弯时要握紧车把，这样可以使手臂绷直，减少不稳定性，在凹凸不平的路面上行驶时也要握紧车把。

• 在急转弯时，将内侧踏板保持在升起位置，使其不会撞到路面。在干燥良好的路面上，转弯附着摩擦力的极限通常为40度角倾斜或更大，但自行车内侧踏板如果保持在低位或踩动，通常在30度～35度角时会撞上路面。自行车与地面夹角比上身更大会给车轮带来更大的压力，但可以在不减速的情况下继续踩踏板过弯。（在配备自由轮的自行车上，这项技术是可选的；在固定齿轮自行车上，这项技术是必不可少的。）

骑自行车的人在转弯时经常伸展内侧膝盖，就像硬转弯的摩托车手一样。这种做法看似提供了微不足道的好处，使自行车的车架稍微直立，却能使轮胎中央胎面多留在路面上一点，并抵消了转向轮的机械轨迹（定义见图8.8和本章稍后部分）因倾斜而收缩的趋势。如果骑手在转弯过程中失去附着摩擦力，

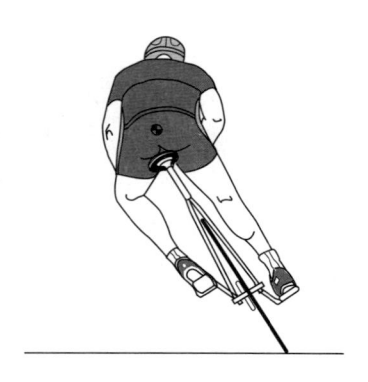

图 8.7
冠军赛车手典型的高速转弯姿态，以及大致的质心。在较小的弯道上，内侧腿可能会缩起。

将腿向内缩起会暂时减少侧向力，并且可以帮助恢复直立。然而，许多熟练的骑手在滑行时会做相反的事情：他们将自行车倾斜得比身体更厉害，并将重量放在外侧踏板上，从而自动将其置于安全的转弯位置。随着轮胎外倾角的增加，这种技术可以提供额外的转弯力，并允许更紧密的转弯。其他技术娴熟的车手建议尽可能保持所有动作在一条直线上，还有些车手则认为这无关紧要。冠军车手的视频显示，在某种程度上，以上三种技术都可以同时应用：外侧脚踩下，内侧膝盖伸展，躯干扭曲，头部偏向外侧，重心几乎与接地面对齐（图 8.7）。

平衡和稳定性研究历史

正如卡尔·冯·德莱斯在两个世纪前所说的那样，上述观察结果应该可以清楚地说明自行车平衡的基本方式。从那时起直到今天，许多研究人员都试图确定自行车平衡的确切机制，以及描述这些机制的数学表达式。大多数人都有正确的想法，但在试图找到最优的解决方案时也有错误的假设或差错。阿伦德·施瓦布（Arend Schwab）（2009）的自行车动力学历史页面列出了截至 2005 年的大部分尝试，他主页中（2017）则列出了截至最近的尝试。长期以来，回转作用被认为是必不可少的，如果不是对熟练的骑手来说，至少对于无驾驶自行车的自动平衡来说是如此。具有机械轨迹的前轮转向也被视为与此类似。1970 年，琼斯（Jones）试图通过制造不可骑乘的自行车来推翻最初的假设，从而找到答案。他安装了一个离地反向旋转的前轮作为"反回转"。由此产生的车辆不仅可以行驶，而且在被推时仍然能够自动平衡，因此它驳斥了关于自行车前轮需要回转作用才能自动转向的说法。

1985 年，康奈尔大学里吉姆·帕帕佐普洛斯在安迪·瑞纳的实验室工作开始了对自行车平衡和稳定性的研究。1987 年帕帕佐普洛斯代表了当时的研究状况，1988 年奥尔森（Olsen）和帕帕佐普洛斯做了一个很好的简短总结。1988 年，理查德·汉德（Richard Hand）发表了他的论文，并进行了进一步的研究，证实了之前的许多工作，但仍然没有找到一个完整且无误差的解决方案来描述自行车平衡。除了少数例外，在随后的十五年里，没有更多的研究出现，直到

2002 年，代尔夫特理工大学的阿伦德·施瓦布访问安迪·瑞纳的实验室，随后在他自己的实验室进行自行车研究，人们才重新产生兴趣。2004 年，本书第三版介绍了许多至今仍在使用的自行车动力学方程。2005 年，隆德大学的奥斯特伦（Åström）、克莱恩（Klein）和伦纳特森（Lennartsson）发表了一篇非常好的文章，但显然仍有错误或与之前和后来的研究成果相矛盾的地方。接下来的几年，学生们进行了频繁的研究，2011 年，由科艾曼（Kooijman）、梅哈德（Meijaard）、帕帕佐普洛斯、瑞纳和施瓦布组成的美荷团队成功制造出了一辆无人驾驶的自行车，无轨迹，轮子很小，不具有回转作用，这最终证明了自行车的平衡和自转向机制不需要带有轨迹或回转作用的轮子，只要质量分布正确，自行车就会自动转向，直到摔倒。施瓦布和梅哈德（2013）回顾了截至目前为止团队和其他人的工作。该团队还制造了一辆后转向自行车，无论有无骑手都可以行驶。这些模型的视频和更多论文可在施瓦布（2017）的工作成果中获得。瑞纳（2014）有迄今为止许多论文的副本，这是一个重要的资源来源。

多亏了所有这些研究工作，今天我们可以清楚地看到，自行车几何的某些方面，包括轨迹、质量分布和回转作用，都对自行车的稳定性起着一定的作用。单独这些方面都不是特别重要的，但是如果组合正确，自动稳定自行车是可能的，而错误的组合会导致自行车不稳定，甚至无法骑行。对于自行车设计师来说，这些信息仍然不是很有用，因为所涉及的方程仍然很复杂，并且不适用于"自行车食谱"式的设计公式。不过，一种名为 JBike6 的计算机程序可以通过德雷塞尔（2015）获得，它可以确定特定自行车的自稳定速度范围。

自行车配置对转向和平衡的影响

自行车的一些转向和平衡行为可以用基本几何原理来解释：车轮（可能半径不同）的位置，转向轴线，以及前部（可转向）和后部总成的质心。在图 8.8 中，称为轴距（L_w）的水平距离将自行车的两个轮子分开。自行车的转向轴（显示为虚线）与自行车骑行的水平面形成一个角度，称为头管角度 λ，通常与前轮接触点前方的地面相交。（在某些计算中，λ 是从垂直方向测量的，如

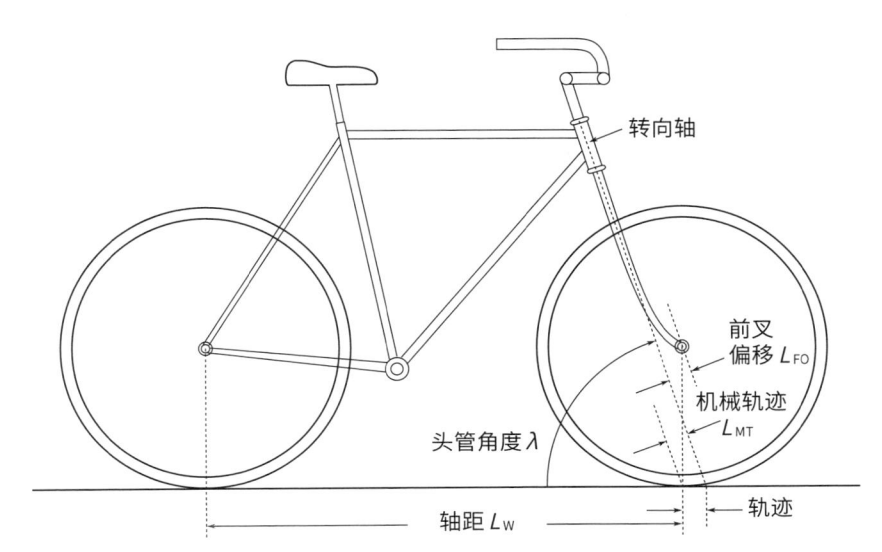

图 8.8
与操纵和稳定性相关的骑行参数。

图 8.11 所示。) 转向轴线通常经过前轮轴下方, 即自行车的前叉向前弯曲。

自行车的前轴在转向轴前面一个垂直距离, 称为前叉偏移 (L_{FO})。这个距离有时也被称为斜角, 但这一用法并不恰当, 在骑摩托车时, 这个术语用来表示转向轴偏离垂直方向的角度。前轮接触点和转向轴与地面相交的假想点后面的水平距离称为轨迹 (类似于汽车脚轮)。相关量是从前轮接触点到转向轴的最短 (垂直) 距离 (当轴在接触点之前时为正值), 称为机械轨迹 (L_{MT})。图 8.11 所示的另一个相关量是车轮翻转量 (有时也称车轮翻转系数), 即前轮绕转向轴旋转 90° 时, 前总成降低的距离 (或在负轨迹的情况下升高的距离)。

上两段中描述的各种几何特征很难测量, 但它们对操纵性和稳定性有很大影响, 因此我们在表 8.1 中列出了许多不同大轮式自行车的相应数值。很明显, 从 (特别稳定的) 旅行自行车到公路自行车, 最后到场地自行车, 头管角度越大, 轨迹和车轮翻转量越少。请注意, 自行车的前叉偏移量会增加以减少其轨迹。可以使用各种在线计算器快速比较参数; 吉姆·G. (Jim G.) 的 yojimg. net/bike/web_tools/trailcalc.php 上能计算轨迹、机械轨迹和车轮翻转的值。这些数量也易于手动计算，在例如 en.wikipedia.org/wiki/Bicycle_and_motorcycle_geometry 等网站上可见这些公式。

表 8.1 典型自行车头管角度、偏移的机械轨迹和车轮翻转

自行车类型	与路面的头管角度（度）	前叉偏移（毫米）	机械轨迹（毫米）	车轮翻转（毫米）
旅行自行车	72	47.5	58.5	18
旅行自行车	72	50.7	55.2	17
旅行自行车	73	57.9	42.3	12
公路自行车	74	50.0	44.5	12
公路自行车	74.5	55.1	36.5	10
公路自行车	74	66.9	27.6	8
场地自行车	75	52.1	36.7	9
场地自行车	75	65.4	23.4	6

注：表内所有自行车车轮半径均为 343 毫米。

表 8.1 中显示的值代表了对传统自行车进行微调的结果，用以获得最大的适用性和对其预期用途的操控性。这些是比平衡和转向稳定性更普遍的品质，它们之间有相关性。自行车的设计过程必须满足不同的要求，首先是骑手在自行车静止时至少一只脚能够踩在路上，或者能够在转弯时踩下踏板而不撞到前轮（赛车手可以在一定程度上容忍这种情况），或者自行车有载货能力。因此，即使使用传统的大车轮，专用自行车也可能与其他自行车具有不同的角度和偏移。例如，许多电动自行车将电池放置在座管和后轮之间，从而延长了自行车的长度。然而，大多数大轮式自行车的几何参数非常相似。带有小轮、躺式和特殊设计的车辆可以具有与典型车辆完全不同的配置。对于带有悬架的自行车，还必须注意可能的几何形状变化，例如在制动时。

小车轮和特殊配置

虽然大车轮的传统自行车设计几代人以来都在大公司和无数车架制造商手中，但 HPV（包括躺式自行车、维罗车和载货自行车）大多至少有一个较小

的车轮，相对较新且数量较少，是小公司、大学和个人热衷于研究和实验的对象。因此，这方面的设计有了很大的发展。影响平衡、转向和操纵的参数在不同类型和型号的车辆之间有很大的差异。不幸的是，很少有设计工具或已发布的指导原则可以帮助建者从一开始就实现最佳设计。

躺式自行车的基本设计问题 躺式自行车的基本设计问题与直立自行车的基本设计问题有点不同。在休息时将双脚（有时甚至双手）放在地面上以保持平衡，这在躺式自行车上没有问题（超低的除外），但是，为了避免在转弯时转向的前轮和脚踏脚之间发生碰撞，这个轮子要么非常靠前，从而产生长轴距，要么位于膝盖下方的某个位置，从而产生短轴距。这种车通常情况下都需要一个较小的车轮，例如，一个标称直径为0.4米的车轮。长轴距躺式自行车在速度上非常稳定，但在城市交通拥挤的地方缓慢移动时很难操纵。另一方面，短轴距躺式自行车的机动性更强，但在速度上似乎有点不稳，因为只需要很小的转向动作和很小的扭矩（许多直立的小轮式和短折叠自行车也是如此）。介于长轴距躺式自行车和短轴距躺式自行车之间的是紧凑型长轴距躺式自行车，如第十章所述，由于其特别小的前轮和较高的座椅位置，它们既易于骑行又稳定。所有的配置能否实现最佳的角度和偏移可以决定其"只是能骑"还是能"愉快地骑"或"安全地骑"。

一个系统研究项目 罗默特（Rohmert）和格洛格尔（1993）在达姆施塔特大学的可调节躺式Multilab测试车上系统地探索了躺式自行车的平衡和转向。Multilab是一种短轴距躺式自行车，有两个400毫米的车轮和一个可调轴距（但名义上约为1米），头管角度和轨迹均可调节。它还具有一种特殊的"镜像对称"的前轮几何形状，头管角度向后，但有一个较大的前叉偏移，以实现正常的轨迹。这样的几何形状会导致"反向车轮翻转"，即车轮根本不翻转，但在中立位置是稳定的。

两个关键因素从本质上决定了车轮是否真正想要翻转以及翻转的程度：

- 前总成上的负载，趋于找到其最低势能，即总质心的最低点。
- 前总成本身的质心，会变得明显，当骑自行车的人下车，并把着空载自行车的座椅时。

由于 Multilab 的设计方式与这两个因素有关，其所需的转向扭矩作为转向角的函数，比在传统的几何结构中要大（见图 8.9）。罗默特和格洛格尔（1994）利用 19 名测试对象评估了六种不同的配置，这些测试对象对车辆的操作性能进行了排名。所有人骑行几分钟 Multilab。其中最佳额定配置，即头管角度为 89 度（在传统方向上测量为 91 度），轨迹为 59.5 毫米（需要负前叉偏移 62 毫米，仅产生 −1 毫米的车轮翻转），平均得到 10 分中的 7 分（"稍好"）。罗默特和格洛格尔认为这种配置的优势在于，与脚踏脚和较长轴距的无碰撞转向角可能更大，但整体长度不太长，因此在制动、障碍物和侧向来风时更稳定。随后，他们在其 Desira-2 单轨维罗车中应用了这一原理，轴距为 1080 毫米，头管角度为 88 度（即 92 度），轨迹为 40～50 毫米（对应 16 英寸 × 1.75 英寸的轮胎），但此后我们没有得知其他实施方案。

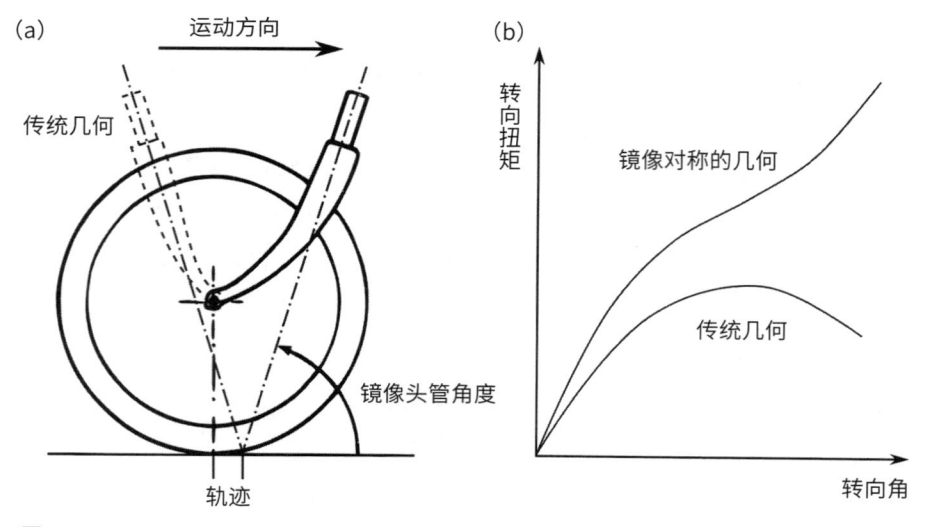

图 8.9
（a）镜像对称前叉几何［来自罗默特和格洛格尔（1993）］和传统几何（虚线）。注意需要更大的前叉偏移。（b）传统上，转向扭矩因轨迹而增加，因车轮翻转而随角度增大而减小。在镜像对称几何中，轨迹和车轮翻转都在同一方向上工作。

其他配置 对于后转向或中心转向的短轴距躺式自行车，还有许多非常不同的配置。后转向的一个原因是可以固定前轮，使前轮可以稍微大一点，但仍然适合置于骑行者摆动的双腿之间，同时在不使用长链条的情况下也可以驱动（一些设计甚至使用特殊的轮毂齿轮将踏板轴穿过前轮轴）。施耐德（Schnieders）和塞克尔（1994）对后转向躺式自行车进行了概述，并给出了有趣的数值稳定性图。他们得出结论，后转向躺式自行车是可行驶的，但不是自稳定的。事实上，可以找到相当多的各种后转向躺式自行车的视频，在这些视频中，它们似乎可以驾驶，但不太稳定。然而，阿伦德·施瓦布在 TEDxDelft 2012 上的一段演讲视频《为什么自行车不会摔倒》（链接自施瓦布，2017），展示了一辆学生设计的后转向自行车在有一名骑手操控和自稳定两种模式下的实际运行情况。施瓦布和科艾曼在 2014 年的一次会议上介绍了一款后转向高速赛车，2017 年，P. H. 德容（P. H. de Jong）在代尔夫特理工大学完成了一篇关于后轮转向自行车的硕士论文。

一些自行车在中心位置转向。最著名的大概是最初的 Flevobike，它通过倾斜和腿力作用于连接到前总成的踏板来转向。这种设置可以让双手自由，一旦掌握 Flevobike，它的可操作性极强（但它在骑行时可能会自动折叠！）。网上一段名为《Flevobike 撞击测试》的视频显示了其在碎石路上连续进行的 12 次测试。（比这个极端不稳定的例子更引人注目的是被动安全性：穿着短裤的完全没有保护的碰撞骑手似乎遭受了一次轻微的肘部擦伤。）另一个精彩的视频《Flevobike 和高难度骑行情况》展示了高难度骑行方式，包括定车和缓速的、无须手动的操作。这款 Flevobike 车型已不再生产，但仍有许多爱好者加入 flevofan.ligfiets.net，并在那里附上各种自制变体的链接。（人们还制作了一款类似的 Flevotrike。）图 8.10 显示了 Flevobike 的侧视图，并附有尺寸，以及类似的大型轮式中心转向的 Airbike。[甚至还有一款中心转向（垂直轴）的被宣传为一种训练设备的直立式自行车 Snaix。] 图 8.10 还显示了中心转向的 Python（2018）三轮车，其具有独特的较大负轨迹。Python-lowracer.de/geometry.html 描述了 Python 的几何形状的优点，它提供了一个大的负（自定心）车轮翻转，在这里被称为座椅上升。

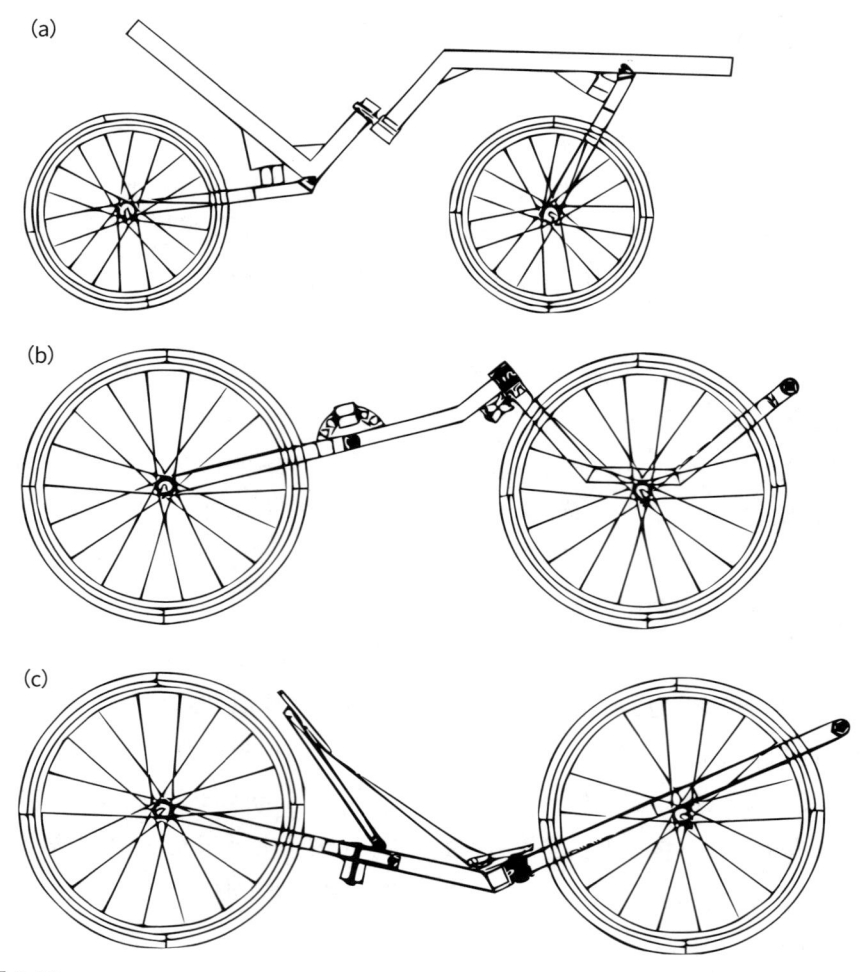

图 8.10
（a）Flevobike，枢轴角度 40 度，轨迹 130 毫米，轴距 950 毫米；（b）Airbike，枢轴角度 50 度，轨迹 190 毫米，轴距 1070 毫米；（c）Python，枢轴角度 65 度，轨迹 −300 毫米，轴距 1290 毫米。[由尤尔根·马格斯（Jürgen Mages）绘制，获得 CC-BY-SA 3.0 许可]

帕特森（Patterson）(1998；另见 calpoly.edu/~wpatters/lords.html）试图为标准的前转向躺式自行车提供指导，并在加州理工州立大学单轨动力学课程中教授了几年。[这门课后来恢复了，见达沃尔（Davol）和欧文（Owen）(2007)]他的方法是找到描述良好操纵性的简化方程，即确定转向运动和扭矩的最佳参数。他设计了六个参数和一个他称之为灵敏度的值，这意味着躺式自行车的后总成与其把手处的控制运动有关。帕特森根据实际经验给出了这七个参数的推荐最小值和最大值，以及轨迹和前叉翻转力。它们不是很复杂，很容易输入到可编程计算器或电子表格中。其原理是输入一个初始的自行车几何形状，然后改变它的各个方面，直到所有参数都符合推荐的范围。

帕特森的目标是让有计算器的人都能预测前转向躺式自行车的操纵性能，但至少还需要大学水平的数学知识和相当大的动力来使用这种方法。阿奇博尔德（Archibald）（2016）以更容易理解的方式通过示例介绍了帕特森的方法，此外还提供了一个 Matlab 脚本。

零半径车轮

出于许多分析目的，自行车车轮的半径并不重要。一个与真实车轮具有相同接触点和转向轴的简单模型只涉及微小的"零半径"车轮（见图 8.11）。这

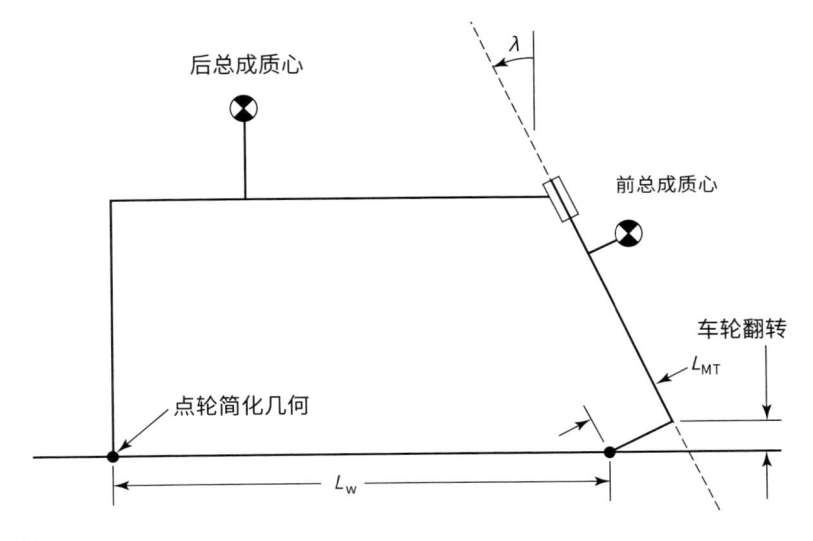

图 8.11

带有点（即零半径）轮的自行车模型。如果自行车保持水平并转动车把，前轮将抬离地面。如果它在俯仰中自由转动并且转向 90 度，前总成将下降标记为车轮翻转的距离。因此，该图显示，除了前总成质心位置产生的小扭矩外，静止但有负载且无制动的自行车（或三轮车）的前轮通常会向一侧倾斜。

样的模型有效地将机械轨迹 L_{MT} 锁定在一个固定值,而在实际自行车上,L_{MT} 在急转弯期间有所降低。

基于这个简单模型的各种观察结果很容易理解:

・直行同时将躯干弯曲到自行车车架的右侧,需要车架向左倾斜以保持平衡(即质心在连接接触点的连线上方)。然后,前触点上的垂直支撑力从垂直方向施力于车轮,通过机械轨迹的杆臂起作用,并倾向向右转动把手,这很容易感觉到。车把重量的微小影响只是增加了该扭矩(见图 8.12)。

・当以低速(例如 2.5 米/秒)骑行自行车转圈时,小心地将躯干保持在车架平面内,并仅用一个手指控制车把位置,这种骑法显然有必要限制自行车急转弯。该特性主要反映了系统势能在直立状态中处于最大值。转动把手时,质心下降量与机械轨迹成比例(相当于质心处于固定高度时,转动把手会将前触点抬离地面)。由于轮胎摩擦,在静止时无法证明产生的扭矩。正如本章后面所讨论的,急转弯的趋势是自行车自稳定性的一部分。

・低速右转,前支撑点会落在车架平面的左侧;为了保持平衡,此时自行车必须左倾。因此,在低速转弯时,车架会倾斜向外。只有超过一定的最小速度[大约可以由公式 $V = (gL_{MT}\tan\theta_L)^{\frac{1}{2}}$]时,自行车架才会真正地向转弯中心倾斜。

脱(撒)把骑行时,如果忽视陀螺力矩和特殊的车轮接地面力矩,则质心位于自行车"平衡平面"内(由质心和自行车与地面的两个接触点来定义)的最高点。车把力矩为零(车把处于"平衡"的方向)。在这种情况下,自行车倒向某侧的趋势或者说是躯干倾斜以保持直行的需要,其实是各种可感知的不对称指标。中速行驶时,车把自然(无人操作)的转向可以根据"只有与干扰力矩反向时转向才能达到平衡"的原则来预测。以下是一些实例:

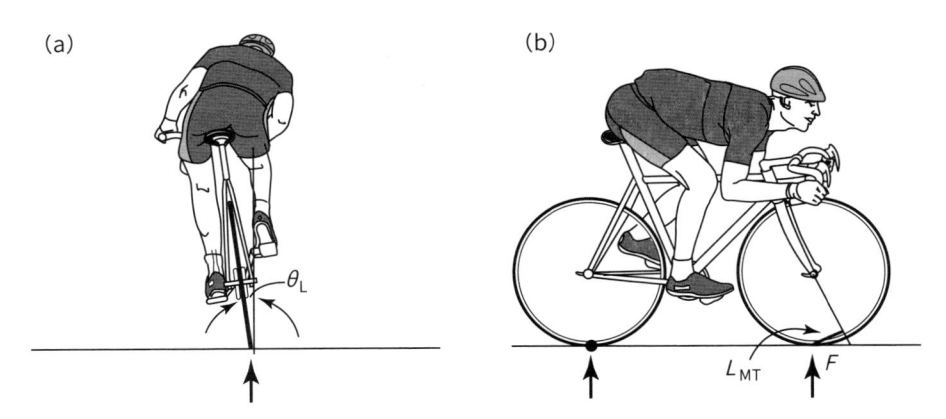

图 8.12

直行时车架倾斜的转向扭矩：(a) 后视图；(b) 侧视图。质心将位于连接车轮触点的支撑线上方。每个车轮上的垂直力可分解为两个分量，分别与车轮平面平行和垂直。支撑前轮的地面力（F）倾向于将其向左转动，力矩为 $FL_{MT}\sin\theta_L$。此外，前触点处的刮擦扭矩和车把重量也促进了向左转向。

- 将顺时针（向右）扭矩偏置应用于自行车转向（例如，使用座管上的拉紧的橡皮筋拉动缠绕在转向轴上的绳子），最终导致车把逆时针转动（即向左转动）。或者，骑手的躯干必须向车架右侧倾斜，因此车架倾斜会产生一个反向向左的扭矩。

- 故意使自行车前轮与前叉错位（例如，底部移动到骑手左侧，顶部移动到右侧）也会产生最初倾向于转动车把的转向扭矩（在这种情况下是向右）。因此，在平衡状态下会向左转：自行车向左扭转。偏移后轮使其前边缘向右移动也会导致向左转向。

- 躯干向自行车车架左侧倾斜，车架向右倾斜，产生倾向于向右转向的扭矩。因此，平衡配置也会向左转向。相对于车架的中间平面，骑自行车的人向预期转弯的方向倾斜，然后拉直躯干，使自行车保持直立。

然而，所有这些零半径车轮模型（以及那些假设三维但应用刚性轮胎的模型）都忽略了轮胎刮擦扭矩的潜在重要贡献：由于其接地面的尺寸有限，直立的车轮在圆周上行驶需要转向扭矩以使其保持转弯。由于接地面前部的轮胎元件相对于其行驶路径向内移动，而接地面后部的元件向外移动，因此转动会产生刮擦扭矩。

修正不完美自行车的直线转向力矩

非完全对称的自行车通常需要恼人的转向扭矩，或上身倾斜，以便在不用手的情况下笔直行驶。（当然，自行车可能是故意不对称制造的，就像 Ariel 在 1872 年制造的一辆供侧坐女士使用的自行车一样。）检查自行车车轮定位的常规方法是在后轮靠近地面的两点（即平行于车轮平面和地平面的交点）放置一个直尺，并确定前轮在与之平行转动时是否擦过同一直边。但单凭这项测试无法表明自行车在直线上行驶是否需要转向扭矩。.

直线骑行仅要求自行车车轮的地面轨迹（即每个车轮平面和地平面的相交线）平行。在这种情况下，当自行车处于平衡状态时，只要转向轴不直接通过前触点上方或不直接通过前总成质心下方，就会产生转向扭矩。许多因素（负载不平衡、车轮倾斜或偏移、转向轴错位）中的任何一个都可能导致转向扭矩，可以改变这些因素中的其他因素来减少或取消该扭矩。在通常意义上，使自行车的每个部件都对称可能是最简单的。

稳定性

一个关于自行车的问题可以通过涉及自行车内在稳定性的公式来研究：一辆失控的自行车何时会自动趋向于直线直立行驶？

在动力学领域，稳定性具有精确的含义。出于此处讨论的目的，如果稳定运动（如直线和垂直滚动）在受到干扰后最终稳定下来，则它是稳定的。在技术意义上，具有自由转动转向轴承的对称的无人驾驶的传统自行车在一个设计的速度范围内（例如，3～6 米/秒）是稳定的。如果在行驶过程中受到撞击，它很快就会恢复直立行驶状态。如果转向系统（例如转向）在稳定运动的同时趋于振荡，则其稳定性由稳定时间（干扰消失的速度）和频率来决定。请注意，本节中没有任何内容涉及悬挂问题，而悬挂当然会进一步改变自行车（或汽车）的行为。不幸的是，无人驾驶时脱把的稳定性似乎与自行车"感觉上的"稳定性并无关联。比如，所有的标准（非受控）自行车和摩托车在慢速（来回施加大量振荡）和快速（当转弯后无法回到稳定，反而在螺旋式碰撞中加大倾斜角度和转弯角度）行驶时都会失去其稳定性。但是，当以 2～15 米/秒的速度骑行一辆典型的自行车时，没有一个合格的骑手有太多的理由抱怨。

事实上，经验丰富的自行车手似乎将术语"不稳定性"重新定义为"对小输入扭矩过于敏感"。也就是说在骑手脱把时，自行车可能在一定速度下完全稳定。但如果体重或手部压力的每一次微小变化都会造成很大的转向偏差，那么它可能看起来难以控制，甚至不安全，正如安迪·瑞纳所说的那样；这一思想也构成了帕特森方法的基础。

虽然对技术稳定性研究的有限意义提出了一些警告，但我们仍然发现，研究一辆不受控的自行车何时稳定很有趣。这是一个有趣的科学问题，可能有助于确定有关自行车操纵的更重要问题（见汽车工程师学会 1978 年和 1979 年的两个关于摩托车相关稳定性的重要论文集）。

自行车动力学方程可以通过以下几种途径中的任何一种来揭示脱（撒）把和非受控稳定性的问题：

· 通过直接模拟（即所涉及的微分方程的瞬时数值解）来计算自行车从一个小的初始倾斜开始的运动。检查模拟结果可以揭示自行车是直立行驶状态还是发生了碰撞。最初的小扰动是什么并不重要（例如，倾斜、磕碰或一阵风）；不稳定的自行车几乎总是会摇晃或摔倒，而稳定的自行车总是会恢复直立行驶状态。这种方法的缺点是很难从具体情况中确定一般规则［参见罗兰（Roland），1973］。

· 如果用标准代数方法精确求解常系数方程，则稳定性通过得到的特征值（指数增长因子）来体现。这些通常是复数，其实部（x 坐标）反映增长趋势，其虚部（y 坐标）表示振荡频率。如果它们的实部均为负，则转向扰动会随时间而减小，而如果任何一个特征值的实部为正，则其相应的扰动模式将无限增长。这种方法的缺点与前一种方法类似：代数特征值公式太复杂，无法使用，因此特征值通常是在特定情况下确定的数值。

· 如果主要目的是确定稳定的一个简单标准，而不是自行车直行或碰撞运动的细节，那么可以使用劳斯-赫尔维茨稳定性标准（Routh-Hurwitz stability criteria）。根据这些标准，如果四个特定的代数量（速度和自行车参数的函数）都为正，则给定的自行车将是稳定的。如果自行车在一定速度下是稳定的，那么改变设计或速度可能会破坏这种稳定性。通过监测四个量中的两个，可以发现稳定性损失。该方法得出了一些结论。

非振荡不稳定性

建立自行车稳定性的最简单标准就是，在稳定转弯时，它应尽量增大转向角。换句话说，骑手所需的稳定转向把手扭矩必须能够阻止车把进一步转向。如果一辆不受控制的自行车缺乏这一特性，它永远不会退出转弯，而是在螺旋越来越紧的情况下逐渐增加倾斜角度和转向角，一篇关于摩托车稳定性的文章中称这种现象为"倾覆"。

在传统自行车中，转向几何结构和前部总成质心位置（如果自行车处于平衡状态，它们一起会增加转向角）在低速时提供转弯锐化行为。但在高速行驶时，陀螺刚度效应会降低转向系统基于几何形状的转向锐化趋势。由于自行车的转向轴不垂直，克服前轮陀螺阻力以不断改变其前进方向所需的一些倾翻扭矩必须通过车把提供。在低速时，所需的转向扭矩很小，但当自行车行驶得更快时，它会显著降低转向的几何倾向，以加快转弯。最后，在临界反转速度下，理论上不需要转向扭矩或上身倾斜来保持任何转向。在反转速度以上，自行车的转向将趋向于自动居中，从而扭转所需把手扭矩或躯干倾斜的一般感觉。

原则上，所有传统自行车和摩托车都具有转向扭矩反转速度，超过该速度时，它们将表现出前面描述的轻微非振荡不稳定性（即它们将倾覆）。对于典型的骑行自行车，该速度在 5～8 米/秒的范围内。但在实际骑行中，扭矩反转和不稳定性不是很明显。

大多数骑手并不担心自行车在高速行驶时失控翻车的趋势。这种趋势导致的不稳定性非常轻微，需要几秒钟才能形成，骑手轻微的无意识上身运动可能足以弥补这种不稳定性。然而，在低速时，由于设计不当，违反了稳定性的转弯锐化标准，失控自行车的翻车要早得多。由于陀螺效应可以忽略不计，因此要求在设计不良的自行车中保持稳定性的需求相对较小，可以用两种等效方式中的任何一种进行说明：

- 直立前行的自行车在任何合理的转向和倾斜角组合下都必须处于绝对最大势能。
- 一辆固定的、静止的自行车在车把转向时如果要维持平衡状态，必须降低质心，或者制造转向扭矩增大转角。

具有垂直转向轴和负前叉偏移以产生前拖接触的自行车不满足这些要求。可在自行车静止的情况下，将前轮转向左侧，然后将整个自行车向右倾斜以使其保持平衡，从而提高重心。

如果忽略转向轴前方的通常较小的前部总成质量偏移量（如果静止自行车在转向时保持平衡，则倾向于转动转向装置），则可以将转向增强稳定性标准作为简单的设计公式给出。

因此，自动变直的标准是：

$$0 < (x_{CM}/y_{CM})(L_{MT}/L_W) < \sin\lambda$$

其中 L_W 指轴距。也就是说，机械轨迹和转向轴的向后倾斜必须为正。最后一个关系可以通过几何学展示（图8.13）：

- 从后接触面画一条线穿过系统质心；
- 将这条线上垂直于前接触点的一点叫作点 P；
- 转向轴必须与前接触点之前的地面相交，且位于点 P 下方、前接触点上方。实际上，对于常见的大型自行车轮，转向轴通常穿越前轮中心下

图 8.13

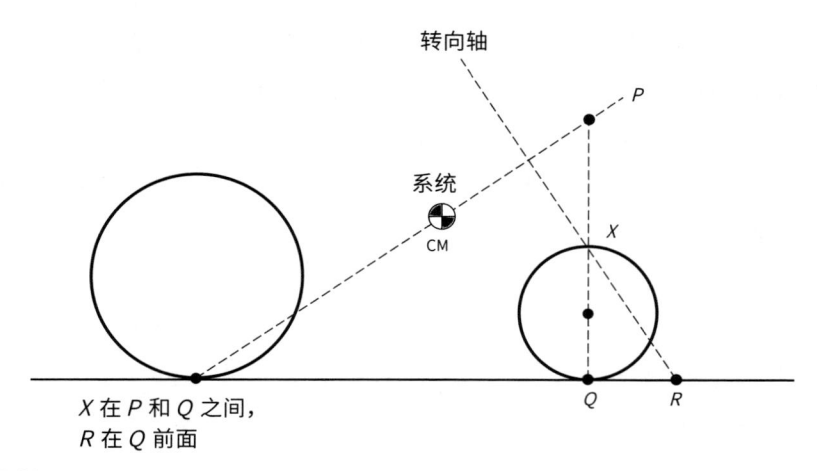

负转向的几何稳定性要求（限制转向轴的位置）。

方，也就是说前叉有正偏移。

是谁如此天才，想到像一些非常早期的自行车那样倾斜自行车的转向轴？为什么最初这样做？倾斜转向轴的发展是自行车进化的主要谜团之一。约翰·艾伦（John Allen）（个人通信，2001）写道：

> 在安全自行车的早期，车把被放置在靠近骑手的位置，这是传统的做法，对于高轮车来说是必要的，因为高轮车存在非常严重的倾翻问题。高轮车的前叉几乎没有或根本没有前倾角度：这是不实用的，因为这会阻止骑手站在踏板上，并且会使力矢量远离转向轴，使转向变得困难。自行车进化涉及无数的实验，但答案很可能是平淡无奇的：尽管直觉上似乎会降低稳定性，但车叉向前倾斜，有利于车把靠近骑手，也使前轮离脚部远些。

自行车也可能表现出振荡不稳定性。（这里我们不是指摆振，这将在本章后面介绍。）

第八章　转向、平衡与稳定性　　343

三轮车和相关车辆的稳定性

如本章开头所述，三轮车和其他多轨车辆在许多方面与自行车非常不同。事实上，当骑行者第一次骑直立三轮车时，感觉很奇怪，反向转向的骑行者无意识地产生倾斜以实现平衡转弯，这会给直立式三轮车带来额外的翻车或车轮倒塌的风险。（另一方面，躺式三轮车没有这个问题，在低速和停止或启动时比自行车更容易骑行。）前几节中所述的自行车稳定性的一些条件不再适用于三轮车或者恰恰相反，因为不需要担心倾斜角度，只需要担心转向角度。对于正常的自行车几何，车轮翻转系数往往会使转向偏离中心。然而，对于三轮车来说，这种偏离会导致不稳定，而且没有任何优势。可以使用车轮翻转因子在低速时使转向居中，就像 Python 中心转向的低速赛车一样 [见图 8.10（c）]。

虽然三轮车在低速时的稳定性和转向似乎没有问题，但在更高的速度下，情况不再如此，在这种情况下，侧翻稳定性、轮胎相关的稳定性和空气动力学偏航稳定性并不总是得到保证。自行车可以通过滚动对骑手摆动的腿进行一定程度的调整，而三轮车不能自由滚动，因此外侧车轮会经历负载的周期性变化。此外，在骑三轮车而不是自行车时，车轮定位不良和转向装置不灵活更为明显。

由于篇幅原因，我们只能就多轨车辆稳定性的广泛领域进行概述，这方面有大量文献，但我们在以下小节中提出了一些最重要的观点。

侧翻稳定性　　如果取图 8.3 中的支撑点（线）表示转弯四轮车外侧车轮接地面之间的线，这显示了当以临界速度 $V=(R_T g\mu)^{\frac{1}{2}}$ 行驶时，内侧车轮（图中未显示）完全失重并且车辆开始侧翻时的极限。然而，如果质心高度（图中的 y）小于轮胎之间宽度（图中的 x）除以轮胎摩擦系数 μ 的一半，则车辆将横向滑动，而不是倾覆。当然，这只适用于具有两个等距轨迹的四轮车。对于其他配置和三轮车，质心的纵向位置很重要，质心越靠近单轮，侧翻稳定性越低。无论如何，给出的标准只是一个粗略的指导，特别是对于高质心的车辆在急转弯时，这些车辆很容易半边翘起或完全倾覆。然而，在乡村道路上快速行驶很少接近滑动或倾覆所需的横向加速度，其他转向不稳定性可能首先发生。

注意，接近 1.0 的 μ 值是可以实现的（这样做需要侧滑，如第六章所述），但意味着横向加速度为 1 g（约 9.8 米/平方秒），即使没有第一时间被甩出，也很少有骑手能够做到这一点。此外，这里的讨论没有考虑有利的道路倾斜或不利的外倾角，这两者都可能导致三轮车倾翻，即使是路面上的小障碍物也可能如此。然而，合著者到处驾驶他的两辆轴距短、质心高的三轮车，甚至参加比赛。虽然稳定性非常有限，但从未接近过翻车情况，也没有在弯道的许多比赛中看到过翻车情况。两位作者倒是看到过一些 HPV 在直线行驶过程中失控后翻滚的场面。

尽管在大多数情况下不太可能发生，但许多骑三轮车的人对弯道上的侧翻感到真正的恐惧，各种项目都以倾斜三轮车为特色，要么自动倾斜，要么模仿自行车的行为，并且只在非常慢的速度下锁定一般情况下自由的滚动轴。考虑到这一点，合著者 1986 年设计的三轮车是倾斜的，但在一次歪歪斜斜的骑行后，他决定永久锁定其滚动轴。由于该装置兼具悬挂功能，它以错误的曲线方式滚动，但三轮车仍然可以完全骑行。董（Dong）等人（2014）展示了当试图让三轮车具有自行车的表现时可能涉及的额外内容（特别是在一个非常具有说明性的视频展示他们的 Bricycle）。HPV Mjölnir［见班福德（Bamford）等人，（2011）］更为精简，尽管做了大量设计工作，但在第一次运行时就因受到阵风的影响而陷入了困境。从这一逸事证据来看，实际上，对于三轮车行驶而言，直线行驶期间的稳定性和在风中的可控性比强大的侧翻稳定性更为重要。

轮胎相关偏航稳定性 休斯顿（Huston）、格雷夫斯（Graves）和约翰逊（Johnson）（1983）研究了三轮车的直线稳定性，详细计算了三轮车和四轮车的横向稳定性：这是它们在受到干扰时修正向正确方向偏航的能力，因此是稳定直线行驶的先决条件。这种能力与轮胎特性（侧滑角和转弯刚度）和车辆质心的纵向位置有关。低于相当高的临界速度（在他们给出的示例中，从 25 米/秒开始）时，什么都不会发生；车辆直行。如果车辆质心位于足够靠前的位置，使得前轮胎的负载大于后轮胎（即向前 > 四轮车 50% 的轴距 L_{WB}> 有一个前轮的三轮车 $\frac{1}{3} L_{WB}$ > 有两个前轮的三轮车 $\frac{2}{3} L_{WB}$），那么临界速度是无限的，也就是说，车辆的稳定性（在这方面）总是有保证的。然而，如果质心再靠后，车辆的稳定性就无法保证，并且可能在临界速度以上失控，尽管如此，临界速度似乎足够高，因此对于实际的 HPV 来说问题不大。

休斯顿、格雷夫斯和约翰逊（1983）也轮流研究三轮车的侧翻稳定性。当在弯道上刹车时，他们发现前面最好有两个轮子，因为总力矢量的方向不同。在弯道上加速则相反：有两个后轮更好。

后转向车辆的稳定性 由于本章前面已经提到了后转向自行车的可行性，后转向三轮车的设计应该很容易。事实上，合著者从一开始就发现了至少一种带有单转向后轮的设计可以完美运行。HPV 这种配置的优点是可以应用更简单、更窄的整流罩。当然，与大多数几乎都是后舵的船只一样，必须注意始终保持足够的横向距离，以容纳在转弯时侧向摆动的尾部。

然而，后转向涉及偏航的不稳定性（振荡），这在前转向中不是问题。约翰·怀特海德（John Whitehead）（1990）对此进行了论述，并提出了一些解决方案，例如添加转向阻尼器或主动控制元件。他列出了许多以前关于后转向的文章。

气动侧倾和偏航稳定性 虽然稳定的风对自行车和许多确实可以行驶的高性能车辆没有很大的危险，但在大多数道路上，这种风是罕见的，因为道路两旁有建筑物或植物，会引起湍流。即使在风力稳定的晴朗路况，其他车辆，尤其是卡车，也会引起阵风。因此，如第五章所述，自行车和 HPV 的明确设计目标是将其对阵风的敏感性降至最低。

摆　振

摆振是一种令人不安的自行车不稳定性，有时会导致缺乏经验的骑手发生碰撞。当自行车发生摆振时，转向系统每秒左右摆动几次，幅度越来越大。类似的车轮振动在飞机前轮、轮椅和购物车脚轮（脚轮颤振）以及摩托车（剧烈发生的摆振被称为"死亡摇摆"）中众所周知。维基百科将这些现象称为"速度摆动"。在较低的频率下，拖车和两轮自行车拖车也可能发生类似的"拖车摆动"效应。特别严重的抖动发生在拖车串中，尽管它是由第十章中描述的重复偏航引起的。

在概述对摆振的解释之前，值得考虑一下如果发生摆振，该怎么办。当骑手恐慌并试图通过对自行车把手施加反向扭矩来积极应对摆振时，摆振会带来危险。由于摆振频率太高，肌肉反应发生得太晚，可能会在把手已经很好地移动到另一侧时加速把手，并增加振动。只要骑自行车的人没有通过主动干预使问题复杂化，以下几种不同的方法中的任何一种似乎都可以立即停止振荡：

- 减轻鞍座上的重量（通过稍微站立）使振动系统失去了一个关键的约束，并增加了相当大的阻尼。
- 在骑手的膝盖之间夹紧车架的上管极大地改变了振动质量，也增加了阻尼。
- 用双手轻轻被动抵抗或者做"阻止运动"也可以增加阻尼。

摆振理论

脱把骑行摆振在临界速度下出现，并会在任何更高速度下增长到最终稳定振幅，速度越快，振幅越大。摆振频率相对不易受速度的影响，因为它主要是一种共振效应。自行车的车架、前叉、车轮和轮胎以及它们与地面的连接，通过它们的弹簧刚度和质量，以及骑手的大但松散连接的质量，形成一个强阻尼振荡器。即使在自行车车把处的摆振很明显之前，在自行车运行时横向撞击其前部也可以引发并使骑手感觉到强烈的振动。骑行速度越高，这些振荡消失所用的时间越长，最终它们可能不会消失，并可能发展为严重的摆振。

导致自行车摆振的原因可能包括车轮不合标准、过于灵活的车架或前叉、轴承松动或陀螺效应。虽然这些因素有助于引发或加剧摆振，但它们显然不是该现象的必要因素。这一结论的关键证据是不同自行车速度下摆振频率的恒定性。与此恒定性相反，不合标准的车轮每转一圈都会产生转向扰动，而旋转车轮的旋进性涉及每转一圈产生两次摆动。另一方面，轴承松动，即使在本应固定的车轮上也会引起摆振，例如在制造粗糙的三轮微型摩托车上。

摆振显然是一个自激振荡：除了运动中所产生的交变力外，没有其他交变力来回转动车把。在摆振的实例中，运动方程式表明振动阻尼为负，这导致振动强度更大而非逐渐衰退。这种振动的能量来自运动中的自行车。

这并非我们详细介绍摆振的动态分析的目的，而且这一现象的很多方面目前仍是未解之谜。但是现在完全可以展示一个简单的具有类似自行车特征的系统，并且阐释在这一系统中摆振如何发生。

脚轮（就像自行车的前轮，如果有正向的牵引力，就会物理上被牵引动），或更普遍地说，任何牵引滚动系统，如拖车，可与牵引它的物体进行惊人的能量交换。在其旋转轴侧向来回振动的情况下，其质量的分布细节会影响到施加在地面上的侧向力。由于拖车与牵引车直线路径的角度偏差，地面上的车轮侧向力要么会推动牵引车（如鱼的尾巴），要么会延缓它的速度。想象一个人坐在一辆沿直线行驶的皮卡车的后面，这个人正抱着拖车的挂钩来回摇晃，使拖车沿着一条正弦轨迹前进。如果结果是推动卡车前进（向卡车施力），则侧向运动将需要移动它的人的努力（动力）。另外，如果结果是阻碍卡车前进，卡车发动机的力量将流入这个人的手中，挂钩则会向两侧"逃跑"。

一个非常简单的质量分布可以将能量泵入车辆挂钩，可以通过以挂钩枢轴为中心的大极惯性矩来表示。如果系统向前行驶的速度足够快，以至于挂接装置长度远小于路面上振荡的波长，则拖车牵引杆的角度基本上与车轮的路径一致。可以看出，拖车的转速在摆动的最左侧波峰处最大向右，在最右侧波峰处最大向左。当拖车穿过振动中心线时，会出现最大角加速度。重要的是，引起角加速度所需的力与挂接装置速度相反：当挂接装置从左向右移动时，握住挂接装置的手的力指向左侧。换句话说，拖车将动力泵入握住它的人的手臂，试图在左右两个方向上提高其横向运动的速度。

假设具有适当惯性特性的牵引轮（或拖车）能够将能量泵入横向振动，则可以预期此类振动。当存在能量吸收装置（阻尼器）时，预计必须达到更高的速度，挂接装置处输送的功率才能克服阻尼趋势。图8.14显示了一个简单的系统，从侧面和上方看，该系统在几个方面类似于自行车前端。该系统具有以下要素：

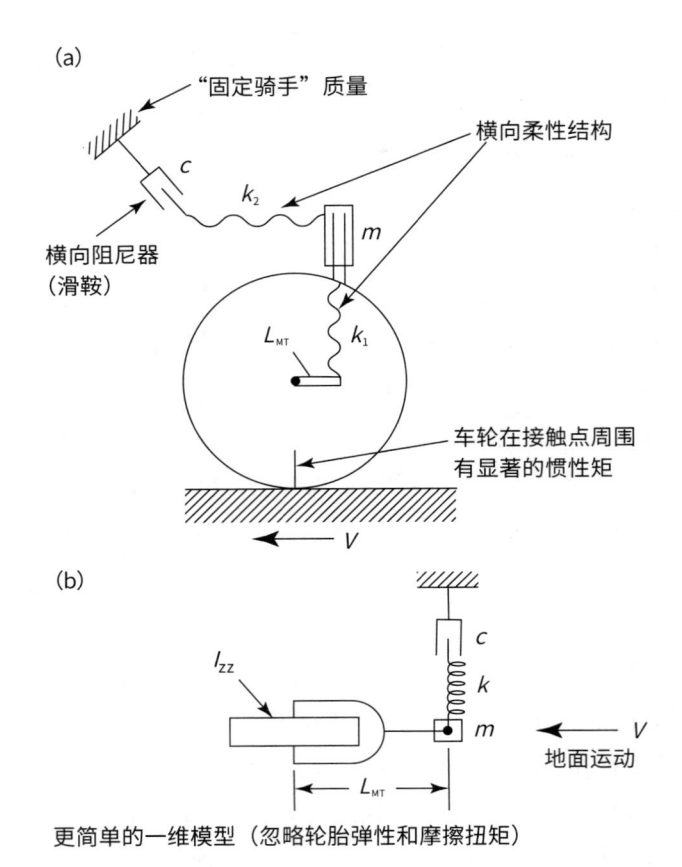

图 8.14
简单摆振模型（拖车因地面运动而摆动）：(a) 侧视图；(b) 简单模型俯视图。

- 车轮或接触点拖后距离（L_{MT}）在铰接点后面（类似于前轮接触点被拖到"铰接点"后低于转向轴）。
- 被牵引车轮明显的极惯性矩（I_{ZZ}）：相较于拖车，传统的自行车车轮质量相差明显。
- 自行车头管区域的质量（m），其横向惯性力通过具有刚度（k_1）的弹簧同时传递到转向轴（或挂接装置），并通过具有刚度（k_2）的弹簧传递到骑手。

- 假设骑手的质量远大于头管区域的质量，在振动过程中不会横向移动。如果头管面积质量横向移动，而车轮不允许转向，则 k_1 和 k_2 可以用复合刚度（k）表示，该刚度主要来自车架（包括前叉）的扭转柔性。
- 阻尼器 c 与 k 串联，代表车架和骑手之间的能量吸收连接（即在自行车鞍座处滑动）。c 数值越大，产生的连接越牢固。

在这个基本系统中，当速度超过 $V = kL_{MT}/c(1 + I_{ZZ}/mL^2_{MT})$，或者大约为 $V > kI_{ZZ}/(mcL_{MT})$ 时，可以预测摆振。

这一关系意味着，保持高刚度、低阻尼常数、低头部区域质量以及机械轨迹远小于或远大于 $(I_{ZZ}/m)^{\frac{1}{2}}$ 非常重要。这种关系中最大的惊喜是增加 I_{ZZ} 的表观值，这可能有助于减少转向偏移的幅度。频率（以弧度/秒为单位）为 $\omega = [k/m(1+mL^2_{MT}/I_{ZZ})]^{\frac{1}{2}}$，与静止系统的振荡频率相同，只要能量耗散不是太大（即只要 c 的值很大，见后面的讨论）。

该模型不包括轮胎侧滑或诸如灵活安装的后行李箱等已知问题。但它与吉姆·帕帕佐普洛斯等人的以下观察和研究结果一致：

- 如果通过将自行车鞍座压在门框上来约束自行车鞍座，则头管在每秒数个周期内产生明确的横向共振。
- 马格纳尼（Magnani）等人（2013）的实验数据支持这样的假设，即骑行时的摆振基本上发生在相同的频率下，通常在 5 到 10 赫兹之间，加速度为 5 g～10 g。
- 根据骑手与鞍座连接的牢固程度（在前面的讨论中用 c 表示），摆振可以在不同的速度下持续。通过降低鞍压力，可以将摆振开始速度提高到 17 米/秒以上。相反，通过增加压力和侧向稳固性（通过施加向上的踏板力和收缩臀部肌肉），可以将摆振维持在 5.5 米/秒。

在脱把摆振实验中，稍微超过摆振发生的速度会导致中等幅度的持续振荡。较高的速度明显增加了稳定振幅，但不会显著增加。不幸的是，由于 c 是一个未知量，因此无法使用该模型预测摆振开始的速度。我们所能做的最大成果是使用前面给出的起始观察值来确定 c 的范围。将 m 取为 1 千克，k 取为 1000 牛/米以产生合理的静态频率，假设实验中骑自行车的 L_{MT} 为 40 毫米，将车轮的 I_{ZZ} 取为质量的一半乘以半径的平方，即 1 千克 × (0.35 米)²/2，建议 c 值为 260 千克/秒（坐稳）到 70 千克/秒（坐得非常放松）。

托米亚蒂（Tomiati）等人（2017）的最新研究包括计算机模拟，其中确实包括轮胎侧滑，并支持上述分析。他们表明，导致振动上升的主要因素是自行车车架的侧向顺应性和轮胎变形。

总之，自行车摆振取决于弹性灵活性与阻尼不足的结合。在预先了解摆振现象的情况下，骑手通常可以学习提供足够的阻尼，以防止摆振或在发生摆振时阻止摆振。

参考文献

Almujahed, Aamer, Jason Deweese, Linh Duong, and Joel Potter. 2009. "Auto-Balanced Robotic Bicycle (ABRB)." ECE-492/3 Senior Design Project. Electrical and Computer Engineering Department, Volgenau School of Engineering, George Mason University, Fairfax, VA. https://ece.gmu.edu/sites/ece/files/S-09-ABRB_0.pdf.

Archibald, Mark. 2016. *Design of Human-Powered Vehicles*. New York: ASME Press.

Åström, K. J., R. E. Klein, and A. Lennartsson. 2005. "Bicycle Dynamics and Control." *IEEE Control Systems Magazine* 25, no. 4: 26–47. http://lucris.lub.lu.se/ws/files/4692388/625565.pdf.

Bamford, Tad, Ben Higgins, Neal Pang, Chris Schultz, and Aaron Stanton. 2011. "2011 Human Powered Vehicle: Mjölnir." ME 493 Final Report, Portland State University Mechanical Engineering Department, Portland, OR. http://web.cecs.pdx.edu/~far/Past Capstone Projects/2011/HPV/2011 ME 493 Human Powered Vehicle Design Report.pdf.

Davol, A., and F. Owen. 2007. "Model of a Bicycle from Handling Qualities Considerations." *ME 441—Single-Track Design* (course web page). California Polytechnic State University, San Luis Obispo. https://www.calpoly.edu/~fowen/me441/index.html.

De Jong, P. H. 2017. "Rear Wheel Steer Bikes: Unconventional Stable Bicycle." Master's thesis, Delft University of Technology, Delft, Netherlands. http://resolver.tudelft.nl/uuid:76f67586-ab15-4c85-9841-544259b3be82 (embargoed until February 24, 2022).

Dong, O., C. Graham, A. Grewal, C. Parrucci, and A. Ruina. 2014. "The Bricycle: A Bicycle in Zero Gravity Can Be Balanced or Steered but Not Both." *Vehicle System Dynamics* 52, no. 12: 1681–1694. http://ruina.tam.cornell.edu/research/topics/bicycle_mechanics/brike_paper23-proof_corrections.pdf and https://www.youtube.com/ watch?v=rNQdSfgJDNM.

Dressel, Andrew. 2015. "Benchmarking a Fully Non-Linear Bicycle Model with JBike6." Cornell University, Ithaca, NY. http://ruina.tam.cornell.edu/research/topics/ bicycle_mechanics/JBike6_web_folder/JBike6_Benchmarking.htm.

Forester, John. 2012. *Effective Cycling*. 7th ed. Cambridge, MA: MIT Press.

Hand, Richard Scott. 1988. "Comparisons and Stability Analysis of Linearized Equations of Motion for a Basic Bicycle Model." MS thesis, Cornell University, Ithaca, NY. http://ruina.tam.cornell.edu/research/topics/bicycle_mechanics/comparisons_stability_analysis.pdf.

Harter, Jim. 1984. *Transportation: A Pictorial Archive from Nineteenth-Century Sources; 525 Copyright-Free Illustrations Selected by Jim Harter*. New York: Dover.

Huston, J. C., B. J. Graves, and D. B. Johnson. 1983. "Three Wheeled Vehicle Dynamics." In *Proceedings of the Second International HPV Scientific Symposium*, ed. Allan Abbott, 123–135. San Luis Obispo, CA: International Human Powered Vehicle Association.

Jones, D. E. H. 1970. "The Stability of the Bicycle." *Physics Today* (April): 34–40. http://www.phys.lsu.edu/faculty/gonzalez/Teaching/Phys7221/vol59no9p51_56.pdf.

Kooijman, J. D. G., J. P. Meijaard, Jim M. Papadopoulos, Andy Ruina, and A. L. Schwab. 2011. "A Bicycle Can Be Self-Stable without Gyroscopic or Caster Effects." *Science* 332, no. 6027: 339–342. http://bicycle.tudelft.nl/stablebicycle/StableBicyclev 34Revised.pdf.

Magnani, Gianantonio, Nicola Maria Ceriani, and Jim Papadopoulos. 2013. "On-Road Measurements of High Speed Bicycle Shimmy, and Comparison to Structural Resonance." In *2013 International Conference on Mechatronics (ICM)*, 400–405. https://www.doi.org/10.1109/ICMECH.2013.6518570.

Olsen, John, and Jim Papadopoulos. 1988. "Bicycle Dynamics—The Meaning behind the Math." *Bike Tech* (December). http://ruina.tam.cornell.edu/research/ topics/bicycle_mechanics/bicycle_dynamics.pdf.

Papadopoulos, Jim. 1987. "Bicycle Steering Dynamics and Self-Stability: A Summary Report of Work in Progress." Cornell Bicycle Project report, December 15. http:// ruina.tam.cornell.edu/research/topics/bicycle_mechanics/bicycle_steering.pdf.

Patterson, William B. 1998. "Single-Track Vehicle Dynamics." In *Proceedings of the Third European Seminar on Velomobile Design, Roskilde, Denmark, August 5*. https://velomobileseminars.online.

Python. 2018. "Frame Geometry." python (website). http://www.python-lowracer.de/geometry.html.

Rohmert, Walter, and Stefan Gloger. 1993. "The Test-Vehicle MULTILAB and Its New Front-Wheel Geometry: Less Interference of Hells and Front Wheel." In *Proceedings of* the *First European Seminar on Velomobile Design, Technical University of Denmark, Kongens Lyngby, July 8.* https://velomobileseminars.online.

Rohmert, Walter, and Stefan Gloger. 1994. "Evaluation of the Handling Characteristics of a Human Powered Vehicle with a Mirror-Symmetric Front-Wheel Geometry."

Roland, R. D. 1973. "Computer Simulation of Bicycle Dynamics." In *ASME Conference on Mechanics and Sports*, 35–83. New York: American Society of Mechanical Engineers.

Ruina, Andy. 2014. "Bicycle Mechanics and Dynamics—Papers." Cornell University, Ithaca, NY. http://ruina.tam.cornell.edu/research/topics/bicycle_mechanics/papers.html.

Schnieders, Jürgen, and Thomas Senkel. 1994. "Recumbents with Rear Wheel Steering." In *Safety and Design: Second European Seminar on Velomobiles/HPV,* Laupen Castle, Switzerland, August 25, 1994. https://velomobileseminars.online.

Schwab, Arend L. 2009. "History of Bicycle Steer and Dynamics Equations." Delft University of Technology, Delft, Netherlands. http://bicycle.tudelft.nl/schwab/Bicycle/BicycleHistoryReview/.

Schwab, Arend L. 2017. "Bicycle Dynamics." Delft University of Technology, Delft, Netherlands. http://bicycle.tudelft.nl/schwab/Bicycle/.

Schwab, Arend L., and J. D. G. Kooijman. 2014. "Balance and Control of a Rear-Wheel Steered Speed-Record Recumbent Bicycle" (paper presented at the 10th Conference of the International Sports Engineering Association, Sheffield, UK). *Procedia Engineering* 72: 459–464. https://repository.tudelft.nl/islandora/object/ uuid:57f85414-fe2d-4e83-a683-142f011ede96/datastream/OBJ/download.

Schwab, Arend, and J. P. Meijaard. 2013. "A Review on Bicycle Dynamics and Rider Control." *Vehicle System Dynamics* 51, no. 7 (July). https://www.researchgate.net/publication/263686076_A_review_on_bicycle_dynamics_and_rider_control.

Sharp, Archibald. 1896. *Bicycles and Tricycles*. London: Longmans, Green. Reprint, Cambridge, MA: MIT Press, 1977.

Society of Automotive Engineers, International Automotive Engineering Congress and Exposition. 1978. "Motorcycle Dynamics and Rider Control." Paper no. SP-428, Society of Automotive Engineers, Warrendale, PA.

Society of Automotive Engineers, International Automotive Engineering Congress and Exposition. 1979. "Dynamics of Wheeled Recreational Vehicles." Paper no. SP-443, Society of Automotive Engineers, Warrendale, PA.

Tomiati, Nicolò, Ginantonio Magnani, Bruno Scaglioni, and Gianne Ferretti. 2018. "Model Based Analysis of Shimmy in a Racing Bicycle." Paper presented at the 12th International Modelica Conference, Prague, May. https://www.researchgate.net/publication/316990951_Model_Based_Analysis_of_Shimmy_in_a_Racing_Bicycle.

Whitehead, John C. 1990. "Rear-Wheel-Steering Basics." *Human Power* 8, no. 4 (Winter): 9–12. http://www.ihpva.org/HParchive/PDF/28-v8n4-1990.pdf.

第九章
动力传输和混合动力系统

引 言

传动装置是车辆动力源和驱动轮之间的连接。其作用是在尽可能少的损失下传输功率，并且（对于自行车而言）使骑手的肢体尽可能接近最佳的移动方式传输功率。因此，自行车的传动装置包含两个基本功能：将动力从骑车人的脚或手（或两者）传递到车轮，并且在一个有利的速度下（至少是在一定的速度范围内），使骑手要么发挥最大可能的功率，要么在最大舒适度下产生较小的功率。

尽管进行了无数次测量，但作为踏板速度与扭矩之间函数的效率曲线很少。图9.1展示了塞尔吉奥·萨瓦里西（Sergio Savaresi）和mOve研究团队成员在米兰理工大学（见萨瓦里西，2014）对"正常"（非运动员）受试者的测量结果。这个有趣的图表让我们可以进行大量观察。对于此处使用的数据集，在低功率下以65~70转/分骑行似乎是最佳的，在200瓦时降至约40转/分，然后在500瓦时快速增至90转/分。然而，从70转/分到90转/分的线性增加仅导致中等功率时效率降低1个百分点。因此，一个好的变速器应提供齿轮比，使自行车至少能在从陡峭上坡到轻微下坡的这个范围内骑行。

自行车变速器的重要次要目标包括：灵活性或游隙小，没有过度的颠簸，使骑手向下移动的腿能够抬起骑手向上移动的腿，腿的动能没有很大变化，并且使自行车能够向后推。第三个功能是允许在动力辅助车辆中优化混合其他混合动力源。本章回顾了自行车动力传输标准形式和替代方式的原理，分析了一

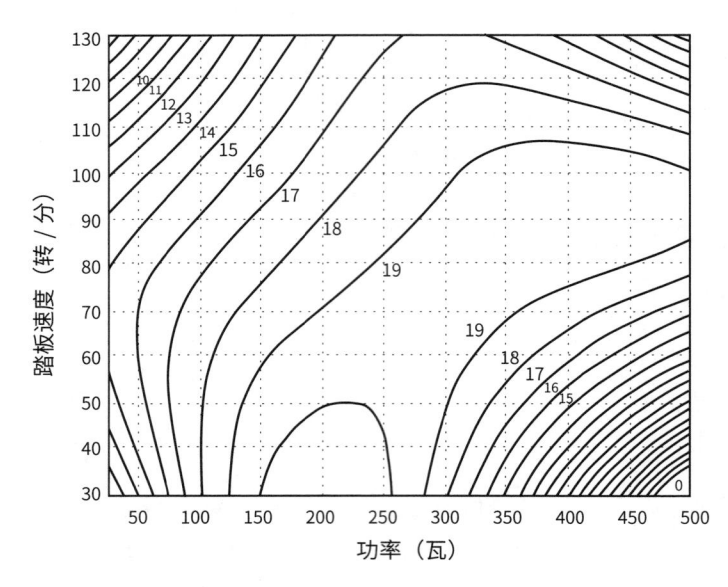

图 9.1
人类总效率（机械功率输出/代谢功率输入，百分比）的等高线，作为功率输出和踏板速度的函数。[经萨瓦里西（2014）许可重新绘制]

些示例，并讨论了电动自行车动力传输领域的一些过去和现在的发展。

这项测试的一个出发点是关于人力生成的现有知识，其仅限于现有自行车、划艇和测功仪中使用的圆形或线性脚部和手部运动。除了椭圆链轮或类似装置给出的速度变化外，旋转踏板中的脚速度与车轮速度的比例恒定。因此，尽管从本能上看，似乎有其他脚、手或身体运动（或这些运动的组合）可以使人类产生更高水平的最大功率（高于图2.4和图2.9中的上曲线）或在更舒适的条件下产生同等水平的功率，但科学知识将讨论局限于作为动力传输输入的旋转或大致线性运动。

越基本的力传递越难以描述和量化，如用脚推动车辆时的力传递（第一辆两轮自行车），以及之前的手推车或今天的滑板车。出于这个原因，这里的讨论将主要涉及将旋转踏板运动连接到旋转轮运动的传动装置，以熟悉的自行车踏板和曲柄为代表，以及一些线性机制。然而，首先简要回顾一下变速器的历史发展，以表明进步是如何从感知需求中产生的。

传输历史

早期以来，动力是靠水力、风力和动物（包括人）力量驱动的机器来传输的。在自行车之前的人力车辆大多是各种推拉式手推车、雪橇或独轮车，但一些类型的曲柄或手柄可能在早期也被使用，即使只是用于转动车轮辐条也可以提供近两倍的机械优势，以绞盘的形式会提供更多。麦古恩（1987）展示了斯蒂芬·法夫勒（Stephan Farfler）的旧版画，他显然没有腿，坐在一把手摇三轮椅子上，这把椅子是他在17世纪80年代为自己去纽伦堡附近的教堂而做的。他还展示了大约在1760年一些重要（或自以为重要）人物是如何乘坐由一个仆人在后轴上操作脚曲柄驱动的马车的。卡尔·冯·德莱斯在1817年展示他的德莱辛式自行车之前也制造了这样的交通工具。

第一辆自行车是线性传动装置：骑行德莱辛式自行车（图1.4）时，骑手向后蹬脚来推动车前进。这个动作类似于走路和跑步。走路时，腿充当部分轮子的辐条，脚以上身体的摇晃为脚提供支持力并使其向前运动。冯·德莱斯的自行车最为重要的一点是降低了腿支持身体重量的需要，且能让其提供推力。一些向下的推力对提供足够的摩擦力和保持平衡仍然是必要的。自行车传动装置接下来的两个发展方向是近似线性的真正的传动装置。1821年，刘易斯·冈珀茨在德莱辛式自行车的前轮通过单向离合器增加了一个扇形齿轮手驱动（图1.5）。由于他没有提供脚踏板，毫无疑问，这种手驱动是用于补充脚的推力的。由于胳膊所能提供的动力相对较小，再加上操控的必要性、车辆明显的重量、实心轮辋车轮和糟糕的路况，这种设计注定失败。而且我们并未找到使用它的报告。图1.6所示的脚蹬自行车还使用了近似线性的（实际上是弧形的）驱动，双脚在摆动杆上向前推动。这是第一个真正的自行车变速器，它使骑手能够双脚离地长途旅行。尽管后轮（驱动轮）比前轮大，但它的直径只有一米左右，每次旋转时脚都必须来回移动，从而导致低速挡。然而，这种安排可能适合当时的道路条件。如果一台机器在曲柄与拉杆对齐（在死点）的情况下停止，则在踏板提供扭矩之前，必须通过在地面上推动来稍微移动机器。这些开拓性的努力没有带来任何后续的发展。

皮埃尔·米肖、皮埃尔·拉勒芒（Pierre Lallement）和其他自行车旋转曲柄驱动的早期开发者将曲柄直接连接到前轮上。这是一种比麦克米伦自行车更简单的配置，并为自行车前轮提供了更多的转向自由度，但车轮直径也接近一米，因此产生了类似的低速挡。

模仿者和其他开发者紧随其后，自行车的驱动轮直径逐渐增大，以在水平骑行期间提供更好的人体和机器之间的耦合或速度匹配。在两轮车（夏普，1896）中，高轮车（图1.10）提供了舒适的骑行位置和轻松的踏板速度的首次组合。当链传动发展到可以使用机器（单独）曲柄与其（后）驱动轮之间的增速驱动时，高轮车的传动比得以保持。由此产生的配备了这样一个链驱动的安全自行车是如此成功，以至于今天的标准自行车和它本质上是一样的。

因此，到1885年，链式传动装置已极好地满足了自行车变速箱的主要要求：提供在普通条件下非常适合人体产生动力的足部运动和踏板频率，并将这种动力从身体（在这种情况下是从脚）传递到驱动轮，而能量损失尽可能少。涵盖非普通条件的发展迅速跟进。满足低扭矩要求（下坡行驶或在强顺风情况下水平行驶）的一种简单方法是在自行车的链条驱动装置上安装单向离合器或飞轮（图9.2），从而允许双脚踩在踏板上滑行。这消除了制动的可能性，但在其他方面使骑行更容易。

在高扭矩条件下，例如起步、爬山、逆风行驶或在松软地面上行驶时，单齿轮自行车的骑手必须用力踩踏板，通常站在踏板上，拉起车把，同时以极低

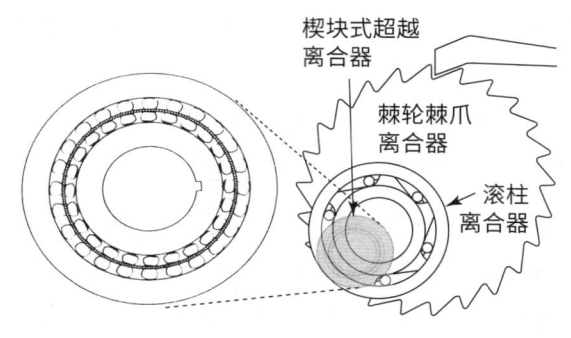

图9.2
单向离合器。（楔块型放大图，棘轮和棘爪示意图）

的速度和低功率踩动踏板，效率通常很低。在链式安全自行车问世后的二十年里，人们开发了许多不同的变速装置，以扩大骑手能够有效且舒适地踩下踏板的条件范围。最成功的两种类型是多速轮毂齿轮和变速器齿轮，它们的开发涵盖了广泛的条件，是当今的主要类型。鉴于它们的成功，也许令人惊讶的是，与自行车的其他方面相比，变速比传动领域似乎有更多的创新和发展。今天，这一领域正在发生如此多的发展，以至于研究不同类型的几个突出例子将超出本文讨论的范围。本章着眼于一些基本原则，回顾其他可能性，并在必要时得出结论。

传输类型及其损耗

传动或机械效率 η 在自行车运动中定义为驱动轮上的能量输出除以人体通常通过脚输入的机械能。两者都可以用力和距离的乘积来测量。在车轮或曲柄上，该乘积也可以表示为平均扭矩 T（切向力乘以其作用的旋转中心半径）与作用角度（θ，以弧度为单位）的乘积。因此，$\eta = (T_{wheel} \times \theta_{wheel}) / (T_{crank} \times \theta_{crank})$。

传动比（$\theta_{wheel}/\theta_{crank}$）也称为速比或齿轮比。因此，效率为 100% 的理想变速器具有与传动比正好相反的平均扭矩比（T_{wheel}/T_{crank}）。实际上，当效率低于 100% 时，扭矩比小于齿轮比的倒数。

传输中的能量损失可以通过两种方式发生。一种是通过轴承和链等其他部件中的摩擦。这是低速运行的"正驱动"（链条和齿轮）变速器中唯一显著的损失形式。（高速行驶时，冲击损失变得越来越重要。）另一种是滑动损失，这种损失可能发生在传动为非正传动的变速器中（例如使用平滑皮带或其他形式的摩擦或牵引传动，或电气或液压联轴器的变速器）。即使在没有明显滑动的情况下，皮带拉伸也会导致潜在的滑动损失。拉伸的皮带在从拉紧侧移动到较松侧时收缩，传动带轮的旋转速度似乎比预期的快，其比值为：拉紧长度/松弛长度。

根据对其中可能出现的能量损失形式的分类，我们可以将传输分为两大类型：有正向驱动的传输和没有正向驱动的传输。

正向驱动

链传动

汉斯·雷诺德（Hans Renold）于 1880 年发明并随后用于安全自行车的钢滚子链，其中每个衬套周围都有一个自由旋转的润滑辊（图 9.3），可以（连同一个前链轮和一个后轮齿轮或链轮）构成主要用于自行车馆、圆形场地和特殊运动项目的场地自行车的完整传动装置，并且越来越像纯粹的城市自行车。维基百科上关于固定齿轮自行车的文章包含许多参考文献，并指出常用的传动比为 2.75:1。20 世纪 50 年代，施图美爱驰为这种自行车制造了一种特殊的三速轮毂齿轮（见布朗，2008），并于 2009 年推出了新版本 S3X。

然而，更常见的情况是，后链轮连接到单向离合器或飞轮（图 9.2）或多传动比齿轮（通常封闭在后轮轮毂中，并包含单向离合器，如图 9.4 所示）。或者，可以将超长链条与导向加张紧链轮或滑轮一起使用，这可以迫使链条在车轮和链轮上的链窝或一组链轮中的一个上运行（变速器齿轮，图 9.5）。

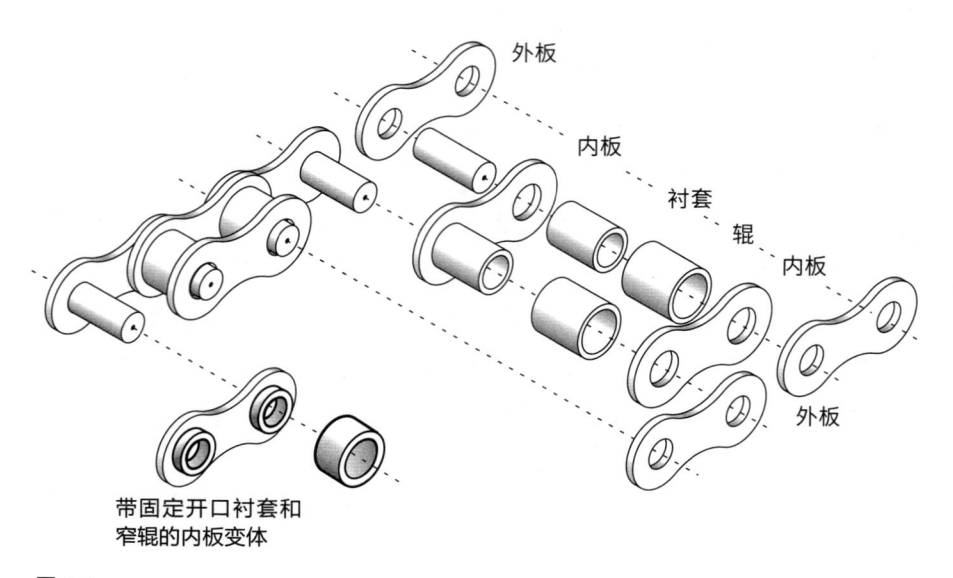

图 9.3

滚子链组件，包括现代无衬套设计（自 1981 年起；见贝尔托、谢泼德和亨利，2000），带有一体式内板和半衬套。[经允许改编自马库斯·罗德尔（Markus Roeder）的图纸]

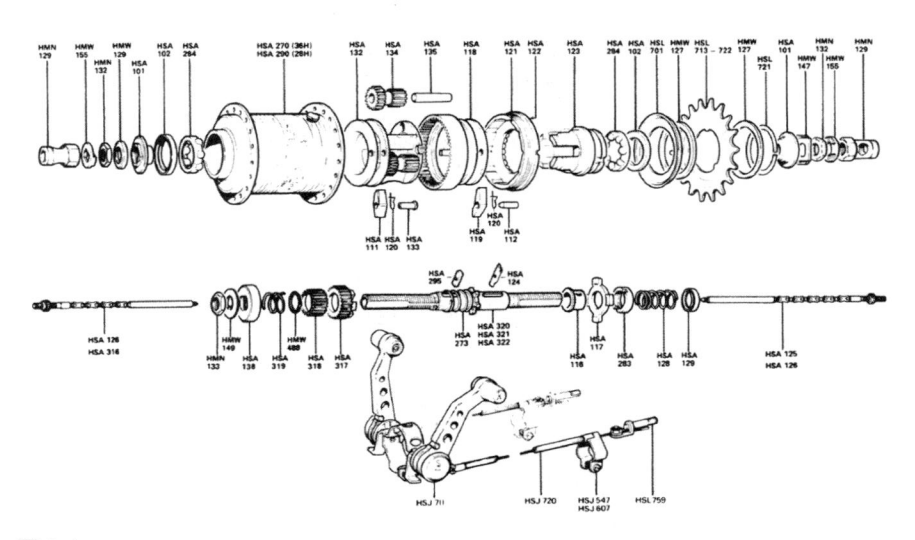

图 9.4
施图美爱驰的五速轮毂齿轮分解图。（施图美爱驰公司提供）

尽管链传动对自行车，尤其是工业设备很重要，但已发表的有关它的研究却参差不齐。一些最好的作品被制造商藏匿起来或储存在退休工程师的脑海中，因为应用或传播它目前没有商业价值。马修·基德（Matthew Kidd）（2000）在赫瑞瓦特大学的博士论文对（当时）可用的效率文献进行了相对完整的汇编，并通过理论和测量研究了自行车链条和变速器驱动装置中的各种摩擦源。研究美国专利可以了解在塑造多链轮和链齿的齿形方面所达到的复杂程度，以实现顺畅的链条变速；特别令人感兴趣的是来自日本或中国台湾发明人的美国专利 4889521（1989）、5192249（1991）、5188569（1993）、5162022（1992）、5133695（1992）、5514042（1995）、5545096（1995）、5569107（1995）以及 5632699（1997）。

当链条是新的、干净的、润滑良好的，并且链轮至少有 20 个左右的齿时，自行车链条传动是高效的（可能达到 99% 甚至更高的水平）并且非常强大（能够承受强壮、体重大的骑手在踏板上施加的最大力的强度，可能是正常工作扭矩的 15 倍）。一些自行车带有封闭的链条（所谓的齿轮箱），它们的传动装置（以及裤子和衣服！）如果保持良好状态，通常可以使用多年。（图 9.6 显示了一

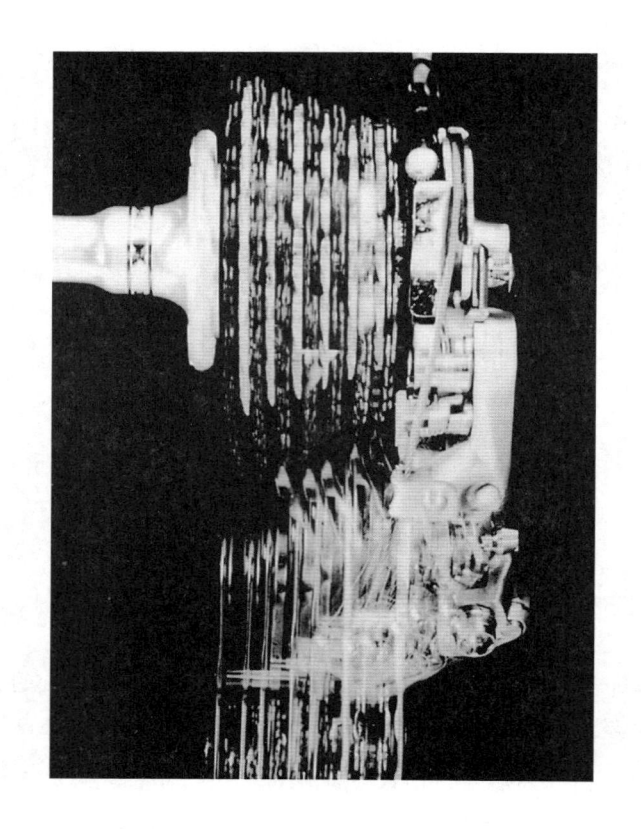

图 9.5
自行车后变速器处于变化序列中的多次曝光照片。这张照片显示了一个紧密间隔的传动比，例如在赛车上使用的传动比。（禧玛诺公司提供）

辆带有封闭链传动的实用自行车。）在使用外壳所产生的自行车重量的增加和成本以及使用外壳获得好处之间存在明显的权衡。不幸的是（在许多人看来），现在标准自行车上很少有链条罩，因此，链条往往位于前轮胎溅起的水或后轮胎携带的水的路径中，通常在油腻的润滑脂、沙子、砂砾以及盐水的混合物中运行。在这些条件下，磨损更快，被视为"拉伸"：随着销之间的有效间距增加，链条变得更长，因此链条以比正常半径更大的半径在齿上运行（图 9.7）。链传动的一个显著特点是，除非磨损严重到使链条跳脱，不然它们仍能继续工作。尽管它们的效率确实下降了，但通常还是可靠和相对有效的。

多速变速器中使用的链条磨损更快。当齿状部分出现洞时，它就会形成阻

第九章　动力传输和混合动力系统　361

图 9.6
兰令实用自行车与齿轮箱。

链条间距大于链轮间距　　单齿或双齿承载

图 9.7
拉伸的链条所造成的齿磨损。

止进入链入位的挂钩，导致连接偶尔会出现延迟并产生滑移，故这种链条的运行可能变得不可靠。[变速器机制一个很好的参考就是贝尔托、谢菲尔德和亨利（2000）。]

对于变速器系统，通常由弹性塑料制成的全链条外壳必须非常大，但仅能提供部分保护。躺式自行车的长链通常穿过浮动的塑料管。但是克莱门斯·布赫（Clemens Bucher）（1998）更进一步：他将链条、中间轴上的轮毂齿轮和变速器封装在他躺式自行车的主车架管内，所有这些都可以免受天气影响，并保护骑手的衣服免受油污的影响。如今，该系统已在 Flevobike Green Machine 上商用。

变速器链条还有一种非官方用途。因为它们必须相当灵活，许多这样的链条可以在短距离内（例如 0.7 米）扭转 90 度。这使得它们对于踏板和螺旋桨轴成直角的链传动螺旋桨驱动器非常有用。

小节距链条

标准自行车链条的链节之间有 $\frac{1}{2}$ 英寸的节距（在通常类型的链条中实际上称为半链节）。较小的节距似乎有利于提供更广泛的传动比选择，并减小链条的重量。1909 年，考文垂自行车连锁公司推出了 Chainette，一种小间距（8 毫米）的链条，重 177 克/米（1.9 盎司/英尺），通过《自行车》杂志测试发现，它在链轮上运行时"更像一根丝绳"，而不是链条。英国自行车赛选手 F. H. 格拉布（F. H. Grubb）在一辆装有这种链条的自行车上打破了道路纪录。节距为 6 毫米的链条适用于船只的螺旋桨驱动，但在自行车上会被撕裂，甚至在较大的螺旋桨上也相差无几，在这种情况下，可以使用两条平行的链条，或一条每半节带有三个而不是两个板的双链。当然，链的强度主要不是由节距定义的，而是由板的抗拉强度和销的抗剪切强度定义的。卡丁车和类似小型机动车的链条通常使用间距为 $\frac{3}{8}$ 英寸的链条，这些链条实际上比间距为 $\frac{1}{2}$ 英寸的自行车链条更坚固。

如本章后面几节所述，随着链节相对旋转及其速率的增加，直径较小的链轮导致效率较低。较小的链轮的齿数也较少。凯尔和贝尔托（2001）发现 12

齿链轮的效率异常低（这可能意味着较小的链轮效率更低）。这与链轮的多边形效应或弦作用有关，这会导致链条中的振动和 1−cos（180°/N）的速度变化比，其中 N 是齿数。对于 11 齿链轮，这一比例已经超过 4%，并且随着齿数的减少而急剧上升［见兼平（Kanehira），1995］。由于系统中的惯性主要与骑手的质量有关，这会导致链条和链轮之间的高、短作用力，从而增加摩擦力。然而，获得第二章中数据确认为最理想的传动比并不能为自行车链轮和飞轮的直径提供太多选择自由。链轮的尺寸受到实际考虑的限制，因此 12 齿的后链轮必须用于最高挡位，小轮自行车必须使用 11 齿。小节距链条在相同直径的情况下增加了齿数，从而允许更高的传动比，或减少了相同传动比的多边形效应。如本章后面所述，这种链条还具有直径较小的销和衬套，从而提高了效率。

无论是否使用比当前使用的链条节距更小的链条，使用比当前安装的直径更大的托轮可以稍微减少变速器齿轮中的摩擦和磨损。这不仅减少了多边形效应，而且还降低了皮带轮的旋转速度，目前，皮带轮通常采用普通塑料-钢（而不是滚珠）轴承，与皮带轮直径的增加成反比。更重要的是链传动拉紧部分的惰轮链轮或滚子链轮，例如一些躺式自行车为了避免前轮干扰而使用的链轮或滚子链轮。在不可避免的情况下，承受最大链张力的惰轮应尽可能大。

可调节链轮

有许多自行车齿轮传动的设计，其中链条在一个平面内保持对齐。此类设计的专利可追溯到 1894 年（美国专利 524830）。也有许多设计在自行车运行期间改变链轮或后链轮或两者中的齿的大小或数量。据我们所知，目前市场上没有这种类型的产品。为了纪念本书前两版的资深作者弗兰克·罗兰·惠特，图 9.8 显示了他的扩展链轮齿轮，在最低挡位是圆形的，当换到更高挡位时，椭圆度增加。在惠特开发他的齿轮时，人们普遍认为椭圆形链轮可以让骑手产生更大的动力，或在更舒适的情况下产生相同水平的动力。这种齿轮的传动效率应略高于变速器的传动效率，因为它消除了链条错位的小影响。扩展链轮直径的范围通常小于宽间距变速器齿轮的直径范围。然而，1985 年，罗伊

图 9.8

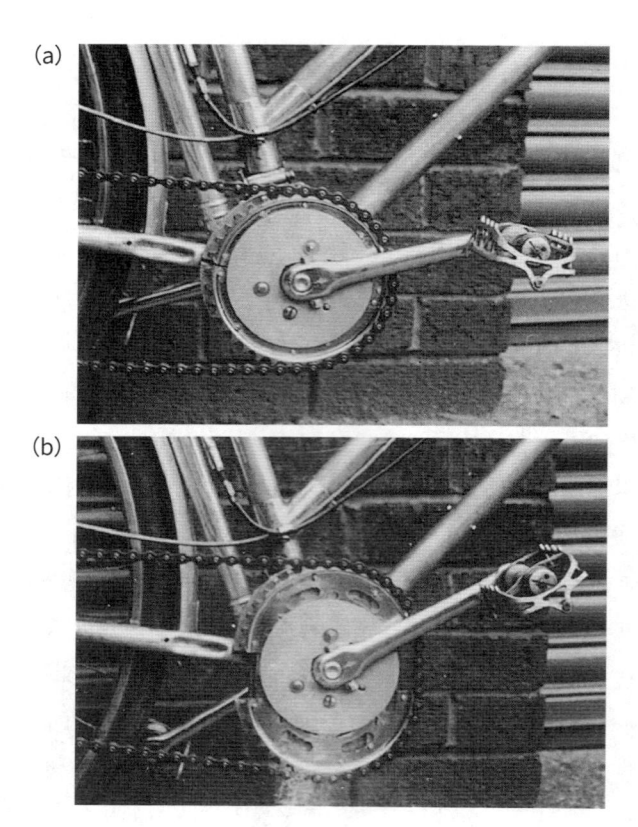

惠特的扩展椭圆链轮。

斯·赫斯特（Royce Husted）为一种范围更广的可扩展链轮（见图 9.9）申请了专利，并以 Excel Cambiogear 的名称销售了几年，大部分零件由注塑玻璃纤维增强尼龙和石墨负载尼龙制成。合著者在他的一辆三轮车上使用了它。要改变 Cambiogear 的挡位，必须先操作拨动杆，然后稍微向后踩，从 16 个提供相当于 24～54 个齿的索引位置中选择一个。当时制造了 6000 个这样的链轮，但卖出的很少。布鲁克斯（2016）描述并提供了该链轮和其他几个扩展链轮的视频链接，包括迈克尔·迪尔（Michael Deal）的传动装置［美国专利 4618331，（1986）］，该产品赢得了广泛的赞誉，但没有取得商业成功。

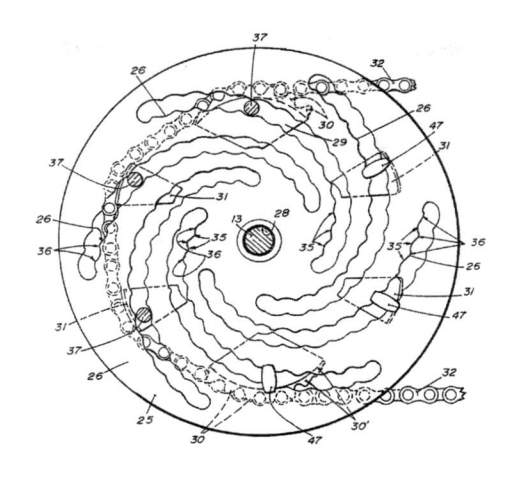

图 9.9
赫斯特的可扩展链轮，即后来的 Excel Cambiogear。齿段（图中的 30）由螺旋槽中的销（37）固定到位。这些凹槽（35）中的中空位置将销固定到位，不需要其他固定。（来自美国专利 4493678）

创新的自行车变速器和专利系统

  美国和欧洲的专利系统对任何领域都有巨大的研究价值，创新的自行车传动装置也是其中之一。为了鼓励创新，专利赋予发明人从他们的创造中赢利的权利，但要以向公众做出完整的描述作为交换条件。为了使这种信息最易获得，专利局尝试将发明按类和子类进行分类并关注相关工作。虽然他们的这项工作不可避免地会出现不足，但对相关子类的探索释放出大量有用的说明性想法。

  互联网大大减少了搜索专利所需的努力，至少对于最近的专利而言是如此（例如，自 1976 年以来的美国专利）。目前已有几个官方和商业数据库，一次典型的互联网搜索也可以找到专利。每个专利都将进一步列出与该主题相关的早期专利。

  赫尔佐格（Herzog）（1991）收录了自行车变速器（和其他部件）的旧专利数据，部分是为了娱乐。

柔性链

  W. M. 伯格公司制造了一种用于车辆变速器的轻型链式带，该链式带具有柔性铰接，即 SpeedE 柔性传动。该传动装置使用钢绞线承受链条张力，聚氨酯"按钮"代替钢链中的滚子链（图 9.10）。这个驱动在"游丝神鹰"（Gossamer Condor）、"游丝信天翁"（Gossamer Albatross）和"蚕蛹"（Chrysalis）人力飞机以及其他一些飞机上取得了辉煌的成功，并大大减轻了重量。然而，据温弗雷德·M. 伯格（Winfred M. Berg）（私人交流，1981）称，由于自行车中后轮链轮和变速器滑轮的直径较小，导致金属线缆，尤其是线缆接头出现疲劳故障，因此尚未成功应用于自行车变速箱。与人力飞机相比，自行车偶尔会产生更高的踏板扭矩（例如，从静止加速时），与此类飞机不同，它实际上需要一个变速比齿轮系统来产生这些高扭矩。这同样适用于伯格和其他公司提供的许多类似柔性传动装置，但不适用于齿带，因为齿带尺寸非常大。

图 9.10

SpeedE 柔性驱动。（W. M. 伯格公司提供）

齿　带

广泛应用于工业和汽车领域的钢索增强齿形带也是自行车的理想选择，至少是带有轮毂齿轮的自行车。齿形带已经存在很长一段时间了，大多是梯形齿，但其规格使其在自行车上的使用并不理想，因为它们要求重量轻、效率高和扭矩大。随着新材料和齿形的出现，这种情况开始发生变化。此类皮带中的张紧绳可以是钢、芳纶、玻璃或碳纤维，底座可以是橡胶或聚氨酯，齿可以是内卷的或圆形，通常表面为聚酰胺织物。依奇·乌列（Izzy Urieli）使用盖茨同步带组件（带碳纤维张力绳的聚氨酯带）设计了自己的自行车，并表示对此完全满意。对于典型的自行车应用，8 毫米间距和 12 毫米宽的皮带就足够了（见图 9.11 和图 9.12）。合著者使用 3 毫米和 5 毫米间距的盖茨 PowerGrip HTD 和类似的大陆皮带（Continental belts，主要是玻璃纤维张力构件的圆齿橡胶带），用于各种船和中等 HPV 驱动器，因为这些皮带据称具有最高的效率。大陆集团开发了 8 毫米自行车驱动器，但现在不鼓励使用（大陆自行车系统 2018）。从其网站上尚不清楚该公司现在是否鼓励在自行车上使用 14 毫米齿形带，或者根本不鼓励使用齿形带。另一方面，盖茨已经推出了一个专为自行车设计的 11 毫米的系统。

与链传动一样，此类皮带中的关键区域是皮带中可用的最小齿轮。皮带的宽度和预张力必须仔细选择、计算（通过表格或在线计算器）和调整（可以通过"耳朵"来完成，使用拨动时产生的声音）。图 9.11 和 9.12 中的示例，有大约 60 个和 22 个齿，骑手以 60 转/分的速度、100 瓦的效率蹬行自行车，根据盖茨数据，可能涉及每段皮带约 150 牛（约 35 磅力）的预张力（拔出时听起来约 185 赫兹），在 500 瓦（约 400 赫兹）的功率输入下线性增加到约 750 牛（约 170 磅力）。进行此类调整是为了在松弛的皮带段中始终保持足够的张力，以避免齿跳。因此，皮带预张力需要在过多（低功率时有一点额外摩擦）和过少（高功率时跳齿）之间进行折中。

与传统的平带不同，齿带必须横向导向，通常链轮和齿轮上各有一个法兰。专门为自行车制造的盖茨碳驱动齿形带具有中心纵向槽和与中心导向脊匹配的链轮，这是一种简洁的解决方案，但阻碍了工业或自制齿轮的使用。碳驱动带是 11 毫米间距的皮带，带有碳纤维绳和圆齿。根据应用情况，125～235

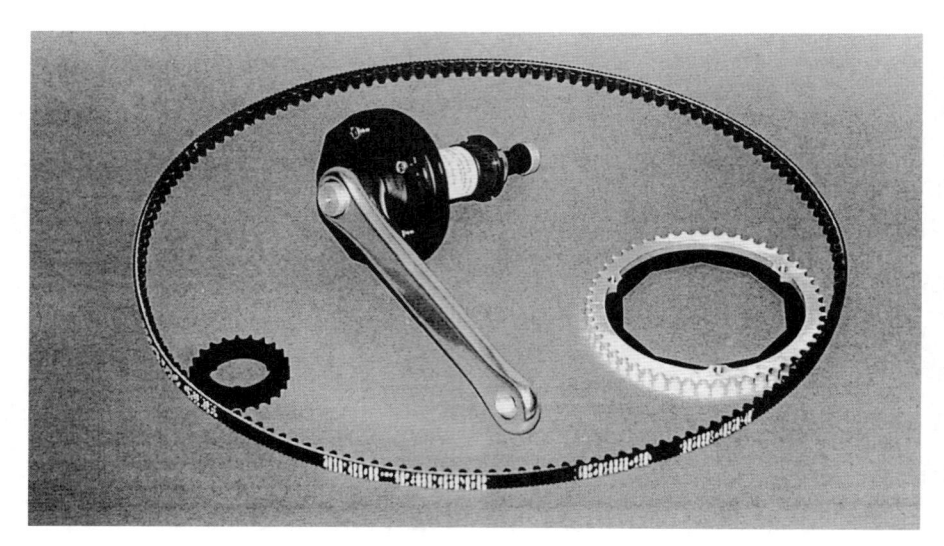

图 9.11
同步带驱动组件。(依奇·乌列提供)

图 9.12
安装在同步带驱动上的三速轮毂和山地驱动支架齿轮。(依奇·乌列提供)

牛（28～53磅力）之间的建议预张力低于小节距皮带中使用的预张力。然而，正确的设置仍然很重要，有五种类型的张力计可用于确定它！

我们可以对使用链条驱动的自行车和使用齿带驱动的自行车进行大量比较。最明显的区别是，皮带驱动自行车通常需要一个可拆卸的撑杆，以便穿过连续的皮带，或一个特殊的与皮带兼容的框架几何形状，因为大多数皮带都是无端的。一个例外是Veer皮带系统，它允许用铆钉连接分裂的皮带，就像链条一样。

皮带不需要润滑，因此通常比链条更清洁，并且不透水和盐。一个主要区别是前面提到的皮带需要预张力以避免跳齿，而链条没有这样的需要。皮带的高分子材料在弯曲时存在明显的滞后损失。因此，皮带传动在低功率下的效率似乎略低于链条，但在设计功率下的效率可能与链条相似。

直齿轮系统

虽然"齿轮"这个词在自行车方面有多种不同的用途，但在机械工程中，它指的是不需要通过链条或齿形皮带而能直接啮合的直齿轮。当设计一组能在输入轴和输出轴之间产生特定的速度（扭矩）比的齿轮时，可以采用两种不同的设计方法。一种是每个齿轮绕着旋转的所有轴相对于齿轮箱固定（图9.13）；另一种是一些齿轮轴围绕一个中心旋转（图9.14）。后者被称为周转齿轮或行星齿轮。实际上，几乎所有的自行车齿轮系统目前使用的都是周转齿轮，主要是因为周转齿轮有紧凑的排布。虽然在不同的时期，已经开发出了适合自行车底部支架或曲柄位置的变速系统，但这些系统往往很大，因为它们必须承受自行车运行时施加的全部曲柄扭矩。

在通过传统链条连接到链轮的后轮轮毂中，扭矩通过链轮与飞轮的齿数比降低（通常约为3∶1），因此轮毂齿轮可以设计为承受底部支架齿轮峰值扭矩的三分之一。然而，双速施伦普夫（Schlumpf）山地驱动齿轮已成功用于底部支架位置，其外部视图如图9.12所示。它是由骑自行车者的脚后跟敲击中央按钮（图中可见）来操作的，该按钮在一个位置上与250%的减速比啮合。还有一种速度驱动，当齿轮啮合时，其增速比为165%。未接合时，两个驱动器均

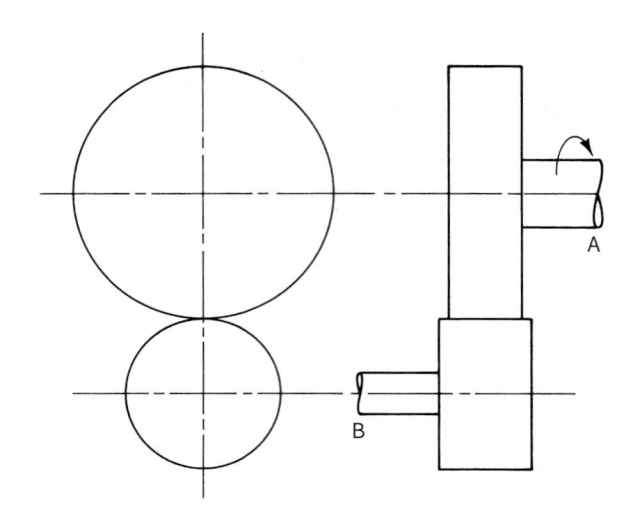

图 9.13

固定轴齿轮。如果轴 A 上的齿轮有 N_A 齿，而轴 B 上的齿轮有 N_B 齿，则轴 A 顺时针转动一圈将使轴 B 逆时针转动 N_A/N_B 量，输出扭矩将为输入扭矩乘以 N_B/N_A。

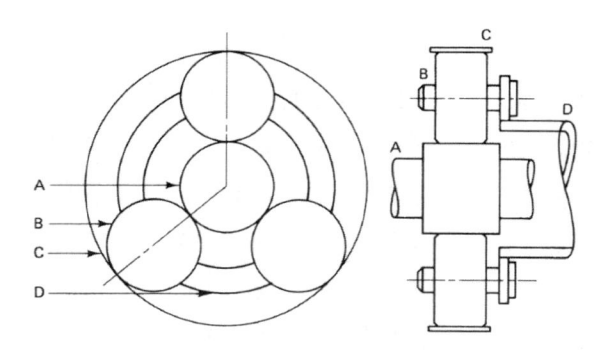

图 9.14

移动轴齿轮（行星齿轮）。输入和输出可以连接到 A、C 和 D。在三速自行车轮毂齿轮中，A 位于固定轴上。在最低挡位，链轮输入连接到 C，输出（D）连接到轮毂。在最高挡位，这些连接是反向的。齿轮组在中间齿轮中旁通，链轮通过飞轮连接到轮毂。如果中央太阳小齿轮与行星小齿轮尺寸相同，则最高齿轮比为 4：3，最低齿轮比为 3：4。

锁定在 100%。

  相对较新的是小齿轮（Pinion）变速箱，位于底部支架位置，需要专门为此位置制作的框架。该直齿轮系统的操作在 pinion.eu/en/technology/ 中有极好的解释。传动比（齿数为 9、12 或 18）的范围为 364%～636%，质量为

2.2~2.7 千克，具体取决于型号。

在本书出版的时候，自行车的齿毂正在兴起。20 世纪的几十年内，施图美爱驰三速齿毂和一些相似的齿毂在世界的许多地方几乎是通用的，至少对于实用自行车是这样的。在 21 世纪中叶，施图美爱驰推出了一个结合有两个行星齿轮组的模型，该模型具有四速轮毂和五速轮毂。尽管公司宣称英国自行车冠军训练用的自行车上装有它们公司的四速轮毂，但是当给出更多选择的时候，骑行公众还是察觉到了合理低价的十速变速器的出现（"十速"通常只产生 6 个或 7 个实际有用的比率）为他们提供了更多选择。两个链轮和五个后链轮，提供 10 个变速器速度，然后逐年增加到三个链轮和九个后链轮，提供名义上 27 个速度。这些要求配备它们的自行车具有更广泛的后叉、更"碟式"（不对称）的后轮和更窄的链条。轮毂齿轮的知名制造商也增加了更多的内部行星齿轮系，以提供七速、十一速和十二速版本。一种十四速轮毂齿轮，即罗洛夫 Speedhub（图 9.15）正在被越来越多地使用，甚至与电动自行车一起使用，将电机和人力通过轮毂结合在一起。轮毂上的齿轮间距几乎均匀，相邻齿轮之间的差异约为 13.5%。总速比范围大于 500%，相当于除全地形自行车上最极端的变速器之外的所有变速器，在略低于 2 千克的情况下，系统质量与可比变速器系统相当。三年多来，合著者每天通过单扭握换挡器进行数千次完美

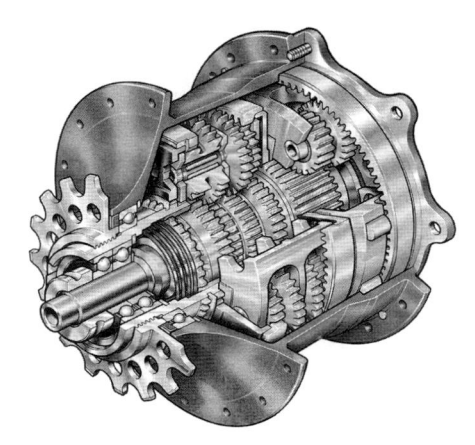

图 9.15
罗洛夫十四速轮毂齿轮。（罗洛夫股份公司提供）

换挡。

尽管变速器换挡机制有逐渐增加的效益，但轮毂齿轮的换挡将变得更容易且更快，并且当自行车静止时也可进行换挡。（变速器要求自行车在移动时才能实现齿轮换挡。）如果将一个好的轮毂齿轮和它的链条封装，它将可以长期地使用下去，而变速器齿轮如果日常使用的话，每年都需要新的齿轮、链轮和链条。

然而，还有其他因素决定了变速器和轮毂齿轮之间的选择：成本、重量和效率。虽然类似系统的重量相似，但最好的轮毂齿轮的价格更高。关于齿轮的效率，存在相当大的不确定性。这是后面一节"链传动和齿轮系统的传动效率"的主题。

线缆传动

与链条相比，以链条方式使用的环形金属丝或绳索较轻，但会打滑。而如果一根线（芳纶线等）只是从一个线轴解绕到另一个线轴，则唯一的滑动是由于拉伸引起的滑动。基于这种设置的变速器已成功用于受线路长度限制的动力传输中，特别是在人力驱动的直升机上。

直接驱动

与最初的自行车一样，由踏板直接驱动车轮称为直接驱动。为了在具有标准尺寸车轮和可选多种速度的直接驱动系统中实现理想的传动比，必须使用特殊的轮毂齿轮，其中心轴自由且足够坚固，以容纳踏板曲柄。克雷奇默（Kretschmer）(1999—2000) 介绍了这种变速器，直接驱动自行车具有许多优点和一些缺点，他还为这种自行车设计了一个十一速轮毂，如图 9.16 所示。加内特（Garnet）(2008) 彻底探索了这种自行车的不同几何参数的影响，制造并使用了一辆可调测试自行车，最后推荐了图 9.17 所示的设计，该设计仅将计算得出的 12% 的峰值踏板力返回给骑手的每只手。纳斯（Nurse）(2019) 回顾了带有中间和直接驱动轮毂齿轮的自行车，包括最近由 Kervelo 公司开发的一系列躺式自行车。

第九章 动力传输和混合动力系统 373

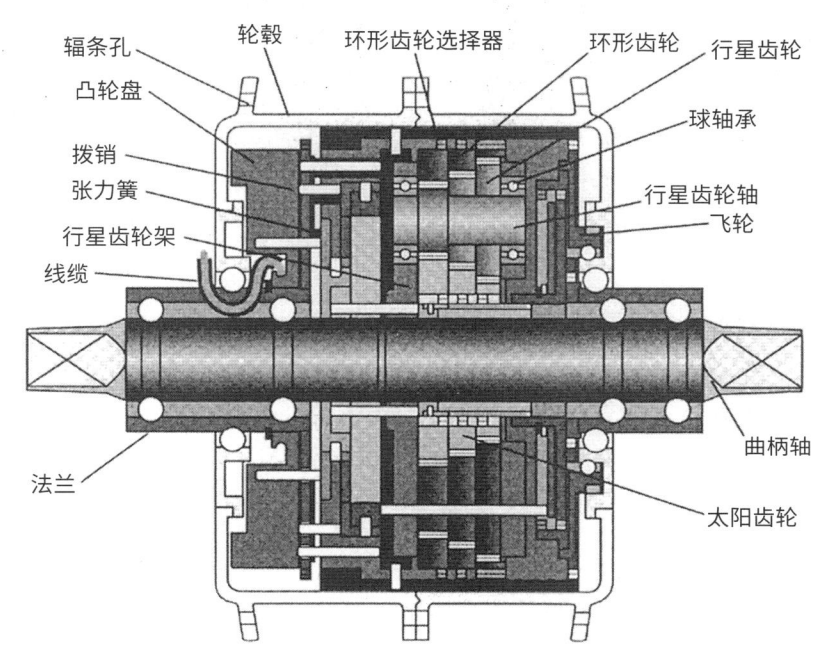

图 9.16
直接驱动自行车的轮毂。[来自克雷奇默（1999—2000）]

图 9.17
直驱自行车推荐（来自加内特，2008）。车轮尺寸：700C。轴距：1300～1550 毫米（51～61 英寸）。头管角度：水平 56 度。定心弹簧刚度：18 Nm/rad，针对特定骑手进行调整。前轮轨迹：25 毫米（1 英寸）。座椅高度：对应 1.83 米（6 英尺）的车手，560 毫米（22 英寸）。仰卧角：53 度。踏面：踏板中心之间 297 毫米（11.7 英寸）。车把位置：座椅上方，手臂外伸。把手类型：倒 U 或倒 W。车把宽度：车把把手中心之间 560 毫米（22 英寸）。

轴驱动

一些早期的安全自行车使用轴驱动代替链条，一个直角锥齿轮设置在曲柄轴上，另一个设置在后轮上（图 9.18）。这种传动装置外观整洁、紧凑，但比链式传动装置更重、效率更低、成本更高。其基本问题很明显：传动扭矩通过约 12 毫米的力臂（轴或齿轮半径）传递，这导致比链传动的 50～100 毫米半径更大的力和变形。

在 19 世纪末期，大多数美国自行车制造商至少生产一种轴驱动自行车。R. C. 卡彭特（R. C. Carpenter）于 1898 年进行的测试［基德（2000）引用］表明，轴驱动的最佳效率为 97%，而链条的最佳效率为 99%。然而，使用滚柱销代替机加工齿的沃尔瑟姆·奥连特（Waltham Orient）模式表现良好，梅杰·泰勒（Major Taylor）打破了使用这种变速器的许多纪录［里奇（Ritchie），1996］。凯勒（Keller）（1983）将未指定的轴驱动与 $\frac{1}{2}$ 英寸 × $\frac{1}{8}$ 英寸的链条进行了比较，发现在 50 转/分时，效率在 50～200 瓦之间相差 7 个百分点，在 25 瓦时

图 9.18
漫游者轴驱动自行车广告，1895 年。［来自 *Wheel Outings*（加拿大）］

相差 17 个百分点。在撰写本文时，CeramicSpeed（2018）推出了一款轴驱动原型自行车，该自行车采用了一种新的滚柱小齿轮轴驱动，具有 13 个齿轮，据称是"世界上最高效的传动系"，在 400 瓦时效率为 99%。

线性和振荡传输

图 9.19 展示了线性传动的早期形式，即带有弹簧复位的振荡驱动。这种驱动可以独立地左右使用，例如，在正常的异相运动中或者双脚并拢同时用力。图 2.21 显示了 1905 年以来这种振荡驱动的更复杂、可移动版本。在图 2.21 所示的版本中，振荡链的松弛部分似乎使相反的踏板返回到起始位置；骑手可以自由选择最有效或最舒适的踏板幅度。合著者使用滑动踏板和缠绕在楔块离合器滑轮周围的细芳纶线为船构建了一个类似的系统（图 9.2）。这招奏效了，但他已经不记得有多管用了。

线性或振荡驱动吸引了许多人，因为它可以提供无级变速比的传动，显然与腿部的自然阶梯式攀爬动作非常匹配。然而，在非常低的踏板速度以上，使腿和脚达到车轮速度需要相当大的能量，如果在冲程结束时也使用腿和脚的肌肉来减速，则会损失这种能量（以及偏心收缩的额外代谢成本）。在动力冲程结束时增加传动比以使肢体减速可以减少这种能量损失。实现这一点的一种方法是将"引信"合并在一起，这是一种用于一些弹簧绕线计时器的槽锥，它的改造形式用在了由史蒂夫·鲍尔（Steve Ball）设计的三轮自行车"蜻蜓二号"

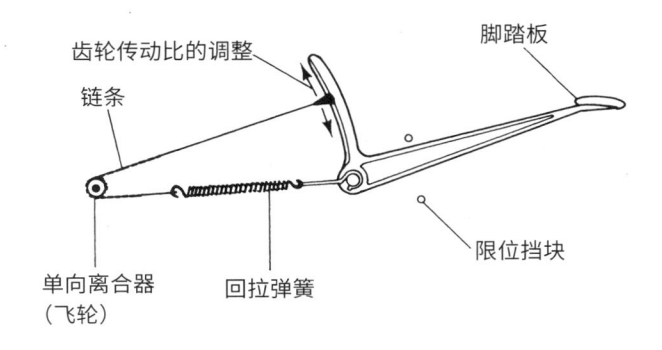

图 9.19

振荡驱动。

（Dragonfly Ⅱ）中。本书第二版中给出了两张照片和简短描述（惠特和威尔逊，1982）。

前面各段讨论的机制，以及图1.5所示的机制，以及本节后面所述的划船机制，在极限范围内都不受限制。线性或振荡传输会受到约束，就像连接到曲轴的发动机活塞或历史悠久的缝纫机的踏板一样。示例如图1.6、1.7和1.16说明了这一点。这些变速器的工作方式更像圆形踏板，如果设计和使用得当，应该可以非常有效地工作，但实际上它们有两个问题：如果它们通过飞轮连接，则可能"抓住"死点，防止进一步运动；如果它们以固定齿轮自行车的方式连接，则无法停止的踏板会带来相同的问题和风险，从而无法快速滑行。

为了寻找一个好的自行车划船驱动器，伯特（Bert）和德克·赛及（Derk Thijs）于1992年开始开发Snek线缆驱动器，作为刚刚提到的"引信"原则的巧妙扩展［见赛及（Thijs），2018］。引信上的路径长度比包裹或未包裹它的钢丝线缆长得多（图9.20）。赛及设计的变速器换挡机制允许线缆在引信的不同部位开始其行程，从而提供了几个有效的挡位。引信本身安装在车辆后轮上，

图9.20
Snek线缆驱动。

通过楔块或其他单向离合器连接，并包含一个旋转弹簧，当线缆在行程结束时松开，该弹簧会使引信倒回。线缆由连接踏板的滑动托架和旋转把手的组合拉动，当双脚向前推时，把手被拉向胸部。了解功率持续时间曲线（类似于为传统驱动器绘制的曲线）对于该设计中涉及的功率产生形式将是有趣且有用的，但是一些有根据的猜测可以在没有此类曲线以及它们背后的数据的情况下填补空白。所需的运动类似于划船，正如使用 Snek 线缆驱动的自行车 Rowbike 的名称所暗示的那样，根据第二章中的数据，顶尖运动员在划船时产生的功率与旋转踏板产生的功率相似。一个可靠的猜测可能是，手臂的贡献可以为旋转踏板增加 20% 的动力，至少在短时间内可以补偿划船运动预计的损失，划船运动在划船结束时不会保存肢体和机械装置的动能。与等速划船相比，引信产生的修正运动也可能在一定程度上增加功率输出。

各种类型的人力车辆的爱好者向来更喜欢通过比赛结果来判断，而不是实验室数据。德克·赛及骑着他的 Rowbike 赢得了多项比赛并打破了多项纪录，这种自行车有多个型号可供购买。当前，该自行车在荷兰已经变得很受欢迎，并且会举办只使用该种设计的自行车比赛。

液压传动

重型土方设备（例如）通常使用一种变速器，其中发动机驱动正排量液压泵，高压油通过管道输送到车轮中的液压马达。这种变速器的一个主要优点是，一种可变角度斜盘轴向活塞泵允许输出在大范围内从正流量到负流量变化，从而导致速比的连续变化。有许多人试图将这种变速器应用于乘用车和自行车。液压泵和电机的峰值效率可以超过 90%，这将使总效率达到 80% 左右，与链式系统的较低效率范围相当。通过搜索可以找到许多液压自行车驱动装置的专利。为什么（据我们所知）还没有一个模型投入商业生产？

我们可以想出几个不完全的答案。这种变速器的大多数可用部件的功率水平都高于自行车所需的功率水平，它们要么相对较重，要么高速运行，因此还需要机械齿轮。液压部件的效率在很大程度上取决于减少泄漏，并且由于比例定律，这种减少对于小型部件来说更是一个问题。或者，如果使用零泄漏密封，则摩擦的比例很差。然而，考虑活塞和波纹管，而不是旋转泵和电机，可以在没有过度摩擦的情况下产生零泄漏配置，同时合理简单且价格合理。合著者使用接近零泄漏的密封件和廉价气体弹簧制成的活塞，建造了一个可脚踏的、运转良好的200巴压缩机。然而，优化重量与成本的困难任务仍然存在。液压自行车已成为学生和大学普遍面临的设计挑战，已设计数十种工作车辆。大约从2006年到2016年，派克集团（Parker Group）组织了九次无链挑战赛，随后更名为流体动力汽车挑战赛［见帕克·哈恩尼芬（Parker Hannifin），2016］。其目标是（液压）教育和竞争，但遗憾的是，除了排名列表和一些视频以及团队自己提供的信息外，似乎没有其他结果（见2018年流体动力汽车挑战赛）。我们在这里可以说的是，所介绍的车辆似乎运行良好，但看起来很重且复杂。它们包括一些能量存储，这是传统液压机的通常做法，甚至是在比赛规则中要求的。但在HPV竞争规则中，情况大多相反：尽管一再呼吁应允许蓄能，但比赛禁止蓄能。

对于有多个人员和车轮分布的大型人力驱动车辆，与纯机械系统相比，液压解决方案具有与本章后面的电气传动中所述的电气解决方案类似的优势。

非正驱动

无齿平皮带在加载时会稍微滑动。V带和多V带增加了牵引力，但也增加了摩擦和磁滞损耗。然而，V型皮带确实适用于无级变速比变速器（CVT）。

无级变速和牵引传动

在工业、小型汽车和摩托车中使用的一种流行的无级变速器使用宽V带甚至V链，它们在皮带轮之间运行，皮带轮的侧滑轮可以被推开或推到一起，从而使V带以较大或较小的半径运行。然而，这种变速器的效率、重量和适当的速度范围可能不适合自行车。

金属牵引传动装置重量轻，效率高。图9.21显示了一些众所周知的类型。尽管主要汽车制造商多年来反复尝试并拒绝使用这些润滑油，但这些润滑油可

(a) 环锥

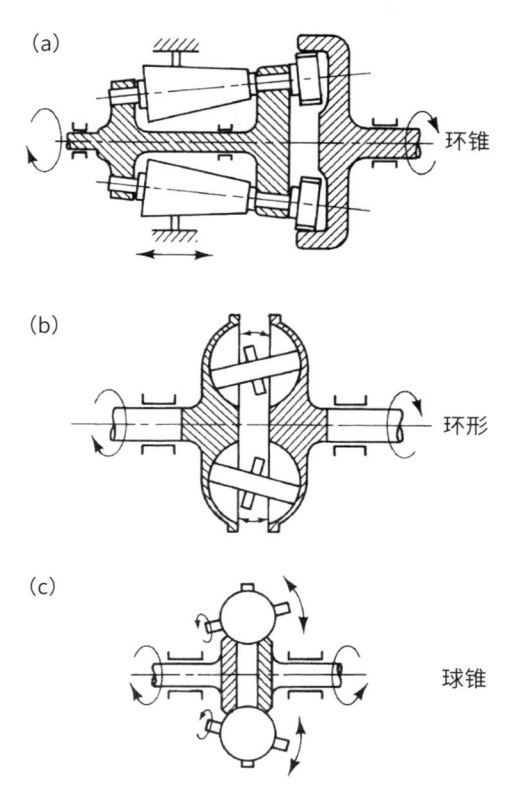

(b) 环形

(c) 球锥

图 9.21
无级变速传动。[洛文塔尔、罗恩和安德森（Loewenthal、Rohn 和 Anderson），1983]

能值得研究，因为研究发现在两个硬表面之间的高压接触下，润滑油的黏度会发生可逆变化，从而使其能够传递高剪切力［例如，见日本出光兴产株式会社（Idemitsu Kosan Company）（2018）]。这些润滑剂将牵引传动装置的有效范围扩大到适合自行车的尺寸。

一些无级变速器原型已经被提出，但成为成功商业项目的是广泛宣传和讨论的 NuVinci，现在被称为 Enviolo。它是可倾球类型，具有 380% 的齿轮宽度比（0.5 减速传动到 1.9 超速传动），并配有手动扭柄换挡器或自动变速器。目前似乎只有一组 NuVinci 效率测量值可用，由安德里亚斯·厄勒（Andreas Oehler）于 2014 年进行，并存档于厄勒 2019 年的第 17 期文章。对于 NuVinci，他发现在 200 瓦时的最高效率为 86%，在 50 瓦时的最高效率为 84%，两者都是在驱动器的中间设置，这或多或少是直接驱动。在其升压和降压极端情况下，效率分别为 81%（200 瓦）和 79%（50 瓦）。厄勒还报告了 200 瓦时 10% 的滑动，但尚不清楚这是否是效率计算的一部分。从这个测量角度来看，厄勒的装置在单速链条、60 转／分输入和 42∶21 的链轮齿比条件下的效率为 97%。

在进一步的考虑中，人们很容易忽略涉及非正传动的其他传动形式，因为在此类驱动中产生的额外滑动损失会对自行车应用造成相当大的损失。为了防止摩擦滑动，非正传动通常采用较高的接触压力，当扭矩较小时，这会导致不必要的较大损失。为了解决这个问题，一些这样的驱动器采用了增压器，该增压器仅在施加大量扭矩时工作，并且可以在大扭矩范围内将损失降至最低。例如，合著者在 HPV 和电动自行车上使用 Deltamat 无级变速器。Deltamat 由一个大直径的钢制输出盘组成，输出盘上压着一个由离合器材料制成的较小倾斜环，该环可以沿盘自由移动，产生不同的传动比。［马提亚·韦格曼（Matthias Wegmann）将 Deltamat 系统安装到电动自行车上，使其直接压在自行车的铝制后盘式车轮上，从而产生极宽的传动比。］Deltamat 的关键部件之一是高速环下的凸轮，该凸轮根据扭矩成比例增加其压力。

电气传动

形式最简单的电力传输包括连接到踏板（对于自行车）的发电机和连接到驱动轮的电机，两条电线将电力从一条传输到另一条。早在 1975 年就发布了这种传输的专利（奥古斯都·金泽尔的美国专利 3884317）。1995 年至 1996 年，出现了更多的专利和出版物，以及至少一种工作模式［见库茨克（Kutzke）、福克斯和诺伊珀特（2012）］。图 9.22 显示了踏板发电机的早期原型。

自行车所需功率范围内的普通发电机和电机需要以每分钟数千转的速度旋转，因此必须在发电机处配备升压装置，在马达处配备降压装置。永磁直流电机和发电机的速度在很大范围内几乎与电压成比例，其扭矩与电流成比例。由于欧姆定律（电流＝电压／电阻），当骑手踩入恒定负载时，它们产生的功率随着速度的平方而增加。这很适合自行车行驶，至少在只考虑滚动阻力和任何轻

图 9.22
传输至饼式发电机。（安德里亚斯·福克斯提供）

微上坡时是如此，功率也随速度平方增加。

与本章前面描述的正向传动中在大扭矩和速度范围内的极高效率相比，电机的效率［输出功率/输入功率＝扭矩 × 速度/（电流 × 电压）］遵循图 9.23 中所示的曲线。对于固定的恒定电压，电机数据通常以不同的值呈现，作为扭矩的函数。对于具有永磁体的电机（电动自行车的常用磁体类型），所需电流几乎与扭矩成正比，除非扭矩接近于零。在图 9.23 中，电流和输入功率都遵循上升线，对于真正的电机，它们会以一个小的偏移量开始（未显示）。在固定电压下，无损电机将以相同的速度运行，直到达到其最大电流和扭矩，并且在所有扭矩下效率都是 100%。在实际电机中，速度几乎随扭矩线性下降，输出功率是扭矩（上升线）和速度（下降线）的乘积，形成抛物线，其最大值为最大扭矩的一半和最大速度的一半；在图中，它是输入功率的 50% × 50% ＝ 25%，但这只是一个相对值，几乎没有物理意义。这种电机在最大输出功率下的最高可能效率为 50%，在零速度（最大扭矩）下为零，在零扭矩和最大速度下为

100%。然而，实际电机在零扭矩下效率一定为零，并出现各种损失，因此效率曲线如图 9.23 所示。在图中，实际效率在最大扭矩 10% 左右时最大为 80%，而另一种电机最大扭矩在 5% 时实际效率可能为 90%，在最大功率下的效率低于 50%。这并不像看起来那么糟糕，因为电机的额定功率和使用功率通常远低于其最大功率。事实上，这是一个优势：当短暂使用或冷却良好时，它们具有很大的功率和扭矩储备，这就是为什么额定功率为 500 瓦的电动自行车可以优于额定功率为 1 千瓦的汽油动力轻便摩托车，直到电机过热。

现在，上一段中绘制的效率图对这种电动自行车应用具有误导性，因为受控电机不是在恒定电压下使用的，而是电压和电流一起增加，就像自行车逐渐加速时踏板速度和扭矩一起增加一样。因此，必须绘制一组不同的电压曲线或相应的 3D 图，如图 9.24 所示，表明在达到最小功率后，自行车可以在广泛的运行范围内以效率曲线的最高点运行。

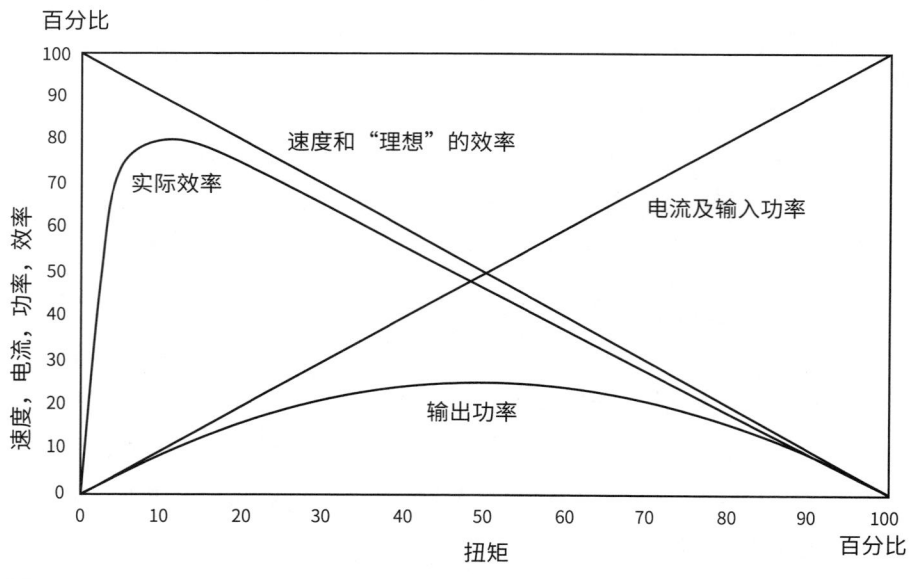

图 9.23

永磁电机的理想和实际特性，以固定恒定电压下最大值的百分比表示。如图所示，在失速时吸收 1000 瓦电功率的电机将在半速和半扭矩下吸收 500 瓦，此时最大功率为 250 瓦，效率略低于 50%。通常情况下，这种电机将在最大扭矩的 5%~25%（50~180 瓦）之间使用，效率超过 70%，在 10% 的扭矩下峰值为 80%。

然而，当空气阻力或坡度增加过多时，需要进行相当于换挡的操作，否则电机效率会下降。有了足够大的电机，或者有多个绕组的电机，这可以通过电动方式进行处理，因此哈拉尔德·库茨克（Harald Kutzke）创造了"电动自行车"一词。这种安排的最大优点是骑手不需要机械换挡，只需保持踩踏板即可。控制器可以通过编程实现负载与速度的任意函数关系，从而将踏板驱动的两种不同功能区分开来：功率和控制。也可以定制踏板的"感觉"。正向变速器将踏板直接且相对牢固地连接到道路上。即使在踏板旋转的几分之一圈中，蹬踏也是在自行车和骑车人整个质量的惯性作用下进行的，即速度恒定而扭矩变化很大。发电机与自行车的惯性连接更松散，踩发电机的扭矩比踩机械自行车的扭矩更恒定。然而，如果需要，快速电子控制器可以模拟恒定速度，或者允许机械系统通常无法达到的瞬时加速度达到峰值。也就是说，它可以提供任何所需的踏板特性。

我们感觉到读者在思考：总效率如何？这足够吗？原则上，大型电机可以具有接近统一的效率，特殊的小型电机也可以，例如，一些没有铁的电机，这是磁滞损耗的来源。但后者旋转速度极快，即使使用普通发电机，也需要如图

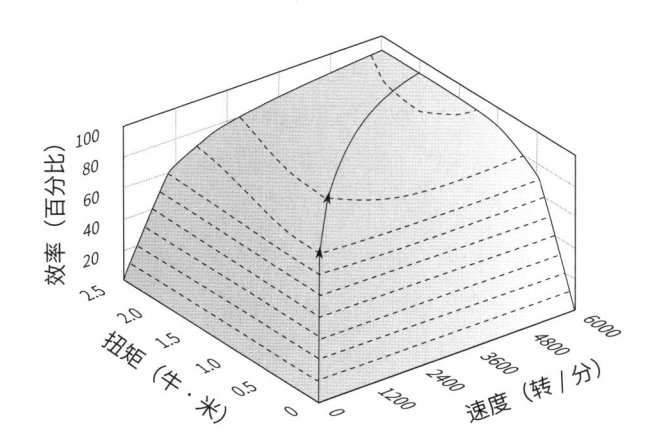

图 9.24

三维电机效率图。当电机从静止点（0，0）开始，同时线性增加速度和扭矩（或电压和电流）时，效率最初会急剧增加，在约 1200 转 / 分和 0.5 牛·米时达到 70%，然后逐渐增加到 80% 和 90%。即使需要更大的扭矩或更高的速度，效率在达到平台期后也不会有太大变化。该图未显示最大扭矩区域。（由德国 CuroCon GmbH 公司提供）

9.22 所示的升压齿轮装置。这种传动装置产生的损耗比电气系统取代的自行车链条要大。图中所示的装置具有 6∶1 的链比和另一个行星齿轮；合著者设计和使用的踏板发电机具有 30∶1 的两级链比。除非使用多极直接驱动轮毂电机，否则电机端需要同样的传动比。普通直流电动机的峰值效率约为 80%，而高级直流电动机的峰值效率约为 90%。发电机数据很难找到，但永磁电机是很好的发电机。使用额定功率为 500 瓦、峰值效率为 80%（300 瓦）的常用 24 伏电机（MY1020）作为发电机（无齿轮），合著者获得了约 80% 的 25 至 175 瓦之间的非常平坦的效率曲线，不确定性为 10%。因此，考虑到所有因素，传输效率将在 40% 到 60% 之间；如果使用最好的组件，效率可以提高到 80% 左右。例如，冈萨雷斯（González）（2014）使用计算机设计了一台 200 瓦、20 极的发电机，其峰值效率超过 88%。

一个 80% 的完整系统仍然没有多大乐趣，因此，所有现代的踏板发电机方案都包括一个小蓄电池，以弥补损失（20%），并保持电子设备运行。如果仅通过再生制动和剩余蹬踏充电，这样的系统仍然可以作为纯人力传动系统使用。

然而，由于这样一个系统已经具备了电动自行车的所有组件，因此有必要将电池稍微加大一点，以获得一种可以称为"串联混合电动自行车"的高级电动自行车。这正是伯尔尼应用科学大学的安德里亚斯·福克斯和于尔格·布拉特（Jürg Blatter）在 1996 年到 1998 年期间研发的成果。福克斯强调，不应仅比较变速箱部件的效率，而应将完整串联混合动力电动自行车与并联混合动力电动自行车进行比较。因此，本章后面的"分类：串联和并联混合动力"一节就采用了这种方法，"混合动力辅助系统"一节描述了进一步的发展。

即使纯粹用作传动装置，与许多机械系统相比，踏板发电机系统也有一个特殊的优势：从双人自行车到人力船，它使许多人能够轻松、完全灵活地为 HPV 提供动力，例如计划为 2002 年瑞士国家展览博览会配备的有 154 名蹬踏者的船。最后，这艘船没有建成，但一艘 12 人的太阳能船安装了时髦的脚踏发电机。踏板发电机（或通常称为踏板吊舱）可以在任何地方使用，只需插入电源即可，这使其比固定机械传动装置甚至液压传动装置灵活得多。

其他传动装置

在以上对其他传动装置的回顾中，与我们谈到的传动装置相比，我们可能遗漏了更多种类的传动装置。在那些被遗漏的传动装置中，有几种有趣的类型曾出现于本书的早期版本中。赫尔佐格（1991）对自行车专利进行的一次引人入胜但远未全面的总结得出了许多值得研究的结论。目前尚不清楚替代传动的最佳设计是否是那些在市场上取得成功的设计。然而，出于篇幅考虑，此处无法显示所有读者可能感兴趣的传动装置，并且若想说明一般使用的传动原则和报告，数据必须足够 [参见凯尔（1991）的全面概述]。

链传动和齿轮系统的传动效率

机械摩擦引起的功率损失与力和接触部件之间的运动速率的乘积成正比。如图 9.3 所示，有两个潜在的内摩擦面：固定销和衬套（或一对半衬套）之间，衬套依次固定在下一个连杆上，另一个是衬套和滚柱之间。此外，滚柱和链轮齿侧面之间以及侧板和链轮齿侧面之间存在一些摩擦。基德（2000）推导了所有这些摩擦的方程，并得出结论，销和衬套之间的摩擦是最重要的（占总摩擦的 75%）。这种摩擦在本质上是不可避免的，因为当两个链节在链轮上铰接和脱离链轮时，每个链节都必须相对旋转，其角度等于 360°/N，其中 N 是链轮或飞轮上的总齿数。

基德方程太长，无法在这里介绍，但一种更简单的方法可能涉及将链视为连杆或张力下连杆的特殊形式。想象一下，单连杆是连接两个纵向位移车轮的最简单方式，就像蒸汽机车中的联轴器或侧杆一样。当它与死点成 90° 时，这样的杆会瞬间表现得像带有一个（半）链节的链条。想象一下链节移动了一小段距离，然后一遍又一遍地跳回原来的位置。关于销的总旋转，原则上，单链节和链之间没有区别，在链节中，链围绕销的旋转恰好在其前一个链节停止时开始。如果此类链节通过半径为 r 的销连接到半径为 R 的车轮或链轮，则在摩擦方面，机械优势为 R/r，因为销和衬套之间的相对运动比链速慢得多。如

果 r 等于 R（蒸汽机中对于操作阀门的杆，有时会出现这种情况），则在速度 V 和力 F 下的功率损失将为 $FV\mu$，其中 μ 是摩擦系数，润滑钢的摩擦系数通常为 0.1。效率 $\eta=1-\mu$，通常为 90%。然而，利用机械优势，两个销和链轮（此处取相同值）的效率 $\eta=1-2\mu r/R$。

自行车链条的销直径为 3.6 毫米，36 齿链轮的有效直径约为 72 毫米。$\mu=0.1$ 时，效率为 99%。这低于基德测量的润滑良好的自行车链条的最佳效率 99.5%（包括衬套、滚柱和链轮齿之间的摩擦以及链条松弛部分的摩擦），因此 μ 必须更小。基德通过摆锤试验（负载 44 牛）测量销摩擦系数，并获得 μ 的最佳值 $\approx 0.001\ R/(\pi r)$。基德的论文中没有给出 R，但马修·基德在 2019 年发送的一张照片显示，R 约为 285 毫米，根据上一段中给出的简单公式，对于 72 毫米链轮，可得 $\mu=0.05$ 或 $\eta=99.5\%$。因此，结果似乎是一致的，但这可能是巧合。对于一半负载，基德还获得了几个更高的 μ 值，对于错位、未润滑或磨损的链条，μ 值更高，最高可达 $\mu=0.75$。合著者用一个 4 千克的钟摆和一个新的九速链再现了基德的一个测试，测量 $\mu=0.35\sim 0.4$（施密特，2019）。因此，链的摩擦系数可能会有很大的变化，然而，这只会使效率降低几个百分点。普通自行车手感觉不到效率的下降，但它当然会影响是否赢得或输掉比赛。

全面了解当前自行车变速器中发生的损失须集中关注这些损失是否表明存在问题，如果是，如何纠正这些问题。不幸的是，在这两个问题上都没有普遍共识。因此，我们在报告数据时要谨慎并加以评论。

1983 年，凯勒发表了当时各种 Fichtel & Sachs 组件的一些相当出色的测量结果，其中驱动链轮输入转速为 50 转 / 分，从动自行车车轮轴承正常负载 600 牛（未测量底部支架阻力）。具有单速轮毂和集成倒刹车的最佳驱动器在大于 400 瓦时达到 99% 的效率，在 200 瓦时达到 98.2%，在 100 瓦时达到 97.3%，在 50 瓦时达到 96%，在 25 瓦时达到 94%。二挡（直接驱动）的三速轮毂在更高功率水平下减少 1 个百分点，在 100 瓦时减少 2 个百分点，在 50 瓦时减少 3 个百分点，在 25 瓦时减少 5 个百分点。在一挡数值比二挡低 3 个百分点，比三挡低 1~2 个百分点。这是同级别最好的；其他硬件在高功率水平下的效率稍低，在低功率水平下则相当低。带有较大从动链轮的六速变速器产生的值几乎与二挡的三速轮毂相同，而带有最小（13齿）链轮及其所需错位时值减少了1~2个百分点。凯勒观察到通过延长或缩短链条来改变拨链器滑轮几何形状的效果很小（0.5~1个百分点），但他无法以任何逻辑方式解释这种效果。

卡梅伦（Cameron）（1998—1999）测量了42齿轮齿的静态链效率大于99%（大于60牛链张力），完整系统的静态链效率为97%~98%（大于255牛）。图9.25绘制了各种来源的数据（威尔逊，1999）。所检查的轮毂齿轮的最高效率低于所考虑的变速器齿轮的最高效率，并且如前所述，大大低于凯勒所测量的效率。

斯派塞（Spicer）等人（2000）测量出60~175瓦时变速器系统的效率为81%到98%，并找到了效率与链条张力倒数以及从动链轮数量之间的线性关系（见图9.26）。凯尔和贝尔托（2001）在一篇非常全面的文章中报告，在80~200瓦的功率输入下，变速器为87%~97%，齿轮毂为86%~96%。如果考虑到所用莫纳克式测功仪的摩擦力，这些结果可以增加1~2个百分点。罗洛夫和格雷布（Greb）（2004）在60转/分和300~400瓦输入下（包括所有组件）测量出95%~98.5%，无论是二十四速变速器系统还是他们的十四速Speedhub。安德里亚斯·厄勒还在2013年测量了Speedhub，并将结果存档在厄勒2019年的第16期文章中。他测量出罗洛夫Speedhub为87%~94%（一年后为93%~97%），禧玛诺Alfine十一速轮毂为86%~90%（2014年为86%~94%），以及变速器为94%（95.5%），以上均为200瓦，标称输入60转/分时测得的。他还测量出不含其他组件的单链在200瓦时为96%（97%），以及在50瓦时为86%（96.5%）。同样在50瓦下测量的组件效率降低了10%~20%，在低功率水平下的下降幅度甚至超过预期。（在50瓦时，1~2瓦的速度无关损耗转化为效率降低2~4个百分点，但在400瓦时仅降低0.25~0.5个百分点。）

博伦（Bolen）和阿奇博尔德（2017）使用飞轮和带链条的完整传动系测量小齿轮P1十二速踏板曲柄齿轮的效率。他们采用的方法由卡斯蒂尔（Casteel）和阿奇博尔德于2013年开发，包括在功率水平大多为200~400瓦的情况下，以各种速度和扭矩组合加速飞轮。他们发现，12挡的最大效率约

388　骑自行车的科学

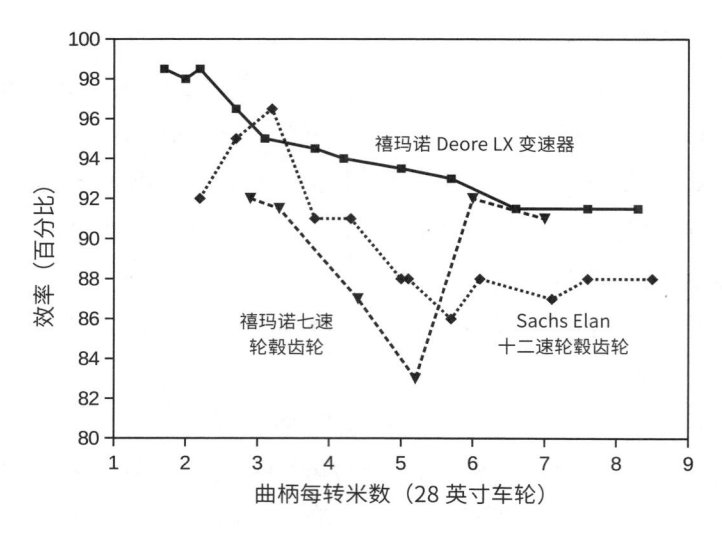

图 9.25
变速器链传动和两个齿轮毂的传动效率作为齿轮的函数，表示为每次曲柄旋转的相对距离，所有输入功率均为 200 瓦。［威尔逊（1999）报告的各种来源的数据］

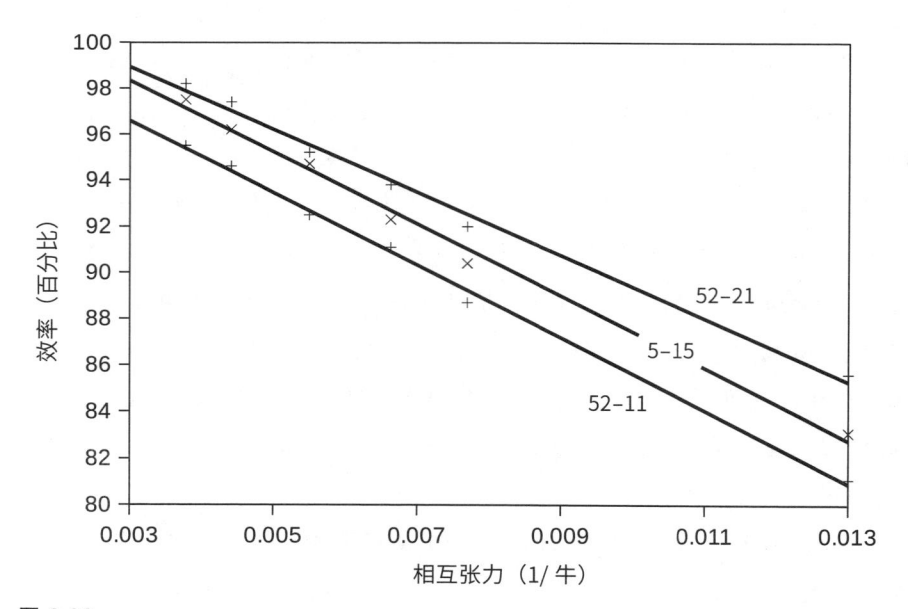

图 9.26
链传动的传动效率是（相互）链张力和驱动齿数的函数。沃尔顿和沃尔顿（2000）中显示了类似的数字。［数据来自斯派塞等人（2000）］。

为91%，1挡的平均效率提高到97.5%。安德里亚斯·厄勒在2015年，针对200瓦时的小齿轮P1十八速齿轮，测量了大多数传动比的相对恒定效率值，约为90%～91%，在7挡下降到89%，在10挡上升到92%［德纳姆（Denham），2017］。

陶瓷轴承公司CeramicSpeed在其网站上公布了对变速器传动装置所有运动部件进行的一系列非常详细的测试的结果，测试结果以损失的功率表示，显然是在95转/分下恒定输入250瓦情况下进行的。最好的链条是CeramicSpeed自己的品牌，使用具有松弛蜡（石蜡和油的混合物）基的产品在最佳条件下进行润滑，损耗为4～4.5瓦（效率为98.6%～98.2%）。对于各种其他品牌，该公司发现5～7瓦的损耗（98.0%～97.2%）。该公司后来在各种链条上使用自己的聚四氟乙烯基润滑剂进行了一项测试，得到结果是平均3.8瓦的损耗（98.5%），然后使用以下部件研究链轮组合的效果：十一速禧玛诺CS-9000 11-28T飞轮，禧玛诺FC-9000 53T大环，禧玛诺FC-9000 39T小环；平均两条链条，禧玛诺Dura-Ace CN-9000和SRAM PC Red 22，以及未指定的变速器皮带轮。对于齿轮比为1.9的大链轮，发现损耗为5.6瓦，在齿轮比为4.8时，损耗几乎完全线性上升至7.9瓦。对于小链轮，结果也以几乎直线的方式绘制，从齿轮比为1.4时的6.1瓦损耗到齿轮比为3.5时的8.2瓦损耗。这些数据与斯派塞等人（2000）的数据大致相当，但后者的斜率约为前者的两倍，即较小从动链轮的下降幅度是后者的两倍。

到目前为止讨论的测量适用于完全对齐的链轮。在实际的交叉设置中，只有比率2.3和3.8可以通过这种对齐实现，或者如果选择正确的组合，从比率1.8到3.8损失约7瓦。在其他比率或错误（严重错位）组合下，损耗增加到8.5瓦（对于大链轮）和10瓦（对于小链轮）。因此，这意味着效率从96%（最差的组合和最大错位）到97%（中档传动比），再到97.3%（最大链轮和飞轮的传动比约为2），再到98.5%（最佳润滑剂和条件）。

当比较上述段落中的所有数据时，一些数据显示出显著的一致性，但其他数据存在显著差异。公司进行的测量结果效率最高，尤其是他们自己的产品，而业余人员的测量结果最低，科学家的测量结果介于两者之间。传输效率很难精确测量，因为它需要减去两个不完全已知的大数量（输入和输出功率），以找到一个小得多的数量。平均扭矩必须已知在 0.1% 以内，以准确确定损耗。罗洛夫和格雷布（2004）指出，恒定扭矩下的测量值不能准确表示实际的骑行条件，因为自行车运动员的扭矩是高度可变的。尽管存在差异，但所有测量结果都很好地显示了功率（即扭矩，即链条张力）对效率以及从动链轮尺寸的巨大影响。在其直接从动齿轮中使用轮毂（例如 Speedhub 的第 11 个挡位）的效果是明显的，但并不总是如预期的那样。总的来说，哪种传动装置最好取决于哪些测量值最正确。变速器系统似乎对爬坡最有效，但在高速和高功率情况下，有效的很可能是 Speedhub 或另一个轮毂齿轮，而在中速范围，则是历史悠久的三速或五速直接驱动。

混合动力辅助系统

当电池不仅仅用于覆盖传输损耗时，前面描述的电气无链传输就成为混合动力辅助系统，因为有两种不同的功的来源：人体和电池。以下讨论的是用于电动自行车（如第一章中介绍的电动自行车）的混合动力驱动。出于多种原因，几乎所有的电动自行车都有功能踏板（这里提到的前三种主要适用于早期车型，后两种适用于当今车型）：

- ·在电池容量有限的情况下，速度和航程都得到了提高。
- ·即使电池耗尽，也可以完成一次行程。
- ·初始加速更快，允许简单的电机控制，例如通过开关，或两者兼有。
- ·它通常更令人愉快和有趣。
- ·在许多国家，没有踏板的电动自行车被归类为摩托车（有时是轻便摩托车），需要更昂贵的保险和许可证。

分类：串联和并联混合动力

大多数电动自行车是并联式混合动力车。也就是说，它们的电机和踏板驱动装置直接或通过变速箱独立作用于一个或两个车轮（或附加车轮）。假设没有换挡或打滑，两个驱动装置因此被限制在相同的速度下工作，但它们的扭矩可以从零到最大。此时速度（或其比率）相等，扭矩相加。最简单的并联混合动力车不是助力电动自行车，因为两个驱动装置通常彼此完全独立，电机只是通过开关或继电器打开，或通过转把式"油门"控制。在助力电动自行车中，踏板速度传感器或扭矩传感器或两者都控制电机，要么以特定速度打开，要么提供复杂的人力放大器特性。大多数并联混合动力车需要可变挡位，至少踏板和电机需要可变挡位。

在机械串联混合动力车中，电机和踏板驱动装置通过差速器齿轮起作用，向车轮提供单输出。假设没有换挡或打滑，两个驱动装置因此被限制在相同的扭矩（或扭矩比）下工作，但它们的速度可以为从零到最大不等。扭矩（或其比率）相等，速度相加。这会自动产生一个很大的速度范围，在这个范围内不需要换挡，这是一种虚拟CVT，当踏板或电机单独使用时，也会产生一个非常低的挡位。然后，该系统需要单向离合器，以防止电机向后转或产生无益的静态踏板压力。尽管配备这种系统的自行车本质上不是助力电动自行车，但它的低电机速度鼓励骑行。如果电机控制器另外将电机速度设置为与踏板速度（加上最小偏移量）成比例，则可以在真正的助力电动自行车人力放大器模式下实现较大的速度范围。在坡度较大情况下需要踏板驱动中的附加挡位，但电机通常不需要，电机应能够在任何情况下提供所需的扭矩。可能唯一的机械串联混合动力车是迈克尔·库特的 Velocity 及其准克隆，如第一章所述。

在这种机械串联混合动力电动自行车中，传感器测量骑手的踏板速度，并根据可编程功能控制电池驱动的电机。这决定了骑行的感觉，从"经济"到"惊喜"！由于速度和功率之间存在可预测的关系，因此不需要扭矩传感器。Velocity 具有高分辨率曲轴传感器，电机电压输出是速度输入加上偏移量的简单线性函数。该系统允许平稳加速，同时从静止起步踩到约 30 千米/时，而无须换挡。

电串联混合动力车由一个为电机供电的踏板发电机组成，如本章前面有关电气传动的部分所述，另外还有一个足够大的蓄电池，不仅可以弥补传动损失，还可以提供实际的动力辅助。自行车是否为助力电动自行车完全取决于控制器的编程，控制器是一个数字处理器，可以为电机输出和踏板输入产生任何所需的电压或电流比，即速度或扭矩比。如果电机足够强大，不需要齿轮，即使在改变坡度的情况下，也可以在不换挡的情况下实现全速行驶。

安德里亚斯·福克斯和于尔格·布拉特（布拉特和福克斯，1998）开发了几种电串联混合自行车和三轮车。图 9.27 显示了电串联混合动力的示意图，图 9.22 显示了早期踏板发电机原型。福克斯（2008）和其他人一样，开发了更多的车辆和部件；2012 年，库茨克、福克斯和诺伊珀特给出了极好的概述。

塞尔吉奥·萨瓦里西（2014）与他的学生在米兰理工大学研究了串联混合动力车，重点是传感器和控制［另见科尔诺（Corno）、贝雷塔（Berretta）和萨瓦里西（2015）］。有几家公司试图开始生产串联混合动力车，但大多数都失败了。电动自行车 Mando Footloose 于 2015 年投入批量生产。一篇评论发表在"电动自行车评论"网站（electricbikereview.com/mando/footloose-im/）上。

电串联混合动力系统的许多优点包括可靠性和维护：几乎不会退化、弄脏或磨损，内置和虚拟无级变速器可以编程，以便骑手始终以接近其最佳节奏的

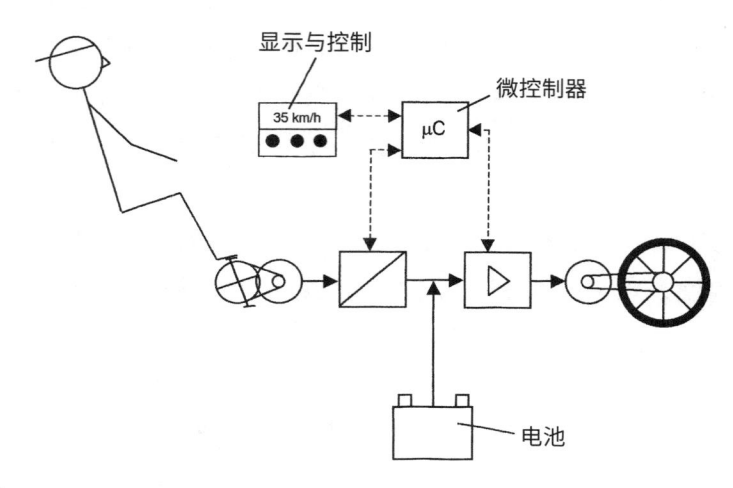

图 9.27

完整的电串联混合动力系统。（安德里亚斯·福克斯提供）

速度踩动踏板，并且永远不必停下来换挡。再生制动得到保证，甚至在静止时充电。它为以下情况提供了独特的优势，对于折叠自行车其中典型链条传动的油性链条是一个重大问题；对于双人自行车，两名骑手都可以以其最佳速度踩踏；对于躺式自行车，通常必须有一条长链条，该链条必须绕着滑轮走，才能从车手下方到达后轮，对于这三种情况，只需要用电线将踏板上的发电机与车轮上的电机连接起来即可。电串联混合动力车中的电机必须始终提供所需的全部推进功率和扭矩，包括当车辆上坡行驶时。由于通常没有机械传动，因此这会导致在中速范围内效率较高，而当以低扭矩（在水平面上缓慢）和高扭矩（陡坡）进行骑行时，效率较低。

配　置

电动自行车最简单的形式是在标准自行车上加装一个电机，改装后的电机可以通过飞轮、离心离合器或滚轮推动轮胎与车轮机械啮合，或者加装一个即使不使用也可以连续旋转的低摩擦轮毂电机。一些这样的驱动系统作为附加套件提供。许多电机是无齿轮和无刷的，因此没有机械摩擦。第一章简要介绍了BionX助力电动自行车套件，本章后面的图9.29显示了其最新电机的一部分。不幸的是，该公司于2018年末进入清算阶段，而合著者留下了一些现在无法修复的系统。一个类似且机械上更简单的概念仍然存在并有望扩展：意大利资助的哥本哈根车轮（Copenhagen Wheel）是在麻省理工学院开发的［参见乌特勒姆（Outram）、拉蒂（Ratti）和彼得曼（Biderman）（2010）］，通过Superpedestrian.com从2013年开始提供原型，从2017年开始提供生产模型（见图9.28）。它的红色外壳容纳了所有组件，包括36极电机、280瓦时电池以及扭矩和速度传感器。正确使用此产品和类似产品需要一个智能手机应用程序。这种安排节省了机械和电气元件，并提供了强大的电子功能，但另一方面，它也会带来新的问题，例如，当无线连接不畅或不支持苹果或谷歌商店时。

制造电动自行车最广泛的配置似乎是让电机作用于自行车的踏板曲柄链轮或其轮轴。在这种布置中，电机也使用踏板传动装置；然而，链轮通常是单个的。电机可以不显眼地包装在自行车的底部支架周围，这是增加质量的理想位

图 9.28

麻省理工学院感知城市实验室（senseable.mit.edu/copenhagenwheel/）的一个项目，安装了哥本哈根轮毂电机和电池的自行车。[马克斯·托马西内利（Max Tomasinelli）摄（maxtomasinelli.com）]

置。这个解决方案的缺点是它会导致自行车链条和齿轮的大量磨损，这些链条和齿轮并不是为电子和人力联合扭矩设计的。作者认识一个经常通勤的人，他每个月都要更换链条。松下（Panasonic）和博世（Bosch）生产的广受欢迎的助力电动自行车驱动装置就是这种类型的，并在许多自行车品牌中使用。

第一章和本章前面介绍的机械串联混合动力 Velocity 使用行星差速器，一侧接受标准变速器踏板驱动，另一侧接受电机的小齿带驱动。许多电动自行车驱动器看起来是一样的，但它们的轮毂没有差速器，它们是并联混合动力车，依靠足够大的电机与这种固定的单级传动装置一起工作。

在大多数电动自行车中，由电机提供的动力辅助与踏板驱动一起传递到后轮。这会产生最大的牵引力，尤其是在上坡时。相对地，轮毂电机或滚轮推入式电机也可以安装在前轮上。由于涉及纵向力矩,这种布置产生较低的最大牵引力,尤其是在湿滑条件下。然而,在这种布置中,两个车轮都是驱动的,总牵引力可能会更高。但是,由于自行车车轮的任何滑动都可能导致摔倒,因此必须特别小心地使用前轮中的大功率电机,同时还要防止它们因电气故障而突然制动。

另一种可能的电动自行车配置是将其动力辅助集成在拖车中。这可以是一个"幻影拖车",仅为自身及其有效载荷提供动力,并跟上脚踏自行车施加的速度［见科内坎普（Könekamp）（1998—1999）］,也可以是一个推动拖车。

电机和齿轮

大多数自行车电机是传统的高速永磁直流电机。此类电机体积小、重量轻,但需要大量减速齿轮。对于旋转（转子）和静止（定子）电机部件,使用永磁体的效率略高于家用电器中常见的铜绕电磁铁。这两种类型的电机都需要移动触点（电刷和换向器）,因而导致火花和磨损。自行车上可以使用具有适当功率处理的无刷交流异步感应电机（如洗衣机中使用的电机）,但现实中几乎从未使用过。电子换向直流电机可被视为同步交流电机,越来越多地用于高扭矩直接驱动轮毂电机。这些电机不是标准电机中的两极或四极,而是由小绕组（通常在定子上）和磁铁（通常在转子上,即车轮本身）形成更多的极。在其他条件相同的情况下,电机的速度与极数成反比,因此使用足够的极就不需要减速齿轮。

因此,这些直接驱动轮毂电机特别高效、安静,也可用于再生制动或电子制动。后一个功能非常有价值,与其说是实际延长每次电池的续航里程,不如说是减少自行车机械制动器的磨损。这种电机的缺点是,由于缺乏传动装置,扭矩转速比变化非常大。如果针对陡坡进行优化,它们在高速时效率较低,反之亦然。即使是定子如图 9.29 所示的相当极端的自行车电机,其本身也可以为普通自行车和骑手提供 10%~15% 的动力。然而,在踏板驱动并联电动自行车上,这种电机在实践中不会受到这样的限制。

电动机的可持续功率在很大程度上取决于其冷却效果。因此,用于法定分

图 9.29
带有 84 个电磁铁和控制器的无刷无齿轮 BionX D 轮毂电机系统的定子。转子（未显示）由连接在车轮辐条内壳体上的薄磁铁组成。直径约为 0.34 米时，它将刚好适合 20 英寸的车轮。3.9 千克电机的额定功率为 500 瓦和 25 牛·米（峰值 50 牛·米）。详见 Ron/Spinningmagnets 2018。

类的标称额定功率略高于在某些条件下测量的定义值。常见的法定限制为 250 瓦、500 瓦、750 瓦和 1 千瓦和 4 千瓦（适用于三轮车等）。短期可用的最大功率通常是额定功率的几倍，最大扭矩是最大功率下扭矩的两倍（见图 9.23）。许多高性能助力电动自行车虽然允许 1 千瓦，但通常只有 250～350 瓦的电机，因为这些电机提供的功率就可以达到 45 千米/时或 28 英里/时的法定极限。这和跟一个只有 10～20 千克重的运动员一起骑双人自行车差不多！

如今，电机（和电池）的工作电压通常在 24 伏到 48 伏之间。这大约是皮肤干燥时不会感到刺痛或电击的极限值。通常情况下，同一个电机单元可用于不同的电动自行车配置，其性能可通过电子方式进行调整。

控　制

在欧洲，由于受到立法的影响，大多数电动自行车都是助力电动自行车，美国的情况更是如此。该术语用于电动辅助自行车，必须使用踏板使电机运行，除非自行车处于低速"推动模式"下，用于上坡行走。但这里讨论的是所有电动自行车上都可以使用的控制装置，无论其是否是助力电动自行车。

电动自行车最简单的控制器是一个通断开关，但这并不是最便宜的解决方案，因为通常的低电压设置所涉及的大电流需要重负荷触点。可以使用机电或电子继电器，由自行车把手上的一个小开关控制。下一个更高的复杂程度是一个多级开关，让驾驶者可以通过多个电机绕组或电阻来选择电机速度。今天，这种控制电机速度的方法实际上已经过时，因为使用脉宽开关的电子控制器已普遍适用于传统电机。这种控制器也称为斩波器，因为电流被斩波成许多块（通常每秒20000次以上，以防止听到噪声），平均功率通过改变脉冲长度来控制。由于用于这种斩波的电子开关要么打开要么关闭，几乎没有任何损耗，就像使用电阻的控制器一样。早期的实验电动自行车和汽车确实使用了叫作变阻器的可变电阻，但大多只用于启动，因为长时间使用会非常浪费，而且变阻器过去很大且价格昂贵。

像摩托车一样，简单的电动自行车有一个弹簧加载的扭柄来选择动力。然而，在许多国家，助力电动自行车控制系统已变得更加普及。该系统涉及使用自行车的踏板速度或扭矩（或两者）来控制电机。在其最简单的形式中，控制器只是一个开关，在其最复杂的形式中，它是完全可编程的，可以接受各种输入组合——踏板速度和扭矩、电机和自行车速度和扭矩、坡度和加速度，以及用户和身体输入，以提供人和电机功率之间的各种所需关系。

其中一些输入是多余的，或者可以从其他值计算出来。我们不知道任何使用加速度输入的车辆，尽管许多控制器提供加速度输出限制，即电机电流增加速度的限制。自行车在道路上的瞬时坡度可以通过加速计测量的总加速度矢量和速度传感器得出的纯纵向加速度来计算。结果可用于相应地调整齿轮和电机功率，或者可以使用陀螺仪式传感器。许多电动自行车在传动系的某个地方都有速度和扭矩传感器，并根据编程曲线计算出电机输出。广受欢迎的BionX轮毂电机系统测量自行车后轴的弯曲应变，或多或少与总驱动扭矩成比例。这可以导致正反馈，电机施加越来越多的扭矩（更多的踏板扭矩）直到自行车自行运行。为了避免这种情况，可以通过计算机编写十几个左右的参数，甚至使用显示控制台本身，以适应不同的自行车和骑手。其他的电机系统也使用类似的方法，但保护得更严密，所以公众对它们的了解更少。

电动自行车的骑手对两件事感兴趣：实用性和良好的感觉。今天的高质量助力电动自行车都实现了这两个目标，即使使用了完全不同的技术，差异也很小。大多数人喜欢（不必要但有吸引力且容易实现）强大的加速度、正常骑行期间良好的可控性以及在所有速度下的加速度储备，所有这些都可以通过适当的控制器编程来实现，以提供有吸引力的人力功率放大器的感觉。

越来越多的趋势是将电动自行车与智能手机应用程序配对。如本章前面所述，哥本哈根车轮甚至需要一个智能手机应用程序才能使用，该应用程序仅适用于在苹果或谷歌注册的用户。该应用程序用于解锁驾驶、显示统计数据和选择辅助程度，据称辅助程度反应很快（在每次踏板旋转中都会变化）且能"自主学习"。

坏电池 ⇔ 好电池

第一批电动自行车使用铅酸（硫酸铅）电池（这里的"电池"是指可充电蓄电池）。这种电池的比能量密度约为20～50瓦时/千克，因此相当重。它们也不会持续很长时间，尤其是在快速或深度（或两者）放电的情况下。但很长一段时间以来，它们是唯一价格合理的电池，而且仍然有很多值得推荐的地方，如：易于充电；尽管有毒但材料不短缺；易于回收；只要将充电过程中产生的氢气和氧气排出，就不会立即产生危险。合著者的第一辆电动自行车使用了一个12伏的电池，这种类型的电池重约20千克，他的 Tour de Sol 混合动力太阳能三轮车使用了两块这样的电池，后来用四个较小的密封装置取代，其中酸保存在纤维或凝胶中。后来，昂贵得多的、由数百个小电池连接起来形成的，且具有非常高的功率密度的镍镉电池，在高性能太阳能汽车和 Twike 中流行。镉有毒，镍稀缺，但镍镉电池可以使用很长时间，值得回收利用。其比能量密度为30～80瓦时/千克，略高于铅电池，但更坚固，可以提供大电流并完全放电。它们现在大多被毒性较低的镍氢电池（70～130瓦时/千克）所取代，这种电池在某种程度上是自给自足的储氢器和燃料电池。镍基电池在低温和定期部分放电时容量降低（所谓的记忆效应）。现代的锂电池并没有表现出这种效应，但需要非常密切地对其中每个电池进行充电监测，以避免过热甚至起火。

由于早期的电池相对较重，因此使用的自行车和车辆必须轻且高效才能发挥作用。最高效的助力电动自行车和微型车可能是在20世纪90年代末设计的。通过测量定义路线上每次充电的可实现距离和100瓦的人力输入，可以相对客观地测试它们。很长一段时间以来，ExtraEnergy.org 以这种方式测试了所有可用的模型。这些电池可以达到的范围足以用于通勤，但不足以进行更长的旅行，除非在车站携带、更换或充满额外的电池组。

今天锂电池的出现改变了这一切。它们的比能量密度为130~200瓦时/千克，加上极高的潜在放电率和无记忆效应，现在可以让轻便的电动自行车拥有足够的里程用于旅行和山地骑行。尽管最初有质量控制问题和损坏时可能发生火灾的可能性，但它们已成为任何便携式设备的标准电池系统。电池充电控制是强制性的，但这也允许高充电率。锂电池无毒，而且锂比镍更丰富。

虽然这些"好电池"确实使电动自行车流行起来，但当然也有一些相关的反弹效应。更轻的电池使得更重的车辆和更强大的发动机成为可能。现代电池的功率密度远高于人类功率，因此混合动力车辆中的人力输入几乎不再重要，即使对于助力电动自行车来说，也不例外，除非是作为控制电机的一种手段。以前辅助比率为1~3或更少是常见的；现在的比率高达10甚至更多。采用传统技术制造的自行车，特别是带有齿轮装置的完整踏板链驱动，目前继续保留自行车类型的特征和设计，以保留自行车的典型特点，但边界已经改变。电串联混合动力自行车尤其需要一个大电机，而且有了一个强大的电池，对于能量平衡来说，踏板发电机的功率会发生什么变化并不重要。助力电动自行车变成了摩托车，踏板更多地被用作控制装置，而不是动力装置。

eROCKIT（eROCKIT.de）就是这样一款电动自行车，重120千克，配有一个8千瓦的电机，完全由踏板发电机控制，最大助力比可能接近100。据制造商称，它没有挡位或多种设置，从技术上讲，它是一款串联混合动力车，踏板感觉完全符合电子控制器的特性。亨肖（2018）描述了 eROCKIT 的原始设计师设计的一款近乎克隆的自行车，名为 Gulas。它只能使用踏板来操作，但显然踏板仅作为速度控制器，本身不提供任何功率，并且电机的额定功率高达 28 千瓦。

大多数骑自行车的人可能会对如此大规模的机动化表示不满。在合著者看来，对这类反对意见有三种答案：

- 这取决于人们将这些高水平的机动化与什么进行比较。即使是高度超机动的电动自行车在环境方面也比传统的、重量大的或污染更严重的非混合动力汽车更好。
- 从健康的角度来看，正如艾伦·阿博特（第一章）所言，即使只是少量锻炼也比没有好。
- 传统的汽车为了舒适和安全通常开得有点快，因为非常安全的速度会让人感到厌倦。合著者的实验表明，踏板的使用增加了主观感觉速度，因此降低了实际速度，并具有所有相关的安全和能源优势。

电动自行车的未来？

慢速和快速电动车越来越受欢迎，尤其是在富裕和丘陵地区，因为它们通常将最快的旅行与乐趣和健康益处结合在一起，远远弥补了骑得更快带来的更大风险。尽管如此，与传统自行车相比，它们额外的经济和环境成本较之纯机动车的生产和使用还是很小的，看起来骑行作为一个整体可以从后者的存在中受益。电串联混合动力车对汽车和摩托车公司尤其有吸引力，因为它们可能会成功地吸引新客户，使其拥有易于使用的、没有传统自行车形象的电动自行车。此外，辅助运送车和家庭车辆以及三轮车现在可以在它们最初出现的平坦地形以外的地方使用。

尽管电动自行车作为一个"物种"的未来看起来很美好，但单个车辆的未来可能很短暂。与能使用很久，没有原厂部件也能修的机械自行车或早期的动力辅助自行车相比，现代助力电动自行车就像装满了未公开的专有电子系统的黑匣子，几年后就会经常出现故障。即使保修期结束后制造商仍在营业，维修也通常是不可能的、无法完成的或过于昂贵的。（对于其他越来越电子化的自行车部件，例如电动变速杆甚至车灯，这也是一个日益严重的问题。）就在几年前，单独更换电池组仍然很容易；现在，部件在电子和机械方面都与电池模块紧密集成，因此当电池失去容量或电子元件出现故障时，必须购买一个完整的新单元。电池模块包括外壳和电子系统的一部分，比电池本身要昂贵得多。技术娴熟的人有时可以找到更换电池的说明（例如，参见 kmpres 2016），但大多数人会发现，当电池无法正常工作时，他们不得不丢弃电池。对于像通勤者这样的重度使用者来说，更换电池和自行车不是什么大问题，因为好处远远大于成本。然而，偶尔使用的用户最好租用或共享电动自行车而不是购买它们，因为电池即使在不使用时也会退化。

参考文献

Berto, Frank, Ron Shepherd, and Raymond Henry. 2000. *The Dancing Chain— History and Development of the Derailleur Bicycle*. http://web.archive.org/web/20190113222335/http://www.thedancingchain.com/.

Blatter, Jürg, and Andreas Fuchs. 1998. "Fully Electrical Human-Power Transmission for Ultra-lightweight Vehicles." Paper presented at the Extra-Energy Symposium, IFMass, Koln, Germany.

Bolen, Rachel, and Mark Archibald. 2017. "An Experimental Study on the Efficiency of Bicycle Transmissions." Paper presented at the American Society for Engineering Education Zone 2 Spring Conference, "Engineering Everywhere for Everyone," San Juan, Puerto Rico, March 2–5. http://zone2.asee.org/papers/proceedings/3/78.pdf.

Brooks "Retrogrouch." 2016. "New Is Old Again: Expanding Chainring Cranks." *The Retrogrouch* (blog). January 11, 2016. http://bikeretrogrouch.blogspot.com/2016/01/new-is-old-again-expanding-chainring.html.

Brown, Sheldon. 2008. "The Sturmey-Archer ASC Fixed-Gear Three-Speed Hub." Harris Cyclery (website). https://www.sheldonbrown.com/asc.html.

Bucher, Clemens. 1998. "Recumbent with Encapsulated Drive Train." Paper presented at the Third European Seminar on Velomobile Design, Rosskilde, Denmark.

Cameron, Angus. 1998–1999. "Measuring Drive-Train Efficiency." *Human Power*, no. 46 (Winter): 5–7. http://www.ihpva.org/HParchive/PDF/hp47-n46-1998.pdf.

CeramicSpeed. 2018. "Driven—The World's Most Efficient Drivetrain." CeramicSpeed, Holstebro, Denmark. https://www.ceramicspeed.com/media/2979/driven_brochure.pdf.

Continental Bicycle Systems. 2018. "Belt Drive." Continental Bicycle Systems, Eschborn, Germany. http://www.continental-bicycle-systems.com/Ebikes/Belt-Drive.

Corno, Matteo, Daniele Berretta, and Sergio M. Savaresi. 2015. "Human Machine Interfacing Issues in SeNZA, a Series Hybrid Electric Bicycle." *Proceedings of the American Control Conference* 2015: 1149–1154. https://www.researchgate.net/publication/283439648.

Denham, Alee. 2017. "What's the Difference in Speed between Gearbox Systems?" Cycling About (website). https://www.cyclingabout.com/speed-difference-testing-gearbox-systems/.

Fluid Power Vehicle Challenge. 2018. "Meet the Teams." National Fluid Power Association, Milwaukee, WI. http://nfpahub.com/fpc/vehicle-challenge/meet-the-teams-fpvc/.

Fuchs, Andreas. 2008. "Series Hybrid Drive-System: Advantages for Velomobiles." *Human Power eJournal*, no. 5: art. 15. http://hupi.org/HPeJ/0015/0015.htm.

Garnet, Jeremy. 2008. "Ergonomics of Direct-Drive Recumbent Bicycles." *Human Power eJournal*, no. 5: art. 17. http://hupi.org/HPeJ/0017/0017.htm.

González, Fernando Álvarez. 2014. "High Efficiency Electric Generator for Chainless Bicycle." Thesis, Universidad de Oviedo, Asturias, Spain. https://core.ac.uk/display/71868094.

Henshaw, Peter. 2018. "Tested—The Amazing Super-power Gulas." *A to B magazine*, no. 119. http://www.atob.org.uk/product/atob-119-digital/.

Herzog, Ulrich. 1991. *Fahrradpatente* [Bicycle patents]. Kiel, Germany: Moby Dick Verlag.

Idemitsu Kosan Company. 2018. "TDF (Traction Drive Fluid)." Idemitsu Kosan Company, Tokyo, Japan. http://www.idemitsu.com/products/lubricants/tdf/.

Kanehira, Makoto. 1995. "The Complete Guide to Chain." Tsubaki Inc. US, Wheeling, IL. http://chain-guide.com/basics/2-2-1-chordal-action.html and http://tsubaki.ca/pdf/library/the_Complete_guide_to_chain.pdf.

Keller, Josef. 1983. "Comparative Efficiencies of Shaft Drive and Clean and Used Chains" [in German]. *Radmarkt*, no. 2: 71–75. Reprinted in *Pro Velo* 5 (1986).

Kidd, Matthew D. 2000. "Bicycle-Chain Efficiency." Ph.D. diss., Department of Mechanical Engineering, Heriot-Watt University, Edinburgh, Scotland. https://ethos.bl.uk/OrderDetails.do?uin=uk.bl.ethos.313628.

Kmpres. 2016. "How to Rebuild a BionX E-Bike Lithium-Ion Battery Pack." Instructables (website). https://www.instructables.com/id/How-to-Rebuild-a-BionX-E-Bike-Battery-Pack/.

Könekamp, Andreas. 1998–1999. "The Phantom Trailer." *Human Power*, no. 46 (Winter):

3–4. http://www.ihpva.org/HParchive/PDF/hp47-n46-1998.pdf.

Kretschmer, Thomas. 1999–2000. "Direct-Drive (Chainless) Recumbent Bicycles." *Human Power*, no. 49 (Winter): 11–14. http://www.ihpva.org/HParchive/PDF/hp49-1999.pdf.

Kyle, Chester R. 1991. "Alternative Bicycle Transmissions." *Cycling Science* (September and December): 33–38.

Kyle, Chester R., and Frank Berto. 2001. "The Mechanical Efficiency of Bicycle Derailleur and Hub-Gear Transmissions." *Human Power*, no. 52 (Summer): 3–11. http://www.ihpva.org/HParchive/PDF/hp52-2001.pdf.

Kutzke, Harald, A. Fuchs, and H. Neupert. 2012. "An Overview of the Most Significant Milestones for Series Hybrid Pedelecs." *ExtraEnergy Pedelec and E-Bike Magazine*, no. 12: 33–42. http://extraenergy.org/main.php?id=79314.

Loewenthal, S. H., D. A. Rohn, and N. E. Anderson. 1983. "Advances in Traction-Drive Technology." Technical Memorandum 83397, National Aeronautics and Space Administration, Washington, DC. http://hdl.handle.net/2060/19830020184.

McGurn, James. 1987. *On Your Bicycle: An Illustrated History of Cycling*. London: Murray.

Nurse, Stephen. 2019. "In-Hub Gearbox Front Wheel Drive Cycles." *Human Power eJournal*, no. 11: art. 26. http://hupi.org/HPeJ/0026/0026.htm.

Oehler, Andreas. 2019. *Fahrradzukunft* [Bicycle Future] (online). https://fahrradzukunft.de/archiv/.

Outram, Christine, Carlo Ratti, and Assaf Biderman. 2010. "The Copenhagen Wheel: An Innovative Electric Bicycle System That Harnesses the Power of Real-Time Information and Crowd Sourcing." Paper presented at "Ecologic Vehicles, Renewable Energies," Monaco, March 25. http://senseable.mit.edu/papers/pdf/20100325_Outram_etal_CopenhagenWheel_EcologicVehicles.pdf.

Parker Hannifin. 2016. "9th Annual Chainless Challenge Puts Students to the Test." Parker Hannifin, Cleveland, OH. http://blog.parker.com/9th-annual-chainless-challenge-puts-students-to-the-test.

Ritchie, Andrew. 1975. *King of the Road*. Berkeley, CA: Ten Speed.

Ritchie, Andrew. 1996. *Major Taylor: The Extraordinary Career of a Champion Bicycle Racer*. Baltimore: Johns Hopkins University Press. https://archive.org/details/majortaylorextra00ritc.

Rohloff, Bernhard, and Peter Greb. 2004. "Efficiency Measurements of Bicycle Transmission—A Neverending Story?" *Human Power*, no. 55: 11–14.

Ron/Spinningmagnets. 2018. "BionX Reorganization? (They're NOT Calling It a 'Bankruptcy')." *ElectricBike*, March 27. https://www.electricbike.com/bionx-reorganization/.

Savaresi, Sergio. 2014. "E-Bikes: Present and Future of High-Tech Solutions." Paper presented at the International Li-Ion E-Bike Industry Summit, Shanghai, April 13. http://www.datei.de/public/extraenergy/2014-EnergyBus/savaresi_china-cycle_2014.pdf.

Schmidt, Theo. 2019. "Maximum Chain Efficiency." *Human Power eJournal*, no. 11: art. 27. http://hupi.org/HpeJ/0027/0027.htm.

Sharp, Archibald. 1896. *Bicycles and Tricycles*. London: Longmans, Green. Reprint, Cambridge, MA: MIT Press, 1977.

Spicer, James B., C. J. K. Richardson, M. J. Ehrlich, and J. R. Bernstein. 2000. "On the Efficiency of Bicycle Chain Drives." *Human Power*, no. 50 (Spring): 3–9. http://www.ihpva.org/HParchive/PDF/hp50-2000.pdf.

Thijs, Derk. 2018. "Rowingbike over the Years." RowingBike.com. https://rowingbike.com/en/modellen/historie/.

Walton, Claire L., and John C. Walton. 2000. "Efficiency of Bicycle Chain Drives: Results at Constant Velocity and Supplied Power." *Human Power*, no. 51 (Fall): 14–15. http://www.ihpva.org/HParchive/PDF/hp51-2001.pdf.

Whitt, Frank Rowland, and David Gordon Wilson. 1982. *Bicycling Science*. 2d ed. Cambridge, MA: MIT Press.

Wilson, Dave. 1999. "Transmission Efficiencies." *Human Power*, no. 48 (Summer): 20–22. http://www.ihpva.org/HParchive/PDF/hp48-1999.pdf.

第十章
不同寻常的人力机器

引　言

人力交通工具不仅包括自行车和两个轮子以上或两个轮子以下的交通工具，还包括船只、飞机、水陆两栖车辆等。像雪橇、滑雪板，甚至鞋子这样的设备是否能被称为HPV还值得怀疑，但是更广泛的术语"人力机动性"肯定涵盖了这些，而且"人力"也可以应用于日常使用的机器甚至工具中。

本章包括本书上一版中的人力机械示例，考虑到当时预期的进展，这些示例似乎已经过时。虽然其中一些例子已经不复存在，但我们发现自己仍然对当时审查的设备范围印象深刻，同时对自那时以来出现的少数重大发展感到失望。因此，我们保留了一些仍然是同类最佳或独特的内容，要么留下之前描述的材料，要么通过发表评论来表明我们所掌握的信息的变化。我们的目标是扩大读者的体验，也许能让读者想使用，甚至设计和制造一些有趣的除了自行车以外的人力设备。

发达国家的人们选择骑自行车通常是出于与自身健康和福祉以及他们所居住地区的健康和福祉相关的原因，也许是出于对整个地球的关注。例如，这些人在割草、扫雪和休闲划船等方面也可以做出类似的选择。唉，在现代世界的电动胡椒研磨机和自动皂液器中，人力的作用正在下降。虽然我们在本章中对人力进行了一些宣传，但我们并不建议每个人都长距离骑行，也不建议使用人力清除超市停车场的积雪或修剪高尔夫球场的草坪。然而，即使在像美国这样的大国，超过一半的人每天乘汽车的行程都不到8千米（5英里），这是大多数人骑自行车很容易就能到达的距离。同样，大多数草坪和车道的大小都可以通过人力设备轻松处理。过去，人们热衷于通过使用汽油发动机和电动机驱动的设备来减少所谓"繁重"的劳动，但这几乎完全忽视了改进人力工具的努力。因此，今天在高度发达的现代电气设备和一百年来没有明显改进的手动设备之间存在着不公平竞争。也许我们需要一系列新的奖项，比如克雷默奖（见本章后面的讨论），以表彰在人力工具方面取得的具体成就。例如，我们从未听说过人力吹叶机，但肯定可以开发一种，因为通常那些电动的噪声很大的设备效率极低。

我们选择在本章讨论两个人力工具示例和一系列有趣的车辆（标准自行车除外），用于在陆地、水上和水下以及空中使用。每个例子都值得进行几页的描述和讨论，但本书篇幅不允许如此详尽的论述。我们在每种情况下都选择了一些有趣的功能，希望想要了解更多信息的读者可以查看引用的参考文献，找出他们想知道的一切。

人力割草机

这本书的前三个版本包括对各种踏板割草机的描述。从那时起，已经制造了很多的样式，包括赫斯洛（Herslow）（2011）作为设计学位项目的一个吸引人的割草机。然而，我们怀疑这一领域不会有突破，原因很简单：除非在非常坚硬的草皮上，要克服脚踏割草机的滚动阻力需要比走路更大的努力，而这还不包括操作切割设备所需的额外的力。在松软的地面上踩下割草机所需的能量是如此之大，以至于踩踏割草机优于推动割草机的唯一方法是让割草人静止或缓慢移动，同时割草机以更高的速度覆盖大片区域（事实上，与下一节中描述的镰刀类似）。此外，一些传统的卷筒式推式割草机通过使用极其精密的卷筒变得非常高效，可以调整卷筒使其完全不接触割草机的固定刀刃（典型间隙：0.1毫米）并且仍然可以割草。使用这种割草机修剪大多数草坪最初所需的工作量很小。（不幸的是，精密零件最终会磨损或损坏，如果不进行整修或更换，要么切割不好，要么造成更大阻力。）对于长草，必须使用所谓的镰刀杆。我们怀疑20世纪初出售的那些（见图10.1）摩擦程度相对较高，因此不再出售。

图 10.1
镰刀杆推式割草机。[图片来源：奥拉·E. 史密斯（Ora E. Smith）]

然而，传统镰刀的人力割草经历了一次小复兴，所以我们在这里提到它。

镰刀协会的网站（scytheassociation.org）提供了大量的最新资源。如果以下三种方法中至少有两种可用，那么镰刀割草是有效的：

- 角度正确的锋利刀片
- 技能或经验
- 有力量或良好体质

重点是第一点，但从技术角度来看，主要问题是刀刃要锋利。镰刀通常每隔几分钟磨一次，并且经常需要在使用 12 小时后对其进行锤击。如果科学界能够找到一种合适的免磨锋利材料，或者至少是一台方便的喷砂机，镰刀使用可能会更加广泛。如果前两点可以得到满足，镰刀会成为相当有效的工具，如果所有三点都满足，割草速度也很快。优秀镰刀手只需不到 2 分钟即可修剪 25 平方米的草地；那些不太强壮和熟练的人通常需要 8 分钟。

人力除雪机

经常见到关于在冬季第一场降雪时使用雪铲导致居民心脏病发作的报告。铲雪是一项繁重的任务，需要使用手臂和背部的肌肉，并使背部不舒服地弯曲着。如果用腿部的大肌肉来代替，并且有一个更自然的姿势，那么工作效率会更好一些，对身体的压力也会少一些。更重要的是，如果有一个小巧轻便的设备，仅仅通过腿部操作就可以铲起大量的雪，并将其倾倒在所需的方向，和人们使用雪铲费力劳动的效果一样，这将是一件令人愉快的事情。不幸的是，从作者和他的学生进行的搜索来看，市场上甚至在专利文献中都没有出现过这样的设备。图 10.2 显示了他最喜欢的清除积雪的工具：在车库大甩卖中购买的旧

图 10.2
戴夫·威尔逊的推式雪犁。[艾伦·威尔逊（Ellen Wilson）摄]

推犁。他在推犁上制作并安装了一个带有软钢刀刃的玻璃纤维刀片。他想证明他在车道（约 50 平方米）的沥青路面上，与邻居使用发动机驱动的吹雪机在相同面积上工作相比，能够仅用大约一半的时间就清除完积雪。

在这方面，另一个非常有用的设备是雪橇铲，一种带有双柄的非常宽的弯曲铲。将其向前推并垂直调整，雪就会被铲起、运输和倾倒，但不需要抬起。使用该设备很容易将半融化雪（对于雪犁来说太重）推行相当长的距离，堆成一个长长的斜坡，然后倒掉。

最近，市场上出现了一种名为雪狼铲（Snow Wolf Shovel）的设备，它或多或少地结合了刚刚讨论的两种设备。然而，作者仍然喜欢他的雪犁，而合著者喜欢将雪保持在原位以供滑雪板和雪橇使用！

滑板车

虽然德莱辛式自行车演变成自行车是众所周知的，它们都是通常由鞍座支撑的人的交通工具，但关于人站立使用的两轮车的进化分支的文献较少。不过，美国专利局列出了 1920 年至 1940 年及以后数百项与滑板车相关的专利。德国联邦档案馆存有 1930 年至 1951 年期间在巴黎、柏林和莱比锡使用脚踏滑板车的儿童照片（见图 10.3）。维基共享 2018a 展示了其中的一些，以及自 20 世纪 50 年代中期以来配备相对较宽充气轮胎的新型滑板车。

我们小时候记得见过这样的

图 10.3
1948 年，柏林的小型儿童滑板车。（图片来自德国联邦档案馆，图片 183-19000-2205，授权 CC-BY-SA 3.0）

脚踏滑板车。它们的中型、相对低压的充气轮胎具有太大的滚动阻力，无法让它们变得有趣，尤其是在我们接触到能够进行长途旅行和交通出行，甚至是儿童可操控的"真正的"自行车之后。今天常见的带有小型实心轮胎的滑板车已经流行一时又过时了，也许是因为当时大多数路面过于崎岖而无法舒适地使用。在20世纪80年代，人们开发了几乎全尺寸的气动自行车车轮，或者至少是一个大前轮的脚蹬式滑板车（kickbike）。由于具有类似自行车的滚动特性，它们可以在越野和许多道路上使用，可以携带行李，今天也很受欢迎，常被用于游览和遛狗时使用。

20世纪70年代，刚果民主共和国开发了一种特殊的车：名为chukudu的长的木制滑板车（图10.4）。

它们是戈马市周围广泛使用的一种货运形式，是最高效、最生态的陆路运输形式之一，因为该地货物主要从山上向下运输到城市中，一次运输量高达半

图 10.4
刚果民主共和国北基伍省的一名男子使用chukudu。[图片来源：尼尔·帕尔默（Neil Palmer）（CIAT），授权CC-BY-SA 2.0]

吨左右，在上坡路段则由当地人推上去。空的 chukudu 可以用脚推动，另一条腿屈膝支在车上。在线搜索很容易找到关于它的信息、图片和视频。

　　前文所述的儿童滑板车和大轮脚蹬式滑板车不太适合城市交通。在繁忙的主要道路上，它们不像自行车那么容易行驶，在人行道上也不太容易操作，很难不引人注目，也不太适合在公共交通工具上或室内轻松携带。因此，在 20 世纪 90 年代末，紧凑型小轮滑板车被重新引入，并变得可折叠。与之前的橡胶轮胎不同，这种滑板车的轮子是极耐磨的聚氨酯溜轮，那时骑手们有了广泛的光滑人行道和道路可供选择。它们的快速可折叠性、小尺寸、低重量、高机动性以及光滑表面上的低滚动阻力，使得它们不仅立即受到儿童的欢迎，也受到成年人的欢迎，包括合著者和他的妻子。这种复兴和现代铝制设计归功于维姆·欧波特（Wim Ouboter），它们最初是作为个人实用交通工具，后来成为 Micro Mobility 公司的基础。2000 年前后，滑板车的销量暴增，在年轻的城市居民中成为一种时尚。在随后的热潮中，无数的抄袭品起到了推广的作用，这些抄袭品甚至在廉价乃至劣质设计的情况下也相当好用，它们既有助于也阻碍了更昂贵的优质品牌的销售。认识到这一点，欧波特没有在法律冲突中浪费时间，而是通过为不同的用户群体生产新车型以及三轮车和玩具，来在竞争中保持领先，至今已生产了 50 多种不同的车型。有趣的是，进化不断重复：从微小的实心轮胎车轮，到更大的实心车轮（在更粗糙的表面上更具可用性），到小型、高阻力气动和宽实心车轮（除了下坡，没有多少乐趣），再到 20 世纪 50 年代的中型气动车轮（以及鞍座和动力；稍后会有更多信息）。

　　大多数两轮滑板车的转向、平衡和操纵方式与自行车大致相似，似乎更易于使用，只是车把和站立平台代替了鞍座的作用，骑手能将质量应用于动力系统。像自行车一样，即使变形、松动或以其他方式老化，它们也能很好地工作。然而，一旦掌握了一些替代设计，它们就具有一定的优势。一种是由伯恩哈德·基尔希（Bernhard Kirsch）和克里斯蒂安·马克斯（Christian Marx）（图 10.5）开发的 Plankalkül，正如他们所说，它是适合"极限购物"的终极街道踏板车，可以单手驾驶，也可以不用手驾驶。这是通过镜像（负）头管角度 α 实现的，这使得车轮翻转系数（在第八章中描述）以前轮为中心。

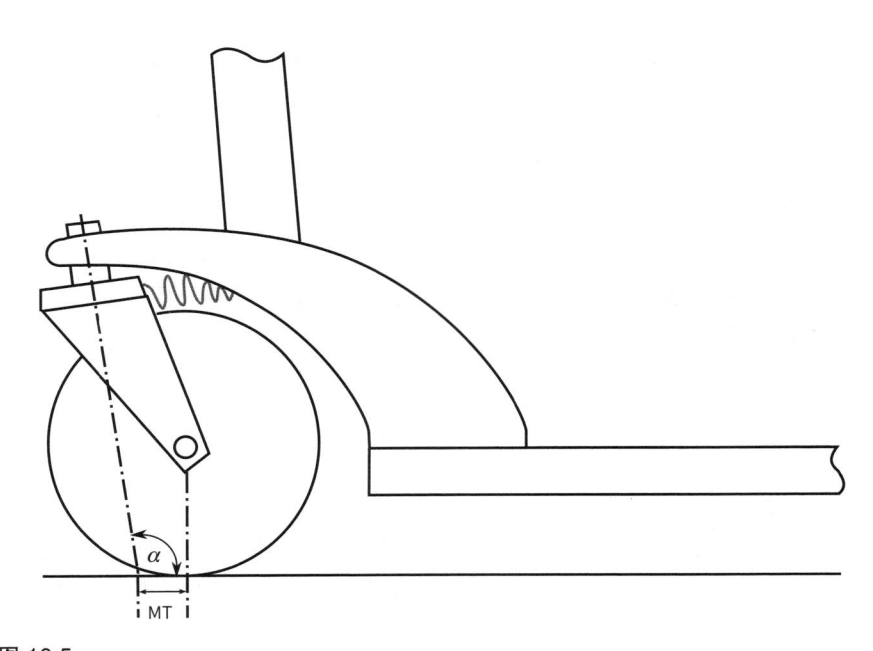

图 10.5
图中显示了 Plankalkül 早期模型的头管角度（α）和机械轨迹（MT），该模型可以凭借车轮翻转中心在前轮来撒把骑行。

Plankalkül 有一个操纵杆，用于在蹬地时握住，但也可以像滑板车那样由振动驱动。不幸的是，基尔希和马克斯的项目尚未投入生产，但在 Plankalkül 网站（bodenstaendig.de/strassensurfbrett/）上有详细描述。

三轮及更多

前面描述的大多数两轮滑板车的转向有点像自行车，尽管倾斜身体的方式不同，且撒把骑行通常是不可能的。随着第三个或更多的轮子的加入，其转向和平衡与自行车有了根本的不同，特别是可能有许多不同的配置，例如，对四轮滑板的改装，在其中对滑板的一侧施加压力使其滚动，轮轴偏摆，从而产生转向。四轮旱冰鞋的工作原理基本相同，许多三轮滑板车也是如此。传统的推车或货运三轮车的转盘具有垂直轴并通过一些杠杆或手柄直接偏转，滑板和类似产品的轮转轴位于倾斜轴上，以弹性体为中心，通过重量转移操作。理论上，可以使用阿克曼式连杆改善转向，如唐斯（Downs）（2011）所述。

与无数具有单转向前轮的历史设计不同，较新的三轮滑板车大多有两个前轮，与大型车辆上的类似，带有阿克曼式连杆，但由滑板车踏板的侧倾角度操纵，而不是由方向盘或杆完成（见图 10.6）。这款为成人设计的模型最初有一个带旋钮的手柄，这表明它不是用于偏摆，而是用于单手摇动，或只是用于抓握。现在，儿童滑板车车型甚至是较新的成人滑板车车型都有一个双手握住的把手，但工作方式仍然相同。尽管它们在静止时比较稳定，但至少对骑自行车的人来说，转向和平衡在这些三轮车上不如两轮车上的相同操作那么直观，即使对于精心设计的模型也是如此。不幸的是，有很多情况让这些设备在超过步

图 10.6
合著者的三轮滑板车之一，即使是新的，也无法以高于行走速度的速度行驶，这可能是因为连接中的过度联动，尽管有经过 TÜV 测试的贴纸和知名品牌的标志（未显示）（两者都可能是伪造的）。

行速度的情况下几乎无法使用。例如只是一个有缺陷的几何形状，或者连杆和轴承的过大间隙，即使在更好的设计中也可能通过磨损而出现问题。这也许是它们没有像两轮车和四轮车那样流行的原因之一。

还可以找到许多具有特殊几何形状的变体，例如，带有两个旋转拖臂和后轮的三轮雕刻滑板车。这允许通过适当的分阶段重量移动和转向运动实现强大的倾斜效果、较小的转弯半径和推进。在这种情况下，"雕刻"一词可能来自现代类型的滑雪双板和滑雪单板，与传统滑雪板相比，现代类型的滑雪双板和滑雪单板在转弯时倾斜度很大，依靠雪板的边缘在雪中"雕刻"，而传统滑雪板倾角较小并向侧面滑动。

负载和行李

大多数滑板车没有行李架，也没有挂车，虽然这两种都可以实现。为了达到本章前面提到的非洲 chukudu 的承载能力的至少一小部分，人们尝试了两种方法：用于仓库等的工业货运滑板车和配备额外可折叠滑板的拉杆式行李箱。例如，第一种车型设计负载约 50 千克和 70 升［灵捷（Nimble）两轮车］、90 千克和 150 升（莫纳克三轮运输滑板车：一个前轮转向，一个前轮万向，后轮固定），或 120 千克和 190 升（灵捷五轮车：两个中轮固定，两个前轮万向，一个后轮转向）。

第二种类型通常负载约为 25 千克或 25 升，不仅可用于机场和火车站，也可用于人行道和小路。有很多种牌子，合著者购买了两个第一批可用的产品。2001 年，罗伯特·沃尔法特（Robert Wohlfahrt）精心命名和设计的"滑板箱"是一款先驱产品，但此后就退市了。沃尔法特找到了一个巧妙的解决方案，即此类滑板车行李箱在被把手拖曳时必须能够向相反的方向滚动，就像任何两轮行李箱手推车或手拖车一样。当行李箱在三轮滑板车模式下使用时，两个前轮的轴颈可以通过重量转移进行转向。当踏板折叠起来时，它会自动固定两个轮子，这样当行李箱用作手推车（具有反向轨迹）时，它们不会摆动。不幸的是，滑板箱很难沿直线行驶，其机制在技术上不成熟或设计不完善。

大约 10 年后，规模大得多的公司 Micro Mobility 和新秀丽推出了他们的微

第十章 不同寻常的人力机器 415

图 10.7
典型环境下的微型行李箱，具有特殊的后"雕刻"轮。

型行李箱（见图 10.7），如今仍然受到媒体和客户的好评，并以几种类似的变体生产。合著者的行李箱带有四个轮子。其中两个位于前转盘状轴上，但与一个倾斜轴连接在一起，当设备被推着滚动时，该轴具有足够的灵活性可以稍微偏转，就像一辆非常硬的滑板车一样，另外两个作为固定的双轴安装在骑手的后折叠踏板上。

微型行李箱只有在 3 米/秒左右的速度下直线行驶性能良好，超过这个速度就会开始抖动。车主手册上经常用双感叹号写道："最高时速：10 千米。非玩具，儿童不宜。不适合下坡（无法确保制动）。双脚不能同时踩在滑板上。不适合潮湿路面"。此外，只有非常大的转弯半径才能顺利行驶。在合著者询问此事后，Micro 公司给他寄来了一个"雕刻"轮，作为双后轮的替代品。这个轮子内部有一个巧妙的脚轮轴，可以弹性固定，但非常坚硬，当脚轮轴安装在 −45° 时，可以产生约 40 毫米的滚动轨迹。这提高了可控性，但滚动阻力却大大增加。作为行李箱，微型行李箱的质量很好，但体积却相当小，只有 10 升容量装文件夹等长方形物品，只有 25 升装衣服或小件物品等易变形物品。合著者对一种目前正在销售的新型号进行了预先测试。它的容量更大（33 升），转弯半径很小，但在测试中，在接近行驶速度时就开始严重抖动。这个问题需要解决，而且无疑已经得到了解决。

有趣的是，这种设计的第一个概念可能是箱式折叠滑板，由两名瑞士设计学生克里斯托弗·辛德曼（Christof Hindermann）和杰罗姆·格萨加（Jérôme Gessaga）于 1999 年提出。格兰茨曼（Glanzmann）（2011）表示，两名学生将该设计提供给新秀丽却没有成功，但这可能导致新秀丽在十年后联系 Micro Mobility 公司，以开发这种微型行李箱，而此时箱式折叠滑板商标已经过期。受滑板箱的启发，这本书的合著者还试验了行李箱踏板车，他称之为 TranSportIV（e）（施密特，2008）。

一种较新的行李箱滑板车是 Olaf-Scooter，在视频中显示它便于操作，可以搭配高达 40 升的行李箱。

车座和功率

多年来，中国有数百万辆配备车座的慢速电动滑板车在路上行驶。在美国和欧洲，电动滑板车看起来几乎像无动力滑板车，尽管它们要重得多。由于新的立法允许合法使用，它们变得越来越受欢迎，如今有大量可供出租（见第十一章）。许多滑板车价格便宜，质量低劣，但也有些昂贵，质量好，配有车灯、盘式制动器、锂电池和后轮内的强大的多极电机。它们是否可以合法地在公共道路上使用取决于当地立法以及滑板车的配置和速度。例如，在瑞士和德国，合法车型可以作为自行车至少在自行车道和小路上使用，仅使用电机速度可达 20 千米 / 时 ［联邦司法部（2019）］。尽管许多车型需要先踩一脚才能启动发动机（德国的最低速度为 6 千米 / 时），但它们并不像本书中描述的助力电动自行车那样是混合动力车，无法在没有更多人力的情况下继续行驶。

合著者提出了一种辅助系统的想法，该系统由传感器控制，测量真实加速度（速度的导数）和视加速度，从而可以计算坡度，并以想要的加速特性控制电机。2018 年，他在 Micro Mobility 试驾了这样一款脚踢控制的电动滑板车原型，他相信，在 0.05 米 / 平方秒的强制减速下，需要经常蹬腿才能继续前进，这比当局现在允许的全动力电动滑板车在趣味性和安全性方面要优越得多。Micro Mobility 公司（2019）现在销售这种配备了所谓的运动控制转向的车型。一个简短的视频解释了该功能。斜率得到补偿，在操作 10 秒后，需要重新蹬腿或剧烈的臀部运动来保持电机运转。这将瑞士法律允许的机动速度提高到 25 千米 / 时，这是对至少使用一些人力的强烈激励。

我们还没有看到过带车座的非机动滑板车，但曾在科隆大学从事 HPV 研究的保罗·施多夫（Paul Schöndorf）为折叠滑板车安装了车座，使其仍然可以折叠（图 10.8）。他说他坐着比站着滑得更容易，也更远。（蹬腿运动涉及每次推动时将一个人的整个体重无效率地上下移动几英寸。）施多夫的装置实际上是一个非常短且可操作的德莱辛式自行车。他发现最好只使用一条腿进行推进，就好像仍然站立一样，并怀疑早期的德莱辛式自行车骑手也这样做，因为这样可以更好地将骑手的身体与车辆连接，而骑手无须紧紧抓住把手。这种不显眼的带车座的交通工具还可以被带到拥挤的地方，几乎在任何地方都能为疲惫的人提供一个座位。

安　全

尽管蹬踏式滑板车看起来很危险，而且会引发大量事故，但涉及此类滑板车的死亡人数却很少（尽管在美国这种情况有所增加；请参阅 CPSC 2019 年的受伤统计数据），至少在现代滑板车的故乡瑞士，很多孩子在能够骑自行车之

418　骑自行车的科学

图 10.8
保罗·施多夫的带车座的滑板车（仍然是可折叠的）。

前就被允许使用滑板车上学，即使是在有车辆行驶的（小）道路上。

尽管贴有"经过测试"的贴纸，但许多滑板车的质量值得怀疑。它们的一些不足之处是固有的，特别是在潮湿天气下较差的刹车和转向能力。［虽然可以把全部重量放在后制动蹄上，以实现充分地（短暂地）刹车，但仍需要练习。］具体来说，驾驶蹬踏式滑板车时所感受到的不安全感可能会导致大多数人行驶速度不超过他们愿意上路的速度，驾车者比骑自行车的人和行人要更加小心。具有更多离地间隙的非折叠坚固车型也可用于 U 字形滑道比赛等运动用途。

残疾人用人力车

许多特殊的 HPV 已经被制造出来，使残疾人也能参加自行车比赛和一般运动，并方便日常交通。包括轻微改装和用手摇曲柄代替脚踏板，此外还有完全定制的结构。图 10.9 显示了乔治·乔治耶夫（Georgi Georgiev）为世界滑雪冠军、奥运会金牌得主、双腿截肢者丹尼尔·卫斯理（Daniel Wesley）设计的三轮车（Varna I）。图 10.10 显示了公路赛中使用的手臂驱动、无整流罩的躺式自行车。水陆两用船可供适合的截瘫患者从轮椅上转移并安全进入水中。手摇曲柄或混合动力附加装置甚至半辆自行车（供第二个人使用）都可以安装在轮椅上。

一个相关领域是电气辅助装置。有种专门用于脊髓损伤患者的方法，使用"功能性电刺激疗法"使瘫痪的肌肉收缩，并使截瘫患者能够用腿为三轮车提供动力［见柏林理工大学（2009）和因里亚（Inria）（2018）］。［其他人正在研究电动外骨骼，用于康复，甚至用于身体健全的人；见马里诺夫（Marinov）（2016）。］更常见的使用是安装在轮椅和有特殊需要的自行车或三轮车上的辅助电机。一些公司专门将其作为人力辅助装置，而不是简单的指尖控制牵引装置［参见 Van Raam 公司（2018）和 Rio Mobility 公司（2018）］。

图 10.9
乔治·乔治耶夫为丹尼尔·卫斯理设计的三轮车（Varna I）。（乔治·乔治耶夫提供）

图 10.10
约 2013 年一场残疾人自行车赛中使用的手臂驱动躺式自行车。（Pixabay 用户 Mzter 拍摄）

人力冰雪车

滑雪板和雪橇可能是第一种实用的人力陆地交通工具。今天，从运动的角度来看，最通用的滑雪板都是典型的越野滑雪板：又窄又长，即使在很深的雪里也能提供最小的阻力，一个小的单向牵引表面（皮、鳞片或黏蜡）可以在向后的方向提供阻力，靴子可以在脚趾处自由转动，雪杖可以帮助推进和平衡。更现代的滑雪板速度更快，但需要宽阔光滑的雪面，通常必须由机器来准备。山地用的滑雪板和靴子较重，要合脚略紧，以便于上坡。有一项新发明"十字刀"，它的功能就像上坡的雪靴，但可以迅速转变为用于下坡滑雪的迷你滑雪板。

除了在雪地或冰上骑着宽轮胎或布满铆钉的自行车，还有许多其他类型的雪地自行车可供选择。在自行车式的车架上安装滑雪板而不是轮子，就产生了雪地自行车，通常使用小滑雪板和脚上的爪来增加平衡和制动。滑雪板或多或少是一种纯粹的下坡装置，通常配有悬挂装置，以避免对骑手的脊椎造成过度冲击。更像自行车和交通工具的是一种名为 Velogemel（图 10.11）的瑞士传统

第十章　不同寻常的人力机器　421

图 10.11
Velogemel "自行车雪橇" 带有旋转滑片、静态和倾斜的曲线。[来自 Holzkreation Schmid AG（velogemel.ch）]

雪地自行车，它是木匠克里斯蒂安·比尔曼（Christian Bühlmann）在1911年发明的，以使轻微残疾的他更容易出行。它几乎全是木制的，除了大约20毫米宽、略微下凹的滑片下面的钢表面，它像滑行自行车下坡一样，脚放在踏板上或用于刹车。在平坦的表面上，它们也可以像德莱辛式自行车一样用于推进。在陡峭的上坡地面上，窄而轻（约7千克）的传统雪地自行车很容易推或扛。如今，即使是滑雪场也倾向于清除道路上的所有积雪，Velogemel（与雪橇和滑雪板一样）通常不再用于当地交通，而只能用于运动和旅游。它们可以在瑞士格林德瓦火车站被租用、用来比赛和购买，目前它们仍然在那里生产。

人力速度车

　　HPV 创造了大量的速度纪录（最近的一些纪录在第三章中有所提及），这里的篇幅不足以向它们致敬。不过，我们想腾出地方来做个广告。在本书的第二版中，作者应用了前几章中推荐的方法，预测顶尖运动员骑着流线型HPV通过200米时的最大速度将为65.4英里/时（29.25米/秒）（惠特和威尔逊，

1982）。随后，他非常自豪的是，1986 年，Easy Racer Gold Rush［由加德纳·马丁（Gardner Martin）设计和制造］以 65.5 英里/时的速度实现了这一点。这一明显准确的预测持续了 6 年，但被证明是悲观的，因为由加州大学伯克利分校团队设计和制造的猎豹完全整流罩躺式自行车（图 10.12）在科罗拉多州的一条高海拔沙漠公路上达到了 30.7 米/秒（68.7 英里/时）的速度。猎豹创造纪录 9 年后的 2001 年，Varna Diablo 躺式自行车以 36.0 米/秒（80.6 英里/时）的速度在内华达州巴特尔山附近的一条长而平坦的柏油路上行驶。在同一场地速度排名第二的是马特·韦弗的 Kyle Edge（图 10.13）。通过让驾驶人仰面躺着，看着连接在车头的电视摄像机上的小显示器，韦弗得以设计出一种所产生气流以层流为主的整流罩，因此阻力较小（见第五章）。图 10.13（b）显示了速度和功率与距离的关系。图中未显示该场地的重力影响：略微倾斜的爬升允许"收集"约 30 千焦的势能，并且坡度在最大速度下贡献高达 200 瓦的功率（见第三章和第四章）。特别令人感兴趣的是计划功率水平，从 350 瓦开始，在计时路段

图 10.12
猎豹完全整流罩躺式自行车。

(a)

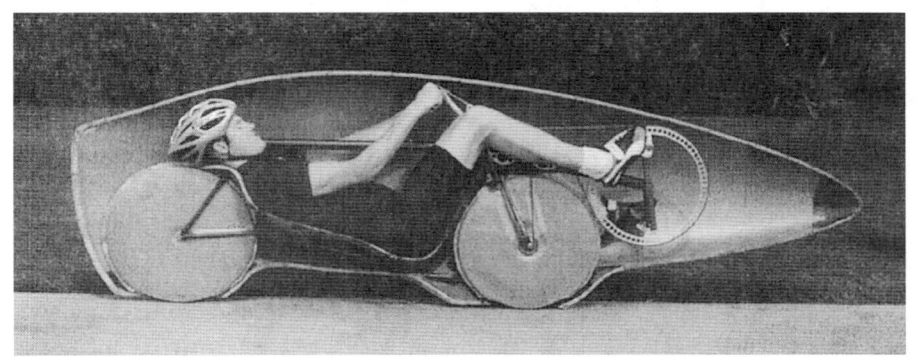

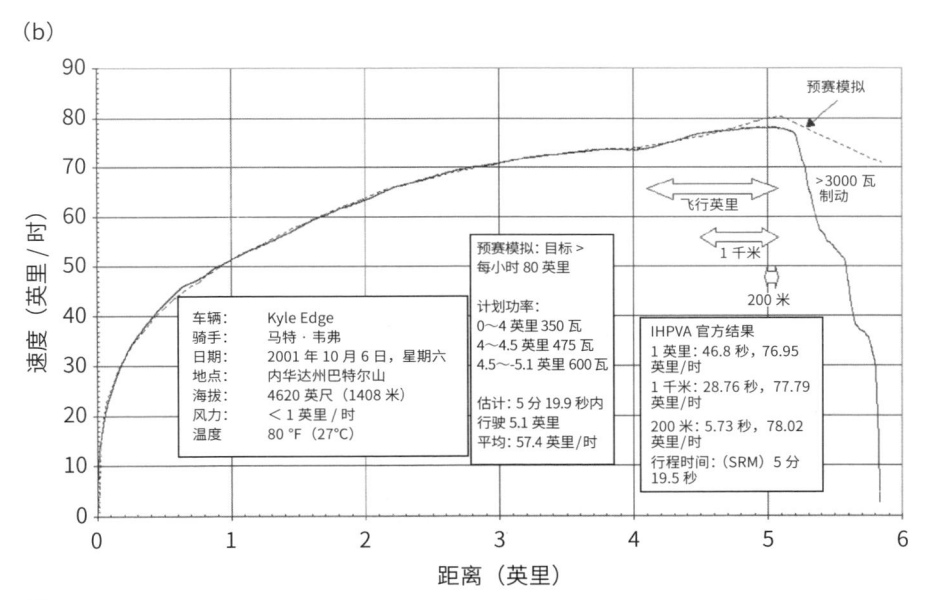

(b)

图 10.13

（a）马特·韦弗驾驶半整流罩的 Kyle Edge HPV；（b）马特·韦弗 2001 年 10 月 6 日在内华达州巴特尔山行驶时的速度和功率与距离的对比。（马特·韦弗提供）

达到 600 瓦。这种类型的成功的速度纪录既与车辆的技术优化有关，也与在助跑过程中不断优化的人力水平有关。今天在巴特尔山现场实现的更高速度不仅反映了车辆的改进，还反映了在人力水平优化方面的经验和实践。Aerovelo Eta 目前在该站点的纪录超过 40 米/秒。

人力轨道车

在修建铁路期间和之后，通常由手动杠杆（泵车）操作的轨道车被用来运送工人沿着铁路检查轨道。一些铁路检查一直延续到近代，使用的是特别轻的单人脚踏车辆。在一些亚洲国家，有轨电车甚至载有乘客的小型有轨电车都是用手推的，到处都有小型采矿车。有关历史和现代车辆的许多照片，请参阅维基共享（2018c）及其子类别，有关更多信息，请参阅维基共享（2018b）。

如今，许多轨道被高速列车大量使用，不再适用于此类车辆。还有一些轨道被遗弃了，留下了连接城镇的珍贵的道路，这些道路（通常）风景如画，坡度很小，非常适合骑自行车。轨道从许多这样的小径上移除，有些被做成自行车道。然而，在许多情况下，轨道仍然存在，并可用于官方组织或民间的运动和旅游。传统的小型轨道车辆被称为手摇车或牵引车，尽管它们在技术上与第一章中描述的德莱辛式自行车有很大不同。然而，这两种意义上的德莱辛式轨道自行车均在1897年获得专利，现在保存在米路斯（法国）铁路博物馆。它仅限于单轨，必须用腿保持平衡并推动，这需要特殊技能。

如今，人力德莱辛式轨道自行车主要用于轨道所有者自己的旅游用途。网站Railbike.de列出了十多个站点，主要是在德国和法国，在那里可以使用此类车辆（图10.14）。它们一般重量适中，有四个钢轮，通常由两人脚踏驱动，但可容纳多个乘客。由于线路大多是单线的，对面相遇时为了让另一方通过，一方需要将车辆完全脱离轨道。由于摩擦或齿轮传动，速度通常低于4米/秒，从安全角度来看，这通常是可取的。与公路相比，轨道上粗糙、边缘锋利的碎石道砟带来了脱轨和受伤的危险。此外，铁轨有时会穿过道路，轨道自行车必须能够停下来让路。至少有一位北滩沼泽岛（位于德国海岸附近的一种特殊类型的北海岛屿）的居民经常使用小沼泽堤上连接大陆的轨道，骑着他的轨道自行车去购物。

轨道自行车是一种非官方类型的冒险运动或旅游：在一条轨道上骑自行车，用一条支腿在另一条轨道来保持平衡。一辆没有支腿的真正单轨自行车对于超越其他轨道自行车手来说是实用的。目前似乎还没有一种简单的平衡方法，但

图 10.14
法国圣蒂伯里（Saint Thibéry）的典型轨道自行车，是三个脚踏车景点之一（Pedalorail.com）。[照片由迪迪埃·杜福里斯特（Didier Duforest）拍摄，获得 CC-BY-SA 3.0 许可]

使用（动力）飞轮作为陀螺仪或反作用轮（见第八章）是可能的。

轨道自行车主要在北美偏远的、几乎没有使用过的或废弃的铁轨上使用[见梅兰（Mellin），1996]。图 10.15 显示了理查德·斯马特（Richard Smart）的用于将自行车转换为轨道自行车的轨道自行车装置。它引导自行车的前轮（因此也包括后轮）准确地停留在轨道上，并使用一个轻负载的支腿来保持自行车直立，因为正常的平衡摆动运动不再可能（见第八章）。由于外边缘通常不可用或堵塞，转向装置使用磁铁将自身靠在导轨内侧。类似的设备可以在家里制造，相关设计可以在理查德·本特利（Richard Bentley）的综合铁路自行车网站（rrbike.freeservers.com）上找到，该网站还包括图片、旅行报告和许多其他项目的链接。

人力轨道车辆技术

典型的钢轨表面宽 2～3 英寸（约 50～75 毫米），但顶部略微圆润，边缘圆润，通常以 1∶40 的角度向内倾斜。典型的钢轮在 1∶20 时呈锥形。因此，

图 10.15
伦敦地铁购买的十辆轨道自行车中的一辆，图为一名工程师正在使用。（理查德·斯马特提供）

在正常操作中二者存在"点"接触，车轮法兰不接触钢轨。如果两个车轮固定在一个共同的轴上，它们将在不使用法兰的情况下自行转向，因为任何横向位移都会导致车轮半径的差异以及由此产生的纠正扭矩和移动。这导致了平稳的转向，但也会根据偏航的自由度产生一些划擦和摩擦。在转弯时，法兰的作用越来越大。然而，在实践中，大多数人力驱动的自行车无论如何都不使用这种共轴系统，而是让车轮独立转动。一些使用带有锥形或垂直内法兰的轻型圆柱车轮，当它们接触到钢轨边缘时会产生摩擦。通常情况下，钢轨内侧边缘约有一平方英寸（25 毫米 × 25 毫米）的空间用于法兰或其他导向，但钢轨外侧边缘通常不可用，尤其是在轨道平交道口和点处。这对于带有轻巧外伸支架的非对称轨道自行车来说是一个问题，尤其是当轨道之间的宽度（例如 1435 毫米标准）变化时，曲线更大。一些轨道自行车在外侧边缘使用可以翻转或非常短的导轨。大多数轨道自行车，包括用于比赛的轨道自行车，将垂直承载和横向引导功能完全分离。对于前者，通常使用带轮胎的自行车车轮或薄加工盘；对于后者，使用薄的倾斜滚轮甚至只是小的倾斜的或垂直的滚珠轴承。单支腿通常不需要横向导轨。

另一种类型的轨道车辆使用躺式骑行姿势和完全整流罩。有关查尔斯·亨利破纪录的流线型自行车 Snapper（图 3.8）的描述和图片请参见第三章，该车是为在瑞士劳蓬（Laupen）正式组织的 200 米轨道速度赛而制造的。这些速度比赛之所以举办，是因为当地铁路公司关闭了劳蓬和圭梅宁（Gümmenen）之间的线路，转而用公共汽车为通勤者提供服务，而合著者希望为旅行者提供太阳能或人力驱动的德莱辛式自行车来"挽救"铁路连接。当然，铁路公司对这一选择不感兴趣，但其董事埃里克·谢德格（Erich Scheidegger）知道该线路的休闲潜力，帮助组织了竞速活动，并亲自购买了旅游用德莱辛式自行车。不幸的是，赛道的一小部分已经被破坏，切断了与圭梅宁的连接，但大部分长度仍可供使用德莱辛式自行车的预订方使用。谢德格买下了剩下的赛道，退休后经营着家族企业（Schienenvelo.ch），每年组织多达 8000 人的活动。

未来自行车网站（futurebike.ch/page.asp?dh=2058）上的一个页面显示了 1997 年至 2001 年劳蓬赛道上四项赛事的结果，以及一些图片。（合著者使用四轮轨道膝式滑板 ScootRail 以 18.5 千米/时的速度创下了最慢纪录。）查尔斯·亨利以略高于 70 千米/时（19.46 米/秒）的速度在 1999 年 HPV 世界锦标赛（因特拉肯人力节）上取得了最快的轨道速度。他和他的合作者基于 Snapper 的设计，设计了一台由 2×7 变速箱驱动的 17 英寸前轮、20 英寸后轮的公路自行车。滚轮用于驾驶座下方的轨道两侧，以保持车辆车轮居中。该布局具有紧凑的长轴距（1.5 米），带有单管底盘，整流罩安装在底盘上。

如前所述，劳蓬的轨道已停止正常使用，但维护良好，笔直且相对平坦。上一次轨道速度赛是 2001 年在那里进行的。在这些测试中，查尔斯·亨利的速度稍慢，但另一名车手骑 Snapper 的速度超过了 70.5 千米/时，由罗密欧·格里德利（Romeo Gridelli）率领的另一支队伍使用与之相当的车辆和冠军车手实现了 74.53 千米/时的速度。这可能仍然是那里的 200 米最快速度纪录，至少我们没有再听说类似的事件。在其他地点可以很容易地达到更快速度，因为劳蓬的可用助跑距离只有约 1.5 千米。

人们普遍认为，流线型（整流罩）轨道自行车应该是最快的 HPV。然而，为了达到最高速度，它们可能需要一条特殊的窄轨轨道，可能是 200～300 毫米宽，对于一个创纪录的尝试，可能需要一条倾斜的直径 200 米的圆形轨道。这将使使用这种轨道的轨道自行车与公路上的气动轮胎自行车相比具有以下优势：

　　1. 钢轨上使用的钢（或其他硬质材料）制成的车轮滚动阻力非常小。

　　2. 车轮不需要转向，因此它们大部分位于整流罩内，可以在狭窄的间隙中运行（从而避免较大的泵送损失）。

　　3. 不需要转向，骑手的手臂可以用来增加腿部提供的动力。在短时间内，预计功率输出会增加 20%。此外，如果赛道是圆形的且受到良好保护，骑手就不必看到前方，这样可以消除与车窗和抬头位置相关的空气阻力。

　　4. 流线型外壳将更好地与相对气流保持一致，并且比典型公路自行车更稳定，因此可以使用边界层吸力来扩展层流，从而减小空气动力阻力（见第五章）。

这仅是理论，到目前为止，轨道车辆比类似的公路车辆慢，而不是快。刚才描述的查尔斯·亨利和他的 Snapper 就是一个很好的例子。在 1999 年的同一周，在大约 1.5 千米的加速和 200 米的计时路段上，他使用 Snapper 作为公路自行车（在因特拉肯机场的跑道上）骑出了超过 81.6 千米/时的速度，而在劳蓬作为轨道车辆，速度则少了超过 11 千米/时。部分差异是由于坡度不均（劳蓬约 -0.33%，因特拉肯约 -0.45%），部分是由于车辆的支腿和车轮。另一个原因可能是，公路自行车在骑手摆动腿引起的周期性偏航力矩作用下可以非常轻微地自由摆动，但轨道自行车会经历周期性的侧向力，在这种情况下，这些侧向力仅由滚轮承担。在 1999 年的两项速度赛事中，由同一位冠军驾驶类似的 Gridelli 车辆得到 72.5 千米/时的公路速度和 69.0 千米/时的轨道速度。这个相当小的差异有点令人惊讶，因为车辆的轨道支腿由四个无整流罩管组成，产生相当大的空气阻力。还有一个未知的因素是风，虽然风很小，但没有足够密切的监测来估计它的实际影响。

综上所述，人力轨道车辆理论上可以比类似的公路车辆更快，但必须对所有部件进行仔细的优化。直到今天，它们在实践中总是慢一些。

人力全地形车

众所周知的全地形自行车（ATB 或山地自行车）不在本章的主题范围内，多轨迹的，通常可以穿越沙子、泥土和水的人力全地形车辆也不在本章讨论范围之内。受零件和自行车制造商希望赢得比赛以增加市场份额的激励和这是一个仍然很大的市场的竞争的激励，前者仍在发展中。ATB 的悬架、变速装置、盘式制动器、车轮和轮胎的快速发展对自行车行业的所有行业，包括 HPV，都是有益的。变速器和外露的链轮是目前 ATB 的薄弱环节，在第九章描述的一些替代变速器有可能将被采用。电动辅助自动全地形自行车已将其吸引力扩展到新的用户群体，将宽轮胎扩展到新的地形。有组织的 ATB 速降赛是一项不断发展的活动。提高所有组件的可靠性是进一步竞争和发展的结果。

人力躺式自行车

躺式自行车是指骑手的大部分重量都由座椅承担的自行车；踏板位于身体前方；车把上几乎没有承担重量。[在菱形车架（即直立式）自行车上，理想情况下，重量在鞍座、车把和踏板之间平均分配。]躺式自行车的爱好者（就像我们一样）相信这种类型的自行车可以用于通勤、旅游和比赛。只有在密集的城市交通中，直立式自行车在整体视觉和可操作性方面才似乎更优越。

正如在第八章中所观察到的，躺式自行车有许多种结构。有些车辆的前轮位于曲柄和底部支架的后面，从而产生短轴距（SWB）。其他车辆的前轮位于底部支架之前，从而产生长轴距（LWB）。越来越多的人将底部支架安装在高于前轮的位置上（为了较高的骑行姿势），有时这也称为紧凑型长轴距［图 10.16（c）］。

躺式自行车的另一个变化是车把的位置，用于在座椅下方或上方（USS 或 OSS）转向。LWB 躺式自行车倾向于使用带有单个或两个连杆的 USS 车把［图 10.16（a）］。LWB-OSS 组合是可以的，但是自行车的车把和车架可能很长，如果直接安装车把，会有明显的舵柄效应：车把必须摆成大弧度才能转向。另一种设计是在头管处使用某种形式的齿轮或万向接头。然后可以将车把扭转并变成方向盘或操纵杆之类的东西。USS 车把也通常配置为短单操纵杆。我们更喜欢 USS 车把，因为如果骑手在事故中被撞飞，可能导致其受伤的自行车零件更少。

然而，OSS 系统［图 10.16（b）］更受欢迎，可能是由于心理原因：人们喜欢有一些东西可以抓住，这种设计对汽车司机来说很熟悉，而且生物通常不愿暴露在恶劣环境中的柔软的肚子似乎受到了保护。与 USS 系统通常需要的附加部件相比，SWB 和紧凑型 LWB 躺式自行车更容易直接配备 OSS 车把。

最后，许多躺式自行车是由骑手的推进腿控制中心或枢轴转向，后总成上有固定的把手，主要用于固定制动杆和换挡杆。

如图 10.16 所示，躺式自行车可以无整流罩，也可以有部分整流罩（图 5.14）或完全整流罩（图 3.5 和图 10.12）。它们可以通过后轮驱动，同样如图 10.16 中的示例，需要特别长的链条，或通过前轮驱动。它们通常有一个常规尺寸的后轮和一个较小的前轮，如图（a）和（b）中的示例，或两个相同尺寸的车轮，通常比常规车轮小，如图（c）中的示例。底部支架高度的变化与座椅靠背角度的变化有关。座椅或链轮位置必须可调，以适应不同身材的骑行者。

与传统的菱形框架、直立模式相比，躺式自行车有许多优点：

1. 更高的安全性，因为刹车时身体前扑或在转弯时将踏板或脚蹭到地面的可能性较小。我们在使用传统自行车时经历过无数次这样的事故，但使用躺式自行车时只有腿被刮伤。2016 年初，作者在骑一辆直立自行车时发生链条断裂，造成胸部撞击和长期创伤性脑损伤，并伴有相关健康问

(a)

(b)

(c)

图 10.16
躺式自行车轴距类型：(a) 长（照片由艾伦·威尔逊提供）；(b) 短（照片由 Lightning Cycle Dynamics 提供）；(c) 紧凑长（照片由戴夫·威尔逊提供）。

题。如果他使用惯常的躺式自行车，想必这些都可以避免。

2. 骑手的手和手腕、背部、颈部或胯部，包括附近的内部和外部器官，几乎完全没有疼痛或创伤，更加舒适。

3. 主要在 LWB 车型中改进了制动。

4. 与带有下落车把的菱形框架公路自行车相比，骑手的前方和侧面能见度更高。

5. 某些配置的空气动力阻力较低。

同时还指出了一些缺点：

1. 后视比传统自行车更难，因此良好的后视镜对安全至关重要。

2. 在崎岖的地形和雪地上，躺式自行车通常不太友好，因为人们无法通过改变身体姿势来提高平衡。

3. 出于同样的原因，上坡时，骑手不能像驾驶传统自行车一样站立在踏板上以缓解肌肉。因此，齿轮传动范围应该更广。

4. 大多数躺式自行车比菱形车架的相应自行车更重，也更贵。

在世纪之交，至少在美国，躺式自行车的销售数量超过了双人自行车。然而世界上大多数地区的大多数骑自行车的人都没有见过甚至听说过躺式自行车，即使在西方世界这仍然是一个利基市场。

有人会质疑"创新"一词在躺式自行车研究中的使用。自行车和自行车运动有着悠久的历史，似乎可以为每一个"新"的发展找到先例。本书作者参与躺式自行车的关系始于他组织的一次国际设计竞赛（1967—1969 年），他在竞赛中鼓励躺姿，完全不知道早期躺式自行车的存在。随后，朋友们为他的五款设计制作了原型，每一款都可以说与早期的躺式自行车至少有一些相似之处。然而，今天的躺式设计与早期的设计之间存在根本区别：现在有技术出版物和研讨会，包括它们在互联网上的在线档案，以及其他途径，如论坛，能够以比以前可能的数量级更高的速度传播信息。这些更快的传播渠道应确保未来的创新者花更少的时间重复早期的发展，而将更多的时间用于取得进展。

三轮车和四轮车

本书的其他章节（简要地）描述了经典和历史性的多轨车。现代躺式三轮车和四轮车可能是人类最"自然"的交通工具：几乎任何人都可以在没有任何指导或经验的情况下驾驶，而且非常安全，至少在不涉及车流或坡度的情况下，只要有一点经验，就可以掌握。车辆轻松地滚动，尤其是因为必要或选择而缓慢移动时；停车也十分简便轻松。下一节中描述的车辆的许多特性也适用于此。

维罗车

带有完全整流罩的 HPV 通常被称为维罗车（Velomobile），主要用于实际用途。第一辆维罗车可能出现在 1925 年。其种类繁多，不便在此讨论 [参见维塔斯·多维德纳斯（Vytas Dovydėnas）（1990）、格奥尔格·拉斯穆森（Georg Rasmussen）（2015）和洛迈尔 [Lohmeyer）（2018）]，但以下小节根据车轮数量描述了它们的一些特性。

两轮维罗车

两轮（单轨）维罗车具有无整流罩自行车的许多优点，此外，空气阻力较小，对骑手的保护更大。两轮维罗车创造了整流罩 HPV 的最快速度纪录。然而，实用的两轮维罗车是非常罕见的，今天似乎没有用在商业之中，除非算上部分整流罩车型。原因相当明显，尽管其中速稳定性良好，但：

- 静止稳定性为零。整流罩必须对道路开放，具有用于将腿穿过的襟翼，或具有可伸缩的平衡轮。
- 低速稳定性差。在车流中或上坡时摆动需要相当大的空间，而且看起来很奇怪。

- 如果由于骑手（不可见的）双腿往复运动，车辆在高速行驶时摆动显得很奇怪，这在阵风中可能不安全。

因此，在所有车辆中这些想来是最安全、速度最快的车辆似乎是最不安全的。1985年，多维德纳斯制造了他的30千克重的V-11带有可伸缩的侧轮的两轮维罗车。大约在同一时间，一款名为Velerique的比利时车型被卖出。如今，市场上还没有配备完全整流罩的车型。斯特凡·格洛格尔（Stefan Gloger）广泛研究了两轮维罗车的大多数方面，特别是他33千克重的底部脚开口的Desira-2。他研究了侧风下车辆的可用性和操作问题［罗默特和格洛格尔（1994）以及格洛格尔（1996）］。另一个实用的两轮维罗车是约阿希姆·福克斯（1996）的Aeolos［图10.17（b）］。Aeolos两部分式整流罩的后部向后滑动，以便在炎热条件下进入和骑行。福克斯报告说，由于侧向压力中心非常靠前（见第五章），因此其在侧风中的操控性很好。

三轮维罗车

几乎所有的维罗车都是三轮车（大多数是蝌蚪车型，即配备两个前轮和一个后轮的车型），这是有充分理由的：

- 以多一个车轮为代价，实现了良好的静态和低速稳定性，适用于载重，也适用于在交通拥堵中悠闲前行。
- 所有三个车轮在表面上都会接触；也就是说，即使没有悬架它们都会接触地面。
- 横向动力稳定性差的缺点在正常行驶中并不严重。
- （通常情况下）三轨车辆的缺点在大部分路面良好的道路上并不严重。
- 高空气动力学整流罩可能在出现在蝌蚪车型和一些三角洲车型（即一个前轮和两个后轮）配置中。
- 整流罩适用于不同的环境条件。

第十章　不同寻常的人力机器　435

(a)

(b)

(c)

(d)

图 10.17

维罗车：(a) Leitra 封闭三轮车，由拉斯穆森先生和夫人驾驶；(b) Aeolos 封闭躺式自行车，及其构造师约阿希姆·福克斯；(c) Cab-Bike；(d) Alleweder 半封闭三轮车。(戴夫·威尔逊摄)

· 放行李的空间减小了，但携带的物品都得到了很好的保护，不受环境的影响，也能防止丢失。罕见的三角洲车型可以为行李甚至货物或乘客提供相当大的空间（合著者甚至可以在他的整流罩三轮车上睡个通宵）。

相反，大多数三轮车不适用于岩石、湿滑或高弧度道路，狭窄或堵塞的道路，快速转弯和紧急制动。有几种倾斜车型可用，它们将良好的静态稳定性（倾斜机制锁定）与高速转弯稳定性结合在一起。

丹麦物理学家格奥尔格·拉斯穆森研发了封闭式三轮车 Leitra［图 10.17（a）］。Leitra 有数百名忠实用户，几乎都来自欧洲。在他的开创性工作之后，又相继研发了 Alleweder［图 10.17（d）］、Twike 和 Cab-Bike（包括电池电力辅助）［图 10.17（c）］。过去，人们已经开发出许多类似汽车的人力车。其中有些还蓬勃发展了几年，例如在第一次世界大战后的几年里以及在 20 世纪 70 年代的能源危机期间。但它们最终被"富裕"打败：人们赚的钱越来越多，因而更倾向于购买尺寸更大、功率更大、速度更快的车辆。

四轮维罗车

HPV 设计师保罗·施多夫、英戈·科利拜（Ingo Kolibay）和朱利安娜·诺伊斯（Juliane Neuss）（junik-hpv.de）都指出了使用四个轮子的优势：

- 横向和纵向稳定性同时良好，制动和牵引力也很好。
- 短小的车型是可能的，有些可以垂直停放。
- 确保有足够的空间放置行李或货物。
- 两条轨迹使得可以驾驶车辆越过中央障碍物。

四轮维罗车的缺点包括重量和成本更高，尤其是需要悬架以保持所有车轮在所有表面上均匀接触。接受四轮维罗车的一个主要症结似乎在于人们对它们的看法：两轮车就像赛车一样酷，三轮车被视为异国情调，优于摇摇晃晃的自行车，而四轮车对于如儿童、穷人、四轮脚踏车选手、肥皂箱车选手来说则有被视为微型车的危险，而且与标准汽车相比，在内部被动安全方面也不占优势。

维罗车的前景

上文提到的关于两轮和四轮维罗车的歪曲看法在某种程度上适用于所有 HPV：人们没有认识到其与标准汽车相比在外部安全方面的巨大进步，也没有认识到其与标准自行车相比在内部安全方面的巨大进步，而是把注意力停留在相对罕见的情况，例如被卡车碾过或正面碰撞。1985年，克莱夫·辛克莱爵士（Sir Clive Sinclair）生产了一辆电动辅助、部分整流罩的躺式三轮车C5。尽管在一项政府研究中宣布该车特别安全，但它仍被媒体嘲笑为一种危险的玩具。它的价格也太低，导致了许多人体工程学设计缺陷（短踏板、无挡位、无座椅调节），因此人们对它的记忆更多的是一次失败，而不是它的部分突破（见亨肖和皮斯，2010）。

对速度和状态的类似看法意味着维罗车的使用率远低于其他车辆。相对较新的轻型和有效电动辅助驱动器的开发可能有助于改善这种低使用率。与开放式HPV相比，维罗车的两个主要缺点是噪声较大（由整流罩产生或放大）和冷却效率较低。用高密度泡沫塑料代替硬质材料制造整流罩，或者通过严谨的声音设计，可以降低噪声，并且可以通过风扇和动力辅助来改善冷却，这可以减小骑手的出汗量，尤其是在上坡时。

然而，我们认为保留人力要素很重要。纯机动车辆有变得更快、更重和更大的趋势。只有保留了人力的某些要素，才能保留对应人力的规模。例如，除了少数例外，功能相对强大且价格昂贵的Twike始终作为混合动力车辆销售，并从一开始就作为纯HPV保持其原始尺寸。事实上，拉尔夫·施耐德（Ralph Schnyder）周围的开发人员试图使用库特的Velocity驱动器将其制成电动自行车（参见第一章和第九章）。他们没有成功，但他们设法保留了正常工作的并联踏板驱动。

不管是前面提到的它们的消亡，还是最近对维罗车和HPV的兴趣，都是居民富裕的结果。在我们看来，太多的人过多地使用机动车辆，而正如医学界所证实的那样，他们得到的锻炼太少了。世界许多地区的市中心和其他地方都被内燃机车堵塞，由于其数量之多造成的拥堵，这些车只能缓慢行驶。全世界的空气极其肮脏，数百万人因此过早死亡。气候正在变暖，地球正在发生变化，可能带来灾难性后果。因此，预测HPV有一个美好的未来是合乎逻辑的。我们也确实希望如此！另一方面，大量的税收和其他资金用于开发大型电池电动和燃料电池汽车，但这些资金似乎不太可能充分解决这些问题，尽管降低当地的噪声和污染水平当然是受欢迎的。然而，由于反弹效应，以及现有汽车不会消失，它们也可能导致更多的汽车上路。随着富裕国家的车辆电气化，许多废弃的汽车最终进入南部城市，企图重演西部和东部的汽车灾难。维罗车是北方的交通工具，考虑到日益极端的气候，很难看到它们如何在赤道地区取得任何地位。但也许开放式或电动辅助车或能安装空调的封闭车将能够占据一席之地。

部分整流罩

完全整流罩维罗车可以速度很快，也可以很实用，但两者很少同时兼备。主要考虑因素是如何进出车辆。座椅前面的整流罩底部必须足够坚固，可以竖立、伸缩或由坚固的承重构件保护。更常见的是开放式底部、开放式前部或开放式侧面。在比赛中，部分整流罩 HPV 被定义为具有前整流罩或后整流罩的 HPV，但不能同时具有前整流罩和后整流罩（见图 5.14）。部分整流罩的维罗车通常却可以同时具有前后两个整流罩，侧开口或顶部开口足够大，便于骑手进入。还有许多是敞篷车，在比赛或下雨时车顶是封闭的，其他时间可以卸下来以获得更好的降温效果，但速度会更慢。通过观察哪些车辆是由赛车手自己驱动到达 HPV 会议或比赛现场而不是由机动车辆运输到达的，通常可以鉴别可用性和速度之间的良好平衡。

人力多人驾驶自行车和公路列车

双人自行车（一个骑手在另一个后面）已广为人知，偶尔也会有三到五个车手的版本。十到二十名车手的多人自行车之前提到过但并不实用。最多可容纳十几个骑手的更有用的人力巴士通常具有并排座椅和至少三个重型车轮。在一些车辆中骑手们面对面而坐，如七名骑手坐成一个圆圈的会议自行车（conferencebike.com）。通过连接大量拖车或三轮车形成的公路列车，可能会有更多的骑手参与。最早的车型之一是图恩多节蠕虫（图 10.18），或译为图恩城市蜈蚣，这是瑞士艺术家艾伯特·莱维采（Albert Levice）在 1994 年发明的，至 2019 年仍在使用。十辆两轮拖车，每辆可载一个人，挂在一辆 LWB 躺式三

最右前轮的路径

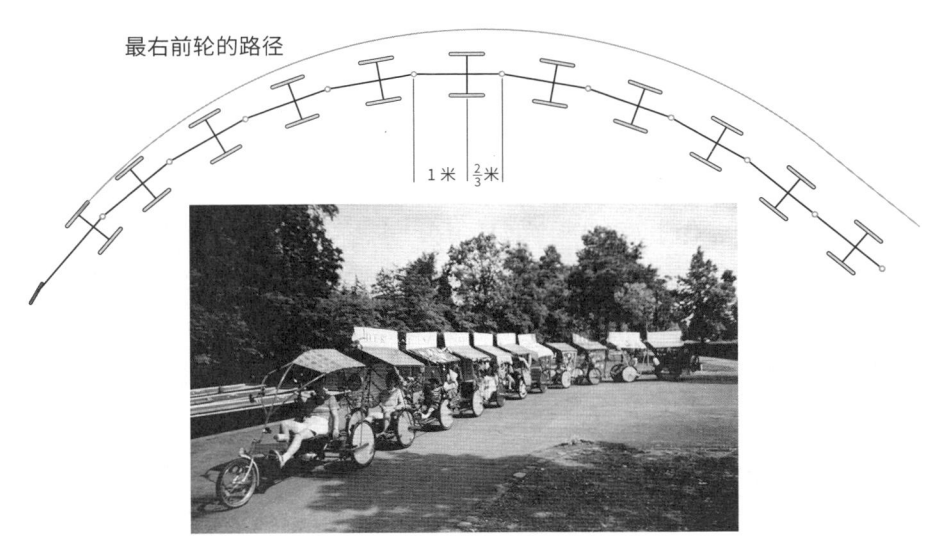

1米 $\frac{2}{3}$米

图 10.18
图恩多节蠕虫：整列公路列车左转90度的照片和路径。所示的内侧位移纯粹是几何位移，不考虑轮胎或动态力，在实践中，当可能形成360度旋转木马路径时，其位移仅略大于一个拖车宽度。

轮车后面，几乎完美地跟随领头车，就好像行驶在由领头三轮车的路径限定的轨道上一样。对于瑞士贝尔市伯尔尼州工程学院的一群学生来说，提出一个可用的系统是一项艰巨的任务。他们设计了一个很好的折中方案，具有近乎完美的跟随（轨迹）和足够的稳定性，以大约15千米/时的速度行驶而不会开始来回蛇形蜿蜒。即使如此，在一半的连杆上也需要液压阻尼器。成对使用拖车单元解决了类似的俯仰稳定性问题，每对拖车单元都有一个固定销和一个可拆卸的垂直滑动联轴器。如果只有少数人想使用它，这也使得列车可以很容易地缩短，这是非常方便的。每个单元都有一个座椅和踏板或线性驱动、划船机制，以及一个由帆布制成的管状框架车顶。

四辆完整的多节蠕虫是由瑞士图恩市的失业者制造的，并由当地的小学生装饰得非常豪华。自成立以来，当地旅游景点的所有权和管理发生了数次变化。多年来，这里雇用了大约10名兼职司机，每年组织数千人的旅行。25年后的今天，近一半的拖车单元已用于备件，但其他拖车仍在使用中。尽管与汽车一样重，与合法公路车辆一样长，但多节蠕虫可以安全地通过最拥挤和狭窄的步行区，也可以在不太陡的一般道路上行驶。游客们都很享受司机们的表演，比如追上列车的尾巴，组成一个临时的人力旋转木马，或者像过山车一样潜入一个陡峭狭窄的隧道。公路列车轨迹或稳定性、制动和高空载重量（即驾驶员驶向乘客接送点时必须在无辅助的情况下移动近半吨质量）的所有技术难题都可以通过在一些车轮中使用电机来解决，但这是一种成本相当高的解决方案，可能很难获得官方批准。（非机动）图恩多节蠕虫制动器通过组合（不是非常有效的）机械超速制动器、（非常有效的）前六个车轮上的液压制动器、中间偶尔的手动坡道制动器和末端的紧急制动器来实现制动。

一个最有趣的问题是轨迹的忠实性。稍加反思就可以看出，为了使大量两轮拖车能够实现完美轨迹，它们必须对称建造，也就是说，从轮轴到悬挂点的前后距离必须相同。如果所有悬挂点都是球接头，那么横摆和俯仰的稳定性明显为零，整个列车可以完全折叠。唯一能防止这种情况发生的是与牵引车相连的最前方铰接点，它定义了整个列车的所有关节位置，但随着间隙积累到后面，它们实际上会振荡、摇摆和折叠。另一种极端情况是后挂距为零，即每辆挂车挂在前车轮轴处，这样稳定性较高，但曲线轨迹较差，后面的每辆车都越发向内侧移动。图恩多节蠕虫是一种折中方案：向前和向后挂接距离的比率为 3∶2。轨迹并不完美但也足够。图 10.18 显示了由实际几何形状引起的位移。曲线起点和终点的确切情况尚不清楚，需要进行数学分析。实际上，由于轮胎打滑、液压减振器和离心伪力，会产生相反的力，因此轨迹效果优于所示。然而，它的速度是有限制的，大约 15 千米/时左右就会发生摇摆振荡和折叠（在变形的车架或骑车者实力悬殊的情况下，即使是这个速度的一半也会发生）。因此，挂接距离的比率应该增加。

这种类型的列车也可以由商用三角洲三轮车组成。三轮车的前轮与另一个旋转叉连接到前面的三轮车上，或者更常见的情况是，车轮被拆下，其叉通过旋转销直接连接［关于"三角洲双人自行车旅游"的描述，参见玛丽（Mary）（2010）］。为了好玩和创记录，有时还会有更多的三角洲三轮车组成列车。最长的似乎是 2007 年演示的 93 辆凯特维塞尔（Hase Kettwiesel）三人水翼船"超级凤凰"号（*Super Phoenix*）达到 18.67 节（9.6 米/秒）。

为什么与陆地车辆相比，即使是水翼船的最高速度也如此之低？这不是推进的原因，因为最好的螺旋桨可以有超过 90% 的峰值效率（见后面的讨论）；它与支撑重量的能量消耗有关，可以用升阻比或重量阻力比来表示。对于排水型船体，该比率在低速和大尺寸时会增加到非常高的值（见后面的讨论）。这样的船体对于运输货物很有用，但对于小型赛艇则不适用，因为水翼艇更为优越。最好的水翼艇预计具有大约 50∶1 的升阻比，就像滑翔机一样，但这不包括将水下部分与骑手连接起来所需的一个或多个穿透水面的支柱的相当大的阻力，它也不包括水翼的轻微造波阻力，除非深度浸入水中，否则会在水面上造成轻微凹陷。因此，水翼艇的效率不如飞机，速度大多较慢，距离也较短。

相比之下，硬表面上的车轮（包括轮胎和轴承）或冰上的滑道的升阻比可以是几百比一。考虑到这一点，发明家们已经进行了给船装上浮力履带在水面

图 10.24
1991 年在波兰格但斯克举行的欧洲人力艇锦标赛上的带有履带的 Thusnelda 人力艇。[图片来源：克里斯蒂安·迈耶（Christian Meier）]

比赛制定规则的人都没有预料到的优势，比赛规定操作时最大风速为 6 千米 / 时（1.67 米 / 秒）。（相关 IHPVA 和 WHPVA 水上规则已经更改，现在与无风情况相比，速度优势不超过 1%。）

当顺风行驶时，使用空气产生推力的水上交通工具有额外的好处。例如，如果它以 10 米 / 秒的速度行驶，推进功率为 800 瓦（=1 千瓦输入乘以 80% 的效率），推力为 80 牛，1.5 米 / 秒的顺风贡献了其中的 80 × 1.5=120 瓦的推力（在 100% 效率下），占总输入功率的 12%（实际上略小）。麻省理工学院团队使用空气螺旋桨（比水螺旋桨大得多）也意味着必须应对其高俯仰力矩。沃尔（Wall）、德勒拉（Drela）和芬伯格（Finberg）（1995）极好地记录了这种水上交通工具的发展。该团队还设计了一种独特的阶梯水翼船，一个大的水翼用于将船（最初由双体船船体支撑）托出水面，下面有一个小的水翼，用于全速将大的水翼从水中旋转出来。他们的 Decavitator（图 10.23）虽没有达到 20 节，但它以 18.5 节（9.5 米 / 秒）的速度赢得了奖项。2000 年，配备水螺旋桨的双

图 10.23
Decavitator 世界纪录脚踏水翼船。（马克·德勒拉提供）

图 10.22
飞鱼螺旋桨驱动水翼艇,由艾伦·阿博特(如图所示)和亚历克·布鲁克斯设计。

作在非常平坦的道路上骑自行车。1987 年,他以 12.94 节的速度创造了 100 米的纪录。飞鱼很快变得比赛艇快。1987 年,它以 11.15 节(5.74 米/秒)的速度保持了 2000 米(静态出发)的单人速度纪录,甚至比今天最好的单桨赛艇还要快。名义上,八名赛艇运动员的赛艇在这段距离上更快(2017 年世界纪录为 12.21 节,6.28 米/秒),但赛艇比赛的风力条件没有得到严格控制,在许多情况下甚至没有公布。

1989 年,一家化学公司设立 25000 美元的奖项,奖励第一辆在 1992 年底前 100 米(飞行起步)速度达到 20 节(10.3 米/秒)的单人人力水上交通工具,或者如果没有此类交通工具达到这样的速度,则奖励在该日期前达到最高测试速度(根据严格规定)的交通工具。这个奖项的竞争激发了许多活动。飞鱼团队和其他几个团队打算尝试,包括已经成功研发了"代达罗斯"系列人力飞机(见本章后面的讨论)的麻省理工学院的团队。他们决定在水上工具上使用空气螺旋桨,就像他们在飞机使用的那样来参加比赛。这给了该团队一个连为本次

（例如，对于 3 米长的船，低于 2.3 米 / 秒）。当船体在水面上滑行时，高功率的摩托艇或帆船可以通过动态提升船体来超过船体速度。这既减少了波浪的产生，也减少了船体表面的潮湿。用人力似乎无法实现完整的滑行（就像在水面上奔跑一样，普通人类也无法实现，即使有些蜥蜴能够做到！）。然而，其他形式的动态升力也可以通过人力实现，尤其是使用水翼或水下船翼。一旦移动，水翼可以将船和骑手抬离水面。1953 年，朱利叶斯·舒克（Julius Schuck）展示了他独特的 Wasserläufer，他驾驶两个大水翼船以相对缓慢的速度横着航行。似乎没有人在人力船上试验过大型水翼，因为没有什么优势：水翼产生的水阻力比一个排水量良好的船体更大。然而，如果水翼足够小，能够在最大人力下产生所需的升力，那么水翼就可以实现目前在水面上可以实现的最高纯人力速度。

高速交通工具

帆船水翼船先驱詹姆斯·格罗戈诺（James Grogono）在他的艇壳上安装了水翼。1975 年，他能够使用桨进行短暂飞行，但第一艘可持续飞行的人力水翼艇是 1983 年的飞鱼（Flying Fish）（图 10.22）[参见阿博特和布鲁克斯（2013）的描述，包括精彩的视频，以及布鲁克斯（1987）的技术背景]。水面上的配置很像自行车，车把连接到使用方向舵和小型水平水翼的前总成。表面跟随器保持适当的深度，略低于水面，这也间接地设置了位于骑手下方支柱上的主要承重水平水翼的深度。踏板通过一条细长的扭链连接到安装在此支柱上的螺旋桨上。

在它参与的第一个实验中，飞鱼是从一种弹射器中发射的，因为它无法从水中开始飞行。由于只有车架和车手可见，这使它呈现出壮观的"水上自行车"外观，后来被一种名为 Waterbike 的速度较慢的水翼船复制了出来（请参阅网站 human-powered-hydrofoils.com 了解这一点以及其他十几种飞行器）。为了能够多次飞离海岸，飞鱼安装了两个轻型充气浮筒，这两个浮筒由合著者使用其雇主基思·斯图尔特（Keith Stewart）的方法开发。用三到四次有力的踏板冲程，水翼船将浮筒从水中抬起，开始航行。阿博特将飞鱼的骑行和平衡比了德国政府的支持，德国政府将补贴30%的购买价格。它也可以用作电动手推车。控制系统似乎没有安德里亚斯·科内坎普提出的"幻影拖车"概念那么复杂（见第九章），其中一个人骑着前面的自行车，好像拖车不存在。然而，来自拖车的一些"反馈"是有用的，因为在任何情况下，弯道都需要小心。

人力水上交通工具

几乎所有静止的水上交通工具都通过浮力支撑在水中或水上。这是由比水轻的船体置换一定体积的水并允许水压以与置换水的重量相同的总力向上推船体而产生的。当移动时，大多数船也适用于这一原则。因此，它们被称为排水型船。出于本讨论后面给出的原因，大型人力艇和多用途艇属于这种类型，而最快的人力赛艇是水翼艇，在水中由动力升力支撑，其方式与空中的鸟类和飞机相同。

水阻力

如第四章和第五章所述，如果其他条件相同，则车辆的阻力与其运行时的流体密度及速度的平方成正比。因此，水的阻力大约是空气阻力的1000倍，在水中的速度（在相同的功率下）为在空气中的速度的$\frac{1}{10}$。尽管其他因素并不完全相同，但这条十比一的规则确实大致适用于类似的运动方式：游泳者与跑步者，独木舟与部分整流罩自行车，赛艇与完全整流罩高性能车辆。

大多数水上交通工具的船体在水和空气的界面上运行，产生了陆地、空中交通工具或完全浸入水中的交通工具所没有经历过的阻力来源。被移动的船体推开的水产生表面波，而穿透表面的支柱产生水花。两者都会消耗能量，增加运动的阻力。对于非常大的船体（轮船）、非常细的船体（赛艇、多体船）或非常扁平的船体（直立式划水板），波浪阻力可能相对较小。但在其他情况下，包括宽度足以保持合理稳定性的独木舟和脚踏船，在人们希望以类似骑行时想要达到的速度下行驶时，波浪阻力往往会变得特别大，实际上，产生了一种称为船体速度的限速，约为1.3米/秒乘以水线长度的平方根（以米为单位）

图 10.21
现代 Long John 式送货自行车。

拖　车

　　标准的两轮单轴自行车拖车可以承载大而笨重的负载，但行驶在陡坡或急刹车时会有危险或无法使用。虽然质量通常高于轮轴会使自行车的后轮受力，产生一些额外的道路摩擦，但只需要轻微的横向不平衡就可以产生横摆耦合，如果产生的力大于自行车可以承受的力，车辆就会发生弯折或损毁。长拖车的另一个问题是在狭窄的弯道上会出现严重切角。一个名为 Carla Cargo（werkstatt-lastenrad.de/index.php? title=Bauanleitung\uCarla\uCargo\uCrowd）的开源硬件项目使用一个由长连杆控制的第三轮来解决这两个问题，该连杆包含一个用于后轮的集成机械超速制动器和一个电子制动传感器。最多可运输 150 千克、1.5 立方米的货物。对于坡道，第三个车轮可以安装轮毂电机，该电机由自行车上的踏板传感器和制动传感器控制。还有一个商业版本也可用（carlacargo.de/en/），该版本不仅合法（至少在欧洲），而且在撰写本文时得到

图 10.20
货运躺式四轮车。

售，纽约欧松公园的 Worksman Cycles 公司生产两种类型的传统自行车、四轮车和三轮车。

长货运自行车

为了给货物创造一个宽敞的空间，自行车可以加长。如果在后部加长（例如，可以对标准自行车进行此操作；请参阅 instructables.com/id/How-to-Build-a-Longtail-Cargo-Bike/），则改后的车辆称为长尾自行车。如果一辆自行车在前面加长，它就会被称为 Long John，这种自行车大约在一个世纪前在丹麦首次生产。在自行车的前轮和转向柱之间增加了一个低矮的平台，车把通过连杆控制前轮。轴距最长可达 2 米，因此慢行和转弯比标准自行车更困难，尤其是在没有负载的情况下，因为转向轮上的重量很小。今天，许多公司以不同的名称生产类似的设计，用于运输儿童或货物。自从电动辅助系统变得流行以来，即使在非平原地区也经常看到如此安装的 Long John 式自行车。larryvsharry.com 网站展示了一种流行的模块化货运自行车 Bullitt（图 10.21）。可运载的总质量为 180 千克，包括基架的 24 千克质量和骑手的质量。

另一个网站 8freight.com 展示了 HPV 先驱迈克·巴罗斯（Mike Burrows）的长自行车的不同配置。在这个车型上，货篮位于骑手的身后，所以骑它更像是骑一辆标准的自行车。

图 10.19
三辆躺式并肩双人 Gem 三轮车。[杰森·帕迪恩特（Jason Patient）摄]

轮车。难点似乎不是横向稳定性和跟踪，而是踏板和制动的控制，这是通过在适当的时候举起"踏板！"和"制动！"标牌来实现的。在美国，最近的 23～27 辆三轮车的列车更适合在路上行驶，但仍然太长，不太实用。通过使用并肩双座三轮车，可以增加每列车的乘客数量。图 10.19 显示了 HPV 先锋彼得·罗斯（Peter Ross）制造的三个成对的 Gem 并肩双座三轮车。这种列车的价值不在于技术，而在于它能让一名导游带领一群人，游客们能专心进行观光、聊天等活动，而不是驾驶。

货运自行车

货运自行车［cargo bikes，或载重自行车（freight bicycle），如维基百科条目所述］，已经存在很长时间了，例如，前后都有坚固行李架的商贩用自行车，荷兰和丹麦的各种设计的自行车，特别是非洲用于载物的加固自行车。在撰写本文时，货运自行车开始流行起来，其具有诱人的设计、电动辅助和比小型汽车容量更大的拖车。许多类型的车辆是三轮车或四轮车（见图 10.20），但以下小节仅提及两个概念："长"自行车和自行车拖车。伍德（Wood）（2013）提供了货运自行车和三轮车的图解历史。

有许多货运三轮车制造商。英国巴斯的 Cycles Maximus）是一家制造模块化三角洲车型配置货运三轮车和载客三轮车的公司。蝌蚪车型货运三轮车由 Haley Tricycles 公司在费城出售，由 Icicle Tricycles 公司在俄勒冈州波特兰出上行驶的实验。与前进运动同步的长而形状良好的履带几乎可以同时消除造波阻力和水摩擦阻力，取而代之的是车轮及其轴承的阻力。但在这里，理论和实践相距甚远。如图 10.24 所示，履带飞溅或至少溅起附着的水。水花必然很大，然后会产生相当大的空气阻力，尤其是当同步履带的顶部以两倍于车辆的速度向前移动时。

在水面上跑得更快的一种方法是用一艘飞艇。考虑到人力飞机的速度可以超过 20 节（见后面的讨论），一架在水面上飞得很低的飞机应该更快，因为机翼离水面越近，升阻比越大，这就是所谓的地面效应。当然，这种飞行器可能不会被视为水上飞行器，除非它能够从水上起飞，这比从跑道上起飞要困难得多。一种更实用、更快的方案可能是一种真正的人力翼地效应飞艇。这种飞行器的机翼展弦比低于飞机，但机翼尖端或端板几乎接触表面，从而将诱导阻力降到最低。霍尔纳和博斯特（1975）的图表表明，展弦比从 1∶1 到 4∶1、端板几乎接触水面、最大升阻比从 25∶1 到 60∶1 的冲压机翼，升阻比（相对于自由飞行）增加了 100%。然而，在水面上近距离飞行会产生额外的波浪阻力，这来自飞行器下方与水面的浅表接触。许多大型翼地效应飞艇已经被制造出来，但我们不清楚是否有人力翼地效应飞行器被制造出来。然而，史蒂夫·鲍尔制造了一艘带有侧壁、风扇和空气螺旋桨的人力气垫船，风扇吸收了大约三分之一的总功率［霍斯泰特（Hostetter）（1990—1991）］。据报告，他的"蜻蜓三号"（Dragonfly III）飞船的速度达到了 7 米/秒（13.6 节），官方计时为 100 米以上 5.9 米/秒（11.47 节）。

水下浮力：警告　一些快速的工业和军事艇被建造成小型水面单壳船。这些三体船甚至单体船，大部分浮力集中在水下鱼雷状船体中，波浪阻力最小［参见 Bluebird Marine Systems（2014）的概述］。船体通过一根细支柱连接到船的水上部分。显然，这会产生一个不稳定的倒立摆，就像自行车或独轮车一样，必须通过可调浮力室进行静态平衡，并通过主动控制的鳍状结构进行动态平衡。合著者建造了一个人力驱动船，并天真地希望像"飞鱼"（见本章前面的描述）一样平衡它，并因为最小的波浪和最小的表面积而实现非常低的阻力。然而，与水翼艇不同，水翼艇允许在加速时从静态浮力缓慢过渡到动态升力，而这艘船在静止时却有非常严重的倾覆和俯仰力矩，其动作速度远快于骑行者的反应速度（施密特，1985）。它只工作过一次，而且非常缓慢，需要四个额外的拖曳式稳定支架。虽然这样的船在快速自动控制系统下，仅使用部分浮力，或者两者都有的情况下可能会更好地工作，但读者们要提前得到提醒，我们敦促任何试图尝试这种方法的人直接使用由三个这样的船体组成的三角形排列，这与三轮车比独轮车更容易驾驶的原因相同。

休闲和工作船只

自史前时代起，人们就开始使用人力船，主要是桨式、类似独木舟的单体船和多体船，后来也使用划艇，甚至是相当大的船（见图1.1）。在世界上相当多的地方，海上运输工具是运输货物的主要方式，通常使用短桨、桨或单桨（通常称为摇橹）驱动[见格罗夫斯（Groves）(2008)和霍利（Hawley）(2014)]。在威尼斯市，著名的平底船贡多拉（gondola）如今只供特殊活动和游客使用，但七艘摆渡船（traghetti）是经常使用的公共渡轮，可供多达十几名站立乘客使用，由两名站立的船手提供动力（见威尼斯百科，2012）。这里的讨论可能包括许多其他有趣的人力运输船，但由于篇幅原因，这里仅限于一些观察和很少的特殊示例。

船体效率 在无风、无浪、无水流的情况下，一个人可以通过从陆地上用绳子拉、用杆子推或用大型水动力推进器来转移驳船上的大量负载。这不仅是因为没有斜坡阻力，还因为排水体的摩擦阻力随着速度减小量的三次方而减小，也就是说，随着船的速度变慢，它会变得任意小。这可以用升阻比表示，等于重量乘以速度再除以功率，即所谓的比阻力的倒数。如果我们假设推进效率很高，一个人可以通过足够慢的速度移动任何负载，并且升阻比可以变得非常高。由于阻力的增加仅为重量的三分之二次幂，所以使水上交通工具变大、变慢可以大大提高运输效率。即使只计算负载，而不计算驾驶者的体重，并假设肌肉效率为20%，减去基础代谢率（见第二章），这结果仍然成立，尽管增加较少。然而，在某些情况下，进一步增大船体尺寸将变得不切实际。因为需要付出大量努力来加速负载，这时任何风都将开始占主导地位，因此人均运输

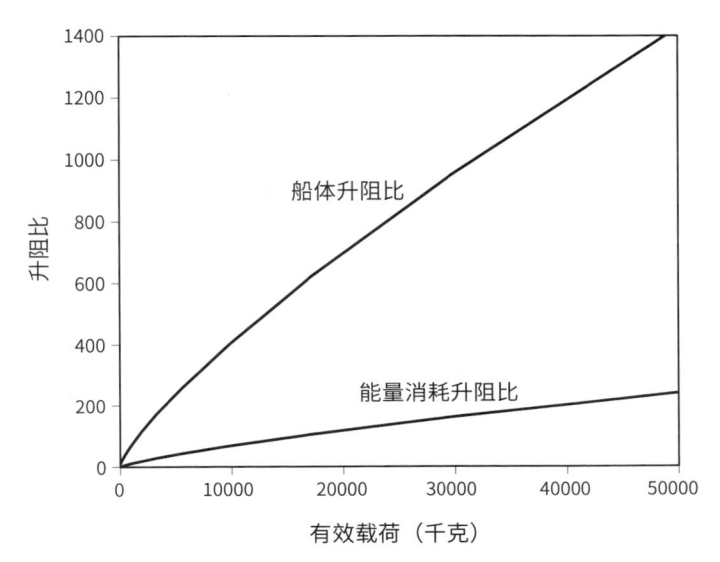

图 10.25
在 500 瓦（2100 瓦食物输入）下，由人力（用绳索或绞盘从陆地拉出）推动的假设船体的升阻比，波浪阻力可忽略不计。

50 吨（1 吨 =1000 千克）以上的货物几乎不可行。在 50 吨排水量和 500 瓦推进功率的情况下，假设的最佳船体将以约 1.5 米 / 秒的速度移动，并实现远高于 1000∶1 的升阻比。或者，如果将人类"发动机"视为效率为 25% 的燃料电池，并包括 100 瓦（食物）输入的基本代谢率，则仍能获得大于 300∶1 的能量消耗升阻比（见图 10.25）。

综上所述，水翼（或水面滑行船身）显然不适用于人力工作船，因为排水船体无法实现高升阻比。即使是娱乐性的人力水翼艇（混合动力艇除外）也只能勉强适用，因为快速前行只能在有限的时间内持续。对于实际船只，单体船通常是最佳的，前提是其运行速度不超过造波阻力，或足够薄（赛艇）或足够平（SUP 板）以达到相同目的。然而，非常窄且圆的赛艇实际上是三体船，因为它依靠桨来保持稳定性，就像皮划艇和独木舟依靠桨来保持稳定性一样。另一方面，板状船体非常稳定，但相对于其体积而言，润湿表面积的比例很大。带有脚踏驱动装置的窄体船通过添加一个支腿（快速三角帆船）或两个支腿（三体船）获得稳定性。后者在浮筒刚接触表面时特别有效，但在码头下船时并不实用。更实用和常见的是双体船配置，具有两个相同尺寸的薄型船体。它们稳定、快速、实用，但比具有相同体积的几何形状相似的单体船多 $\sqrt{2}$ 倍的润湿表面积。

最佳推进力 推进器可以通过将巨大的流体加速到难以察觉的程度来达到 100% 的效率。这由弗劳德效率（Froude efficiency）和促动盘理论表示（螺旋桨叶片扫过的投影面积或多或少描述了促动盘面积）。从本质上讲，如果将滑移定义为流体通过促动盘增加的速度与车辆速度的比值，则弗劳德效率可表示为 1/（滑移 +1）。因此，如果桨轮或其他产生阻力的装置足够大，理论上会趋向于 100% 的效率。然而，与履带船（见本章前面讨论）的情况一样，附着的水、飞溅的水、空气阻力和脆弱性限制了可以获得的效率，而实用、坚固的桨轮太小以至于无法实现真正的高效率。有时建议将喷气式驱动用于人力船甚至会导致效率更低。相对较小的水射流截面（即小型促动磁盘）意味着向后喷射的水携带着相当大的动能，然后这些动能会成为系统的损失。

促动盘的最高效率实施方案是高纵横比的翼或一对这样的翼，以与行进方向成大约 45 度角的速度移动，视在流的攻角处达到最佳升阻比，通常为几度。像鲨鱼这样的快鱼和像鲸鱼和海豚这样的哺乳动物在某种程度上会这样移动它们的尾鳍。然而，即使一对相对的翼片的效率仅受其升阻比（包括诱导阻力）限制，也难以构建有效的机械实例。合著者开发了理论上高效的水平和垂直翼片，但在实践中毫无用处。哈里·布莱恩（Harry Bryan）、卡尔·贡沃（Cal Gongwer）和其他人的研究更成功一些［见布莱恩（1994）和兰根菲尔德（Langenfeld）（2009）］。在同一水翼艇中结合推进和支撑的几种跳跃水翼艇也已经建造甚至出售。到目前为止，这些还没有取得商业成功，可能是因为在水中启动是不可能的：在短距离骑行后回到水中，骑手必须用设备游回来。更成功的是基于 SUP 板的现代实例，能通过同时跳跃和划桨进行浮力低速操作和瞬时（非常短暂）飞行。然而，它们并非用于此类操作，而是用于冲浪，即使在极低振幅波中也是如此。

如果推进翼可以像鸟的翅膀一样旋转，那么它们的功能就更容易发挥。

任何看过企鹅在水下游泳视频的人都对这种明显有效的推进方式毫不怀疑。最成功的技术体现是 Hobie 公司的幻影驱动（MirageDrive），自 1997 年以来，它已用于许多 Hobie 公司的船艇，也可用于其他船只。在一艘装备了幻影驱动器的船中，一对对置的柔性翼在船下摆动近 180 度，扫过的面积比大多数螺旋桨都大（形成一个大的半圆盘驱动器）。尽管该设备不会在与优化的螺旋桨的比赛中获胜，也无法向后推动船，但它非常实用，能够在深水和非常浅的水中操作，并且很容易清除杂草。为了完整起见，我们提到了大多数鱼类和人类游泳者非常成功地使用的低横纵比柔性鳍，但我们不知道其他人力技术的使用。

最后，还有螺旋桨，除了在极低雷诺数的情况下被细菌使用外，它在自然界中不常见，但在人类动力船上非常成功。它们的螺旋桨比摩托艇或船舶螺旋桨效率更高，因为摩托艇或船舶螺旋桨受到吃水深度和不断变化的水线的高度限制。人力船螺旋桨可以足够大，以实现高弗劳德效率（见前面的讨论）。船的阻力越大，在给定功率下行驶得就越慢，螺旋桨就必须越大。螺旋桨桨叶受到其局部升阻比和叶尖涡损失的限制，从而使整体最佳效率从 85%（实用船）到 90%（极限船），或到 95%（结构极限）不等。人力赛艇的螺旋桨设计得很像飞机螺旋桨，实际船只的桨叶稍宽。在这种情况下，在大的速度范围内保持良好的总体效率以及逆风下保持高推力，比在单个工作点上超过 90% 的峰值效率更重要。合著者的"标准"螺旋桨的直径为 0.5～0.6 米，螺距大致相同，两个叶片的最大宽度约为 90 毫米。"竞赛"版本与之类似，但有点小，叶片宽度只有前者的一半。一个模拟程序表明，这种螺旋桨在弗劳德效率在 95% 到 98% 之间时运行效率最高［见拉腊比（Larrabee）（1984、2003）和施密特（1988、1999）］。

大多数非传统的人力动力船使用螺旋桨，至少有一家制造商（Sea-Cycle）销售完整的踏板驱动装置，也可以在其他船上使用。Sea-Cycle 的驱动器和类似的驱动器（如前面描述的飞鱼）采用链条，链轮和从动齿轮扭转 90 度。一些休闲船配备了空气螺旋桨，即使在可达到的速度下，螺旋桨也太小，无法实现高弗劳德效率，并且它们比水螺旋桨更昂贵。其优点包括零吃水、无除杂草

454　骑自行车的科学

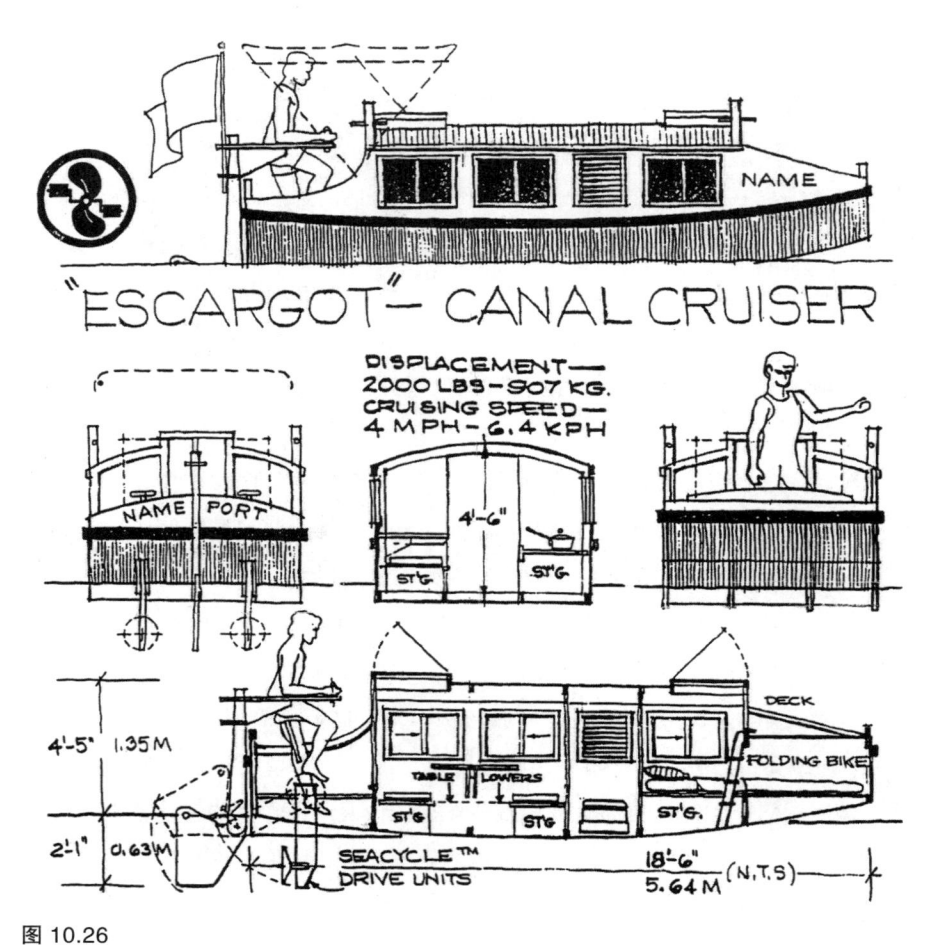

图 10.26
"蜗牛"踏板驱动"Pénichette"。(菲利普·蒂尔提供)

操作,以及可始终进行最佳调整的可变桨距叶片。

混合动力船　风力和人力的结合由来已久,而人力和电力甚至太阳能的结合则相对较新。一项新的发展是一种水上电动自行车,其设计类似于本章前面描述的飞鱼,但能够在没有浮筒的情况下进行水上启动。它比飞鱼慢,巡航速度为6~9节。合著者用他自己的双体船和戴维·欧文斯(David Owers)提供的水翼完成了一次非常短的混合飞行,但通常在排水模式下使用太阳能和人力驱动船只。在世纪之交的几年里,有许多此类船的比赛。混合操作的优点包括性能略好，可靠性更好，对操作人员的身体和精神状态具有可调性：如果寒冷或无聊，踩得快些；如果累了或热了，就踩得慢点。

蜗牛 已故的菲利普·蒂尔（Philip Thiel）（1991）设计了一系列工作船，包括一艘用于运河巡航的小型脚踏动力游艇，由一到两个人使用 Sea-Cycle 公司驱动器驱动，配有最多可容纳四个人的卧铺、厕所和厨房。这种名叫蜗牛（*Escargot*）的船（图 10.26）的设计相当独特，很受欢迎，已经建造了不少。不幸的是，原来的设计已经被一个带有舷外发动机的版本所取代。正如合著者自己发现的那样，Sea-Cycle 驱动器专为更轻、更快的船艇而设计，并不适合"蜗牛"的排量。最初的"蜗牛"仍可在德国租用，它改进了螺旋桨，巡航速度为 3.5 节（见 whpva.org/HParchive/hp55p22-23.pdf）。与其优化人力驱动，或许还可以使用太阳能辅助混合动力，"蜗牛"计划现在需要一个至少 1.5 千瓦（2 马力）的舷外电机以达到 4～4.5 节的速度。效率的大幅下降主要是由于螺旋桨面积较小。

人力潜水艇

IHPVA 于 1989 年组织了第一届国际人力潜水艇比赛，自那时以来，其他组织还举办了十几次其他比赛。P. K. 普尔（P. K. Poole）（1993）编辑的《人力》一整期为人力潜艇的设计参数提供了指导，并介绍了参加 1993 年比赛的五艘潜艇。从那时起，在潜艇比赛中取得最大成功的是 Omer 系列潜艇，该系列潜艇由蒙特利尔高等技术学院的学生设计和建造（另请参阅本章后面对该学院直升机项目的讨论）。单人 Omer 3（带可变螺距螺旋桨）的船体最宽点的直径为 610 毫米，最长点的长度为 2.75 米。达到的最大速度（1999 年）接近 7 节，这对于这种类型的潜艇来说非常高，几乎所有其他潜艇的最高速度都小于 5 节。2013 年，Omer 8 达到 $7\frac{1}{4}$ 节。2007 年，Omer 5 双人潜水艇甚至达到 8 节，这是目前的世界纪录（单人和双人潜水艇的纪录都是快速起动后超过 10 米开始计时）。这一富有成效的 Omer 项目有维基百科页面和自己的网站，上面有对其 11 艘潜艇的描述，但没有任何数据（clubomerets.com）。

2016 年，代尔夫特理工大学的学生组成了 WASUB 团队（WASUB.nl），达到了目前（2018 年）单人潜水艇的创纪录速度，略高于 7.4 节。国际潜艇竞赛网站（internationalsubmarineraces.org/13th-isr/）上的一个页面提供了令人印象深刻的 WASUB V 潜艇设计报告。WASUB V 的船体长约 2.5 米，宽 0.5 米，高 0.6 米，表面积为 3.7 平方米，采用 NACA 0020-44 层流剖面建模。它有直径分别为 0.36 米和 0.43 米的反向旋转双叶螺旋桨，设计速度为 7.5 节时 350 转/分，在 100 转/分时由驾驶员提供 800 瓦功率。

欧洲竞赛网站（subrace.eu）提供了更多的基本资料，并链接到大量关于人力潜艇的视频材料。

现代的人力潜艇是在水下航行的，也就是说，由带呼吸设备的潜水员驾驶。压缩潜水员气罐中的空气所需的能量大于用于推进的能量（例如，将 1 立方米环境空气压缩到 200 巴气罐中需要的能量远远超过 0.5 兆焦）。然而，干式潜艇要复杂得多、危险得多（本段后面提到的"汉利"号曾三次沉没并导致船员丧生）。历史上，人力海军潜艇被建造成装有空气的压力容器。1775 年著名的"海龟"号（*Turtle*）是由一个人驱动的。美国海军的第一艘潜艇"鳄鱼"号（*Alligator*）于 1862 年（内战时期）下水。这艘长 14 米、宽 1.4 米的铁制潜艇最初为 17 名船员配备了 16 或 18 对水下桨叶，使用这些桨叶可实现 2 节的速度，一年后，使用 1.6 米螺旋桨可实现 4 节的速度（见 navsource.org/archives/08/08444.htm）。有据可查的 7 吨级南部邦联潜艇"L. H. 汉利"号在 8 个人的驱动下达到了 4 节的速度。

人力飞机

克雷默奖

人类模仿鸟类飞行已有两千年的历史。莱昂纳多·达·芬奇勾勒了一幅直升机的草图，19 世纪的实验主义者致力于制造第一架人力飞机，但都没有成功。在 1920 年至 1960 年，我们看到了一些短暂的"曙光"。1959 年，英国实业家亨利·克雷默（Henry Kremer）一时心软，被说服为第一架人力飞机提供 5000 英镑（当时相当于 2 万美元）的奖励，条件是：让第一架人力飞机在距离地面至少 10 英尺的地方，通过两个间隔 0.5 英里的塔架，完成"8"字飞行。近 20 年后的 1977 年，保罗·麦克里迪（Paul MacCready）的"游丝神鹰"号（Gossamer Condor）获得此奖。克雷默十分开心，决定设立一系列此类奖项，首先是驾驶人力飞机横渡英吉利海峡。1979 年，麦克里迪的另一架飞机"游丝信天翁"号（Gossamer Albatross）获得此奖（10 万英镑，当时相当于 18 万美元）。此奖金看似一笔相当大的金额，然而，如果政府委托建造一架人力飞机来穿越海峡，那花费的将是这笔奖金的许多倍。克雷默的慷慨激发了大众对此的兴趣和积极性，所获得的成就与涉及的金额不成比例。

游丝系列飞机获得了其应得的大量关注。我们还将列举另外两个杰出系列的飞机：Musculair 和 "代达罗斯"（Daedalus）。此外还会涉及一些直升机和飞船的项目。罗珀（Roper）（1995）对人力飞机做了详细的阐述。

Musculair 飞机

Musculair I 是由已故的甘特·罗谢尔特（Günther Rochelt）和他儿子霍尔格（Holger）设计建造的。据说这是一个折中的设计，旨在赢得两个不同的克雷默奖。霍尔格是此次飞行的飞行员，虽然罗珀（1995）认为他并不健壮。但继 Musculair I 首飞后不久，他赢得了 1984 年 6 月举行的非美国"8"字飞行比赛。他还载着自己的小妹妹卡特里娜（Katrina）进行了短途飞行，卡特里娜成了人力飞机的首位乘客。同年 8 月，他以最高圈速获得第二个克雷默奖。评选克雷默奖的规则允许使用能量储存；能量必须由飞行员在飞行前 10 分钟内产生并储存在飞机上。罗谢尔特一家认为，没有储能他们也可以做得更好，事实证明他们是对的。他们并未使用翼拉条，且机翼面积不到"游丝神鹰"号的四分之一。这次飞行在技术上和身体上都是一个非凡的成就（尤其对并不健壮的人来说）。

Musculair I 不幸在 1985 年的一次交通事故中被毁，当时它被拖在拖车上。罗谢尔特一家制造了一款新版本的 Musculair II（图 10.27），旨在赢得另一项速度奖。（与之前的纪录相比，只要速度提高了 5%，就可以蝉联克雷默奖。）1985 年 10 月 2 日，霍尔格·罗谢尔特在一条 1.5 千米的三角形赛道上以 12.5

图 10.27

Musculair II，1985 年巴塞尔航空展；背景中可以看到一架 DC-3（左）和一架协和式飞机（右）。[厄恩斯特·斯古博尔（Ernst Schoberl）提供]

米/秒（23.9 节，44.3 千米/时，27.5 英里/时）的惊人速度获得了第三座克雷默奖。罗珀（1995）报告称，克雷默奖管理者皇家航空协会将暂停速度奖的角逐，因为它认为想在罗谢尔特的速度上再提升百分之五是不可能的。

"代达罗斯"号

麻省理工学院的学生，连同教职员工和其他顾问，设计并制造了一架双翼飞机 Chrysalis，作为试图赢得跨英吉利海峡克雷默奖的准备。（作者是众多被允许操纵和驾驶它的人之一。）后来，他们制造了单翼飞机君主 A 和君主 B，并获得了克莱默速度奖。然而，他们清楚不可能超过罗谢尔特的速度。1985 年，他们开始考虑进行一次没有金钱奖励的非凡飞行：重现代达罗斯从克里特岛到希腊的神话飞行。选择的目的地实际上是距离克里特岛发射场 119 千米的圣托里尼岛。他们为这一努力创造的飞机"代达罗斯"号（图 10.28）及其希腊飞行员卡内洛斯·卡内洛普洛斯（Kanellos Kanellopoulos）在第一次尝试中取得了成功，尽管飞机在到达圣托里尼海滩时，由于受到相当猛烈的侧风袭击而在最后解体。

只有在纳德尔（1991）和第二章中描述的大量准备工作的结果下，"代达罗斯"号才有可能完成飞行。例如，该团队设计并测试了一种每升含 10% 葡萄糖和 0.4 克钠的能量饮料，在 4 小时内以 1 升/时的速度饮用。

在"代达罗斯"号之前，大多数人力飞机都使用了一种重量较轻的钢索链条（见第九章），将飞行员的动力从踏板轴以直角的角度转移到头顶的螺旋桨轴上。在"代达罗斯"号上，动力是通过两组锥齿轮和转矩管传递的。该设计是一个了不起的成就：它使飞机重量减轻、可靠性更高、驱动器的传动效率更高。但若将此应用于自行车，它比其所替换掉的链条驱动装置更重，因而效率更低。

图 10.28
飞行距离破世界纪录的人力飞机，"代达罗斯"号。（马克·德勒拉提供）

最近的人力飞机

如今已经建造了大约一百架人力飞机。最近，新工艺和奖项的重点是在正常天气和长距离下的实际使用。宾夕法尼亚州立大学的 PSU "西风之神"号就是一个例子，它基于 Musculair II，用于课堂教学和竞争新的克雷默体育奖［有关此奖以及新的马拉松奖的详细信息，请参阅皇家航空学会（2018）］。正在进行的最新项目之一是亚历克·普劳德富特（Alec Proudfoot）的创意 Dead Simple HPA（请参阅 dashpa.blogspot.com）。日本国际鸟人拉力赛有一项针对长距离人力飞机的赛事，2019 年，鸟人之家 Iga 团队以 2 小时 36 分钟飞行 60 千米的成绩获得一等奖。次优团队达到 38 千米，15 支日本团队总计 135 千米（见 https://japanesehpa.wordpress.com）。

人力直升机

1980 年，美国直升机协会设立了一个奖项并以直升机先驱伊戈尔·I. 西科尔斯基（Igor I. Sikorsky）的名字命名。奖金将奖励给第一架在距地面至少 3 米的高空停留 1 分钟的人力直升机。获胜的直升机必须保持在 10 米见方的平台的上方，机组中至少有一名成员不参与旋转，并且直升机仅能通过旋转元件获得升力。图 10.29 显示了为尝试这一点而开发的一些概念。约 30 年后的 2013 年，AeroVelo 团队凭借其人力直升机 Atlas 获得了该奖项（见 vtol.org/hph/ 和图 10.30）。这是迄今为止建造的最大的直升机，总宽 58 米，有 4 个直径 20.4 米的旋翼，但质量只有 52 千克！

人力飞艇："白矮星"号

由其设计者比尔·沃森（Bill Watson）驾驶的近 15 米长的"白矮星"号（*White Dwarf*）人力飞艇（图 10.31）由著名喜剧演员加拉赫（Gallagher）构思并拥有，飞艇内充满了约 170 立方米（6000 立方英尺）的氦。它的直径为 1.6 米的螺旋桨安装在飞行员身后的一个塔架上，可以将其推力角改变近 100°，以便通过手柄控制高度。飞行员下方和后方的两个三角形水箱可承载总计 114 千克的压载水［艾伦（Allen），1985］。使用第四章和第五章中介绍的方法和数

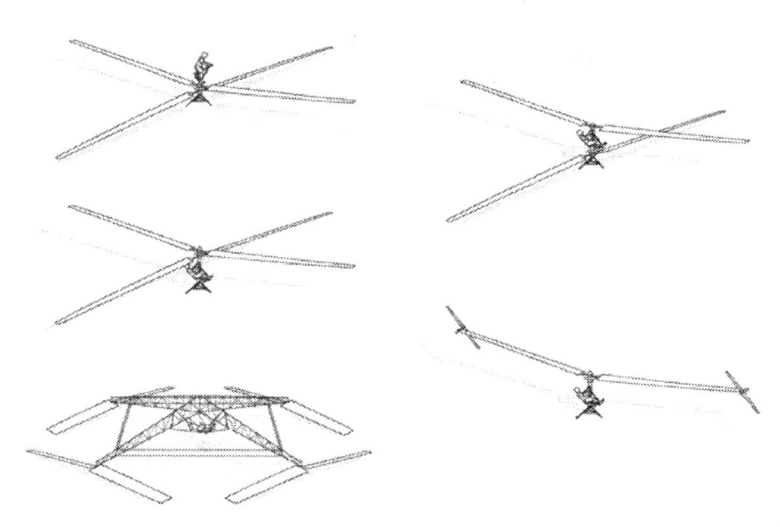

图 10.29

道格·富顿（Doug Furton）（2000）提供了多架人力直升机的概念设计，他是蒙特利尔高等技术学院的"太阳神"号项目主管。左侧的这些是在日本大学的内藤晃（1991）的指导下开发的。最下面的"尤里一号"和右侧下方"达芬奇三号"，是第一批飞行的人力直升机。右上角的"太阳神"号与内藤晃早期设计的双翼机最相似。AeroVelo 团队的 Atlas 也是"尤里一号"型。（道格·富顿提供）

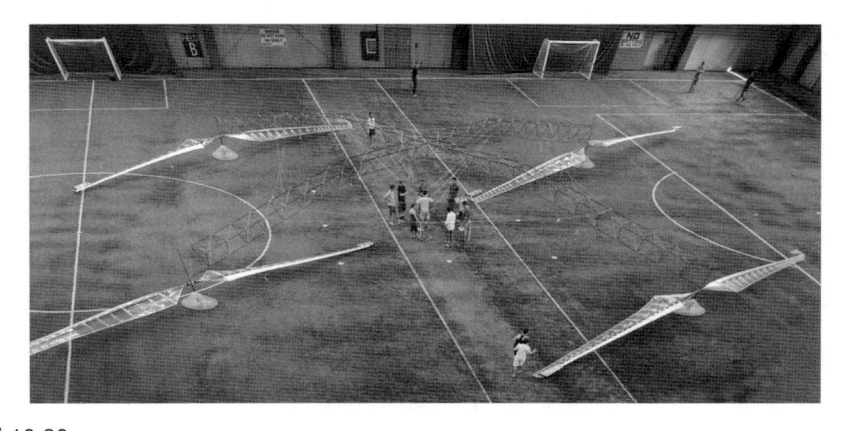

图 10.30

在实现创纪录飞行前一年的 AeroVelo 团队的 Atlas。四个转子成对反向旋转。在创纪录的飞行中，它们在 1 分钟的悬停中各完成了 9 圈。带踏板的座椅和单人驾驶员（无法识别）位于中间，晶格结构几乎不可见。中间的 8 个圆点表示 10 米见方的正方形。（AHS International 提供）

图 10.31
人力飞艇"白矮星"号（由布莱恩·艾伦提供）

据，在考虑外部结构和驾驶员以及螺旋桨和传动系的损失之前，这种形状和大小的飞艇应该以 100 瓦的推进功率以约 12 节的速度移动。

克雷默奖获得者，跨海峡飞行员布莱恩·艾伦（Bryan Allen）（1985）说，人力软式飞艇似乎是唯一一种可以提供娱乐和合理可用性的人力飞机。有翼、比空气重的人力飞机成功飞行之前通常需要长时间等待微风，并且必须将它们拆卸或存放在室内。"白矮星"号虽然巡航速度较慢，为 7 到 9 节，最高速度为 12 节，但比那些机翼大而脆弱的飞机更小、更强。两个人可以在 14 节的风中对"白矮星"号进行地面操作，并且可以在更强的风中对其进行拴系。艾伦描述了一次旅行，在一个慵懒的夏日，艾伦驾驶"白矮星"号飞过加利福尼亚的一个乡村，因为所需的动力很少，所以他可以在社区上空安然地悬浮，并与下面的人打招呼和交谈。（对此，人们经常会感到十分惊讶。）他认为，对于几乎所有人来说，人力软式飞艇都是一种飞行和娱乐的方式，但宝贵且昂贵的氦（"白矮星"号每天大约消耗 0.25%）的损失需要集体使用和组织来弥补。（如果采取了必要的预防措施，可以使用更便宜、可再生的氢气。）

继斯特凡纳·罗森（Stéphane Rousson）（2014）驾驶其漂亮的脚踏飞艇 Zeppy 之后，出现了一幅不那么乐观的画面。他在室内或无风无浪的天气条件下成功地使用了 190 立方米的飞机参加多次比赛，但从未达到横渡英吉利海峡的目的。卢瓦克·塔南特（Loïc Tanant）（2009）的一部获奖短片展示了 2008 年罗森的两次尝试。尽管处于相对良好的低风条件，但罗森仍受到控制和安全问题、疲劳和不利风向的困扰。飞艇的两个螺旋桨不仅提供推进力，还需要不断调整高度和姿态，在对抗阵风时，它们的效率相对较低。罗森两次尝试都不得不放弃。（合著者充满了同情，他也不得不两次放弃两次横渡英吉利海峡：一次是用半两栖脚踏三轮车，一次是用纯太阳能双体船。）詹姆斯·伍德洛夫（James Woodroffe）在 2016 年拍摄的一部很长的电视电影（https://www.youtube.com/watch?v=8Fve2Stn1II）展示了电视冒险家盖伊·马丁（Guy Martin）为驾驶罗森的 Zeppy 进一步跨英吉利海峡的尝试而进行的全面训练。影片展示了浮力所需的极其精细的平衡（已经被短暂的阳光加热气体或附着的湿气所扰乱），以及即使在室内也需要的操纵技能。在计划穿越的那天，条件很差，但马丁状态不错。然而，他被吹离了航线，几英里后，罗森停止了尝试。马丁伴着更有利的风向（风速 13.7 节）回到起点。[罗森在驾驶他的 Zeppy（现在称为 Aerosail）时可以通过称为 Seaglider 或 Hapa 的附加"水上风筝"实现更高的速度，该系统也适用于更大的飞艇。]

运动自行车和虚拟自行车

第二章简要介绍了用作测功仪的固定式自行车。许多人家里有类似的设备，用它们来锻炼或康复，而不是在户外骑自行车。对于某些人或情况来说这很重要，例如，户外活动特别令人不愉快或难以承受，或存在特殊风险时。健康强壮的人开车去市中心健身房然后在那里骑健身自行车，这种事情不那么必要，而且往往有点荒谬。但这种情况经常发生，部分原因是健身自行车和相关器材已经成为最先进、大型和昂贵的设备，所以人们最好共享，而不是拥有。它们不仅可以作为测功仪，还可以编程来监测和实现健身目标，通过游戏化和使用屏幕、虚拟现实耳机甚至物理反馈呈现的虚拟环境来提高健身动力。与互联网的连接，使人们在世界任何地方以屏幕上的化身为代表与真实的人进行虚拟比赛。这也适用于那些在家训练的人，只要他们有联网的电脑。除了正常训练外，使用这种系统的运动员报告了上瘾和过度运动的危险。有些人喜欢在有趣的虚拟环境中骑自行车，甚至集体骑行。一些反乌托邦科幻电影将未来的人类描述为几乎不可移动的生物，与提供各种满足感的机器紧密相连。也许这样的虚拟自行车项目至少能让他们保持生理意义上的人性。

参考文献

Abbott, Allan, and Alec Brooks. 2013. "Flying Fish: The First Human-Powered Hydrofoil to Maintain Flight." http://flyingfishhydrofoil.com.

Allen, Bryan L. 1985. "Blimps and Human-Powered Flight." *Human Power* 3, no. 3 (Spring): 1. http://www.ihpva.org/HParchive/PDF/12-v3n3-1985.pdf.

Bluebird Marine Systems. 2014. "SWASH—Submerged Single Hull with Active Stabilization." http://bluebird-electric.net/SWASH_Submerged_Single_Hull_Active_

Surface_Stabilization.htm.

Brooks, Alec. 1987. "20-Knot Hydrofoil." *Human Power* 6, no. 1 (Spring): 1, 8–14. http://www.ihpva.org/HParchive/PDF/19-v6n1-1987.pdf.

Bryan, Harry. 1994. "Fin Power—Success Comes from Copying Nature." *Human Power* 11, no. 1 (Winter-Spring): 6–9. http://www.ihpva.org/HParchive/PDF/36-v11n1-1994.pdf.

CPSC(Consumer Product Safety Commission).2019."Toys&Children Products."CPSC, Washington, DC. https://www.cpsc.gov/Research--Statistics/Toys-and-Childrens-Products.

Dovydėnas, Vytas. 1990. "Velomobile." Verlag Technik GmbH, Berlin.

Downs, Daniel. 2011. "Ackermann Steering Geometry Applied to a Skateboard Truck." Digital Commons, California Polytechnic State University, San Luis Obispo, CA. https://digitalcommons.calpoly.edu/imesp/94/.

Federal Ministry of Justice. 2019. "Elektrokleinstfahrzeuge-Verordnung—eKFV" [Miniature Electric Vehicles Regulation]. https://www.gesetze-im-internet.de/ekfv/.

Fuchs, Joachim. 1996. "Aeolos-Verkleidung" [Aeolos-Fairing]. *Pro Velo* 44: v.

Furton, Doug. 2000. "Helios: A Helicopter with Legs." *Rotor & Wing* (April).

Glanzmann, Lilia. 2011. "Design-Piraten." *Hochparterre*, nos. 1–2.

Gloger, Stefan. 1996. "Entwicklung muskelkraft-getriebener Leichtfahrzeuge" [Development of Muscle-Powered Light Vehicles]. *Fortschritt-Berichte VDI* [VDI Progress Reports], no. 263. VDI-Verlag Düsseldorf.

Groves, Robert. 2008. "Some Thoughts on the Yuloh." *Junk Rig Association Newsletter*, no. 54. https://junkrigassociation.org/Resources/Documents/Slieve%27s%20 Files/Yuloh%20efficiency.pdf.

Hawley, Jim. 2014. "Physics of a Stern-Fixed Single-Blade Sculling Oar like a Yuloh." Article 36. JimHawley.ca. http://jimhawley.ca/downloads/Physics_of_a_stern_sculling_oar_like_a_yuloh.pdf.

Henshaw, David and Richard Peace. 2010. *Electric Bicycles*. Dorset, UK: Excellent Books. ExcellentBooks.Co.UK.

Herslow, Joel. 2011. "Hybrid Mower." Joel Herslow Industrial Design (website). https://cargocollective.com/joelherslow/Hybrid-Mower.

Hoerner, S. F., and H. V. Borst. 1975. "Fluid-Dynamic Lift." Hoerner Fluid Dynamics, Brick Town, NJ.

Hostetter, Daniel. 1990–1991. "Dragonfly III." *Human Power* 8, no. 4 (Winter): 5–6. http://www.ihpva.org/HParchive/PDF/28-v8n4-1990.pdf.

Inria. 2018. "FREEwheels." Inria, Rocquencourt, France. https://freewheels.inria.fr/.

Langenfeld, Christopher. 2009. "PowerSwim" (compilation). Rex Research (website). http://www.rexresearch.com/powerswim/powerswim.html.

Larrabee, E. Eugene. 1984. "Propellers for human-powered vehicles." *Human Power* 3, no. 2 (Winter): 9–11. http://www.ihpva.org/HParchive/PDF/11-v3n2-1984.pdf.

Larrabee, E. Eugene. 2003. "Minimum Induced Loss Wings and Propellers for Human-Powered Vehicles (May 1985)." *Human Power*, no. 54 (Spring): 17–20. http:// www.ihpva.org/HParchive/PDF/hp54-2003.pdf.

Lohmeyer, Dietrich. 2018. *Velomobile*. LD-Verlag.

Marinov, Bobby. 2016. "Electrical Muscle Stimulation in Rehabilitation, Cybernetic Bicycles and Exoskeletons." Exoskeleton Report (website). https://exoskeletonreport.com/2016/08/electrical-muscle-stimulation-rehabilitation-cybernetic-bicycles-exoskeletons/.

Mary. 2010. "Why Tour by Trike Tandem?" *Velomobiling* (blog). http://velomobiling.blogspot.ch/2010/08/.

Mellin, Bob. 1996. *Railbike: Cycling on Abandoned Railroads*. San Anselmo, CA: Balboa.

Micro Mobility. 2019. "Motion-Control Steering." Micro Mobility, Küsnacht, Switzerland. https://www.micro-mobility.com/en/glossar/motion-control-steuerung.

Nadel, Ethan. 1991. "The Daedalus—The Physiological Problems of Human Powered Flight across the Sea of Crete." *Cycling Science* 3, no. 2 (June): 22–26.

Naito, Akira. 1991. "Review of Developments in Human-Powered Helicopters." *Human Power* 9, no. 2 (Summer): 1, 7–9. http://www.ihpva.org/HParchive/PDF/30-v9n2-1991.pdf.

Poole, P. K. 1993. "H.P. Submarines: Design Parameters." *Human Power* 10, no. 4 (Fall): 24–26. http://www.ihpva.org/HParchive/PDF/35-v10n4-1993.pdf.

Rasmussen, Carl Georg. 2015. "An Overview of a Hundred Years Velomobiles." Paper presented at the Eighth European Velomobile Design Seminar, Dornbirn, Austria, October 30–November 1. http://www.velomobileseminars.online/.

Rio Mobility. 2018. "eDragonfly Attachable Power Assist Handcycle." Rio Mobility, Berkeley, CA. https://riomobility.com/edragonfly/.

Rohmert, W., and S. Gloger. 1994. "Typical Design-Problems of Velomobiles— Solutions for the DESIRA-2." In *Safety and Design: Second European Seminar on Velo-mobiles/HPV*, Laupen Castle, Switzerland, August 25, 1994. https://velomobileseminars.online/.

Roper, Chris. 1995. "History and Present Status of Human-Powered Flight." In *Human-Powered Vehicles*, ed. Allan Abbott and David Wilson, 217–238. Champaign, IL: Human Kinetics.

Rousson, Stéphane. 2014. "The Pedal Balloon" (photos). http://www.rousson.org/Stephane_Rousson/Le_ballon_a_pedales.html.

Royal Aeronautical Society. 2018. "What Is Human Powered Flight?" Royal Aeronautical Society, London. https://www.aerosociety.com/get-involved/specialist-groups/business-general-aviation/human-powered-flight/.

Schauer, Thomas and N. O. Negård. 2009. "Development of Mobile and Stationery FES-Cycling Systems with Motor Assist." Technical University Berlin. http://www.control.tu-berlin.de/Development_of_Mobile_and_Stationary_FES-cycling_Systems_with_Motor_Assist.

Schmidt, Theodor. 1985. "A Submerged-Buoyancy Human-Powered Boat." *Human Power* 3, no. 3 (Spring): 6–9. http://www.ihpva.org/HParchive/PDF/12-v3n3-1985.pdf.

Schmidt, Theodor. 1988. "A Simple Program for Propeller Performance Prediction." *Human Power* 7, no. 2 (Fall/Winter): 8–9. http://www.ihpva.org/HParchive/PDF/23-v7n2-1988.pdf.

Schmidt, Theodor. 1999. "Propeller Simulation with PropSim." *Human Power*, no. 48 (Summer): 3–7. http://www.ihpva.org/HParchive/PDF/hp48-1999.pdf.

Schmidt, Theodor. 2008. "Projekt TranSportIV." Entry for the Future Bike Idea Competition "Car Dinghy." http://hupi.org/BS4/Articles/TranSportiv.pdf.

Tanant, Loic. 2009. *Voyage à la lisière de l'utopie* [Journey to the Edge of Utopia]. https://www.youtube.com/watch?v=vzjV-fiDGM0.

Thiel, Philip. 1991. "Pedal-Power on the French Canals." *Human Power* 9, no. 1 (Spring): 4. http://www.ihpva.org/HParchive/PDF/29-v9n1-1991.pdf.

Van Raam. 2018. "Special Needs Bikes Van Raam." https://www.vanraam.com/en-gb/our-bikes. Van Raam, Varsseveld, the Netherlands.

Venipedia. 2012. "Traghetti." http://www.venipedia.org/wiki/index.php?title=Traghetti.

Wall, Matthew, Mark Drela, and Steve Finberg. 1995. "*Decavitator* Human-Powered Hydrofoil." Massachusetts Institute of Technology, Cambridge, MA. http://lancet.mit.edu/decavitator/.

Whitt, F. R., and D. G. Wilson. 1982. *Bicycling Science*. 2d ed. Cambridge, MA: MIT Press.

Wikimedia Commons. 2018a. "Category: Black and White Photographs of Scoot-ers." Photographs. https://commons.wikimedia.org/wiki/Category:Black_and_white_photographs_of_scooters.

Wikimedia Commons. 2018b. "Category: Draisines by Country." https://commons.wikimedia.org/wiki/Category:Draisines_by_country.

Wikimedia Commons. 2018c. "Category: Human-Powered Rolling Stock." Photographs. https://commons.wikimedia.org/wiki/Category:Human-powered_rolling_stock.

Woodroffe, James. 2016. "Speed With Guy Martin—Season 3 Episode 2—Pedal-Powered Airship." https://www.youtube.com/watch?v=8Fve2Stn1II.

Wood, Gavin. 2013. "Short History of Cargo Cycling." http://one.cyclelogistics.eu/docs/111/D2_1_Analysis_of_Cargo_Cycling_v_2_Sept2013.pdf.

第十一章
人力运输车辆

引 言

到目前为止,本书中描述的自行车和HPV大多是用于比赛或娱乐的车辆。本章试图说明标准自行车和一些特殊车辆在将人和货物从一个地方运送到另一个地方方面的重要作用。

政府法规和激励措施

本书的作者和合著者都在英国和美国生活过。一方面,英美两国骑行差异的本质在于文化不同。另一方面,国民的行为习惯很大程度上与政府的法律法规及其执行力度有关。虽然这些法律法规是各个国家的人民各自制定的,但是包括制度规定和习俗在内,"意外后果定律"同样适用于法律本身。所以,法律以提议或投票支持它们的人可能最初没有预见到的方式塑造社群。

例如,在19世纪的美国,联邦政府看到了连接全国各地和"开放西部"的巨大需求,极力鼓励铁路公司修建西线。由于这一点和许多其他原因,诞生了一个铁路巨头的时代,其中有科尔内留斯·范德比尔特(Cornelius Vanderbilt)这类拥有巨大财富和权力的人。汽车和与其相关的帝国的到来改变了一切。监管机构似乎对铁路和公路产生了相反的影响:铁路开始亏损、合并或停业,而卡车司机开始接管货运,甚至在铁路显然更有效覆盖的同一路线上进行长途运输。类似地,差别税收和监管使得家庭甚至个人在两个城市之间驾驶汽车、乘坐公共汽车、飞机的费用远低于乘坐火车的费用，而客运铁路也已消亡，除非得到高额补贴。

成本和收益

经济学家表明，卡车和汽车也得到了补贴，事实上，补贴的程度远远大于客运铁路；然而，补贴的性质完全不同。客运铁路和地铁系统的补贴通常由移交给铁路或地铁管理部门的税款提供资助。对公路使用者的补贴采取的形式是对一般纳税人和许多其他人征收费用（例如，公路维护、扫雪、桥梁维修、事故服务、警察、延误和城市扩张的费用，这些费用不直接向公路使用者收取）。如果将外部成本，即与污染、噪声、气候变暖、伤害、健康和生命损失等损害相关的成本包括在计算中，那么在大多数国家，普通民众特别是纳税人提供的补贴要高得多。从政治上纠正这种异常情况是非常困难的，因为这一举动会极大影响某些集团的利益，而与集团有密切联系的说客会极力推动有利于其所代表行业的立法实施，反之亦然。事实上，几乎没有说客会考虑弱势群体的利益，包括穷人、行人和骑自行车的人，如果能纠正这些异常情况和促进公平，这个群体会受益。利特曼（Litman）（2009，第8页）举了一个例子："弗朗西斯拥有一辆自行车，当她骑自行车而不是开车时，她的邻居会受益，因为这样可以减少拥堵、撞车风险和污染。如果弗朗西斯骑自行车时没有获得与邻居在她转换出行方式时享受的利益相等的激励，这些外部影响就是不划算的。有了这样的激励，每个人都会过得更好，因为弗朗西斯会选择骑自行车，只要她的邻居的福利足以促使她改变。"

总之，尤其是大型汽车的用户得到了高额补贴。在美国，一些经济学家仅对可量化成本进行了评估，2002年的平均成本为每英里0.67美元。伦普（Lemp）和科克曼（Kockelman）（2008）研究了不同的车型，得出了最佳小型车每英里0.18美元、最差皮卡车每英里0.41美元的数据。（然而，他们的研究结果不包括噪声和尾气处理的成本。）就车型而言，这些成本比对未达到联邦规定的燃油经济性水平的新车征收的企业平均燃油经济性（CAFE）罚款和耗油税的总和高出1.5至10倍。因此，其他交通方式的使用者，包括骑自行车的人，正在与这种以及其他巨额的机动车补贴竞争。

在其他燃油税和其他税较高的国家，补贴低于美国，但仍相当可观。贝克尔（Becker）、贝克尔（Becker）和格拉克（Gerlach）（2012，第39页）认为2008年德国汽车的外部成本为每千米0.15欧元或每英里约0.35美元。最近的一项瑞士研究（2018年联邦空间发展局）发现，瑞士的乘用车平均每人每千米产生近0.08美元的外部成本，但没有提供任何外部效益。令人惊讶的是，自行车的外部成本与汽车相似（假设每辆自行车有一名乘客，每辆汽车有1.6名乘客），尽管污染较少，但由于每行驶一段距离的伤害成本较高，每人千米的成本接近0.13美元。然而，由于平均骑车行程比平均汽车行程短，当计算每次行程的风险时，骑自行车比开车更安全，每次行程的外部成本更低［施密特（1994）］。更重要的是，瑞士的研究发现，自行车的外部效益更高，每千米超过0.18美元，并且超过了外部成本。这些主要是对健康的好处，因此骑自行车的内在（健康和时间）好处超过事故造成的成本也就不足为奇了。该研究还表示，只有在完全相同的条件下，这里给出的数字才具有可比性，但这种情况很少发生。与汽车所有权和运营相关的成本也可能高度依赖于地理位置。埃德林（Edlin）和卡拉卡·曼迪克（Karaca Mandic）于2006年在美国进行的一项研究［由范里安（Varian）（2006）总结］表明，在加利福尼亚州，因交通拥堵引发的事故而导致的年度额外驾驶保险成本为1725～3239美元，但在北达科他州仅为10美元。伯杰森（Börjesson）和埃利亚松（Eliasson）（2012）认为，骑自行车的主要经济效益是节省时间："事实证明，骑自行车者节省的旅行时间价值很高，大大高于其他模式节省的时间价值……骑自行车者的时间价值估计为16欧元/时（街道）和11欧元/时（自行车道）。如果不骑自行车，只有17%的受访骑手会开车。"

与自行车相关的健康成本和收益很难评估，也就是说，呼吸污染空气所产生的成本和锻炼的益处。死亡率统计数据可以用不同的方式进行解释，然而，我们所看到的所有参考文献都表明，骑自行车的收益大于成本［例如，见英国皇家内科医学院（2016）］。这种关系不是线性关系，取决于暴露水平，因此特定位置的空气污染越高，骑自行车的有利时间越短在平均城市地区每天骑行7

小时。这意味着在污染严重的城市，专业自行车配送在很大程度上有利于人口（即外部效益更高），但不利于配送人员（内部成本更高）。

燃油税是回收使用机动车辆的部分外部成本的一种明显方法，但过于简单，并没有将重点放在外部成本最大的区域。它对外部成本相对较低、里程数较高、替代交通选择最少的地区（如农村地区）的人处以相对较高的罚款，对那些里程数较低但外部成本较高的拥挤城市地区的人处以相对较低的罚款。为了提高道路使用的公平性，除了燃油税外，还需要两种互补的税收形式：按距离以电子方式征收的道路使用税和停车税，这两种税因地点和时间而异。最好的情况下，此类税收的提议者还应规定所收款项的去向。我们认为，此类征税应存入信托基金，通过"负"所得税（即退款或退税）向所有公民进行统一分配，定期将其降至接近零。这样，穷人将获得有保障的小额收入。富人将获得相同的退税收入，但如果他们使用汽车，他们的额外支出可能会高于此退税。从 20 世纪 70 年代初开始，本书资深作者在将近 40 年的时间里大力倡导这项政策，以至于他的朋友们称之为"威尔逊经济"。在瑞士，它被称为"生态奖金"。如果法国总统埃曼纽尔·马克龙（Emmanuel Macron）在 2018 年提出这样一项政策，而不是简单地试图提高汽油税，他可能就不会面临随之而来的巨大抗议了。

这项政策与我们在本书中的使命至关重要的相关性是，大多数骑行都发生在城市和郊区，而这些地方显然是全世界交通堵塞和路怒症导致交通量增加的地方。如果上一段中建议的所有三种形式的税收都逐步引入或增加，那么机动车的使用将逐步减少，首先是那些每天在权衡利弊后选择使用机动车的人，如果机动车的吸引力降低一点，他们会很高兴地决定不开车。

许多国家已经采取了许多措施来引入道路使用税，有时也称为拥堵税，在一些地方，与繁忙道路平行的高速道路的通行费是通过电子方式收取的。然而，为一个大国或相关国家集团在全区域范围内征收道路使用税涉及的复杂性如此之大，以至于此类税收仅在少数地方和城市征收。2003 年，伦敦推出了一种拥堵收费形式，并因其早期的成功而赢得了高度赞扬。虽然不是纯粹的拥堵费（低排放车辆免收 11.50 英镑的每日费用），但它使覆盖区域内的交通流量降低了10%以上，进入该区域的车辆减少了27%，自行车使用量增加了66%［伦敦交通局（2018）］。

除了征税或修补激励措施外，政府还可以进行监管。在市中心、公园和其他娱乐区禁止机动车行驶，或在居民区设置路障和减速行驶。（不幸的是，在所谓的中产阶级化过程中，这往往会导致租金或房价上涨。）也会有这种情况：高速公路通常禁止骑自行车。在亚洲国家，甚至在中国，已经开展了几次禁止人力车和限制城市自行车的运动。在世界上大多数西方国家中，汽车和石油生产商的游说团体非常强大，骑自行车的人需要有说客来抵消原本会成为绝对权力的东西，以免他们的利益被完全推翻。正如19世纪英国历史学家阿克顿勋爵（Lord Acton）所言，"权力会导致腐败，绝对权力会导致绝对腐败"。在瑞士这个既没有石油也没有汽车生产商的小型国家，选民们在2018年至少通过了一项宪法修正案，赋予自行车与步行交通和公共交通同等的法律地位，从而使自行车基础设施有资格获得联邦补贴。

由于前面讨论的许多复杂因素，预测自行车和其他人力车辆的未来使用是一项不可能的任务，这依赖于政府行动，这些行动可能针对一系列与自行车无关的问题，但会对自行车使用产生意外影响（我们在本书中避免讨论头盔法的争议性影响）。正如那个许多不同来源的著名格言所说，"永远的警惕是自由的代价"。

自行车使用和基础设施

据我们所知，没有关于自行车使用量随时间变化和跨地区的全面数据。然而，国际自行车基金会（2018）收集了各种相关统计数据，例如，许多国家（包括英国）制造的自行车数量相对稳定或缓慢增加，但美国的有所减少，从20世纪90年代的每年1000多万辆减少到2000年的不足100万辆。据其他消息来源称，2015年，这一数字进而降至极低水平，但现在正在缓慢回升。全世界目前每年大约生产1亿辆自行车。

然而，使用量似乎并不随生产而变化。根据英国皇家内科医学院（2016）

的数据,"与机动交通的增长相比,自 20 世纪 50 年代以来,步行和骑自行车等主动交通逐渐减少。1995 年至 2013 年间,每年的总步行距离下降了 30%,2012 年英格兰和威尔士的自行车骑行距离仅为 1952 年的 20%。然而,有一些反转的迹象。过去十年的趋势表明,自行车运动缓慢回归"。美国自行车手联盟在其自行车通勤数据页面上报告称,在美国,骑自行车的人数在全国范围内快速增长。全国家庭旅行调查显示,"美国的自行车出行数量翻了一番多,从 2001 年的 17 亿次增加到 2009 年的 40 亿次"。联盟还提供了基于美国人口普查局的美国社区调查报告。从 2000 年到 2017 年,自行车通勤增长了 43%。2017 年,在如下四个城市,有超过 10% 的通勤者骑自行车:科罗拉多州的博尔德和加利福尼亚州的戴维斯、圣克鲁斯和帕洛阿尔托。资深作者的家乡剑桥数据接近这一群体,步行通勤者的数量也创下了纪录——超过 23%;加利福尼亚州的伯克利和马萨诸塞州的萨默维尔也有类似的统计数据。还有六个城市自行车使用率达到了 5%,但其他美国城市的报告比例几乎都很低或没有报告。

自行车的使用受到当局和纳税人完善自行车基础设施意愿的严重影响。尽管经验丰富的骑手(尤其是快速自行车、HPV 和电动自行车的使用者)通常更喜欢在公路上骑行,因此不赞成立法强制他们使用狭窄或弯曲的自行车道,但毫无疑问,单独的自行车道对速度较慢和经验不足的骑手更为有利,尤其是儿童、那些不经常骑行的人,还有一些游客或老人。因此,自行车团体作为一个整体,可以通过三种自由选择的可能性获得最佳服务:与汽车道隔离开的受欢迎的慢速自行车道(图 11.1);快速的公路自行车道(图 11.2);能获得最大速度的公路。甚至第四种选择也越来越受欢迎:为快速自行车通勤者和电动自行车提供单独的自行车高速公路。伦敦交通局已经建造了六条这样的高速公路,并计划再建造四条。尽管名为自行车高速公路,但它的速度可能不是很高,但肯定比所谓的"静道"(Quietway)要快。伦敦交通局(2017)计划在 2022 年前完成前者 90 千米和后者 250 千米的建设,以及所谓的"迷你荷兰"的设施(即在伦敦郊区建设荷兰风格的自行车基础设施),以使骑行更加安全和方便。规划人员估计,每天可能有 25 万辆自行车前往伦敦的主要火车站,还有 120 万次更长的多式联运。伦敦交通局(2016)也发布了非常全面且有吸引力的

第十一章 人力运输车辆 475

图 11.1
一个理想的风景自行车道（在哥本哈根），在很多地方都可以找到，为中速自行车手和行人分隔空间。[图片来源：克里斯托弗·特罗勒（Kristoffer Trolle），CC-BY 授权]

图 11.2
典型的瑞士城市自行车道，红色。[图片来源：安德鲁·博西（Andrew Bossi），CC-BY-SA 授权]

《伦敦自行车设计标准》。其共计83页的第四章"自行车道和赛道"包含的材料将激发自行车规划者的热情，并可能让自行车驾驶者（直白地讲，骑手）感到厌恶。福雷斯特（Forrester）（2012）解释了"驾驶"自行车的哲学。他认识到，如果大多数当局强迫骑自行车的人使用不合适的基础设施，以使他们远离道路，就会将骑自行车的人置于较低的地位，并使其与行人发生冲突。然而，自行车的魅力在于它可以扮演两个截然不同的角色：通常是最快的车辆，通常也是慢行和放松运动的手段。关键是选择。

《伦敦自行车设计标准》建议最小自行车道宽度为2米，在卡车较少的慢速道路上，1.5米是可以接受的。车行道上隔离的自行车道宽度应为1.5～2.5米（或以上），适用于极低至极高的交通流量条件，双向车道宽度应为2～4米（或以上）。[瑞士伯尔尼州早期制定的非常详细的建议也考虑了坡度、速度和路边环境，建议车道宽度为1米（慢速、平坦、开阔）到2.1米（快速、陡坡），弯道或相邻挡土墙最多额外增加一米。]关于道路和车道，一个重要的发现是"经验法则：避免机动车辆和骑自行车的人在3.2米和4米之间的宽度内一起通行。当车道宽度介于这两个尺度之间时，超车空间存在不确定性，其他车辆伺机近距离超过自行车时会有极高风险，从而使更脆弱的道路使用者处于危险之中"。遗憾的是，"这包括英国实践中采用的3.65米的典型车道宽度。应避免使用此车道宽度"（伦敦交通局，2016，第55页）。

这些建议往往与实际情况大相径庭。合著者看到过道路标记宽度小于0.2米自行车道！

自行车基础设施在不同的地方以许多不同的组合实施。在世界顶级自行车国家荷兰，实施了完整的"中速"自行车网络（图11.3显示了一个典型示例），以及自行车停车设施。其他斯堪的纳维亚国家也是如此，丹麦首都哥本哈根以其自行车的质量和数量闻名于世。这并不是偶然发生的，而是数十年来自行车友好政策的结果，例如维基百科（2019b）中所述。这个过程甚至有自己的词，"请看 copenhagenize.com"和博客"copenhagenizeindex.eu"。[这一措辞催生了更多的 -ize 单词和相应博客，例如 portlandize（.com）]。在这种基础设施上骑行并不一定特别安全，有时甚至会增加十字路口的事故数量[例如，见延森

图 11.3
荷兰公路和人行道之间的典型自行车道，也供轻便摩托车使用。（图片已公版）

（Jensen），2007］。然而，它令人感觉更安全、更舒适，因此自行车使用量增加，这反过来又增加了每个骑自行车者的相对安全性，这是使用量增加的一个强大作用（见图 11.4）。例如，德国许多大型城市在某种程度上模仿了斯堪的纳维亚，但只是部分效仿，自行车道主要位于人行道上，在十字路口设置行人过街处（见图 11.5）。因此，之前与道路上的汽车的冲突转变为行人和越来越多的电动自行车的冲突。这种类型的自行车道可以让以前不骑自行车的人骑自行车，但它们不允许快速通勤；为此，骑自行车的人必须坚持在公路上骑行。

在许多北欧国家，包括德国和瑞士，以及美国一些州，骑自行车的人必须使用有标记的自行车道，但在英国则不是这样。

在美国，许多城市都引进了自行车基础设施：

- 纽约市沿曼哈顿周围的哈德逊河、东河和哈莱姆河有总长 51 千米的

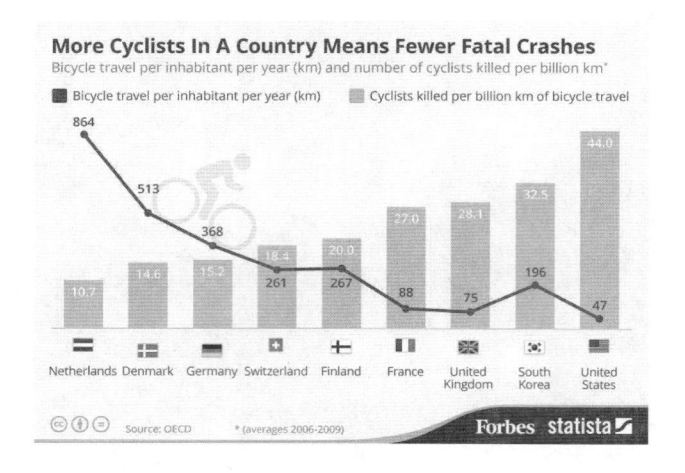

图 11.4
安全数据。根据 2006 年至 2009 年的平均水平，在单位骑行距离方面，荷兰比美国安全三倍。（图表来自福布斯 Statista，授权 CC-BY-SA，数据来自 2013 年国际交通论坛）

图 11.5
典型的德国人行道自行车道。适用于休闲和中速骑行者，但不适用于快速骑行者。频繁出现的交叉路口和不合格的窄路段进一步降低了平均速度。

绿道，还有几条较短的自行车道，正在规划雄心勃勃的新项目。众所周知的 High Line 不是自行车道，但 High Line Network 的网站列出了北美为自行车预留了空间的类似项目。

·俄勒冈州波特兰市有许多自行车道，例如 9 英里的"20s Bikeway"。这些自行车道大多在安静的住宅区街道里，但"20s Bikeway"提供了一条不间断的自行车道，将它们连接起来，跨越以前的障碍。

·606 是芝加哥一条改建铁路沿线的一个 4 千米长的"带状公园"，包括布鲁明代尔小径，这条 10 英尺宽的小径向骑自行车的人开放，两侧有 2 英尺宽的跑道。

·拉菲特绿道位于新奥尔良，2.6 英里长。

·明德美自行车道是大波士顿地区一条 10 英里长的多用途铺砌道路。作为典型的铁道改造轨道，大部分路段平直，使自行车道既快捷又具田园风光。

基于人力车辆的交通运输系统

霍利山和史密斯维尔自行车铁路（图 11.6）于 1892 年开通［斯托克（Stocker），1992］。两条类似的铁路被制造出来，另有三条采取了悬挂设计（图 11.7）。威尔逊（1992）回顾了这一项以及其他几项为骑自行车者创造更安全、更快或更愉快环境的尝试。其中一些系统提供了一个完全独立的通行权或"导轨"，可以乘坐如图 11.6 和 11.7 所示的特殊车辆，或者乘坐普通自行车，可以人力驱动、完全由外部驱动或在需要时提供动力辅助。

一直以来都不乏更现代化的提案，例如吉姆·科尔（Jim Kor）的名为"个人交通工具"的空中缆车项目（见科尔，1994），有些甚至已经投入运行。Shweeb 是一种独立的透明吊舱，用于悬挂单轨下的躺式自行车手。2010 年，新西兰修建了两个 200 米长的支撑 Shweeb 的路段。强壮的车手 1 分钟大约能跑 3 圈，速度为每秒 10 米。斯科特·奥尔森（Scott Olsen）的 SkyRide 于 2012 年在明尼苏达州的瓦科尼亚建造；在这里，所涉及的骑行也是悬浮式半

图 11.6
霍利山和史密斯维尔自行车铁路。(哈特 1984)

躺式，但它是半开放式的并带有混合推进系统。像它们的历史先驱一样，除了在游乐园（和船上！），这些系统还没有成功地作为运输系统出现。在互联网上搜索 SkyCycle 过山车，可以找到一个更引人注目的日本例子。然而，在 2013 年至 2017 年期间，埃因霍芬理工大学和乌得勒支应用科学大学的学生在多篇论文中详细研究了如何在荷兰使用 Shweeb 系统解决糟糕交通，可在 IntroVation 网站上找到。

与公路自行车相比，这种系统的一个缺点是显而易见的：不能超车。如果各个吊舱或车厢的速度也像人力推进的那样不同，则可能需要较大的安全距离、精细的控制系统或两者兼而有之。SkyRide 系统保持 20 英尺的最小车距。显然，其将所有跟车的速度限制为前面最慢的速度，除非有一种集体动力分

图 11.7
悬挂的人力单轨。(哈特,1984)

配,如在一列机械耦合的联动车厢中。

出于这个原因,合著者希望利用重力来建造一个人力轨道系统——就像一个温和的过山车——计划用于 2002 年瑞士世界博览会。(他的提议没有被接受。)重力系统将确保几乎完全可预测的速度,最大限度地减少必要的安全距离和控制措施。然而，乘客将被要求将他们的车辆拉上或推上系统车站的坡道，以获得高度。由于大多数人的无氧运动能力相对较强，因此几秒钟的工作后就可以进行长时间、放松的滑行。

货运自行车

如第十章所述，在过去几年中，货运自行车和货运 HPV 在许多地方取得了巨大的成功。越来越多的企业和服务机构开始意识到它们的优势，尤其是在拥挤的城市中心。多达几百千克和几千升的货物可以比其他方式更快地运输，因为车辆通常可以停在人行道上卸货，如果不太宽，则可以使用自行车道。许多国家允许使用最大 4 千瓦的低速辅助电机，因此它们可以爬上山丘。大多数负载并不是特别大，因此单轨货运自行车通常就足够了，如图 11.8 所示。一般来说，自行车的宽度只有 60 厘米，它们也可以通过最窄的自行车道。Long John 是快速运行的受欢迎的可携带儿童的车型，而一些型号的三轮车和四轮车也可以搭载成年人。

近年来，当局已经采取了各种城市举措，以促进货运自行车的使用。一个是自行车物流公司（CycleLogistics.eu），由多个城市和快递公司的代表创建。这反过来催生了欧洲自行车物流联合会（eclf.bike）和踏板动力物流倡注册项目（Ripple.bike），这两个网站都提供了大量信息和图像。自行车物流公司的一项研究估计，欧洲城市中涉及货物运输的所有机动化出行中，平均有一半以上可以转移到自行车或货运自行车上。它对社会、对环境的好处比传统汽车，甚至电动汽车要大得多，包括更少的交通堵塞，而且几乎没有噪声。在城市环境中，运营商和客户的优势显而易见：货运自行车通常比汽车或货车更快、更可靠，而且它们的成本通常要低许多。然而，货运自行车在主要道路上的速度较低，因此其行驶范围较小，不适合广泛分布的地区。而且他们需要更多的取货点，因为他们不能同时携带一整天的包裹。如果没有良好的组织，它们的运营成本可能很高。然而，像 UPS 这样的包裹快递公司正在测试电动幻影自行车拖车，这种拖车大到可以一次运载 200 千克甚至 500 千克的货物。

图 11.8
邮递递送自行车。[图片来源：米卡埃尔·科尔维尔-安德森（Mikael Colville-Andersen）]

车外动力辅助

本书的前两个版本描述了使用固定装置（如升降机或移动扶手）帮助骑自行车的人上山的几种方法。它们仍然是一个利基市场，今天更不可能普及，因为越来越有效的电动自行车正变得越来越受欢迎，在很大程度上可以有效地"夷平"最陡峭和最长的山丘。一些地方公共交通工具（主要是火车和渡轮）上供旅客携带自行车的设施仍在广泛使用，并且越来越多。在这种混合出行模式中，骑自行车的人从一个点到另一个点往往是最快的，即使是长途。越来越多的公共汽车和地铁也在高峰通勤期以外搭载自行车。即使在高峰时段，也可以携带折叠自行车乘坐交通工具，必要时可以将其遮盖或伪装成其他行李。

　　此外，长途旅行和假日旅行可以使用公共交通工具以混合模式进行，但需要小心或尽量少地打包，也可能需要拖车。火车公司越来越便利乘客将自行车自行装运在所乘坐的同一列火车上，甚至是同一个车厢内，而无须提前发送自行车或将自行车放置在行李车中。图 11.9 显示了一个典型的设施。与老式行李车相比，这种安排的缺点是，随着行李车的消失，越来越多的人只能运输标准尺寸的自行车。瑞士国家铁路公司最近禁止运输以前允许的长尺寸车辆，如双人自行车、躺式和货运自行车。自相矛盾的是，由于站台更高，足以直接将此类车辆推上火车车厢，而不必像以前那样将其抬起，但现在不再允许这样做。这将非机动车长途自运系统扼杀在萌芽状态，本可以用于大量购物或货物运输。不过，跨市的自行车信使服务仍然可以借助火车完成，他们确切知道可以

图 11.9

瑞士铁路的现代自行车车厢。

使用哪些公共交通设施或乘坐哪些火车。

由于铁路公司主要担心的是大型物体的阻碍，而不是物品的重量或数量，因此仍有可能运输拆解成零件并打包的大型自行车。这可以通过使用自行车扭矩联轴器来实现，例如 S and S Machine 公司制造的联轴器。紧凑型 HPV，甚至像 Leitra 这样的维罗车，至少可以在本地列车上找到一个空间，如果一个人准备冒险的话，或者可能在下一列列车上找到一个空间（如果遇到态度坚决的警卫的话）。Leitra 之父卡尔·格奥尔格·拉斯穆森描述了用礼貌的辩论和演示说服警卫的技巧，但即使是他也不总是成功！

公共自行车系统

公共自行车或自行车共享系统始于 20 世纪 60 年代的试验，旨在推广骑行，并帮助游客和当地人。这种系统的第一批自行车是作为公共物品捐赠的，通常只是简单地进行了明确的涂漆或设计，并解锁供免费使用。不足为奇的是，其中许多被偷或损坏。投币锁是作为押金或支付系统引入的。一些系统非常成功。据信，2007 年推出的 Vélib' 极大地促进了巴黎自行车的使用，使 1450 个车站的 2 万多辆自行车的用户达到 300 万。许多类似项目的自行车数量少得多，然后再也无法继续。Vélib' 专家建议，自行车共享系统要求至少每 200 名城市居民有一辆自行车才能工作。（合著者从未见过他家乡的公共自行车被使用过，因为只有 Vélib' 建议指定数量的一小部分。）有关更多信息和服务列表，请参阅一篇全面的维基百科文章［维基百科（2019a）］。菲什曼（Fishman）（2013）提供了文献综述。

今天的共享单车系统（图 11.10 显示了一个典型的系统）是电子的（软件控制锁，由 GPS、互联网或两者共同监测），许多系统不再是真正意义上的共享，因为它们需要智能手机、软件和由上述两个市场领导者之一管理的账户、信用卡、预注册，甚至所有这些。与公共交通不同的是，目前的自行车共享系统更受限制，使用起来更困难。公共交通通常可以由任何能够在柜台或售票机买票的人使用。有些共享单车允许从柜台或机器上购买智能卡，正如作者所在城市的系统一样——Velospot 和 BLUEbikes，后者至少需要信用卡。

图 11.10
早期公共自行车与米兰主要火车站的还车点。

一些系统使用被称为"还车点"的固定站点，自行车存放在那里；另一些则允许该系统的自行车停放在一定范围内的任何地方（这就是所谓的自由流动系统）。尤其是后一种系统有时会失控，大量自行车堆积在热门目的地。如果工作人员必须不断地转移自行车，那么管理良好的系统可能会很昂贵。所有系统似乎都会记录每一次骑行，并将这些数据存储多年，一些运营商甚至会将个性化数据出售给第三方。注重数据的用户应该研究合约中的细则并避免可疑的运营商。总而言之，公共自行车共享在一些地方非常成功，在其他地方则不那么成功，甚至令人讨厌。对于精通现代技术或能够预先注册的人来说，这些系统可能很有用。

新的自行车共享系统的替代方案是传统的自行车租赁（如果有的话）和更

新的自行车租赁系统，这些系统通常对公司集体用车具有吸引力。两者都让使用者对涉及的自行车承担更多责任，但后者可在约定的期限后返还，通常有意外事故投保，并由运营商维护。

电动滑板车共享系统

越来越多的公司在共享系统中提供电动自行车、电动滑板车（这里指的是电动微型滑板车），甚至更大的电动滑板车，作为自行车的补充或替代。这对于实现更好的机动性，既可能有利，也可能有弊。只有汽车的主要用户使用电动车辆来替代驾驶汽车（而不是本就步行、骑自行车或使用公共交通工具的人使用电动车辆），而且实际使用的电动滑板车比汽车环保，优势才会产生。霍林斯沃思（Hollingsworth）、科普兰（Copeland）和约翰逊（Johnson）（2019）详细研究了共享无还车点电动滑板车的环境影响，并建议通过更多的电动滑板车出行来取代汽车出行（例如，50%），而不是目前调查的情况（本研究中为34.36%）。显然，这取决于放置位置，如果将电动滑板车放置在大型步行区内，则百分比会低得多。为了获得良好的可用性，需要有许多电动滑板车可用（就像共享自行车一样），但过多的此类车辆将被行人和传统车辆的用户视为（新的）麻烦。

越来越多的城市正在公共场所安装这种自由流动电动滑板车。肯塔基州路易斯维尔正在一个开放数据网站（data.louisvilleky.gov/dataset/dockless vehicles）上记录其方案。例如，在路易斯维尔项目的第一个月，即2018年8月，大约4000名骑手以平均每小时7英里的速度完成了10000次出行，每次行程约2英里，没有任何事故报告。利用现有数据，艾莉森·格里斯沃尔德（Alison Griswold）在2019年3月在线出版物Quartz上发表的一篇文章（qz.com/1561654）中表示，路易斯维尔第一批电动滑板车的平均寿命不到29天，第92次行程中行驶163英里，然后就从数据库中消失了。尽管这些数字描述的情况无疑有所改善（各种德国媒体将其平均寿命列为三到六个月），但除非继续发生更大幅度的改善，否则电动滑板车在经济和生态上的作用会适得其反。运营商面临的问题包括故意破坏和滥用，传统道路使用者面临的问题是对空间的侵占和大量的近距离碰撞。此外，无还车点电动滑板车必须定期收集和充电，目前无法替代市内汽车出行的能源优势。如何处理收集是环境影响方面的一个关键因素。显然，只有在真正需要的时候，才通过货运自行车进行短距离收集是理想的替代方案。

虽然微型滑板车可以代表在市中心短距离从一个点到另一个点的最快方式，但各种无动力和有动力车型的法律地位往往令人怀疑，例如，一些车在人行道上合法，一些车在自行车路上合法，一些车在公路上合法，还有一些根本没有合法使用的公共空间。共享的车辆也相当昂贵，每英里甚至每千米至少要花一美元，并且需要使用智能手机和支付系统。虽然一些权威机构通过猛蹬一脚启动电机来限制最低速度，但滑板车可能会继续作为纯机动车辆，不像助力电动自行车那样在所有骑行时间都至少需要最少的人力输入。（第十章提出了"kickelec"解决方案。）

参考文献

Becker, Udo J., Thilo Becker, and Julia Gerlach. 2012. "The True Costs of Automobility: External Costs of Cars." Institute of Transport Planning and Road Traffic, Tech-nical University of Dresden, Dresden, Germany. https://www.greens-efa.eu//legacy/ fileadmin/dam/Documents/Studies/Costs_of_cars/The_true_costs_of_cars_EN.pdf.

Börjesson, Maria, and Jonas Eliasson. 2012. "The Value of Time and External Benefits in Bicycle Appraisal." *Transportation Research Part A: Policy and Practice* 46, no. 4 (May): 673–683. https://doi.org/10.1016/j.tra.2012.01.006.

Federal Office for Spatial Development. 2018. "Costs and Benefits of Transport." Federal Office for Spatial Development, Federal Department of the Environment, Transport, Energy and Communications, Bern, Switzerland. https://www.are.admin.ch/are/en/home/transport-and-infrastructure/data/costs-and-benefits-of-transport.html.

Fishman, Elliot. 2013. "Bikeshare: A Review of Recent Literature." *Transport Reviews* 36, no. 1: 92–113. https://www.doi.org/10.1080/01441647.2015.1033036. Forrester, John. 2012. *Effective Cycling.* 7th ed. Cambridge, MA: MIT Press.

Harter, Jim. 1984. *Transportation: A Pictorial Archive from Nineteenth-Century Sources; 525 Copyright-Free Illustrations Selected by Jim Harter.* New York: Dover.

Hollingsworth, Joseph, Brenna Copeland, and Jeremiah X. Johnson. 2019. "Are e-Scooters

Polluters? The Environmental Impacts of Shared Dockless Electric Scooters." *Environmental Research Letters* 14, no. 8. https://doi.org/10.1088/1748-9326/ ab2da8.

International Bicycle Fund. 2018. "Bicycle Statistics: Usage, Production, Sales, Import, Export." International Bicycle Fund, Seattle, WA. http://www.ibike.org/ library/statistics-data.htm.

International Transport Forum. 2013. *Cycling, Health and Safety*. ITF Research Reports. Paris: OECD Publishing. https://doi.org/10.1787/9789282105955-en.

Jensen, Søren Underlien. 2007. "Bicycle Tracks and Lanes: A Before-After Study." Trafitec ApS, Lyngby, Denmark. https://www.researchgate.net/publication/237524182_Bicycle_ Tracks_and_Lanes_a_Before-After_Study/citation/download.

Kor, Jim. 1994. "Solos Personal Transit." In *Proceedings of the Second European Seminar on Velomobiles/HPV: 85-101, Laupen Castle, Switzerland, August 25, 1994*. http:// velomobileseminar.online.

Lemp, Jason, and Kara Kockelmann. 2008. "Quantifying the External Costs of Vehicle Use: Evidence from America's Top Selling Light-Duty Models." *Transportation Research* 13D, no. 8: 491–504. https://www.researchgate.net/publication/222398495.

Litman, Todd A. 2009. "Transportation Cost and Benefit Analysis." Victoria Transport Policy Institute, British Columbia. http://vtpi.org/tca/tca01.pdf.

Royal College of Physicians. 2016. *Every Breath We Take: The Lifelong Impact of Air Pollution*. London: Royal College of Physicians. http://bit.ly/1Nv4CIa.

Schmidt, Theodor. 1994. "What Is HPV Safety?" In *Safety and Design: Second European Seminar on Velomobiles/HPV, Laupen Castle, Switzerland, August 25, 1994*, 21–27. http://velomobileseminar.online.

Stockinger, Herbert H. 1992. "The Bicycle Railroad." *American Heritage of Invention & Technology* 8, no. 2. http://www.inventionandtech.com/content/bicycle-railroad-1.

Transport for London. 2016. *London Cycling Design Standards*. London: Transport for London. https://tfl.gov.uk/corporate/publications-and-reports/streets-toolkit#on-this-page-2.

Transport for London. 2017. "Strategic Cycling Analysis: Identifying Future Cycling Demand in London." Transport for London, London. http://content.tfl.gov.uk/ strategic-cycling-analysis.pdf.

Transport for London. 2018. "Congestion Charge Factsheet." Transport for London, London.

Varian, Hal R. 2006. "Beyond Insurance: Weighing the Benefits of Driving vs. the Total Costs of Driving." *New York Times*, November 16. https://www.nytimes.com/ 2006/11/16/business/16scene.html.

Wikipedia. 2019a. "Bicycle-Sharing System." https://en.wikipedia.org/wiki/Bicycle-sharing_system.

Wikipedia. 2019b. "Cycling in Copenhagen." https://en.wikipedia.org/wiki/Cycling_in_Copenhagen.

Wilson, David Gordon. 1992. "Transportation Systems Based on HPVs." In *Proceedings of the Fourth IHPVA Scientific Symposium*, ed. Chester R. Kyle, Jean A. Seay, and Joyce S. Kyle. San Luis Obispo, CA: International Human Powered Vehicle Association.